家藏文库

徐霞客游记 上

〔明〕徐霞客 著　　赵伯陶 选注

中州古籍出版社
·郑州·

图书在版编目（CIP）数据

徐霞客游记 /（明）徐霞客著；赵伯陶选注. —郑州：中州古籍出版社，2018.1
（家藏文库）
ISBN 978-7-5348-7586-1

Ⅰ.①徐… Ⅱ.①徐…②赵… Ⅲ.①游记–中国–明代②历史地理–中国–明代③《徐霞客游记》–注释 Ⅳ.①K928.9

中国版本图书馆CIP数据核字（2018）第011676号

家藏文库：徐霞客游记

选题策划	卢欣欣　赵发杰
约稿统筹	卢欣欣
责任编辑	赵建新
责任校对	唐志辉
封面设计	王　歌
版式设计	曾晶晶

出　版	中州古籍出版社
	地址：河南省郑州市经五路66号
	邮编：450002
	电话：0371-65788693
经　销	新华书店
印　刷	郑州市毛庄印刷厂
版　次	2018年1月第1版
印　次	2018年1月第1次印刷
开　本	640毫米×960毫米　1 / 16
印　张	42.5印张
字　数	527千字
定　价	86.00元

霞容先生遺像
咸豐壬子夏日吳儁摹

前　言

徐霞客，名弘祖，字振之，别号霞客，明南直隶江阴（今江苏江阴）人。生于万历十四年十一月二十七日（1587年1月5日），卒于崇祯十四年正月二十七日（1641年3月8日）。他以中国明末旅行家、探险家、地理学家驰名中外，文学成就也引人瞩目，日记体的《徐霞客游记》就是他留给后人的一笔丰厚的文化遗产，"霞客"的别号也因此超过了他的本名"弘祖"而享誉海内外。明末清初的文坛领袖钱谦益在《嘱徐仲昭刻游记书》中曾说："唯念霞客先生游览诸记，此世间真文字、大文字、奇文字，不当令泯灭不传。"①

一

徐霞客出身于江阴地主家庭，家道殷实，这是他从二十一岁以后就能够有仆从跟随周游大半个中国的经济基础。书香门第典藏丰富，诗书史籍、山经地志应有尽有，这是他能够突破儒家传统思维，确立其不同寻常人生价值观的文化基础。晚明社会商品经济发达，王纲解纽，文人士大夫

---

① 丁文江编《徐霞客游记》卷二〇，商务印书馆1928年版，第43页。

流连山水蔚成风气，这是徐霞客能够以双足丈量祖国山水的社会基础。然而徐霞客的成功人生，最重要的还是其"奇情郁然，玄对山水"与"争奇逐胜，欲赌身命"①的性格因素使然，这最终令他坚忍不拔、义无反顾地完成了一己壮行天下的伟业。

徐霞客自幼岐嶷聪颖，相貌似乎也有异于常人。陈函辉《徐霞客墓志铭》谓其："童时出就师塾，矢口即成诵，搦管即成章，而膝下孺慕依依，其天性也。又特好奇书，侈博览古今史籍及舆地志、山海图经以及一切冲举高蹈之迹，每私覆经书下潜玩，神栩栩动。特恐违两尊人意，俯就铅椠，应括帖藻芹之业，雅非其所好。"②他没有像通常的读书人那样汲汲于通过科举跻身仕途的向往，而是很早就放弃了对八股功名的追求，甚至从未进学（即俗所称秀才）就开始从事于他问奇名山大川的事业。这也与其父去世后，母亲的有力支持分不开。为鼓励霞客好男儿志在四方意愿的践行，这位大有见识的妇女特为儿子缝制远游冠以壮其行色。读书人从事科举需要耗费大量的精力，明代士子皓首穷经不得一第者占大多数，有些人甚至一辈子以童生终老，屈辱一世。粥少僧多的矛盾难以解决，明代中期以后朝政日非，千奇百怪的荒诞社会更能令莘莘学子对仕途懈怠乃至失望。明田汝成曾经记述已经举人中式的黄省曾（1490~1540），因慕西湖美景而放弃了一次礼部应试机会："苏州黄勉之省曾，风流儒雅，卓越罕群。嘉靖十七年当试春官，适予过吴门，与谈西湖之胜也，便辍装，不果北上，来游西湖，盘桓累月。勉之自号五岳山人，其自称于人，亦曰山人。"③错过一次考进士的礼部试，就意味着可能还要再等三年方能重试身手。徐霞客毅然

---

① 钱谦益：《徐霞客传》，《牧斋初学集》卷七一，上海古籍出版社1985年版，第1593~1594页。
② 丁文江编《徐霞客游记》卷二〇，商务印书馆1928年版，第46页。
③ 田汝成：《西湖游览志馀》卷二〇，上海古籍出版社1980年版，第371页。

决然地"走自己的路",与晚明有这样的社会背景密不可分。

南朝梁刘勰《文心雕龙·明诗》论南朝宋山水诗的兴起有所谓"庄、老告退,而山水方滋"的说法①,南朝山水诗对于魏晋玄言诗的胜利意味着文人审美趣味的转向,以枯燥的哲理入诗,远不如用韵语传达放浪形骸于山山水水的兴寄那样怡情适性。从此,模山范水遂成为旧时代文人士大夫的心灵寄托。当然这不排除游记文学中闪现出哲理的光辉或蕴含有忧国忧民的情怀,宋代王安石的《游褒禅山记》、范仲淹的《岳阳楼记》皆属古人游记文学中的优秀篇章。明代文学性灵派的崛起,与阳明心学、李贽的"异端"思维的广泛传播分不开,袁宏道、王思任、张岱等人的山水游记就是性灵文学的极致。稍前于徐霞客的王士性(1547~1598)也属于明代著名的旅行家,所不同者,为官为宦的游山玩水不必有披荆斩棘的辛苦;而徐霞客登山涉水,审美而外,地学考察是其主要目的,难能可贵与艰苦卓绝造就了一代"游圣"无与伦比的崇高地位。同是山水胜地的游历旅行,目的不同或曰兴趣有异,就会有不同的面貌呈示。清初文人王士禛曾对古往今来有山水癖好者加以简括的总结:"古来如谢康乐、宗少文辈,癖好山水者多矣。明临海王恒叔士性宦游所至,辄登临山水间,穷极幽奥,作游记数十篇。江阴徐霞客终身于游,至历绝域徼外,牧翁为作传,可谓好事者矣。予同年吴君,顺治末进士,尝游武林,宿留数月始归。予询以西湖、西溪诸名胜,曰:'皆不知也。'询其未往游之故,则大笑曰:'吾跋涉水陆二千馀里,岂为山水往耶!'予为先兄西樵言之,以为人嗜好径庭乃如此。"② 这一评价似乎没有触及上述人物"嗜好径庭"的目的性原因,因为目的的不同也会导致方法的各有千秋。英国著名科学

---

① 陆侃如、牟世金:《文心雕龙译注》,齐鲁书社1995年版,第144页。
② 王士禛:《香祖笔记》卷一,上海古籍出版社1982年版,第206页。

技术史学者李约瑟曾这样评价《徐霞客游记》:"他的游记读来并不像是17世纪的学者所写的东西,倒像是一位20世纪的野外勘测家所写的考察记录。"① 现在看来,还是一位现代外国人的评价一语中的。

山水审美与史地研究,两者既有联系又有区别。以撰写《史记》名扬天下的司马迁曾自谓:"迁生龙门,耕牧河山之阳。年十岁则诵古文。二十而南游江、淮,上会稽,探禹穴,窥九疑,浮于沅、湘;北涉汶、泗,讲业齐、鲁之都,观孔子之遗风,乡射邹、峄;厄困鄱、薛、彭城,过梁、楚以归。"② 可见古人治学,读万卷书与行万里路相辅相成,不可或缺。然而同是行万里路,托兴登临的价值取向有异,效果也不尽相同。如果通过有典型性的几位古人的比较也许更能形象地通晓古代旅行家类型的不同。以研究《水经注》著名的学者陈桥驿有《晚明三位旅行家评述》一文,文中曾对明末王士性、袁宏道(1568~1610)、徐霞客三位旅游达人进行过简略的比较与评述。他认为王士性是学术型旅行家、袁宏道是文学型旅行家,徐霞客则属于纪实型旅行家③,如此划分虽稍嫌疏阔,却言简意赅,不无道理。但若将徐霞客与稍后的顾祖禹(1631~1692)两人加以比较,也许更能深刻理解《徐霞客游记》的地理学价值之所在。顾祖禹并非仅局限于书斋写作,但其《读史方舆纪要》一百三十卷的撰述却非实地踏勘而来。这部被魏禧誉为"数千百年所绝无而仅有之书"④,堪称尽瘁顾氏毕生精力,其著述方法则是博览文献典籍,爬梳剔抉,悉据正史,考订折中,着重于山川险易与古今战守成败之迹,书写舆地因革迁替,三十年始成此三百万言之巨著。《徐霞客游记》的撰述则以实地踏勘为方

---

① 李约瑟:《中国科学技术史》第五卷上册,科学出版社1976年版,第62页。
② 司马迁:《史记》卷一三〇《太史公自序》,中华书局1982年版,第3293页。
③ 陈桥驿:《晚明三位旅行家评述》,载《徐霞客逝世360周年纪念文集》,2001年版。
④ 魏禧:《读史方舆纪要叙》,顾祖禹《读史方舆纪要》,中华书局2005年版,第1页。

法，目测足量，临危陟险，细大不捐，间事考证，时见精要之论。《四库全书总目》著录是书有云："弘祖耽奇嗜僻，刻意远游。既锐于搜寻，尤工于摹写。游记之夥，遂莫过于斯编。虽足迹所经，排日纪载，未尝有意于为文。然以耳目所亲，见闻较确。且黔滇荒远，舆志多疏，此书于山川脉络，剖析详明，尤为有资考证。是亦山经之别乘，舆记之外篇矣。"①

比较《徐霞客游记》与《读史方舆纪要》，由于撰述方法迥然不同，实在难加轩轾，唯春兰秋菊，各极一时之妍而已。但若仅以"艰苦卓绝"四字加以衡量，前者似更加难能可贵。清人潘耒《徐霞客游记序》有云："其行不从官道，但有名胜，辄迂回屈曲以寻之。先审视山脉如何去来，水脉如何分合，既得大势后，一丘一壑，枝搜节讨。登不必有径，荒榛密箐，无不穿也；涉不必有津，冲湍恶泷，无不绝也。峰极危者，必跃而踞其巅；洞极邃者，必猿挂蛇行，穷其旁出之窦。途穷不忧，行误不悔。瞑则寝树石之间，饥则啖草木之实。不避风雨，不惮虎狼，不计程期，不求伴侣。以性灵游，以躯命游。亘古以来，一人而已！"② 文中除"不求伴侣"四字与事实有较大出入外，其余论述皆极中肯，基本勾画出这位千古奇人特立独行、非同凡响的风貌。

人生道路的选择与其人生价值取向密切相关。传统儒家理念讲究"舍生取义"、"杀身成仁"，但古代读书人对于仁义的追求并非"苦行僧"的翻版。据《宋史》本传，文天祥"性豪华，平生自奉甚厚，声伎满前"，然而一旦国家危难，即"痛自贬损，尽以家赀为军费"③，最终因大势已去独木难支，被系三年，从容就义，悲壮地走完了自己取义成仁的一生。西汉司马迁遭受宫刑之辱还能维护生命的尊严，就是怀抱"成一

---

① 永瑢等：《四库全书总目》卷七一，中华书局1965年版，第629页。
② 丁文江编《徐霞客游记》卷首，商务印书馆1928年版，第1页。
③ 脱脱等：《宋史》卷四一八《文天祥传》，中华书局1977年版，第12534页。

家之言……藏之名山,副在京师,俟后世圣人君子"① 的崇高理想而勇于直面惨淡的人生。东汉伏波将军马援常以"马革裹尸"为自己人生的最终归宿,其堂弟马少游的人生观则与马援大异其趣:"士生一世,但取衣食裁足,乘下泽车,御款段马,为郡掾史,守坟墓,乡里称善人,斯可矣。致求盈馀,但自苦耳。"② 两种人生观皆有一定的代表性,未易轩轾。唐代韩愈有《送李愿归盘谷序》一文,借读书人李愿之口将"人之称大丈夫者"分为三类:一类为"遇知于天子,用力于当世者",不但有"坐于庙朝,进退百官,而佐天子出令"的威严,而且享受"曲眉丰颊,清声而便体,秀外而惠中,飘轻裾,翳长袖,粉白黛绿者,列屋而闲居,妒宠而负恃,争妍而取怜"的侍奉。第二类为"穷居而野处,升高而望远,坐茂树以终日,濯清泉以自洁"的隐士之流,晋代陶渊明就是这一类人的代表。第三类人则是"伺候于公卿之门,奔走于形势之途,足将进而趑趄,口将言而嗫嚅"③ 的势利小人,不足为训。这三类人的人生价值取向只是大略言之,其中有些人还属于迫于形势而万般无奈的选择。至于凭仗祖业馀荫,一生斗鸡走狗、花天酒地者,就更不足挂齿了。

社会的进步,物质文化与精神文化的日益丰富,令人生道路的选择也呈现出多样化态势。徐霞客探险人生的道路选择,社会因素、家境因素兼而有之,但最主要的还是其性格因素与特殊的审美情怀使然。他没有汉人张骞、班超通使西域的官方背景,也没有东晋法显西行求法与唐代玄奘天竺取经的宗教情怀,更不具备元代汪大渊航海远洋的观光色彩,徐霞客登山涉水没有任何明显的功利性目的,他只是为某种理想的实现而献身。他

---

① 司马迁:《史记》卷一三〇《太史公自序》,中华书局1982年版,第3319~3320页。
② 范晔:《后汉书》卷二四《马援传》,中华书局1965年版,第838页。
③ 韩愈:《送李愿归盘谷序》,余冠英等主编《唐宋八大家文集》,国际文化出版公司1997年版,第187页。

执著而坚韧的精神来源,当发自异乡漂泊中一种特殊审美感受,远非常人所能体味。现代诗人海子有一首著名的短诗《日记》:"姐姐,今夜我在德令哈,夜色笼罩/姐姐,我今夜只有戈壁//草原尽头我两手空空/悲痛时握不住一颗泪滴/姐姐,今夜我在德令哈/这是雨水中一座荒凉的城//除了那些路过的和居住的/德令哈……今夜/这是唯一的,最后的,抒情/这是唯一的,最后的,草原//我把石头还给石头/让胜利的胜利/今夜青稞只属于她自己/一切都在生长/今夜我只有美丽的戈壁　空空/姐姐,今夜我不关心人类,我只想你。"① 这首诗没有华丽的词藻与矫情的抒怀,只用怯弱而稚拙的孩子口吻向一位莫须有的"姐姐"低声倾诉,却因情真意切而异常感人。这是 1988 年 7 月 25 日诗人海子乘火车去西藏,经过青海省的德令哈市时写下的短章。虽有时代的隔膜,但低吟海子的这首诗,对于体味徐霞客异乡揽胜的审美情怀或许有只可意会、难以言传的助益。

有"中国的托马斯"、"当代徐霞客"之称的现代传奇人物余纯顺(1951~1996),自 1988 年 7 月 1 日起开始孤身徒步行走全中国,八年间跋山涉水,风餐露宿,足迹踏遍 23 个省市自治区的土地,寻访过 33 个少数民族主要聚居地,曾因其创下人类史上第一个孤身徒步考察"世界第三极"——青藏高原的纪录而震惊海内外。他的旅行日记沿途加盖有 1500 多个邮戳,完成了 59 个探险项目,总里程达 42000 千米有余,写下了上百万字的科考记录与日记。同属自费旅行,余纯顺家境远不如四百多年前的徐霞客优裕;至于独自一人徒步穿越戈壁,不断挑战生命的禁区,余纯顺相较徐霞客似乎又有所超越,他把全部生命都投入于一种壮丽的精神追求之中。1996 年 6 月 13 日,这位战胜平庸、超越古人的独行侠终于永远

---

① 海子:《日记》,《那幸福的闪电:海子经典抒情短诗精选》,湖南文艺出版社 2013 年版,第 135~136 页。

倒在了穿越新疆罗布泊的探险途中。小行星83600号,发现于2001年9月25日,即以余纯顺命名,他不同寻常的生命历程将与宇宙同辉!

徐霞客的游记内容丰富,徐霞客的事业后继有人,徐霞客的精神将光照未来!

二

论者一般将徐霞客一生壮游行迹分为前后两期,前期从霞客二十一岁开始直到其五十岁左右,历时近三十年;后期之游只有一次,历时将近四年,以今浙江、江西、湖南、广西、贵州、云南六省为主,尤以后三省即祖国西南一带的旅行探险最引人瞩目。

徐霞客前期之游的足迹遍及今江苏、浙江、安徽、山东、河南、河北、北京、陕西、山西、江西、福建、广东、湖北等十三个省市,但仅留下17篇日记,被学者称为"名山游记"。这些名山游记依次为:游历今浙江的《游天台山日记》(1613年5月),《游雁宕山日记》(即雁荡山,1613年5月),游历今安徽的《游白岳山日记》(即齐云山,1616年3月)、《游黄山日记》(1616年3月),游历今福建的《游武彝山日记》(即武夷山,1616年4月),游历今江西的《游庐山日记》(1618年10月),游历今安徽的《游黄山日记后》(1618年10月),游历今福建的《游九鲤湖日记》(1620年6月),游历今河南的《游嵩山日记》(1623年3月),游历今陕西的《游太华山日记》(即华山,1623年4月),游历今湖北的《游太和山日记》(即武当山,1623年4月),游历今福建的《闽游日记前》(1628年3~5月)、《闽游日记后》(1630年8~9月),游历今浙江的《游天台山日记后》(1632年5月、6月)、《游雁宕山日记后》(1632年6月),游历今山西的《游五台山日记》(1633年9月)、《游恒山日记》（1633年9月）。

徐霞客后期之游的足迹从今江苏、浙江起步，历经今江西、湖南、广西、贵州与云南，依次为《浙游日记》一篇（1636年10~11月），《江右游日记》一篇（1636年11月~1637年2月），《楚游日记》一篇（1637年2~5月），《粤西游日记》四篇（1637年5月~1638年5月），《黔游日记》两篇（1638年5~6月），《滇游日记》十三篇（1638年6月~1939年10月）。崇祯十二年九月十五日（1639年10月11日）以后，徐霞客的日记即告绝笔。此后三个月，徐霞客应云南丽江府纳西族土知府木增之邀，一度在鸡足山悉檀寺创修《鸡足山志》，其间足疾发作，日渐严重，不良于行。崇祯十三年（1640）正月，木增特意派遣滑竿护送徐霞客踏上归途，又经湖北黄冈乘舟东下，辗转半年，终于在当年六月间回到家乡江阴。第二年正月，徐霞客寿终正寝，享年五十五岁。

徐霞客前期之游，除前、后两篇《闽游日记》外，其他15篇皆属于古今名山的专题游记，因而较受一般读者的垂青。其实在今所遗存的将近63万字的《徐霞客游记》中，其前期17篇游记大约仅5万字，不足现存游记文字的8%。这一期间，霞客因其老母在堂加之儿女尚幼，遵从"父母在，不远游"的古训，出游皆较短暂，少则十天半月，多则月馀，最长不超过三个月。天启五年（1625）九月，其母王孺人卒，九年以后，其长子徐屺、次子徐岘陆续成家，即古人所谓"向平愿了"，而这时的徐霞客年已半百，时不我待，这位"游圣"终于从崇祯九年（1636）九月开始其将近四年之久的"万里遐征"。徐霞客西南之旅共遗存游记22篇，且篇篇文字皆长于前期游记的各篇，共约58万字，占现存游记文字的92%；特别是《滇游日记》十三篇，字数共约25万字，占全部《游记》篇幅的40%！若仅从文学角度考察，霞客前期游记似乎更有动人的魅力，这与"名山"对一般读者的吸引力密切相关。但若从地学等科学角度考察，霞客后期游记的学术价值更高。

徐霞客以日纪游，多属于有备之作，每游一地，都事先或事后做足功课，翻检当地方书地志，以为先导或印证，其万里遐征中尤为如此，如记述作者为求得《广西府志》而专候数日。《滇游日记二》崇祯十一年（1638）八月初七日日记："余作书投署府何别驾，求《广西府志》。是日其诞辰，不出堂，书不得达。"① 又如《滇游日记十》崇祯十二年（1639）五月初四日日记："参府令门役以《州志》至。方展卷而李君来候。"又同上初九日日记："大雨，复不成行，坐李君家录《腾志》。"② 这是徐霞客为腾冲探险而阅览《腾州府志》的实录。在 20 世纪 20 年代以前，人们多将《徐霞客游记》视为一部优秀的文学著作，随着社会的进步，科学昌明，人们终于发现这部游记的科学价值在古代典籍中几乎无与伦比。游记中作者对于山岳地貌、流水地貌、火山地貌、冰缘地貌、丹霞地貌、岩溶地貌的准确描述与探索，特别是对于岩溶地貌如石笋、钟乳、仙人田、落水洞、干谷、石芽、溶沟、竖井、盲谷、盘洼、穿山、岩溶泉等诸多形态的精确记述，皆大大领先于国外有关喀斯特地貌的探索历程，学者相关评论甚多，这里不再赘言。《滇游日记十一》崇祯十二年（1639）七月初九日日记，探讨永昌府（今云南保山）水帘洞外岩溶地貌石钟乳的另一种成因："崖间有悬干虬枝，为水所淋滴者，其外皆结肤为石。盖石膏日久凝胎而成，即片叶丝柯，皆随形逐影，如雪之凝，如冰之裹，小大成象，中边不欹，此又凝雪裹冰，不能若是之匀且肖者。"③ 作者观察细致，可见一斑。

《徐霞客游记》并非纯粹的游历山水之作，其中还蕴含了作者深沉的

---

① 徐弘祖：《徐霞客游记》卷五上，上海古籍出版社 2016 年版，第 349 页。
② 徐弘祖：《徐霞客游记》卷九上，上海古籍出版社 2016 年版，第 510、515 页。
③ 徐弘祖：《徐霞客游记》卷九下，上海古籍出版社 2016 年版，第 532 页。

家国之思。《粤西游日记四》崇祯十一年（1638）三月初九日日记记述广西庆远府民生艰难状况，作者有痛彻心扉之语："城内外俱茅舍，居民亦凋敝之甚，乃粤西府郡之最疲者。或思恩亦然。闻昔盛时，江北居民濒江瞰流亦不下数千家，自戊午饥荒，蛮贼交出，遂鞠为草莽，二十年未得生聚，真可哀也。"① 蒿目时艰，关心民瘼，悲伤之情溢于言表。徐霞客作为一位正直的读书人，在以其双足丈量祖国山山水水的同时，"位卑未敢忘忧国"，对于日蹙的国势深感不安，体现了传统儒家"先天下之忧而忧"深沉的忧患意识。《滇游日记一·随笔二则》中第一则记录沐氏勋贵家族的飞扬跋扈，入木三分。作者所记述者与清人所撰《明史》的相关内容近似，可见当时问题的严重性非同小可。沐府为了家族特权的传之久远，也付出了昂贵的代价。宋夫人毒死其亲生子的人伦惨剧的发生，所谓"人作孽，不可活"，"多行不义必自毙"，其警示作用当不仅限于一朝一代，从古至今，概莫能外！《随笔二则》中第二则所记述者，不仅是有明一代西南民族矛盾的反映，更重要的是半奴隶制与封建制两种社会制度的冲突。徐霞客敏感地捕捉到隐藏于云南少数民族民间的这一动向，其《滇游日记二》崇祯十一年（1631）八月二十八日日记有云："土司糜烂人民，乃其本性，而紊及朝廷之封疆，不可长也。诸彝种之苦于土司糜烂，真是痛心疾首，第势为所压，生死惟命耳，非真有恋主思旧之心，牢不可破也。其所以乐于反侧者，不过是遗孽煽动。其人不习汉语，而素昵彝风，故勾引为易。而遗孽亦非果有殷之顽、田横之客也，第跳梁伏莽之奸，藉口愚众，以行其狡猾耳。"② 议论可谓一针见血，洞见症结！至于《随笔》第二则中"此方人人没齿无怨言，不意一妇人威略乃尔"的议

---

① 徐弘祖：《徐霞客游记》卷四上，上海古籍出版社2016年版，第297页。
② 徐弘祖：《徐霞客游记》卷五上，上海古籍出版社2016年版，第361~362页。

论①，更是哀其不幸，怒其不争的慨叹！云南从天启间贵州、四川的"奢安之乱"一直到崇祯间云南的"沙普之乱"，两者有着直接的联系，底层百姓遭受兵燹之厄，痛苦万分，难以名状，究其始作俑者，正是明廷"以夷治夷"的失败政策使然。

《徐霞客游记》有关文学书写的梳理，对理解作者的写作风格与真情表达至关重要，不可或缺。《游嵩山日记》天启三年（1623）二月二十日日记："水行其中，石峙于上，为态为色，为肤为骨，备极妍丽。不意黄茅白苇中，顿令人一洗尘目也。"②所谓"黄茅白苇"，无非连片生长的黄色茅草或白色芦苇，似无深意，但若明其所本，则意象全出。四字源于宋苏轼《答张文潜书》："王氏欲以其学同天下。地之美者，同于生物，不同于所生。惟荒瘠斥卤之地，弥望皆黄茅白苇，此则王氏之同也。"③徐霞客在此的文学书写属于文字"藏头"手法的运用，这显然是对中原一带土地较为瘠薄的含蓄表达。

《游记》中常用"芙蓉"二字喻山，如《游庐山日记》万历四十六年（1618）八月二十二日日记："惟双剑崭崭众峰间，有芙蓉插天之态。"④清同治《德化县志》卷七《地理·古迹》："双剑峰，在府治城南龙门西，形势插天，宛如双剑，与县治正对。"显然，芙蓉在日记中比喻庐山双剑峰形如利剑插天。以芙蓉喻剑，语本汉袁康《越绝书》所载越王句践有宝剑名"纯钩"，相剑者薛烛以"手振拂，扬其华，捽如芙蓉始出"⑤。

---

① 丁文江编《徐霞客游记》卷九，商务印书馆1928年版，第9页。
② 徐弘祖：《徐霞客游记》卷一下，上海古籍出版社2016年版，第20页。
③ 苏轼：《答张文潜书》，余冠英等主编《唐宋八大家文集》，国际文化出版公司1997年版，第3461页。
④ 徐弘祖：《徐霞客游记》卷一上，上海古籍出版社2016年版，第15页。
⑤ 俞纪东：《越绝书全译》卷一一《越绝外传记宝剑》，贵州人民出版社1996年版，第220页。

《游雁宕山日记》万历四十一年（1613）四月十一日日记："登盘山岭。望雁山诸峰，芙蓉插天，片片扑人眉宇。"①《游雁宕山日记后》崇祯五年（1632）四月二十八日日记："西南云雾中，隐隐露芙蓉一簇，雁山也。"②上两例之"芙蓉"，也显然皆是用利剑的隐喻来形容插天的山峰。然而《游太华山日记》天启三年（1623）二月三十日日记："行二十里，忽仰见芙蓉片片，已直造其下，不特三峰秀绝，而东西拥攒诸峰，俱片削层悬。"③这里的"芙蓉"则是以荷花或莲花的别名出现的，当为形容华山西峰即莲花峰或称芙蓉峰的山峰形状，与利剑之喻明显无关。另有明袁宏道《华山后记》可证："西峰最幽奥，石态生动，有石叶如莲瓣，覆崖巅，其下有龟却立，昂首如欲行，盖叶上物也，是即所谓莲花峰矣。"④

化用古人诗句或相关掌故以传达自己的内心情感，也是《徐霞客游记》文学书写的技法之一。《滇游日记八》崇祯十二年（1639）三月十二日日记："踞石坐潭上，不特影空人心，觉一毫一孔，无不莹澈。"⑤所谓"影空人心"，意谓潭水令人心旷神怡。语本唐常建《题破山寺后禅院》诗颈联："山光悦鸟性，潭影空人心。"⑥只有明其出处，方能深刻体会霞客此间行文之妙。又如《粤西游日记二》崇祯十年（1637）八月十五日日记："时州守为吾郡诸楚馀（名士翘），有寄书者，与郁林道顾东曙家书俱置箧中，过衡州时为盗劫去。故前在郁，今过横，俱得掉头而去。若造物者故藉手此盗，以全余始终不见之义，非敢窃效殷洪乔也。"⑦按殷羡，字

---

① 徐弘祖：《徐霞客游记》卷一上，上海古籍出版社2016年版，第3页。
② 徐弘祖：《徐霞客游记》卷一下，上海古籍出版社2016年版，第37页。
③ 徐弘祖：《徐霞客游记》卷一下，上海古籍出版社2016年版，第23页。
④ 钱伯城：《袁宏道集笺校》卷五一，上海古籍出版社1981年版，第1471页。
⑤ 徐弘祖：《徐霞客游记》卷八上，上海古籍出版社2016年版，第472页。
⑥ 《全唐诗》卷一四四，中华书局1960年版，第1461页。
⑦ 徐弘祖：《徐霞客游记》卷三下，上海古籍出版社2016年版，第226页。

洪乔，陈郡长平人，东晋官员，官至豫章太守、光禄勋。南朝宋刘义庆《世说新语·任诞》："殷洪乔作豫章郡，临去，都下人因附百许函书。既至石头，悉掷水中，因祝曰：'沉者自沉，浮者自浮，殷洪乔不能作致书邮。'"① 若不明"窃效殷洪乔"的出处，徐霞客行文幽默的特点即被完全湮没。此外如《滇游日记一·游颜洞记》"余一至滇省，每饭未尝忘钜鹿也"，语本《汉书·冯唐传》；《游黄山日记后》"石块丛起则历块"，《滇游日记八》崇祯十二年（1639）三月十二日日记中"历块"，皆是行进艰难的意思，有自我调侃的意味，语本《汉书·王褒传》。搞清楚徐霞客文学书写的技法对于体味其日记的文字妙趣不可或缺。

三

《徐霞客游记》在作者生前没有整理成书，随之明清易代，兵连祸结，导致原稿残缺错简，加之辗转抄录，颇易致误。《徐霞客游记》首次付梓刊行，已在作者逝世一百三十五年之后，是为清乾隆四十一年（1776）刻本，简称乾隆本，系霞客族孙徐镇根据杨名时、陈泓的校本刊刻。嘉庆十三年（1808）又有叶廷甲重校本《徐霞客游记》刊行，补编了徐霞客及与友人酬唱的若干诗文。丁文江（1887~1936），字在君，江苏泰兴人，为我国近代地学奠基人之一，他整理的《徐霞客游记》二十卷是近现代最具代表性的标点整理本，其底本系据叶廷甲本，1928年上海商务印书馆出版。商务本附有丁文江所编《徐霞客先生年谱》及有关作者生平的诸多材料（外编），并编绘徐霞客旅行路线图三十六幅。此后又有集团图书公司印本、扫叶山房印本、《万有文库》本与《国学基本丛

---

① 余嘉锡：《世说新语笺疏》，中华书局1983年版，第746页。

书》本《徐霞客游记》，要不出其范围。随着原藏于邓之诚先生处的徐建极（1634~1692，徐霞客之孙）钞本、原藏于国家图书馆的季会明钞本的陆续发现（后者题为《徐霞客西游记》），上海古籍出版社于1980年出版褚绍唐、吴应寿整理的《徐霞客游记》十卷（各分上下），即分别以乾隆本（卷一上下、卷四下至卷十上）、季会明钞本（卷二至卷四上）为底本，而校以徐建极钞本等不同《游记》本，人名、地名皆标有专名线。上古本所收日记比旧刊本多出156天，字数多出14万字，是目前最为完善的《徐霞客游记》。上古本于1987年以后又多次重版再印，并有改正增订；2016年6月上海古籍出版社出版国学典藏本《徐霞客游记》，横排简体，仍于人名、地名下标有专名线，删去原版卷十下的"附编"与《徐霞客年谱》等部分，又改正一些讹误。本选本即以此国学典藏本为底本选录游记，删去正文中作校勘标记之用的六角括号。

1985年，云南人民出版社出版朱惠荣《徐霞客游记校注》，是为国内第一部全注本，校勘则与上古本大同小异；此后云南人民出版社于20世纪90年代又先后两次出版朱惠荣《徐霞客游记校注》增订本。贵州人民出版社1997年出版朱惠荣等《徐霞客游记全译》，是为国内第一部全译本；贵州出版集团于2008年又出版该本的修订本。台北三民书局2002年出版黄珅《新译徐霞客游记》，也有注释。中华书局2015年出版朱惠荣、李兴和译注《徐霞客游记》，纳入该社《中华经典名著全本全注全译丛书》，影响更大。此外，20世纪80年代以后，诸多出版社还出版了不少《徐霞客游记》的选本，各有千秋，此处不详论。目前研究《徐霞客游记》，自以上古本与中华本最为权威，两者对于"徐学"研究的贡献有目共睹。

目前，"徐学"研究在国内已有相当规模，这与20世纪20年代以后丁文江、竺可桢、谭其骧、侯仁之、陈桥驿等著名学者的巨大努力分不开。1993年7月10日在北京成立了全国性民间学术团体中国徐霞客研会。嗣后，云南省、浙江省、江苏省乃至一些市县也先后成立了徐霞客研究会，有力地推动了徐学的发展。特别是在"重走霞客路"口号的感召下，地方上涌现出一批"徐学"的"粉丝"，其中不乏极有素养的文化工作者，他们或撰文出书，或在互联网上书写"博客"，解决了《游记》中许多有关地名或山峰位置不清的问题。至于一些地理、地貌以及语言学研究者相关论文的发表，为我们更进一步认识《徐霞客游记》的价值所在提供了依据。英国、法国、美国、韩国等海外友人也不乏徐霞客研究者，在中国传统文化走向世界的进程中，"徐学"也无疑名列前茅。

然而不容否认的是，"徐学"中还有不少问题亟待解决，甚至某些标点断句也存在异议。如《游五台山日记》中，作者转述北台灵应寺僧人石堂的话："北台之下东台西中台中南台北有坞曰台湾此诸台环列之概也。"所谓"台湾"即"台怀"（今台怀镇），反映了作者吴方言"影匣不分"的语音特点，论者早有指出，此处不论。中华本标点："北台之下，东台西，中台中，南台北，有坞曰台湾，此诸台环列之概也。"[①] 这一断句与丁文江本同，读来如绕口令，让读者一头雾水。上古本标点："北台之下，东台，西中台，中南台，北有坞曰台湾，此诸台环列之概也。"[②] 从五台山五个台的相互位置而论，中台与南台基本处于南北连线上，中台与东台则基本处于东西连线上，三个台恰成一近似的等边三角形，环峙台怀镇，而北台与西台则在南北连线与东西连线之外，不直接与台怀镇发生关系。徐霞客地理方位感极强，故借僧人之口言简意赅地道出"环列之概"，显然后者标点是。又如《滇游日记八》崇祯十二年（1639）

[①] 朱惠荣、李兴和译注《徐霞客游记》（全本全译全注丛书），中华书局2015年版，第242页。

[②] 徐弘祖：《徐霞客游记》卷一下，上海古籍出版社2016年版，第43页。

三月十一日日记:"迤逦从邓川之卧牛、溪始,而北尽于天马。"① 上古本将"卧牛溪"下加专名线连标,认为是溪水名,误。卧牛,即卧牛山,位于今云南洱源县邓川镇西部偏南;溪始,即溪始山,位于弥苴佉江(今云南洱源县东弥苴河)上大石梁桥的正西方。本日记初十日日记:"钟山峙桥西北,溪始峙桥正西,盖钟山突而东,溪始环而西。溪始之上,有水一围,汇绝顶间,东南坠峡而下,高挈众流之祖,故以'溪始'名。"② 此可为本证。中华本标点不误。本选本虽以上古本为底本注评,但标点特别是逗号、句号与分号等的用法并不尽依底本。如《游太和山记》中有"平台十八盘"、"八仙罗公院"之称谓,上古本、中华本以及诸多选注本,皆不点断,实则前者谓平台庙与上、下十八盘两处景观,后者谓八仙观与罗公院(罗公岩)两处景观,皆当点开为宜。

选注《徐霞客游记》,遇到标点以外的困难即文本的校读问题。作者家乡江阴属于吴方言区,徐霞客走南闯北中,《日记》因当地地名发音致讹,并不罕见。对此,论者或注家已经指出一些:如《游天台山日记后》中"江司陈氏",当系"张思陈氏"的音讹。《游太华山日记》中"蜀西楼"当系"梳洗楼"音讹,反映了吴方言"阴入对转"的语音特点。今商南县东南隅荆紫关街北十里,有梳洗楼村,地处今陕西、河南两省交界处。《粤西游日记一》记述阳朔"水绿村",当即今"水洛村",位于螺蛳岩以南鲤鱼翅的东南方,在漓江"U"形转弯处的东南岸。"绿"、"洛",当系音讹,也反映了作者吴方言的语音特点。至于吴方言"王"、"黄"不分,更是自唐以来即如此,尽人皆知,《游五台山日记》中地名"黄葵",即系音

---

① 朱惠荣、李兴和译注《徐霞客游记》(全本全译全注丛书),中华书局 2015 年版,第 2326 页。

② 徐弘祖:《徐霞客游记》卷八上,上海古籍出版社 2016 年版,第 468 页。

讹,当作"王快",即王快镇,位于明阜平县东南五十里,今河北阜平县平阳镇有王快村。该篇日记中又误"塔子铺"为"太子铺",也系吴方言"阴入对转"语音特点的反映,并非古今地名变迁使然。按塔子铺,位于今河北阜平县西北,在382省道北侧。

  本选本在文本校读中亦有当今论者尚未指出者,如《游黄山日记》中之"虎岭",当系"阜岭"之音讹。清道光《休宁县志》卷一《山川》:"阜岭,在县北六十里,界于歙,登其巅,黄山诸峰如在目前。凤凰诸山,皆其支也。"民国《歙县志》卷一《舆地志·山川》:"黄山之西南支为歙、休交界之天马山脉,其山曰阜岭,为休、歙界山,登其巅,黄山诸峰如在目前。"与《游记》所记述者略同。至于《游白岳山日记》误"辅岩"为"傅岩",则非作者音讹所致,而是沿袭前人音讹之误。明黄汝亨《游白岳记》:"棋盘石,石如菌芝,下窄上敞,可坐数十人。与诸生共坐石上,道士复以樽罍进,共浮白浸醉,纵观诸山,则傅岩前峙,而后踞者为观音岩。坐此则神超气静,尘嚣俱绝,又成一境界矣。"① 傅岩,有关方志未见著录,或为"辅岩"之音讹,明鲁点《齐云山志》卷一即著录辅岩。可见,徐霞客正是沿袭黄汝亨文之讹称傅岩。《游黄山日记》记述黄山汤泉有云:"黄贞父谓其不及盘山,以汤口、焦村孔道,浴者太杂遝也。"② 黄贞父,即黄汝亨(1558~1626),字贞父,号寓庸,钱塘(今浙江杭州)人,较徐霞客年长近三十岁。黄汝亨《游黄山记》:"寺前为汤池,人浮一白,以次解衣浴汤池中。汤气涤疴疏理,浴者都爽,谢武

---

① 黄汝亨:《寓林集》卷一〇《游白岳记》,《续修四库全书》集部第1369册,上海古籍出版社2002年版,第122页。
② 徐弘祖:《徐霞客游记》卷一上,上海古籍出版社2016年版,第7页。

林、冯开之两公尤称。而余从盘山汤泉中浴来,澄泓香冽,尚胜之耳。"① 可见,徐霞客对黄汝亨的文章极其熟稔,故能运用之妙,存乎一心。

《楚游日记》崇祯十年(1637)正月二十八日日记:"盖自马迹南五里孟公坳分衡阳、衡山界处,其水北下者,即由白高下一殡江,南下者,即由沙河下草桥,是孟公坳不特两县分界,而实衡山西来过脉也。"② 一殡江,未详所指,当因音讹兼形讹致误。殡,《康熙字典》、《中华大字典》与今《汉语大字典》皆未收录此字。一殡江,似因衡阳方言关系先音讹"易俗江"为"一锁江",后又因日记转相抄录,行书偏旁"金"形讹为"歹",生造出一个怪字。若然,则当指湘江支流涓水。涓水,位于今湖南湘潭县西,一名易俗水。清顾祖禹《读史方舆纪要》卷八〇《湖广六·湘潭县·湘江》:"涓水,在县西南十里,一名易俗水。源自南岳山,北合数溪流入县界,经龙口东流入湘江。"③ 可以为证。

值得称道的是,互联网有关"博客"也可以解决《徐霞客游记》中的一部分模糊不清的地名问题。《游太和山日记》天启三年(1623)三月十一日日记:"登仙猿岭。十馀里,有枯溪小桥,为郧县境,乃河南、湖广界。东五里,有池一泓,曰青泉,上源不见所自来,而下流淙淙,地又属淅川。盖二县界址相错,依山溪曲折,路经其间故也。"④ 仙猿岭,方志未见著录,据互联网署名"武当官方旅游助手"博客称,此岭位于今湖北十堰市郧阳区、河南淅川县交界处,当地人称猴山或猿岭,是一座人

---

① 黄汝亨:《寓林集》卷一〇《游黄山记》,《续修四库全书》集部第1369册,上海古籍出版社2002年版,第118页。
② 徐弘祖:《徐霞客游记》卷二下,上海古籍出版社2016年版,第97页。
③ 顾祖禹:《读史方舆纪要》卷八〇《湖广六·湘潭县·湘江》,中华书局2005年版,第3755页。
④ 徐弘祖:《徐霞客游记》卷一下,上海古籍出版社2016年版,第25页。

迹罕至的荒山。山不高,也不陡峭。从淅川县滔河乡喻家沟村通过一条小路翻越猴山行十馀里,即可达十堰市郧阳区谭山镇乌峪村。旧时这里为陕西香客朝拜武当山的必经之路。所谓"枯溪",据上引博文,即乌峪河,宽约5米,长2.5千米,今仍为干河,属于喀斯特岩溶地貌中的"干谷"地貌——即因地壳上升,从前的地表河降而为地下河,原地表的河床干涸而形成"干谷"。附近的乌峪村即因此干谷而得名。《滇游日记六》崇祯十二年(1639)正月二十四日日记记述云南鹤庆境内干谷地貌:"松桧之南,山盘大壑而无水,沟涧之形,似亦望东南去。"① 可作旁证。所谓"青泉",据上引博文,当作"清泉",当地人称为老龙泉,为直径12米、水深4米左右的泉池。泉池位于今河南淅川县滔河乡清泉村,泉侧今存有明正德间所立《清泉碑记》石碑,高约2.5米。一篇博客竟然解决了三个问题,应当受到重视。

  地方文化学者的有关图书或文章,借助互联网也可以轻而易举地搜索到,对于注释《徐霞客游记》至关重要。《游雁宕山日记后》崇祯五年(1632)五月初四日日记:"又二里,渐闻水声,则大龙湫从卷崖中泻下。水出绝顶之南、常云之北,夹坞中即其源也。"② 当地学者阮伯林先生指出:"根据上下文内容,这里的'大龙湫'应是龙湫背上的'上龙湫',这个错误可能是整理《徐霞客游记》的人因不知道有'上龙湫'之名而改写出来的,徐霞客自己则不可能有这个错误。"③ 今知雁荡山主峰"百岗三尖",乃清乾隆以后所命名。所谓"夹坞",谓山顶上的较低平处。阮伯林认为,联系前后"绝顶"之称谓,这里当指"百岗三尖"中的白

---

① 徐弘祖:《徐霞客游记》卷七上,上海古籍出版社2016年版,第441页。
② 徐弘祖:《徐霞客游记》卷一下,上海古籍出版社2016年版,第39页。
③ 阮伯林编注《雁荡山古代游记选》,西藏人民出版社2005年版,第126页。

云尖与百岗尖的山坞,当时"三尖"尚未命名,故含混称之①。

《徐霞客游记》中也有作者因自己一时疏漏而造成错讹的问题。《游五台山日记》记述台怀有马跑泉与马跑寺,按《游记》所记方位及里程,此处当即今所称之龙泉寺,位于五台山台怀镇西南5千米的九龙岗山腰,在万佛洞以北偏西,始建于宋代,原为杨家将的家庙,明代嘉靖间曾加整修。寺东侧有一眼清澈的龙泉,龙泉寺亦因此得名。然而根据明释镇澄《清凉山志》,明代五台山台怀镇内及其附近计有佛刹六十八处,并无有关马跑寺及马跑泉之著录,亦无龙泉寺之著录。该书卷二所著录之龙泉寺则另有其处,即在东台外与阜平县交界的旧路岭一带。长城岭东侧的阜平县西境有龙泉关,马跑寺与马跑泉恰在其附近。徐霞客游览五台山路线涵盖龙泉关与长城岭,而事后于无意中又张冠李戴,错将龙泉关附近的马跑寺与马跑泉一同位移至五台山九龙岗,造成讹误。值得一提的是,五台山龙泉寺是清代以后逐渐知名的,特别是民国间精雕石牌楼的树立以及山门外一百零八级台阶的建置,更令这座龙泉寺驰名海内。或许明末此处的杨氏家庙尚无正式寺名,故令徐霞客的记述发生混淆。或谓此处所记马跑泉与马跑寺乃清凉泉与古清凉寺之讹写,似非。

《徐霞客游记》提及的一些著名的植物或景观,如黄山的扰龙松与衡山的飞来船,今天皆已不存,令读者通晓其前世今生实为必要。以扰龙松为例,《游黄山日记》万历四十四年(1616)二月初七日日记:"坞半一峰突起,上有一松,裂石而出,巨干高不及二尺,而斜拖曲结,蟠翠三丈馀,其根穿石上下,几与峰等,所谓'扰龙松'是也。"②扰龙松,又称

---

① 阮伯林:《雁山片石·曾造雁山绝顶百岗尖——徐霞客在雁山一段被人忽视的游踪》,香港天马图书有限公司2002年版,第71~72页。

② 徐弘祖:《徐霞客游记》卷一上,上海古籍出版社2016年版,第8页。

帝松,名列黄山七大名松之首。原松植根于始信峰与狮子峰之间的山谷散花坞中一巨石上,石与松融合为一。据今黄山风景区管理委员会李金水先生等《黄山扰龙松考》一文,记述扰龙松于万历四十一年(1613)始由吴郡文人黄习远命名,载于明潘之恒《黄海》:"由散花坞鸟道历二阜,见巨石屏立,上平如砥,一松高仅三尺,广覆盈亩,下视曲干撑石崖而出,殆长数仞,盖自上而下生,石为中裂以容合抱,其蜿蜒樛结,蛟舞虬偃,不足拟之,故题以'扰龙'云。"① 该文认为这是第一代扰龙松,并谓此松于清乾隆十二年(1747)前已枯死。此后巨石上又生一松,耸于岩尖,是为第二代扰龙松,形态与前者不同,即近人所谓"笔峰"或"梦笔生花"景观。此松又于1982年枯死,2004年3月黄山园林部门又为笔峰成功移植另一棵松树,堪称第三代扰龙松。然而考清刘大櫆撰于乾隆二十九年(1764)的《游黄山记》,对扰龙松仍有如下记述:"散花坞亦千峰排列壑底……而一峰拔壑而起,独立无倚,可十丈,有松焉,其根长二丈馀,蜿蜒出走,未知其干所在,循峰右转,则见峰有裂罅,而松于罅中直上达顶,露其半,可窥,更旁裂一石,乃屈曲蟠结于峰顶之四周,而横曳一枝复下垂者,其长犹三丈,名其松曰扰龙。"② 此文可证所谓"第一代扰龙松"于清乾隆中仍健在,枯死时间当在清末叶。

诸如扰龙松一类极为有趣的问题,在《徐霞客游记》中在所多有,作者笔下的木胆、优昙树、蛱蝶树、龙女树、扶留藤等,林林总总,皆能引来读者的关注,凸显了云南植被品类的丰富多彩。山茶花、杜鹃花与花红,虽并非滇地所独有的植物,但因地域气候关系,仍保留许多有别于其他产地品种的特征。《游记》中有关岩溶地貌的记述更能引人入胜,若在注释中参考

---

① 李金水等:《黄山扰龙松考》,载《徽州社会科学》2013年第8期。
② 刘大櫆:《刘大櫆集》卷九《游黄山记》,上海古籍出版社1990年版,第287~288页。

有关学者的地学研究成果，并以《游记》中有关联的记述相互印证，就如作者在《游记》中描述某一景观而有意前后对照呼应一样，这对于提高《游记》的认识价值当有事半功倍之效。

  本选本注释中尽量多引用相关方志稗乘或正史材料，并尝试用清顾祖禹《读史方舆纪要》佐证《徐霞客游记》，同时注意引证霞客前人、同时人或后人游记中的材料，以令读者有所比照参考，加深印象。总之，"知之为知之，不知为不知"，本选本遇到《游记》中地名方位不清时，概以"位置不详"为释，以便给方家留下进一步辨识的乐趣。"评析"作为对"注释"的一种补充，以俾读者全面把握一篇游记的宗旨所在。《徐霞客游记》内容丰富，是一部百科全书式的日记，一人之力自难面面俱到，不足之处，尚祈读者教正。

赵伯陶
2017 年 3 月

目 录

游天台山日记 ······································· 1
游雁宕山日记 ······································· 25
游白岳山日记 ······································· 47
游黄山日记 ··· 64
游武彝山日记 ······································· 89
游庐山日记 ··· 118
游黄山日记后 ······································· 147
游九鲤湖日记 ······································· 162

（以上选自卷一上）

游嵩山日记 ··· 186
游太华山日记 ······································· 227
游太和山日记 ······································· 251
闽游日记后（节选游浮盖山）························· 281
游天台山日记后 ····································· 298
游雁宕山日记后 ····································· 323

游五台山日记 ·· 352

游恒山日记 ·· 375

（以上选自卷一下）

浙游日记（节选游金华兰溪溶洞）············· 397

江右游日记（节选游武功山）······················ 419

（以上选自卷二上）

楚游日记（节选游衡山）······························ 439

（以上选自卷二下）

粤西游日记一（节选游桂林漓江阳朔）····· 472

（以上选自卷三上）

黔游日记一（节选游白云山）······················ 504

（以上选自卷四下）

滇游日记一 ·· 532
  游太华山记 ·· 532
  滇中花木记 ·· 552
  游颜洞记 ·· 557
  随笔二则 ·· 567

（以上选自卷五上，另补两篇）

滇游日记八（节选游点苍山） ……………………………… 590

（以上选自卷八上）

滇游日记九（节选游石房洞山云岩山） …………………… 625

（以上选自卷八下）

后　记 ………………………………………………………… 643

游天台山日记① 浙江台州府②

癸丑之三月晦③　自宁海出西门④。云散日朗,人意山光⑤,俱有喜态。三十里,至梁隍山⑥。闻此地於菟夹道⑦,月伤数十人,遂止宿。

[注释]

①天台(tāi)山:位于今浙江省中东部,地处宁波、绍兴、金华、温州四市的交界地带,在今台州市天台县北,主峰华顶峰(或称华顶山),海拔1110米,由花岗岩构成,多悬岩、峭壁、瀑布。清顾祖禹《读史方舆纪要》卷九二《浙江四·台州府》:"天台山,县北三里。一名桐柏山,亦名大小台山,以石桥大小得名……《山经》:'天台超然秀出,入山者路由福溪,水险而清,前有石梁,下临绝涧,逾梁而上。攀藤梯壁,始得平路,其诡异奇秀,非记载所能尽也。'今在县北者曰赤城山,土皆赤色,状似云霞,俨如雉堞,孙绰所云'赤城霞起而建标'者。西有玉京洞,道书以为第六洞天。"此地为我国佛教天台宗的发源地,有华顶寺与国清寺等古刹。1995年《天台县志》第三编《天台山·自然景观》:"天台山(包括大雷山的一部分)'顶对三辰,或曰当牛、女之分,上应台宿,故名'(见《十道志》)。其主要山峰有赤城山、桐柏山、紫凝山、寒石山及华顶峰、玉霄峰、双女峰等十一山二十七峰。山峰蜿蜒起伏,景色奇丽。"

②台（tāi）州府：明洪武初改元台州路置，隶浙江布政司，治所在其附郭县临海县（今浙江临海市）。辖境相当于今浙江临海、台州两市及天台、仙居、宁海、三门、温岭五县。

③癸丑之三月晦（huì）：明神宗万历四十一年（1613）三月三十日，即公元1613年5月19日。晦，农历每月的最后一日。2001年5月19日，浙江宁海徐霞客旅游俱乐部向社会发出设立"中国旅游日"的倡议，建议《徐霞客游记》首篇《游天台山日记》开篇之日（5月19日）定名为中国旅游日。2011年3月30日，国务院常务会议通过决议，自2011年起，每年5月19日为"中国旅游日"。

④宁海：县名，明属台州府，今属浙江宁波市。

⑤人意山光：谓人的情绪与山的景色。

⑥梁隍山：即梁皇山，或称梁王山，又称桐柏山，在今宁海县城西南11.4千米处，主峰海拔768米。明崇祯《宁海县志》卷一《山川》："梁王山，西三十里。旧传梁太清末侯景作乱，陈霸先兵起，有王子避地于此，故名。或以为宣帝詧也。"

⑦於菟（wū tú）：虎的别称。《左传·宣公四年》："楚人谓乳谷，谓虎於菟。"唐陆德明《释文》："於，音乌。"这里当指华南虎，在今天台山一带早已绝迹。

四月初一日 早雨。行十五里，路有岐①，马首西向台山②，天色渐霁③。又十里，抵松门岭④，山峻路滑，舍骑步行。自奉化来⑤，虽越岭数重，皆循山麓⑥；至此迂回临陟⑦，俱在山脊。而雨后新霁，泉声山色，往复创变⑧，翠丛中山鹃映发⑨，令人攀历忘苦。又十五里，饭于筋竹庵⑩。山顶随处种麦。从筋竹岭南行⑪，则向国清大路⑫。适有国清僧云峰同饭⑬，言此抵石梁⑭，山险路长，行李不便，不若以轻装往，而重担向国清相待⑮。余然之，令担夫随云峰往国清，余与莲舟上人就石梁道⑯。行五里，过筋竹岭。岭旁多短松⑰，老干屈曲，根叶苍秀，俱吾阊门盆中物也⑱。又三十馀里，抵弥陀庵⑲。上下高岭，深山荒寂，恐藏虎，故草木俱焚去。泉轰风动，路绝旅人。庵在万山坳中⑳，路荒且长，适当其半，可饭可宿。

[注释]

①岐：同"歧"，岔路。这里当指岔路镇，位于宁海县西南部，距县城约15千米，为明清时代的通衢要道。

②台（tāi）山：即天台山。

③霁（jì）：雨止天晴。

④松门岭：位于今宁海县岔路镇西南，是上金村至黄泥塘之间的山岭，属于王爱山脉。

⑤奉化：明代县名，属宁波府，即今浙江奉化市，辖于宁波市。

⑥山麓：山脚。

⑦临：由上看下，居高面低。陟（zhì）：由低处向高处走。

⑧创变：改变。

⑨山鹃：即杜鹃花，也称映山红，常绿或落叶灌木，全属850余种，中国有560余种，分布地区集中于云南、西藏和四川。叶卵状椭圆形。春季开花，花冠阔漏斗形，红色，是著名的观赏植物。这里当指当地粉红色的云锦杜鹃。映发：辉映。南朝宋刘义庆《世说新语·言语》："从山阴道上行，山川自相映发，使人应接不暇。"

⑩筋竹庵：又称筋竹岭庵，位于筋竹岭山顶，其地为宁海、天台界。作者《游天台山日记后》崇祯五年（1632）三月十五日日记："饭于筋竹

岭庵，其地为宁海、天台界。"

⑪筋竹岭：明崇祯《宁海县志》卷一《山川》："筋竹岭，西六十里。"此地当以盛产筋竹得名。筋竹，一种中实而强劲的竹，竹梢尖锐，可作矛用。或谓即今所称之金岭、金竹岭。

⑫国清：即国清寺，位于天台县城北六里，隋开皇十八年（598）晋王杨广命司马王弘建。初名天台寺，老僧定光示谶于智者谓："寺若成，国即清。"故改今名。唐武宗灭佛，寺被毁，后经重建。现存建筑为清雍正十二年（1734）重修，1973年又经全面整修。为汉传佛教天台宗祖庭，今为省级重点文物保护单位。

⑬云峰：国清寺僧人法号，生平不详。

⑭石梁：即"石梁飞瀑"，一名石桥，位于天台县城北三十里石桥山中，为"天台八景"之一。两崖峭壁对峙，一长两丈、厚约六尺的长石横跨其间，上如牛脊，狭处不足尺，涧水穿梁下而过，从高约六丈的峭壁飞泻碧泓潭。石梁左侧有宋人米芾所书"第一奇观"四字，宋建中方广寺、下方广寺在其附近。唐孟浩然《寻天台山》诗："高高翠微里，遥见石梁横。"

⑮重担：分量重的行李等。

⑯莲舟上人：作者家乡江阴迎福寺僧人，与徐霞客结伴旅游天台、雁荡诸山。上人，道德高尚的人，自南朝宋以后，多用作对和尚的尊称。

⑰短松：当谓植物分类学中的日本五针松，属于观赏类松柏植物。或谓即金松，唐李德裕《春暮思平泉杂咏二十首·金松》（出天台山，叶带金色）诗："台岭生奇树，佳名世未知。纤纤疑大菊，落落是松枝。"

⑱阊门盆中物：谓以苏州为中心的苏派盆景，成于唐宋，兴于明清，以树桩盆景为主，常用的树种有松、柏、雀梅、榔榆、黄杨、三角枫、石榴、鸟不宿等，古雅质朴，老而弥健，气韵生动。阊门，苏州城西城门

名,这里即指代苏州。徐霞客为江阴人,明代江阴属常州府,与苏州府接壤。

⑲弥陀庵:据今人奚援朝先生田野考察,弥陀庵故址当在今天台县泳溪乡杨家岙村北的山坳中,据称:"上世纪50年代还有倒塌的旧屋,但在大跃进时被拆除,庵基被夷成平地,石块被用作砌筑地坎。"参见2013年5月14日《台州晚报》载《徐霞客进天台山之路线考》。

⑳坳(ào):山曲间的平地。

初二日 饭后,雨始止。遂越潦攀岭①,溪石渐幽。二十里,暮抵天封寺②。卧念晨上峰顶③,以朗霁为缘④,盖连日晚霁,并无晓晴。及五更梦中⑤,闻明星满天,喜不成寐。

[注释]

①潦(lǎo):谓雨后的积水。

②天封寺:故址位于今天台县东北二十六里华峰乡天封村,南朝陈太建七年(575)智𫖮建,五代后汉乾祐中(948~950)改智者院,宋治平三年(1066)改天封寺。20世纪60年代中毁于大火。

③峰顶:谓华顶峰顶。华顶峰为天台山主峰,位于天台县城东北30千米。清顾祖禹《读史方舆纪要》卷八九《浙江一·天台》:"曰华顶峰,在县东北六十里,周回百馀里,高万丈。绝顶东望沧海,俗称望海尖。少晴多晦,夏犹积雪,自下望之,若莲花之萼,亭亭独秀,因名。此天台之第八重,为最高处,李白云'天台邻四明,华顶高百越'是也。"唐灵澈《天姥岑望天台山》诗:"天台众峰外,华顶当寒空。有时半不见,崔嵬在云中。"1995年《天台县志》第三编《天台山·自然景观》:"华顶峰,在县东北30千米,顶峰高1110米,登绝顶望沧海,弥漫无际,号望海尖,下瞰众

山，如龙虎盘踞、旗鼓布列之状。群峰犹如莲华，此峰为华心之顶，故名。相传南朝高僧智𫖮与唐高道司马承祯，俱曾在此宴坐修真。旁有古迹葛玄丹井、王羲之墨池、李白读书堂等。"华顶下有善兴寺，或称华顶寺，五代晋天福元年（936）德韶大师建，后改名华顶圆觉道场，几经兴废，今存者已非旧观。

④朗霁为缘：意谓以峰顶天气晴好为人生缘分。

⑤五更：旧时分黄昏至拂晓一夜间为甲、乙、丙、丁、戊五段，称"五更"，又称五鼓、五夜。五更相当于现代计时的凌晨3时至5时之间。

初三日 晨起，果日光烨烨①。决策向顶。上数里，至华顶庵②；又三里，将近顶，为太白堂③；俱无可观。闻堂左下有黄经洞④，乃从小径。二里，俯见一突石，颇觉秀蔚⑤。至则一发僧结庵于前⑥，恐风自洞来，以石甃塞其门⑦，大为叹惋⑧。复上至太白，循路登绝顶。荒草靡靡⑨，山高风冽⑩，草上结霜高寸许，而四山回映⑪，琪花玉树⑫，玲珑弥望⑬。岭角山花盛开⑭，顶上反不吐色⑮，盖为高寒所勒耳⑯。

仍下华顶庵，过池边小桥，越三岭。溪回山合⑰，木石森丽⑱，一转一奇，殊慊所望⑲。二十里，过上方广⑳，至石梁，礼佛昙花亭㉑，不暇细观飞瀑。下至下方广，仰视石梁飞瀑，忽在天际。闻断桥、珠帘尤胜㉒，僧言饭后行，犹及往返。遂由仙筏桥向山后越一岭㉓，沿涧八九里，水瀑从石门泻下，旋转三曲。上层为断桥，两石斜合，水碎迸石间，汇转入潭；中层两石对峙如门，水为门束，势甚怒；下层潭口颇阔，泻处如阈㉔，水从坳中斜下。三级俱高数丈，各极神奇，但循级而下，宛转处为曲所遮，不能一望尽收。又里许，为珠帘水，水倾下处甚平阔，其势散缓，滔滔汩汩㉕。余赤足跳草莽中㉖，揉木缘崖㉗，莲舟不能从。暝色四下㉘，始返。停足仙筏桥，观石梁卧虹㉙，飞瀑喷雪，几不欲卧。

[注释]

①烨烨（yè yè）：灿烂，鲜明。

②华顶庵：当指华顶茅蓬之一。所谓"茅蓬"，分布于华顶最高处至华顶寺四周，多用石块砌墙，木板为壁，屋顶上盖有厚厚茅草，为旧时僧尼修炼之所。茅蓬或以"庵"为名，分东茅蓬和西茅蓬两大片，其名如不昧居、慧明庵、天兴庵、法镜院、文殊院、兜率寺、彩云庵、高茅蓬、宝云寺、香林庵以及至今尚存的药师庵、长春庵、耕耘庵等皆是。参见本日记初二日日记注③。

③太白堂：传说为唐代诗人李白读书处。明王士性《五岳游草》卷四《越游上·入天台山志》："度莲花峰下，为华顶禅林。出其左三里，逾岭有王右军墨池焉，上为太白堂，堂废池存。"

④黄经洞：传说曾经贮藏晋王羲之所书写《黄庭经》的山洞，在天台山拜经台下西南坡的峰谷中，有一处三面临空的石洞，洞口朝东南，呈倒三角形，与崖顶相通。据说东晋道士许元度，字紫真，号白云先生，曾传授王羲之"永"字八法，王羲之为此书写了《黄庭经》。

⑤秀蔚：谓山陵秀美，草木繁茂。明宋濂《元故秘书郎萧府君阡表》："所居溪山秀蔚，高阁崇榭，连冈跨陌，丛错如画。"

⑥发僧：或称"行者"，谓居住佛寺但留着头发修行的人。结庵：谓构筑简易的僧房。

⑦甃塞（zhòu sè）：砌石堵塞。

⑧叹惋：嗟叹惋惜。晋陶渊明《桃花源记》："此人一一为具言，所

闻皆叹惋。"

⑨靡靡：草随风倒伏貌。战国楚宋玉《高唐赋》："薄草靡靡，联延夭夭。"

⑩风冽（liè）：谓风寒冷。

⑪回映：回环掩映。

⑫琪花玉树：古人谓仙景中的花木，这里用以形容寒霜中的花木景象。元杨维桢《梦游沧海歌》："风光长如二三月，琪花玉树不识人间秋。"

⑬玲珑：明彻貌。弥望：充满视野。

⑭岭角：即"山角"，谓山的转角向外突出处。北魏郦道元《水经注·巨洋水》："水出剧县南角崩山，即故义山也。俗人以其山角若崩，因名为角崩山。"山花：当指当地山矾科植物的花，在我国东南一带有分布。

⑮吐色：谓开花。

⑯勒：阻止。

⑰回：围绕。合：合拢。《山海经·大荒西经》："西北海之外，大荒之隅，有山而不合，名曰不周负子。"

⑱森丽：繁茂秀丽。

⑲慊（qiè）：满足，满意。《孟子·公孙丑上》："行有不慊于心，则馁矣。"汉赵岐注："慊，快也。"

⑳上方广：即上方广寺，故址位于今天台县北四十六里处，原有上、中、下三座古刹，上寺于20世纪60年代初焚毁。

㉑礼佛：顶礼于佛，拜佛。昙花亭：位于中方广寺大雄宝殿前，登亭可以俯视"石梁飞瀑"的壮观。

㉒断桥珠帘："天台八景"之一"铜壶滴漏"附近的两处景观。断

桥，在"石梁飞瀑"的下游，以两岸巨石几乎相合，故称。珠帘，即下文所述"珠帘水"，在断桥以北。

㉓仙筏桥：位于"石梁飞瀑"下游的一座老石拱桥。立于桥上，"石梁飞瀑"可尽收眼底。

㉔阈（yù）：门槛。

㉕汩汩汩汩（gǔ gǔ）：水涌流貌。

㉖草莽：草丛。

㉗揉木缘崖：攀援树木，沿着悬崖而行。揉，牵引，攀援。

㉘暝（míng）色四下：暮色四面垂下。

㉙石梁卧虹：形容石梁如虹横跨。虹，桥的代称。南朝梁简文帝《石桥》诗："写虹便欲饮，图星逼似真。"

初四日 天山一碧如黛①。不暇晨餐，即循仙筏上昙花亭，石梁即在亭外。梁阔尺馀，长三丈，架两山坳间。两飞瀑从亭左来，至桥乃合流下坠②，雷轰河隤③，百丈不止。余从梁上行，下瞰深潭，毛骨俱悚。梁尽，即为大石所隔，不能达前山，乃还。过昙花，入上方广寺。循寺前溪，复至隔山大石上，坐观石梁。为下寺僧促饭，乃去。饭后，十五里，抵万年寺④，登藏经阁⑤。阁两重，贮南、北经两藏⑥。寺前后多古杉⑦，悉三人围⑧，鹤巢于上⑨，传声嘹呖⑩，亦山中一清响也。是日，余欲向桐柏宫觅琼台、双阙⑪，路多迷津⑫，遂谋向国清。国清去万年四十里，中过龙王堂⑬。每下一岭，余谓已在平地，及下数重，势犹未止，始悟华顶之高，去天非远⑭！日暮，入国清，与云峰相见，如遇故知，与商探奇次第⑮。云峰言："名胜无如两岩⑯，虽远，可以骑行。先两岩而后步至桃源⑰，抵桐柏⑱，则翠壁、赤城⑲，可一览收矣⑳。"

[注释]

①黛：青黑色。南朝宋鲍照《登大雷岸与妹书》："从岭而上，气尽金光，半山以下，纯为黛色。"

②"两飞瀑"二句："石梁飞瀑"的水源有两道，东为金溪，西为大兴坑溪，两溪至中方广寺附近合流，至石梁下喷坠而下，直泻深谷。明王士性《五岳游草》卷四《越游上·入天台山志》："又循鸟道二十里而至石梁，山壁对峙，一巨石如长虹横架之，龟背莓苔，广不盈咫，前临万仞壑。上游涧水二，并流堕石梁下，如雷霆昼夜鸣。非遗生死，真莫能度。上有昙华亭，楹半外垂。"

③雷轰河隤（tuí）：形容飞瀑如雷声轰鸣，似河堤崩溃。

④万年寺：位于天台县城西北三十里万年山麓。《天台山全志》卷六："唐太和七年（833）创平田禅院，八峰回抱，双涧合流，以为真福田也，梁龙德中改名福田，宋雍熙二年改寿昌寺，敕造罗汉像五百十六身。"寺中有览众亭、妙莲亭、藏经阁等。屡经兴废，今仅存大雄宝殿、金刚殿、后殿。

⑤藏经阁：寺院讲经说法藏经的场所，一般建于寺院后身，多为两层楼阁式建筑。据明传灯《天台山方外志》载，万历十五年（1587），慈圣皇太后颁赐藏经并紫方袍。万年寺藏经阁为王士性族叔王宗沐所建，以收藏万历帝母亲李太后（1544～1614）即慈圣皇太后所赐大藏经。王宗沐（1524～1592），字新甫，号敬所，临海（今属浙江台州市）人，明嘉靖二十三年（1544）进士，历官刑部左侍郎，卒赠刑部尚书。明王士性《五岳游草》卷四《越游上·入天台山志》："（万年寺）门外巨杉百本，其大参天，凡供五百大士，必于是邀请。家司寇公建阁其后，藏向慈圣所赐经。"

⑥南北经两藏：即南藏与北藏两部大藏经。明朝永乐年间（1403~1424），明成祖下诏南京与北京分别写录、翻刻大藏经，是为南藏、北藏。南藏，明初在京城应天府（今江苏省南京市）刻成的官版大藏经，通称为《南藏》。《南藏》实际刻过两次，初刻于洪武年间，再刻于永乐年间。初刻完成不久就遭火灾焚毁，印本流传既少，文献记载又不分明，因而后人都只认永乐刻本为《南藏》，而不知道有刻印两次的事。

⑦古杉（shān）：当指柳杉，又名孔雀杉，属常绿乔木，高可达40米以上，胸径可达3米。树冠尖塔形或卵圆形，小枝下垂，叶钻形，螺旋状互生。

⑧三人围：意谓树围需三人手接手合抱。

⑨鹳：有论者据明末传灯《天台山方外志》卷一三《异产考·禽属》并无有关鹳栖居的著录，认为文中所记者当为与鹳形体近似的白鹳，参见陈谅闻《天台山旅游路线设计的重要依据——论徐霞客天台行的旅游路线》，载《浙江大学学报》（人文社会科学版）1999年第29卷第2期。白鹳，这里当指分布于中国东部的东北亚种，或名黑嘴白鹳，体形修长，嘴长而直，颈与腿亦长，体纯白，但肩羽、两翅的大覆羽、初级覆羽及飞羽等均呈光辉黑色，眼周、颊部裸区及腿脚均为红色。夏季繁殖，在大树高处以枝丫、茅草等营巢，是一种珍稀的观赏鸟类。

⑩嘹呖（liáo lì）：形容声音响亮凄清。《宣和遗事》后集："俄空中雁声嘹呖，自北而南。"

⑪桐柏宫：即桐柏观，故址位于今天台县北赤城街道桐柏山中，唐景云二年（771）司马承祯建，宋张伯端著《悟真篇》于此，创南宗（紫阳派），遂成为道教东南圣地。20世纪70年代初因建水库，桐柏观沉入水底。琼台双阙：谓琼台山两处岩石景观。琼台山位于今天台县北赤城街道。晋孙绰《游天台山赋》："双阙云竦以夹路，琼台中天而悬居。"1995

年《天台县志》第三编《天台山·自然景观》："琼台、双阙两山，在县城西北10千米的百丈坑山谷中，为天台山风景菁华所在。从'百丈渡槽'循西灵溪北行，两旁山壁对峙……行5里，琼台、双阙隔坑相望……岗西端陡降，一峰拔地而起，迥然卓立，若美玉琢成的高台，此即琼台，恰如驼首，三面绝壁，唯峰肩有鸟道与驼颈相接。台呈矩形，大十多平方米……溪左，两峰门立，峭壁百丈，顶部略为平坦，颇似古代皇宫前面两侧的楼阙，故名双阙。北阙略高，奇岩瑰垒层叠，艳阳映照之下似七宝楼台。南阙稍低而夷，中为冲积扇。双阙如星拱月，朝向琼台。"作者《游天台山日记后》崇祯五年（1632）四月十六日日记云："峰前复起一峰，卓立如柱，高与四围之崖等，即琼台也。台后倚百丈崖，前即双阙对峙，层崖外绕，旁绝附丽。"又云："琼台之奇，在中悬绝壑，积翠四绕。双阙亦其外绕中对峙之崖，非由涧底再上，不能登也。"另参见本日记初七日日记。

⑫迷津：谓道路迷失不清。

⑬龙王堂：当即龙皇堂，吴语"王"、"皇"不分。在天台县城北二十二里。明王士性《五岳游草》卷四《越游上·入天台山志》："别一岐而东行，既逾岭，折而西北数里，两崖如阙，巨石踞其表，罡风蓬蓬起，驱石如舞，人行不成步，即六月披裘而栗，名寒风阙。过阙数里为龙王堂。西岐乃去石梁，东则上华顶。"

⑭去天非远：天台山主峰华顶，海拔1110米，言其与天相近，是文学夸张手法的运用。

⑮探奇：寻找奇景。唐王维《蓝田山石门精舍》诗："探奇不觉远，因以缘源穷。"次第：次序，顺序。

⑯两岩：谓明岩山与寒岩山。明岩山位于今天台县西南街头镇，与寒岩山同山相背。传说唐代寒山、拾得、丰干三僧曾隐居于此。《舆地纪

胜》卷一二:"明岩在天台县西北七十里。岩前峭壁屹立,亦号幽石,其下窍穴透邃,日光穿漏,怪石森然。"山中有狮口洞、初来洞、朝阳洞、仙人洞与石月岩、响岩、将军岩、合掌岩、仙人井等胜迹。寒岩山,一作寒石山,位于今天台县西南龙溪乡,在紫凝山西三十里。《舆地纪胜》卷一二:"寒石山……寒山子尝居之,今呼为寒岩。"岩上有石室,旧有寒岩寺,今不存。

⑰桃源:地名,在天台县城西北三十里。据南朝宋刘义庆《幽明录》,传为汉刘晨、阮肇入天台山采药遇仙处。桃源地处深山曲谷,桃源溪水依谷蜿蜒,有桃花坞、金桥潭、双女峰、迷仙坞、桃源洞、神女石诸景点,为"天台八景"之一。

⑱桐柏:即桐柏山,位于今天台县北赤城街道,为天台山支脉。《太平寰宇记》卷九八:"桐柏山在县(宁海县)西五十里。《登真隐诀》云:其山八重,四面观之如一。金庭不死之乡,方四十里。"山有玉女、卧龙、紫霄、翠微、玉泉、莲华、华琳、香琳、玉霄九峰,故又称九峰山。相传三国吴葛玄炼丹于此。山中有桐柏观、元明宫、妙乐院与玉霄宫诸道院。1995年《天台县志》第三编《天台山·自然景观》:"桐柏山,在赤城山西北5千米,中心处为桐柏宫。三国吴赤乌元年(238),高道葛玄来此炼丹,建法轮院,后改崇道观,久废。唐代高道司马承祯、冯惟良等亦居此修炼。"

⑲翠壁:当即谓双阙,明王士性《五岳游草》卷四《越游上·入天台山志》:"自桐柏西行,五里至琼台。台在大壑之心,石山突起,状如削瓜,下俯百丈潭,心骨惊悸。沿流南转至双阙,皆翠壁一抹,森倚相向,宋山人张无梦结跏焉,称仙人座。"另参见本段日记注⑪。赤城:即赤城山,又名烧山,位于天台县西北约四里处,以石皆呈赤霞色,望之如城堞,故称。山体由层次分明的砂岩、砂砾岩构成,顶部较为平缓,最高

处海拔339米。地质学称之为"丹霞地貌"。山多洞穴，以紫云、灵霞、玉京等洞较大。山上有赤城塔，南朝梁时所建，故又称梁塔，1978年重修。"赤城栖霞"为"天台八景"之一。参见后《游天台山日记后》二十日日记注④。

⑳一览：谓一次游赏。

初五日 有雨色，不顾，取寒、明两岩道，由寺向西门觅骑①。骑至，雨亦至。五十里至步头②，雨止，骑去。二里，入山，峰萦水映③，木秀石奇，意甚乐之。一溪从东阳来④，势甚急，大若曹娥⑤。四顾无筏，负奴背而涉。深过于膝，移渡一涧，几一时⑥。三里，至明岩。明岩为寒山、拾得隐身地⑦，两山回曲，《志》所谓八寸关也⑧。入关，则四围峭壁如城。最后，洞深数丈⑨，广容数百人。洞外，左有两岩⑩，皆在半壁；右有石笋突耸⑪，上齐石壁，相去一线，青松紫蕊⑫，蓊苁于上⑬，恰与左岩相对，可称奇绝。出八寸关，复上一岩⑭，亦左向。来时仰望如一隙，及登其上，明敞容数百人。岩中一井，曰仙人井⑮，浅而不可竭。岩外一特石⑯，高数丈，上岐立如两人⑰，僧指为寒山、拾得云。入寺，饭后云阴溃散⑱，新月在天，人在回崖顶上⑲，对之清光溢壁⑳。

[注释]

①寺：谓国清寺，位于赤城山以东。西门：谓天台县城西门，位于国清寺西南。

②步头：地名，位于天台县城以西偏北，在明岩山西北。或谓步头乃"埠头"之音讹，系旧时码头所在。

③峰萦水映：谓山峰环绕并有水光辉映。

④一溪：谓始丰溪，又名大溪，流经今浙江省东部，为灵江最大支流，因流经旧始丰县境，故名。其源出磐安县大盘山南麓，横贯天台县中部，再折南入临海市，在三江村与永安溪会合后称灵江。其支流有崔岙溪、三茅溪、苍山倒溪、雷马溪、小溪坑等，属于山溪性河流。东阳：明代县名，属金华府，在天台县以西偏北。治所即今东阳市（属浙江金华市）。

⑤曹娥：即曹娥江，又称柯水、上虞江，流经今浙江省东部，为钱塘江下游的最大支流，因汉代曹娥投江殉父故事而得名。源出磐安县齐公岭，流经宁绍平原，最终在绍兴与上虞一带入钱塘江。曹娥江上游穿行山地，坡陡流急，属于山溪性河流，故作者以曹娥江比喻始丰溪。

⑥一时：一个时辰，相当于现代计时的两小时。

⑦寒山：唐代僧人兼诗人，姓氏、籍贯、生卒年均不详，因长期隐居台州始丰（今浙江天台）西之寒岩（即寒山），故号寒山子。与台州国清寺丰干、拾得友善，时相过从，传世诗歌三百馀首。拾得：唐代僧人兼诗人，幼孤，由天台国清寺丰干禅师收养为僧，故名"拾得"，有《丰干拾得诗》一卷传世。因寒山、拾得二人踪迹怪异，其典型形象总是满面春风，拍掌而笑，故被民间奉为"和"、"合"二仙。文中谓明岩为寒山、拾得隐身地，系笼统言之。

⑧八寸关：又称"八寸岩"，明岩峡谷最为狭窄之处，位于明岩寺以东，旧时仅容一人侧身而过，今因通路垫高，已非复旧观。徐霞客《游天台日记后》崇祯五年（1632）四月十七日日记："南转入明岩寺。寺在岩中，石崖四面环之，止东面八寸关通路一线。"

⑨洞：当指仙人洞，或称神龙通天洞。

⑩岩：当谓石窟。唐杜甫《西枝村寻置草堂地夜宿赞公土室》诗之

一:"昨柱霞上作,盛论岩中趣。"五代齐己《赠岩居僧》诗:"石如麒麟岩作室,秋苔漫坛净于漆。"

⑪石笋:当指俗称之"螳螂钓蝉"石柱,或称"将军岩",高约40米,围约20米,其上端与南崖相去咫尺,有"一线天"之称,下文"上齐石壁,相去一线"即谓此。

⑫青松紫蕊:当指马尾松及其雌花蕊。马尾松,常绿乔木,针叶细长柔软,淡绿色,雄花黄色,雌花紫色,果实长卵形,暗褐色。蕊,花蕊,植物的生殖器官。有雄、雌之分,雌蕊受雄蕊之粉,结成果实。

⑬蓊苁(wěng cōng):茂盛高耸貌。苁,通"摐",谓高耸。

⑭一岩:当指狮口洞,明岩北面山崖上的一处山洞。

⑮仙人井:或称日月井,据说井水可医百病。

⑯特石:单独之石。这里当指"合和石",在狮口洞左上侧山崖。石柱高10馀米,顶部有两个球状风化物,俗称"和尚背道姑"、"和尚背道妪"或"目莲背母"。

⑰岐:同"歧",谓分开,岔出。

⑱云阴:云翳,阴云。溃散:谓被风吹散。

⑲回崖:曲折的山崖。唐李绅《山出云》诗:"回崖时掩鹤,幽涧或随人。"

⑳清光:清亮的月光。唐崔备《奉陪武相公西亭夜宴陆郎中》诗:"剪烛清光发,添香暖气来。"

初六日 凌晨出寺,六七里至寒岩。石壁直上如劈,仰视空中,洞穴甚多。岩半有一洞①,阔八十步,深百馀步,平展明朗②。循岩石行,从石隙仰登③。岩坳有两石对耸④,下分上连,为鹊桥⑤,亦可与方广石梁争奇⑥,但少飞瀑直下耳。还饭僧舍,觅筏渡一溪。循溪行，山下一带峭壁巉崖，草木盘垂其上，内多海棠、紫荆⑦，映荫溪色⑧，香风来处，玉兰芳草⑨，处处不绝。已至一山嘴⑩，石壁直竖涧底，涧深流驶，旁无馀地⑪。壁上凿孔以行，孔中仅容半趾⑫，逼身而过⑬，神魄为动⑭。自寒岩十五里，至步头，从小路向桃源。桃源在护国寺旁⑮，寺已废，土人茫无知者⑯。随云峰莽行曲路中⑰，日已堕，竟无宿处，乃复问至坪头潭⑱。潭去步头仅二十里，今从小路，反迂回三十馀里，宿。信桃源误人也⑲。

[注释]

①一洞：当指扪石洞，因宋代大书法家米芾在洞中书有"潜真"二字，故又名"潜真洞"。今或径称寒岩洞。《清一统志》卷二二九："寒岩山，在天台县西南七十里，前有盘石，曰宴坐峰，上有石室，旧名扪石洞，上矗云汉，其下嵌空。为天台绝胜处。"

②平展：平整光滑。

③石隘：石崖狭窄处。

④岩坳（ào）：山岩间的平缓处。

⑤鹊桥：在寒岩洞右半山上，两崖对峙，中架一石桥，桥洞高五六米，桥下冬夏无水，故称旱石梁，又称"鹊桥"。

⑥方广石梁：谓中方广寺附近的"石梁飞瀑"景观。参见本日记初一日日记注⑭。

⑦海棠：落叶乔木，叶子卵形或椭圆形，春季开花，白色或淡红色。品种颇多，多供观赏。紫荆：树名，落叶乔木或灌木。叶圆心形，春开红紫色花，供观赏。

⑧映荫（yìn）：即"荫映"，谓覆照，覆映。晋左思《吴都赋》："喧

哗喳呷,芬葩荫映。"

⑨玉兰芳草:这里当泛指山间的奇花异草。有论者据明传灯《天台山方外志》卷一三有关记述,认为"玉兰"即指早春先叶开花的落叶乔木玉兰,"芳草"则指天台上具有观赏或药用价值的多年生草本植物,如蕙兰、观音草(龙胆)、长生草(浙独活)等。参见陈谅闻《天台山旅游路线设计的重要依据——论徐霞客天台行的旅游路线》,载《浙江大学学报》(人文社会科学版)1999年第29卷第2期。

⑩已:随后。山嘴:山脚伸出去的尖端。

⑪旁无馀地:或作"旁临无地",犹言看不见地面。形容位置高渺或范围广袤。《楚辞·远游》:"下峥嵘而无地兮,上寥廓而无天。视倏忽而无见兮,听惝恍而无闻。"

⑫半趾:半个脚掌。趾,脚。

⑬逼身:谓缩紧身体,以身靠紧石壁。逼,迫近,靠近。

⑭神魄:心魄。宋张耒《广化遇雨》诗:"萧森异人境,坐视动神魄。"

⑮护国寺:故址位于今天台县白鹤镇宝相村,在天台县西北三十里,旧名般若寺。后周显德四年(957)建,僧德韶第九道场。宋大中祥符元年(1008)改为护国寺。清道光间寺遭大火焚毁。2012年始于原址重建。作者《游天台山日记后》崇祯五年(1632)四月十八日日记:"桃源在护国东二里,西去桐柏仅八里。"

⑯土人:世代居住本地的人。北魏郦道元《水经注·汶水》:"出谷有平丘,面山傍水,土人悉以种麦。"

⑰莽行曲路:意谓在长满草的偏僻曲折的小路上行进。

⑱问:询问。坪头潭:即今天台县之平镇,辖于平桥镇。位于步头以东、桃源西南。或谓坪头潭乃"平头潭"之音讹,原来始丰溪流至平镇

岩头下时，曾冲出一个几亩大的水潭，据说成人站在潭中，因水刚能漫过头顶而名"平头潭"，于是村镇皆因此潭而得名。

⑲信桃源误人也：据南朝宋刘义庆《幽明录》，东汉明帝永平年间，刘晨、阮肇至天台山采药迷路，遇二仙女，蹉跎半年始归。时已入晋，子孙已过七代。后复入天台山寻访，旧踪渺然。元杂剧中有王子一撰《误入桃源》，即用其事。徐霞客以"桃源误人"为自己寻觅桃源洞不得并走许多冤枉路解嘲，属于自我调侃。另参见本日记初四日日记注⑰。

初七日 自坪头潭行曲路中三十馀里，渡溪入山。又四五里，山口渐夹①，有馆曰桃花坞②。循深潭而行③，潭水澄碧，飞泉自上来注，为鸣玉涧④。涧随山转，人随涧行。两旁山皆石骨⑤，攒峦夹翠⑥，涉目成赏⑦，大抵胜在寒、明两岩间⑧。涧穷路绝，一瀑从山坳泻下⑨，势甚纵横⑩。出饭馆中，循坞东南行，越两岭，寻所谓"琼台"、"双阙"，竟无知者。去数里，访知在山顶。与云峰循路攀援，始达其巅。下视峭削环转⑪，一如桃源，而翠壁万丈过之。峰头中断，即为双阙；双阙所夹而环者，即为琼台。台三面绝壁，后转即连双阙。余在对阙，日暮不及登，然胜已一日尽矣⑫。遂下山，从赤城后还国清，凡三十里。

[注释]

①山口：山与山交会的隘口。夹（xiá）：通"狭"，窄。

②桃花坞：当为明王士性（1547~1598）在桃源景观附近所构筑者。王士性《五岳游草》卷四《越游上·入天台山志》："又北行五里过清溪，入护国寺，寻桃源……中折有潭，清冽沁骨，名金桥潭……余乃于离别岩

下,凿石通道,构一室于洞口为桃花坞,扁以'俪仙',屋头种桃千树,茶十畦,买山田二十双,计作菟裘(旧时谓告老隐居之所)。他日二娥,想当相俟于桃花碧落间也。"

③深潭:当指上注引文中之金桥潭。

④鸣玉涧:位于桃花坞以西。明王士性《五岳游草》卷四《越游上·入天台山志》形容鸣玉涧:"绣壁夹涧,崖崿而立,水流乱石间,声如佩环者十里,三折乃至其奥。"

⑤石骨:坚硬的岩石。宋王炎《游砚山》诗:"涧水抱石根,石骨多绀碧。"

⑥攒峦夹翠:意谓山峦会聚,掩映在翠色中。

⑦涉目成赏:映入眼帘的景物皆赏心悦目。

⑧胜:形容山水优美之所在。

⑨山坳(ào):两山间的低下处。

⑩纵横:形容瀑布水流交错分散。

⑪峭削:谓山峰陡峭如削。明顾起元《客座赘语》卷九《守心戒行》:"法堂后山壁峭削,中开一洞,深数尺许,因构小屋附之。"环转:谓山峦环绕。

⑫一日:朱惠荣、李兴和译注《徐霞客游记》校以上海中华图书馆印本改作"一目",认为"较合文意";并以作者《游黄山日记后》有"不能一目尽也"一句为本证。可参考。

初八日 离国清,从山后五里登赤城。赤城山顶圆壁特起①,望之如城,而石色微赤。岩穴为僧舍凌杂,尽掩天趣②。所谓玉京洞、金钱池、洗肠井③,俱无甚奇。

[注释]

①圆壁特起：丹霞地貌的典型特征之一，因砂岩具有球状风化的特征，可使呈棱角状的峰顶和圆柱风化剥蚀成浑圆形，至后期阶段还可成为馒头形的孤立残丘。徐霞客《游白岳山日记》万历四十四年（1616）正月二十七日日记："峰突起数十丈，如覆钟。"本书已选，可参看。特起，耸立。北魏郦道元《水经注·浙江水》："山上有石，特起十丈，上峰若剑杪。"

②天趣：自然的情趣，天然的风致。

③玉京洞：古洞名，在今天台县北赤城街道赤城山西。《明一统志》卷四七："玉京洞，在赤城山，道书十大洞天之第六。晋许迈尝居此，与王羲之书云'自山阴至临海，多有金庭玉堂、仙人芝草'，谓此。"1995年《天台县志》第三编《天台山·自然景观》："玉京洞，在赤城山，俗名上岩。高轩宽敞，随岩构筑三开间楼房。道家称汉茅盈、晋魏夫人、许迈均炼丹修道于此，号天下第六大洞天。洞右上方有文昌阁，原祀奎宿及三台星。壁镌'丹栖如霞'。"金钱池：在今天台县北赤城街道赤城山北，池水终年不竭。相传晋高僧支昙兰来此在池畔诵经，有神献钱于池中而得名。洗肠井：位于赤城山下。清雍正《浙江通志》卷一〇五："《天台山记》：赤城山有洗肠井，昔昙猷礼石桥应真，怪其腹中有韭气，猷出肠洗之。至今韭尚丛生焉。《天台胜迹录》：今井边生韭，青而香。"

[评析]

据徐霞客生前友人陈函辉（1590~1646）所作《徐霞客墓志铭》，明崇祯五年（1632）的秋天，年已四十六岁的徐霞客第三次游罢天台山归来，曾与其族兄徐仲昭同过陈函辉位于临海的居所"小寒山"，三人"烧灯夜话",徐霞客追述了自己前半生的旅游历程:万历三十五年丁未(1607),徐霞客二十一岁即开始了他"行万里路"的生涯:首游太湖,登眺东、西洞庭山;此后两年又在山东、河北一带如泰山、孔庙、孟子故里以及峄山等名胜古迹留下游踪。这篇《游天台山日记》记述了徐霞客于万历四十一年癸丑(1613)四月间的浙江行迹,而稍前,二十七岁的徐霞客还曾朝拜了观音大士修行得道的圣地落迦山,稍后,徐霞客首游雁荡山大、小龙湫以及缙云的石门、仙都。万历四十二年至四十三年间(1614~1615),徐霞客又游览了与故乡江阴同属明代南直隶的南京与扬州一带的山水胜迹。然而除天台山以外,这一期间徐霞客于上述景观都没有日记传世,是这位大旅行家、探险家根本没有文字记述行程,还是其相关日记业已散佚,今天已经难以考证。有论者将天台山定为徐霞客的"首游"之地,并进一步讨论其日记为何以天台山开篇的原因,认为陈函辉有一首《答友人问台州有何佳境》的诗就是回答徐霞客之问。诗云:"万仞嵯峨壁立青,古云地阔海冥冥。琪花瑶草山中果,雨髻风鬟洞口婷。鹤驭吹笙开石壁,鹅群染翰写金经,无端醉后逢天姥,月照琼台梦未醒。"这无疑是一种猜测,其根据是,在《徐霞客墓志铭》的小寒山之会中,作者陈函辉于席间曾问徐霞客:"君曾一造雁山绝顶否?"结果次日一早徐霞客即告别主人,登雁荡山之巅,三宿始下,十日后又出现于小寒山陈舍中。论者以此类推徐霞客游览天台必是陈函辉吟诗怂恿所致。其实小寒山之三人聚会前,徐、陈两人是否相识姑且不论,即以年纪轻轻就已经"读万卷书"的徐霞客本人而论,他对于晋孙绰著名的《游天台山赋》当不会陌生,此赋有序云:"天台山者,盖山岳之神秀者也。涉海则有方丈、蓬莱,登陆则有四明、天台。皆玄圣之所游化,灵仙之所窟宅。夫其峻极之状,嘉祥之美,穷山海之环富,尽人神之壮丽矣。"有古人淋漓尽致的天台壮观书写,徐霞客正不必待友人之诗歌推荐而后方游天台。

此外，还有中国山势的"南龙大脉"以天台为源头一说。徐霞客有《江源考》一文，转引宋人堪舆学所谓"中国三大龙"之说，认为三龙大势："北龙夹河之北，南龙抱江之南，而中龙中界之，特短。"接下又进一步论述云："惟南龙磅礴半宇内，而其脉亦发于昆仑，与金沙江相持南下……南龙自五岭东趋闽之渔梁，南散为闽省之鼓山，东分为浙之台、宕，正脉北转为小箬岭（闽浙界）……于是回龙西结金陵，馀脉东趋余邑。是余邑不特为大江尽处，亦南龙尽处也。"考其全文，天台山并无南龙大脉"源头"之荣，作者反而认为其家乡江阴为"南龙尽处"，可见在徐霞客心目中，天台山并非处于"南龙大脉"的重要位置。退一万步讲，即使天台山真为"南龙大脉"的关捩，未到"而立"之年尚未探索到黄河、长江之源头的年轻徐霞客也不会未卜先知地定位天台山为其日记的首篇。

天台山"首游"论既不真实，其他诸多猜测如徐霞客尊崇明初不畏强权的忠正之臣方孝孺家乡宁海等诸说也可以休矣！总之就事论事，根据现存《徐霞客游记》的日记顺序，《天台山游记》居于卷首无可置疑，以之确定"中国旅游日"并无不妥，但若以之为徐霞客旅游考察之发轫则有悖于事实。至于其日记以天台山开篇是否有明确的价值取向，则更有伪命题之嫌了。

作为旅行家兼地理学家的徐霞客，其出行目的并非游山玩水或消遣排闷，搜奇揽胜中，科学考察占有其游记的大量篇幅，书写自然景观的文字常多于人文景观就是其突出的表现。在诸多古人的著名游记文学中，唐代柳宗元的《永州八记》以模山范水映衬孤怀，别有寄托；宋代王安石的《游褒禅山记》议论多于景物描写，属于人生抱负的展示；苏轼的《石钟山记》注重实地考察，已深具科学精神；明代稍早于徐霞客的袁宏道则以其游记抒发性灵机趣，浑然天成。徐霞客的这篇《游天台山日记》是作者初游天台的逐日记述，再游、三游见于其《游天台山日记后》，已是十九年以后的事情了。其初游路线：农历三月末从宁海西门出发，止宿于梁隍山；四月初一日经松门岭至筋竹庵午饭，走筋竹岭，止宿弥陀庵；初二日因有雨，暮至天封寺止宿；初三日登华顶，游黄经洞、太白堂，纵观石梁飞瀑，探视铜壶滴漏及其附近的断桥、珠帘水胜景，并止宿于石梁附近的下方广寺；初四日游万年寺，过龙皇堂，至国清寺止宿；初五日经坪头潭（平镇）、步头至明岩，止宿于明岩寺；初六日由明岩至寒岩，再经步头，欲从小路向桃源方向行进，未找到桃源附近的护国寺，迂道返回至坪头潭（平镇）寄宿；初七日由坪头潭出发再往桃源，访桃花坞，登山游览琼台、双阙后返国清寺止宿；初八日由国清寺西行五里游览天台县城西北的赤城山，最后结束了这次天台山的考察。

徐霞客第一次游天台山，全部旅程历时九天。由于虚心听从了国清寺僧人云峰的指引，其旅行路线安排合理，食宿皆有一定之规。儒家"仁者乐山，智者乐水"已经不足以概括徐霞客的探险旅游历程，道家"无为而无不为"的自在逍遥审美理想或可道其崇尚自然山水观的价值取向。无论作者于初三日对岭中山花垂直分布异象的观察，还是初八日对赤城山丹霞地貌的描述，非有相当的科学精神不办。至于日记中文学性语言的生动传神、穷形尽相，更是引人入胜的文字媒介，可令读者会心颔首。

游雁宕山日记① 浙江温州府②

自初九日别台山③,初十日抵黄岩④。日已西,出南门三十里,宿于八岙⑤。

[注释]

①雁宕山:又称雁山,即雁荡山。荡,通"宕",谓浅水湖或沼泽。旧时因岗顶有湖,多芦苇丛,为秋雁所喜栖宿,故称。位于今浙江省东南部,为括苍山支脉,西南—东北走向,绵亘于泰顺、苍南、平阳、瑞安、瓯海、永嘉、乐清等县(市),瓯江以北称北雁荡山,以南称南雁荡山。山体主要以流纹岩、凝灰岩构成,间有花岗岩山体。徐霞客所游者为北雁荡山,山主体位于今乐清市东北,有东外谷、东内谷、西外谷、西内谷"四谷"之分。主峰百岗尖,海拔1150米。有百二奇峰、六十四岩、四十六洞等景观。

②温州府:明洪武初改元温州路置,隶浙江布政司,治所永嘉县(今浙江省温州市),下辖永嘉、瑞安、乐清、平阳、泰顺五县。

③初九日:明神宗万历四十一年四月初九日,即公元1613年5月28日。台(tāi)山:即天台山。明万历四十一年四月初一至初八日,徐霞客游览了天台山,详见《游天台山日记》。

④黄岩:明代黄岩县,属浙江台州府。治今台州市黄岩区。

⑤八岙(ào):地名,当位于黄岩县南。清光绪《黄岩县志》未见著

录。岙，山中曲折隐秘处，亦指山中平地。

十一日 二十里，登盘山岭①。望雁山诸峰，芙蓉插天②，片片扑人眉宇③。又二十里，饭大荆驿④。南涉一溪，见西峰上缀圆石⑤，奴辈指为两头陀⑥，余疑即老僧岩⑦，但不甚肖⑧。五里，过章家楼⑨，始见老僧真面目：袈衣秃顶⑩，宛然兀立⑪，高可百尺。侧又一小童，伛偻于后⑫，向为老僧所掩耳。自章楼二里，山半得石梁洞⑬。洞门东向，门口一梁，自顶斜插于地，如飞虹下垂⑭。由梁侧隙中层级而上⑮，高敞空豁⑯。坐顷之，下山。由右麓逾谢公岭⑰，渡一涧，循涧西行，即灵峰道也⑱。一转山胁⑲，两壁峭立亘天⑳，危峰乱叠，如削如攒㉑，如骈笋㉒，如挺芝㉓，如笔之卓㉔，如幞之欹㉕。洞有口如卷幕者㉖，潭有碧如澄靛者㉗。双鸾、五老㉘，接翼联肩㉙。如此里许，抵灵峰寺㉚。循寺侧登灵峰洞㉛。峰中空，特立寺后㉜，侧有隙可入。由隙历磴数十级㉝，直至窝顶㉞，则窅然平台圆敞㉟，中有罗汉诸像㊱。坐玩至暝色㊲，返寺。

[注释]

①盘山岭：即盘山，为黄岩与乐清之界岭，位于今黄岩区西南茅畲乡，与乐清境内的北雁荡山相望。《舆地纪胜》卷一二："盘山在黄岩县西南四十里。王十朋诗云：一岭迢迢十里赊，行人半日踏烟霞。章山遮幕盘千匝，归梦何曾不到家。"

②芙蓉插天：形容远观雁荡山诸峰群岭如把把利剑一样高耸入天。芙蓉，即芙蓉剑，汉袁康《越绝书·外传记宝剑》载，越王句践有宝剑名"纯钧"，相剑者薛烛以"手振拂，扬其华，捽如芙蓉始出"。后因以指利

剑。唐卢照邻《长安古意》诗:"相邀侠客芙蓉剑,共宿娼家桃李蹊。"

③扑人眉宇:谓雁荡山诸峰耀眼夺目。眉宇,眉额之间。

④大荆驿:又称岭店驿,元明驿站名,在乐清东北一百馀里,处于台州、温州两府间交通要道的大荆镇。驿,即驿站,古时供传递文书、官员来往及运输等中途暂息、住宿的地方。又称旅店。

⑤缀(zhuì):点缀。

⑥奴辈:这里谓雇佣的仆人。头陀:梵文的音译,意为"抖擞",即去掉尘垢烦恼。故用以称僧人。

⑦老僧岩:又称接客僧,亦名石佛岩,高近70米,位于今温州市乐清市大荆镇中庄村内,属于雁荡山东外谷。这座岩石为一身披袈裟的秃顶老僧形象,面朝东南方,拱手做迎客状。今以石佛亭为理想观赏地点。清周清源《游雁荡山记》:"老僧岩者,雁山门户也,去大荆五六里,高可数千丈,低眉偏袒,绝似老僧。"

⑧不甚肖(xiào):不十分相似。

⑨章家楼:又称"章义楼",为明代名臣章纶(1413~1483)从弟章巘所建,故址位于今雁荡山东外谷,后因修坝,已沉于石门潭中。徐霞客《游雁宕山日记后》:"五里,宿于章家楼,是为雁山之东外谷。章氏盛时,建楼以憩山游之展,今旅肆寥落,犹存其名。"

⑩袈衣:即袈裟,梵文的音译,原意为"不正色",佛教僧尼的法衣。佛制,僧人必须避免用青、黄、赤、白、黑五种正色,而用似黑之色,故称。

⑪宛然:真切貌。兀立:矗立。

⑫小童:谓小童岩。伛偻(yǔ lǚ):恭敬貌。汉贾谊《新书·官人》:"柔色伛偻,唯谀之行,唯言之听,以睚眦之间事君者,厮役也。"

⑬石梁洞:或称东石梁洞,位于雁荡山东外谷谢公岭以东约二里处,

洞口东向，高广十馀丈，深二十馀丈，有一长约数十丈的危石虚悬洞前，横架如梁。明人或称石梁堡，清顾祖禹《读史方舆纪要》卷九四《浙江六·温州府》："（石梁堡）在（乐清）县东八十里，即雁荡山之石梁洞也，嘉靖中筑堡。"故址在今乐清市东北部雁东乡雁荡山之东石梁洞。

⑭如飞虹下垂：石梁洞洞口有石如虹横跨，故又名石虹洞。洞外故有石梁寺，为雁荡山十八古刹之一。元陈德永《游石梁洞记》："梁拔起地上百馀丈，穹窿悬跨，隔竹林望之，如白虹下饮。"明王士性《五岳游草》卷四《越游上·游雁宕记》："石梁者，侧石如枯木斜倚崖端，空其下，入可坐百人，远望之，又如长虹下饮于涧。"

⑮层级而上：谓沿岩石形成的层级攀登而上。

⑯空豁：空旷。

⑰右麓：山脚右侧。谢公岭：位于雁荡山东外谷与东内谷的分界处，传说南朝宋谢灵运曾登山至此而掉落屐齿，有落屐亭遗址。明王士性《游雁宕记》："谢公岭者，俗称灵运为临海峤开山而至也，然谢无诗。"一说其岭以居民多姓谢而名。元李孝光《游灵峰洞记》："自石梁南出五百步，折而西行，过谢公岭，岭东居民多姓谢，故名。"

⑱灵峰道：谓通往灵峰之路。灵峰，位于雁荡山东内谷，高约270米，与其右之倚天峰相合如掌，又称合掌峰、夫妻峰，与灵岩、大龙湫并称为雁荡三绝。峰侧有观音洞，即下文所称"灵峰洞"，峰下有灵峰寺。

⑲山腋：山峡，即两山之间的峡谷。

⑳亘（gèn）天：连天。

㉑攒（cuán）：簇聚，聚集。

㉒骈（pián）笋：并列而生的竹笋，这里当形容雁荡山的双笋峰，又称蜡烛峰，与合掌峰相对，两石峰并立，高近80米，顶部尖锐而通体浑圆，形如双笋，故称。明孙毅《游雁山记》："寺前为灵峰洞，崖为幞头，

峰为仙掌，为双笋，为灵芝，绘事者不肖也。"

㉓挺芝：直挺的灵芝。灵芝，即芝草，菌属，古以为瑞草，服之能成仙。这里当形容雁荡山灵峰上怪石形状。清施元孚《灵芝峰记》："灵峰左抱，有怪石曰灵芝，孤立山脊，为兀傲之态。"灵芝峰又称金鸡峰，位于合掌峰左侧对面的倒灵峰山脊上。

㉔卓：竖立。这里当形容雁荡山的卓笔峰，位于雁荡山东内谷插龙峰下、独秀峰前，尖锐如毛笔直指蓝天。明王士性《游雁宕记》："卓笔者，孤峰直立而锐如笔卓。"

㉕幞（fú）：即"幞头"，古代一种头巾。古人以皂绢三尺裹发，有四带，二带系脑后垂之，二带反系头上，令曲折附项，故称"四脚"或"折上巾"。至北周武帝时裁出脚后幞发，始名"幞头"。其形式随时代屡有变化。欹（qī）：歪斜。这里当形容雁荡山的幞头岩。或谓即形容玉屏峰的纱帽岩。

㉖卷幕：卷起来的帷幕。这里当指位于雁荡山东内谷的果盒岩侧天冠峰底部的响板洞，洞口有石下垂如钟乳石。元李孝光《游灵峰洞记》："欲观罗汉洞，于篁竹窥见水西大石壁下，有谷若竖橐。子约曰：'嘻，此或一奇也，不可失。'呼家僮扶过涧，入谷中，见谷口嶄然下垂，如悬户卷然。中抱如怀璧，坐其下而啸，如语瓮盎中。"

㉗澄靛（diàn）：清澈不流动而呈深蓝色。靛，靛青，蓝草浸沤而成的液体。这里当形容雁荡山的照胆潭，位于雁荡山东内谷灵峰寺前鸣玉溪中，深不见底。明王光美《灵峰洞记》："（灵峰）寺右折数十步，岩下注潭曰照胆，方可丈许，不以水旱滥涸，渊渟泓澄，眉发可数。"

㉘双鸾：即双鸾峰，位于雁荡山东内谷天柱峰北侧、玉女峰东南，本为一峰，因巨大石隙而呈双峰并立之态，高百馀米，顶部尖小，其下圆壮，如双鸾蹲踞，故称。鸾，传说中凤凰一类的鸟。明王士性《游雁宕

记》:"双鸾峰者,去玉女不远,丽立作舞势,亦如灵峰之翔鸾也。"五老:即五老峰,又名五云峰,位于雁荡山东内谷,与倚天峰相对,五座石峰如同五位老人并肩而立,故称。明王士性《游雁宕记》:"五老峰者,洞前五石相撑,为人立而肩摩者,似庐山而小。"

㉙接翼联肩:相互亲近并立的样子。汉枚乘《梁王菟园赋》:"翱翔群熙,交颈接翼。"南朝梁钟嵘《诗品·总论》:"抱玉者联肩,握珠者踵武。"

㉚灵峰寺:在雁荡山东内谷灵峰下,宋天圣元年(1023)建寺,是雁荡十八古刹之一,几经兴废,今存者为民国间重建,已非旧观。

㉛灵峰洞:即"观音洞",又称"罗汉洞",为雁荡山第一大洞,位于梅岭西麓灵峰寺后合掌峰的"掌心"中,天然生成,洞内有一石柱悬垂至地。洞高113米,深70米,宽14米,洞内倚岩建楼九层,顶层观音殿,供奉观音与十八罗汉塑像。

㉜特立:独立,挺立。

㉝磴(dèng):石台阶。从灵峰洞门口拾级而上,据说要走377级石阶,方可到达最高层的大殿。

㉞窝顶:谓山洞最上端处。

㉟窅(yǎo)然:幽暗貌。

㊱罗汉:佛教语,梵语阿罗汉的省称,为小乘的最高果位,称为"无学果"。谓已断烦恼,超出三界轮回,应受人天供养的尊者。我国寺庙中供奉者,有十六尊、十八尊、五百尊、八百尊之分。灵峰洞有十八尊罗汉雕塑。

㊲暝(míng)色:暮色。

十二日　饭后,从灵峰右趾觅碧霄洞①。返旧路,抵谢公岭下。

南过响岩②，五里，至净名寺路口③。入觅水帘谷④，乃两崖相夹，水从崖顶飘下也。出谷五里，至灵岩寺⑤。绝壁四合，摩天劈地，曲折而入，如另辟一寰界⑥。寺居其中，南向，背为屏霞嶂⑦。嶂顶齐而色紫，高数百丈，阔亦称之⑧。嶂之最南，左为展旗峰⑨，右为天柱峰⑩。嶂之右胁介于天柱者⑪，先为龙鼻水⑫。龙鼻之穴从石罅直上⑬，似灵峰洞而小。穴内石色俱黄紫，独罅口石纹一缕，青绀润泽⑭，颇有鳞爪之状。自顶贯入洞底，垂下一端如鼻，鼻端孔可容指，水自内滴下注石盆。此嶂右第一奇也。

西南为独秀峰⑮，小于天柱，而高锐不相下⑯。独秀之下为卓笔峰⑰，高半独秀⑱，锐亦如之。两峰南坳轰然下泻者⑲，小龙湫也⑳。隔龙湫与独秀相对者，玉女峰也㉑。顶有春花，宛然插髻。自此过双鸾，即极于天柱。双鸾止两峰并起，峰际有"僧拜石"㉒，袈裟伛偻㉓，肖矣㉔。由嶂之左胁，介于展旗者，先为安禅谷㉕，谷即屏霞之下岩。东南为石屏风㉖，形如屏霞，高阔各得其半，正插屏霞尽处。屏风顶有"蟾蜍石"㉗，与嶂侧"玉龟"相向㉘。屏风南去，展旗侧褶中㉙，有径直上，磴级尽处，石阈限之㉚。俯阈而窥，下临无地㉛，上嵌腔峒㉜。外有二圆穴，侧有一长穴，光自穴中射入，别有一境，是为天聪洞㉝，则嶂左第一奇也。锐峰叠嶂，左右环向㉞，奇巧百出，真天下奇观！而小龙湫下流，经天柱、展旗，桥跨其上，山门临之㉟。桥外含珠岩在天柱之麓㊱，顶珠峰在展旗之上㊲。此又灵岩之外观也。

[注释]

①右趾：山脚之右。趾，山趾，即山脚（山接近平地的部分）。汉焦

赣《易林·小畜之咸》:"原出陵足,行于山趾。"碧霄洞:有南北二洞,遥遥相对,分别位于南、北碧霄峰下。清光绪《乐清县志》卷二上《邑里志·叙山》:"碧霄洞,南北凡二洞,俱东谷石洞。"或谓即洞口朝南今所称"雪洞"者,位于灵峰景区紫云谷中倚天嶂下。参见《游雁宕山日记后》崇祯五年(1632)四月二十九日日记注⑰。

②响岩:位于雁荡山灵峰与灵岩之间,岩高30米有馀,与位于其北面的云霞嶂相对成门,故又称响岩门。响岩门当中为碧玉溪,响岩即居溪南。响岩属于喷出火成岩,碱性,由于沿其节理击打时能发出各种悦耳的响声,故称。一说响岩门因有回声而得名,明王献芝《游雁山记》:"明日出谷,过响岩,人呼则应,言则传。"清施元孚《过响岩门记》:"出灵岩东走三里,有岩屹然当空,号呼辄应,故为响岩门。"

③净名寺:雁荡山十八古刹之一,位于东内谷净名谷谷口。清周清源《游雁荡山记》:"西灵峰五里而寺者,曰净名精舍,在深谷中,数过绝涧始至门。前有地宽平百亩,果木皆成行列。"清施元孚《铁城障记》:"自响岩门走百馀步,转入谷中,有寺曰净名寺。寺西有鼎峰。"

④水帘谷:即位于雁荡山净名谷的铁城障,坑两侧悬崖壁立,高耸入云,游丝、铁城两障对峙,于谷口仰望,天空如蛾眉初月;铁城障下有涧,旁有水帘洞、维摩洞、梅花桩诸景观。清施元孚《铁城障记》:"铁城障,在二灵中道,即所称初月谷、水帘谷也……独往障中,旁瞩两崖,轩然腭露,渐入渐胜……入之愈深,矫首瞻顾,若不可极。左右水帘数道,如檐溜并垂,如炉烟袅袅而不散,如珠玑晶莹而粒粒可数,然在东壁者为最。"

⑤灵岩寺:位于雁荡山东内谷灵岩下,雁山十八古刹之一。初建于北宋太平兴国四年(979),宋真宗赐额"灵岩禅寺",宋仁宗赐金字藏经。明清时重建,规模缩小。四周群峰屹立,环境清幽。明郑汝璧《游雁荡

山记》:"灵岩寺者,雁山中明庭也。山以东西谷分两戒,东谷峰五十有四,西谷峰四十有八,称百二峰。寺当其中局。"

⑥寰界:犹世界。

⑦屏霞嶂:在灵岩寺后,即灵岩,嶂高广200余米,壁立于霄,色五彩相间,如大锦屏,故称。嶂,耸立如屏障的山峰。《文选·沈约〈钟山诗应西阳王教〉》:"郁律构丹巘,崚嶒起青嶂。"唐吕向注:"山横曰嶂。"

⑧称(chèn):相当,符合。

⑨展旗峰:位于雁荡山东内谷,如大旗横展200余丈。明慎蒙《游雁荡山记》:"其一峰如军中竖旗而飘然者,展旗峰也。"明王士性《游雁宕记》:"展旗者,群峰联络于左,横曳之,如取郑伯蝥弧以登也。"

⑩天柱峰:位于雁荡山东内谷,其形如柱挺立,与展旗峰相对,形成南天门。明王士性《游雁宕记》:"独西南一柱,白而长身者也,盖谓天柱峰云。"

⑪右胁:谓屏霞障右侧。

⑫龙鼻水:位于灵岩寺右侧的龙鼻洞内。明王士性《游雁宕记》:"龙鼻水者,障肋洞顽石而窍,高侔阁,陷入一龙,独绀碧天矫,鳞鬣咸具,从洞西南峡中奔而下,一爪踞地垂首悬鼻如瓠,鼻孔石髓,时时下一滴,甘已目瞖。"元李孝光《暮入灵岩记》:"上观所谓龙鼻水,山半横石作鳞甲状,陷入石中,独见其脊从西南石峡中绕出数十丈,势尽乃垂入谷中作悬鼻。疑是石髓积岁月化为石故,独此鼻如瓠大,乃绀碧腻滑异他石。鼻端泉时时一下滴。"

⑬龙鼻之穴:即龙鼻洞,又名龙鼻龛,位于灵岩寺右侧的插龙峰下。可从寺后或寺旁的石蹬小路盘旋而上。洞口朝南,正对玉女峰。宽约10米,深约30米,高约100米。紫黑色两壁顶端接合处,中嵌一条青铜色

横石，鳞甲宛然，酷肖一条巨龙蜿蜒下绕，将至洞底，一爪踞地，似是保护颔中之珠。石罅（xià）：岩石裂缝。

⑭青绀（gàn）：黑中透红之色。润泽：滋润，使不干枯。

⑮独秀峰：位于雁荡山东内谷，山形孤峭高耸，有老松生于其顶，与卓笔峰相对，两峰之间即藏珠谷，又名栖贤谷。明何白《灵岩记》："挺而亭亭，古松盘攫其顶者，曰独秀。"

⑯高锐：高耸貌。不相下：谓与天柱峰不相上下。

⑰卓笔峰：位于雁荡山东内谷插龙峰下、独秀峰前，尖锐如毛笔直指蓝天。参见本日记十一日日记注㉔。

⑱高半独秀：谓卓笔峰高度仅有独秀峰的一半。

⑲南坳（ào）：南侧山曲间的平地。轰然：这里形容水声大而嘈杂。

⑳小龙湫（qiū）：雁荡山小瀑布名，位于东内谷灵岩寺右侧后面的隐龙嶂底，落差50馀米。龙湫，谓上有悬瀑下有深潭。元李孝光《暮入灵岩记》："谷口涧西，有立石长三千尺如笔，曰卓笔峰。峰旁流泉堕入洞中，亦三千尺，曰小龙湫。"明王献芝《游雁山记》："明日缘乱石寻小龙湫，有岩腹如珊瑚玛瑙色，悬岩环峙，高视大龙湫之半，而谷之广亦三之一。泉飞崖上，触石腾空，如烟雾团结，旋而流转，飞洒沾人，乍巨乍细，亦无定迹。"

㉑玉女峰：位于雁荡山东内谷，与龙鼻洞相对。明王士性《游雁宕记》："玉女峰者，洞口端正一瘦石，锐顶如髻，杂蔓奇葩，宛如簪花状。"

㉒僧拜石：又名"僧抱石"或"老僧拜塔"，在天柱峰西南侧有一高一低两块岩石，低者形似老僧，向东南方做合掌礼拜状。明王士性《游雁宕记》："僧抱石者，寺右一石如浮屠礼拜状，前凭一几。"

㉓袈裟（jiā shā）：佛教僧尼的法衣。参见本日记十一日日记注⑩。

伛偻（yǔ lǚ）：恭敬貌。参见本日记十一日日记注⑫。

㉔肖（xiāo）：相似，类似。

㉕安禅谷：位于雁荡山东内谷屏霞嶂下。宋袁采《雁荡山记》："宋太平兴国二年丁丑，僧全了始居山之浅者，曰芙蓉庵，今罗汉寺是也；己卯，僧行亮、神昭居山之深者，今灵岩安禅谷是也。"明何白《灵岩记》："半壁烂烂若五云，曰屏霞障。嶂之趾，清旷若步廊者，曰安禅谷。"明王士性《游雁宕记》："安禅谷者，障左半崖，缘鸟道攀之，谷邃无人声，泉出谷入池，临寺如听下界钟鼓。"

㉖石屏风：位于雁荡山东内谷屏霞嶂东南的山峰名。明慎蒙《游雁荡山记》："其一峰如军中竖旗而飘然者，展旗峰也；形如木板中断不相联者，石屏风也。"

㉗蟾蜍石：形状如同蛤蟆的岩石，通体银白，又称"玉蟾蜍"。

㉘玉龟：形状如同乌龟的岩石，亦通体银白。

㉙褶（zhě）：谓山岩如衣之折纹的交叠之处。

㉚石阈（yù）：如同门槛的岩石。

㉛无地：犹言看不见地面。形容位置高渺或范围广袤。《楚辞·远游》："下峥嵘而无地兮，上寥廓而无天。视倏忽而无见兮，听惝恍而无闻。"

㉜崆峒（kōng dòng）：宽敞空阔，这里形容高广无际的天空。作者《粤西游日记二》崇祯十年（1637）六月十四日日记："从门隙内窥，洞甚崆峒，而路无由入。"

㉝天聪洞：即天窗洞，位于雁荡山东内谷展旗峰北胁壁间，洞口形似耳窍，洞内有洞，洞底见天。洞口朝西南，面对天柱峰，沿屏霞嶂右侧石级而上可到。明王士性《游雁宕记》："天聪洞者，展旗之半有穴焉，空百尺，光自下生，投以石，訇然不及其底，外复有孔如口、目然。"

㉞环向：团聚相对。

㉟山门：原指佛寺的外门，这里谓雁荡山的南天门，位于展旗峰与天柱峰之间。参见本段注⑩。

㊱含珠岩：又称含珠峰，位于雁荡山东内谷天柱峰侧。明王献芝《游雁山记》："入谷，有双石壁峙，中含圆石，曰含珠峰。"

㊲顶珠峰：又名绀珠岩，位于雁荡山东内谷展旗峰上，因其顶有一圆石而得名。明王士性《游雁宕记》："绀珠岩者，入寺有峰累一石如珠。"明何白《灵岩记》："左峰之颠有石若累丸者，曰绀珠。"

十三日 出山门，循麓而右①，一路崖壁参差②，流霞映采③。高而展者，为板嶂岩④。岩下危立而尖夹者，为小剪刀峰⑤。更前，重岩之上，一峰亭亭插天⑥，为观音岩⑦。岩侧则马鞍岭横亘于前⑧。鸟道盘折⑨，逾坳右转，溪流汤汤⑩，涧底石平如砥⑪。沿涧深入，约去灵岩十余里，过常云峰⑫，则大剪刀峰介立涧旁⑬。剪刀之北，重岩陡起，是名连云峰⑭。从此环绕回合，岩穷矣。龙湫之瀑⑮，轰然下捣潭中，岩势开张峭削⑯，水无所着，腾空飘荡，顿令心目眩怖⑰。潭上有堂，相传为诺讵那观泉之所⑱。堂后层级直上，有亭翼然⑲。面瀑踞坐久之⑳，下饭庵中。雨廉纤不止㉑，然余已神飞雁湖山顶㉒。遂冒雨至常云峰，由峰半道松洞外㉓，攀绝磴三里，趋白云庵㉔。人空庵圮㉕，一道人在草莽中㉖，见客至，望望去㉗。再入一里，有云静庵㉘，乃投宿焉。道人清隐㉙，卧床数十年，尚能与客谈笑。余见四山云雨凄凄㉚，不能不为明晨忧也。

[注释]

①麓：山脚。

②参差（cēn cī）：不齐貌。

③流霞映采：意谓在朝霞的映衬下，山岩色彩斑斓变化。采，通"彩"。

④板嶂岩：又名板嶂峰、铁板障，另有玉屏峰、巾子峰、纱帽岩等别称，位于雁荡山东内谷。明孙毂《雁荡游记》："于是舍灵岩出，有板嶂峰、笔架山、观音岩，岩高天柱又不知其几也。"

⑤小剪刀峰：位于雁荡山东内谷紫微嶂西端，峰形下合上开如剪刀，但不如大剪刀峰高大。

⑥亭亭：直立貌。

⑦观音岩：位于雁荡山西外谷东岭上，自石门村观赏，颇似观音朝北趺坐，前有二岩似童子和净瓶。高七十余丈。

⑧马鞍岭：又名"石城岭"，位于雁荡山东、西谷的中界，北接石城嶂，南至飞泉寺所在之南山，中间凹下如马鞍，故称。明吴子孝《雁山观大龙湫记》："出灵岩，行经小剪刀峰，又板嶂峰，又老鹰峰，而后登马鞍岭。岭高十余里，曲十余折。其初上也，众山以渐而低，及最高处，则此岭如大父，而众山皆儿孙绕膝，此岭如天阙，而众山皆大海波纹矣。"明王士性《游雁宕记》："马鞍岭界东西二谷，谷东峰五十有三，谷西峰四十有八，谓之百一峰。东西亘五十里，咸片石为底，插汉为峰，如巧匠园丁叠缀而成。"

⑨鸟道：险峻狭窄的山路。唐李白《蜀道难》诗："西当太白有鸟道，可以横绝峨眉巅。"盘折：回环曲折。北魏郦道元《水经注·沔水一》："（汉水）又南径阳都坂东，坂自上及下盘折十九曲。"

⑩汤汤（shāng shāng）：流水声。宋范成大《初发太城留别田父》诗："流渠汤汤声满野，今年醉饱鸡豚社。"

⑪砥（dǐ）：质地较细的磨刀石。

⑫常云峰：位于雁荡山西内谷马鞍岭北端西侧，高度仅次于百岗尖与雁湖顶，因雾随峰转而得名。相传游人抱着至诚登山，云雾便会自行消退，因此也叫"灵府山"。元李孝光《宿能仁寺东庵记》："雁山西南，一峰绝高，下视众大山，犹当是大父行。舟行南海月馀，长望见直西北有物，如高髻乱发，才一握大，倚为指南。又其上常有云气，居人不呼某山，而呼曰'常云'。旁出二里有能仁院，亦名'常云'。"

⑬大剪刀峰：位于雁荡山西内谷大龙湫附近。明王士性《游雁宕记》："剪刀峰者，石千丈，上成两岐画天，每朝云夕雾，当岐过之，真如剪绮。"从另一角度观赏剪刀峰则形如天柱，故有西天柱峰之名，以与东内谷的天柱峰区别。参见本日记十二日日记注⑩。介立：卓异独立。

⑭连云峰：又名连云嶂，位于雁荡山西内谷，全长300米以上，高度200米左右，浅绛色。中间有一裂阙如门，称连云阙。清施元孚《入大龙湫记》："大龙湫，水之最奇者也。其障曰连云，壁立千仞，怀抱里馀，独开东南一面，如天阙焉。剪刀峰适立其间，而湫则在于障底。"

⑮龙湫（qiū）：谓雁荡山大龙湫，位于西内谷马鞍岭以西八里，源出"百岗三尖"的白云尖（西尖），为我国著名的大瀑布。水从高约190米的连云嶂凌空而下，如同白练飞泻，壮观异常。明王士性《游雁宕记》："大龙湫者，高山四围，中盘一谷。初至剪刀峰下，疑有犬声起壑底，四盼不知其倪，逼近之，则见一飞瀑从天下，然无水状，仅如烟云抟聚而落，落地为珠玑。或朔风久盘桓不下，忽迸裂响如雷霆，又谷围如瓮，声出则谷传。"

⑯开张：张开，舒展。峭削：陡峭如削。

⑰眩怖：目迷心惊。

⑱诺讵那：佛典中的罗汉之一梵文的音译，又译作诺讵罗，传说他出家前为一猛士，出家后，佛陀让他静坐，但他仍显示出大力士的体魄，所

以又称静坐罗汉。另据《法住记》，诺讵那为西天十六阿罗汉中的第五位尊者，率八百罗汉居南瞻部洲守护佛法。另据宋郑尚文《敕赐灵岩寺额碑记》，诺讵那所居南瞻部洲即为雁荡山。又据宋沈括《梦溪笔谈》卷二四《杂志一》："按西域书，阿罗汉诺讵罗居震旦东南大海际雁荡山芙蓉峰龙湫，唐僧贯休为《诺讵罗赞》，有'雁荡经行云漠漠，龙湫宴坐雨蒙蒙'之句。"明郑汝璧《游雁荡山记》："东为讵那尊者亭，尊者自西域来，观瀑示寂，睛犹上视，后有僧喝云：'潭下水同，何必仰瞻？'遂瞑。"在雁荡山的有关民间传说中，这位罗汉在唐代化身为眉州（今属四川）的罗尧运，最先进入雁荡山，在大龙湫前观瀑坐化。

⑲翼然：鸟展翅貌，这里用以形容观瀑亭高耸开张之状。明王士性《游雁宕记》："东为讵那观瀑亭，抱膝如瞑，扁其亭者云：'六龙卷海上银汉，万马呼风下铁城。'庶几哉。"

⑳踞坐：坐时两脚底和臀部着地，两膝上耸。

㉑廉纤：细小，细微，这里用以形容微雨。

㉒雁湖山：又称雁湖岗、雁湖岭，位于雁荡山西外谷，海拔990米。顶上原有雁湖，分北、中、东三部分，以中湖较大，有数十亩之广，今因湖荡淤塞，仅剩面积不大的水塘一口。

㉓道松洞：位于雁荡山西内谷常云峰半山腰，据说为明末道松和尚所开发。明孙毂《雁荡游记》："望常云腰半有洞，绝地三里许，僧曰，此道松迹也，昔道松僧隐其中。"明王献芝《游雁山记》："缘东谷观大龙湫，有峰如祥云缥渺，万丈巉岏，曰常云峰。峰半有洞，曰道松，或云道松修炼之所，峰下有瑞鹿寺遗址。"

㉔白云庵：又称白云院，位于大龙湫上，为明嘉靖间五台山僧人白云、云外所构筑，故名。明孙毂《雁荡游记》："闻之山中人曰，湫背有庵，往时北僧白云、云外居之，去地十里许。"明王士性《游雁宕记》：

"旧有白云庵，嘉靖间五台二僧来居之。"

㉕圮（pǐ）：毁坏，坍塌。

㉖道人：这里当谓佛教徒，即和尚。草莽：草丛。

㉗望望：瞻望貌。《礼记·问丧》："其往送也，望望然，汲汲然，如有追而弗及也。"

㉘云静庵：位于雁荡山西内谷龙湫背的寺院。

㉙清隐：云静庵僧人法号。

㉚凄凄：云兴起而欲雨貌。

十四日 天忽晴朗，乃强清隐徒为导①。清隐谓湖中草满，已成芜田②，徒复有他行，但可送至峰顶。余意至顶，湖可坐得③，于是人捉一杖，跻攀深草中④，一步一喘，数里，始历高巅⑤。四望白云，迷漫一色，平铺峰下。诸峰朵朵，仅露一顶，日光映之，如冰壶瑶界⑥，不辨海陆。然海中玉环一抹⑦，若可俯而拾也。北瞰山坳壁立，内石笋森森⑧，参差不一。三面翠崖环绕，更胜灵岩。但谷幽境绝⑨，惟闻水声潺潺，莫辨何地。望四面峰峦累累⑩，下伏如丘垤⑪，惟东峰昂然独上⑫，最东之常云，犹堪比肩⑬。

导者告退，指湖在西腋一峰，尚须越三尖⑭。余从之，及越一尖，路已绝；再越一尖，而所登顶已在天半。自念《志》云："宕在山顶，龙湫之水，即自宕来。"⑮今山势渐下，而上湫之涧⑯，却自东高峰发脉⑰，去此已隔二谷。遂返辙而东⑱，望东峰之高者趋之，莲舟疲不能从⑲。由旧路下，余与二奴东越二岭，人迹绝矣。已而山愈高，脊愈狭⑳，两边夹立，如行刀背。又石片棱棱怒起㉑，每过一脊，即一峭峰，皆从刀剑隙中攀援而上。如是者三，但见境不容足，安能容湖？既而高峰尽处，一石如劈，向惧石锋撩人㉒，至是且无锋置足矣！跻踌崖上㉓，不敢复向故道。俯瞰南面石壁下有一级，遂脱奴足布四条㉔，悬崖垂空，先下一奴，余次从之，意可得攀援之路。及下，仅容足，无馀地。望岩下斗深百丈㉕，欲谋复上，而上岩亦嵌空三丈馀㉖，不能飞陟㉗。持布上试，布为突石所勒㉘，忽中断。复续悬之，竭力腾挽㉙，得复登上岩。出险，还云静庵，日已渐西。主仆衣履俱敝，寻湖之兴衰矣。遂别而下，复至龙湫，则积雨之后㉚，怒涛倾注，变幻极势㉛，轰雷喷雪㉜，大倍于昨。坐至暝始出，南行四里，宿能仁寺㉝。

[注释]

①徒：佛家弟子。导：向导。

②芜田：野草丛生的荒地。

③坐：正，恰好。唐杜甫《答杨梓州》诗："闷到杨公池水头，坐逢杨子镇东州。"

④跻（jī）攀：犹攀登。唐杜甫《白水县崔少府十九翁高斋三十韵》："清晨陪跻攀，傲睨俯峭壁。"

⑤历：登临。高巅：山顶。

⑥冰壶瑶界：比喻茫茫清凉高洁的神仙境界。

⑦玉环：即玉环山，或称玉环岛，位于浙江东南沿海，为浙江第二大岛，今为玉环县政府驻地。《太平寰宇记》卷九九："玉环山……在海中，周回五百馀里，去郡（温州永嘉）二百里。上有流水，洁白如玉，因以为名。"又明嘉靖《太平县志》卷二："宋高宗南渡，遗玉环于此，故名。"一抹：犹一片，多用于痕迹、景物等。

⑧石笋：挺直的大石，其状如笋，故名。森森：众多貌。

⑨谷幽境绝：谓山谷幽深，地处偏远。

⑩累累：重叠。

⑪丘垤（dié）：小山丘，小土堆。《孟子·公孙丑上》："泰山之于丘垤，河海之于行潦，类也。"

⑫东峰：这里当指百岗尖，为雁荡山主峰，当时尚未命名。

⑬比肩：并列，居同等地位。

⑭三尖：谓三座陡峭的山峰。唐杜甫《送张十二参军赴蜀州因呈杨五侍御》诗："两行秦树直，万点蜀山尖。"

⑮"自念"四句：出处不详，待考。或谓出自《明一统志》，不确。自念，自己思量。宕，通"荡"，浅水湖。大龙湫之水源于雁湖的揣测系受前人误导，如宋袁采《雁荡山记》即云："荡水南出为大龙湫。"作者在三游雁荡山时方解决大龙湫源头何在的问题。参见《游雁宕山日记后》。

⑯上湫：谓上龙湫，又称上瀑布，位于大龙湫之上。明薛应旂《雁荡山志》："又有上龙湫，在大龙湫上数里，飞流悬泄，亦数百尺。"

⑰发脉：发源。

⑱返辙：返行。

⑲莲舟：作者家乡江阴迎福寺僧人，前曾与徐霞客结伴旅游天台山。

⑳脊：即山脊，谓山的高处像兽类脊骨似的隆起部分。

㉑棱棱（léng léng）：形容山石突兀、重叠。怒起：尖锐突起。

㉒石锋：岩石尖锐如刀锋的棱角。撩人：这里是令人犯难、不知所措的意思。

㉓踌躇：犹豫，迟疑不决。

㉔足布：即裹腿，缠在裤子外边小腿部分的布条，旧时士兵行军时常用以保护腿部并使步履轻便有劲。

㉕斗：通"陡"，谓陡峭。

㉖嵌空：凹陷。宋范成大《吴船录》卷下："沿江石壁下，忽嵌空为大石屋，即石凿为像。"

㉗飞陟（zhì）：飞升。

㉘勒：抑制，这里有阻碍的意思。

㉙腾挽：下面的人攀登，上面的人牵引。

㉚积雨：犹久雨。唐韩愈《符读书城南》诗："时秋积雨霁，新凉入郊墟。"

㉛变幻极势：谓极尽变化莫测之能事。极势，使势力丧尽。《晋书》卷六〇《索綝传》："帝王之师，以义行也。孤将军十五年，未尝以谲诡败人，必穷兵极势，然后取之。"

㉜轰雷喷雪：形容雨后的瀑布水势浩大，发出雷霆般的声响，水流如喷雪一样壮观。

㉝能仁寺：曾名常云院，俗称大镬寺，位于雁荡山西内谷丹芳岭下，大锦溪下游，雁山十八古刹之一。明何白《能仁寺记》："自乐成东行八十里，抵四十九盘岭，由筋竹涧过行春桥，拾级数十武，拓而为寺，曰能仁，为十八丛林首刹也。"明王士性《游雁宕记》："能仁者，西谷外寺，僧了全于太平兴国间，始居山之浅者曰芙蓉庵，即此，则其开山始也。"

十五日 寺后觅方竹数握①，细如枝；林中新条，大可径寸，柔不中杖②，老柯斩伐殆尽矣③！遂从岐度四十九盘④，一路遵海而南，逾窑岙岭⑤，往乐清⑥。

[注释]

①方竹：竹之一种，外形微方，高三至八米，直径一至四厘米，质

坚，产于我国华东和华南一带。可供观赏外，古人多用以制作手杖。

②柔不中（zhòng）杖：谓新竹质地柔软，不适宜做手杖。中，符合。

③老柯：老竹。柯，草木的枝茎。殆尽：几乎罄尽。汉孔融《论盛孝章书》："海内知识，零落殆尽。"

④岐：同"歧"，谓分开，岔出。这里是岔路的意思。四十九盘：又名七七岭、丹芳岭，位于雁荡山西内谷。明薛应旂《雁荡山志》："又东十里，曰丹芳岭，路入雁荡西谷，凡四十九盘，昔人有'岭号登山七七盘，登危陟险到云端'之咏。又东曰谢公岭。"

⑤窑岙（ào）岭：即窑岙山，位于乐清县以东五十里，其下有窑岙镇，南临海。见清顾祖禹《读史方舆纪要》卷九四《浙江六·温州府》。

⑥乐清：这里当谓乐成镇，为明乐清县治所在。

[评析]

清顾祖禹《读史方舆纪要》卷九四《浙江六·温州府》："雁荡山，县东九十里。岩峦盘曲凡数百里，其峰百有二，谷十，洞八，岩三十，争奇竞胜，游历难遍。《志》云：山跨乐清、平阳二县，在平阳西南者曰南雁荡，此为北雁荡。群峰峭拔，上耸千尺，皆包谷中，自岭外望之，都无所见，至谷中则森然干霄。有大、小龙湫会诸溪涧水，悬岩数百丈，飞瀑之势，如倾万斛水从天而下也。绝顶有湖，方十余里，水常不涸，雁之春归者留宿焉，故曰雁荡。"宋戴复古《湘中遇翁灵舒》诗："天台山与雁山邻，只隔中间一片云。一片云边不相识，三千里外却逢君。"尽管古代交通不便，但在文人墨客心目中，天台山与雁荡山仍属于相邻的两处游览胜地。

明神宗万历四十一年（1613）四月初九日，徐霞客第一次游天台山后即踏上前往雁荡山的旅途。同三游天台山一样，徐霞客一生对于雁荡山也有三次旅游的经历，本篇日记所记述者就是作者第一次游览雁山的过程。至于二游雁山，徐霞客没有留下日记，三游雁山则有《游雁宕山日记后》为证，本书已选注，详见后，此不赘述。徐霞客一游雁山，从万历四十一年四月十一日进山至十五日踏上归途，历时五天，其具体行程为：十一日游览灵峰景区，历经盘山岭、大荆驿、章家楼、老僧岩、石梁洞、谢公岭、灵峰洞，止宿于灵峰寺。十二日从灵峰向灵岩景区进发，沿途经碧霄洞，过响岩，再经净名寺、水帘洞，进入灵岩景区，游赏了屏霞嶂、展旗峰、天柱峰、龙鼻洞、小龙湫、独秀峰、卓笔峰、玉女峰、双鸾峰、天柱峰、安禅谷、石屏风、天聪洞等景观，或亲自登临，或极目远眺，游踪虽稍显匆促，却也令作者目不暇接，大饱眼福。夜晚止宿于灵岩寺。十三日从灵岩寺出发，历经板嶂岩、小剪刀峰、观音岩，翻越马鞍岭，过常云峰、大剪刀峰、连云峰，终至闻名遐迩的大龙湫。面对这天下奇瀑，作者"踞坐久之"，沉醉于自然壮观之下。在细雨迷蒙中，作者晚间投宿云静庵。十四日天虽放晴，却是徐霞客一游雁山中历经艰险而绝处逢生的一天。徐霞客探求大龙湫之源头受古人有关误导，以为雁湖为大龙湫之源，又因云静庵住持清隐的徒弟作为向导半途而退，徐霞客一行四众（包括两仆与从家乡随同而来的迎福寺僧人莲舟）翻山越岭，攀援竟日，并没有寻觅到山顶之雁湖所在，大龙湫之源头何在更无从谈起，解决这一疑难问题，已经是十九年以后作者三游雁山之际了，这是后话。所幸作者三众（莲舟因疲劳已提前下山）知难而退，方有惊无险，归宿于能仁寺。十五日，作者一行经四十九盘岭，沿海边越过窑岙岭到达乐清县治乐成镇，结束了五天的旅程。

雁荡山山体的岩石构成以破火山的流纹岩为主，多呈现为灰色、粉红色与砖红色，有斑状结构和流纹状结构，并有节理。这种岩石虽与花岗岩同属于火山酸性的喷出岩石，但两者样貌多有不同，岩体的物理性状与化学性能也有所区别,这是雁荡山与天台山山体形势有所差异的重要原因。雁荡山的奇峰怪岭集中密集,且"横看成岭侧成峰,远近高低各不同",这无疑令置足其间者有美不胜收的奇异感。由于处在古火山频繁活动的地带,雁山山体呈现出独具特色的峰、柱、墩、洞、壁等奇岩怪石,称得上一个"世界真奇妙"的造型地貌博物馆。徐霞客用文学笔法描绘雁荡山风景的奇妙,形象生动,令读者有身临其境之感;对于各处景观的方位以及相互关系与距离的准确记述,更是其科学精神的反映,绝非一般游山玩水者的笔墨。

游白岳山日记① 徽州府休宁县②

丙辰岁③,余同浔阳叔翁④,于正月二十六日⑤,至徽之休宁。出西门,其溪自祁门县来⑥,经白岳,循县而南,至梅口⑦,会郡溪入浙⑧。循溪而上,二十里,至南渡⑨。过桥⑩,依山麓十里,至岩下⑪,已暮。登山五里,借庙中灯,冒雪蹑冰⑫,二里,过天门⑬,里许,入榔梅庵⑭。路经天门、珠帘之胜⑮,俱不暇辨,但闻树间冰响铮铮⑯。入庵后,大霰作⑰,浔阳与奴子俱后。余独卧山房,夜听水声屋溜⑱,竟不能寐。

[注释]

①白岳山:又称白岳岭,属于齐云山的组成部分。齐云山位于今安徽休宁县城以西15千米处,最高峰(位于碧霄峰背)海拔585米,山不甚高而风光绮丽,有三十六奇峰、七十二怪崖,洞、涧、池、泉遍布其中,景色宜人,以白岳岭、齐云岩、独耸岩、廊岩、石桥岩、紫霄岩等最为著名。白岳岭周17.5千米,奇峰绝壁,风光无限。清道光《休宁县志》卷一《山川》:"白岳山,在县西三十里,高三百仞,周三十五里。奇峰四起,绝壁断岩,游齐云者必先登焉。"

②徽州府:明洪武元年(1368)直隶中书省,治所在歙县(今属安徽),永乐元年(1403)改隶南京,辖境相当于今安徽黄山市部分、歙县、休宁、祁门、绩溪、黟县等县以及江西婺源县地。休宁:明代县名,

位于歙县以西,属徽州府,今属安徽。

③丙辰岁:即明神宗万历四十四年(1616)。

④浔阳叔翁:丁文江《徐霞客年谱·万历四十四年丙辰》:"浔阳叔翁不知何人,观游记则浔阳乃其号,叔翁疑即叔岳之称。先生原配许氏,然则浔阳当姓许。"按叔翁,父亲的叔父,即叔祖;叔岳则似为妻子的叔父辈,适比"叔翁"矮一辈。

⑤正月二十六日:即公元1616年3月13日。

⑥溪:当指横江,又名吉阳水、白鹤溪、东港,发源于黟县漳岭的白顶山,最终与率水汇流,注入新安江。主河道上游流经齐云山。清道光《休宁县志》卷一《山川》:"白鹤溪水,发源黟县之吉阳山,经渔亭由白岳山下过蓝渡,经县治,计程百五十里,至断岩双溪口与夹溪水合。"祁门:明代县名,位于休宁西北,东北又与黟县接壤,属徽州府,今属安徽。

⑦梅口:休宁地名,或称梅溪口。清道光《休宁县志》卷一《山川》:"率水,邑西之最大者,发源张公山,浙江之大源也……其北水源有三,皆自山巅瀑泻而下……一自高湖尖流出大连、小连,至汪村过桑园潭,出彭洖坑口,东去梅口,与梅溪、孚溪之水相会,东流百二十里至江潭溪口,渐源之水赴焉。亦名渐溪。"

⑧郡溪:当指率水,又名浙溪水、南港,发源于六股尖,为冯源河,支流众多,为休宁第一大河,与横江汇流后注入新安江。或谓指歙县练江。入浙:这里即循新安江而进入浙江。

⑨南渡:当作蓝渡,位于休宁县城与齐云山之间,横江北岸。"南"、"蓝",或系音讹。清道光《休宁县志》卷一《疆域》:"蓝渡街,县西十三里,长一里。"

⑩桥:谓蓝渡桥。清道光《休宁县志》卷二《津梁》:"蓝渡桥,在

县西十二里。弘治间知县李煜建，隆庆初知县王瑶修，万历三十五年邑人陈碧倡修。"

⑪岩下：即岩前（岩前镇，今齐云山镇），位于齐云山以北的横江北岸。

⑫蹑（niè）：攀登。

⑬天门：位于齐云山齐云岩桃花磡附近。清道光《休宁县志》卷一《山川》："桃花磡，渡磡近西乃有石蝀，方广若门，曰天门，门下旧有石楠一株，大数十围，门下诸石如伏犀驯象。"明程嘉燧《游齐云观天门虎崖记》："所以名天门者，崖顶石壁如屏，忽中穿一窦，高可五六仞，深半之，广又半之，方如门，阙其内，石崖环周，翕口洼腹，如竖半瓮。"明谢肇淛《游白岳记》："复有石梁亘架，中穿一洞以出，是为天门。信出化工，非人力也。石楠倚门扶疏，相传数千年物而黛翠不改。"明黄汝亨《游白岳记》："左右壁削立数十仞，石梁横亘，画然而开空洞可出入，若造物为玄武设司阍者，所称天门也。奇哉！当天门有大楠树一株，枝干扶疏，可荫百人，青翠满眼，香林所少，不知几千年物，亦一奇也。"

⑭榔梅庵：故址位于齐云山下玄天太素宫以东。清道光《休宁县志》卷二四《寺观》："榔梅庵。在齐云山。《齐云山志》云：嘉靖丙戌建。"嘉靖丙戌即明嘉靖五年（1526），据说这一年道士方琼真访武当山，携回两株榔梅，植于洞天福地，现存一株，已有四百馀年历史。当年榔梅庵，系由居士金显宁四子继其父遗教共建于榔梅树侧，并效法湖北武当榔梅庵即以树名庵。庵坐西朝东，为二堂六楹，丹漆彩饰，绚烂一时。今庵已毁，仅存遗址所建酒店。

⑮珠帘：即珍珠帘，位于齐云岩的龙王岩上。清道光《休宁县志》卷一《山川》："（龙王）岩上飞泉洒洒，落岩下如雨，曰珍珠帘。帘前有池，池未尝溢，亦未尝涸，曰碧莲池。"

⑯冰响：挂于树枝的凝雪成冰，因气温变化或风动碰撞而发生的碎裂声或坠落声。铮铮：象声词。这里形容冰冻的碎裂声。

⑰霰（xiàn）：雪珠，白色不透明的球形或圆锥形小冰粒，多在下雪前或下雪时降落。《诗·小雅·颊弁》："如彼雨雪，先集维霰。"汉郑玄笺："将大雨雪，始必微温，雪自上下，遇温气而抟谓之霰，久而寒胜则大雪矣。"

⑱屋溜：房上积雪因温度变化融化时导致屋檐下滴水。

二十七日 起视满山冰花玉树①，迷漫一色。坐楼中，适浔阳并奴至，乃登太素宫②。宫北向，玄帝像乃百鸟衔泥所成③，色黧黑④。像成于宋，殿新于嘉靖三十七年⑤，庭中碑文，世庙御制也⑥。左右为王灵官、赵元帅殿⑦，俱雄丽。背倚玉屏⑧，前临香炉峰⑨。峰突起数十丈，如覆钟⑩，未游台、宕者或奇之⑪。出庙左，至舍身崖⑫，转而上为紫玉屏⑬，再西为紫霄崖⑭，俱危耸杰起⑮。再西为三姑峰、五老峰⑯，文昌阁据其前⑰。五老比肩，不甚峭削⑱，颇似笔架⑲。

返榔梅，循夜来路，下天梯⑳。则石崖三面为围，上覆下嵌，绝似行廊㉑。循崖而行，泉飞落其外，为珠帘水。嵌之深处，为罗汉洞㉒，外开内伏㉓，深且十五里，东南通南渡。崖尽处为天门。崖石中空，人出入其间，高爽飞突㉔，正如阊阖㉕。门外乔楠中峙㉖，蟠青丛翠㉗。门内石崖一带，珠帘飞洒㉘，奇为第一。返宿庵中，访五井、桥崖之胜㉙，羽士汪伯化㉚，约明晨同行。

[注释]

①冰花玉树：雪附着于树枝结冰而成。唐岑参《白雪歌送武判官归

京》:"北风卷地白草折,胡天八月即飞雪。忽如一夜春风来,千树万树梨花开。"

②太素宫:即玄天太素宫,位于齐云岩下,俗称正殿。宫背后诸峰林立,左有钟峰,右有鼓峰,玉屏峰(即辇辂峰,明鲁点《齐云山志》卷一:"玉屏峰,辇辂峰上,石展如屏。")居中,香炉峰耸立于前。南宋理宗宝庆二年(1226),方士余道元初建佑圣真武祠于此,据传殿内真武神像乃百鸟衔泥而成,虽历经水火之患而神像不损。明嘉靖十八年(1539),明世宗赐观名玄天太素宫,三十七年(1558)御制齐云山玄天太素宫碑成,并拨银四万馀两修建真武正殿与配殿以及钟鼓楼、宫门等,前后三进,金碧辉煌。20世纪60年代中,玄天太素宫毁于浩劫中,20世纪90年代中依原貌重建。

③玄帝:即道教所奉之玄武大帝,又称真武大帝。玄武本为北方七宿(斗、牛、女、虚、危、室、壁)的总称,后因以为北方神名。宋赵彦卫《云麓漫钞》卷九:"朱雀、玄武、青龙、白虎为四方之神。祥符间,避圣祖讳,始改玄武为真武……后兴醴泉观,得龟蛇,道士以为真武现,绘其像以为北方之神,被发、黑衣、仗剑、蹈龟蛇,从者执黑旗。"

④黧(lí)黑:谓脸色黑。唐杜甫《赠王二十四侍御契四十韵》诗:"会面嗟黧黑,含凄话苦辛。"

⑤嘉靖三十七年:即公元1558年。

⑥世庙:嘉靖帝朱厚熜(1507~1567)卒后,庙号世宗,故称世庙。御制:帝王所作。

⑦王灵官:道教奉祀的神,又称"玉枢火府天将",相传姓王名善,为宋徽宗时人,曾从林灵素弟子萨守坚传符法。明宣德(1426~1435)中封为"隆恩真君",岁时遣官致祭。道观内多塑王灵官像,如佛寺之塑伽蓝,作为镇守山门之神。赵元帅:即赵公元帅赵玄坛,神名。相传其姓赵

名朗,字公明,秦时得道于终南山,道教尊为正一玄坛元帅。其像头戴铁冠,黑面浓须,执铁鞭,骑黑虎。传说能驱雷役电,除瘟禳灾,主持公道,求财如意。故旧时各地皆有玄坛庙,民间奉为财神。清乐钧《耳食录·邹忠介公》:"赵玄坛、王灵官为左右二元帅,轮流值岁。"

⑧玉屏:即玉屏峰,位于玄天太素宫后。参见本段注②。或谓即指位于太素宫后之齐云岩。清道光《休宁县志》卷一《山川》:"齐云岩……真武观,观后一山突起,如屏倚天,所谓齐云岩也。"

⑨香炉峰:位于玄天太素宫前,参见注②。

⑩覆钟:形容山峰浑圆形的峰顶形貌,是对丹霞地貌的准确描绘。因砂岩具有球状风化的特征,可使呈棱角状的峰顶和圆柱风化剥蚀成浑圆形,至后期阶段还可成为馒头形的孤立残丘。

⑪"未游"句:意谓从未游历过天台山与雁宕山的人也许会感到山峰形状奇特。作者《游天台山日记》万历四十一年(1613)四月初八日日记:"赤城山顶圆壁特起,望之如城,而石色微赤。"本书已选,可参看。

⑫舍身崖:即舍身岩,位于齐云岩附近。明鲁点《齐云山志》卷一:"舍身崖,宫左松崖之侧,深百仞许,俯视魄散。往往方士脱化其中,投之间不死,人皆异之。"清道光《休宁县志》卷一《山川》:"齐云岩,在白岳西北,高三百五十仞,周回数十里。县西诸峰皆平远,至白岳岭峰始奇,石路盘回如线,游人缘梯而升……一峰挺然拔出苍莽中,不与群山相属,曰香炉峰。左右两岩之间有巨石特起,又谓之凌虚岩,桥西高岩中断,一小峰离立岩下,曰舍身岩。"

⑬紫玉屏:位于紫霄崖东南,与紫霄崖皆有丹霞地貌的显著特征。其岩石色彩之深浅随其氧化铁含量多少而出现差别。

⑭紫霄崖:又称紫霄岩,位于齐云岩西南鹊桥下洗药池左。明鲁点

《齐云山志》卷一："紫霄崖……壁立五百馀仞,势欲压,过之者足未涉而气已夺。"崖壁有"紫霄崖"石刻。崖前一石,酷似骆驼,名紫驼峰。清道光《休宁县志》卷一《山川》："(舍身)岩西行上浮云岭,南下数十步,仰视栖霞洞,其顶横卧一石如蝃蝀,曰鹊桥。下有洗药池,左崛起巨岩曰紫霄。前一石衔尾封脊,引颈欲鸣,曰橐驼。西北人立数峰,有堆翠如螺髻者,曰三姑。有矫矫类力士之举金牛者,曰五丁。又有类有道者比肩垂绅而来,曰五老。南一石卓立,曰天柱,险不可即。别一径通独耸岩,一涧自西北逶迤而来,散而为井者九。北三里一石洞,屏楣整然,殆异人隐处。又北一里五峰并峙,而中稍高曰五凤楼,上有石人,呼之隐隐若有声应。"

⑮杰起:卓异地兴起。

⑯三姑峰:位于五老峰左。参见本段注⑭。五老峰:位于西天门外。明程敏政《游齐云山记》："岩西二里馀,五峰差列,如群仙冠佩,下天际以向齐云,曰五老峰。"参见本段注⑭。

⑰文昌阁:故址位于五老峰山麓,为祭祀文昌帝君的所在。明鲁点《齐云山志》卷二："万历丁丑年,徽宁兵备按察使冯叔吉建文昌阁于五老峰前。兵部左侍郎汪道昆题曰瑶光庭。"《明史·礼志四》："梓潼帝君者,记云:'神姓张名亚子,居蜀七曲山,仕晋战没,人为立庙。唐宋屡封至英显王。道家谓帝命梓潼掌文昌府事及人间禄籍,故元加号为帝君,而天下学校亦有祠祀者。'"

⑱峭削:陡峭如削。明顾起元《客座赘语·守心戒行》："法堂后,山壁峭削,中开一洞,深数尺许。"

⑲笔架:用以搁置毛笔的架子。宋鲁应龙《闲窗括异志》："远峰列如笔架。"

⑳天梯:当谓车輄岭。明鲁点《齐云山志》卷一："天梯,即车輄

岭，巉石耸峙，中容车迹，悬立约十仞许。游士攀援，若登天然。"

㉑"上覆下嵌"二句：当为描绘齐云山廊岩景观，由太素宫后缘山而上可到，自其下仰视，岩石作45°倾斜。明鲁点《齐云山志》卷一云："廊岩，在玉屏右，峭壁危立，东瞰苍莽如凭虚，云物变幻最奇。"嵌，凹陷。

㉒罗汉洞：为齐云山天门内东南方向的四处著名景观之一。清道光《休宁县志》卷一《山川》："三曰罗汉洞，稍加大焉。二石龙循洞门旁出，鳞骨隐隐，蹴之疑为石子所砌，谛视之，石肉相结，复意其为真龙也。"

㉓外开内伏：意谓洞口开放，洞内幽深。

㉔高爽飞突：高大轩敞，穿越酣畅。

㉕阊阖（chāng hé）：传说中的天门。《楚辞·离骚》："吾令帝阍开关兮，倚阊阖而望予。"汉王逸注："阊阖，天门也。"

㉖乔楠：或称石楠，乔木，花供观赏，叶可入药。《太平御览》卷九六一引南朝梁任昉《述异记》："曲阜古城有颜回墓，墓上石楠二株，可三四十围，土人云颜回手植之木。"清道光《休宁县志》卷二四《古迹》："楠树：白岳天门倚岩楠木一株，拔壑参天，婆娑碧荫，如幄如云。盛夏游人柱杖其下，清凉袭腋。《山志》云：江左楠木，惟此一株。今枯，雕为神像。"参见本日记二十六日日记注⑬。

㉗蟠青丛翠：形容树木茂盛青苍。

㉘珠帘：即珍珠帘。参见本日记二十六日日记注⑮。

㉙五井：与下文之"九井"当为五个或九个深潭（龙井）的总称。参见本日记二月初一日日记："仍越岭东下深坑，石涧四合，时有深潭，大为渊，小如臼，皆云'龙井'，不能别其孰为'五'，孰为'九'。"桥崖：原名岐山，又称石桥岩、桥岩，位于白岳山西。参见本日记以下二月

初一日日记注③。胜：谓优美的山水或古迹。

㉚羽士：又称羽人，道士的别称，以道家学仙，故称。

二十八日 梦中闻人言大雪，促奴起视，弥山漫谷矣。余强卧①。巳刻②，同伯化蹑屐③，二里，复抵文昌阁。览地天一色，虽阻游五井，更益奇观④。

[注释]

①强（qiǎng）：勉强。

②巳刻：旧时十二时辰之一，相当于现代计时的上午9时至11时。

③蹑屐（jī）：穿着木屐。屐，木制的鞋，底大多有二齿，以行泥地。宋吕祖谦《卧游录》："（谢灵运）尝着大屐，上山则去前齿，下山则去后齿。"这里即指步行登山。

④更益奇观：谓更多奇异少见的景观。

二十九日 奴子报："云开，日色浮林端矣。"急披衣起，青天一色，半月来所未睹，然寒威殊甚①。方促伯化共饭。饭已，大雪复至，飞积盈尺。偶步楼前，则香炉峰正峙其前。楼后出一羽士曰程振华者，为余谈九井、桥岩、傅岩诸胜②。

[注释]

①寒威：严寒的威力。唐方干《岁晚言事寄乡中亲友》诗："急景苍茫昼若昏，夜风干峭触前轩。寒威半入龙蛇窟，暖气全归草树根。"

②九井：九个深潭（龙井）的总称。参见本日记二十七日日记注⑭、

㉙。傅岩：明黄汝亨《游白岳记》："棋盘石，石如菌芝，下窄上敞，可坐数十人。与诸生共坐石上，道士复以樽罍进，共浮白浸醉，纵观诸山，则傅岩前峙，而后踞者为观音岩。坐此则神超气静，尘嚣俱绝，又成一境界矣。"傅岩，有关方志未见著录，或为"辅岩"之音讹。明鲁点《齐云山志》卷一："辅岩，山西二十里。"徐霞客或沿袭黄汝亨文之称傅岩。

三十日 雪甚，兼雾浓，咫尺不辨①。伯化携酒至舍身崖，饮睟元阁②。阁在崖侧，冰柱垂垂③，大者竟丈。峰峦灭影，近若香炉峰，亦不能见。

[注释]

①咫（zhǐ）尺：周制八寸为咫，十寸为尺，谓接近或刚满一尺。

②睟元阁：明代楼阁建筑名。

③冰柱：滴水、积雪凝成的冰条。唐刘叉《冰柱》诗："旋落旋逐朝暾化，檐间冰柱若削出交加，或低或昂，小大莹洁。"垂垂：低垂貌。

二月初一日 东方一缕云开，已而大朗。浔阳以足裂留庵中。余急同伯化蹑西天门而下①。十里，过双溪街②，山势已开。五里，山复渐合，溪环石映，倍有佳趣。三里，由溪口循小路入，越一山。二里，至石桥岩③。桥侧外岩④，高亘如白岳之紫霄⑤。岩下俱因岩为殿。山石皆紫，独有一青石龙蜿蜒于内，头垂空尺馀，水下滴，曰龙涎泉⑥，颇如雁宕龙鼻水⑦。

岩之右，一山横跨而中空，即石桥也。飞虹垂蛛⑧，下空恰如半月。坐其下，隔山一岫特起，拱对其上⑨，众峰环侍，较胜齐云天门。即天台石梁⑩，止一石架两山间；此以一山高架，而中空其半，更灵幻矣⑪！穿桥而入，里许，为内岩⑫。上有飞泉飘洒，中有僧斋，颇胜。还饭于外岩。觅导循崖左下⑬。灌莽中两山夹涧⑭，路棘雪迷，行甚艰。导者劝余趋傅岩，不必向观音岩⑮。余恐不能兼棋盘、龙井之胜⑯，不许。行二里，得涧一泓，深碧无底，亦"龙井"也。又三里，崖绝涧穷，悬瀑忽自山坳挂下数丈⑰，亦此中奇境。

转而上跻⑱，行山脊二里，则棋盘石高峙山巅，形如擎菌⑲，大且数围⑳。登之，积雪如玉。回望傅岩，屼嵲云际㉑。由彼抵棋盘亦近，悔不从导者。石旁有文殊庵㉒，竹石清映。转东而南，二里，越岭二重，山半得观音岩。禅院清整㉓，然无奇景，尤悔觌面失傅岩也㉔。仍越岭东下深坑，石涧四合，时有深潭，大为渊，小如臼㉕，皆云"龙井"，不能别其孰为"五"，孰为"九"。凡三里，石岩中石脉隐隐㉖，导者指其一为青龙，一为白龙，余笑颔之㉗。又乱崖间望见一石嵌空，有水下注，外有横石跨之，颇似天台石梁。伯化以天且晚，请速循涧觅大龙井㉘。忽遇僧自黄山来㉙，云："出此即大溪㉚，行将何观？"遂返。里馀，从别径向漆树园㉛。行巉石乱流间，返照映深木㉜，一往幽丽㉝。三里，跻其巅，余以为高埠齐云㉞，及望之，则文昌阁犹巍然也㉟。五老峰正对阁而起，五老之东为独耸寨㊱，循其坳而出，曰西天门；五老之西为展旗峰㊲，由其下而渡，曰芙蓉桥㊳。余向出西天门，今自芙蓉桥入也。余望三姑之旁，犹瀰日色㊴，遂先登，则落照正在五老间。归庵，已晚餐矣。相与追述所历，始知大龙井正在大溪口，足趾已及，而为僧所阻，亦数也㊵！

[注释]

①西天门：位于五老峰侧，今或称紫云关。

②双溪街：当地地名。

③石桥岩：位于白岳山西。清道光《休宁县志》卷一《山川》："石桥岩，在白岳山西，原名岐山。高二百仞，周二十三里，石壁千尺，古藤络其上，花时如锦屏。下有石室，横亘数十丈。天宝中，有僧居之，有龛像、讲台、石梯之属。乾元中，道士龚栖霞绝粒隐此。元和四年，刺史韦绶感梦置精舍，名石门寺。门之下曰烂锦岩，门之上曰云外座。岩下今区为二：东为天泉岩，有泉四时不绝，下凿池焉。明湛甘泉讲学于此，建天泉书院，中奉佛，复题石门寺。西为大龙宫，奉真武，有堂有奥，奥中石龙横亘于上，头目、唇准、爪甲宛然，东出而下垂，身尾苍鳞隐见丹嶂中。泉出于口，四月瀑流九月涸，启闭与龙应。其西直亘而南有天成石梁一，山上坦而下阙，阙圆如月，上坦如梁，长十馀丈，广三丈，可供登览。当阙半里，特峙一峰，曰逼霄，形如立兔捣月宫，皆天巧也。梁下多古留题。桥西一里曰标霞岩，岩下建青莲阁，南对逼霄峰。阁前有青莲池，飞瀑自岩巅而下注池中，四时不绝。东北为晛旸岩，又东为碧莲涧。相传昔有碧莲花叶径尺，自涧流出。泝涧而北为大龙井。逾涧而东为金紫岩，时浮紫气，下建雨华宫。金紫岩之东南为太极岩，一山环合，开一径而入，岩中虚，圆如太极。金紫岩之东北为棋盘石，立石如柱，上顶方石，方广三丈如棋盘。南为观音岩，下有梵宇。"

④桥侧外岩：当指本段注③引文中之烂锦岩、天泉岩等。

⑤高亘：高而横亘。这是对丹霞地貌山形较为浑圆的准确描述。紫霄：即紫霄崖，又称紫霄岩，位于齐云岩鹊桥下洗药池左。这是对丹霞地貌山岩色彩的准确描述。参见本日记二十七日日记注⑬。

⑥"独有"四句：当指本段注③引文中关于大龙宫"奥中石龙"景观的描述。龙涎：龙的口水。这里是对泉水的比喻。

⑦龙鼻水：位于雁荡山灵岩寺右侧的龙鼻洞内。元李孝光《暮入灵岩记》："上观所谓龙鼻水，山半横石作鳞甲状，陷入石中，独见其脊从西南石峡中绕出数十丈，势尽乃垂入谷中作悬鼻。疑是石髓积岁月化为石故，独此鼻如瓠大，乃绀碧腻滑异他石。鼻端泉时时一下滴。"徐霞客游白岳山时值早春，为龙涎泉枯水季，故有龙鼻水之喻。

⑧蝀(dōng)："蝃蝀"的简称，即虹。《诗·墉风·蝃蝀》："蝃蝀在东，莫之敢指。"毛传："蝃蝀，虹也。"虹，大气中一种光现象，雨后天空中的小水珠经日光照射发生折射和反射作用而形成的圆弧形彩带，呈现红、橙、黄、绿、蓝、靛、紫七种颜色。这种圆弧常出现两个，红色在外，紫色在内，颜色鲜红的称"虹"，也称正（雄）虹；红色在内，紫色在外，颜色较淡的称"霓"，也称副（雌）虹。这种类似"仙人桥"的景观，也属丹霞地貌的特征之一：在一些红色砂岩构成的陡峭岩壁上，岩块内产生平行岩壁的减压节理，岩坡上的流水沿节理渗入岩块内，使节理外侧下部发生侵蚀，从而崩塌、风化形成穿洞，使节理外侧上部的岩块悬空成为天生桥，颇为壮观。作者《江右游日记》崇祯九年（1636）十月二十三日日记形容江西贵溪丹霞地貌的"悬空架壑而成"的仙人桥："盖一石高跨峰凹，上环如卷，中辟成门，两端石盘下柱，梁面平整如台，正如砌造而成……余先至桥下，仰视其顶，高穹圆整，高不啻数十丈；及登步其上，修广平直，驾虹役鹊之巧，恐不逮此也。"

⑨"隔山一岫(xiù)"二句：当指本段注③引文中"形如立兔捣月宫"的逼霄岩。岫，峰峦。唐司空图《杨柳枝寿杯词》其十四："隔城远岫招行客，便与朱楼当酒旗。"

⑩天台石梁：即"石梁飞瀑"，一名石桥，位于天台县城北三十里石

桥山中，为"天台八景"之一。两崖峭壁对峙，一长两丈、厚约六尺长石横跨其间，上如牛脊，狭处不足尺，涧水穿梁下而过，从高约六丈的峭壁飞泻碧泓潭。参见前选《游天台山日记》万历四十一年（1613）四月初一日日记注⑭。

⑪灵幻：空灵缥缈。

⑫内岩：当指本段注③引文中所称天泉岩。

⑬导：向导。

⑭灌莽：丛生的草木。《文选·鲍照〈芜城赋〉》："灌莽杳而无际，丛薄纷其相依。"唐吕向注："水草杂生曰灌莽也。"

⑮观音岩：位于石桥岩的棋盘石以南。参见本段注③。

⑯棋盘：即棋盘石，位于金紫岩东北。参见本段注③。龙井：当地对深而面积较小的水潭的泛称，古人认为其中为龙的窟宅。

⑰山坳（ào）：山曲间的平地。

⑱跻（jī）：犹攀登。

⑲擎菌：谓如大头蘑菇一般高耸。

⑳围：计量周长的约略单位。旧说尺寸长短不一，这里当指人两臂之间合拱的长度。

㉑屼嵲（wù niè）：山高耸貌。

㉒文殊庵：供奉文殊菩萨的庙宇。文殊，佛教菩萨名，文殊师利或曼殊室利的省称，意译为"妙吉祥"、"妙德"等。其形顶结五髻，象征大日如来的五智；持剑、骑青狮，象征智慧锐利威猛。为释迦牟尼佛的左胁侍，与司"理"的普贤菩萨相对。

㉓禅院：佛教的庙宇。

㉔觌（dí）面：当面，迎面，见面。

㉕臼（jiù）：舂米器。这里形容其小。

㉖石脉：山石的脉络纹理。唐韦应物《龙门游眺》诗："花树发烟华，淙流散石脉。"隐隐：隐约不分明貌。南朝宋鲍照《还都道中》诗其二："隐隐日没岫，瑟瑟风发谷。"

㉗颔（hàn）之：点头，表示允诺、赞许、领会等意。《左传·襄公二十六年》："逆于门者，颔之而已。"杨伯峻注："颔，《说文》引作顉，云'低头也'，即今点头。"

㉘大龙井：当指本段注③引文中所称碧莲涧之水所成大龙井。位于云岩湖畔大溪口，明鲁点《齐云山志》云："其井水深莫测，有神物潜伏于内。"

㉙黄山：秦称黟山，唐天宝六载（747）改今名，以传说黄帝曾在此炼丹而得名。位于今安徽黄山市，是我国著名风景区之一，山峰劈地摩天，苍松千姿百态，云海气象万千。参见后选作者《游黄山日记》。

㉚大溪：这里当指横江。参见本日记正月二十六日日记注⑥。

㉛漆树园：地名，不详待考。

㉜返照：夕照，傍晚的阳光。

㉝幽丽：幽静美丽。

㉞埒（liè）：等同，比并。

㉟巍然：高大貌，高大雄伟貌。

㊱独耸寨：当即独耸岩，位于五老峰东、天柱峰侧。清道光《休宁县志》卷一《山川》："独耸岩，高三百仞，周十五里，顶有池水，清澈可鉴。重岩凡数曲，里人凿渠，引水下注，溉田千亩。"

㊲展旗峰：位于紫霄崖附近。明鲁点《齐云山志》卷一："展旗峰，紫霄崖左。"

㊳芙蓉桥：位置不详，待考。

㊴嚏（tì）：滞留。

⑩数：天命，命运。《后汉书·郑太荀彧等传论》："及阻董昭之议，以致非命，岂数也夫！"

[评析]

徐霞客言下之白岳山，并非仅局限于一岭之地，其所游即包括白岳在内的齐云山。齐云山为我国道教四大名山之一，明鲁点《齐云山志》卷一云："齐云山，高五百馀仞许……偃仰障撑碧落，因以齐云名焉。"齐云山由白岳、齐云、象山、狮山、南山、太山、茆山、岐山、万寿等九座山峰组成。山体地质构成为层积砂岩，赤如朱砂，灿若红霞，为我国丹霞地貌景观的代表之一。

徐霞客一生曾两游齐云山，这篇日记所记者为首游，两年以后的九月间，徐霞客再游此地，游踪见于其《游黄山日记后》开篇："戊午九月初三日，出白岳榔梅庵，至桃源桥。"不知是相关日记失传还是他根本没有将再游齐云胜境形诸文字，总之，我们今天只能欣赏这一篇首游白岳山的日记了。

明万历四十四年（1616）正月二十六日，徐霞客与"浔阳叔翁"一行至休宁县城，当天傍晚抵达齐云山麓，借宿榔梅庵。不巧，天公不作美，阻雪四日，只有二月初一日天才放晴。不过在山中这几天，徐霞客始终游兴不减，前四天的活动范围主要是在以榔梅庵为中心的东部齐云岩景区，包括天门、珠帘水、太素宫、文昌阁、舍身崖诸胜，并眺览三姑峰、五老峰、紫霄崖。最后一天则经西天门、双溪街游览了西部石桥岩景区，一日之内观赏了石桥飞虹、龙涎泉，登棋盘石，游观音岩，又寻游所谓"傅岩"与大龙井，不料交臂失之，未免留下了些许遗憾。也不知作者以后再游白岳期间，有所弥补与否。

冒雪蹑冰之游固然有碍登临，然而置身于弥望洁白晶莹的冰雪世界也别有一番情趣。五十岁之前，徐霞客的前一阶段旅游虽无其后一阶段旅游具有更强的科学性、缜密性与系统性，但也绝非晚明文人士大夫一般意义上陶冶情怀的游山玩水则可以肯定。整体评价《徐霞客游记》，这篇《游白岳山日记》也许并不特别引人瞩目，不过其中对于齐云山山脉、水系的精要记述，对于"峰突起数十丈，如覆钟"的山形记述，对于"山石皆紫"的描绘，对于"飞虹垂蛛，下空恰如半月"的石桥考察，等等，言简意赅地将丹霞地貌的特色和盘托出，一丝不苟，体现了一位在晚明难能可贵的务实求真科学家的严谨作风与勇于实践的魄力，的确值得后人学习和纪念。

游黄山日记①徽州府②

初二日③ 自白岳下山④,十里,循麓而西⑤,抵南溪桥⑥。渡大溪⑦,循别溪⑧,依山北行。十里,两山峭逼如门,溪为之束。越而下,平畴颇广⑨。二十里,为猪坑⑩。由小路登虎岭⑪,路甚峻。十里,至岭。五里,越其麓。北望黄山诸峰⑫,片片可掇⑬。又三里,为古楼坳⑭。溪甚阔⑮,水涨无梁⑯,木片弥布一溪⑰,涉之甚难。二里,宿高桥⑱。

[注释]

①黄山:秦称黟山,唐天宝六载(747)改今名,以传说黄帝曾在此炼丹而得名。位于今安徽黄山市,在明代则横跨南直隶之歙县、太平、休宁和黟县,最高峰莲花峰海拔1864米,光明顶1840米,天都峰1810米,清凉峰1787米。是我国历史上著名风景区之一,山峰劈地摩天,苍松千姿百态,云海气象万千。

②徽州府:明洪武元年(1368)直隶中书省,治所在歙县(今属安徽),永乐元年(1403)改隶南京,辖境相当于今安徽黄山市部分、歙县、休宁、祁门、绩溪、黟县等县以及江西婺源县地。

③初二日:谓万历四十四年二月初二日,即公元1616年3月19日。

④白岳:即白岳山,又称白岳岭,属于齐云山的组成部分。参见前选《游白岳山日记》万历四十四年(1616)正月二十六日日记注①。

⑤麓：山脚。

⑥南溪桥：位于齐云山岩前镇岩脚村，为一单孔石桥，今存。

⑦大溪：当指横江，又名吉阳水、白鹤溪、东港，发源于黟县漳岭的白顶山，最终与率水汇流，注入新安江。主河道上游流经齐云山。参见前选《游白岳山日记》万历四十四年（1616）正月二十六日日记注⑥。

⑧别溪：当谓横江之分支。

⑨平畴：平坦的田野。晋陶渊明《癸卯岁始春怀古田舍》诗其二："平畴交远风，良苗亦怀新。"

⑩猪坑：当地村名，未见方志著录。今黟县有珠坑（在休宁县西），位于阜岭下以南偏东。

⑪虎岭：当系"阜岭"之音讹，位于休宁东北。清道光《休宁县志》卷一《山川》："阜岭，在县北六十里，界于歙，登其巅，黄山诸峰如在目前。凤凰诸山，皆其支也。"民国《歙县志》卷一《舆地志·山川》："黄山之西南支为歙、休交界之天马山脉，其山曰阜岭，为休、歙界山，登其巅，黄山诸峰如在目前。"

⑫黄山诸峰：黄山有七十二峰之胜，如天都峰、莲花峰、光明顶、炼丹峰、狮子峰、始信峰、鳌鱼峰等为其最著名者。

⑬掇（duó）：拾取。

⑭古楼坳（ào）：即今休宁县龙田乡下辖村。坳，山曲间的平地。

⑮溪：当指苦竹溪。

⑯梁：桥。

⑰弥：遍，满。

⑱高桥：村名，位于今休宁县蓝田镇北。

初三日 随樵者行①，久之，越岭二重。下而复上，又越一重。

两岭俱峻，曰双岭②。共十五里，过江村③。二十里，抵汤口④，香溪、温泉诸水所由出者⑤。折而入山，沿溪渐上，雪且没趾⑥。五里，抵祥符寺⑦。汤泉在隔溪，遂俱解衣赴汤池。池前临溪，后倚壁，三面石甃⑧，上环石如桥。汤深三尺，时凝寒未解⑨，而汤气郁然⑩，水泡池底汩汩起⑪，气本香冽⑫。黄贞父谓其不及盘山⑬，以汤口、焦村孔道⑭，浴者太杂遝也⑮。浴毕，返寺。僧挥印引登莲花庵⑯，蹑雪循涧以上⑰。涧水三转：下注而深泓者⑱，曰白龙潭⑲；再上而停涵石间者⑳，曰丹井㉑。井旁有石突起，曰药臼㉒，曰药铫㉓。宛转随溪，群峰环耸，木石掩映。如此一里，得一庵，僧印我他出㉔，不能登其堂。堂中香炉及钟鼓架，俱天然古木根所为。遂返寺宿。

[注释]

①樵者：打柴人。

②双岭：位于高桥以北偏东，今已打通双岭隧道。清道光《休宁县志》卷一《山川》："双岭，在县北七十五里，界于歙。"民国《歙县志》卷一《舆地志·山川》："黄山之东南支曰双岭，岭高峻，在曹溪左。"

③江村：似当作"岗村"，原属歙县，今属黄山区汤口镇。"江"、"岗"，当系音讹。

④汤口：镇名，位于黄山南缘，为当时从南线游览黄山的门户。

⑤香溪：或称香溪河，源于黄山诸峰和情人谷，流经汤口，据传说，上古轩辕黄帝于黄山炼丹，曾入此溪洗涤，因香气经久不散而得名。温泉：即下文之"汤泉"，又称"汤池"，古名朱砂泉，位于黄山紫云峰下。水质含有重碳酸，水温常年保持42°C，久旱不涸，具有一定医疗价值。

据传说，轩辕黄帝入浴此泉，返老还童，故被誉为灵泉。

⑥且：将要。没趾：没过脚面。

⑦祥符寺：故址位于今安徽黄山市黄山风景区温泉小补桥南头、桃花溪南岸高坝上。唐玄宗开元十八年（730），志满和尚始建于桃花峰麓的桃花涧，名汤院；唐宣宗大中五年（851），徽州刺史李敬量梦见白龙，移建于汤泉对面，号为龙堂；南唐元宗李璟保大二年（944），敕名灵泉院；宋真宗大中祥符元年（1008），敕名祥符寺。清乾隆间毁于山洪。

⑧石甃（zhòu）：谓以石砌汤池壁。

⑨凝寒：严寒。《文选·刘桢〈赠从弟〉诗之二》："岂不罹凝寒，松柏有本性。"唐李善注："凝，严也。"

⑩郁然：香气浓重貌。

⑪汩汩（gǔ gǔ）：象声词，这里形容水泡上升发出的声响。

⑫香冽：芳香清凉。

⑬"黄贞父"句：黄汝亨《寓林集》卷一〇《游黄山记》："寺前为汤池，人浮一白，以次解衣浴汤池中。汤气涤疴疏理，浴者都爽，谢武林、冯开之两公尤称。而余从盘山汤泉中浴来，澄泓香冽，尚胜之耳。"黄贞父，即黄汝亨（1558~1626），字贞父，号寓庸，钱塘（今浙江杭州）人。明万历二十六年（1598）进士，历官进贤知县、南京工部主事，改礼部，历郎中，官至江西布政司参议。擅长散文小品写作，著有《天目记游》以及《寓林集》三十八卷。盘山，又名徐无山、四正山、盘龙山，位于今天津蓟县城西北12千米，属于燕山馀脉，主峰挂月峰海拔864米，历史上有"京东第一山"之誉。徐霞客于崇祯二年（1629）赴京师（今北京市），曾有盘山之游，惜无日记传世。

⑭焦村：明代村名，辖于太平县，与歙县接壤，位于今黄山风景区的西北部，与位于今黄山风景区东南部的汤口镇在当时属于由徽州北上的交

通要衢。孔道：这里是通道的意思。民国《歙县志》卷一《舆地志·山川》："主峰曰黄山，其来脉曰汤岭，踞白龙潭上，冈阜蟠结，凿石开径，通太平之焦村。"

⑮杂逻（tà）：同"杂沓"，纷杂繁多貌。

⑯挥印：黄山僧人法号。莲花庵：明人于唐汤院遗址所建。民国《歙县志》卷二《营建志·寺观》："莲花庵，在桃花涧上，即唐汤院遗址。明鲍正元为僧印我建。"

⑰蹑（niè）：踩，踏。涧：谓桃花涧。

⑱深泓：指深潭。明高启《白云泉》诗："潜龙未起出深泓，渴鸟时来下高树。"

⑲白龙潭：位于黄山紫云峰山麓。明黄汝亨《游黄山记》："三生石傍临香溪，观白龙潭，潭水深碧不可测。闻投石辄致雷雨，以惊龙眠也。"清钱谦益《游黄山记》之八："山之奇，以泉以云以松。水之奇，莫奇于白龙潭。泉之奇，莫奇于汤泉。皆在山麓。"清刘大櫆《游黄山记》："入（莲花）庵登阁，下瞰白龙潭。潭广十馀丈，其上大石横亘，高三丈馀，而药铫合诸溪之水，从叠石乘高而下，而潭以一石仰承之，其势撞冲奋跃，鸣吼如雷。"位于黄山北麓松谷溪中五龙潭之一也有名白龙潭者，非是。

⑳停涵：停蓄沉浸。明徐渭《览越篇序》："平居用力于道，既早见而握揽之。停涵既久，一与古今人遇，便引吭而鸣，响溢于据梧扣竹之表。"

㉑丹井：位于黄山虎头岩附近，为巨石上一圆穴。据说轩辕黄帝曾在此炼丹，故名。丹井直径0.6米，深1.7米，口小底小腹大，最深处为螺形尖底。旁刻"丹井"二字，苍劲古朴，为明汪道昆手书。

㉒药臼：当为石上的凹坑，距丹井30米，直径1.5米，深1米，据

说黄帝炼丹时常在此捣药,故名。

㉓药铫(diào):一种带柄有嘴的煎药小锅,亦当为石上凹坑,位于药臼附近。明黄汝亨《游黄山记》:"伏乱石间为丹井,汪司马所题。又出洗药溪观药铫,即轩皇洗药处,上即莲花庵。庵前群峰簇列。"清刘大櫆《游黄山记》:"而山之左腋,有水穿乱石而下,是曰药溪。溪石广丈馀,中凹如臼,仰承上流,是曰药铫。铫左欹,而水出悬溜,承溜一石如圆盘,弇口而中如螺旋,异石五色,白者如珠,是曰丹井。折而右,为莲花庵。"近年来由于河道淤塞,药臼、药铫皆已被淹没,或有再发现者,不无附会之嫌。

㉔印我:莲花庵住持僧人法号,参见本段注⑯。

初四日　兀坐听雪溜竟日①。

[注释]

①兀坐:独自端坐。唐戴叔伦《晖上人独坐亭》诗:"萧条心境外,兀坐独参禅。"雪溜:雪融化时的滴水。北齐魏收《棹歌行》:"雪溜添春浦,花水足新流。"

初五日　云气甚恶,余强卧至午起。挥印言慈光寺颇近①,令其徒引。过汤池,仰见一崖,中悬鸟道②,两旁泉泻如练③。余即从此攀跻上④,泉光云气,撩绕衣裾⑤。已转而右,则茅庵上下⑥,磬韵香烟⑦,穿石而出,即慈光寺也。寺旧名朱砂庵。比丘为余言⑧:"山顶诸静室⑨,径为雪封者两月。今早遣人送粮,山半,雪没腰而返⑩。"余兴大阻,由大路二里下山,遂引被卧。

游黄山日记 | 69

[注释]

①慈光寺：故址位于黄山朱砂峰下，现为慈光阁宾馆所在。民国《歙县志》卷二四《营建制·寺观》："慈光寺，在朱砂峰下。明隆庆间邑人程玄阳结茅修真于此，额曰步云亭，俗因呼为朱砂庵。万历三十四年，僧普门入黄山，玄阳之徒福阳道人以庵畀之，改创法海禅院。比入都，慈圣皇太后颁内帑为剃发赐紫。三十九年，神宗赐寺额慈光，并赐藏经、佛像、莲花座等……咸、同间大殿毁，仅存僧舍及后殿，而观音堂、功德堂均近重建。"清钱谦益《游黄山记》之六："寺踞天都之陇，枕桃花、莲华二峰，左则朱砂、青鸾、紫石，右则叠嶂、云门，并外翼焉。普门安公者，缚禅清凉山中，定中见黄山，遂由清凉徙焉。比入都门，愿力冥感，慈圣皇太后颁内帑为薙发，赐紫金幡杖。神宗赐寺额曰慈光，降敕护持。今寺尊奉藏经，慈圣所钦赐装池也。四面金像，像七层，层四尊，凡二十有八，层有莲花坐，坐有七准提居叶中，一叶一佛，佛不啻万计。慈圣及两宫所施造也。"

②鸟道：险峻狭窄的山路。唐李白《蜀道难》诗："西当太白有鸟道，可以横绝峨眉巅。"

③两旁泉泻如练：谓黄山汤泉，又称朱砂泉，位于紫石山南麓，有两个出口，汤泉水质以含重碳酸为主，无硫，自唐代开发以来，享誉千年。练，练过的布帛，一般指白绢。南朝齐谢朓《晚登三山还望京邑》诗："馀霞散成绮，澄江静如练。"

④跻（jī）：攀登。

⑤撩绕：回环盘旋。衣裾（jū）：衣襟。

⑥茅庵：茅庐，草舍。旧时修真或学佛者所结。

⑦磬（qìng）韵：谓僧人诵经之声。磬，诵经用的钵形打击乐器。

⑧比丘：佛教语，为梵文的译音，意译则为"乞士"，以上从诸佛乞法，下就俗人乞食而得名，为佛教出家"五众"之一。一般即指已受具足戒的男性，俗称和尚。

⑨静室：指寺院住房或隐士、居士修行之室。唐綦毋潜《题灵隐寺山顶禅院》诗："观空静室掩，行道众香焚。"

⑩雪没腰：王振东《徐霞客两游黄山考》（载《徐霞客逝世360周年纪念文集》，2001年版）："徐霞客生活的十七世纪，正是我国5000年来气候变迁中最后一个冷期，亦称'小冰期'。那时全国气候比现在寒冷得多……上述文字是研究三百八十多年前我国气候状况的宝贵资料。"

初六日 天色甚朗。觅导者各携筇上山①，过慈光寺。从左上，石峰环夹，其中石级为积雪所平，一望如玉。疏木茸茸中②，仰见群峰盘结③，天都独巍然上挺④。数里，级愈峻，雪愈深，其阴处冻雪成冰，坚滑不容着趾⑤。余独前，持杖凿冰，得一孔，置前趾，再凿一孔，以移后趾。从行者俱循此法得度。上至平冈，则莲花、云门诸峰⑥，争奇竞秀，若为天都拥卫者。由此而入，绝巘危崖⑦，尽皆怪松悬结⑧。高者不盈丈，低仅数寸，平顶短鬣⑨，盘根虬干⑩，愈短愈老，愈小愈奇，不意奇山中又有此奇品也！松石交映间，冉冉僧一群从天而下⑪，俱合掌言："阻雪山中已三月，今以觅粮勉到此。公等何由得上也⑫？"且言："我等前海诸庵⑬，俱已下山，后海山路尚未通，惟莲花洞可行耳⑭。"已而从天都峰侧攀而上，透峰罅而下⑮，东转即莲花洞路也。余急于光明顶、石笋矼之胜⑯，遂循莲花峰而北。上下数次，至天门⑰。两壁夹立，中阔摩肩，高数十丈，仰面而度，阴森悚骨。其内积雪更深，凿冰上跻⑱，过此，得平顶，即所谓前海也。由此更上一峰，至平天矼⑲。矼之兀突独耸者⑳，为光明顶。由矼而下，即所谓后海也。盖平天矼阳为前海，阴为后海，乃极高处，四面皆峻坞㉑，此独若平地。前海之前，天都、莲花二峰最峻，其阳属徽之歙㉒，其阴属宁之太平㉓。

余至平天矼，欲望光明顶而上。路已三十里，腹甚枵㉔，遂入矼后一庵。庵僧俱踞石向阳。主僧曰智空㉕，见客色饥，先以粥饷㉖。且曰："新日太皎，恐非老晴㉗。"因指一僧谓余曰："公有馀力，可先登光明顶而后中食㉘，则今日犹可抵石笋矼，宿是师处矣㉙。"余如言登顶，则天都、莲花并肩其前，翠微、三海门环绕于后㉚，下瞰绝壁峭岫㉛，罗列坞中，即丞相原也㉜。顶前一石，伏而复起，势若中断，独悬坞中，上有怪松盘盖。余侧身攀踞其上，而浔阳踞大顶相对㉝，各夸胜绝㉞。下入庵，黄粱已熟㉟。饭后，北向过一岭，踯躅菁莽中㊱，入一庵，曰狮子林㊲，即智空所指宿处。主僧霞光㊳，已待我庵前矣。遂指庵北二峰曰："公可先了此胜㊴。"从之。俯窥其阴，则乱峰列岫，争奇并起。循之西，崖忽中断，架木连之，上有松一株，可攀引而度，所谓接引崖也㊵。度崖，穿石罅而上，乱石危缀间，构木为室，其中亦可置足，然不如踞石下窥更雄胜耳。下崖，循而东，里许，为石笋矼。矼脊斜亘，两夹悬坞中㊶，乱峰森罗㊷，其西一面，即接引崖所窥者。矼侧一峰突起，多奇石怪松。登之，俯瞰壑中，正与接引崖对瞰，峰回岫转，顿改前观。

下峰，则落照拥树，谓明晴可卜㊸，踊跃归庵㊹。霞光设茶，引登前楼。西望碧痕一缕，余疑山影。僧谓："山影夜望甚近，此当是云气。"余默然,知为雨兆也⑮。

[注释]

①筇(qióng):手杖。

②苴苴:丛集。

③盘结:回环连接。

④天都:位于黄山东南部,西对莲花峰,东连钵盂峰,海拔1810米,为黄山三大主峰(莲花、天都、光明顶)中之最险峻者。峰顶平如掌,据说为群仙所居,属天上都会,故称。古人攀登此峰甚艰难,明万历四十二年(1614)僧人普门历经艰难,始攀登至峰顶。以后因凿石开路,逐步安装铁链护栏等,登上天都峰已非难事。

⑤着趾:放脚的地方。

⑥莲花:即莲花峰,位于黄山中部,为三大主峰之最高峰,海拔1873米。因其主峰突出,又有小峰簇拥,俨若莲花初放,故称。据记载,宋度宗咸淳四年(1268),吴龙翰、鲍云龙、宋复一一行费时三天方攀登至绝顶,属于先行者。今已有石阶,登顶已非难事。云门:即云门峰,又称剪刀峰,位于黄山西南部石柱峰南面,与云际峰、浮丘峰相毗邻,为黄山三十六大峰之一,海拔1645米。此峰岩壁分开如门,相对而立,高入天际,唯有云气可从中穿梭而过,故得名"云门峰"。因其两侧均为百米以上的悬崖绝壁,至今无人登顶。清刘大櫆《游黄山记》:"自(翠微)寺西望,有两峰相并,巉绝而锐,其高刺天,云之往来于其中者,晨夕不绝也。以其为云所径,故名之曰云门。"

⑦绝巘(yǎn):极高的山峰。北魏郦道元《水经注·江水二》:"绝巘多生怪柏。"

⑧怪松:黄山松是因黄山独特地貌和气候条件而形成的一种中国特有

品种，属松科松属，生长于600～1800米的山坡，属于喜光、深根性树种，喜凉润、耐瘠薄，但生长迟缓。大多生长石缝中，千姿百态。黄山松造型独特，其枝干往往侧重于一方。由于山高风急，树干大都短而粗，针叶密而短，而且树冠平如削，有的几乎平贴在石上生长。即使在断崖峭壁之上，也能破石而出，而且形体奇特，或偃蹇盘旋，或仰曲倒挂，或异干同体。在现代，除著名的迎客松外，还有蒲团松、探海松、麒麟松、凤凰松、黑虎松、连理松、龙爪松以及驰名古今的接引松、扰龙松和卧龙松等，不一而足。悬结：谓盘结悬挂。

⑨鬣（liè）：植物花、叶、穗芒形状如马鬣的，这里谓松针。唐段成式《酉阳杂俎・木篇》："松，凡言两粒、五粒，粒当言鬣。"

⑩虬（qiú）干：树木枝干盘曲如龙。

⑪冉冉：渐进貌，这里形容慢慢移动的僧人。

⑫公：古代一般的敬称。

⑬前海：黄山自古以来就以云海著称，所谓云海，是指在一定的天气条件下形成的云层，并且云顶高度低于山顶高度。或将黄山分为所谓前海、天海、北海、东海、西海等五大景区，一般称莲花峰、天都峰以南为南海，也称前海；将狮子峰、始信峰以北为北海，又称后海。徐霞客以平天矼以南为前海，平天矼以北为后海，详下文。清钱谦益《游黄山记》之九另有解释："山之巅曰海子，由平天矼循炼丹峰里许，名曰海门，光明顶为前海，师子林为后海，修广可数里。如以兹山峻绝，目其平衍处为海，则华山之顶，高岩四合，重岭秀起，不名之曰华海。如以云生之候，弥望云浪，目之曰海，则泰山之云，触石而出，肤寸而合，不名之曰岱海。以海名山，以黄名海，纰谬不典，当一切镵削，为山灵一洗之也。"

⑭莲花洞：位于莲花峰下贝叶寺侧。清刘大櫆《游黄山记》："越岭而西，有寺曰贝叶。石洞方广三丈，左壁峭绝直出，水悬溜作声，一折如

塘。其前大石突起数十尺，直当洞门。右劈一峡，凌洞巅，背负悬崖如覆。洞口水不绝如帘，旁一池泓碧，是曰莲花之洞。"

⑮峰罅（xià）：山岩缝隙处。

⑯光明顶：位于黄山中部，海拔1841米，为黄山三大主峰的第二高峰。其状如覆钵，为看日出、观云海的最佳处。石笋矼（gāng）：位于始信峰与仙人峰之间。矼上怪石参差，犹如雨后春笋，故称。矼，石岗。明黄汝亨《游黄山记》描绘石笋矼景象："神秀迭见，纤若指，锐若戟，森若林环，列若屏，若蹲踞，若冠佩，若翔，若垂，若舞，短者径寸，长者千尺，若斧劈剑削。每一奇峰必有一怪松覆之如盖，目眩心惊。"

⑰天门：即天门坎，半山寺到玉屏楼之间，两边都是石壁，路中间天然地突起一道石脉，看起来跟门槛很像，旁边镌刻三个大字"天门坎"。

⑱跻（jī）：攀登。

⑲平天矼（gāng）：位于天海，海拔1805米，南山、北山在此分界。矼西为仙桃、石柱、石床诸峰，东端为光明顶，矼南是天海和南海，北为后海。矼长1000米，是长江水系和钱塘江水系的分水岭。

⑳兀突：高耸突出貌。

㉑峻坞：高峻的釜状凹地。

㉒徽之歙（shè）：徽州府的歙县（今属安徽），为徽州府治。位于今安徽省东南部、新安江上游，邻接浙江省，黄山风景区位于其县境西北。

㉓宁之太平：宁国府的太平县（今安徽黄山市黄山区），位于黄山北麓，青弋江上游。宁国府，治所宣城县（今安徽宣州市），明直隶南京，下辖宣城、宁国、南陵、泾县、旌德、太平等县。

㉔枵（xiāo）：指腹空，谓饥饿。

㉕主僧：佛寺的住持。智空：主持僧的法号。

㉖饷（xiǎng）：馈食于人。《孟子·滕文公下》："有童子以黍肉饷，

杀而夺之。"

㉗"新日"二句：意谓太阳初升过于明亮，恐怕晴天不会持续太久。

㉘中食：指佛教徒于中午进斋食。唐段成式《酉阳杂俎·玉格》："忽见一寺，门宇炳焕，遂求中食。"《释氏要览·中食》引《僧祇律》云："时食，谓时得食，非时不得食。今言中食。以天中日午时得食，当日中，故言中食。"

㉙是师：这位师父，谓主僧智空所指的狮子林僧人。

㉚翠微：即翠微峰，黄山三十六大峰之一，位于黄山西北端，在云外峰北、洋湖矼南，海拔1589米，峭立孤耸，形态奇妙，遍山郁郁葱葱，青翠欲滴，故名。三海门：黄山山峰名，位于黄山中部海拔1827米的炼丹峰前的炼丹台附近。清刘大櫆《游黄山记》："由丹台直出数十步至海门，悬崖夹立而中辟，黝色如铁。据门俯瞰，其下直削无底。而群峰于绝壑中奋踊以出，其势屹崒，如武士之怒立者甚众。环绝壑而峙有三海门。每百步一阙，为阙者三。入其门，径不容足，如负墙而立焉。杰然耸峙于海门之侧者，飞来峰也。"海门，参见本段注⑬。

㉛瞰（kàn）：俯视。峭岫（xiù）：陡峭的峰峦。

㉜丞相原：又称丞相源，位于黄山钵盂峰下，在罗汉峰和香炉峰之间，海拔890米。相传南宋右丞相程元凤曾在此读书，故名。明人建有掷钵禅院，明代崇祯间文士傅严漫游至此，应掷钵禅僧之求，手书"云谷"二字，此后禅院即改名"云谷寺"。明黄汝亨《游黄山记》："丞相原，从平天矼望之，不过两山中一窝耳。"清刘大櫆《游黄山记》："黄山之峰皆直削无枝，又拔自绝壑，及至丞相源，则阴崖蔽亏，老木森翳，如行墟落间。"

㉝浔阳：即前选《游白岳山日记》中所提及之"浔阳叔翁"，丁文江《徐霞客年谱·万历四十四年丙辰》："浔阳叔翁不知何人，观游记则浔阳

乃其号，叔翁疑即叔岳之称。先生原配许氏，然则浮阳当姓许。"

㉞胜绝：绝妙。唐薛用弱《集异记·崔商》："江滨有溪洞，林木胜绝，商因杖策徐步，穷幽深入。"

㉟黄粱：小米饭。这里借代饭食。

㊱踯躅（zhí zhú）：徘徊不进貌。菁（jīng）莽：茂密的草木丛。

㊲狮子林：寺庵名，又作"师子林"，故址位于黄山北部的狮子峰下的天眼泉附近，建于明万历三十九年（1612），原为一茅庵，为五台山僧一乘游方到此所建。清康熙二十年（1681），太平县令陈九陛与谭经远、李梦全等捐金重修，供奉观音大士，故又名观音庵，僧一齐住持。陈九陛手书明人楹联："岂有此理，说也不信；真正妙绝，到此方知。"清咸丰、同治年间毁于兵燹。狮子峰，在黄山北部，海拔1690米，因峰形似卧地雄狮，故名。

㊳霞光：狮子林住持僧法号。

㊴先了此胜：意谓先将这边的胜景欣赏够了再说。了，完毕，结束。

㊵接引崖：位于黄山东部始信峰渡仙桥，桥侧有著名的接引松。始信峰位于黄山北海散花坞东，凸起于绝壑之上，为三十六小峰之一，海拔1683米。据说明代黄习远自云谷寺游至此峰，如入画境，似幻而真，方信黄山风景奇绝，并题名"始信"，传播遐迩。这里怪石争妍，奇松林立，向为文人雅士所赏。清刘大櫆《游黄山记》："由海门东迤五里许，登始信之峰。峰忽中断，两壁崭然，相去可寻丈，下视嶙峋千仞，乃斩木为桥以度。桥右凭崖，其左空而临壑，而北崖有松横枝直抵南崖，蔽障其空如槛，名之曰接引之松。攀枝而过，陟其巅，则群峰环拱，怪石兵卫，尽丹台、海门所见，若皆荟萃而立其前。"

㊶两夹：谓接引崖与石笋矼在低凹的坞中交互绵延。下文"自石笋、接引两坞迤逦至此，环结又成一胜"，谓此。

㊷森罗：纷然罗列。

㊸明晴可卜：意谓通过夕阳的光芒可以预测未来当为晴天。俗谚有所谓"早霞不出门，晚霞行千里"之说。

㊹踊跃：欢欣鼓舞貌。《诗·邶风·击鼓》："击鼓其镗，踊跃用兵。"

㊺雨兆：未来要下雨的征兆。

初七日 四山雾合。少顷，庵之东北已开，西南腻甚①，若以庵为界者，即狮子峰亦在时出时没间②。晨餐后，由接引崖践雪下。坞半一峰突起，上有一松，裂石而出，巨干高不及二尺，而斜拖曲结，蟠翠三丈馀③，其根穿石上下，几与峰等，所谓"扰龙松"是也④。

攀玩移时，望狮子峰已出，遂杖而西。是峰在庵西南，为案山⑤。二里，蹑其巅，则三面拔立坞中，其下森峰列岫⑥，自石笋、接引两坞迤逦至此⑦，环结又成一胜。登眺间，沉雾渐爽⑧，急由石笋矼北转而下，正昨日峰头所望森阴径也⑨。群峰或上或下，或巨或纤，或直或欹⑩，与身穿绕而过。俯窥辗顾⑪，步步生奇，但壑深雪厚，一步一悚⑫。

行五里，左峰腋一窦透明⑬，曰"天窗"。又前，峰旁一石突起，作面壁状⑭，则"僧坐石"也⑮。下五里，径稍夷⑯，循涧而行。忽前涧乱石纵横，路为之塞。越石久之，一阙新崩⑰，片片欲堕，始得路。仰视峰顶，黄痕一方，中间绿字宛然可辨，是谓"天牌"，亦谓"仙人榜"⑱。又前，鲤鱼石⑲；又前，白龙池⑳。共十五里，一茅出涧边㉑，为松谷庵旧基㉒。再五里，循溪东西行，又过五水，则松谷庵矣。再循溪下，溪边香气袭人，则一梅亭亭正发㉓，山寒稽雪㉔，至是始芳。抵青龙潭㉕，一泓深碧㉖，更会两溪，比白龙潭势既雄壮㉗，而大石磊落㉘，奔流乱注，远近群峰环拱，亦佳境也。还餐松谷，往宿旧庵。余初至松谷，疑已平地，及是询之，须下岭二重，二十里方得平地，至太平县共三十五里云。

[注释]

①腻甚：形容雾气弥漫，使人感到模糊。

②狮子峰：位于黄山北部，海拔1690米，以峰形酷似卧地雄狮，故名。狮首有丹霞峰，腰有清凉台，尾有曙光亭，狮子林即位于狮子张口处。

③蟠翠：形容松树的绿色枝干盘结蜿蜒之态。

④扰龙松：又称帝松，名列黄山古代七大名松之首（其馀六松：接引松、迎送松、卧龙松、蒲团松、棋枰松、破石松）。原松植根于始信峰与狮子峰之间的山谷散花坞中一巨石上，石与松融合为一。据黄山风景区管理委员会李金水先生等《黄山扰龙松考》（载《徽州社会科学》2013年第8期），扰龙松于明万历四十一年（1613）始由吴郡文人黄习远命名，载于明潘之恒《黄海》："由散花坞鸟道历二阜，见巨石屏立，上平如砥，一松高仅三尺，广覆盈亩，下视曲干撑石崖而出，殆长数仞，盖自上而下生，石为中裂以容合抱，其蜿蜒樛结，蛟舞虹偃，不足拟之，故题以'扰龙'云。"这是第一代扰龙松，或谓此松于清乾隆十二年（1747）前已枯死。此后巨石上又生一松，耸于岩尖，是为第二代扰龙松，形态与前者不同，即近人所谓"笔峰"或"梦笔生花"景观。此松已于1982年枯死，2004年3月黄山园林部门又为笔峰成功移植一棵松树，堪称第三代扰龙松。清钱谦益《游黄山记》之八："其（始信峰）西巨石屏立，一松高三尺许，广一亩，曲干撑石崖而出，自下穿上，石为中裂，纠结攫

挐，所谓扰龙松也。"此记撰于明崇祯十五年壬午（1642），距离徐霞客所记者不过二十六年，当为第一代扰龙松的真实写照。清刘大櫆《游黄山记》："散花坞亦千峰排列壑底……而一峰拔壑而起，独立无倚，可十丈，有松焉，其根长二丈馀，蜿蜒出走，未知其干所在，循峰右转，则见峰有裂罅，而松于罅中直上达顶，露其半，可窥，更旁裂一石，乃屈曲蟠结于峰顶之四周，而横曳一枝复下垂者，其长犹三丈，名其松曰扰龙。"此文撰于清乾隆二十九年（1764），扰龙松的形貌似仍属第一代，可证第一代扰龙松于清乾隆中仍在。

⑤案山：中国古代风水堪舆学名词，又称迎砂，指的是穴山和朝山间的山，也就是位于穴场正前方的山峰或者山丘，案山对于判断地形吉凶有很大的作用。据说案山最重形美与气局，有吉利的案山可令后代出官出贵。这里将狮子峰比喻为狮子林的案山，有赞美寺庵风水的意思。

⑥森峰列岫（xiù）：形容山峰林立绵延。

⑦迤逦（yǐ lǐ）：曲折连绵貌。

⑧爽：清朗。

⑨森阴：谓林木幽深茂密。

⑩欹（qī）：歪斜。

⑪辗顾：回顾，回头看。

⑫悚（sǒng）：恐惧，惶恐。

⑬峰腋：即山腋，谓山峡，即两山之间的峡谷。窦：孔穴，洞。

⑭面壁：佛教语。《五灯会元·东土祖师·菩提达摩大师》："当魏孝明帝孝昌三年也，寓止于嵩山少林寺，面壁而坐，终日默然。人莫之测，谓之壁观婆罗门。"后因以称坐禅，谓面向墙壁，端坐静修。

⑮僧坐石：黄山岩石造型之一，位置不详。

⑯夷：平。

⑰阙：两山夹峙的地方。北魏郦道元《水经注·伊水》："两山相对，望之若阙，伊水历其间北流，故谓之伊阙矣。"

⑱仙人榜：又称天牌、天牌石、天榜，位于黄山飞龙峰，其峭壁数丈，色黄如皇榜，上有绿色篆书，无人能辨识。从松谷庵二道亭处可隔涧相望。另对面宝塔峰下又有一高丈馀的岩石，状似身着道袍的仙人，似正凝视仙人榜，构成"仙人观榜"景观。清刘大櫆《游黄山记》："将至松谷，山渐上益锐，群石参错，若有伟丈夫衣冠而立者，其旁有石如牌，中含绿字，与日光相激射，其字不可视，视之雷辄击去其字，或决欲见之，天方晴旭，行将近，忽涌云塞雾，咫尺晦冥，终莫能见云。"

⑲鲤鱼石：黄山岩石造型之一，形似多尾鲤鱼相挤竖立。

⑳白龙池：位置不详，当非下文所云之白龙潭。

㉑茅：谓茅草屋。

㉒松谷庵：位于黄山北部叠嶂峰下，原名松谷禅林，为宋宝祐间道士张尹甫隐居处，至明宣德间重建，移今址并更名。五龙潭分布其间。

㉓亭亭：高洁貌。

㉔稽雪：雪留止，意谓延长了寒冷天气，故令梅花迟迟开放。

㉕青龙潭：黄山北部松谷溪中五龙潭之一，五龙潭即青龙、乌龙、黄龙、白龙、油潭，因深浅不同，水色各异，青龙翠，乌龙黝，黄龙橙，油潭绿。明黄汝亨《游黄山记》："晓晴渡涧，观青龙潭，潭沉碧，以新雨沆瀁，临之洸洸。"

㉖一泓：清水一片或一道。唐李贺《梦天》诗："遥望齐州九点烟，一泓海水杯中泻。"

㉗白龙潭：与青龙潭相距三里许。清刘大櫆《游黄山记》："由庵之左折而下，曰青潭，石壁青苍，奔泉出乱石间，汇入潭。有石梁覆其上，而不尽覆者十之三，望之如碧琉璃。循庵而上，可三里。闻水声潺潺，石

色莹白与水称，则白潭也。"

㉘磊落：亦作"磊苹"，众多委积貌。

初八日 拟寻石笋奥境①，竟为天夺②，浓雾迷漫。抵狮子林，风愈大，雾亦愈厚。余急欲趋炼丹台③，遂转西南。三里，为雾所迷，偶得一庵，入焉。雨大至，遂宿此。

[注释]

①拟寻：打算寻觅。奥境：谓隐密微妙的景观。

②天夺：为上天所褫夺，不能如愿。

③炼丹台：又简称丹台。黄山中部有炼丹峰，海拔1827米，为黄山三十六大峰之首，传说浮丘公为轩辕黄帝炼丹于此。峰上石室内有炼丹灶，峰前有炼丹台，广可容万人，玉屏、天都、莲花、光明顶诸峰耸立于台前。台与晒药源隔谷相望，台下则有炼丹源，佳木林立，巧石争秀。清刘大櫆《游黄山记》："由平天冈西北行二里，登炼丹之台。台方广可容万人，俯临邃壑，深不测。而西北诸峰环峙，如人如鬼，如鸟兽、器物，状以千计。一峰当台而起，如供几案，上有松覆之如盖，其名曰紫玉屏。台畔有方池，或曰丹井也，清泠可鉴毛发，而松枝倒影入其中如画。"

初九日 逾午少霁①。庵僧慈明②，甚夸西南一带峰岫不减石笋矼，有"秃颅朝天"、"达摩面壁"诸名③。余拉浔阳蹈乱流至壑中④，北向即翠微诸峦⑤，南向即丹台诸坞，大抵可与狮峰竞驾⑥，未得比肩石笋也⑦。雨踵至⑧，急返庵。

[注释]

①少霁（jì）：谓天气稍稍放晴。

②慈明：僧人法号。

③秃颅朝天：黄山岩石造型之一，光头朝天，象形和尚。达摩面壁：黄山岩石造型之一，象形达摩面壁坐禅。达摩，亦作"达么"、"达磨"，菩提达摩的省称。为天竺高僧，本名菩提多罗。于南朝梁普通元年（520）入中国，梁武帝迎至建康（今南京市）。后渡江往北魏，止嵩山少林寺，面壁九年而化。传法于慧可。后世尊达摩为中华禅宗初祖。

④乱流：无常道可循的山间溪流。

⑤翠微：即翠微峰，黄山三十六大峰之一。参见本日记初六日日记注㉚。

⑥竞驾：两马并驰，谓不相上下。

⑦比肩：并列，居同等地位。

⑧踵至：接踵而来。

初十日 晨，雨如注，午少停。策杖二里①，过飞来峰②，此平天矼之西北岭也。其阳坞中，峰壁森峭，正与丹台环绕。二里，抵台。一峰西垂，顶颇平伏。三面壁翠合沓③，前一小峰起坞中，其外则翠微峰、三海门蹄股拱峙④。登眺久之。东南一里，绕出平天矼下。雨复大至，急下天门。两崖隘肩⑤，崖额飞泉⑥，俱从人顶泼下。出天门，危崖悬叠，路缘崖半⑦，比后海一带森峰峭壁⑧，又转一境⑨。"海螺石"即在崖旁⑩，宛转酷肖⑪，来时忽不及察⑫，今行雨中，颇稔其异⑬，询之始知。已趋大悲庵⑭，由其旁复趋一庵，宿悟空上人处⑮。

[**注释**]

①策杖：拄杖而行，也称杖策。

②飞来峰：位于黄山西部，耸峙于海门之侧，其上有飞来石，孤耸于山头，高10馀米，其根部与山峰截然分离，似从天外飞来，故名。飞来石上尖下圆，其形如桃，其峰故又名仙桃峰。

③合沓：攒聚，重叠。

④蹄股拱峙：形容翠微峰与三海门犹如兽类蹲踞于侧，耸峙卫护着丹台。蹄股，即蹲立，谓兽类后肢屈曲臀部着地而前肢直立，蹄与股相近。

⑤两崖隘肩：形容天门狭窄，其宽度难以容肩。

⑥崖额飞泉：形容天门空间狭小，山泉从额头上的山崖飞洒。

⑦路缘崖半：形容山路险要，边缘齐着山崖。

⑧后海：位于黄山狮子林一带。参见本日记初六日日记注⑬。

⑨转（zhuǎn）：变化，改变。

⑩海螺石：黄山岩石造型之一，当在鳌鱼峰附近，峰前有数石，远望似螺蛳，构成"鳌鱼吃螺蛳"的景观。

⑪宛转：蜿蜒曲折。酷肖（xiào）：极其相似。

⑫忽：忽略，不经心。

⑬稔（rěn）：原意庄稼成熟，这里引申指对岩石象形性终于酝酿成熟。

⑭大悲庵：即大悲院，故址位于黄山光明顶，又名大悲顶。明万历间（1573~1620），僧智空创建，皇太子赐大悲观音像。院内设大悲道场，并募款铸钟，钟上有《金刚经》文5176字。僧普门曾云："中观音以悲，左文殊以智，右普贤以行，三禅院鼎立，山巅缺一不可。"民国《歙县

志》卷二《营建制·寺观》："大悲院，在莲花峰右，即光明顶，又名大悲顶，供明万历间所赐大悲观音像，故名。"

⑮悟空上人：法名悟空的僧人，生平不详。上人，道德高尚的人，自南朝宋以后，多用作对和尚的尊称。

十一日 上百步云梯①。梯磴插天②，足趾及腮③，而磴石倾侧岈岈④，兀兀欲动⑤。前下时以雪掩其险，至此骨意俱悚⑥。上云梯，即登莲花峰道。又下转，由峰侧而入，即文殊院、莲花洞道也⑦。以雨不止，乃下山，入汤院⑧，复浴。由汤口出，二十里，抵芳村⑨，十五里，抵东潭⑩，溪涨不能渡而止。黄山之流⑪，如松谷、焦村⑫，俱北出太平；即南流如汤口⑬，亦北转太平入江⑭；惟汤口西有流，至芳村而巨，南趋岩镇⑮，至府西北与绩溪会⑯。

[注释]

①百步云梯：位于莲花峰西北麓的峭壁上，梯口有两块平行的巨石，一形如龟，一形如蛇，在石壁上凿成的一百余级险峻陡峭的磴道从两石间穿过下行。从对面鳌鱼洞观看，磴道下临深渊，如同靠在峭壁上的长梯，下临绝壑，常有云雾缭绕，十分险要。

②磴（dèng）：石台阶。

③足趾及腮：形容人登云梯时，前人之足可以碰到后人的脸，喻云梯陡直。清刘大櫆《游黄山记》："自峰巅而下，循旧径至冈。冈忽中断，下临渊渚，乃凿壁为磴百余级。级之受足不一尺，游者肩踵相接，名之曰云梯。"

④岈岈（hán xiā）：深邃空广貌。

⑤兀兀（wù wù）：摇晃貌。

⑥骨意俱悚：意谓身心皆感到恐惧。

⑦文殊院：故址位于黄山天都、莲花两峰间，背倚玉屏峰。明万历四十一年（1613）普门和尚至此，云在代州时梦见文殊坐石情景，与此境合，遂构文殊院，供奉文殊菩萨。崇祯十年（1637）失火焚毁，次年休宁人汪之龙重建。此后又曾多次修葺。院宇为石墙楼房，风景绝佳，四顾奇峰错列，众壑纵横，当代著名的迎客松即在附近。20世纪50年代初被火焚毁。清钱谦益《游黄山记》之四："折而陟台，是为文殊院，普门安公所荒度也。院负叠嶂峰，左象右狮，二罗松如羽盖，面拥石如覆袈裟，其上有趺迹，其下下绝。桃花峰居趺石之足，桃花之汤出焉。其东则天都峰如旒倒垂，其西则莲花峰献萼焉。"

⑧汤院：即祥符寺，参见本日记初三日日记注⑦。

⑨芳村：位于黄山莲花峰以南。明黄汝亨《游黄山记》："登山越石礁岭，更度一岭，饭芳村黟山精舍，庭中杜鹃盛开。"清钱谦益《游黄山记》之一："自郡至山口一百二十里，至汤院又八里。其所径，寺曰杨干，台曰容成，潭曰长潭，岭曰石礁，石曰苎石，溪曰方溪，村曰芳村。"又《游黄山记》之七："出芳村，则莲花峰离立。"另见民国《歙县志》卷一《舆地志·都鄙》，为歙县十三都村名。

⑩东潭：地名，位置不详，或即上引文所言之长潭。

⑪黄山之流：谓流经黄山地区的溪水、河流等。

⑫松谷：即松谷溪。或谓此水自黄山北去，即今凄溪河。焦村：即焦村溪。或谓此水自黄山西流折北，即今秋溪河。

⑬汤口：即汤口溪。或谓此水北流，即今麻河。

⑭江：即长江。我国第一大河，上源沱沱河，四川宜宾以上为金沙江、通天河，宜宾以下始称长江。

⑮岩镇：当即岩寺镇，位于歙县西二十五里。

⑯府：明代徽州府治所在歙县（今属黄山市）。绩溪：扬之水的别名。清顾祖禹《读史方舆纪要》卷二八《南直十·绩溪县》著录绩溪："在城东，其源亦来自扬溪。下流二十馀里乳溪水东注之。又五里徽溪水南注之。至临溪会县南诸水入歙县界。离而复合，交流如绩，县因以名。"

[评析]

  在《徐霞客游记》中，作者一生两次光顾的名山，天台、雁荡、白岳（再游没有日记遗存）三山而外，就是黄山了。黄山以奇松、怪石、云海、温泉四绝驰名于世，从中生代孕育而来的花岗岩山体由于垂直节理的构造，侵蚀切割强烈，断裂和裂隙交错，融峰林地貌、冰川遗迹于一体。加之其山体长期受水溶蚀以及风化作用的影响，形成了千变万化的花岗岩洞穴与孔道。历来论者认为黄山兼有泰山之雄、华山之险、庐山之瀑、衡山之石、雁荡之怪、峨嵋之凉，集中了众多游览胜地的优长。其风景区为154平方千米，内有二湖、三瀑、十四洞、十六溪、二十潭、二十四泉、七十二峰，可谓美不胜收。当丰富无比的自然景观被赋予某种人文意义时，如琳琅满目的众多怪石展示，各有趣味横生的名目或故事，这无疑更增添了黄山风景区的历史纵深性与神秘性。徐霞客一游黄山是继其白岳山旅程之后的又一次山水巡游，时间在明万历四十四年（1616）二月初三至十一日，历时九天。其中初四日"兀坐听雪溜竟日"，初八日为浓雾大雨所阻，半途而废，徐霞客真正游山的时间只有七天。他于初三日达汤口后，沿香溪北上抵祥符寺，沐浴于寺边的温泉。游览了温泉附近的莲花庵和白龙潭。初五日，徐霞客又冒雪向西北由鸟道攀上慈光寺，再由大路返回祥符寺。初六日，他再过慈光寺，经天都峰下的天门坎，沿莲花峰下的莲花沟北上光明顶；再由光明顶达狮子林，游览了狮子林附近的接引崖和石笋矼，当晚投宿于狮子林佛庵。初七日，徐霞客由接引崖踏雪游览狮子峰，观赏了扰龙松、僧坐石和青龙潭，晚宿松谷庵。松谷庵在叠嶂峰下五龙潭附近。初九日，徐霞客由庵僧慈明引导游西南诸峰，观赏了始信峰一带的"达摩面壁"、"秃颅朝天"等山岩造型，后因雨又返回佛庵。初十日，过飞来峰，再经平天矼、天门坎下山，又因雨宿于大悲庵附近的佛庵。十一日冒雨过百步云梯，经莲花沟回慈光寺，再由汤口出山，结束了其黄山首游的历程。

同以往一样，黄山之游的山水审美并不在徐霞客旅游意旨中占有主导地位，这与其同时代文人墨客明显有别。明黄汝亨《游黄山记》曾比较黄山与白岳之不同云："世人不到此境，每以白岳与黄山并称。余谓黄山神秀绝伦，出奇无穷，片片如削；而白岳则魁梧垒叠，自天门、珍珠、五老而外，特整肃环峙，磊磊若培，不则颓然而已。计白岳之于黄山，不犹以程将军刁斗而比淮阴，以明妃、夷光而比洛神、姑射哉！"仅从山水审美角度书写游记，与徐霞客的山水追求有所差异，山脉走向与水系分布的描述，在《徐霞客游记》中占有一定的比重。王振东《徐霞客两游黄山考》："在《徐霞客游记》中，他把黄山的水系写得十分清楚：'黄山之流，如松谷、焦村，俱北出太平；即南流如汤口，亦北转太平入江；惟汤口西有流，至芳村而巨，南趋岩镇，至府西北与绩溪会。'经我们实地勘查，现实情况与上述文字完全相符。平天矼是黄山前后山的分水岭，主体水系都流入长江，应属长江水系；只有外围的桃花峰、云门峰、浮丘峰西南部水系才流入新安江，应属钱塘江水系。"读《徐霞客游记》就应当明了其科学性的探索与分析，才能有所收获。

游武彝山日记[①] 福建建宁府崇安县[②]

二月二十一日[③]　出崇安南门，觅舟。西北一溪自分水关[④]，东北一溪自温岭关[⑤]，合注于县南，通郡、省而入海[⑥]。顺流三十里，见溪边一峰横欹[⑦]，一峰独耸。余咤而瞩目，则欹者幔亭峰[⑧]，耸者大王峰也[⑨]。峰南一溪，东向而入大溪者[⑩]，即武彝溪也[⑪]。冲佑宫傍峰临溪[⑫]。余欲先抵九曲[⑬]，然后顺流探历[⑭]，遂舍宫不登，逆流而进。流甚驶[⑮]，舟子跣行溪间以挽舟[⑯]。第一曲，右为幔亭峰、大王峰，左为狮子峰、观音岩[⑰]。而溪右之濒水者曰水光石[⑱]，上题刻殆遍[⑲]。二曲之右为铁板嶂、翰墨岩[⑳]，左为兜鍪峰、玉女峰[㉑]。而板嶂之旁，崖壁峭立，间有三孔，作"品"字状。三曲右为会仙岩[㉒]，左为小藏峰、大藏峰[㉓]。大藏壁立千仞，崖端穴数孔，乱插木板如机杼[㉔]。一小舟斜架穴口木末，号曰"架壑舟"[㉕]。四曲右为钓鱼台、希真岩[㉖]，左为鸡栖岩、晏仙岩[㉗]。鸡栖岩半有洞，外隘中宏[㉘]，横插木板，宛然阰栎[㉙]。下一潭深碧，为卧龙潭[㉚]。其右大隐屏、接笋峰[㉛]，左更衣台、天柱峰者[㉜]，五曲也。文公书院正在大隐屏下[㉝]。抵六曲，右为仙掌岩、天游峰[㉞]，左为晚对峰、响声岩[㉟]。回望隐屏、天游之间，危梯飞阁悬其上[㊱]，不胜神往[㊲]。而舟亦以溜急不得进[㊳]，还泊曹家石[㊴]。

[注释]

①武彝山：即武夷山，位于明建宁府崇安县（今福建武夷山市）南

15千米，方圆60千米，四面有溪谷环绕，不与外山相连，构成独立的风景区，有"溪曲三三水，山环六六峰"之誉，意即九曲溪与三十六峰营造出武夷山的山水之美。碧水丹山的东南丹霞地貌更显现出武夷山的独特景观。

②福建建宁府：南宋绍兴三十二年（1162）升建州置，元至元十六年（1279）升为建州路，明洪武元年（1368）复为府，属福建省，治所在建安、瓯宁二县（今福建建瓯市），辖境相当今福建建瓯市以上的建溪流域及寿宁、周宁等县地。1913年废。崇安县：北宋淳化五年（994）升崇安场置，属建州，治所即今福建武夷山市崇阳镇。元属建宁路，明清属建宁府。1928年直属福建省，1989年改设武夷山市。

③二月二十一日：即明万历四十四年二月二十一日（1616年4月7日）。

④分水关：一名大关，位于今福建武夷山市西北分水岭上，与江西铅山县接界，地当江西、福建两省襟要，自古有入闽第一关之称。五代至宋皆置寨于此，元废，明洪武初复置，设巡司戍守。

⑤温岭关：当即温林关，位于今江西铅山县东南，与今福建武夷山市接界。清顾祖禹《读史方舆纪要》卷八五《江西三·铅山县》："温林关，在县东南七十里，岩峦峻绝，亦崇安八关之一也。亦见崇安县。"

⑥郡：建宁府府治建安、瓯宁二县。省：福建承宣布政使司，治所福州（今属福建），辖境与今福建省同。入海：谓崇溪等流经延平府（治今福建南平市）汇合各溪为闽江，流经福州府至五虎门东入海。

⑦横攲（qī）：歪斜而立。

⑧幔亭峰：位于大王峰北侧，两山山麓相连，高不及大王峰。峰顶地势平坦，有一巨石状如香鼎，称宴仙坛。据传先秦的仙人武夷君曾在此设幔亭宴会乡人，"幔亭"之峰名即由此而来。幔亭，用帐幕围成的亭子。

《云笈七签》卷九六："武夷君，地官也，相传每于八月十五日大会村人于武夷山上，置幔亭，化虹桥通山下。"

⑨大王峰：又名天柱峰、纱帽岩，海拔530米，位于万年宫西侧，矗立于九曲溪口，是进入武夷山的第一峰，有仙鉴王的美誉。峰顶古木参天，顶大腰细，四壁陡峭，登顶四望，武夷三十六峰拱立于其下，有王者之尊。清董天工《武夷山志》卷六《一曲中·溪北》："大王峰，在武夷宫右，此入武夷第一峰也，巍然雄踞，拔地数百丈，矗立云表。亦名天柱峰，其麓稍陂陀，至峰腰则峭壁陡起，四面如削，下敛而上侈。架梯三重以登顶，上有岩洞、台池之属十数处。相传魏王子骞与张湛辈十三人辟谷于此。"

⑩大溪：即崇溪（今福建武夷山市搏南崇阳溪），由东溪（出崇安县东北岑阳山）、西溪（出分水岭）汇流绕县城东继续南下而成，俗名大溪。南经赤石渡，纳武夷九曲诸水南入建阳，是为建溪。

⑪武彝溪：即九曲溪，发源于三保山，流经星村入武夷山，折为九曲，长约7.5千米。清顾祖禹《读史方舆纪要》卷九七《福建三·崇安县》："九曲溪，在县南三十里。出县西四十里三保山，东流经大源山，合诸溪水历武夷群岫间，萦纡九曲，出石鼓渡合于大溪。"

⑫冲佑宫：即清人所称之冲佑万年宫，俗称武夷宫，位于九曲溪口、大王峰山麓。始建于唐天宝间，初名天宝殿，南唐改会仙观，宋称冲佑观，元名万年宫，明代又有冲元观之称，属于道教宫观。宋明两代，殿宇多达三百馀间，后逐渐衰弱。因宋代陆游、辛弃疾、朱熹曾先后主管此观，从而令之名扬四海。《武夷山志》卷五《一曲图·图说》："山溪与大溪汇流处曰山前渡。初入溪曰溪口滩，舟由此进，不数桿稍折而北复西，是为一曲。大王峰昂霄坐镇，实足雄长全山，不徒为本曲之望。而幔亭屹然并峙，以仙迹特闻。自问津亭沿溪而西，里许达山麓，为冲佑观，武夷

之都会也。"

⑬九曲：这里谓九曲溪东面的一曲。

⑭探历：探赏涉历。唐骆宾王《同辛簿简仰酬思玄上人林泉》诗其三："林泉恣探历，风景暂裴徊。"

⑮驶：疾速。

⑯舟子：船夫。跣（xiǎn）行：赤脚行走。挽：拉，牵引。

⑰狮子峰：位于九曲溪一曲以南，峰顶有巨石突起，形似踞地而吼的雄狮东望，故称。《武夷山志》卷七《一曲下·溪南》："狮子峰，溪南里许，状如蹲狮，武夷宫之案也。地势高阜，峰复挺拔，数十里外即见之。溪南以是峰为首。"观音岩：即大、小观音岩，两岩位于一曲之南的狮子峰西，对峙而立，大者顶有藤萝垂蔓，似观音之宝冠。故称。《武夷山志》卷七《一曲下·溪南》："大、小观音岩，狮子峰西，两岩比联，差有大小而极相类。层累及巅，人拟以观音之髻，故名。"

⑱水光石：又名晴川石，位于铁板嶂峰麓稍东，耸立于九曲溪北岸，高约数丈，朝晖夕照，时将曲水波光映射于岩石之上，故名。石上镌刻甚多，如"水光"、"九曲溪"、"山水奇观"、"渐入佳境"、"智动仁静"、"兴来独往"等，共有三十余方，字体多样，风格各异。此地原有水光渡，为溪南、溪北的游客辐辏之地。岩石之巅原有溪光亭，后废，今另加修建为观景台。

⑲殆（dài）：大概，几乎。

⑳铁板嶂：位于一曲西北、大王峰以南，如城墙横亘于大王峰与玉女峰之间，以其石崖峭削，色黛如铁板，故称。岩上有泉数道泻下入仙桃涧，雨季时水漫崖壁，寒光闪烁，远望更像铁板。岩下沿溪罗列有仙猿石、儒巾石等怪石，妙趣天成。《武夷山志》卷六《一曲中·溪北》："大王峰右，石崖峭削，色如铁板，盘衍数十丈，高称之。编梯以升，上有泉

数道泻下,入仙桃涧。明万历间,崇安文学吴世济筑别业于崖半,有先月亭,今废。"翰墨岩:又称翰墨石,位于二曲东岸、仙榜岩前,形如墨块粘于岩壁间,故称。《武夷山志》卷八《二曲·溪南》:"翰墨石,片石粘于仙榜半壁,山中类此者数处,惟此负名。其下三孔如人口目形,裘《志》称为'回子献墨',俚甚。"

㉑兜鍪(móu)峰:又名兜担石、赌妇石,位于二曲南、观音岩以西,以山形呈前高后下形状,酷似古代军人之头盔,故称。其附近有虎窟、太极岩等景观。兜鍪,古代战士戴的头盔,秦汉以前称胄,后称兜鍪。玉女峰:位于二曲溪南,与大王峰隔溪相峙,突兀挺拔,峰顶草木丰隆,犹如一玉立的少女山花插髻,故称。峰下有浴香潭,据说为玉女沐浴之所;右侧有一圆石称镜台,为玉女梳妆所用。《武夷山志》卷八《二曲·溪南》:"玉女峰,鹄立溪畔,峭拔为诸峰第一。高数十仞,无径可跻。上稍侈,其顶花卉参簇,若鬓髻。旧志云,袅袅婷婷有姝丽之态,良然。两石附于后,如仕女随行之状。"

㉒会仙岩:位于三曲之北,其顶岩石平坦,据说是神仙聚会之所,故称。《武夷山志》卷九上《三曲·溪北》:"会仙岩,二曲仙榜岩北,其顶有石平坦,名拜章石。仙榜、会仙连接而北,至金井涧一断,升日、上升,势皆随溪西转,及仙游,则又渐折往南矣。"

㉓小藏(zàng)峰:又名仙船岩、船场岩,位于三曲溪南,有"万仞悬崖架两船"的景观。所谓"两船"指的是悬架在小藏峰东壁的两只三千八百多年前古越人的"架壑船棺",以凌空悬挂的惊险之势而令人叹为观止。详本段以下注㉕。小藏峰北壁,有一石穴,名"飞仙台",穴中也有一只船棺。民国《崇安县新志》卷二一《名胜》:"小藏峰,峰在三曲,巍然耸立,峭壁干霄,峰半有架壑船,虹桥板横插岩隙中,人皆以为仙迹。"大藏(zàng)峰:位于四曲东岸,宴仙岩左。岩体硕大,横亘数

百丈，陡峭千仞，洞穴密布。峰下为潭，深不可测，名曰卧龙潭。山巅耸拔斜覆如檐，俯瞰碧水澄泓，岩溜皆滴落水中，恍如琴音。峰半人迹难至之处则有棺木斜置于洞穴之中，用圆木刳成如小船形，也属于古越人的船棺葬。岩壁石刻颇多，具有浓郁的人文气息。民国《崇安县新志》卷二一《名胜》："大藏峰，峰在四曲，陡削凌空，横亘数百丈。巅耸拔如檐，岩溜皆滴落水中……峰顶有超真亭、仙史馆，均废。峰后曰鸣鹤峰，有凝真洞。"

㉔机杼（zhù）：这里专指古代织机的杼，即织梭，用以形容木板罗列纷乱如同织梭交叉。

㉕架壑舟：古代船棺葬的形象说法。即将死者遗体放入船形棺木悬于崖壁的葬法。这种古代丧葬风俗始于商周时代，主要流行于今福建、江西的武夷山区古越人种族中。棺柩用独木刳成，上下套和。除闽、赣外，湖北、湖南、广西等地以及四川古代巴人也有类似丧葬习俗，又称悬棺葬或崖葬、风葬，南朝梁陈间顾野王（519~581）最早记述了"悬棺"习俗。

㉖钓鱼台：又称仙钓台，位于四曲东岸，与大藏峰隔溪相对，远望如老翁垂钓，故称。《武夷山志》卷九《四曲·溪北》："仙钓台，又名钓鱼台，近三曲仙游岩，峭绝孤立，逼临溪畔。右壁石穴，俗称真武洞，内有船盛仙蜕数函即瓷瓮、炉鼎之属。"希真岩：位于四曲溪北、钓鱼台以西，因其下有试剑石，传为控鹤仙人试剑之所，希真即有迎仙之意。《武夷山志》卷九下《四曲·溪北》："希真岩，小九曲右，趾临崖畔，耸若立笏，其后则亘壑而来，盖仙钓台之尾也。"

㉗鸡栖岩：当即鸡巢岩或鸡窠岩，位于四曲溪南。《武夷山志》卷九下《四曲·溪南》："金鸡洞、鸡巢岩（巢亦作窠），上下二洞，相去不甚远，上曰鸡巢岩，差小；下曰金鸡洞。相传昔有鸡鸣洞内。《坤元录》云，武夷涧东一岩上有鸡栖，即此也。洞口虹板乱堆，一船立悬洞外，首

仅及洞，竟不坠。洞中竖一竹竿，俨然垂纶，土人谓之钓竿。内多蜕骨。"晏仙岩：即宴仙岩，位于三曲小藏峰左，据说为群仙设宴之所。晏，这里通"宴"。《武夷山志》卷九上《三曲·溪北》："宴仙岩，小藏峰左，山形渐南，盖二曲仙馆岩之背也。旧志或云是岩在鸡窠岩顶，或云又名鸣鹤岩，皆误。"

㉘ 外隘中宏：外表狭窄，内中宽敞，这是作者对丹霞地貌中扁平状洞穴的准确描述。据杨载田《徐霞客闽游与福建丹霞风景名胜及其开发》一文（载《热带地理》2001年第21卷第1期）认为："扁平状洞穴是由于软夹层在热力风化作用下发生片状或粒状剥落所形成的与岩面基本一致的大型扁平状洞穴，且多发育于溪涧两岸的悬崖峭壁之上，古越人以此进行棺葬，形成丹霞赤壁间的'悬崖棺葬'奇观。"可参考。

㉙ 埘（shí）：凿垣为鸡窝曰埘，亦指在墙上凿的鸡窝。《诗·王风·君子于役》："鸡栖于埘，日之夕矣，羊牛下来。"毛传："凿墙而栖曰埘。"榤（jié）：谓鸡栖息的木桩。

㉚ 卧龙潭：位于大藏峰下，参见本段注㉓。

㉛ 大隐屏：即隐屏峰，位于五曲溪北。《武夷山志》卷一一《五曲下·溪北》："隐屏峰，紫阳书院后，高峰峭拔，夷上直下，方正如屏，玉华、接笋倚于左右。接笋称小隐屏，是峰称大隐屏。"接笋峰：位于五曲溪北。《武夷山志》卷一一《五曲下·溪北》："接笋峰，倚大隐屏之右，高稍逊之，峭削无比。峰右贴壁一石，尖锐直上，形类立笋，横裂三痕，断而仍续，故名。接笋亦名接笋岩，又名仙接峰，连树三梯（在茶洞），约一二十丈，梯尽，凿石径于峰腰陡壁，壁势凸出，谓之鸡胸，径缠其际极窄，壁间横以铁缆，扪缆面壁侧足而行数十步，绕出壁右，径断处架木为栈，至一小亭曰定心亭，过亭稍进，两崖洞裂，孤岭中悬，诘曲百盘而上曰龙脊。缘石磴数百级乃达其巅，是为小隐屏，由此可登大隐

屏,故称'隐屏真境'云。"

㉜更衣台:位于五曲溪南。《武夷山志》卷一一《五曲下·溪南》:"更衣台,又名文峰,四曲御茶园左,编梯而上。相传魏王子骞于此更衣,登天柱上升。"天柱峰:位于五曲溪南。《武夷山志》卷一一《五曲下·溪南》:"天柱峰,更衣台左,峭拔特立,无径可跻,近有造梯建屋者。麓有五石,号五老石。"

㉝文公书院:即紫阳书院,或称武夷精舍、朱文公祠,位于五曲隐屏峰下。南宋理学家朱熹(1130~1200)字元晦,又字仲晦,号晦庵,晚称晦翁,卒谥文,世称朱文公。祖籍徽州府婺源县(今江西婺源),出生于南剑州尤溪(今属福建三明市)。绍兴十八年(1148)进士,历官江西南康、福建漳州知府、浙东巡抚,擢焕章阁侍制兼侍讲。著有《四书章句集注》、《太极图说解》、《通书解说》、《周易读本》、《楚辞集注》、《诗集传》等,其理学思想对元、明、清三朝影响很大,成为三朝的官方哲学,是中国教育史上继孔子后的又一人。朱熹于淳熙十年(1183)在武夷山隐屏峰山麓创建武夷精舍,潜心著书立说,广收门徒,聚众讲学,从此这里即成为元明清三代读书人的向往之地。今仅存原止宿寮与隐求室等部分建筑。

㉞仙掌岩:即仙掌峰,俗称晒布岩,位于六曲溪北。《武夷山志》卷一二《六曲·溪北》:"仙掌峰,在天游峰右,穹崖墙立,高矗天际,横可半里许。峰半有类掌痕者数处,淋雨则奔流自峰顶乱下,积久蠡成辙轨,若素练垂垂,俗呼为晒布岩,名虽未雅,其景最奇。峰背有勒字曰'崎岖坎'。又有洞曰剪雪洞,上有庵曰仙掌庵,今废。"天游峰:位于六曲溪北。《武夷山志》卷一二《六曲·溪北》:"天游峰,接五曲茶洞之清隐岩,削崖耸起,仙掌峰居其西,仙游岩居其东。三峰下合,及顶始分。而是峰高拔群峰之上,溪山全势一望而收,为武夷第一胜地,诸处皆不

能及。"

㉟晚对峰：位于五曲溪南。《武夷山志》卷一一《五曲下·溪南》："晚对峰，原名紫石屏，天柱峰西，为隔溪大隐屏之案。宋刘忠肃珙筑室其下，以对精舍。朱子因构晚对亭向之，遂易今名（俗名弥勒峰，甚不雅）。"响声岩：又称钵盂岩，当地人称下城高，位于六曲溪南，与仙掌峰隔溪相对。据说隔岸笑语声，这里能有回响，故称。

㊱危梯飞阁：高峻的阶梯与架空建筑的阁道，形容登山的路径峻峭险要。

㊲不胜神往：形容内心非常向往或思慕。

㊳溜急：谓溪流湍急。《初刻拍案惊奇》卷一九："湖水溜急，总无生理。"

㊴曹家石：在五曲溪水中，这里当谓泊舟处地名。《武夷山志》卷一一《五曲下·溪北》："曹家石，在水中，近镜潭。昔有曹姓者，举家避乱过此覆舟，忽得此石，俱免溺，因名。上镌'曹家石'三字，旁又有蝴蝶石，亦在水中。"

登陆入云窝①，排云穿石②，俱从乱崖中宛转得路。窝后即接笋峰。峰骈附于大隐屏③，其腰横两截痕，故曰"接笋"。循其侧石隥④，跻磴数层⑤，四山环翠，中留隙地如掌者，为茶洞⑥。洞口由西入，口南为接笋峰，口北为仙掌岩。仙掌之东为天游，天游之南为大隐屏。诸峰上皆峭绝，而下复攒凑⑦，外无磴道，独西通一罅⑧，比天台之明岩更为奇矫也⑨。从其中攀跻登隐屏，至绝壁处，悬大木为梯，贴壁直竖云间。梯凡三接，级共八十一。级尽，有铁索横系山腰，下凿坎受足⑩。攀索转峰而西，夹壁中有冈介其间⑪，若垂尾，凿磴以登，即隐屏顶也。有亭有竹，四面悬崖，凭空下眺，真仙凡夐隔⑫。仍悬梯下，至茶洞。仰视所登之处，崭然在云汉⑬。

隘口北崖即仙掌岩。岩壁屹立雄展⑭，中有斑痕如人掌，长盈丈者数十行。循崖北上，至岭，落照侵松⑮，山光水曲，交加入览。南转，行夹谷中。谷尽，忽透出峰头，三面壁立，有亭踞其首⑯，即天游峰矣。是峰处九曲之中，不临溪，而九曲之溪三面环之。东望为大王峰，而一曲至三曲之溪环之。南望为更衣台，南之近者，则大隐屏诸峰也，四曲至六曲之溪环之。西望为三教峰⑰，西之近者，则天壶诸峰也⑱，七曲至九曲之溪环之。惟北向无溪，而山从水帘诸山层叠而来⑲，至此中悬。其前之俯而瞰者，即茶洞也。自茶洞仰眺，但见绝壁干霄⑳，泉从侧间泻下，初不知其上有峰可憩。其不临溪而能尽九溪之胜，此峰固应第一也。

立台上，望落日半规㉑，远近峰峦，青紫万状㉒。台后为天游观㉓。亟辞去㉔，抵舟已入暝矣㉕。

[注释]

①云窝：有上、下云窝之分，位于五曲溪北接笋峰与六曲仙掌峰之间，倚崖临水，奇石盘错，据说晨昏间常有云雾飘过，故称。《武夷山志》卷一一《五曲下·溪北》："云窝，铁象岩前巨石崎岖，负山临水称胜区，岩麓名下云窝，岩背名上云窝。外有天然石门，入为丹枢道院、幼溪草庐旧址，今虽荒芜而其境自佳。临溪石岸平衍，呼为石坪。"

②排云穿石：形容于高险处艰难行进。排云，排开云层。多形容高。

③骈附：谓并排相连接。

④石隘：岩石狭窄处。

⑤跻磴（jī dèng）：攀登石阶上山。

⑥茶洞：位于五曲溪北接笋峰下，乃四周峭壁环匝的小盆地，产茶，故称。《武夷山志》卷一一《五曲下·溪北》："茶洞，接笋峰下，原名玉华洞，亦名升仙洞，又称幽微碧玉洞天，径绕王文公祠右，由伏虎岩侧石门入，逾小岭，又巨石相倚如门，进此有坊，题曰'仙凡异路'（明万历时建，寻废）……而茶洞之名，则以产茶甲于武夷云。"

⑦攒（cuán）凑：聚集，拼凑。

⑧罅（xià）：岩石裂缝。

⑨天台之明岩：即明岩山，位于今天台县西南明洋乡，与寒岩山同山相背。传说唐代寒山、拾得、丰干三僧曾隐居于此。参见本书《游天台山日记》四月初四日日记注⑯。奇矫：奇特出众，奇特雄健。

⑩凿坎受足：谓在岩石上凿出穴窝以容纳足踏。

⑪冈：山脊。

⑫仙凡夐（xiòng）隔：此当由茶洞中"仙凡异路"之四字题坊生发而来，见本段注⑥，意谓与山下的凡世相比，这里风景独特，属于远隔人间与天上的分界之处。夐，远。《广雅·释诂一》："夐，远也。"清王念孙疏证："夐之言迥也。"徐霞客《题小香山梅花堂诗五首序》："阴晴之态互殊，晨夕之观夐别。"

⑬嶄然：形容山势高峻突兀。唐柳宗元《柳州山水近治可游者记》："北有双山，夹道嶄然。"云汉：云霄，高空。三国魏曹丕《善哉行》："比翼翔云汉，罗者安所羁。"

⑭雄展：雄伟延展，形容山岩高度与宽度皆可观。

⑮落照侵松：意谓夕阳斜照，辉映于松树一侧。

⑯有亭：当指天游峰上的一览亭。

⑰三教峰：位于八曲溪北。《武夷山志》卷一三下《八曲·溪北》："三教峰，环佩岩右，岩巅三石耸拔，因名。峰际有三教庵、三层阁，下有香炉石。"

⑱天壶：即天壶峰，位于七曲溪北。《武夷山志》卷一三上《七曲·溪北》："天壶峰，三层峰右，立于北廊岩后，而高倍之。峰腰有洞，旷朗可居。峰下岩峦环合，中为天壶道院，又名天壶观，杜清碧为书匾，今废。有石泉一坎，俗传白玉蟾浴丹其中。明末支永昌以孝廉守蜀中，后隐天壶，卒葬峰侧。"

⑲水帘诸山：谓位于九曲溪北武夷山最大岩洞水帘洞一带的山，如玉柱峰、三花峰等。

⑳干霄：高入云霄。

㉑半规：半圆形，这里指落日衔山。宋杨万里《海门残照》诗："万里长江白，半规斜日黄。"

㉒青紫万状：这是作者对武夷山丹霞地貌的准确概括描写。杨载田《徐霞客闽游与福建丹霞风景名胜及其开发》一文（载《热带地理》2001年第21卷第1期）说："福建省的丹霞地貌由上白垩纪赤石群的紫红色陆相岩系构成，岩石的色泽以紫红色为其本色，但由于各部位富集红色氧化铁含量的差别而产生色彩的变化。在温和湿润的亚热带季风气候环境下，有些岩石表面覆盖有深浅不一的苔藓、地衣而呈青色、黑色和黑褐色等颜色，更加丰富了岩石的色彩。徐霞客描述其'远近峰峦，青紫万状'、'鹤模石在峰壁缚间，霜翎朱顶'，是其真实写照。"可参考。

㉓天游观：天游峰有上下之分，天游观位于下天游峰，始建于宋，明永乐、嘉靖间陆续扩建，附近有啸台、妙高台、万峰亭诸胜。

㉔亟（jí）：疾速，与"缓慢"相对。

㉕入暝（míng）：谓夜色降临。

二十二日 登涯①，辞仙掌而西。余所循者，乃溪之右涯，其隔溪则左涯也。第七曲右为三仰峰、天壶峰②，左为城高岩③。三仰之下为小桃源④，崩崖堆错⑤，外成石门。由门伛偻而入⑥，有地一区，四山环绕，中有平畴曲涧⑦，围以苍松翠竹，鸡声人语，俱在翠微中⑧。出门而西，即为北廊岩⑨，岩顶即为天壶峰。其对岸之城高岩矗然独上⑩，四旁峭削如城⑪。岩顶有庵，亦悬梯可登，以隔溪不及也。第八曲右为鼓楼岩、鼓子岩⑫，左为大廪石、海蚱石⑬。余过鼓楼岩之西，折而北行坞中⑭，攀援上峰顶，两石兀立如鼓⑮，鼓子岩也。岩高亘亦如城⑯，岩下深坞一带如廊⑰，架屋横栏其内，曰鼓子庵⑱。仰望岩上，乱穴中多木板横插。转岩之后，壁间一洞更深敞，曰吴公洞⑲。洞下梯已毁，不能登。望三教峰而趋，缘山越磴，深木翳荟其上⑳。抵峰，有亭缀其旁㉑，可东眺鼓楼、鼓子诸胜。山头三峰，石骨挺然并矗㉒。从石罅间蹑磴而升㉓，傍崖得一亭。穿亭入石门，两崖夹峙，壁立参天，中通一线，上下尺馀㉔，人行其间，毛骨阴悚㉕。盖三峰攒立㉖，此其两峰之罅；其侧尚有两罅，无此整削㉗。

[**注释**]

①登涯：上岸。涯，水边。

②三仰峰：位于七曲溪北，为武夷山最高峰，海拔717米。三仰峰皆昂首向东，高者为大仰，次者为中仰，再其次为小仰，故名。《武夷山志》卷一三上《七曲·溪北》："三仰峰，三层峰左。三峰叠起，状如石磴，首皆东顾。俗呼第一峰为大仰，第二峰为中仰，第三峰为小仰；又以

第三峰为一仰,中为二仰,上为三仰。陟其顶,四虚无际,远眺可数百里。武夷诸峰,离奇万状,皆如指掌,如盘匜,即天游亦在俯视。但是峰见山而不见溪,较天游所居稍偏耳。"

③城高岩:位于七曲溪南,拔地而起,尖峭峻挺,四面悬崖峭壁,恰似一座巍峨的石城。《武夷山志》卷一三上《七曲·溪南》:"城高岩,太姥岩左,即五曲仙迹岩之背也,亘数百丈,若垣墉。四面陡壁,悬梯而上,前后俱临溪,土人呼响声岩为下城高,此为上城高。裴《志》称神皋岩,谓为仙灵窟宅也。上有庵名城高庵,明末僧圣慈建。或曰自古有庵,嘉靖间为风雷所毁。今庵乃重构者。"

④小桃源:位于六曲溪北。《武夷山志》卷一二《六曲·溪北》:"小桃源,自苍屏北廊之间遵小涧入深谷里许,石崖相倚成门,门数曲折,涧自门出,名松鼠涧。横石为矼,复履石磴,宛转而入,穷极幽深。其内忽平旷田畴,可一二十亩,四面环山。南为苍屏,北为三层,东为玉版,西为天壶。北廊桑麻庐舍,俨然村落。而既入其中,回视若无门径,人拟之武陵桃源,故名。"

⑤崩崖堆错:意谓乱石交错堆积。

⑥伛偻(yǔ lǚ):俯身。

⑦平畦:低平的田畦。

⑧翠微:指青翠掩映的山腰幽深处。《尔雅·释山》:"未及上,翠微。"晋郭璞注:"近上旁陂。"清郝懿行义疏:"翠微者……盖未及山顶屏颜之间,葱郁葐蒀,望之珞珞青翠,气如微也。"

⑨北廊岩:位于七曲溪北,沿溪横立如斜廊。《武夷山志》卷一三上《七曲·溪北》:"北廊岩,天壶峰前,俗名八萝岩。岩后有梨花架,其左与六曲苍屏邻。沿溪横立长壁,斜覆如廊,与南岸太姥城高相对。岩后有石名将湖石,岩趾有庵曰金鸡社,祷祝灵应,溪中有上水龟石。"

⑩蠢然：高耸貌，直立貌。北魏郦道元《水经注·庐江水》："又有孤石，介立大湖中，周回一里，竦立百丈，蠢然高峻，特为瑰异。"

⑪峭削：谓山峰陡峭如削。明顾起元《客座赘语》卷九《守心戒行》："法堂后山壁峭削，中开一洞，深数尺许，因构小屋附之。"

⑫鼓楼岩：位于八曲溪北，临溪蠢立，山麓有鼓楼洞。《武夷山志》卷一三下《八曲·溪北》："鼓楼岩，鼓子二峰，高据岭际，其前皆乱石罗立，乃本曲临溪之峰峦也。是岩居七曲琅玕岩右而涵翠岩之左，壁立桃花涧侧，峻拔千仞，岩溜飞洒如雨，皆落涧中，又名滴水岩。白玉蟾《云窝记》谓有詹仙人曾居于此。"鼓子岩：又称鼓子峰，位于八曲溪北，以峰腰有石如鼓，故名。《武夷山志》卷一三下《八曲·溪北》："鼓子峰，从七曲三仰右麓绵延而西，缘茅干岭达鼓子，两峰骈立，凌汉摩霄。明司马赵孔昭更名并莲峰。在本曲为最高而不逼溪岸，附近峰岩皆左右侍焉。半腰有石，扣之如鼓声，土人呼为石鼓。半壁石罅有虹板、仙蜕，倚崖为屋，名石鼓道院。峰前有岩曰猴藏岩，又有庵曰碧霄庵，今废。"

⑬大廪（lǐn）石：形如粮仓的岩石，位于八曲溪南。《武夷山志》卷一三下《八曲·溪南》："大小廪石，在烟际岩左，二石临溪而立，形圆如囷，地名廪江。宋孝廉詹先野尝隐于此。"海蜇（zhà）石：当谓形如海蜇的岩石，位于八曲溪中。蜇，海蜇，水母之一种。

⑭坞：四面高中间低的地方。

⑮兀立：矗立。

⑯高亘：谓高度与宽度。

⑰坳（ào）：山曲间的平地。

⑱鼓子庵：道观名，位于八曲溪北鼓子峰麓。《武夷山志》卷一三下《八曲·溪北》："石鼓道院、鼓子庵，岩半飞楼一派，殊高敞，可以远眺溪山。初为道院，唐侍宸、王文钦修炼之所，明弘治间毁于火。嘉靖时邑

人江子静者乘月跻峰顶，云得丹诀，遂重构室于此曰栖仙馆，后改为庵，赵司马复易名莲子庵。内有亭曰迎仙亭，又有云影池、拂云石。"

⑲吴公洞：位于八曲溪北鼓子峰右。《武夷山志》卷一三下《八曲·溪北》："吴公洞，鼓子峰右天成一洞，外隘中宽，可容数十人。相传为吴道人修炼处。洞右小穴，遗蜕犹存。"

⑳蓊苁（wěng cōng）：茂盛高耸貌。苁，通"摐"，谓高耸。

㉑缀：连接。

㉒石骨：坚硬的岩石。宋王炎《游砚山》诗："涧水抱石根，石骨多绀碧。"

㉓蹑磴（dèng）：攀登石阶上山。

㉔"两崖夹峙"四句：这是作者对丹霞地貌中巷谷景观的形象刻画。砂岩岩层沿垂直节理发生大面积崩塌以及在风化、流水浸蚀的共同作用下，可形成高大、壮观的陡崖，所谓"巷谷"即陡崖之间所形成的类似"一线天"的狭陡巷道。下文"两壁夹立"的灵峰石罅也属巷谷景观。

㉕毛骨阴悚：形容畏惧心惊的状态。

㉖攒（cuán）立：聚集而立。

㉗整削：规整峭削。

已下山，转至山后，一峰与猫儿石相对峙①，盘亘亦如鼓子②，为灵峰之白云洞③。至峰头，从石罅中累级而上，两壁夹立，颇似黄山之天门④。级穷，迤逦至岩下⑤，因岩架屋，亦如鼓子⑥。登楼南望，九曲上游，一洲中峙⑦，溪自西来，分而环之，至曲复合为一。洲外两山渐开，九曲已尽。是岩在九曲尽处，重岩回叠⑧，地甚幽爽⑨。岩北尽处，更有一岩尤奇：上下皆绝壁，壁间横坳仅一线⑩，须伏身蛇行⑪，盘壁而度⑫，乃可入。余即从壁坳行；已而坳渐低，壁渐危，则就而伛偻；愈低愈狭，则膝行蛇伏⑬，至坳转处，上下仅悬七寸，阔止尺五。坳外壁深万仞⑭。余匍匐以进，胸背相摩，盘旋久之，得度其险。岩果轩敞层叠⑮，有斧凿置于中⑯，欲开道而未就也。

半晌，返前岩。更至后岩，方构新室，亦幽敞可爱。出向九曲溪⑰，则狮子岩在焉⑱。循溪而返，隔溪观八曲之人面石、七曲之城高岩⑲，蔚然奇丽⑳，种种神飞㉑。复泊舟，由云窝入茶洞，穹窿窈窕㉒，再至矣，再不能去！已由云窝左转㉓，入伏羲洞㉔，洞颇阴森。左出大隐屏之阳㉕，即紫阳书院㉖，谒先生庙像㉗。顺流鼓棹㉘，两崖苍翠纷飞㉙，翻恨舟行之速㉚。已过天柱峰、更衣台，泊舟四曲之南涯。自御茶园登岸㉛，欲绕出金鸡岩之上㉜，迷荆丛棘㉝，不得路。乃从岩后大道东行，冀有旁路可登大藏、小藏诸峰㉞，复不得。透出溪旁㉟，已在玉女峰下。欲从此寻一线天㊱，彷徨无可问㊲，而舟泊金鸡洞下，迥不相闻㊳。乃沿溪觅路，迤逦大藏、小藏之麓。一带峭壁高骞㊴，砂碛崩壅㊵，土人多植茶其上。从茗柯中行㊶，下瞰深溪，上仰危崖，所谓"仙学堂"、"藏仙窟"㊷，俱不暇辨㊸。

[注释]

①猫儿石：位于鼓子峰山顶西，远望如猫卧，其旁有数石如鼠。

②盘亘：绵延连接。

③灵峰：位于九曲溪北。《武夷山志》卷一四《九曲·溪北》："灵峰，又名白云岩，在八曲三教峰右，巍然云际，悬梯登其绝顶，产茶称佳……峰腰有石峡，叠石为磴约百级，有石门曰云关，进此左折达白云

庵。"白云洞：位于灵峰白云庵后。《武夷山志》卷一四《九曲·溪北》："白云洞，在白云庵后，内藏小艇及仙蜕，峰下有香石。"

④黄山之天门：即天门坎，黄山半山寺到玉屏楼之间，两边都是石壁，路中间天然地突起一道石脉，看起来跟门槛很像，旁边镌刻三个大字"天门坎"。参见本书《游黄山日记》万历四十四年（1616）二月初六日日记注⑰。

⑤迤逦：曲折连绵貌。

⑥"因岩架屋"二句：当指白云庵。《武夷山志》卷一四《九曲·溪北》："白云庵，在灵峰上。近时新构者，临崖轩窗高敞，凭栏远眺，溪自西来，盘回如带，星村之田畴庐舍、野店山桥，俨然如画。庵有石井，极甘。"

⑦一洲中峙：当指道院洲，元代旧有道观故址，明永乐间毁于洪水。参见本段下注⑰。

⑧重岩回叠：层层山峦环绕往复。

⑨幽爽：幽雅爽朗。作者《楚游日记》崇祯十年（1637）三月十五日日记："其下则中空成岩，容数百人，下平上穹，明奥幽爽，无逼仄昏暗之状病。"

⑩横坳：当指峭壁上天然形成的凹槽形的极窄通道，即下文所称之"壁坳"。

⑪蛇行：像蛇一样伏地爬行。

⑫盘壁而度：谓紧贴崖壁穿行。

⑬膝行：跪着行走。蛇伏：像蛇一样身体贴地爬行。作者《楚游日记》崇祯十年（1637）正月十七日日记："乃先以炬入，后蛇伏以进。"

⑭万仞（rèn）：形容峭壁高耸。仞，古代长度单位。七尺为一仞。一说，八尺为一仞。

⑮轩敞：宽敞明亮。

⑯斧凿：斧子与凿子，这里指开山修路的工具。

⑰九曲溪：《武夷山志》卷一四《九曲·图说》："溪过星村分两道，一稍北流，复折而东纳后溪；一东注狮子林右，复绕向西北至灵峰脚下。仍合流，乃东北入山。其两溪之间则道院洲也。然九曲既驱西北，而溪南仙岩数峰亦随溪旋转，反在溪之北岸。自南岸道院洲以往，无山峰矣。灵峰耸峙溪北，为山水初接之地。游人至此放眼平川，又是一番佳境矣。"

⑱狮子岩：当即狮子林，位于九曲仙岩之前的霞斐洲（又称霞洲、虾尾洲）上。《武夷山志》卷一四《九曲·溪南》："狮子林，在霞斐洲上。"

⑲人面石：位于鼓子峰上猫儿石东南，以其状如人面，故称。《武夷山志》卷一三《八曲·溪北》："环佩岩，鼓子峰右，相传于此闻环佩之声，故名。岩右有猫儿石，远望类猫；又有人面石，大小相向如人面。"

⑳蔚然奇丽：四字原夺，据《四库》本补。蔚然，草木茂密貌。奇丽，新奇美丽。

㉑神飞：犹言神往。作者《滇游日记六》崇祯十二年（1639）正月初四日日记："时余神飞玉龙阁，遂不及南下问大士阁之胜，于是仍返脊，南循峡端共一里。"

㉒穹窿：又作"穹隆"，高大貌。北魏郦道元《水经注·庐江水》："庐山，彭泽之山也。虽非'五岳'之数，穹隆嵯峨，实峻极之名山也。"窈窕（yǎo tiǎo）：深远貌，秘奥貌。

㉓已：随后。

㉔伏羲洞：又名先天洞，位于大屏隐峰左，深广数丈，洞中有石，排列如八卦，故称。《武夷山志》卷八《二曲·溪南》："伏羲洞，亦与螺通，取先天一画之义，故名。自螺中如行复壁，数十步两洞相通，然风不

由此，当时罅间石势所使。或云葛仙制妖时，驱六戊之神闭之，说近荒唐矣。"

㉕阳：古人以山南水北为阳。

㉖紫阳书院：即前所称文公书院，参见本日记二月二十一日日记第一段注㉝。

㉗先生庙像：谓南宋理学家朱熹的书院塑像。

㉘鼓棹（zhào）：划桨，即行船。

㉙苍翠纷飞：形容美不胜收的自然景色迅速飘逝而过。苍翠，青绿。南朝齐谢朓《冬日晚郡事隙》诗："苍翠望寒山，峥嵘瞰平陆。"

㉚翻：副词，反而。

㉛御茶园：又名焙局，位于四曲溪南、更衣台之左，原为元代官府督制贡茶之所。元大德六年（1302）初创时，有仁风门、拜发堂殿、清神堂以及思敬、焙芳、宜菽、燕宾、浮光诸亭。明嘉靖三十六年（1557）罢贡，园废。今存呼来泉（即通仙井）等遗址。

㉜金鸡岩：即金鸡洞之山体，位于四曲溪南鸡巢岩下。参见本日记二月二十一日日记第一段注㉗。

㉝迷荆丛棘：谓在荆棘丛中找不到路径。

㉞冀：期望。

㉟透出：通过，穿过。

㊱一线天：又名一字天，位于武夷山南。当地有巨石灵岩，倾斜而出，覆盖三个毗邻之岩洞，即伏羲、灵岩、风洞，前后通连。其顶有裂隙百馀丈，宽不及三尺，进洞仰视，只见天光一线，故名。风洞之风由一线天兜进，夏日身处其间顿觉凉爽。灵岩洞有终年滴水，汇成清泉一泓，称圣水。另有兰岩、石门诸胜。《武夷山志》卷八《二曲·溪南》："灵岩、一线天、舞雪台西，亦称一字天。连云绝巘，长数百丈，厚半之。顶裂一

蟆，东西彻，两头如剑切为二，中间相去不盈咫尺。壁之趾有洞通于石蟆，自蟆间仰视，仅露天光一线，殆神工鬼斧之奇矣。三洞比邻，左曰灵岩洞，中曰风洞，右曰伏羲洞，深广各相埒，惟左洞不与蟆通。或谓洞蟆中有刘诚意伯遗米，语涉荒唐。石壁刻灵岩、风洞等字，详见岩刻。"

㉗彷徨（páng huáng）：来回行走，徘徊不知所措。

㉘迥：遥远。

㉙高骞（qiān）：高举。

㊵砂碛（qì）崩壅：意谓山岩崩溃，砂石落下壅积，逐渐于山麓部位形成小片平地。

㊶茗柯：指茶作物。

㊷仙学堂：位于二曲溪西，在玉女峰北的学堂岩或称学馆岩的石室中。《武夷山志》卷八《二曲·溪南》："仙馆岩，玉女峰北，横亘溪西，与溪北仙榜岩相对。岩上有厂，其中石若几榻，旧志以为仙家翰墨之馆，又名仙学堂，亦称学堂岩。"藏仙窟：位于二曲溪西学堂岩山腰处。《武夷山志》卷八《二曲·溪南》："仙馆岩……岩畔有石窦，填以粉，封闭甚固，乃嘉靖三十七年直指樊献科所藏魏王子骞颅骨也。下嵌青石小碣，勒文记之。"

㊸俱不暇辨：谓全无时间去辨识观赏。

已至架壑舟，仰见虚舟宛然①，较前溪中所见更悉。大藏之西，其路渐穷。向荆棘中扪壁而上，还瞰大藏西岩，亦架一舟，但两崖对峙，不能至其地也。忽一舟自二曲逆流而至，急下山招之。其人以舟来受，亦游客初至者，约余返更衣台，同览一线天、虎啸岩诸胜②。过余泊舟处，并棹顺流而下③，欲上幔亭，问大王峰。抵一曲之水光石，约舟待溪口，余复登涯，少入，至止止庵④。望庵后有路可上,遂趋之,得一岩,僧诵经其中,乃禅岩也⑤。登峰之路,尚在止止庵西。仍下庵前西转,登山二里许,抵峰下,从乱箐中寻登仙石⑥。石旁峰突起,作仰企状⑦,鹤模石在峰壁罅间⑧,霜翎朱顶,裂纹如绘。旁路穷,有梯悬绝壁间,蹑而上,摇摇欲堕。梯穷得一岩,则张仙遗蜕也⑨。岩在峰半,觅徐仙岩⑩,皆石壁不可通;下梯寻别道,又不可得;蹑石则峭壁无阶,投莽则深密莫辨⑪。佣夫在前,得断磴⑫,大呼得路。余裂衣不顾,趋就之,复不能前。日已西薄⑬,遂以手悬棘,乱坠而下,得道已在万年宫右⑭。趋入宫,宫甚森敞⑮。羽士迎言⑯:"大王峰顶久不能到,惟张岩梯在。峰顶六梯及徐岩梯俱已朽坏。徐仙蜕已移入会真庙矣⑰。"出宫右转,过会真庙。庙前大枫扶疏⑱,荫数亩,围数十抱。别羽士,归舟。

[注释]

①虚舟:原义为无人驾御的船只,语本《庄子·山木》:"方舟而济于河,有虚船来触舟,虽有惼心之人不怒。"这里用为船棺的借代。

②虎啸岩:位于二曲溪南,在凌霄峰南,四壁笋峙,高入云端,形同伏虎;上有巨洞,山风穿过,呼啸传声,故名。其上有虎啸庵,旁有驻真洞,附近有语儿泉。《武夷山志》卷八《二曲·溪南》:"虎啸岩,凌霄峰南。相传曾有仙人骑虎啸其上。四壁陡峻,悬梯数层以登。石壁上下数千尺,总为一厂,拔地而起,以渐斜出至巅,遇雨则崖溜飞下,其落处距岩趾约四五丈。厂下屋宇,风雨皆不及也。"

③并棹:两舟并行。

④止止庵:位于一曲溪北的大王峰麓。民国《崇安县新志》卷二〇

《宗教》："止止庵，大王峰下，白玉蟾所居，明景泰间重建。"止止，犹止之，语本《庄子·人间世》："瞻彼阕者，虚室生白，吉祥止止。"晋郭象注："夫吉祥之所集者，至虚至静也。"《武夷山志》卷六《一曲中·溪北》："止止庵，大王峰麓，三面皆穹壁，溪涧会于其前，不深而幽，不高而敞，称胜地焉。"

⑤禅岩：位于大王峰下。《武夷山志》卷六《一曲中·溪北》："禅岩，又名禅庵岩，大王峰麓，横亘可里许。昔有高僧坐禅，因名。"

⑥箐（qìng）：山间大竹林。登仙石：位于大王峰西。《武夷山志》卷六《一曲中·溪北》："仙鹤岩下，方正平顶，相传控鹤真人驻驭其上。"

⑦仰企：仰慕企望。唐孟郊《贫女词寄从叔先辈简》诗："仰企碧霞仙，高控沧海云。"

⑧鹤模石：又名仙鹤岩，位于大王峰西壁，岩石裂缝所形成的鹤形如人工绘制。《武夷山志》卷六《一曲中·溪北》："仙鹤岩，大王峰西壁有鹤形，翯翎玄颈，昂首而立，宛然如绘。"以下"霜翎朱顶"的色彩描绘可参见本日记二十一日日记第二段注㉒。

⑨张仙遗蜕：谓汉代修道者张垓遗体，位于大王峰南壁张仙洞中，其壁或称张仙岩。据说张垓修炼成仙之际，就在张仙洞坐化，明清时，张垓肉身仍在洞中，盘膝趺坐，而头颅后顾。今已无存。遗蜕，僧、道认为死是遗其形骸而化去，故称其尸体为"遗蜕"。

⑩徐仙岩：位于大王峰东壁，据说宋代修道者徐熙春遗蜕于此。明万历间其遗蜕被移置于会真庙，继又移置于张仙岩。

⑪投莽：谓踏入无路径的荆棘丛中。

⑫断磴：已然阻断不通的石阶。

⑬西薄：靠近西山，意谓日将落山。

⑭万年宫：即前所称之冲佑宫，俗称武夷宫，位于九曲溪口、大王峰山麓。参见本日记二月二十一日日记第一段注⑫。

⑮森敞：幽暗而宽敞。

⑯羽士：道士的别称。

⑰会真庙：即会真观，原名同亭祠，位于武夷山冲佑万年宫东廊外侧，宋政和五年（1115），宋徽宗赵佶诏赐庙额为"会真"，遂改祠为会真观，祀魏真君及从神潘遇。嗣后，观之附近又先后创建仙宫庙、仙君庙、文昌阁和会仙楼。文昌阁原祀文昌君。明万历十七年（1589），崇安县令林一焕因迎仙人徐熙春的遗蜕祷雨获应，遂建会仙楼于文昌阁以祀之。清时已毁，仙蜕仍送回张仙岩保存。

⑱扶疏：枝叶繁茂分披貌。

二十三日 登陆，觅换骨岩、水帘洞诸胜①。命移舟十里，候于赤石街②，余乃入会真观，谒武彝君及徐仙遗蜕③。出庙，循幔亭东麓北行二里，见幔亭峰后三峰骈立，异而问之，三姑峰也④。换骨岩即在其旁，望之趋。登山里许，飞流汩然下泻⑤。俯瞰其下，亦有危壁，泉从壁半突出，疏竹掩映，殊有佳致⑥。然业已上登，不及返顾，遂从三姑又上半里，抵换骨岩，岩即幔亭峰后崖也。岩前有庵。从岩后悬梯两层，更登一岩。岩不甚深，而环绕山巅如叠嶂。土人新以木板循岩为室，曲直高下，随岩宛转。循岩隙攀跻而上，几至幔亭之顶，以路塞而止。返至三姑峰麓，绕出其后，复从旧路下，至前所瞰突泉处。从此越岭，即水帘洞路；从此而下，即突泉壁也。余前从上瞰，未尽其妙，至是复造其下。仰望突泉，又在半壁之上，旁引水为碓⑦，有梯架之，凿壁为沟以引泉。余循梯攀壁，至突泉下。其坳仅二丈，上下俱危壁，泉从上壁堕坳中，复从坳中溢而下堕。坳之上下四旁，无处非水，而中有一石突起可坐。坐久之，下壁循竹间路，越岭三重，从山腰约行七里，乃下坞。穿石门而上，半里，即水帘洞。危崖千仞，上突下嵌⑧，泉从岩顶堕下。岩既雄扩，泉亦高散，千条万缕，悬空倾泻，亦大观也⑨！其岩高矗上突⑩，故岩下构室数重，而飞泉犹落槛外⑪。

先在途闻睹阁寨颇奇⑫，道流指余仍旧路⑬，越山可至。余出石门，爱坞溪之胜，误走赤石街道。途人指从此度小桥而南，亦可往，从之。登山入一隘，两山夹之，内有岩有室，题额乃"杜辖岩"，土人讹为睹阁耳。再入，又得一岩，有曲槛悬楼，望赤石街甚近。遂从旧道，三里，渡一溪，又一里，则赤石街大溪也⑭。下舟，挂帆二十里⑮，返崇安。

[注释]

①换骨岩：位于一曲溪南。《武夷山志》卷七《一曲下·溪南》："换骨岩，又名均峰，慢亭峰北，高逊慢亭，而峭拔之势相埒，上有石凸出。道书云，学仙者当于天台注名，武夷换骨。岩穴间有虹桥板及蜕骨数函，相传庐山罗道人于此得宝印元文。"水帘洞：又名唐曜洞天，位于武夷山东北部，北距天心岩1千米。为武夷山最大的岩洞，高与宽各数十丈，上凸下凹，形成岩穴。洞内可容纳千人，随崖上下建有不施片瓦的庙宇数座，以祭祀宋代刘子翚、朱熹、刘甫的三贤祠最为著名。岩顶有两道流泉，终年不竭，微风吹动，化为水珠，俨若悬挂洞顶的两副珠帘，注入岩下浴龙池。

②赤石街：集镇名，位于武夷山东麓，是从东部进入武夷山游览的一

个重要入口。

③武彝君：即武夷君，古代传说中武夷山的仙人。《史记·封禅书》："古者天子常以春解祠，祠黄帝用一枭破镜……武夷君用干鱼。"唐司马贞索隐引顾氏曰："《地理志》云建安有武夷山，溪有仙人葬处，即《汉书》所谓武夷君。"明吴栻《武夷杂记》："又考古秦人《异仙录》云：始皇二年，有神仙降此山，曰余为武夷君，统录群仙，受馆于此。史称祀以干鱼，乃汉武时事也。今汉祀亭址存焉。"

④三姑峰：或称"三姑石"，位于换骨岩侧。《武夷山志》卷七《一曲下·溪南》："三姑石，换骨岩侧，卓然三石立于岩巅，各相去不寻丈。自三姑市望之差肩而立，移数武即联为一矣。"

⑤汩（yù）然：水流急速貌。

⑥佳致：美好的景致。

⑦碓（duì）：古代利用水力舂米的器械。

⑧嵌（qiàn）：凹陷。作者《黔游日记一》崇祯十一年（1638）四月十四日日记："则西崖自峰顶下嵌，深坠成峡。"

⑨大观：盛大壮观的景象。宋范仲淹《岳阳楼记》："予观夫巴陵胜状，在洞庭一湖。衔远山，吞长江，浩浩汤汤，横无际涯，朝晖夕阴，气象万千，此则岳阳楼之大观也。"

⑩高矗（chù）：高耸，向上直立。

⑪槛（kǎn）：门下的横木。即门槛、门限。水帘洞与上文所述鼓子岩等皆属于丹霞地貌中因溶蚀作用而形成的规模较大且结构较为简单的地下洞穴。

⑫睹阁寨：或称"杜葛寨"、"杜葛岩"、"杜辖岩"，或因当地方言关系造成音讹。《武夷山志》卷一五《山北·东径》："杜葛岩，在梧桐窠北，其巅可远眺城市。相传昔有杜氏、葛氏隐此山隈，垒石为门，入径绝

幽。又传为姓杜名葛者，尝纠乡兵于此，以御乡寇，亦名杜葛寨……万历初，道人程常静建吕仙亭于此，因石为龛以安仙像……同时浦城吴司丞中立隐此，勒'景阳洞天'于岩壁，易'葛'为'辖'，称'杜辖岩'，谓路径幽曲，杜绝车辖也。扁其庵曰养恬庵，为之记。"按车辖，为车轴两端的键，即销钉。《汉书·游侠传·刘遵》："遵嗜酒，每大饮，宾客满堂，辄关门，取客车辖投井中，虽有急，终不得去。"今此地有石门"土国在"三字门额石遗存，款识有"康熙五十七年"数字，见于互联网署名"大红袍茶馆"2016年6月23日的博客，且附有清晰图片。"土国在"三字发音与"睹阁寨"、"杜葛寨"等亦皆相近，博文认为此三字语本《周礼·地官·掌节》："凡邦国使节，山国用虎节，土国用人节，泽国用龙节。"汉郑玄注："土，平地也。山多虎，平地多人，泽多龙，以金为节铸象焉，必自以其国所多者于以相别，为信明也。"所谓"土国在"，意即"地处平原的国家"，而其石门内"有一大片平地，现已种茶，茶农说这里曾经是寨主的跑马场（无从考证）"。徐霞客所途闻"睹阁寨"（其题额则为"杜辖岩"），当在"土国在"之前，注者认为清代题额者以"土国"命名自己的家园，或有意借方言"睹阁寨"之谐音以自我调侃，大有"自成一统"的意味。

⑬道流：道士之辈。唐孟浩然《梅道士水亭》诗："傲吏非凡吏，名流即道流。"

⑭大溪：即崇溪（今福建武夷山市搏南崇阳溪）。参见本日记二月二十一日日记第一段注⑩。

⑮挂帆：张帆行船。唐孟郊《湖州取解述情》诗："因兹挂帆去，遂作归山吟。"

[评析]

丹霞地貌，是由获美国哥伦比亚大学地质学硕士学位的矿床学家冯景兰在 1928 年考察今广东韶关市仁化县丹霞山后所命名。丹霞地貌属于岩石地貌类型之一，是由巨厚的红色砂岩、砾岩组成的方山、奇峰、峭壁、岩洞和石柱等特殊地貌的总称。福建武夷山风景名胜区位于武夷山脉主峰黄岗山东南坡下，面积约 60 平方千米，山地海拔一般在 400 米上下，最高峰超过 700 米。其山体为红色砂砾岩构成的单斜式丹霞地貌景观，即单斜山、单斜断块山经长期发育变迁而形成，奇峰、怪石、赤壁、巷谷、岩洞林林总总，令人目不暇接，尤以九曲溪沿岸景观最为诱人。武夷山有碧水九曲、三十六峰、九十九崖之胜概，自然景观在全国堪称独树一帜，所谓"溪曲三三水，山环六六峰"之说，就是对武夷山奇水奇峰数量高度概括的说法。以"问奇于名山大川"为己任的徐霞客，一生共五次入闽，前四次皆有日记记述，分别见于《游武夷山日记》、《游九鲤湖日记》以及《闽游日记》前、后两篇，堪称有案可查。唯第五次游闽，仅见于其友人黄道周有关诗篇的跋语，这里不再赘言。《游武夷山日记》是徐霞客第一次闽游之日记，时年三十岁。明万历四十四年（1616），徐霞客在继游白岳、黄山之后，又于二月十一日由新安江下行，经浙江兰溪、江西上饶以及闽、赣二省间的分水岭，于二月二十一日到达武夷山。他风尘仆仆仅用三天时间，就踏遍了武夷的山山水水。其游武夷山的路线为：先由东至西溯九曲溪舟行，抵六曲后登陆上大隐屏、天游峰，西游小桃源、鼓子岩、灵峰，至狮子岩复乘舟由九曲顺流东下，至四曲再登陆，觅大藏、小藏诸峰及一线天、会真观、换骨岩、水帘洞、杜辖岩等，最后至赤石街下舟返崇安，结束了这次闽中之游。

清代的袁枚（1716~1797）大约晚生于徐霞客一百三十年，他也有一篇《游武夷山记》，开首即云："凡人陆行则劳，水行则逸。然山游者，往往多陆而少水。惟武夷两山夹溪，一小舟横曳而上，溪河湍激，助作声响。客或坐或卧，或偃仰，惟意所适，而奇景尽获。洵游山者之最也。"

袁枚此游借宿武夷宫，只登览了幔亭峰，随后即乘舟逆流而上，走船观山，且至八曲即返，浅尝辄止，对于武夷山的丹霞地貌特征并无一语涉及。袁枚所得旨趣在于"以文论山"，文人士大夫的闲情逸致尽皆显现，与徐霞客不畏艰难困苦山水跋涉式的科学考察方式迥异其趣，这正是徐霞客作为旅行家的独到之处与可敬之处！

游庐山日记[①] 江西九江府[②]

山之阴为九江府[③]，山之阳为南康府[④]

戊午[⑤]，余同兄雷门、白夫[⑥]，以八月十八日至九江。易小舟，沿江南入龙开河[⑦]，二十里，泊李裁缝堰[⑧]。登陆，五里，过西林寺[⑨]，至东林寺[⑩]。寺当庐山之阴，南面庐山，北倚东林山[⑪]。山不甚高，为庐之外廓[⑫]。中有大溪，自东而西，驿路界其间[⑬]，为九江之建昌孔道[⑭]。寺前临溪[⑮]，入门为虎溪桥[⑯]，规模甚大，正殿夷毁[⑰]，右为三笑堂[⑱]。

[注释]

① 庐山：又名匡庐、匡山，位于今江西九江市南，东偎鄱阳湖，北枕长江，长约25千米，宽约10千米，略呈椭圆形，自古命名的山峰达171座。相传周朝有匡氏七兄弟上山修道，以草庐为舍，故名。庐山为地垒式断块山，依次由断块山构造地貌景观、冰蚀地貌景观、流水地貌景观叠加而成。群峰间散布冈岭26座，壑谷20条，岩洞16个，怪石22处，瀑布22处，溪涧18条，湖潭14处。以三叠泉瀑布最为著名，落差达155米。主峰汉阳峰，海拔1474米；云中山城牯岭镇，海拔1167米。自东汉以来即为中国佛教中心之一。奇山秀水，云雾缥缈，夏季凉爽宜人，为历代著名避暑胜地。

② 江西九江府：元至正二十一年（1361）朱元璋改江州路置，治所

德化县（今江西九江市），其辖境相当于今江西九江、德安、湖口、瑞昌、彭泽等市县地。1912年府废。

③山之阴：谓庐山的北面。古人称水的南面或山的北面为阴，反之为阳。

④南康府：元至正二十二年（1362）朱元璋改西宁府置，治所星子县（今属江西），其辖境相当于今江西星子、永修、都昌等县地。1912年废。以上两句，底本原无，据丁文江本补。

⑤戊午：即明万历四十六年（1618）。

⑥雷门：即徐应震（1587～1645），号雷门，徐霞客族兄，曾任兵马司指挥，能诗喜游，后死于清顺治乙酉之难。白夫：即徐骏闲，白夫当为其字或号，徐霞客侄，生平不详。

⑦江：长江。龙开河：又名溢浦或溢江，源于今江西瑞昌市西南青山，东流经市南至九江市西，北入长江。《明一统志》卷五二《九江府》："（龙开河）便于舟楫，世传古有龙开此河，因名。"清同治《九江府志》卷四《地理·山川》："龙开河，在府城西一里许，长一百五十里，源发瑞昌县清溢乡，东流入大江。"

⑧李裁缝堰（yàn）：以龙开河畔水利设施为地名，文渊阁《四库全书》本作"李堰"。清同治《九江府志》、同治《德化县志》皆未见著录。堰，挡水的低坝。

⑨西林寺：位于今九江市庐山西麓，明属白鹤乡，晋太元二年（377）慧永法师创建，与东林寺相距不过百丈，有"庐山北山第一寺"之称。西林塔在其寺侧，又称千佛塔，建于唐代开元间，六面七层，皆有佛龛。宋苏轼《题西林壁》诗有"不识庐山真面目，只缘身在此山中"之咏，更令西林寺声名远播。寺在元代毁于兵火，明代相继修复，清咸丰间再毁再建又毁。20世纪80年代末，台湾觉海法师发愿重修西林寺，历

时七年终于大功告成，总建筑面积达9000平方米，不减昔日辉煌。

⑩东林寺：位于今九江市庐山西麓，晋太元九年（384），名僧慧远来此地建寺讲学并创莲社（又称白莲社），开创佛教净土宗。至唐代建筑规模宏大，文人题咏尤多，兴盛一时。唐扬州高僧鉴真东渡日本前曾来东林寺，令净土教义弘传日本并视东林寺为祖庭。清代以后，东林寺趋于衰败，20世纪80年代以后又逐渐恢复昔日规模。

⑪东林山：即东林岭山，位于德化县城以南三十里。清同治《德化县志》卷四《地理·山川》："东林岭山，在庐山之麓，势雄杰，为官道，亘三里许，距城南三十里。"

⑫外廓：外围。

⑬驿路：驿道，大道。

⑭建昌：明建昌县，属江西南康府，1914年改永修县，位于今江西省北部修水下游，鄱阳湖西岸。孔道：这里是通道的意思。

⑮寺前临溪：即虎溪，位于庐山东林寺前。相传晋慧远法师居此，送客不过溪，过此，虎辄号鸣，故名虎溪。

⑯虎溪桥：位于庐山东林寺山门内。清同治《德化县志》卷六《地理·津梁》："虎溪桥，有二：一在东林路西数百步，旧有碑亭，后毁；一在东林寺山门内，为晋慧远送客处。"

⑰正殿：东林寺正殿为神运宝殿，供奉释迦牟尼、文殊、普贤等塑像。夷毁：被破坏。

⑱三笑堂：东林寺右配殿，演绎纪念"虎溪三笑"故事。相传晋高僧慧远专心修行，送客不过虎溪桥。有一次他送诗人陶渊明、道者陆修静出山门，不觉过了桥，引来"神虎"吼叫不休，三人相视大笑而罢。

十九日① 出寺，循山麓西南行②。五里，越广济桥③，始舍官道[4]，沿溪东向行。又二里，溪回山合，雾色霏霏如雨[5]。一人立溪口，问之，由此东上为天池大道[6]，南转登石门[7]，为天池寺之侧径[8]。余稔知石门之奇[9]，路险莫能上，遂倩其人为导[10]，约二兄径至天池相待。遂南渡小溪二重，过报国寺[11]，从碧条香蔼中攀陟五里[12]，仰见浓雾中双石屼立[13]，即石门也。一路由石隙而入，复有二石峰对峙。路宛转峰罅[14]，下瞰绝涧诸峰，在铁船峰旁[15]，俱从涧底矗耸直上[16]，离立咫尺[17]，争雄竞秀，而层烟叠翠[18]，澄映四外[19]。其下喷雪奔雷，腾空震荡[20]，耳目为之狂喜。门内对峰倚壁，都结层楼危阙[21]。徽人邹昌明、毕贯之新建精庐[22]，僧容成焚修其间[23]。从庵后小径，复出石门一重，俱从石崖上，上攀下蹑，磴穷则挽藤，藤绝置木梯以上。如是二里，至狮子岩[24]。岩下有静室[25]。越岭，路颇平。再上里许，得大道，即自郡城南来者[26]。历级而登，殿已当前，以雾故不辨。逼之，而朱楹彩栋，则天池寺也，盖毁而新建者。由右庑侧登聚仙亭[27]，亭前一崖突出，下临无地[28]，曰文殊台[29]。出寺，由大道左登披霞亭[30]。亭侧岐路东上山脊[31]，行三里。由此再东二里，为大林寺[32]；由此北折而西，曰白麓升仙台[33]；北折而东，曰佛手岩[34]。升仙台三面壁立，四旁多乔松[35]，高帝御制周颠仙庙碑在其顶[36]，石亭覆之，制甚古[37]。佛手岩穹然轩峙[38]，深可五六丈，岩端石岐横出[39]，故称“佛手”。循岩侧庵右行，崖石两层，突出深坞[40]，上平下仄，访仙台遗址也[41]。台后石上书“竹林寺”三字。竹林为匡庐幻境[42]，可望不可即；台前风雨中，时时闻钟梵声[43]，故以此当之。时方云雾迷漫，即坞中景亦如海上三山[44]，何论竹林？还出佛手岩，由大路东抵大林寺。寺四面峰环，前抱一溪。溪上树大三人围，非桧非杉，枝头着子累累，传为宝树,来自西域。向有二株,为风雨拔去其一矣㊺。

[**注释**]

①十九日:谓明万历四十六年八月十九日,即公元1618年10月7日。

②山麓:山脚。

③广济桥:位于庐山天池峰下,在东林寺西南。清同治《九江府志》卷六《地理·津梁·德化》:"广济桥,在石门涧,明万历间潘太监建。去城三十五里。"

④官道:公家修筑的道路,大路。

⑤霏霏:泛指浓密盛多。《楚辞·九章·涉江》:"霰雪纷其无垠兮,云霏霏而承宇。"

⑥天池:即大天池,位于庐山天池山,御碑亭西。系一方池,池水终年不竭,池水碧悠,光灵如玉。池侧有一长亭,据说为东晋僧人慧持所建天池寺原址。寺西有平台,即文殊台,为历来观赏云海之地。

⑦石门:即石门涧,位于庐山西麓,因天池山、铁船峰对峙如门,内有瀑布垂落而得名。海拔400米,向有"庐山西大门"之称。石门涧为庐山僧人最早开辟,东晋高僧慧远等曾游览石门涧,并写下了吟咏石门涧的诗及序;唐代诗人白居易贬官江州司马亦曾揽胜于此,并留下诗篇。

⑧天池寺:位于庐山天池山顶,为庐山山顶最古老的寺院。东晋僧人慧持创立,旧名峰顶寺,宋代更名天池院,明朱元璋赐名天池护国寺,明成祖朱棣改名天池万寿寺,遂为匡庐首刹。清咸丰间焚于兵火。清同治《德化县志》卷一三《建置·寺观》:"天池寺,在庐山之巅,寺内左右二池,四时不涸。"侧径:狭窄的路。宋陈师道《晚望》诗:"称目有佳思,侧径无好步。"

⑨稔（rěn）知：犹素知。

⑩倩（qiàn，旧读qìng）：请，恳求。

⑪报国寺：位于庐山西麓。清同治《德化县志》卷一三《建置·寺观》："报国寺，一甘泉又一白鹤者，在云峰寺南，内有留云阁。"

⑫碧条香霭：形容绿色植物的枝条与空气中散发的清香。霭，通"蔼"，云气，这里借代山林气味。攀陟（zhì）：由低处向高处攀登。

⑬屼（wù）立：如山峰般稳固挺立。

⑭峰罅（xià）：山岩缝隙处。

⑮铁船峰：俗称桅杆石，海拔954米，与龙首崖隔涧相望。高峰矗立，似巨舰昂首，故名。庐山流传有东晋许逊、吴猛"铁船飞渡"的传说。

⑯矗（chù）竿：高耸，向上直立。

⑰咫（zhǐ）尺：周制八寸为咫，十寸为尺，谓接近或刚满一尺。这里形容相距贴近。

⑱层烟叠翠：层层山水云气与重重叠映的翠绿山色。

⑲澄映：形容山光清澈明净。晋桓玄《南游衡山诗序》："清川穷澄映之流，涯涘无纤埃之秽。"四外：四方，四处。

⑳"其下"二句：形容石门涧瀑布的壮观景象。喷雪，形容瀑布水花飞溅。作者《游天台山日记》万历四十一年（1613）四月初三日记："停足仙筏桥，观石梁卧虹，飞瀑喷雪，几不欲卧。"奔雷，形容瀑布轰鸣如同声响猛烈的雷声。

㉑层楼危阙：形容石门涧内的人工建筑的繁华兴盛。危阙，这里谓高门大户。阙，原义为宫门、城门两侧的高台，中间有道路，台上起楼观，这里即泛指门户。

㉒徽人：徽州府人。徽州府，明洪武元年（1368）直隶中书省，治

所在歙县（今属安徽），永乐元年（1403）改隶南京，辖境相当于今安徽黄山市部分、歙县、休宁、祁门、绩溪、黟县等县以及江西婺源县地。邹昌明：人名，生平不详。毕贯之：人名，生平不详。明刘胤昌（？~1614），字燕及，有《毕贯之、邹子尹招入石门社赋答》诗，内有云："久作豫章吏，数过匡庐下……邹生示有石门集，毕子约结石门社。便欲相牵入社中，我心多杂未能也。"精庐：学舍，读书讲学之所，这里当谓邹、毕二人在庐山石门洞所结石门社。

㉓容成：僧人法号。焚修：焚香修行，泛指净修。

㉔狮子岩：又名狮子崖，位于庐山龙首崖下的石涧峡谷内，形如蹲踞的狮子，故名。明王士性《五岳游草》卷六《庐山游记》："塔（佛舍利塔）南下有舍身崖，崖有狮子岩，岩下为锦涧，隔涧为铁船峰。"清同治《德化县志》卷七《地理·古迹》："狮子岩，在佛手岩对面，山石累累如狮形。下有小洞，才容一人出入，中空约二丈许，仍透光明。旧有高僧，一瓢一榻居内焚修。"

㉕静室：指寺院住房或隐士、居士修行之室。唐綦毋潜《题灵隐寺山顶禅院》诗："观空静室掩，行道众香焚。"

㉖郡城：谓九江府治所德化县城。

㉗右庑（wǔ）：堂下右手的走廊、廊屋。聚仙亭：又名老母亭、斗姆亭，位于庐山天池山以西文殊台下的灵霄石上。《五岳游草》卷六《庐山游记》："（天池寺）西有聚仙亭，以祀周颠、天眼、赤脚、徐道人。"清同治《德化县志》卷七《地理·古迹》："聚仙亭，在天池之西，明洪武二十六年建，因周颠仙、天眼尊者、徐道人、赤脚僧，故名。"

㉘无地：犹言看不见地面。形容位置高渺或范围广袤。《楚辞·远游》："下峥嵘而无地兮，上寥廓而无天。视倏忽而无见兮，听惝恍而无闻。"

㉙文殊台：倚于天池山以西，临壑而建，顶端平面呈半月形，左旁垒有上台石阶，沿台石叠护栏，下原石室五楹，石木混合结构。台始建于东晋，后屡毁屡修。据传文殊菩萨曾骑青狮临空俯见此山秀丽，惊喜之馀不慎跌下，臀部落地印一半月痕迹，文殊随即就地朝天拜日，后人按照印痕围砌了一石台，故也称拜日台。

㉚披霞亭：又名著衣亭，位于天池寺以北，甘露亭之上。《五岳游草》卷六《庐山游记》："又数里为大林寺……乃循披霞亭下甘露亭，为竹林后门。又过躡云亭至锦绣亭，鸟道百盘，始抵山麓。复行二十里入东林寺。"清同治《德化县志》卷七《地理·古迹》："披霞亭，旧名著衣亭，王守仁过此，更名曰披霞亭。"

㉛岐路：从大路上分出来的小路，岔路。岐，通"歧"。

㉜大林寺：故址位于庐山大林峰，故名。东晋僧人昙诜所创建，与西林寺、东林寺并称庐山三大名寺。大林寺在汉传佛教发展史上有一定影响，历代曾五次焚毁又五次重建，20世纪60年代初因兴修水利而沉于新创的如琴湖。唐白居易《游大林寺序》曾叹赏"此地实匡庐间第一境"，又云："大林穷远，人迹罕到，环寺多清流苍石，短松瘦竹。"并赋绝句云："人间四月芳菲尽，山寺桃花始盛开。长恨春归无觅处，不知转入此中来。"清同治《德化县志》卷一三《建置·寺观》："大林寺，在庐山之巅，有上、中、下三寺。上寺晋创元毁，明正德间增修。寺前有宝树二株。莫纪其年，如秦松汉柏。一为伛僧卖作秘器，载之南下；其一尚存。中寺在锦涧桥北，晋慧远创。明初重建，弘治间僧明昙修。下寺在锦涧桥西，唐太和间建，明宣德、成化间递修。"徐霞客所记大林寺当为上大林寺。

㉝白麓升仙台：即白鹿升仙台，又名御碑亭，位于庐山仙人洞西北的锦绣峰上。亭内有明太祖朱元璋所撰"周颠仙人传"御碑，高约4米。

据说朱元璋与陈友谅曾决战鄱阳湖,有一名叫周颠的疯僧口唱"太平歌"帮助朱元璋战胜劲敌,取得天下。周颠自称庐山竹林寺僧,朱元璋建都南京后遣使至庐山,却未见到周颠,人传已在此乘白鹿升天。朱元璋即建亭立碑,以彰显神迹。

㉞佛手岩:位于白鹿升仙台东北,以岩石形状如人手,故名。《五岳游草》卷六《庐山游记》:"行东北里许,石阜卓立,为白鹿升仙台,台有高皇帝傅周颠碑。又东北数百武,石窍成洞,洞上石缝参差如指,为佛手岩。岩北苍崖巇嵲,下临不测,一径萦纡,广不盈咫,望之如画图然。路穷处为访仙亭,亭下二石突起为钟鼓山,后隶'竹林寺'三字。寺隐名存,风雨中时有钟梵声,周颠盖于此示幻云。"

㉟乔松:高大的松树。《诗·郑风·山有扶苏》:"山有乔松,隰有游龙。"

㊱高帝:即明代开国皇帝朱元璋(1328~1398),字国瑞,原名重八,濠州钟离(今安徽凤阳)人,在诸雄抗元斗争中崛起,1368年在应天府称帝,国号大明,年号洪武。周颠仙:元末建昌(今江西永修)人,无名字,年十四得狂疾,乞食南昌市中,语言怪异,人呼为"颠"。长有异状,曾协助朱元璋争天下,屡显灵异,道破"天机"。洪武中,朱元璋曾亲撰《周颠仙传》纪其事。《明史》卷一八七《方伎》有传。

㊲制甚古:谓法式制度极为古老。

㊳穹然:深阔貌。轩峙:高高屹立。

㊴石岐:谓岩端呈叉状。岐,通"歧"。

㊵坞:四面高中间低的地方。

㊶访仙台:即访仙亭,徐霞客所见者为其遗址,无亭,故仅称台。参见本段注㉞。

㊷匡庐:即江西的庐山。相传殷周之际有匡俗兄弟七人结庐于此,故

称。《后汉书·郡国志四·庐江郡》"寻阳南有九江，东合为大江"，南朝梁刘昭注引南朝宋慧远《庐山记略》："有匡俗先生者，出殷周之际，隐遁潜居其下，受道于仙人而共岭，时谓所止为仙人之庐而命焉。"幻境：虚幻的境界。庐山本无竹林寺，仅有石刻寺名，故称。清同治《德化县志》卷一三《建置·寺观》："竹林寺，在天池之南，有名无寺，惟钟声灯影可凭，时或见之。石罅中有'清虚灵台'四字，外有'竹林寺'三字。李梦阳云：'非篆非隶，周颠仙笔也。'"

㊸钟梵声：寺院的钟声和诵经声。

㊹海上三山：传说中的海上有三神山。晋王嘉《拾遗记·高辛》："三壶，则海中三山也。一曰方壶，则方丈也；二曰蓬壶，则蓬莱也；三曰瀛壶，则瀛洲也。"

㊺"溪上树"七句：作者笔下之二株宝树，故址位于大林寺中。明王士性《五岳游草》卷六《庐山游记》："又数里为大林寺，寺有两宝树，昔西域僧自其土携种之，鸟雀不栖，其一为两龙挟风雷拔去，今尚卧路侧也。"此与徐霞客所述之宝树同一。明袁宏道《大林寺宝树》诗其一云："铁干铜肤四十围，隔峰犹自望孙枝。涂云抹月空山里，曾见东林行道时。"另据《古今图书集成·职方典》，谓二宝树形状为"曲干垂枝，圆旋如盖"。清嘉庆间大林寺被火，另一株宝树亦未能幸免。两株宝树是何树种，今天已难于考述。参见本段注㉜。今庐山有"三宝树"景观，位于黄龙潭附近黄龙寺山门前，并非王士性与徐霞客所记述者。所谓"三宝树"为一棵银杏、两棵柳杉，"三宝"或借用《徐霞客游记》中"树大三人围"五字，谓其"三抱"而已。银杏又名白果树，此间所生者古老葱郁，高约40米，需4人合抱，树龄1500年左右。柳杉又名长叶孔雀松，乔木，高可达40米，胸径可达2米多，树冠狭圆锥形或圆锥形。此间所生两株柳杉亦高耸挺拔，传为晋代僧人昙诜自西域引种而来，实则经

植物学家实测，树龄不过600年左右而已。西域，汉代以来对玉门关、阳关以西地区的总称。狭义专指葱岭以东而言，广义则凡通过狭义西域所能到达的地区，包括亚洲中、西部，印度半岛，欧洲东部和非洲北部都在内。后亦泛指我国西部地区。

二十日 晨雾尽收。出天池，趋文殊台。四壁万仞①，俯视铁船峰，正可飞舄②。山北诸山，伏如聚蚁③。匡湖洋洋山麓④，长江带之⑤，远及天际。因再为石门游，三里，度昨所过险处，至则容成方持贝叶出迎⑥，喜甚，导余历览诸峰。上至神龙宫右⑦，折而下，入神龙宫。奔涧鸣雷，松竹荫映，山峡中奥寂境也⑧。循旧路抵天池下，从岐径东南行十里，升降于层峰幽涧；无径不竹，无阴不松，则金竹坪也⑨。诸峰隐护，幽倍天池，旷则逊之⑩。复南三里，登莲花峰侧⑪，雾复大作。是峰为天池案山⑫，在金竹坪则左翼也。峰顶丛石嶙峋⑬，雾隙中时作窥人态⑭，以雾不及登。

[注释]

①仞：古代长度单位。七尺为一仞。一说，八尺为一仞。

②"俯视"二句：意谓可由天池山飞翔而至铁船峰。按天池山海拔670米，低于海拔954米的铁船峰，所谓"俯视"当因距离关系而令作者视角发生变化所致。飞舄（xì）：即飞凫舄，谓会飞的仙鞋。典出《后汉书·方术传上·王乔》："王乔者，河东人也。显宗世，为叶令。乔有神术，每月朔望，常自县诣台朝。帝怪其来数，而不见车骑，密令太史伺望之。言其临至，辄有双凫从东南飞来。于是候凫至，举罗张之，但得一只舄焉。乃诏尚方诊视，则四年中所赐尚书官属履也。"这里仅用作飞翔的

畅想。

③聚蚁：如蚂蚁般聚集，比喻望中庐山北麓众多的低山丘陵，这些山丘的海拔高度多在150~250米之间。

④匡湖：总称长江以南与庐山以北呈东西带状分布的众多湖泊，如白水湖、甘棠湖、八里湖、赛城湖和长港湖等，属于长江的外流湖。所谓"匡湖"即围绕匡庐的众多湖泊的泛称，并非指位于庐山东南方向的鄱阳湖，参见黄强《对徐霞客〈游庐山日记〉若干问题的思考》（载自然科学版《江西师范大学学报》1998年第22卷第2期）。洋洋：众多貌。《诗·鲁颂·閟宫》："万舞洋洋，孝孙有庆。"毛传："洋洋，众多也。"

⑤长江带之：意谓长江如带横系于庐山北麓。

⑥贝叶：古代印度人用以写经的树叶"贝多"，汉传佛教常用来借指佛经。

⑦神龙宫：位于天池山文殊台以南。其东面为将军山，左壑中有龙潭，宫即以此得名。

⑧奥寂：清幽安静。

⑨金竹坪：位于黄龙山南。坪，山间的平地。

⑩旷：谓广大，宽广。逊：不及，比不上。

⑪莲花峰：位于庐山北麓、金竹坪西南，因山顶有好几个小峰攒簇就像一瓣瓣莲萼，故名。濂溪即源于莲花峰下，西北流合龙开河入长江，为宋周敦颐晚年移居之所。

⑫案山：中国古代风水堪舆学名词，又称迎砂，指的是穴山和朝山间的山，也就是位于穴场正前方的山峰或者山丘，案山对于判断地形吉凶有很大的作用。据说案山最重形美与气局，有吉利的案山可令后代出官出贵。这里将莲花峰比喻为庐山天池的案山，有赞美此地风水的意思。

⑬嶙峋（lín xún）：形容莲花山峰顶乱石突兀高耸，这是作者逼近仰

视所见莲花峰形态。

⑭窥人：形容云雾弥漫中峰顶岩石时显时隐，如同在暗中偷看游人，属于拟人手法的运用。

越岭东向二里，至仰天坪①，因谋尽汉阳之胜②。汉阳为庐山最高顶③，此坪则为僧庐之最高者④。坪之阴，水俱北流从九江；其阳，水俱南下属南康⑤。余疑坪去汉阳当不远，僧言中隔桃花峰⑥，尚有十里遥。出寺，雾渐解。从山坞西南行，循桃花峰东转，过晒谷石⑦，越岭南下，复上则汉阳峰也。先是遇一僧，谓峰顶无可托宿⑧，宜投慧灯僧舍⑨，因指以路。未至峰顶二里，落照盈山，遂如僧言，东向越岭，转而西南，即汉阳峰之阳也。一径循山，重嶂幽寂⑩，非复人世。里许，翛然竹丛中得一龛⑪，有僧短发覆额，破衲赤足者⑫，即慧灯也，方挑水磨腐⑬。竹内僧三四人，衣履揖客⑭，皆慕灯远来者。复有赤脚短发僧从崖间下，问之，乃云南鸡足山僧⑮。灯有徒，结茅于内⑯，其僧历悬崖访之，方返耳。余即拉一僧为导，攀援半里，至其所。石壁峭削⑰，悬梯以度，一茅如慧灯龛。僧本山下民家，亦以慕灯居此。至是而上仰汉阳，下俯绝壁，与世复隔矣。暝色已合⑱，归宿灯龛。灯煮腐相饷⑲，前指路僧亦至。灯半月一腐，必自己出，必遍及其徒。徒亦自至，来僧其一也。

[注释]

①仰天坪：位于牯岭镇以南约7千米，莲花峰东南，属于一个半封闭的高海拔盆地，盆地底部海拔1260米，面积约1平方千米。坪，山间的

平地。清同治《德化县志》卷七《地理·古迹》："仰天坪，危峰叠石，其上坦平，故名。"

②汉阳：谓汉阳峰，位于庐山东南部，海拔1474米，为庐山最高峰。其峰形呈馒头状，又称大汉阳峰，以于其附近峰形呈金字塔形的小汉阳峰区以别之。大汉阳峰顶砌有汉阳台，据说月明风清之夜于此台上可观汉阳灯火，故名。

③"汉阳"句：明王士性《五岳游草》卷六《庐山游记》："匡庐无主山，以高下各自雄长，大汉阳最高，五老次之。登汉阳四望，乃知此山拔地无倚，自高梁迤逦而来，东南北三面据江湖之会，其西则大陆群山所奔奏也。南望鄱湖，烟水苍茫，轻鸥片片，落星一点，明镜之黳也。北望九江，尽乎湓浦，风帆上下，千里瞬息。顺流而东，则石钟、大小孤山之所错而踞也。"

④僧庐：当指仰天坪寺，位于庐山仰天坪之上。清同治《德化县志》卷一三《建置·寺观》："仰天坪寺，极庐山之巅，明万历间建，僧慈度重兴。"

⑤"坪之阴"四句：黄强《对徐霞客〈游庐山日记〉若干问题的思考》（载自然科学版《江西师范大学学报》1998年第22卷第2期）一文以为"徐霞客对仰天坪分水岭问题并未谈透"，从而认为："'坪之阴'与'坪之阳'，如若理解为仰天坪之阴坡与阳坡，则仰天坪分水岭符合实际，即被仰天坪分开的南、北坡水流最终分别注入鄱阳湖和长江；如若理解成仰天坪北面与南面的山地地表水流的分水岭，换句话说，能将鄱阳湖水系与长江水系分隔开来的地方便是仰天坪，这就太片面了。"并进一步分析说："从地貌上讲，以仰天坪为界，其以北山地主要由下震旦统地层构成，形成山岭狭长、谷地宽广、岭谷相间、平行排列的地质构造地貌景观；而山南则主要是由元古界板溪群和火成岩构成的山体，以变质岩地貌

为特色。山南、山北地貌分异十分明显,不能根据徐霞客日记上的两句未说透的话和庐山地貌分异的界线,就将仰天坪视为庐山地区山南、山北的分水岭。因为,仰天坪北面的庐山之水并非都流入长江,而仰天坪南面的庐山之水也并非都流入鄱阳湖。"其最后结论是:"仰天坪是一个面积不大的高海拔敞口等轴盆地,其分水作用是客观存在的。由于徐霞客未将仰天坪分水岭问题说透,加之诸多原因,后人将仰天坪视为庐山山南、山北的分水岭,即鄱阳湖水系与长江水系的分水岭,是违背庐山水文地理实际的,因而也是错误的。"可参考。

⑥桃花峰:又名桃花尖、般若峰,位于儒良岭西。清同治《南康府志》卷二《地理·山川》:"桃花峰,一名桃花尖,去城西四十里,在儒良岭西。"又清同治《德化县志》卷四《地理·山川》:"桃花尖,在楚城乡,与星邑交界,号般若峰,为东南第一高处。"

⑦晒谷石:又名天镜石,象形岩石名,位于庐山豆叶坪以南,在汉阳峰北匡顶寺上方。

⑧托宿:寄宿,借住。

⑨慧灯:庐山僧人法号,名海龙(1556~1640),郯城人(今属山东)。曾南至普陀,皈依大智和尚参学。事毕,乃登庐山,据说他于豆叶坪就竹影寺坐禅,所居虽僧侣亦难到。有采药者信步深入,遥望把茅盖处,一僧跌坐如土塑,室中无所有,觅火亦不得,返道其事,山中始知有灯公。

⑩重(chóng)嶂:重叠的山峰。

⑪蓊(wěng)然:草木茂盛貌。龛(kān):小的窟穴或房屋。宋范成大《一龛》诗:"一龛窄似鸟窠禅,世界悠悠任大千。"这里当指后世人所谓"竹影寺"。

⑫衲(nà):僧衣,因其常用许多碎布拼缀而成,故称。

⑬磨腐：磨豆浆以制豆腐。

⑭衣履揖客：整理衣装向客拱手为礼，表示郑重其事。

⑮云南鸡足山：位于今云南西北大理白族自治州宾川县境内，因其山势顶崒西北，尾迤东南，前列三支，后伸一岭，形似鸡足而得名。系中国十大著名佛教名山之一，迦叶菩萨的道场，中国汉传、藏传佛教交汇地和世界佛教禅宗发源地。

⑯结茅：编茅为屋，谓建造简陋的屋舍。

⑰峭削：谓山峰陡峭如削。明顾起元《客座赘语》卷九《守心戒行》："法堂后山壁峭削，中开一洞，深数尺许，因构小屋附之。"

⑱暝色已合：谓日暮天色。

⑲饷（xiǎng）：馈食于人。《孟子·滕文公下》："有童子以黍肉饷，杀而夺之。"

二十一日　别灯，从龛后小径直跻汉阳峰①。攀茅拉棘②，二里，至峰顶。南瞰鄱湖，水天浩荡。东瞻湖口，西盼建昌③，诸山历历④，无不俯首失恃⑤。惟北面之桃花峰，铮铮比肩⑥，然昂霄逼汉⑦，此其最矣。下山二里，循旧路，向五老峰⑧。汉阳、五老，俱匡庐南面之山，如两角相向⑨，而犁头尖界于中⑩，退于后，故两峰相望甚近。而路必仍至金竹坪，绕犁头尖后，出其左胁⑪，北转始达五老峰，自汉阳计之，且三十里。余始至岭角⑫，望峰顶坦夷⑬，莫详五老面目。及至峰顶，风高水绝，寂无居者。因遍历五老峰，始知是山之阴，一冈连属；阳则山从绝顶平剖，列为五枝，凭空下坠者万仞，外无重冈叠嶂之蔽，际目甚宽⑭。然彼此相望，则五峰排列自掩，一览不能兼收；惟登一峰，则两旁无底。峰峰各奇不少让，真雄旷之极观也⑮！

仍下二里，至岭角。北行山坞中，里许，入方广寺⑯，为五老新刹⑰。僧知觉甚稔三叠之胜⑱，言道路极艰，促余速行。北行一里，路穷，渡涧。随涧东西行，鸣流下注乱石，两山夹之，丛竹修枝，郁葱上下⑲，时时仰见飞石，突缀其间⑳，转入转佳。既而涧旁路亦穷，从涧中乱石行，圆者滑足，尖者刺履。如是三里，得绿水潭㉑。一泓深碧㉒，怒流倾泻于上，流者喷雪㉓，停者毓黛㉔。又里许，为大绿水潭㉕。水势至此将堕，大倍之，怒亦益甚㉖。潭前峭壁乱耸，回互逼立㉗，下瞰无底，但闻轰雷倒峡之声㉘，心怖目眩㉙，泉不知从何坠去也。于是涧中路亦穷，乃西向登峰。峰前石台鹊起㉚，四瞰层壁，阴森逼侧㉛。泉为所蔽，不得见，必至对面峭壁间，方能全收其胜。乃循山冈，从北东转。二里，出对崖，下瞰，则一级、二级、三级之泉，始依次悉见。其坞中一壁，有洞如门者二，僧辄指为竹林寺门云㉜。

顷之，北风自湖口吹上，寒生粟起㉝，急返旧路，至绿水潭。详观之，上有洞翕然下坠㉞。僧引入其中，曰："此亦竹林寺三门之一。"然洞本石罅夹起，内横通如"十"字，南北通明，西入似无底止㉟。出，溯溪而行，抵方广，已昏黑。

[注释]

①跻（jī）：攀登。

②攀茅拉棘：义同"披荆斩棘"，比喻在登山过程中扫除障碍，克服困难。

③"南瞰鄱湖"四句：黄强《对徐霞客〈游庐山日记〉若干问题的

思考》（载自然科学版《江西师范大学学报》1998年第22卷第2期）一文有评云："他站在大汉阳峰顶，实际上是看不到湖口和建昌的。他既想突出九江府东部和南康府的众多山峰，在大汉阳峰面前，没有不低头的，又想能够以简练的文字表述之，结果在概括描述时错将东北误为'西'，如果是失误还情有可原；如若是为求语言文字的工整、朗朗上口，而忽视其科学性，则是不可取的。"可参考。鄱（pó）湖，即鄱阳湖，又名彭蠡泽、彭泽、官亭湖、扬澜、担石湖等，位于今江西省北部，在庐山的东南方向，为赣江、修水、鄱江、信江等河之总汇，分南、北两湖，湖水北经湖口注入长江，面积3583平方千米，最深处可达16米，为我国最大的淡水湖。湖口，鄱阳湖北入长江之口，位于今江西省湖口县，在庐山东北方，明代属九江府。建昌，位于庐山以南偏西，在鄱阳湖西岸。参见本日记八月十八日日记注⑭。作者"东瞻湖口，西盼建昌"二句并非实录，而属于文学夸张想象的文字，后人不必苛求。

④历历：清晰貌。

⑤失恃（shì）：谓丧失依赖或凭借。

⑥铮铮：比喻刚强。比肩：并列，居同等地位。

⑦昂霄逼汉：高耸逼近云天，形容山高。

⑧五老峰：位于庐山东南，距万松坪1千米，海拔1436米，因山的绝顶被垭口所断，分成并列的五个山峰，雄奇陡峭，从位于山麓的明人所建海会寺仰视山峰，形同五个老人并坐，故名。著名的三叠泉即在五老峰东。

⑨两角：由下文所述之"犁头尖"想象汉阳与五老两峰如同一头耕牛的两只犄角，贴切形象。

⑩犁头尖：庐山山峰名，位于含鄱口西侧，为著名的冰川角锋，峰形尖削如一块犀利的犁头，耕耘着茫茫云海，故名。犁头尖是庐山作为第

纪冰川遗迹的重要标志之一。

⑪左胁：谓犁头尖山麓左侧。

⑫岭角：山的转角向外突出处。

⑬坦夷：这里是平坦的意思。

⑭际目：视力所及的范围，即视野。

⑮雄旷：豪壮旷达。极观：最雄伟奇特的景象。

⑯方广寺：位于五老峰山麓，明后期新建。

⑰新刹（chà）：新建的寺院。刹，指佛寺。

⑱知觉：方广寺僧法号。甚稔（rěn）：极其熟悉。三叠：即三叠泉，又名三叠水、三级泉、水帘泉，位于庐山东谷会仙亭侧，系因第四纪冰川作用所造成的三级台阶而形成，由大月山、五老峰的涧水汇合，从大月山流出，经过五老峰背，由北崖悬口注入大盘石上，又飞泻到二级大盘石，再喷洒至三级盘石，形成三叠，故名。其势如奔马，声若轰雷，总落差达155米。古人有"匡庐瀑布，首推三叠"之说，历来被誉为"庐山第一奇观"。明王士性《五岳游草》卷六《游庐山记》："五老南下有狮子峰，其东北有九叠屏，屏下有三叠水。"

⑲郁葱：青翠繁盛貌。

⑳突缀：谓悬空而有根基相连。

㉑绿水潭：位于铁臂峰下，系由三叠泉冲泻形成。

㉒一泓：清水一片或一道。唐李贺《梦天》诗："遥望齐州九点烟，一泓海水杯中泻。"

㉓喷雪：形容水花飞溅。唐李白《横江词》其四："海神来过恶风回，浪打天门石壁开。浙江八月何如此，涛似连山喷雪来。"

㉔毓黛：谓孕育青黑色的潭水。

㉕大绿水潭：位于观音洞下，亦由三叠泉冲激形成，潭畔有岩石刻隶

书"竹影疑踪"四字。

㉖怒亦益甚：谓水势更加汹涌激荡。

㉗回互：回环交错。逼立：指山崖等像墙壁一样陡立。

㉘轰雷倒（dào）峡：谓好似江水倾峡而出，响如雷声轰鸣。形容三叠泉气势非凡。

㉙心怵目眩（xuàn）：内心恐惧，眼昏发花。

㉚鹊起：本谓见机而作，这里用为应势崛起之意。《太平御览》卷九二一引《庄子》："鹊上高城之绝，而巢于高树之颠，城坏巢折，陵风而起。故君子之居世也，得时则义行，失时则鹊起也。"

㉛逼侧：又作"偪侧"、"偪仄"，密集，拥挤。

㉜辄（zhé）：副词。立即，就。

㉝粟起：谓皮肤触寒而收缩起粒。

㉞翕（xī）然：凹陷貌。

㉟底止：终止。《诗·小雅·祈父》："胡转予于恤，靡所底止？"

二十二日 出寺，南渡溪，抵犁头尖之阳。东转下山，十里，至楞伽院侧①。遥望山左胁，一瀑从空飞坠，环映青紫②，夭矫滉漾③，亦一雄观④。五里，过栖贤寺⑤，山势至此始就平。以急于三峡涧⑥，未之入。里许，至三峡涧。涧石夹立成峡，怒流冲激而来，为峡所束，回奔倒涌，轰振山谷。桥悬两岩石上⑦，俯瞰深峡中，迸珠戛玉⑧。过桥，从岐路东向，越岭趋白鹿洞⑨。路皆出五老峰之阳，山田高下⑩，点错民居⑪。横历坡陀⑫，仰望排嶂者三里⑬，直入峰下，为白鹤观⑭。又东北行三里，抵白鹿洞，亦五老峰前一山坞也。环山带溪，乔松错落。出洞，由大道行，为开先道⑮。盖庐山形势,犁头尖居中而少逊,栖贤寺实中处焉;五老左突,下即白鹿洞;右峙者,则鹤鸣峰也⑯,开先寺当其前。于是西向循山,横过白鹿、栖贤之大道,十五里,经万松寺⑰,陟一岭而下,山寺巍然南向者,则开先寺也。从殿后登楼眺瀑,一缕垂垂,尚在五里外,半为山树所翳⑱,倾泻之势,不及楞伽道中所见。惟双剑崭崭众峰间⑲,有芙蓉插天之态⑳;香炉一峰㉑,直山头圆阜耳㉒。从楼侧西下壑,涧流铿然泻出峡石㉓,即瀑布下流也㉔。瀑布至此,反隐不复见,而峡水汇为龙潭㉕,澄映心目㉖。坐石久之,四山暝色㉗,返宿于殿西之鹤峰堂㉘。

[注释]

①楞伽院:位于南康府治北二十五里,含鄱口西,旧有上下两院,内有白石庵,即李氏山房。清废。

②青紫:谓山崖与植物的颜色。

③夭矫:纵恣貌。滉漾(huàng yàng):闪动,摇动。

④雄观:犹壮观。宋叶梦得《石林诗话》卷上:"两山相对,遂为一时雄观。"

⑤栖贤寺:位于庐山南麓五老峰下栖贤大峡谷,左依石人峰,东临栖贤谷,北距牯岭、南距星子县城均为10千米左右,南齐参军张希之首创,系庐山山南五大丛林(即万杉、开先、海会、归宗、栖贤五寺)之一。以唐代学者李渤曾在此读书,遂名栖贤寺。其后屡有兴衰,明万历二十八年(1600),袁宏道所见者早成废址,其《由天池逾含鄱岭至三峡涧记》有云:"顷之,至栖贤废址,山中人指绿畴而坦者曰故殿址。"明万历三十六年(1608),给谏陈赤石主持清其旧址,以坐北朝南之向复建寺宇,

曾辉煌一时。清代顺康间，栖贤寺一度香火兴旺，咸丰间毁于兵火。21世纪以来，栖贤寺重建工程已经渐成规模。

⑥三峡涧：位于栖贤寺东南玉渊潭侧，汉阳、五老两峰间九十九条溪水会聚合流经此涧南流奔注于玉渊潭，坡陡水流湍急，涧中又多大石，水石相激，巨响如雷，有长江三峡气势，故名。

⑦桥：即三峡桥，又名栖贤桥、观音桥，位于庐山栖贤谷中，建于宋真宗大中祥符七年（1014），横跨三峡涧东西两崖，其下为金井潭。桥为单孔石桥，长达24.45米，宽4.1米，至今已有千年历史。上游有巨石横亘，俗称棺材石，可缓冲上游水势。桥侧有观音寺、观音亭、玉峡湾。明王士性《五岳游草》卷六《游庐山记》："复西南回，二十里至栖贤桥，三峡涧出焉。两崖峭壁，水堕下百仞，声撼山谷。"

⑧迸（bèng）珠戛（jiá）玉：形容水花四溅、声音清脆。

⑨白鹿洞：即白鹿洞书院，位于庐山五老峰下山谷中，距离南康府府治星子县城约7千米。唐德宗贞元元年（785），洛阳人李渤、李涉兄弟隐居庐山，渤喜养白鹿，有白鹿先生之称。唐敬宗宝历元年（825），李渤官江州（今九江市）刺史，又于其隐居旧址建台，引流种花，号称白鹿洞。此后求学者常来此聚集，南唐时在此建庐山国学，宋初扩为书院，与睢阳（在今河南商丘）、石鼓（在今湖南衡阳）、岳麓（在今湖南长沙）合称四大书院。后遭兵火，至南宋孝宗淳熙六年（1179），理学家朱熹为南康（今江西星子）郡守，重兴白鹿洞书院并在此讲学，制订规章，声名大振，陆九渊、王阳明等皆曾在此讲学。书院屡经兴废，今存者为清代道光间重修，今尚存圣殿、御书阁、彝化堂等建筑，碑廊存历代碑刻百馀。

⑩山田：山间开垦的田地。北魏郦道元《水经注·汶水》："林木致密，行人鲜有能至矣。又有少许山田，引灌之踪尚存。"

⑪点错：错落点缀的意思。

⑫坡陀：亦作"坡陁"，山势起伏貌。唐杜甫《北征》诗："坡陀望鄜畤，岩谷互出没。"

⑬排嶂：成排并列地耸立如屏障的山峰。

⑭白鹤观：即承天白鹤观，位于南康府治西北十五里五老峰下栖贤寺西北。清同治《南康府志》卷七《建置·寺观》："承天白鹤观……唐弘道元年敕建，宋大中祥符赐名。《方舆记》云：'庐山秀丽为江南第一，而此观复为庐山第一。'旁有木瓜岩，后有刘混成丹井、药臼。元虞集有记。"

⑮开先道：通往开先寺的道路。开先寺，位于庐山南麓鹤鸣峰下，为南唐中主李璟于保大九年（951）以其少年时读书台为基础创建，取开国先兆意，取名开先寺。明王士性《五岳游草》卷六《游庐山记》："遂行十里至开先寺，寺倚鹤鸣峰下，南唐中主幼慕物外，问舍兹山，后赐名开先寺。故寺后有读书台，台后石壁镌黄太史《七佛偈》与阳明先生《纪宸濠事》，王敬美为书'宝墨亭'。"开先寺历代迭有废兴，至清康熙四十六年（1707），康熙帝南巡，手书"秀峰寺"匾额为赐，从此即以此寺名成为庐山五大丛林之一。寺后有南唐中主读书台，台下有聪明泉、洗墨池以及唐颜真卿《大唐中兴颂》碑，月门前有漱玉亭，亭下龙潭，马尾瀑经青玉峡泻入此潭，人文景观与自然景观皆佳。

⑯鹤鸣峰：位于开先寺上，传说曾有鹤栖鸣于此而得名。清同治《南康府志》卷二《地理·山川》："鹤鸣峰，去城四十里。南唐郑元素隐此，鹤常栖鸣其上。下为开先寺。"

⑰万松寺：当作万杉寺，位于开先寺以东二里许，在庆云峰下。始建于南朝梁，唐为庆云寺，宋真宗景德间（1004~1007），寺中僧大超在寺附近种杉万株，受到朝廷表彰，故改寺名为万杉寺，成为庐山五大丛林之

一。寺中大部分建筑后多毁于兵火,现存者大部分为清人所修。明王士性《五岳游草》卷六《游庐山记》:"出(开先)寺北走庆云峰,下为万杉寺,惟馀'龙虎庆岚'四大字在遥壑,一杉不存。"

⑱翳(yì):遮蔽,隐藏。

⑲双剑:即双剑峰,位于鹤鸣峰西南、开先寺西北。清同治《德化县志》卷七《地理·古迹》:"双剑峰,在府治城南龙门西,形势插天,宛如双剑,与县治正对。"崭崭:高峻。

⑳芙蓉:指利剑,语本汉袁康《越绝书·外传记宝剑》载越王句践有宝剑名"纯钧",相剑者薛烛以"手振拂,扬其华,捽如芙蓉始出"。唐卢照邻《长安古意》诗:"相邀侠客芙蓉剑,共宿娼家桃李蹊。"

㉑香炉一峰:即香炉峰,位于双剑峰西南。明王士性《五岳游草》卷六《游庐山记》:"右转紫氛阁,睹西南两石笋,廉利插天为双剑峰。双剑之南,一员阜矗立为香炉峰,每过雨返照,紫烟缕缕,从香炉出也。"清同治《德化县志》卷七《地理·古迹》:"香炉峰,在县治西南五十里庐山之北峰,形圆耸,气霭若烟。南有巨石如人,又曰石人峰。"

㉒直:副词,只不过。圆阜:谓山顶呈馒头形。

㉓铿(kēng)然:声音响亮貌。

㉔瀑布:在庐山南麓的青玉峡中有两瀑布,黄岩瀑与马尾瀑。此所言当为前者,或称开先西瀑、瀑布水。此瀑布由黄岩山顶倾泻下注,落差达数十丈,在丰水季节如同玉龙天降,银汉倒悬,奔腾而下,跌落至双剑峰下,再与开先东瀑即马尾瀑汇合流出峡谷,蔚为壮观。唐李白《望庐山瀑布》诗家喻户晓:"日照香炉生紫烟,遥看瀑布挂前川。飞流直下三千尺,疑是银河落九天。"所描绘者就是开先西瀑。下流:谓开先西瀑的下半段。

㉕龙潭:位于青玉峡漱玉亭下,四壁多历代文人书刻,以宋米芾所书

"青玉峡"、"第一山"最为有名。明王士性《五岳游草》卷六《游庐山记》："二流合山峡石扇磕訇中为青玉峡,出峡练飞而绀汇为龙潭。前有小石坎为浴仙池,从潭引水过石溜,凿为泓曰龙井,亭其上为漱玉,今废,立小石塔当之。"

㉖澄映：形容波光清澈明净，这里用如动词。晋桓玄《南游衡山诗序》："清川穷澄映之流，涯涘无纤埃之秽。"

㉗暝（míng）色：暮色。

㉘殿：当指开先寺内的主殿大雄宝殿。鹤峰堂：当指开先寺中轴线以西的某堂室名。

二十三日 由寺后侧径登山。越涧盘岭，宛转山半。隔峰复见一瀑，并挂瀑布之东，即马尾泉也①。五里，攀一尖峰，绝顶为文殊台②。孤峰拔起，四望无倚，顶有文殊塔。对崖削立万仞，瀑布轰轰下坠，与台仅隔一涧，自巅至底，一目殆无不尽。不登此台，不悉此瀑之胜③。下台，循山冈西北溯溪，即瀑布上流也。一径忽入，山回谷抱，则黄岩寺据双剑峰下④。越涧再上，得黄石岩⑤。岩石飞突，平覆如砥⑥。岩侧茅阁方丈⑦，幽雅出尘⑧。阁外修竹数竿，拂群峰而上，与山花霜叶，映配峰际。鄱湖一点，正当窗牖⑨。纵步溪石间⑩，观断崖夹壁之胜。仍饭开先，遂别去。

[注释]

①马尾泉：即开先东瀑，又称马尾水，位于庐山双剑峰与文殊峰之间，因流出之崖口狭小，泉水流喷散成数十缕下注，形如马尾飘散，故名。明王士性《五岳游草》卷六《游庐山记》记述开先东、西双瀑："鹤

鸣之右,水奔洒成千百缕而短,曰马尾水;双剑之右,悬挂千百丈如匹练而长,曰瀑布泉。"

②文殊台:此非位于天池山的文殊台,而是位于庐山南麓文殊峰顶部的文殊台。文殊峰属于庐山南麓秀峰群峰(包括姊妹峰、香炉峰、双剑峰、文殊峰、鹤鸣峰、狮子峰、龟背峰等)之一。天池山文殊台,参见本日记十九日日记注㉙。

③"不登此台"二句:谓于文殊台上观览开先西瀑的壮观景象。明袁宏道《开先寺至黄岩寺观瀑记》:"顷之跻其巅,入黄岩寺。少定,折而至前岭,席文殊塔观瀑。瀑注青壁下,雷奔海立,孤骞万仞,峡风逆之,帘卷而上,忽焉横曳,东披西带。"

④黄岩寺:位于府治西十二里双剑峰下,在文殊塔东北,为唐代僧人智常所创建,他先结茅于此地,后方住持归宗寺。

⑤黄石岩:位于双剑峰东北,在黄岩寺附近,这里深山幽谷,景色宜人。清同治《南康府志》卷二《地理·山川》:"黄石岩,在五老峰,旧传黄石公游息处。"

⑥平覆如砥(dǐ):谓黄石岩突出部分的底面如磨刀石般平坦。砥,质地较细的磨刀石。

⑦茅阁:当谓简陋而齐整的小屋。方丈:一丈见方,形容其小。

⑧出尘:超出世俗。

⑨窗牖(yǒu):窗户。汉枚乘《杂诗》其五:"盈盈楼上女,皎皎当窗牖。"

⑩纵步:漫步。宋王迈《观猎行》诗:"出门纵步观,无遑需屐屦。"

[评析]

明万历四十五年(1617),徐霞客家居一年未出行,结发妻许氏即在这一年去世。第二年八月十八日至二十三日，三十二岁的徐霞客历时六天游历考察了庐山。他乘舟江行到达庐山北麓，按照西北至东南的方向以徒步的方式穿越了庐山。徐霞客第一日投宿东林寺，第二日特意穿过难行的石门涧到达狮子岩，历览佛手岩等自然景观以及有名无实的竹林寺幻境、大林寺等人文景观，夜宿天池寺。第三天登上天池山以西的文殊台，过神龙宫，经金竹坪登莲花峰、仰天坪，寄宿于汉阳峰下的僧人慧灯茅庵。第四天攀登上庐山最高峰大汉阳峰，并且遍历五老峰，反复考察五个山峰的形状与南北山形的不同，晚投方广寺寄宿。第五天过楞伽院、栖贤寺、白鹤观，抵达白鹿洞，考察了这一带的庐山形势，又经万杉寺，眺望双剑、香炉二峰，宿于开先寺。最后一天，徐霞客经马尾泉登上南麓文殊峰顶部的文殊台，饱览开先西瀑的壮观景象，再至黄石岩留连多时，返开先寺用餐后告别了庐山。六天游踪安排合理而紧凑，景点间的穿行登临皆记以里程，凸显了其并非纯粹模山范水式旅游的特色。

庐山作为海内名山，中华典籍多有记述，更是历代文人钟情之地。晋代的陶渊明是浔阳柴桑（今江西省九江市）人，庐山就在其家门口，故乡情浓自不待言。唐代的李白、白居易，宋代的欧阳修、苏轼、黄庭坚、朱熹等著名文学家、哲学家与庐山也结下难以割舍的情谊，留下众多赞美庐山的诗篇或文章。如唐李白《秋于敬亭送从侄耑游庐山序》曾赞美庐山胜概云："西登香炉，长山横蹙，九江却转，瀑布天落，半与银河争流，腾虹奔电，潈射万壑，此宇宙之奇诡也。"明代的开国皇帝朱元璋因在打天下的过程中曾得到过自称庐山竹林寺僧"周颠仙"的协助，也常常为庐山情结所缠绕。宋濂、刘基等明初文人士大夫的庐山情怀，儒家传统因素居多；明代中期以后文人士大夫对庐山的人文关怀，则往往带有明代商品经济发展与宗教文化繁荣的鲜明印记，"不差钱"令当时具有山水癖的骚人墨客广泛存在。万历二十八年（1600），性灵派文人袁宏道游庐山，创作了多篇游记与诗作，基本上属于拥抱自然、触景生情式的文学性书写，这与徐霞客的游记写法迥然有异。后者在保持游记文学性的同时，科学考察的敏感性与严谨性显而易见。明代嘉靖十一年（1532）进士桑乔（？~1564）在贬戍江西期间撰有《庐山纪事》十二卷，曾明确提出庐山无主峰之说，有论者认为徐霞客在《游庐山日记》中突破前人成见，首先提出"汉阳为庐山最高顶"的观点。"主峰"与"最高顶"的概念是否同一或相等，这里不作辨析，但年长于徐霞客整整四十岁的王士性则可能是最早提出"大汉阳最高"认识的明代文人，似有案可查，并非悬想，参见本日记二十日日记第二段注③。其实徐霞客科学考察的严谨性与敏锐性，在本日记中并不体现于他是否为最先提出庐山诸峰以汉阳峰为最高的古人，而在于他对庐山地貌形态的科学阐述，如他对五老峰单面山地貌形态的考述即为一例："因遍历五老峰，始知是山之阴，一冈连属；阳则山从绝顶平剖，列为五枝，凭空下坠者万仞，外无重冈叠嶂之蔽，际目甚宽。然彼此相望，则五峰排列自掩，一览不能兼收；惟登一峰，则两旁无底。峰峰各奇不少让，真雄旷之极观也！"这一段简洁又概括性极强的描写，一般读者或许莫名其妙，但在地貌学研究的行家里手眼中则意味深长，属于科学的论断，自非常人所能道。黄强《简论徐霞客庐山地理考察的成就》（载自然科学版《江西师范大学学报》1998年第22卷第1期）一文有如下论断："单面山是一种构造地貌形态类型，它是指由单斜岩层构成并沿着该岩层走向延伸的山体。其典型特征：在其横剖面上，前后两坡不对称，后坡（又叫构造坡，即由单斜岩层面所构成的山坡）缓而长，坡度角取决于单斜岩层的倾角；另一坡称前坡，地形陡峻，常发生重力剥蚀，故又称重力剥蚀坡。若此坡受冲断层制约则显得更为陡峻。"论文作者接下又结合五老峰的单面山构造地貌特征说："五个山峰的阴坡是倾斜岩层构成的山坡，且连成一片；而阳坡像刀切下去一样十分陡峻，这个陡崖就是断层崖。庐山便是被西北面和东南面两组正断层所夹持的褶皱断块山体。此处所述说明五老峰剥蚀坡是一个被正断层控制的断层崖,垂直断距在千米以上。又由于岩层裂隙节理影响,地表流水的溯源侵蚀切割,形成了一些沟谷将单面山山体分割,才'列为五枝'。"这一分析切中肯綮,对于我们认识《徐霞客游记》的科学精神大有裨益,读者至此,当认真思索。

游黄山日记后

戊午九月初三日① 出白岳榔梅庵②,至桃源桥③。从小桥右下,陡甚,即旧向黄山路也④。七十里,宿江村⑤。

[**注释**]

①戊午:即明神宗万历四十六年戊午(1618)。九月初三日:即公历10月20日。

②白岳:即白岳山,又称白岳岭,属于齐云山的组成部分。参见《游白岳山日记》正月二十六日日记注①。榔梅庵:故址位于齐云山下玄天太素宫以东。参见《游白岳山日记》正月二十六日日记注⑭。

③桃源桥:方志未见著录,故址当在休宁县西北、白岳山以北。

④旧向黄山路:谓作者于明万历四十四年(1616)首游黄山时所经之路。参见本书《游黄山日记》。

⑤江村:似当作"岗村",原属歙县,今属黄山区汤口镇。"江"、"岗",音讹。

初四日 十五里,至汤口①。五里,至汤寺②,浴于汤池③。扶杖望朱砂庵而登④。十里,上黄泥冈⑤。向时云里诸峰,渐渐透出,亦渐渐落吾杖底。转入石门⑥,越天都之胁而下⑦,则天都、莲花二顶⑧,俱秀出天半⑨。路旁一岐东上⑩,乃昔所未至者,遂前趋直上,几达天都侧。复北上,行石罅中⑪。石峰片片夹起;路宛转石间,塞者凿之,陡者级之⑫,断者架木通之,悬者植梯接之⑬。下瞰峭壑阴森,枫松相间,五色纷披⑭,灿若图绣。因念黄山当生平奇览,而有奇若此,前未一探,兹游快且愧矣!

　　时夫仆俱阻险行后⑮,余亦停弗上⑯;乃一路奇景,不觉引余独往。既登峰头,一庵翼然⑰,为文殊院⑱,亦余昔年欲登未登者。左天都,右莲花,背倚玉屏风⑲,两峰秀色,俱可手揽。四顾奇峰错列,众壑纵横,真黄山绝胜处!非再至,焉知其奇若此?遇游僧澄源至⑳,兴甚勇㉑。时已过午,奴辈适至。立庵前,指点两峰。庵僧谓:"天都虽近而无路,莲花可登而路遥。只宜近盼天都,明日登莲顶。"余不从,决意游天都,挟澄源、奴子仍下峡路。至天都侧,从流石蛇行而上㉒。攀草牵棘,石块丛起则历块㉓,石崖侧削则援崖㉔。每至手足无可着处,澄源必先登垂接。每念上既如此,下何以堪?终亦不顾。历险数次,遂达峰顶。惟一石顶壁起犹数十丈,澄源寻视其侧,得级,挟予以登。万峰无不下伏,独莲花与抗耳㉕。时浓雾半作半止,每一阵至,则对面不见。眺莲花诸峰,多在雾中。独上天都,予至其前,则雾徙于后;予越其右,则雾出于左。其松犹有曲挺纵横者;柏虽大干如臂,无不平贴石上,如苔藓然。山高风巨,雾气去来无定。下盼诸峰,时出为碧峤㉖,时没为银海㉗。再眺山下,则日光晶晶㉘,别一区宇也㉙。日渐暮,遂前其足㉚,手向后据地,坐而下脱。至险绝处,澄源并肩手相接。度险,下至山坳㉛,暝色已合㉜。复从峡度栈以上㉝,止文殊院。

[注释]

　　①汤口:镇名,位于黄山南缘,为古今从南线游览黄山的门户。

②汤寺：即祥符寺，故址在今安徽黄山市黄山风景区温泉小补桥南头、桃花溪南岸高坝上。参见作者《游黄山日记》万历四十四年（1616）二月初三日日记注⑦。

③汤池：又名"汤泉"，古名朱砂泉，位于黄山紫云峰下。水质含有重碳酸，水温常年保持42°C，久旱不涸，具有一定医疗价值。据传说，轩辕黄帝入浴此泉，返老还童，故被誉为灵泉。

④朱砂庵：即慈光寺，故址位于黄山朱砂峰下，现为慈光阁宾馆所在。参见作者《游黄山日记》万历四十四年（1616）二月初五日日记注①。

⑤黄泥冈：未见方志著录，位置不详。

⑥石门：或谓黄山某山峰名。清钱谦益《游黄山记》之七："石门为黟山之中峰，歙郡黄山楼北瞰此峰，峰势中坼若巨门。唐人有诗曰：'闲倚朱栏西北望，只宜名作石门楼。'则石门之高峻，唐时郡楼见之，而游人无复过问，即山僧亦莫知所在。"或谓即黄山云巢景观。清刘大櫆《游黄山记》记述其于乾隆二十九年（1764）游黄山云："是曰莲花之洞。去洞复上岭东行，有巨石当路而中虚，于其中累石为磴数十级以上如门，题之曰'云巢'。折而上，有二松缘石夹路，枝叶交结，若与游者相揖让，名之曰迎送之松。"清王灼《悔生文集》卷五《黄山纪游》记述其于乾隆五十三年（1788）游黄山云："经莲花庵旧址右转，复自下而上二里许，有巨石当路，而中空如门，累石为磴其间，可数十级，题之曰'云巢'。折而上，有二松夹路，是曰迎送之松。"

⑦天都之胁：天都峰侧。天都，位于黄山东南部，西对莲花峰，东连钵盂峰，海拔1810米，为黄山三大主峰（莲花、天都、光明顶）中之最险峻者。峰顶平如掌，据说为群仙所居，属天上都会，故称。参见作者《游黄山日记》万历四十四年（1616）二月初六日日记注④。

⑧莲花：即莲花峰，位于黄山中部，为三大主峰之最高峰，海拔1873米。因其主峰突出，又有小峰簇拥，俨若莲花初放，故称。参见作者《游黄山日记》万历四十四年（1616）二月初六日日记注⑥。

⑨秀出天半：意谓两座山峰在半空中显现出秀美的身姿。天半，半空。

⑩岐：岔路。岐，通"歧"。

⑪罅（xià）：岩石裂缝。

⑫级：用如动词，即开凿出石阶。

⑬愚者：形容高耸、陡峭的地方。植梯：建置阶梯。

⑭纷披：散乱的样子。

⑮夫仆：谓随行的仆人、脚夫等，与下文"奴辈"、"奴子"义同。阻险：谓山路险阻。

⑯弗：不。

⑰翼然：形容寺庵飞檐如同飞鸟展翅一样。

⑱文殊院：故址位于黄山天都、莲花两峰间，背倚玉屏峰。明万历四十一年（1613）普门和尚至此，云在代州时梦见文殊坐石情景，与此境合，遂构文殊院，供奉文殊菩萨。崇祯十年（1637）失火焚毁，次年休宁人汪之龙重建。此后又曾多次修葺。院宇为石墙楼房，风景绝佳，四顾奇峰错列，众壑纵横，当代著名的迎客松即在附近。20世纪50年代初被火焚毁。参见作者《游黄山日记》万历四十四年（1616）二月十一日日记注⑦。

⑲玉屏风：即玉屏峰，位于文殊院后如屏风一样耸立，故称。

⑳游僧：游方和尚，指僧人为修行问道或化缘而云游四方。澄源：僧人的法号。

㉑兴甚勇：兴致甚高。

㉒流石：易于滑动的石块。蛇行：形容弓腰伏地，艰难行进。

㉓历块：这里是行进艰难的意思，有自我调侃的意味。语本《汉书·王褒传》："过都越国，蹳如历块。"唐颜师古注："如经历一块，言其疾之甚。"蹳，疾行。《国语·越语下》："臣闻从时者，犹救火、追亡人也，蹳而趋之，唯恐弗及。"三国吴韦昭注："蹳，走也。"徐霞客这里巧用"藏头"加"飞白"修辞法，将"历块"故意解释为在山涧中翻越岩崖，又藏头"蹳"，而仅用其"颠仆"或"跌倒"的义项。

㉔援：攀援。

㉕抗：匹敌。

㉖碧峤（qiáo）：翠绿色的尖削山峰。

㉗银海：白色云雾翻腾如海涛澎湃，故称。

㉘晶晶：明亮的样子。

㉙区宇：境域，天下。

㉚前其足：足向前伸，以利于下山。

㉛山坳（ào）：山曲间的平地。

㉜暝色已合：谓日暮天色。

㉝栈（zhàn）：即栈道，在险绝处傍山架木而成的道路。

初五日 平明①，从天都峰坳中北下二里，石壁岈然②。其下莲花洞正与前坑石笋对峙③，一坞幽然④。别澄源，下山至前岐路侧，向莲花峰而趋。一路沿危壁西行，凡再降升，将下百步云梯⑤，有路可直跻莲花峰⑥。既陟而磴绝⑦，疑而复下。隔峰一僧高呼曰："此正莲花道也！"乃从石坡侧度石隙⑧。径小而峻，峰顶皆巨石鼎峙⑨，中空如室。从其中叠级直上，级穷洞转，屈曲奇诡，如下上楼阁中，忘其峻出天表也⑩。一里，得茅庐，倚石罅中⑪。方徘徊欲升,则前呼道之僧至矣。僧号凌虚,结茅于此者,遂与把臂陟顶。顶上一石,悬隔二丈,僧取梯以度。其巅廓然⑫,四望空碧,即天都亦俯首矣。盖是峰居黄山之中,独出诸峰上,四面岩壁环耸,遇朝阳霁色⑬,鲜映层发⑭,令人狂叫欲舞。久之,返茅庵。凌虚出粥相饷⑮,啜一盂⑯,乃下。至岐路侧,过大悲顶⑰,上天门⑱。三里,至炼丹台⑲。循台嘴而下⑳,观玉屏风、三海门诸峰㉑,悉从深坞中壁立起。其丹台一冈中垂,颇无奇峻,惟瞰翠微之背㉒,坞中峰峦错耸,上下周映㉓,非此不尽瞻眺之奇耳㉔。还过平天矼㉕,下后海㉖,入智空庵㉗,别焉。三里,下狮子林㉘,趋石笋矼㉙,至向年所登尖峰上㉚。倚松而坐,瞰坞中峰石回攒㉛,藻绘满眼㉜,始觉匡庐石门㉝,或具一体㉞,或缺一面,不若此之闳博富丽也㉟!久之,上接引崖㊱,下眺坞中,阴阴觉有异㊲。复至冈上尖峰侧㊳,践流石,援棘草㊴,随坑而下,愈下愈深,诸峰自相掩蔽,不能一目尽也。日暮,返狮子林。

[注释]

①平明:天刚亮的时候。

②岈(xiā)然:深貌。唐柳宗元《始得西山宴游记》:"其高下之势,岈然洼然,若垤若穴。"

③莲花洞:位于莲花峰下。坑:山谷。石笋:挺直的大石,其状如笋,故名。

④坞:四面高中间低的地方。幽然:深暗貌。

⑤百步云梯:位于莲花峰西北麓的峭壁上,梯口有两块平行的巨石,一形如龟,一形如蛇,在石壁上凿成的一百余级险峻陡峭的磴道从两石间

穿过下行。从对面鳌鱼洞观看，磴道下临深渊，如同靠在峭壁上的长梯，下临绝壑，常有云雾缭绕，十分险要。

⑥跻（jī）：攀登。

⑦陟（zhì）：由低处向高处走。磴（dèng）绝：谓石阶中断。

⑧石隙：岩石夹缝。

⑨鼎峙：谓如鼎足并峙。

⑩天表：犹天外。唐李白《金乡薛少府厅画鹤赞》："形留座隅，势出天表。"

⑪石罅（xià）：岩石裂缝。

⑫廓然：空旷貌。晋陶渊明《祭从弟敬远文》："庭树如故，斋宇廓然。"

⑬朝阳霁（jì）色：早间天气晴和。

⑭鲜映层发：意谓层层山峦在阳光的斜射下，轮廓鲜明，绵延无际。

⑮饷（xiǎng）：馈食于人。《孟子·滕文公下》："有童子以黍肉饷，杀而夺之。"

⑯啜（chuò）：食，饮。

⑰大悲顶：即大悲院，故址位于黄山光明顶。明万历间（1573~1620），僧智空创建，皇太子赐大悲观音像。院内设大悲道场，并募款铸钟，钟上有《金刚经》文5176字。僧普门曾云："中观音以悲，左文殊以智，右普贤以行，三禅院鼎立，山巅缺一不可。"参见作者《游黄山日记》万历四十四年（1616）二月初十日日记注⑭。后人或以大悲顶借代光明顶之称，遂成为山峰名。

⑱天门：即天门坎，半山寺到玉屏楼之间，两边都是石壁，路中间天然地突起一道石脉，看起来跟门槛很像，旁边镌刻三个大字"天门坎"。

⑲炼丹台：又简称丹台。黄山中部有炼丹峰，海拔1827米，为黄山

三十六大峰之首，传说浮丘公为轩辕黄帝炼丹于此。峰上石室内有炼丹灶，峰前有炼丹台，广可容万人，玉屏、天都、莲花、光明顶诸峰耸立于台前。台与晒药源隔谷相望，台下则有炼丹源，佳木林立，巧石争秀。参见作者《游黄山日记》万历四十四年（1616）二月初八日日记注③。

⑳台嘴：炼丹台的缓坡处。

㉑三海门：黄山山峰名，位于黄山中部海拔1827米的炼丹峰前的炼丹台附近。清刘大櫆《游黄山记》："由丹台直出数十步至海门，悬崖夹立而中辟，黝色如铁。据门俯瞰，其下直削无底。而群峰于绝壑中奋踊以出，其势屹崒，如武士之怒立者甚众。环绝壑而峙有三海门。每百步一阙，为阙者三。入其门，径不容足，如负墙而立焉。杰然耸峙于海门之侧者，飞来峰也。"海门，另参见作者《游黄山日记》万历四十四年（1616）二月初六日日记注⑬。

㉒翠微：即翠微峰，位于黄山景区西北，云外峰北、洋湖矼南，为黄山三十六大峰之一，海拔1589米，孤耸云端，形态奇妙。山麓松林密布，青翠欲滴，故以"翠微"为名。峰下旧有翠微寺，为唐僖宗中和三年（883）麻衣和尚所建，据说从翠微寺看翠微峰，诸峰皆隐而不见，唯有翠微一枝独秀，在云雾掩映中时有时无，仿佛蓬莱仙境。清刘大櫆《游黄山记》："去松谷而西，乃至翠微峰。峰高八百五十仞，而岚光一碧无际，故山之椒皆曰翠微，而此独以名其峰。有寺在峰之西北，环寺皆古木修篁，其境爽垲，与向之硗角稍异。"

㉓周映：环绕掩映。

㉔瞻眺：远望，观看。

㉕平天矼（gāng）：位于天海，海拔1805米，南山、北山在此分界。矼西为仙桃、石柱、石床诸峰，东端为光明顶，矼南是天海和南海，北为后海。矼长1千米，是长江水系和钱塘江水系的分水岭。

㉖后海：古人将黄山分为所谓前海、天海、北海、东海、西海等五大景区，一般称莲花峰、天都峰以南为南海，也称前海；将狮子峰、始信峰以北为北海，又称后海。徐霞客以平天矼以南为前海，平天矼以北为后海。作者《游黄山日记》万历四十四年（1616）二月初六日日记："矼之兀突独耸者，为光明顶。由矼而下，即所谓后海也。"另参见该日日记注⑬。

㉗智空庵：僧人智空担任住持的寺庵，位于平天矼后。徐霞客首游黄山，智空曾以粥待客，见作者《游黄山日记》二月初六日日记。

㉘狮子林：寺庵名，故址位于黄山北部的狮子峰下的天眼泉附近，建于明万历三十九年（1612），原为一茅庵，为五台山僧一乘游方到此所建。狮子峰，在黄山北部，海拔1690米，因峰形似卧地雄狮，故名。

㉙石笋矼（gāng）：位于始信峰与仙人峰之间。矼上怪石参差，犹如雨后春笋，故称。矼，石岗。参见作者《游黄山日记》万历四十四年（1616）二月初六日日记注⑯。

㉚向年：即指明万历四十四年（1616），徐霞客于是年二月初三至十一日首游黄山。

㉛回攒（cuán）：回环攒聚。

㉜藻绘：谓错杂缤纷的色彩。

㉝匡庐石门：谓庐山以北的石门景观胜概，两词不当断开，系从属关系。明万历四十六年（1618）八月十八日至二十三日，也就是徐霞客再游黄山之前半月，作者曾兴致勃勃游览了江西庐山，并写有《游庐山日记》（本书已选），其中有云："余稔知石门之奇，路险莫能上，遂倩其人为导，约二兄径至天池相待。遂南渡小溪二重，过报国寺，从碧条香蔼中攀陟五里，仰见浓雾中双石岘立，即石门也。一路由石隙而入，复有二石峰对峙。路宛转峰罅，下瞰绝涧诸峰，在铁船峰旁，俱从涧底矗耸直上，

离立咫尺，争雄竞秀，而层烟叠翠，澄映四外。其下喷雪奔雷，腾空震荡，耳目为之狂喜。"可见作者对于石门景观触景生情的惊喜之态。匡庐，即庐山，又名匡山或匡庐，位于今江西省九江市南，鄱阳湖畔，长江之侧。相传周朝有匡氏七兄弟上山修道，居于草庐中，山因以得名。景区长约25千米，宽约10千米，以海拔1474米的汉阳峰为最高，牯岭镇海拔1167米，被称为云中山城。庐山景致秀美，尤以瀑布名闻天下。详见前选《游庐山日记》。

㉞一体：谓其山峰的某一种形态或其山势。

㉟闳（hóng）博：宏伟博大。

㊱接引崖：位于黄山东部始信峰渡仙桥，桥侧有著名的接引松。始信峰位于黄山北海散花坞东，凸起于绝壑之上，为三十六小峰之一，海拔1683米。据说明代黄习远自云谷寺游至此峰，如入画境，似幻而真，方信黄山风景奇绝，并题名"始信"，传播遐迩。这里怪石争妍，奇松林立，向为文人雅士所赏。参见作者《游黄山日记》万历四十四年（1616）二月初六日日记注㊵。

㊲阴阴：幽暗貌。唐李端《送马尊师》诗："南入商山松路深，石床溪水昼阴阴。"异：不同寻常。

㊳冈上尖峰：这里当指始信峰三尖。清袁枚《黄山游记》："趁日未落，登始信峰。峰有三，远望两峰夹峙，逼视之，尚有一峰隐身落后。峰高且险，下临无底之溪。"

㊴棘草：泛指有芒刺的草木。

初六日 别霞光①，从山坑向丞相原②。下七里，至白沙岭③，霞光复至。因余欲观牌楼石④，恐白沙庵无指者，追来为导。遂同上岭，指岭右隔坡，有石丛立，下分上并，即牌楼石也。余欲逾坑溯涧，直造其下⑤。僧谓："棘迷路绝，必不能行。若从坑直下丞相原，不必复上此岭；若欲从仙灯而往⑥，不若即由此岭东向。"余从之，循岭脊行。岭横亘天都、莲花之北，狭甚，旁不容足，南北皆崇峰夹映。岭尽北下，仰瞻右峰罗汉石⑦，圆头秃顶，俨然二僧也。下至坑中，逾涧以上，共四里，登仙灯洞。洞南向，正对天都之阴⑧。僧架阁连板于外⑨，而内犹穹然⑩，天趣未尽刊也⑪。复南下三里，过丞相原，山间一夹地耳。其庵颇整，四顾无奇，竟不入。复南向循山腰行，五里，渐下。涧中泉声沸然⑫，从石间九级下泻，每级一下有潭渊碧⑬，所谓九龙潭也⑭。黄山无悬流飞瀑，惟此耳。又下五里，过苦竹滩⑮，转循太平县路，向东北行⑯。

[注释]

①霞光：狮子林住持僧法号。参见作者《游黄山日记》万历四十四年（1616）二月初六日日记注㊳。

②丞相原：又称丞相源，位于黄山钵盂峰下，在罗汉峰和香炉峰之间，海拔890米。相传南宋右丞相程元凤曾在此读书，故名。明人建有掷钵禅院，明代崇祯间文士傅严漫游至此，应掷钵禅僧之求，手书"云谷"二字，此后禅院即改名"云谷寺"。参见作者《游黄山日记》万历四十四年（1616）二月初六日日记注㉜。

③白沙岭：位于黄山皮蓬与丞相原之间，云谷寺西北，以其地积沙色白，故称。下文之"白沙庵"即在其下之岔路口。

④牌楼石：黄山岩石造型之一，位于白沙岭附近，以其"下分上并"形如牌楼，故称。有选本或注云"即天牌，又名仙人榜、天榜"云云，显然有张冠李戴之嫌。徐霞客首游黄山曾观览位于黄山飞龙峰的仙人榜景

观，其峭壁数丈，色黄如皇榜，上有绿色篆书，无人能辨识。《游黄山日记》万历四十四年（1616）二月初七日日记："仰视峰顶，黄痕一方，中间绿字宛然可辨，是谓'天牌'，亦谓'仙人榜'。"这与下文"有石丛立，下分上并"的描述显然不同。

⑤造：到，去。

⑥仙灯：即下文所云之仙灯洞，位于白沙岭与皮蓬附近。据说夜晚其洞口偶有明亮如星之"仙灯"闪烁，或称"圣灯"显现。清刘大櫆《游黄山记》："将逾白沙岭，不竟，折入深壑中。有洞深五十馀步，前广丈馀，中倍之，其后益广，而一壁间之为二洞，其右洞，中有二池，僧架木为室，流水出其下，激石作声，夜分时，光点点如灯出洞外，是曰仙灯之洞。去洞数里，循涧而上，至披蓬，则诸峰皆聚，所见略如始信峰然。"所谓"仙灯"，不仅黄山有传说，庐山、三学山、蓬州、潭州等地皆有类似传说并且形诸诗文，不过皆可遇而不可求，有缘人方能一睹这"仙灯"或"佛灯"的神采。明正德十四年（1519）身处庐山天池山的著名学者王守仁写有《文殊台夜观佛灯》七绝："老夫高卧文殊台，拄杖夜撞青天开。散落星辰满平野，山僧尽道佛灯来。"仙灯的出现机理，涉及气象学、地质学乃至生物学等多重领域，极为罕见，现代科学至今也没有给出圆满的答案。看来黄山仙灯洞之传闻也只能姑且存疑了。

⑦罗汉石：当指位于黄山罗汉峰上的两座岩石造型。罗汉峰位于黄山东端的云谷寺旁，在香炉峰与仙都峰之间，为三十六小峰之一，海拔1157米。其峰近旁有仙灯洞、丞相原、红泉溪诸景。

⑧阴：山的北面。

⑨架阁连板：即修建栈道。

⑩穹然：深阔貌。

⑪天趣未尽刊：意谓不失天然的意趣。

⑫沸然：形容泉水翻涌如同水煮沸的声音。

⑬渊碧：水深呈碧绿色。

⑭九龙潭：又名九龙瀑，位于黄山罗汉峰与香炉峰之间，为黄山最为壮观的瀑布。源于天都、玉屏、炼丹、仙掌诸峰，出丞相原，悬于千仞青壁之上，飞流九折而下，一折一潭，瀑折为九，故名九龙瀑，潭潴亦九，故又名九龙潭，堪与庐山瀑布媲美。清刘大櫆《游黄山记》："下丞相源里许，山回溪转，有飞泉自丛薄中腾踊，至崖端而下注。洞注为瀑，瀑注为潭，潭复注为瀑。一曲一潭，累累岩壑之阿。凡九瀑悬下。雨过则流急，而飞挂如龙，是之曰九龙瀑水。"

⑮苦竹滩：即苦竹溪，位于汤口镇东北五里许的九龙潭下。

⑯"转循"二句：有关徐霞客再游黄山毕又取道太平县以后的游踪，丁文江《徐霞客先生年谱》未予记述，唯陈函辉《徐霞客墓志铭》有云："丁巳家居，亦入善权、张公诸洞；登九华而望五老，则戊午也。"这是转述霞客的夫子自道，并未提及其戊午再游黄山的踪迹，却有万历四十六年"登九华"之说。按九华山位于池州府青阳县（今属安徽）西南，与太平县相邻却在其西北，而非"向东北行"可达者，徐霞客欲登九华山若非不得已而循山路绕行，则当另有目的地。因无日记或其他有关记述留存，"登九华"说只能姑且存疑。太平县：宁国府太平县（今安徽黄山市黄山区），位于黄山北麓，青弋江上游。宁国府，治所宣城县（今安徽宣州市），明代直隶南京，下辖宣城、宁国、南陵、泾县、旌德、太平等县。

[评析]

明万历四十六年（1618）八月十八至二十三日，徐霞客有庐山之游。这一年的九月初四至初六日，徐霞客再游黄山，时年三十三岁，正值年富力强的人生岁月。至于八月二十四日至九月初二日的九天行踪，因本日记开篇即有"出白岳榔梅庵"一句,论者多认为这是徐霞客曾再游白岳山的证据,但苦无日记遗存,又无其他材料为旁证,姑且存疑而已。与第一次游黄山正值初春雨雪天气不同,徐霞客再游黄山适值天高气爽的秋月,摆脱了恶劣的气象条件,自然畅游山景,因而三天即可收功。再游黄山,徐霞客仍循首游路径,从南线进入景区。初四日从汤口算起,汤池洗浴后经朱砂庵、石门、文殊院,历经艰难,终于登上天都峰,下山后止宿于文殊院。初五日又从文殊院出发,登顶莲花峰,下岭后过大悲顶至炼丹台,又过平天矼、狮子林、石笋矼,上接引崖,由始信峰侧晚归狮子林寄宿。初六日经丞相原、白沙岭,观览牌楼石,又登仙灯洞,考察完九龙潭的悬流飞瀑,经过苦竹滩,遵循太平县路,告别了黄山。三天的游历安排紧凑,畅快淋漓。初四日登上最难攀登的天都峰后,对于美不胜收的黄山云雾以及诸峰弥漫于银海中的神奇景象,别有会心。初五日一早爬上黄山第一高的莲花峰后,面对四下"鲜映层发"的美景,不禁"狂叫欲舞",达到了其三日游的高潮。

由于山峰相对位置的变化以及观测者立足点的不同,在没有科学测量手段的古代,黄山诸峰的绝对高度实在难以测定,特别是黄山天都峰和莲花峰的高矮只相差60余米,两者孰兄孰弟,旧时向无定论,文献著录一般多说天都高于莲花,似成定论。黄山系由中生代巨大花岗岩侵入体构成,富于节理,莲花峰、天都峰与文殊院呈西北—东南方向的一条直线,正是循节理的走向侵蚀的结果。徐霞客第二次游黄山时,与僧人凌虚一起登上莲花峰顶,由于身临其境,凭借其目测以及主观感觉,终于确定天都峰俯首屈居于莲花峰下的事实,难能可贵!

云海与温泉而外,对于黄山的奇峰怪石,作者在其游记中也多有涉及。黄山地貌以平天矼为界可分为前后两个部分,即作者笔下的"前海"与"后海"之别。前海的山势雄伟,壁立千仞;后海的山形俊秀,玲珑剔透。前海的山体多为粗花岗岩构成，由于受第四纪冰川影响，花岗岩常常发育为直立或近乎直立的主要纹理，在风雨侵蚀或地壳变迁等外力的作用下，岩体形成巨大的柱状体或种种奇特的形状，这样便形成了黄山特有的奇峰怪石。"石峰片片夹起"的繁复，"峰石回攒，藻绘满眼"的壮美，在作者笔下灵动飞舞，令读者如临其境，目不暇接。至于对黄山松的记述，如前篇《游黄山日记》对早已消失的扰龙松的生动描绘，为今天的植物学研究提供了宝贵资料，这里不再赘述。

游九鲤湖日记① 福建兴化府仙游县②

浙、闽之游旧矣③。余志在蜀之峨眉、粤之桂林④,至太华、恒岳诸山⑤;若罗浮、衡岳⑥,次也。至越之五泄⑦,闽之九漈⑧,又次也。然蜀、广、关中⑨,母老道远,未能卒游⑩;衡湘可以假道⑪,不必专游。计其近者,莫若由江郎三石抵九漈⑫,遂以庚申午节后一日⑬,期芳若叔父启行⑭,正枫亭荔枝新熟时也⑮。

[注释]

①九鲤湖:位于今福建仙游县钟山镇,在县城东北13千米的万山之巅,为一天然湖泊。相传汉武帝时,有何氏九兄弟在此炼丹济世,丹成跨鲤升天成仙,九鲤湖因而得名。湖的四周林木葱茏,千岩竞秀,怪石嵯峨,映衬碧水一泓,景色优美。九漈瀑布是这里最著名的景观,计有雷轰漈、瀑布漈、珠帘漈、玉柱漈、石门漈、五星漈、飞凤漈、棋盘漈、将军漈九瀑,除第一漈雷轰漈在九鲤湖上游外,其他八漈均在湖下峡谷中。各漈落差大至百馀米,小仅三五米,最为壮观者为瀑布、珠帘、玉柱三漈。徐鲤九《九鲤湖志·地理志·山脉水系》:"九鲤湖在主干山脉之东南,其水源有二,一由朗桥溪(即杨梅溪)、留泉溪、长宅溪(即大陂溪)会于大洋,一由马湖溪合西林溪、下蒋溪、桥头溪会于大洋溪入九鲤湖,出为莒溪,为延寿溪入于海。"

②兴化府:明洪武元年(1368)改元兴化路置,属福建省,治所莆

田县（今福建莆田市），辖境相当于今莆田、仙游等市县地，1913年废。仙游县：唐天宝元年（742）改清源县置，属清源郡，治所即今福建仙游县。清同治《福建通志》卷二《沿革》谓仙游"临川何氏兄弟九人学道于此，仙去，故名"。宋代属兴化军，元属兴化路，明清属兴化府，1913年属福建南路道，1928年直属福建省。

③浙闽之游：明万历四十一年（1613），徐霞客首至浙江旅游，先到普陀山，惜无日记留存；继而首游天台山与雁荡山，分别有日记记述（本书已选）。万历四十四年（1616），徐霞客至福建游武夷山，也有日记留存（本书已选）。这次游浙、闽在万历四十八年（1620），与前游浙、闽已分别相隔七年与四年，故曰"旧矣"。

④蜀之峨眉：位于今四川峨眉山市西南7千米，处于四川盆地西南缘，与浙江普陀山、安徽九华山、山西五台山并称佛教四大名山。其山山势逶迤，犹如蟒首蛾眉，细而长，美而艳，故名。有大峨、二峨、三峨之分，以大峨最为壮观，主峰万佛顶海拔3099米，有"峨眉天下秀"之美誉。明清佛寺众多，近百座，为佛教普贤菩萨道场。据清钱谦益《徐霞客传》，徐霞客于其母去世后曾两至峨眉，第一次因发生兵乱而返，明崇祯九年（1636）丙子"再登峨眉"，可惜皆未有日记留存。今人考证，或谓徐霞客平生未至四川，更未去过峨眉山。蜀，四川的简称。粤之桂林：位于今广西壮族自治区东北部，这里主要指桂林山水，在北起兴安，南至阳朔的100余千米的范围内。岩溶地貌构成桂林诸山奇峰耸立、岩洞众多，独秀峰、象鼻山、七星岩等胜景美不胜收，漓江清流映衬山景，素有"桂林山水甲天下"之美誉。

⑤太华：太华山，即华山，又称太山，是五岳中的西岳，位于今陕西华阴市南5千米，以西有少华山，故又有太华山之称。南接秦岭，北瞰黄渭，自古以来就有"奇险天下第一山"之誉。华山有东（朝阳）、西（莲

花)、南(落雁)、北(云台)、中(玉女)五座主峰,其中南峰即落雁峰,海拔2160.5米,是华山最高主峰,也是五岳最高峰,古人尊称它是"华山元首"。华山是我国道教主流全真派的圣地。恒岳:即恒山,又称太恒山、常山、元岳,清代以后官方专指为五岳中的北岳,位于今山西大同市浑源县城南10千米,主峰天峰岭在浑源县城南,海拔2016.1米。天峰岭与其西之翠屏山对峙,浑水中流,有悬空寺等著名景观。

⑥罗浮:又称东樵山,位于今广东博罗县境内东江之滨,与位于南海县的西樵山有"二樵"之誉。罗浮由罗山与浮山构成,据说后者由东海浮来,倚于固有的罗山东北,故称。两山由铁桥峰横贯相联,罗山主峰飞云顶海拔1296米,浮山主峰由上界三峰组成,鼎足峭立,与飞云顶并峙。共有大小山峰432座,飞瀑名泉多达980多处,洞天奇景18处,石室幽岩72个,被道教尊为天下第七大洞天、三十四福地,佛教则以罗浮为第一禅林。衡岳:即衡山,是五岳中的南岳,位于今湖南中部偏东南,绵亘于衡阳、湘潭两盆地间,主体部分在今衡阳市南岳区和衡山、衡阳县境内。据志书记载,因其位于二十八宿的轸星之翼,"变应玑衡","铨德钧物",犹如衡器,可称天地,故名衡山。山势雄伟,有大小山峰七十二座,以祝融、天柱、芙蓉、紫盖、石廪五峰最为著名,是中国著名的道教、佛教圣地,环山有寺、庙、庵、观两百多处,主峰祝融峰海拔1300.2米。

⑦越之五泄:即五泄瀑布,位于今浙江诸暨市西18千米,即五条瀑布的总称。瀑布从五泄山巅分五级飞奔而下,景状各异,下汇东龙潭,总称五泄溪。溪两岸有七十二峰、三十六坪、二十五岩,争奇竞秀,夺人心魄。山间有五泄寺,建于唐代。越,通常代称今浙江一带。

⑧闽之九漈(jì):即福建九鲤湖附近的九条瀑布。清顾祖禹《读史方舆纪要》卷九六《福建二·仙游县》:"九鲤湖,县东北六十里万山中,湖之前山曰飞凤,后山曰高阳,盘旋环抱,湖潴其中。《志》云:九仙诸

山自永福而下，重山稠叠，几百馀里，至此石峡天开，悬崖无际，数百里之水来入石窍石穴中，潴为石湖。湖水日夜从高坠下，岩石嶮巘巃嵸，水流溃激，洞心骇目，春夏间其观尤伟。湖上有何仙祠，相传九仙丹成，跨九鲤上升处也。湖之北为黄鸡滩，南为茶槽潭。湖水东南行，被崖而下为瀑布，而潭，而陂，又绕山而行数十曲而为莒溪，为寿水，其终入海。此其大略也。中分九漈：一曰雷轰漈，在湖东，何岩之水出而西流，奇石当其中，溯洄击荡，其声如雷。一曰瀑布漈，在雷轰西，相去五十步，奇石悬流，如澡练然。一曰珠帘漈，在湖西，水从岩飞下，去地千仞，喷沫如散珠，稍卑则觖缕成帘也。一曰玉箸漈，从湖西南盘龙山顶灌下，忽歧为两，直下白云洞中，宛如玉箸，亦曰玉柱漈。一曰石门漈，去玉箸西北里许，漈中奇石参差，有二石亭，亭如门，谽谺水流其中。一曰五星漈，距石门二里，有五石相聚如星。一曰飞凤漈，去五星三里，即飞凤山峙于湖前者，其高百仞，十里之外，有泉萦回，注而为漈也。一曰棋盘漈，距飞凤里许，漈中卧一巨石，宛若棋盘。一曰将军漈，距棋盘数里，漈中有两石鹄立，如武夫当关之状。自湖至此，不啻二十里，皆猿崖鸟道，登陟甚艰。《邑志》：湖之奇以九漈，一漈或五里十里，远者二十里，皆两山夹峙，奔流界乎其中，道路迂回奇胜，不可名状。从将军漈南出为莆田县之茳溪。"参见注①。闽，福建的简称。漈，福建一带方言，指瀑布。

⑨广：这里当指两广，即今广东、广西一带。关中：古人指居于众关之中的地域。今指陕西渭河流域一带。《史记·项羽本纪》："关中阻山河四塞，地肥饶，可都以霸。"南朝裴骃集解引徐广曰："东函谷，南武关，西散关，北萧关。"

⑩卒：尽，完成。

⑪衡湘：衡山和湘水的并称，这里即指今湖南一带。假道：借路。《左传·僖公二年》："晋荀息请以屈产之乘，与垂棘之璧，假道于虞以伐

虢。"晋杜预注:"自晋适虢,途出于虞,故借道。"

⑫江郎三石:即江郎山,又名金纯山、须郎山,俗呼三爿石,位于今浙江衢州市江山市东南25千米的石门镇。山形主体为三个高耸入云的巨石,传说是古时候三个姓江的兄弟登上山巅所化,故名。三座石峰呈川字形排列,形成江郎山最具丹霞地貌特色的"三峰列汉"的奇景。三爿石分别称:郎峰,海拔819.1米;亚峰,海拔737.4米;灵峰,海拔765米。三峰状如天柱,摩天插云,石呈五色,拥有"中国丹霞第一奇峰"的美誉。此外,江郎山一线天、巷谷、峡谷以及大量内凹扁平状洞穴和槽龛等地貌景观也各有千秋。以发育阶段而言,这里属于丹霞地貌的晚期阶段。

⑬庚申:即明神宗万历四十八年(1620),这一年八月改为明光宗泰昌元年。午节:端午节的省称,为我国传统的民间节日,时在每年的农历五月初五日,亦以纪念相传于是日自沉汨罗江的古代爱国诗人屈原。明王屋《辛酉端阳日》诗:"午节今朝是,开尊召酒徒。"这一年端午节在公历1620年6月5日。

⑭期:邀约,约定。《诗·鄘风·桑中》:"期我乎桑中,要我乎上宫,送我乎淇之上矣。"芳若叔父:徐霞客族叔徐芳若,生平不详。启行:启程出行。

⑮枫亭:即明枫亭巡检司,位于今福建仙游县东南五十里枫亭镇。《清一统志·兴化府》:"唐为枫亭馆,宋改太平驿,元曰枫亭驿,明置巡司,本朝康熙元年筑堡。"荔枝:著名的亚热带果树,常绿乔木。果初夏至盛夏成熟,卵圆形至心状圆形,色泽鲜艳,微红至紫红,有龟甲状纹。其肉质色、香、味俱全,被公认为果中珍品。主要产区在我国广东中、南部和福建东南部,广西、台湾、四川、云南、贵州的南部也有种植。

二十三日 始过江山之青湖①。山渐合②,东支多危峰峭嶂③,

西伏不起④。悬望东支尽处,其南一峰特耸,摩云插天,势欲飞动。问之,即江郎山也。望而趋,二十里,过石门街⑤。渐趋渐近,忽裂而为二,转而为三;已复半岐其首⑥,根直剖下;迫之,则又上锐下敛⑦,若断而复连者,移步换形⑧,与云同幻矣⑨!夫雁宕灵峰⑩、黄山石笋⑪,森立峭拔,已为瑰观⑫;然俱在深谷中,诸峰互相掩映,反失其奇。即缙云鼎湖⑬,穹然独起⑭,势更伟峻;但步虚山即峙于旁⑮,各不相降⑯,远望若与为一。不若此峰特出众山之上,自为变幻,而各尽其奇也。

[注释]

①江山:江山县(治今浙江江山市),以江郎山得名,明代属衢州府。青湖:当作"清湖",即清湖渡,位于今浙江江山市南十五里清湖乡驻地之清湖,渡跨江山港上游之清溪,明万历中建九清桥。清顾祖禹《读史方舆纪要》卷九三《浙江五·江山县·清湖渡》:"县南十五里,官置浮梁,以济行旅。有清湖镇,为闽、浙要会。闽行者自此舍舟而陆,浙行者自此舍陆而舟矣。"清湖渡在古代为浙闽之要津。

②合:合拢。《山海经·大荒西经》:"西北海之外,大荒之隅,有山而不合,名曰不周负子。"

③东支:山脉的东分支。江山县东一里有航埠山,东南六十里有璩公岭,东南百里有东硗岭。危峰:高峻的山峰。峭嶂:耸立如屏障的山峰。

④西伏不起:谓山脉的西分支山势较为平缓。江山县西有西山,西二里又有骑石山,与西山相接。

⑤石门街:位于江山县南三十里石门山山麓。清顾祖禹《读史方舆纪要》卷九三《浙江五·江山县·江郎山》:"石门山,在县南三十里,

往来者皆道出山麓，谓之石门街。"

⑥半岐其首：谓山根相连，山顶部分一分为二。岐，通"歧"。

⑦上锐下敛：谓山峰上面尖锐，下面收缩，坡度陡峭。

⑧移步换形：移动脚步，山势也随之变换。形容山峰形态变化多端。

⑨幻：变化。

⑩雁宕灵峰：即雁荡山的灵峰，位于雁荡山东内谷，高约270米，与其右之倚天峰相合如掌，又称合掌峰、夫妻峰，与灵岩、大龙湫并称为雁荡三绝。参见前选作者《游雁宕山日记》万历四十一年（1613）四月十一日日记注⑱。

⑪黄山石笋：即黄山石笋矼（gāng），位于始信峰与仙人峰之间。矼上怪石参差，犹如雨后春笋，故称。矼，石岗。参见前选作者《游黄山日记》万历四十四年（1616）二月初六日日记注⑯。

⑫瑰观：谓奇特绚丽的景观。

⑬缙云：古山名，又名仙都山、丹峰山，位于今浙江南部丽水市缙云县东北仙都乡。《清一统志·处州府·山川》："本名缙云山……天宝七年（748）有彩云仙乐之异，敕改今名。《道书》以为第二十九洞天。"传说为黄帝炼丹飞升处。鼎湖：即鼎湖峰，位于缙云山侧，距缙云县城东北9千米。面临好溪，一峰拔地而起，高170.8米。南朝宋谢灵运《名山记》："缙云山旁，孤石屹然，高二百丈，鼎有湖，生莲花。"其名源于此。又因其状如柱，形似笋，故又有天柱峰、玉柱峰、石笋诸称。

⑭穹然：物体中间隆起四周下垂的样子。

⑮步虚山：古山名，位于缙云县东北缙云山侧。《清一统志·处州府·山川》："步虚山在缙云县东二十七里。山巅平敞如坛墠。又有小峰，形如北斗，一名斗岩。"其山巅有隐真洞，相传唐刘隐真曾在此修炼。

⑯各不相降：意谓山的高度相差无多。

六月初七日 抵兴化府①。

[**注释**]

①兴化府：这里指兴化府治所莆田县（今福建莆田市）。

初八日 出莆郡西门①，西北行五里，登岭，四十里，至莒溪②，降陟不啻数岭矣③。莒溪即九漈下流。过莒溪公馆④，二里，由石步过溪⑤。又二里，一侧径西向山坳⑥，北复有一磴⑦，可转上山。时山深日酷⑧，路绝人行，迷不知所往。余意鲤湖之水，历九漈而下，上跻必有奇境⑨，遂趋石磴道。芳叔与奴辈惮高陟⑩，皆以为误。顷之，境渐塞⑪，彼益以为误，而余行益励。既而愈上愈高，杳无所极⑫，烈日铄铄⑬，余亦自苦倦矣。数里，跻岭头，以为绝顶也；转而西，山之上高峰复有倍此者。循山屈曲行，三里，平畴荡荡⑭，正似武陵误入⑮，不复知在万峰顶上也。中道有亭，西来为仙游道，东即余所行。南过通仙桥⑯，越小岭而下，为公馆⑰，为钟鼓楼之蓬莱石⑱，则雷轰漈在焉⑲。涧出蓬莱石旁，其底石平如砥⑳，水漫流石面，匀如铺縠㉑。少下，而平者多洼，其间圆穴㉒，为灶㉓，为臼㉔，为樽㉕，为井㉖，皆以丹名㉗，九仙之遗也㉘。平流至此，忽下堕湖中，如万马初发，诚有雷霆之势㉙，则第一漈之奇也。九仙祠即峙其西㉚，前临鲤湖。湖不甚浩荡，而澄碧一泓㉛，于万山之上，围青漾翠，造物之酝灵亦异矣㉜！祠右有石鼓、元珠、古梅洞诸胜㉝。梅洞在祠侧，驾大石而成者，有罅成门㉞。透而上㉟，旧有九仙阁㊱，祠前旧有水晶宫㊲，今俱圮㊳。当祠而隔湖下坠,则二漈至九漈之水也。余循湖右行,已至第三漈,急与芳叔返。曰:"今夕当澹神休力㊾,静晤九仙。劳心目以奇胜㊵,且俟明日也。"返祠,往蓬莱石,跣足步涧中㊶。石濑平旷㊷,清流轻浅,十洲三岛㊸,竟褰衣而涉也㊹。晚坐祠前,新月正悬峰顶,俯挹平湖㊺,神情俱朗,静中沨沨㊻,时触雷漈声㊼。是夜祈梦祠中㊽。

[注释]

①莆郡西门:兴化府治莆田县城西门。

②苎(jǔ)溪:位于府治莆田县城西五十里。清顾祖禹《读史方舆纪要》卷九六《福建二·莆田县》:"延寿溪,府北七里。其上源曰苎溪,在府西五十里,首受游洋、漈溪、九鲤湖诸水,东会荻芦、渔沧、八濑水,经延寿村曰延寿溪。"

③降陟:谓下山与登山。不啻(chì):不仅,何止。

④苎溪公馆:位于苎溪侧,徐鲤九《九鲤湖志·地理志·风景》:"苎溪公馆,莆田县宰蔡善继建,今废。"公馆,泛指仕宦寓所或公家所造的馆舍。

⑤石步:置于溪流小河中供人渡涉的踏脚石。

⑥山坳:两山间的低下处。

⑦磴(dèng):石台阶。

⑧山深:山路险要。汉司马相如《喻巴蜀檄》:"道里辽远,山川阻深。"

⑨跻(jī):犹攀登。

⑩奴辈:随行的仆从。惮(dàn):畏难,畏惧。《诗·小雅·绵蛮》:"岂敢惮行,畏不能趋。"高陟:向高处攀登。

⑪境渐塞（sài）：谓山行的境况逐渐阻塞。

⑫杳无所极：高远望不到边际。

⑬铄铄（shuò shuò）：光芒闪耀貌。

⑭平畴：平坦的田野。晋陶渊明《癸卯岁始春怀古田舍》诗其二："平畴交远风，良苗亦怀新。"荡荡：广大貌。

⑮武陵：郡名，治所在今湖南常德。晋陶渊明《桃花源记》："晋太元中，武陵人捕鱼为业。缘溪行，忘路之远近。忽逢桃花林，夹岸数百步，中无杂树，芳草鲜美，落英缤纷。"渔人入一山洞，见秦时避乱者的后裔居于其间："土地平旷，屋舍俨然。有良田、美池、桑竹之属。阡陌交通，鸡犬相闻。其中往来种作，男女衣着悉如外人。黄发垂髫，并怡然自乐。"这里即以武陵代指桃花源，比喻理想的境地。

⑯通仙桥：故址位置不详。今所见者为1986年年底竣工的单孔跨度25米的石拱桥，呈玉带形，位于九鲤湖景区的入口处，长50米，宽3.8米，便于通行。

⑰公馆：谓迎仙公馆。徐鲤九《九鲤湖志·地理志·风景》："迎仙公馆，在湖光亭东。明嘉靖间直指李元阳建，隆庆间开府涂泽直指胡维新重修。清雍正间邑宰汪廷英、乾隆间邑宰陈兴柞相继修葺。道光二十八年水灾，圮。"

⑱钟鼓楼：放置钟鼓的楼，古代用以计时报更。这里当是形容蓬莱石造型玲珑之语。蓬莱石：徐鲤九《九鲤湖志·地理志·风景》："蓬莱石在湖东，高可一丈，广倍之。郑东园尚书题字在焉。"

⑲雷轰漈：九漈中第一漈。徐鲤九《九鲤湖志·地理志·风景》："雷轰漈在湖之东，何岩水从东来，下注于湖，漈当其口，怪石与水击荡，其声崩洶如雷。"

⑳砺：即砺石，可作磨刀石和石磨的一种粗石。

㉑縠（hú）：绉纱。

㉒圆穴：即地貌学中所谓"壶穴"，多形成于涧的底部。由于河床底部的水流流入低洼时发生漩涡，旁边的水不断作漩涡状流入，中间部分的水流上升，这种漩涡水流及其所挟带的物质不断破坏河床底部，往往形成很深的坑穴。又由于水流中携带的砾石对坑穴的侧壁进行不断刮擦，使得坑穴壁光滑如镜，其形似井。壶穴由于造形特殊，素有"石面桶"之称。

㉓灶：谓丹灶，古代术士炼丹用的炉灶。这里形容壶穴地貌。徐鲤九《九鲤湖志·地理志·风景》："丹灶，在湖东，水沸石穴，大小不啻百馀枚。"

㉔臼（jiù）：泛称捣物的臼状容器。这里形容壶穴地貌。

㉕樽：即石酒樽，古代盛酒器。这里形容壶穴地貌。徐鲤九《九鲤湖志·地理志·风景》："石酒樽，亦名藏丹器，在石床西，形员大，可五六尺许，上一石作盖。"

㉖井：谓丹井，炼丹取水的井。这里形容壶穴地貌。

㉗丹：这里谓道家炼制的所谓长生不老药。晋葛洪《抱朴子·金丹》："九转之丹服之三日得仙。"

㉘九仙：即何氏九仙君，道教的神仙，为福建省民间信仰之一，台湾也有不少信众。据说九仙君父为闽郡太守何侯，某年重阳，闽地百姓见满天霞光中幻出一朵金莲，分化九日，齐往福州于山飞去（故于山又称九日山）。时何夫人正于后堂小憩，恍惚入梦，见九日直向她奔来，入于其口中，随即受孕，先后诞下九子，分别取名应天、厚福、宏仁、广富、济世、体道、通神、显圣、定慧，是为何氏九仙君。九子中除了长子额头正中竖长一目之外，其馀皆目盲。三十馀年后，九子各取闽江龙津之水擦拭双目，目开眼明，于兴化湖跨鲤鱼升天而去。从此兴化湖遂改为九鲤湖，

而仙游县的名称，也因此而来。

㉙雷霆：震雷，霹雳。《易·系辞上》：“鼓之以雷霆，润之以风雨。”

㉚九仙祠：当即显灵庙。徐鲤九《九鲤湖志·地理志·建置》：“显灵庙，在九鲤湖上，建始莫考。旧祀仙父、仙母，九仙侍焉。”以后改祀仙父、仙母于玉帝楼，显灵庙则专祀九仙。

㉛一泓：清水一片或一道。唐李贺《梦天》诗：“遥望齐州九点烟，一泓海水杯中泻。”

㉜造物：即造物者，特指创造万物的神。《庄子·大宗师》：“伟哉，夫造物者将以予为此拘拘也。”酝灵：谓逐渐造成山水的奇异景象。

㉝石鼓：当即鼓石，位于九鲤湖西。徐鲤九《九鲤湖志·地理志·风景》：“鼓石，距玄珠石五步，摩之则摇，推之不动。”元珠：即玄珠石，位于九鲤湖西。徐鲤九《九鲤湖志·地理志·风景》：“玄珠石，傍湖西，色苍以黑，行员而光，或云水涨则浮，水退则沉。”古梅洞：位于九鲤湖西北。徐鲤九《九鲤湖志·地理志·风景》：“古梅洞，亦名化龙洞，在湖西北，广丈许，深倍之。穿洞而上为玉帝楼。”

㉞罅（xià）：岩石裂缝。

㉟透：通过，穿过。

㊱九仙阁：即玉帝楼，位于显灵庙西。徐鲤九《九鲤湖志·地理志·风景》：“玉帝楼，在显灵庙西，旧为九仙阁。明正德丙子宋善长建，万历间道士苏清华重修，改祀玉帝，仙父、仙母附焉。”

㊲水晶宫：位于九鲤湖侧。徐鲤九《九鲤湖志·地理志·风景》：“水晶宫，俯湖上。明嘉靖戊申，福建副使浙江张谦来谒梦，属仙游知县方宗善建。万历庚辰邑人陈绅、林琨重修。道光二十八年水灾，圮。”

㊳圮（pǐ）：毁坏，坍塌。

㊴淡神休力：谓令心神安静，节省体力。

㊵劳心目以奇胜：谓对优美景物竭尽全力去探幽寻赏。奇胜，谓景物非常优美。《新唐书·文艺传中·王维》："（维）别墅在辋川，地奇胜。"

㊶跣（xiǎn）：赤脚，光着脚。

㊷石濑（lài）：浅水沙石滩。《汉书·司马相如传下》："东驰土山兮，北揭石濑。"唐颜师古注："石而浅水曰濑。"平旷：平坦宽广。

㊸十洲三岛：传说中神仙居住的地方，这里比喻九鲤湖恍如仙境。宋何薳《春渚纪闻·王乐仙得道》："某于十洲三岛，究访并无此人名籍，后检蓬莱谪籍中，始见其名氏乡里也。"

㊹褰（qiān）衣：用手提起裤子。

㊺俯挹（yī）：俯身拜揖，表示崇敬之情。挹，通"揖"。平湖：平静的湖水。

㊻沨沨（fán fán）：这里形容风声、水声宛转悠扬犹如乐曲。《左传·襄公二十九年》："为之歌《魏》，曰：'沨沨乎，大而婉，险而易行。'"晋杜预注："沨沨，中庸之声。婉，约也。险，当为俭字之误也。"

㊼雷漈：简称九漈中的雷轰漈。参见本日记首段注⑧。

㊽祈梦祠中：九鲤湖的祈梦文化影响深远，何氏九仙是民间流传历史最长、影响最广的司梦神灵，其祈梦程序自唐宋以来一直沿用，堪称研究我国祈梦文化的"活化石"。历代达官显贵、骚人墨客如六朝太府卿郑露、宋端明殿学士蔡襄、明礼部尚书陈经邦、江南才子唐寅等皆曾来此祈梦，留下美谈。此外，福建福清石竹山的仙君楼（详下文）、浙江西湖的于谦祠，相传也是其后文人士大夫祈梦灵验之地。祈梦，向神祈求从梦境中预知祸福。明沈德符《万历野获编·征梦·梦宗汝霖》："镇江守君许葵东，先人南宫所录士也。少年祈梦于其乡九鲤湖，梦神人告之曰：'子生平功名，一如宋宗泽。'"

初九日　辞九仙，下穷九漈。九漈去鲤湖且数里，三漈而下①，久已道绝。数月前，莆田祭酒尧俞②，令陆善开复鸟道③，直通九漈，出莒溪。悔昨不由侧径溯漈而上，乃纤从大道④，坐失此奇。遂束装改途，竟出九漈。瀑布为第二漈⑤，在湖之南，正与九仙祠相对。湖穷而水由此飞堕深峡，峡石如劈，两崖壁立万仞⑥。水初出湖，为石所扼⑦，势不得出，怒从空坠，飞喷冲激，水石各极雄观。再下为第三漈之珠帘泉，景与瀑布同。右崖有亭，曰观澜⑧。一石曰天然坐⑨，亦有亭覆之。从此上下岭涧，盘折峡中⑩。峡壁上覆下宽，珠帘之水，从正面坠下；玉箸之水⑪，从旁霭沸溢⑫。两泉并悬，峡壁下削。铁障四围⑬，上与天并；玉龙双舞⑭，下极潭际。潭水深泓澄碧，虽小于鲤湖，而峻壁环锁，瀑流交映，集奇撮胜，惟此为最！所谓第四漈也。

初至涧底，芳叔急于出峡，坐待峡口，不复入。余独缘涧石而进，踞潭边石上，仰视双瀑从空夭矫⑮，崖石上覆如瓮口。旭日正在崖端，与颓波突浪⑯，掩晕流辉⑰。俯仰应接⑱，不能舍去。循涧复下，忽两峡削起，一水斜回，涧右之路已穷。左望，有木板飞架危矶断磴间⑲，乱流而渡⑳，可以攀跻。遂涉涧从左，则五漈之石门矣㉑。两崖至是，壁凑仅容一线㉒，欲合不合，欲开不开，下涌奔泉，上碍云影。人缘陟其间㉓，如猱猿然㉔，阴风吹之㉕，凛凛欲堕㉖。盖自四漈来，山深路绝，幽峭已极，惟闻泉声鸟语耳。出五漈，山势渐开。涧右危峭屏列㉗，左则飞凤峰回翔对之㉘，乱流绕其下，或为澄潭，或为倒峡㉙。若六漈之五星，七漈之飞凤，八漈之棋盘石，九漈之将军岩，皆次第得名矣㉚。然一带云蒸霞蔚㉛，得趣故在山水中㉜，岂必刻迹而求乎㉝？盖水乘峡展，既得自恣㉞，其旁崩崖颓石㉟，斜插为岩，横架为室，层叠成楼，屈曲成洞，悬则瀑，环则流，潴则泉㊱，皆可坐可卧，可倚可濯，荫竹木而弄云烟，数里之间，目不能移、足不能前者竟日。每下一处，见有别穴，必穿岩通隙而入，曲达旁疏，不可一境穷也！若水之或悬或渟㊲，或翼飞叠注㊳，即匡庐三叠、雁宕龙湫㊴，各以一长擅胜㊵，未若此山微体皆具也㊶。出九漈，沿涧依山转，东向五里，始有耕云樵石之家㊷，然见人至，未有不惊讶者。又五里，至莒溪之石步，出向道㊸。

[注释]

①三漈：即珠帘漈，位于九鲤湖西。参见本日记首段注⑧。

②祭酒：官名，明代国子监正官，秩从四品，多由翰林院官迁转，统领国子监训教之政。这里指南京国子监祭酒。尧俞：即林尧俞（1558～1626），字咨伯，号兼宇，莆田（今福建莆田市）人，家居莆田东岩山，明万历十七年（1589）进士。选庶吉士，授编修，历官宫坊赞善、南京国子监祭酒、礼部尚书兼翰林院学士，以忤阉宦引疾归里。天启六年（1626）卒，谥文简。著有《溪堂文集》二卷、《溪堂诗集》四卷、《玉恩堂存稿》八卷传世。事迹见明陈继儒《宗伯兼宇林公传》。

③陆善：人名，生平不详。开复：谓开通修复。鸟道：险峻狭窄的山路。唐李白《蜀道难》诗："西当太白有鸟道，可以横绝峨眉巅。"

④纡：绕行。

⑤瀑布：即第二漈瀑布漈。参见本日记首段注⑧。

⑥万仞（rèn）：形容峭壁高耸。仞，古代长度单位。七尺为一仞。一说八尺为一仞。

⑦扼：阻塞。

⑧观澜：即观澜亭，位于第三漈珠帘漈侧。徐鲤九《九鲤湖志·地理志·建置》："观澜亭，在珠帘漈旁，明万历间直指邓炼建，陈经邦有记，今圮。"

⑨天然坐：即天然坐石，徐鲤九《九鲤湖志·地理志·风景》："天然座石，在湖西悬崖，俯瞰密树低垂，坐石上，珠帘、玉箸了然在目。"

⑩盘折：回环曲折，用如动词。

⑪玉箸之水：即第四漈玉箸漈。参见本日记首段注⑧。

⑫霭：笼罩貌。唐陈标《秦王卷衣》诗："秦王宫阙霭春烟，珠树琼枝近碧天。"

⑬铁障：即铁壁，谓坚黑如铁的石崖。

⑭玉龙：喻泉水、瀑布。宋梅尧臣《同永叔子聪游嵩山赋十二题·天门泉》诗："静若仙鉴开，寒疑玉龙蛰。"

⑮天矫：纵恣貌。

⑯颓波：向下流的水势。北魏郦道元《水经注·沔水》："泉涌山顶，望之交横，似若瀑布，颓波激石，散若雨洒，势同厌源风雨之池。"突浪：横冲直撞的水浪。

⑰掩晕流辉：谓阳光与水浪映衬，流辉溢彩，光影模糊。

⑱俯仰：形容沉思默想。《北史·李密传》："（宇文）化及默然，俯仰良久，乃瞋目大言曰：'共你论相杀事，何须作书传雅语！'"应接：接受。

⑲危矶（jī）：水边耸立突出的岩石。断磴（dèng）：阻塞的石台阶。

⑳乱流：横渡江河。《后汉书·方术传下·徐登》："（赵炳）又尝临水求渡，船人不和之，炳乃张盖坐其中，长啸呼风，乱流而济。"

㉑五漈之石门：即石门漈。参见本日记首段注⑧。

游九鲤湖日记 | 177

㉒凑：挨近，靠拢。

㉓缘陟其间：谓循其边缘攀登。

㉔猕（mí）猿：即猕猴，哺乳动物猴的一种。上身皮毛灰褐色，腰部以下橙黄色，面部微红，两颊有颊囊，臀部有红色臀疣。群居山林中，喧哗好闹。以野果、野菜等为食物。

㉕阴风：阴冷之风。

㉖凛凛：惊恐畏惧貌。《三国志·蜀志·法正传》："初，孙权以妹妻先主，妹才捷刚猛，有诸兄之风，侍婢百余人，皆亲执刀侍立，先主每入，衷心常凛凛。"

㉗危峭：高峻峭拔的石崖。屏列：如屏风般排列。

㉘飞凤峰：位于九鲤湖前。参见本日记首段注⑧。回翔：悠闲自适貌。这里是拟人手法的运用。

㉙倒（dào）峡：谓溪水倾倒于山峡中形成瀑布。

㉚次第：依次。

㉛云蒸霞蔚：同"云兴霞蔚"，谓云气升起，彩霞聚集，比喻景物绚丽多彩。南朝宋刘义庆《世说新语·言语》："顾长康从会稽还，人问山川之美，顾云：'千岩竞秀，万壑争流，草木蒙笼其上，若云兴霞蔚。'"

㉜得趣：领会情趣。宋周必大《二老堂诗话·陶杜酒诗》："陶渊明诗'酒能消百虑'，杜子美云'一酌散千忧'，皆得趣之句也。"

㉝刻迹而求：意同"刻舟求剑"。《吕氏春秋·察今》："楚人有涉江者，其剑自舟中坠于水，遽契其舟曰：'是吾剑之所从坠。'舟止，从其所契者入水求之。舟已行矣，而剑不行，求剑若此，不亦惑乎？"契，一本作"刻"。后因以"刻舟求剑"喻拘泥成法，固执不知变通。

㉞自恣：谓不受约束。

㉟崩崖颓石：谓倒塌崩落的山崖岩石。

㊱潴（zhū）：水停聚处。

㊲渟（tíng）：水聚集不流。

㊳翼飞叠注：形容瀑布或插翅飞舞或分段重叠泻下的不同形态。

㊴匡庐三叠：即庐山三叠泉瀑布，位于庐山东谷会仙亭侧，系因第四纪冰川作用所造成的三级台阶形成，总落差155米，有“庐山第一奇观”之誉。参见前选作者《游庐山日记》万历四十六年（1618）八月二十一日日记注⑱。雁宕龙湫（qiū）：即雁荡山大龙湫，位于西内谷马鞍岭以西八里，水从高约190米的连云嶂凌空而下，为我国著名的大瀑布。参见前选作者《游雁宕山日记》万历四十一年（1613）四月十三日日记注⑮。

㊵擅胜：即擅长，谓在某方面有专长。

㊶微体皆具：意谓此处山水的局部与整体皆可观。

㊷耕云樵石之家：谓在人迹罕至的云雾笼罩、山奇水秀中耕种打柴的山上人家。

㊸向道：谓来时走过的路。

初十日　过蒜岭驿①，至榆溪②。闻横路驿西十里③，有石竹山④，岩石最胜，亦为九仙祈梦所⑤。闽有“春游石竹，秋游鲤湖”语，虽未合其时⑥，然不可失之交臂也⑦。乘兴遂行⑧。以横路去此尚十五里，乃宿榆溪。

[注释]

①蒜岭驿：故址位于今福建福清市西南30千米，明洪武间改蒜岭站置，属福清县。驿站即以岭为名。蒜岭，清顾祖禹《读史方舆纪要》卷九六《福清县·蒜岭》：“蒜岭，县西南五十里，以山形如蒜瓣而名。一云以山石间多产蒜也。登其巅东望涨海，弥漫无际。旧有照海亭。”

②榆溪：似当作渔溪，位于今福建福清市西南。榆与渔，当系音讹。清顾祖禹《读史方舆纪要》卷九六《福建二·福清县》："渔溪，县西南四十五里。源出黄蘖山，流合苏溪。苏溪在县西南四十里，源出莆田县界，流入境合渔溪汇于径江。又蒜岭溪，在县西南蒜岭下，亦曰蒜溪。"

③横路驿：似当作宏路驿，位于今福建福清市西宏路镇。"横"、"宏"，当系音讹。清顾祖禹《读史方舆纪要》卷九六《福建二·福清县》："宏路驿，县西北三十里。北去闽县之大田驿四十里，南至蒜岭驿四十里，又南六十里至兴化府。"清《福州府志》卷二〇《公署三》："福清县宏路驿在县西善福里，宋时建于太平铺之左，元至元十六年徙建，名宏路驿。路东分一里抵县，至蒜岭驿六十里。"

④石竹山：位于今福建福清市西宏路镇，属闽中戴云山馀脉西山山脉南段，主峰状元峰海拔534米，属福建道教名山。山间有紫云洞、桃源洞、通天洞、日月洞、摘星台、化龙窝、鹤影石、蓬壶石、鸳鸯石、棋盘石、龟蛇石、蟠桃石、穴窦、洞天等奇岩怪石组成的天然石景，千姿百态，美不胜收，令人流连忘返。清顾祖禹《读史方舆纪要》卷九六《福建二·福清县》："石竹山，县西二十四里，山多竹树，青葱插天，岩洞泉石，奇胜林立。无患溪出其下。《志》云：石竹山下有宋时军寨。又西有古屯，军乱时邑人屯守之所。"清《福州府志》卷六《山川二》："石竹山，在县西永寿里，去城一十三里。山形峭拔，有石巍然。山少竹而多笋，春秋之交，乡人于此采笋，欲多则不可得，号济贫笋……山半有仙人坪，群峰拱卫。右有观音岩，岩石上覆，中有化龙窝、鹤影石。稍过有紫云洞，左为九仙阁，祀何氏兄弟，远近乞灵于此。"

⑤九仙祈梦所：石竹山南麓半山腰悬崖峭壁上构筑着一组如空中楼阁般的古建筑群，即为石竹山道院。始建于唐大中元年（847），初名灵宝观，后改为石竹寺，兼容释儒文化，由仙君楼、观音殿、文昌阁等组成。

道院内仙君楼供奉何氏九仙君，如同九鲤湖上九仙祠，千馀年来祈梦文化在这里盛传不衰。

⑥未合其时：徐霞客游九鲤湖与石竹山在农历六月，已届夏末，与所谓"春游石竹"时令不合，故云。

⑦失之交臂：谓当面错过机会。语本《庄子·田子方》："吾终身与汝交一臂而失之。"清王先谦集解："虽吾汝终身相与，不啻把一臂而失之，言其暂也。"

⑧乘兴：谓趁一时高兴或兴会所至。南朝宋刘义庆《世说新语·任诞》："王子猷居山阴，夜大雪……忽忆戴安道。时戴在剡，即便夜乘小船就之，经宿方至，造门不前而返。人问其故，王曰：'吾本乘兴而行，兴尽而返，何必见戴？'"

十一日 至波黎铺①，即从小路为石竹游。西向山五里，越一小岭。又五里，渡溪，即石竹南麓②。循麓西转，仰见峰顶丛崖，如攒如劈③。西北行久之，有楼傍山西向，乃登山道也。石磴颇峻，遂短衣历级而上。磴路曲折，木石阴翳④，虬枝老藤⑤，盘结危石欹崖之上⑥。啼猿上下，应答不绝。忽有亭突踞危石⑦，拔迥凌虚⑧，无与为对。亭当山之半⑨。再折，石级巍然直上，级穷，则飞岩檐覆垂半空⑩。再上两折，入石洞侧门，出即九仙阁⑪，轩敞雅洁⑫。左为僧庐，俱倚山凌空，可徙倚凭眺⑬。阁后五六峭峰离立，高皆数十丈，每峰各去二三尺。峰罅石壁如削成，路屈曲罅中，可透漏各峰之顶。松偃藤延⑭，纵目成胜。僧供茗芳逸⑮，山所产也。侧径下，至垂岩，路左更有一径。余曰："此必有异。"从之，果一石洞嵌空立⑯。穿洞而下，即至半山亭。下山，出横路而返⑰。

　　是游也,为日六十有三⑱,历省二⑲,经县十九,府十一,游名山者三⑳。

[注释]

　　①波黎铺:当作玻璃铺,隶属于宏路驿,故址位于今上径镇岭脚村。清《福州府志》卷二〇《公署三》于宏路驿下著录"金印铺、玻璃铺、渔溪铺(宋有驿)、苏溪铺、蒜岭铺(以上俱属福清)"。铺,古代供传递文书、官员来往及运输等中途暂息、住宿的驿站下所设的分支机构。

　　②南麓:山脚南侧。

　　③攒(cuán):聚集。

　　④阴翳(yì):指树木枝叶繁茂成阴。

　　⑤虬(qiú)枝:盘屈的树枝。老藤:即古藤。清《福州府志》卷六《山川二》:"石竹山……又有古藤,高数十丈,藤子圆大如棋。"藤,蔓生植物白藤、紫藤等的通称。

　　⑥欹(qī):歪斜。这里用如动词。

　　⑦突:竖起,凸出。《庄子·说剑》:"吾王所见剑士,皆蓬头突鬓垂冠,曼胡之缨,短后之衣,瞋目而语难。"唐成玄英疏:"发乱如蓬,鬓毛突出。"

　　⑧拔迥:挺拔高远。凌虚:升于空际。三国魏曹植《七启》:"华阁缘云,飞陛凌虚,俯眺流星,仰观八隅。"

　　⑨亭当山之半:此亭即下文所言之半山亭,位于石竹山半山腰处。宋林希逸《半山亭》诗:"登山才至半,脚倦步宜休。欲知佛境界,须上到上头。"

　　⑩檐覆:如屋檐一般罩覆。檐,名词作状语。

⑪九仙阁：当即石竹寺中的仙君楼，或称九仙祠。参见本日记初十日日记注④。

⑫轩敞：宽敞明亮。

⑬徙倚：犹徘徊，逡巡。《楚辞·远游》："步徙倚而遥思兮，怊惝恍而乖怀。"

⑭偃：覆盖。唐张乔《寻桃源》诗："水垂青霭断，松偃绿萝低。"

⑮芳逸：芳香四溢。

⑯嵌空：凹陷。宋范成大《吴船录》卷下："沿江石壁下，忽嵌空为大石屋，即石凿为像。"

⑰横路：即宏路驿，参见本日记初十日日记注③。

⑱为日六十有三：徐霞客这次出游从农历五月初六日启程赴浙，至六月十一日由石竹山的宏路驿踏上归途，共历时三十五天，返程费时二十八天，日记没有透露其萍踪。

⑲历省二：谓浙江与福建两省。

⑳名山者三：谓浙江江山的江郎山以及福建仙游居于万山之巅的九鲤湖、福清的石竹山。

[评析]

明神宗万历四十八年（1620）五六月间，三十四岁的徐霞客相约其族叔徐芳若为伴，开始了他有日记记述的第八次出游，写下了《游九鲤湖日记》。这篇日记名曰"游九鲤湖"，实则旅游了三地。位于浙江江山县的江郎山（我国丹霞地貌的名山）是他此次出行的第一站，虽笔墨无多，却将"势欲飞动"、"自为变幻"的江郎山的特殊风貌淋漓尽致地表现了出来。九鲤湖之游是其第二站，占据了本日记记述的主要部分。九鲤湖以其附近的九条瀑布闻名于世，"湖不甚浩荡，而澄碧一泓"的湖水给徐霞客留下了记忆尤深的印象，以致十六年以后作者在游浙江金华一带的岩溶漏斗地貌的无水洼地时，仍能联想到位于仙游的这一山巅湖泊（参见后选《浙游日记节选游金华兰溪溶洞》）。"数里，跻岭头，以为绝顶也；转而西，山之上高峰复有倍此者。循山屈曲行，三里，平畴荡荡，正似武陵误入，不复知在万峰顶上也"，日记中的这几句话看似轻易，实则忠实地将山区阶梯状地形淋漓尽致地描述了出来。阶梯地形多分布在多次上升的山地和断块山地，在岩层软硬相间、山状平缓的地区，由于流水侵蚀可以形成梯状地形。夷平面形成后，如果受到多次地壳的强烈抬升而呈现不同的高度，经过长期的侵蚀，就会形成大范围的阶梯状地形。对于"瀑流交映，集奇撮胜"的呈现阶梯地形风貌的九漈胜境，作者富于文学色彩的描写更令仙游山水熠熠生辉。

本游记的最后一站即位于福清的石竹山，为与九鲤湖毗邻的另一风景名胜之区。便道顺路的乘兴之游，尽管文字无多，却也言简意赅，一往情深。徐霞客曾先后五次游历福建，第一次为万历四十四年（1616），有《游武彝山日记》；第二次为万历四十八年（1620），有《游九鲤湖日记》；第三次为崇祯元年（1628），有《闽游日记前》；第四次为崇祯三年（1630），有《闽游日记后》；第五次为崇祯六年（1633），仅见于黄道周诗文，未留下游记文字。作者从三十一岁至四十八岁的十八年间竟然五次入闽，可见徐霞客对于祖国东南这一方水土的兴趣盎然。

明陈仁锡是徐霞客友人，其《晴山堂记》谓徐霞客因母亲卧病，专门到九鲤山祈梦祠中敬问母寿，孝子之心终于得到神的眷顾。这一说法得到后世一些注家的响应，实则因时间前后相差一年，无非捕风捉影，诚为虚妄。关于此说，早有论者考辨，这里不再赘言。

陈桥驿《晚明三位旅行家评述》曾对明末王士性、袁宏道、徐霞客三位旅游达人进行了简单的比较，认为王士性是学术型旅行家、袁宏道是文学型旅行家，徐霞客则是纪实型旅行家（见《徐霞客逝世360周年纪念文集》2001年版），极为中肯。如本日记中对于九鲤湖一带山涧底"而平者多洼，其间圆穴，为灶，为臼，为樽，为井"的形象性描述，就是对地貌学中所谓"壶穴"的忠实记录，这在今天仍然具有极高的认识价值。

游嵩山日记① 河南河南府登封县②

余髫年蓄五岳志③,而玄岳出五岳上④,慕尤切。久拟历襄、郧⑤,扪太华⑥,由剑阁、连云栈⑦,为峨眉先导⑧;而母老志移⑨,不得不先事太和⑩,犹属有方之游⑪。第沿江溯流⑫,旷日持久,不若陆行舟返,为时较速。乃陆行汝、邓间⑬,路与陕、汴略相当⑭,可以兼尽嵩、华⑮,朝宗太岳⑯。遂以癸亥仲春朔⑰,决策从嵩岳道始。凡十九日,抵河南郑州之黄宗店⑱。由店右登石坡,看圣僧池⑲。清泉一涵⑳,渟碧山半㉑。山下深涧交叠,涸无滴水。下坡行涧底,随香炉山曲折南行㉒。山形三尖攒立如覆鼎㉓,众山环之,秀色娟娟媚人㉔。涧底乱石一壑,作紫玉色。两崖石壁宛转㉕,色较缜润㉖;想清流汪注时㉗,喷珠泄黛㉘,当更何如也!十里,登石佛岭㉙。又五里,入密县界㉚,望嵩山尚在六十里外。从岐路东南二十五里㉛,过密县㉜,抵天仙院㉝。院祀天仙,黄帝之三女也㉞。白松在祠后中庭㉟,相传三女蜕骨其下㊱。松大四人抱,一本三干㊲,鼎耸霄汉㊳,肤如凝脂㊴,洁逾傅粉㊵,蟠枝虬曲㊶,绿鬣舞风㊷,昂然玉立半空,洵奇观也㊸!周以石栏。一轩临北㊹,轩中题咏绝盛。徘徊久之㊺,下观滴水㊻。涧至此忽卜跌,一崖上覆,水滴历其下㊼。还密,仍抵西门㊽。三十五里,入登封界,曰耿店㊾;南向为石淙道㊿,遂税驾焉㊾。

[注释]

①嵩山：伏牛山脉的一支，其主体位于今河南西部登封市西北，由太室山与少室山组成，东西绵延60余千米。古代有所谓"外方"、"嵩高"、"崇山"等别称，在"五岳"中因地处中原，故称中岳。嵩顶又名峻极峰，海拔1491.7米，为太室山的最高峰；连天峰海拔1512米，为少室山最高峰。嵩山山峦起伏，有太阳、少阳、明月、玉柱、万岁、凤凰等著名山峰七十二座，北瞰黄河、洛水，南临颍水、箕山，东通郑汴，西连十三朝古都洛阳，是古代都城洛阳东方的重要屏障，一向为京畿之地，又是中国佛教禅宗的发源地和道教圣地，具有深厚的文化底蕴。《诗经·大雅·崧高》有"崧高维岳，峻极于天"之誉，就是赞美嵩山的诗句。这里有汉代嵩山三阙（太室阙、少室阙、启母阙）、北魏嵩岳寺塔、少林寺、嵩阳书院等名胜古迹，驰名中外。

②河南府：唐开元元年（713）改洛州置，治所洛阳、河南二县（今河南洛阳市），辖境相当于今河南济源市以及洛宁、渑池等县以东，新密、巩义两市以西伊、洛、河流域。金兴定初改金昌府，元改河南府路，明改为河南府，1913年废。登封县：唐万岁登封元年（696）改嵩阳县置，属洛州。唐开元元年（713）属河南府，金属金昌府，元属河南府路，明属河南府，位于其东部。1927年直属河南省，1994年改登封市。

③髫（tiáo）年：幼年。髫，儿童下垂之发。晋陶渊明《桃花源记》："黄发垂髫，并怡然自乐。"五岳：我国五大名山的总称，古书中记述略有不同，一般指东岳泰山、南岳衡山、西岳华山、北岳恒山、中岳嵩山。《周礼·春官·大宗伯》："以血祭祭社稷、五祀、五岳。"汉郑玄注："五岳，东曰岱宗，南曰衡山，西曰华山，北曰恒山，中曰嵩高山。"

④玄岳：这里当指位于今湖北十堰市的武当山，即太和山，此山在明

代有特殊的政治地位，传说真武神人（即玄武神）曾在此修道。明永乐中尊真武为帝，成为道教圣地。因尊此山为大岳，亦名玄岳。参见本书《游太和山日记》。

⑤襄：当指襄阳府，北宋宣和元年（1119）改襄州置，治所在襄阳县（今湖北襄阳市汉水南襄阳城），辖境相当于今湖北襄阳、南漳、谷城、宜城等市县地。元改襄阳路，明复为襄阳府，1912年废。郧（yún）：郧阳府，明成化十二年（1476）置，属湖广布政司，治所在郧县（今属湖北），辖境相当于今湖北郧县、保康县以西地区。清属湖北省，1912年废。

⑥扪：攀登。宋陆游《入瞿唐登白帝庙》诗："峭壁空仰视，欲上不可扪。"太华：太华山，即西岳华山，位于今陕西省华阴市南，因其西有少华山，故称太华。

⑦剑阁：即剑阁道，位于今四川剑阁县东北大剑山与小剑山之间，为石牛道中一段。三国蜀汉诸葛亮重凿剑山架道，以通军旅。东晋常璩《华阳国志·汉中志》谓汉德县"有剑阁道三十里，至险"，在古代为川陕间主要通道。连云栈（zhàn）：又名秦栈，位于今陕西汉中市西北，即褒斜栈道。

⑧峨眉：即峨眉山，位于今四川峨眉山市西南7千米，处于四川盆地西南缘，与浙江普陀山、安徽九华山、山西五台山并称佛教四大名山。其山山势逶迤，犹如蟾首蛾眉，细而长，美而艳，故名。有大峨、二峨、三峨之分，以大峨最为壮观，主峰万佛顶海拔3099米，有"峨眉天下秀"之美誉。明清佛寺众多，近百座，为佛教普贤菩萨道场。先导：开道，引路。

⑨母老志移：谓因母亲衰老而改变初衷。据清钱谦益《徐霞客传》，徐霞客于其母去世后曾两至峨眉，第一次因发生兵乱而返，明崇祯九年

(1636)丙子"再登峨眉",可惜皆未有日记留存。今人考证,或谓徐霞客平生未至四川,更未去过峨眉山。

⑩事:这里是游览的意思。太和:太和山,即武当山,位于今湖北十堰市境内,为我国名山之一,方圆400千米,主峰天柱峰海拔1612米,有七十二峰、二十四涧、十一洞、三潭、九泉、十池、九井等胜景,峰奇谷险,为著名道教圣地。明永乐、嘉靖两朝皆曾大兴土木,构建道教建筑。参见本书后选《游太和山日记》。

⑪有方之游:谓有一定的去向、处所的外出游历。语本《论语·里仁》:"父母在,不远游,游必有方。"三国魏何晏集解:"郑曰:'方,犹常也。'"宋邢昺疏:"父母既存,或时思欲见己,故不远游,游必有常所,欲使父母呼己,得即知其处也。"

⑫第:副词。但是,表示转折。沿江溯流:逆着长江的水流方向而行舟。

⑬汝:即汝州,唐贞观八年(634)改伊州复置,治所在梁县(今河南汝州市),辖境相当于今河南汝州、平顶山二市及汝阳、郏县、宝丰、襄城、叶县、鲁山等县地。明成化十二年(1476)升为汝州直隶州,1913年废,改为临汝县。邓:即邓州,隋开皇七年(587)改荆州置,治所在穰县(今河南邓州市),辖境相当于今河南邓州、南阳二市及南阳、新野、内乡、西峡、淅川、镇平、南召等县地。1913年改为邓县。

⑭陕:即陕州,北魏太和十一年(487)置,治所在陕县(今河南三门峡市西陕县老城),辖境相当于今河南三门峡、陕县、洛宁、渑池、灵宝等市县及山西运城、平陆、芮城等市县地。明属河南府,清雍正二年(1724)升为陕州直隶州,1913年改为陕县。汴:即汴州,北周建德五年(576)改梁州置,治所在浚仪县(今河南开封市),以城临汴水故名。后晋复升为开封府。明仍之,为河南省治。1913年废。

⑮嵩：即嵩山，参见注①。华：即华山，又称太华山、太山，是五岳中的西岳，位于今陕西华阴市南5千米，以西有少华山，故又有太华山之称。南接秦岭，北瞰黄渭，自古以来就有"奇险天下第一山"之誉。华山有东（朝阳）、西（莲花）、南（落雁）、北（云台）、中（玉女）五座主峰，其中南峰即落雁峰海拔2160.5米，是华山最高主峰，也是五岳最高峰，古人尊称它是"华山元首"。华山是我国道教主流全真派的圣地。

⑯朝宗：古代诸侯春、夏朝见天子，后泛称臣下朝见帝王。《周礼·春官·大宗伯》："春见曰朝，夏见曰宗，秋见曰觐，冬见曰遇。"这里是尊崇泰山为五岳之首的比喻说法。太岳：这里指泰山，又称岱山、岱宗，位于今山东中部泰安市北，古人以东方为万物交替、初春发生之地，故尊泰山为五岳之长，古代帝王登极或升平之年，或到泰山举行祭告天地的封禅大典。主峰玉皇顶海拔1545米，绝对高度虽不及华山与恒山，五岳中仅居第三位，但气势雄伟磅礴，景色壮丽，有"天下第一山"之美誉。

⑰癸亥仲春朔：明熹宗天启三年农历二月初一日，即公元1623年3月3日。仲春，春季的第二个月，即农历二月。因处春季之中，故称。朔，月相名，农历每月初一，月球运行到地球和太阳之间，和太阳同时出没，地球上看不到月光的月相。

⑱郑州：隋开皇三年（583）改荥州置，治所在成皋县（今河南荥阳市西北），大业二年（606）移治管城县（今河南郑州市），辖境相当于今河南郑州、荥阳、新郑三市以及中牟、原阳等县地。元属汴梁路，明初省管城县入郑州。黄宗店：当作王宗店，位于今河南荥阳市崔庙镇王宗店村。作者家乡江阴，属吴方言区，自唐以后即"黄"、"王"不分，故有此音讹。

⑲圣僧池：山泉名，位于嵩山东麓今新密市（明代密县）西北香炉山西侧半山腰处，在今郑州市西南40千米外。

⑳涵：包容。这里用如量词，表示泉水一潭。

㉑淳（tíng）碧：深碧。"淳"，底本作"停"，据《四库》本改。

㉒香炉山：俗称小顶山，位于今新密市西北部浮戏山（伏羲山）风景区楼院村，海拔620米，南北走向，长约3千米，总面积4平方千米，属于喀斯特地貌，其半山腰有"穿梭洞"溶洞。山势陡峭，四围峭壁，山顶平地建有祖师庙。

㉓攒（cuán）立：聚集而立。覆鼎：谓于较平缓的山顶上耸立三石，远看如同倒扣的三足鼎。

㉔娟娟：姿态柔美貌。

㉕宛转：蜿蜒曲折。

㉖缜（zhěn）润：细密润泽。

㉗汪注：漫溢下注。

㉘黛：青黑色，形容水多的颜色。

㉙石佛岭：山名，位于香炉山以南十里。

㉚密县：西汉置，属河南郡，治所在今河南新密市东南三十里。隋大业十二年（616）复置，治所在法桥堡城（今新密市），属荥阳郡。唐初属郑州，龙朔二年（662）属洛州。开元初属河南府。宋、金属郑州，元属均州，明属禹州，清属开封府，民国初属河南开封道。1927年直属河南省，1994年改设新密市。

㉛岐路：从大路上分出来的小路，岔路。岐，通"歧"。

㉜密县：明密县县城，位于今新密市老县城。

㉝天仙院：即天仙庙，故址位于明密县东五里。清嘉庆《密县志》卷七《建置志·坛庙》："天仙庙，在县东五里，明世宗时创建，国朝五次重修。相传黄帝三女学道十七年，一夕同逝，合葬于此。冢上生白松，一株三干，高八九丈。康熙间，松为烈风所吹，根株尽拔。"

㉞黄帝：古帝名。传说是中原各族的共同祖先。少典之子，姓公孙，居轩辕之丘，故号轩辕氏。又居姬水，因改姓姬，国于有熊，亦称有熊氏。以土德王，土色黄，故曰黄帝。

㉟白松：即白皮松，叶三针一束，鳞脐背生，有刺，树皮灰绿色或灰白色，薄片脱落。主要分布于山西（吕梁山、中条山、太行山）、河南西部、陕西秦岭、甘肃南部、四川北部及湖北西部等地，垂直分布在海拔500 至 1800 米地带。在秦岭山区、河南与山西交界处有纯林。中庭：庭院之中。明袁宏道《密县天仙庙白松》四首其一："手抚松围数匝行，润于肤色白于玠。看来亦是天乔种，和月和霜种始成。"

㊱蜕（tuì）骨：灵魂升天后的骸骨。多用于道教徒。宋苏轼《昭灵侯庙碑》："庙有穴五，往往见变异，出云雨。或投器穴中，则见于池，而近岁有得蜕骨于池者，金声玉质，轻重不常，今藏庙中。"

㊲一本三干：谓一个根基生出三株树干。

㊳鼎耸霄汉：谓如三个支脚的鼎一样耸立，指向天际。

㊴凝脂：凝固的油脂，这里用以形容白皮松灰白色的鳞状树皮形态。《诗·卫风·硕人》："手如柔荑，肤如凝脂。"

㊵傅粉：古人化妆搽粉。这里形容白皮松的树皮颜色。

㊶蟠枝：蟠曲的枝条。虬（qiú）曲：盘屈貌。明蒋一葵《长安客话·戒坛》："辽金时所植松今尚在，围抱可四、五人，高不三丈，荫布一庭，枝干径二尺；虬曲离奇，可坐可卧。"

㊷鬣（liè）：植物花、叶、穗芒形状如马鬃的，这里谓松针。唐段成式《酉阳杂俎·木篇》："松，凡言两粒、五粒，粒当言鬣。"

㊸洵（xún）：诚然，实在。

㊹轩：有窗户的长廊。

㊺徘徊：流连，留恋。宋苏舜钦《沧浪亭记》："予爱而徘徊，遂以

钱四万得之，构亭北碕，号沧浪焉。"

㊻滴水：当即指滴沥泉，今多称滴水棚，位于明密县天仙庙前。清同治二年（1863）《开封府志》卷五《山川》："滴沥泉，在密县天仙庙前，石涧水出，滴沥如雨，昼夜不息。"

㊼滴历：同"滴沥"，象声词，谓水下滴声。唐周彻《尚书郎上直闻春漏》诗："滴沥疑将绝，清泠发更新。"

㊽西门：明代密县的西城门。

㊾耿店：当作"景店"，位于登封县以东二十里的卢店镇景店村。清乾隆五十二年（1787）《登封县志》卷四《土地志》著录："卢店一里、二里，《旧志》：在县东二十里。附有花园角、五司村、分水岭、景店。""耿"、"景"，当系音讹，反映了作者吴方言"开口三等见组不腭化"的语音特点。

㊿石淙（cóng）：即石淙山，位于今河南登封市东南三十五里，峰峦叠笋，溪水绕流，为一邑奇观。山上建有三阳宫。唐武则天与群臣曾在此会饮。清顾祖禹《读史方舆纪要》卷四八《河南三·登封县》："又三阳宫，在县西二十里之石淙山。武后圣历三年建，自是数幸焉。长安四年毁。"

㉛税（tuō）驾：犹解驾，停车。谓休息或归宿。税，通"捝"、"脱"。

二十日 从小径南行，二十五里，皆土冈乱垄①。久之，得一溪。渡溪，南行冈脊中②，下瞰，则石淙在望矣③。余入自大梁④，平衍广漠⑤，古称"陆海"⑥，地以得泉为难，泉以得石尤难。近嵩始睹蜿蜒众峰⑦，于是北流有景、须诸溪⑧，南流有颍水⑨，然皆盘伏土碛中⑩。独登封东南三十里为石淙，乃嵩山东谷之流，将下入于颍。一路陂陀屈曲⑪，水皆行地中，至此忽逢怒石⑫。石立崇冈山峡间，有当关扼险之势。水沁入胁下⑬，从此水石融和，绮变万端⑭。绕水之两崖，则为鹄立⑮，为雁行⑯；踞中央者，则为饮兕⑰，为卧虎。低则屿⑱，高则台，愈高，则石之去水也愈远，乃又空其中而为窟，为洞。搽崖之隔⑲，以寻尺计⑳；竟水之过㉑，以数丈计。水行其中，石峙于上，为态为色，为肤为骨，备极妍丽㉒。不意黄茅白苇中㉓，顿令人一洗尘目也㉔！

登陇㉕，西行十里，为告成镇㉖，古告成县地㉗。测景台在其北㉘。西北行二十五里，为岳庙㉙。入东华门时㉚，日已下舂㉛，余心艳卢岩㉜，即从庙东北循山行。越陂陀数重，十里，转而入山，得卢岩寺。寺外数武㉝，即有流铿然下坠石峡中㉞。两旁峡色，氤氲成霞㉟。溯流造寺后㊱，峡底蠹崖㊲，环如半规㊳，上覆下削㊴。飞泉堕空而下㊵，舞绡曳练㊶，霏微散满一谷㊷，可当武彝之水帘㊸。盖此中以得水为奇，而水复得石，石复能助水不尼水㊹，又能令水飞行，则比武彝为尤胜也。徘徊其下㊺，僧梵音以茶点饷㊻。急返岳庙，已昏黑。

[注释]

①土冈乱垄：土丘与乱葬岗子。垄，坟墓。《礼记·曲礼上》："适墓不登垄。"汉郑玄注："垄，冢也。"

②冈脊：山脊。宋朱熹《云谷记》："南循冈脊，下得横径，径南即谷口小山。"

③石淙（cóng）：即石淙水，又称平乐涧，位于今河南登封市东南三十里，为颍河支流，源于嵩山东南麓九龙潭，一涧皆石，素有"小桂林"

之美誉。《清一统志·河南府一》："石淙水，唐武后与群臣游宴赋诗于此。薛曜序云：'石淙者俗谓之平乐涧。'旧志：源出嵩山，南流经告成镇东五里，又南入颍。"

④大梁：古地名，战国魏国都城，位于今河南省开封市西北。隋唐以后，通称今开封市为大梁。

⑤平衍：平坦宽广之地。《宋史·河渠志二》："自河而南，地势平衍。"广漠：通"广莫"，谓辽阔空旷。《左传·庄公二十八年》："狄之广莫，于晋为都。"

⑥陆海：物产富饶之地。《汉书·地理志下》："（秦地）有鄠杜竹林，南山檀柘，号称陆海，为九州岛膏腴。"唐颜师古注："言其地高陆而饶物产，如海之无所不出，故云陆海。"作者在这里言简意赅地总结出华北冲积平原的特征。

⑦蜿蜒：萦回屈曲貌。唐孟郊《石淙》诗其四："蜿蜒相缠掣，荦确亦回旋。"

⑧景：所指不详。景，或为"洇（yǐng）"之音讹。洇水，颍水以北支流之一。新编《登封县志》第二编《地理·水文》："少阳河，即顾家河，古称洇水，发源于少室山南麓……至游方头注入颍水。"（河南人民出版社1990年版）须：即须水，一名须河，位于今河南荥阳市东南、郑州市西。《水经·济水注》谓须水："近出京城东北二里榆子沟，亦曰柰榆沟也。又或谓之小索水……东北流，于荥阳城西南，北注索。"北宋导索水与须水合，入汴，通漕运。其后又导入金水河，入蔡河口。元以后为贾鲁河上源之一。

⑨颍水：今称颍河，出今河南登封市西境，东南流经禹州、临颍、西华、周口，与沙河合而东流，是为沙河。东南流经项城、沈丘、界首、太和、阜阳、颍上，至西正阳关，入于淮。

⑩碛（qì）：沙石浅滩。

⑪陂陀（pō tuó）：倾斜不平貌。

⑫怒石：高大突起的岩石。

⑬沁：渗入。胁：旁边。

⑭绮变万端：谓变化令人眼花缭乱。

⑮鹄（hú）立：像鹄一样引颈而立。这里形容直立。鹄，通称天鹅。似雁而大，颈长，飞翔甚高，羽毛洁白。亦有黄、红者。

⑯雁行（háng）：谓如空中飞雁一样排列。

⑰饮兕（sì）：饮水的犀牛。

⑱屿（yǔ）：小岛。

⑲揆（kuí）：度量，揣度。

⑳寻尺：喻微小或微细之物，这里形容距离微小。

㉑竟：穷究。《史记·司马穰苴列传》："余读《司马兵法》，闳廓深远，虽三代征伐，未能竟其义，如其文也，亦少褒矣。"

㉒"水行其中"五句：结合上文"从此水石融和"以下，作者所记述者即"嵩山八景"之一的"石淙会饮"景观。此景观位于登封市告成镇东约3千米处的玉女台下，石淙水至此汇聚成潭，两岸石壁高耸，险峻如削，怪石嶙峋多姿，大小不一。潭南有巨石突立水中，石顶平整，可容数十人，称乐台。河水至此两分，北岸有一天然石洞，称娘娘洞。两岸多洞穴，水声石响，淙淙有声，故名"石淙"。因武则天曾在此大宴群臣，饮酒赋诗，故名"石淙会饮"。妍（yán）丽，美丽。明袁宏道《嵩游记五》："一涧皆石，如稠林之笋，四顾不得寸肤，不知是石何时飞来，转盼之间，向之土阜何处徙去也。石错立波中，布置猎巧，四匝之山宜高，则为峰为巘为屏，若约吾目使不外见其朴也。中央之山宜平，则为砥为屿，若以供吾布席置酒之用也。"

㉓黄茅白苇：连片生长的黄色茅草或白色芦苇，形容荒瘠斥卤、齐一而单调的景象。这是对中原一带土地较为瘠薄的简括说法。语本宋苏轼《答张文潜县丞书》："王氏欲以其学同天下，地之美者，同于生物，不同于所生。惟荒瘠斥卤之地，弥望皆黄茅白苇，此则王氏之同也。"属于文字"藏头"手法的运用。

㉔尘目：谓充满行旅辛苦劳顿的目光。

㉕登陇：登上高地。南朝梁简文帝《艳歌行》其一："弋猎多登陇，酣歌每入丰。"

㉖告成镇：即今河南登封市东南二十四里告成镇。

㉗古告成县地：谓唐人所置告成县。唐武则天万岁登封元年（696）改阳城县置，属洛州，治所即今河南登封市东南告成镇。唐神龙元年（705）复为阳城县，二年（706）又改为告成县。唐开元初，属河南府。唐哀帝天祐二年（905）改为阳邑县。清乾隆五十二年（1787）《登封县志》卷五《土地志》："告成镇，旧志在县东二十里，即唐告成县故址。"

㉘测景（yǐng）台：即周公测景台，位于登封告成镇周公祠前。据清乾隆二十年（1755）碑文记载，东周所建测景台已不存，现存者建于唐开元十一年（723）。唐代释一行（张遂）为改革历法，即以阳城为观测中心，进行天文测景。为纪念周公于此以土圭测量，遂刻石立表。测景台为石质，分上下两部，高9.46米。其下为方形石座，北壁有明代所刻行书"道通天地有形外，石蕴阴阳无影中"。座上为直立的长方形石表，上有帽，高1.64米，正面刻行书"周公测景台"五字。

㉙岳庙：即中岳庙，位于嵩山黄盖峰下，在登封市城东4千米处。秦代在嵩山建有太室祠，汉武帝时扩建，北魏时期改今名。现址乃唐中叶所定，其规模至宋盛极一时，现存者为清人所重修，面积已达11万平方米。是我国道教全真道的著名宫观。

㉚东华门：原址位于中岳庙东侧，与西侧的西华门相对，两门分别处于崇圣门北面甬道两侧，门内有宋、金所刻"四状元碑"。

㉛下舂（chōng）：古人称日落之时。《淮南子·天文训》："（日）至于渊虞，是谓高舂；至于连石，是谓下舂。"汉高诱注："连石，西北山。言将欲冥，下象息舂，故曰下舂。"

㉜心艳：谓从心里倾慕。卢岩：卢岩寺，今通称卢崖寺，卢岩寺当系其古称，今寺门遗存石匾额仍题"卢岩寺"。位于太室山东麓悬练峰下，在今登封市城东北7千米处。原为唐谏议大夫卢鸿（又作卢鸿一）隐居之处，唐开元间改为寺，有上、下寺之分。上卢崖寺在山岭之间，有卢崖瀑布泉。本日记即指上寺。

㉝数武：几步远。武，半步。《国语·周语下》："夫目之察度也，不过步武尺寸之间。"三国吴韦昭注："六尺为步，贾君以半步为武。"

㉞"即有流"句：所记述者即卢崖瀑布，为"嵩山八景"之一。瀑布位于太室山东南麓的悬练峰下，有泉水终年不断泻于崖下，为三叠，上折常隐在云雾里，下折掩在深壑中，通常所见者为中折。平时似雨如雾，犹珠帘下垂；夏季雨后水涌，则澎湃之声如雷声轰鸣。太阳直射上面，流光溢彩，气象万千。水珠积流，形成水潭，潭上独出一个黛色圆石，其上有明袁宏道所题刻"墨浪石"三个大字。水流其上，真同墨浪，故有"卢崖瀑布墨浪流"之誉。此景观亦称"珍珠倒卷帘"。明王士性《五岳游草》卷一《嵩游记》："乃由黄盖峰上，挹卢岩瀑布，不啻龙湫。"

㉟氤氲（yīn yūn）：迷茫貌，弥漫貌。

㊱溯流：逆着水流方向。《后汉书·列女传·姜诗妻》："母好饮江水，水去舍六七里，妻常溯流而汲。"造：到，去。

㊲矗：向上直立。

㊳半规：半圆形。明袁宏道《嵩游第二》："山至此忽两分，如人张

左右臂，当胸腹处，削壁千仞，恨虚而却，如割大瓮之半。水从了处出，初犹黏壁，雾雪纷飞，忽然坠空，千丝直下，激石为屑，散布一涧。"

㊴上覆下削：谓崖上突出如檐，崖下陡峭如同刀削。

㊵堕空：从空中下坠。堕，底本作"随"，据丁文江本改。

㊶舞绡曳练：形容瀑布下泻如同舞动摇曳的轻纱白绢。绡，薄的生丝织品，轻纱。练，练过的布帛，一般指白绢。唐寒山《诗》之二六五："瀑布千丈流，如铺练一条。"

㊷霏微：飘洒。

㊸武彝之水帘：即水帘洞瀑布，又名唐曜洞天，位于武夷山东北部，北距天心岩1千米。为武夷山最大的岩洞，高与宽各数十丈，上凸下凹，形成岩穴。岩顶有两道流泉，终年不竭，微风吹动，化为水珠，俨若悬挂洞顶的两副珠帘，注入岩下浴龙池。参见前选作者《游武彝山日记》万历四十四年（1616）二月二十三日日记注①。

㊹尼（nì）：阻止，阻拦。

㊺徘徊：流连，留恋。宋苏舜钦《沧浪亭记》："予爱而徘徊，遂以钱四万得之，构亭北碕，号沧浪焉。"

㊻僧梵音：和尚梵音。梵音，法号。饷（xiǎng）：馈食于人。《孟子·滕文公下》："有童子以黍肉饷，杀而夺之。"

二十一日 晨，谒岳帝①。出殿，东向太室绝顶②。按嵩当天地之中，祀秩为五岳首③，故称嵩高④，与少室并峙⑤，下多洞窟，故又名太室。两室相望如双眉，然少室嶙峋⑥，而太室雄厉称尊⑦，俨若负扆⑧。自翠微以上⑨，连崖横亘，列者如屏，展者如旗，故更觉岩岩⑩。崇封始自上古⑪，汉武以嵩呼之异⑫，特加祀邑⑬。宋时逼近京畿⑭，典礼大备⑮。至今绝顶犹传铁梁桥、避暑寨之名⑯。

当盛之时，固可想见矣。

太室东南一支，曰黄盖峰⑰。峰下即岳庙，规制宏壮⑱。庭中碑石矗立，皆宋、辽以来者⑲。登岳正道，乃在万岁峰下⑳，当太室正南。余昨趋卢岩时，先过东峰，道中见峰峦秀出㉑，中裂如门，或指为金峰玉女沟㉒，从此亦有路登顶，乃觅樵预期为导㉓，今遂从此上。近秀出处，路渐折，避之，险绝不能径越也。北就土山，一缕仅容攀跻㉔，约二十里，遂越东峰，已转出裂门之上㉕。西度狭脊，望绝顶行。是日浓云如泼墨，余不为止。至是岚气愈沉㉖，稍开，则下瞰绝壁重崖，如列绡削玉㉗，合则如行大海中。五里，抵天门㉘。上下皆石崖重叠，路多积雪。导者指峻绝处为大铁梁桥。折而西，又三里，绕峰南下，得登高岩㉙。凡岩幽者多不畅，畅者又少回藏映带之致㉚。此岩上倚层崖，下临绝壑，洞门重峦拥护，左右环倚台嶂㉛。初入，有洞岈然㉜，洞壁斜透；穿行数武，崖忽中断五尺，莫可着趾㉝。导者故老樵，狷捷如猿猴㉞，侧身跃过对崖，取木二枝，横架为阁道。既度，则岩穹然上覆㉟，中有乳泉、丹灶、石榻诸胜㊱。从岩侧跻而上，更得一台㊲，三面悬绝壑中。导者曰："下可瞰登封，远及箕、颍㊳。"时浓雾四塞，都无所见。出岩，转北二里，得白鹤观址㊴。址在山坪㊵，去险就夷㊶，孤松挺立有旷致㊷。又北上三里，始跻绝顶，有真武庙三楹㊸。侧一井，甚莹㊹，曰御井㊺，宋真宗避暑所浚也㊻。

饭真武庙中。问下山道，导者曰："正道从万岁峰抵麓二十里。若从西沟悬溜而下㊼，可省其半，然路极险峻。"余色喜，谓嵩无奇，以无险耳。亟从之㊽，遂策杖前。始犹依岩凌石㊾，披丛条以降㊿。既而从两石峡溜中直下，仰望夹崖逼天。先是峰顶雾滴如雨，至此渐开，景亦渐奇。然皆垂沟脱磴㊿，无论不能行，且不能止。愈下，崖势愈壮，一峡穷，复转一峡。吾目不使旁瞬㊿，吾足不容求息也。如是十里，始出峡，抵平地，得正道。过无极洞㊿，西越岭，趋草莽中，五里，得法皇寺㊿。寺有金莲花，为特产，他处所无。山雨忽来，遂借榻僧寮㊿。其东石峰夹峙，每月初生，正从峡中出，所称"嵩门待月"也㊿。计余所下之峡，即在其上，今坐对之，只觉云气出没，安知身自此中来也。

[注释]

①岳帝：这里谓五岳大帝之一的中岳大帝，乃汉族民间信仰中中岳嵩山的山神，或称中岳嵩山中天崇圣大帝（《封神演义》谓其名闻聘）。《山海经·中山经·中次七经》有云："苦山、少室、太室皆冢也，其祠之：太牢之具，婴以吉玉。其神状皆人面而三首，其馀属皆豕身人面也。"半人半兽的形象符合早期人类自然崇拜的特点。秦代祭祀太室山神为崇奉中岳神之发轫，此后汉武帝、武则天等皆有封赐，宋真宗封之为中天崇圣帝，中岳神的地位日渐其高。据《嵩高志》，中岳神形象为"头建中元黄农玉冠，衣黄锦飞裙，披光黄文裘，带黄神中皇之章"。

②太室：即太室山，位于今河南登封市北，为嵩山之东部。其最高峰即峻极峰，又称嵩顶，海拔1491.7米。

③祀秩：祭祀的等级。

④嵩高：即嵩山。《诗经·大雅·崧高》："崧高维岳，骏极于天。"《史记·封禅书》："昔三代之居，皆在河洛之间，故嵩高为中岳。"晋戴祚《西征记》："嵩高山，东太室，西少室，相去七十里。嵩高，总名也。"

⑤少室：即少室山，位于今河南登封市西北，为嵩山之西部。其最高峰即连天峰，海拔1512米。

⑥嶙峋（lín xún）：形容山峰、岩石等突兀高耸。

⑦雄厉：雄伟高峻。称尊：犹言称帝。

⑧负扆（yǐ）：背靠屏风，常指皇帝临朝听政，这里用来形容太室山至高无上的地位。扆，指置于门窗之间的屏风，常借指君位。

⑨翠微：指青翠掩映的山腰幽深处。《尔雅·释山》："未及上，翠微。"晋郭璞注："近上旁陂。"清郝懿行义疏："翠微者……盖未及山顶屏颜之间，葱郁荟蔚，望之裕裕青翠，气如微也。"

⑩岩岩：高大，高耸。《诗·鲁颂·閟宫》："泰山岩岩，鲁邦所詹。"唐孔颖达疏："言泰山之高岩岩然，鲁之邦境所至也。"

⑪崇封：帝王高级别的祭祀。封，帝王筑坛祭天地及四方山岳之神。《周礼·春官·肆师》："类造上帝，封于大神；祭兵于山川，亦如之。"《史记·封禅书》："古者封泰山禅梁父者七十二家，而夷吾所记者十有二焉。"

⑫汉武：即汉武帝刘彻（前156~前87），汉景帝子，在位五十四年，卒葬茂陵（在今陕西兴平西北）。嵩呼：汉元封元年（前110）春，汉武帝登嵩山，从祀吏卒皆闻三次高呼万岁之声。事见《汉书·武帝纪》。后臣下祝颂帝王，高呼万岁，亦谓之"嵩呼"。今太室山逍遥谷东有万岁峰。

⑬祀邑：即奉邑，以收取赋税作为俸禄的封地。奉，通"俸"。《汉书·武帝纪》："（元封元年）春正月，行幸缑氏。诏曰：'……亲登嵩高，御史乘属、在庙旁吏卒咸闻呼万岁者三。登礼罔不答。其令祠官加增太室祠，禁无伐其草木。以山下户三百为之奉邑，名曰崇高。独给祠，复亡所与。"

⑭京畿：国都及其行政官署所辖地区。北宋首都汴京（今河南开封）与嵩山相近，故云。

⑮典礼：制度礼仪。

⑯铁梁桥：即大铁梁峡。清叶封《嵩山志》卷六《形胜四》："大铁梁峡，在中峰东山之过峡处，堪舆家所称蜂腰是也。梁，峡脊也，俗称铁梁桥。小铁梁峡，在大铁梁峡东一里许。"中峰，或称嵩顶，即峻极峰。古人登太室山通道之一为从黄盖峰后直度大、小铁梁峡而上，见清乾隆五十二年（1787）《登封县志》卷六《山川志》。避暑寨：故址不详。当在峻极峰顶一带，为宋真宗登嵩避暑处。

⑰黄盖峰：位于太室山峻极峰东中岳庙上方。据说汉武帝登嵩山，有黄云盖其上，故名。

⑱规制：指建筑物的规模形制。宏壮：宏大雄伟。

⑲"庭中碑石"二句：中岳庙中宋、元、明碑刻有百馀通，辽碑则未见，今仅举其重要碑刻如下：中岳庙中峻极门前东侧四角亭内，有刻于北魏太安二年（456）《中岳嵩高灵庙之碑》，为中岳嵩山一带现存最早的石碑，清康有为把它列为北碑十家之首，称其"沉异奇古"，现字迹已大部剥落，仅存首尾数百字。四角亭外立有元代"猪儿年"（1335）十二月初十日元惠宗妥欢帖睦尔的口述"圣旨"碑。崇圣门前甬道东西两侧、东华门、西华门内有宋代石碑三通、金代石碑一通，因为四通碑的撰文者都是当时状元，故称"四状元碑"。如东华门内南立者为宋大中祥符七年（1014）所刻《中岳中天崇圣帝庙碑铭》，王曾撰文，白宪书丹；北立者为金大定二十二年（1182）所刻《重修中岳庙碑》，黄久约撰文，郝史书丹，党怀英篆额。中岳庙有两通《五岳真形图碑》，立峻极门外台阶下东侧者刻于明万历三十二年（1604），碑上按照五岳的坐落方位，雕刻着五岳图，图下刻记着关于五岳的传说。《五岳真形图》是根据"华山如立、

泰山如坐、北岳如行、南岳如飞、中岳如卧"等不同特点绘制的代表五岳的象形碑。

⑳万岁峰：位于太室山逍遥谷东，据说汉武帝登嵩山时曾闻三呼"万岁"声，因而得名。山上有万岁亭，山下有崇福宫。

㉑秀出：美好特出。明高启《赠金华隐者》诗："金华秀出向东南，远胜阳明与勾曲。"

㉒金峰玉女沟：位于嵩山东侧的一条山沟，未见方志著录。

㉓觅樵预期为导：意谓预先寻觅打柴人以为向导。樵，樵夫，旧时称打柴人。

㉔一缕：形容山路狭窄如线，即一般所谓"羊肠小道"。攀跻（jī）：攀登。

㉕裂门：当即指前文所称"金峰玉女沟"。

㉖岚（lán）气：山中雾气。晋夏侯湛《山路吟》："冒晨朝兮入大谷，道逶迤兮岚气清。"沉：阴暗。

㉗列绡削玉：形容山崖如同一幅幅丝织品悬挂，又如一块块琢玉耸立，晶莹剔透。这是作者对于嵩山石英岩质山体在阴天里样貌的准确把握。

㉘天门：又称嵩门，位于太室山玉柱峰西壁下，有两山峦对峙，其状如门，即下文所谓"嵩门待月"之地。其月出处有桂轮峰。明王士性《五岳游草》卷一《嵩游记》："（中岳）庙在黄盖峰下，仰视东峰四处是称嵩门。"清叶封《嵩山志》卷六《形胜四》："天门，在太室西，两岩对起，中豁一门，门之左右，峰峦层叠，奇形怪势，不可殚述。其侧有天门泉。"

㉙登高岩：当系"高登崖"或"高登岩"之讹，位于峻极峰东南稍下、嵩阳洞上。清叶封《嵩山志》卷六《形胜四》："高登崖，一名高登

岩，中峰东南稍下三里许，有石岩形如半舫，岩边地仅丈许，上下壁削。游人于岩西穿石窦驾木蛇行以度。岩中石隙滴水不绝者数处，置器盛之，可资栖隐。《嵩书》改曰栖静崖。"

㉚回藏：隐秘回绕。映带：景物互相衬托。晋王羲之《兰亭集序》："又有清流激湍，映带左右。"

㉛台嶂：石台与耸立如屏障的山岩。

㉜呀（xiā）然：深貌。唐柳宗元《始得西山宴游记》："其高下之势，岈然洼然，若垤若穴。"此洞当即嵩阳洞，俗称二仙洞。位于太室山三皇口东南400米处，途经一天然石洞，过独木桥即此。洞顶悬崖，即高登崖。

㉝着趾：放脚的地方。

㉞狷（juàn）捷：迅猛敏捷。

㉟穹然上覆：物体中间隆起四周下垂的样子。

㊱乳泉：指钟乳石上的滴水。唐陆羽《茶经·煮》："其山水，拣乳泉、石池慢流者上，其瀑涌湍漱勿食之。"唐段成式《酉阳杂俎续集·贬误》："岩中有丹灶盆，乳泉滴沥。"丹灶：炼丹用的炉灶。这是象形岩石名。

㊲更得一台：此台当即位于嵩阳洞东侧的云崖，立陡如削，直刺横空，常有云雾缭绕。

㊳箕：即箕山，位于今河南登封市东南。《孟子·万章》："益避禹之子于箕山之阴。"颍：即颍水，今称颍河。参见本日记二十日日记注⑨。

㊴白鹤观址：谓白鹤观的遗址，位于太室山三鹤峰上，一说古代蜀中道士李八百炼丹时，三鹤翔其上而得名；一说因周代太子晋控鹤而得名。明袁宏道《嵩游第四》："稍东为白鹤观故址，背负三峰，左右皆绝壁。太熊诸山屏其前，横者如案，拥者如髻，列者如眉，幽邃平远，实太室之

奥宅也。一松亭亭立，秀杰非常。观废已久，山中树大于腕者，动遭翦伐，而此松独存，殆有物护之。"清叶封《嵩山志》卷六《形胜四》："白鹤观，在遇圣峰下，西去绝顶约二三里，背负三峰，左右皆绝壁，幽邃平阔，真太室之奥也。相传为浮丘接引王子晋处。旧县志云，至正十二年建，观前有古松一株，明末犹存，今亡。"

㊵山坪：谓山区内局部的平地。

㊶去险就夷：谓遗址避开险峻之处，靠近相对平坦的地方。

㊷旷致：谓空旷的意趣。唐张祐《早春钱塘湖晚眺》诗："仰视天宇旷，俯登云树重。"

㊸真武庙：清叶封《嵩山志》卷六《形胜四》："真武庙，在玄龟峰上，庙侧有天池、玉井。"玄龟峰，峻极峰侧一峰名。楹（yíng）：量词，房屋计量单位。屋一列或一间为一楹。

㊹莹：光洁。

㊺御井：当即"玉井"，见上注。明袁宏道《嵩游第四》："山巅一颓室，侧有枯井，甚晶莹，旱岁不竭。"

㊻宋真宗：即赵恒（968~1022），宋太宗子，在位二十六年。前期勤于政事，后期崇奉道教，广建宫观，粉饰太平。浚（jùn）：开掘。

㊼悬溜：原意为倾泻的小股水流，这里借喻从陡峭的山沟摸索下滑而行，用如动词。

㊽亟（jí）：疾速，与"缓慢"相对。

㊾凌：越过，超越。

㊿披丛条：谓拨开草丛或枝条。

㉑垂沟脱磴：谓山沟几乎垂直，没有作为台阶的岩石。

㉒旁瞬：向别处看。

㉓无极洞：位于太室山南麓逍遥谷北的山梁上，为唐代隐士潘师正所

开凿，以洞形如鸡卵，又称鸡卵洞。洞高2米，深4米，宽1米有馀，洞内供奉无极老母塑像。洞东西逐渐形成两个道院，存碑刻数通。

㊄法皇寺：当即法王寺，作者系江阴人，作者家乡江阴，属吴方言区，自唐以后即"皇"、"王"不分，当系音讹。位于太室山南麓玉柱峰下，距今登封市北5千米。寺始建于东汉明帝永平十四年（71），后屡经变迁。唐玄宗开元间更名御容寺，至唐代宗大历间复名法王寺，此后宋、元、明三代皆沿用。寺内有石砌的紫金莲花池，池内原植有紫金莲花，据传为二祖神光在此讲经说法时的遗物，今已无存。寺后有隋塔、唐塔遗存，属珍贵文物。明王士性《五岳游草》卷一《嵩游记》："复西五里法王寺，寺前石池丈许，紫金莲开中秋一月，云神光说法时从地涌也。土人往往移去即毙，惜不及其开时见之。"

㊅僧寮：僧舍。宋陆游《贫居》诗："囊空如客路，屋窄似僧寮。"

㊆嵩门待月："嵩山八景"之一。每逢中秋节晴朗之夜，古人常邀朋会友席坐于法王寺月台之上，观赏对面玉柱峰西壁下的半圆形嵩门中有皎月徐徐升起，如同玉镜镶嵌，直至夜深方留恋不舍而去。此即所谓"嵩门待月"。

二十二日 出山，东行五里，抵嵩阳宫废址①。惟三将军柏郁然如山②，汉所封也；大者围七人，中者五，小者三。柏之北，有室三楹，祠二程先生③。柏之西，有旧殿石柱一，大半没于土，上多宋人题名，可辨者为范阳祖无择、上谷寇武仲及苏才翁数人而已④。柏之西南，雄碑杰然⑤，四面刻蛟螭甚精⑥。右则为唐碑⑦，裴迥撰文⑧，徐浩八分书也⑨。又东二里，过崇福宫故址⑩，又名万寿宫⑪，为宋宰相提点处⑫。又东为启母石⑬，大如数间屋，侧有一平石如砥⑭。又东八里，还饭岳庙，看宋、元碑。西八里，入登封县。西五里，从小径西北行。又五里，入会善寺⑮，"茶榜"在其西小轩内⑯，元刻也。后有一石碑仆墙下，为唐贞元《戒坛记》⑰，汝州刺史陆长源撰文⑱，河南陆郢书⑲。又西为戒坛废址⑳，石上刻镂极精工㉑，俱断委草砾㉒。西南行五里，出大路，又十里，至郭店㉓。折而西南，为少林道㉔。五里，入寺，宿瑞光上人房㉕。

[注释]

①嵩阳宫废址：即嵩阳书院旧址，位于太室山南麓，在今登封市北约3千米处。原名嵩阳寺，始建于北魏太和八年（484），隋大业间更名嵩阳观。宋代理学家程颢、程颐曾在此聚徒讲学，宋景祐二年（1035）重修，赐额嵩阳书院。金大定间废除书院，更名承天宫，元代改名嵩阳宫。明朝中叶，登封县令侯泰重修嵩阳书院，并建二程祠，理学再度复兴。明中叶以后，书院又渐衰微，文人仍多以嵩阳宫称之。这里原有古柏三株，据说为汉武帝于元封元年（前110）游嵩岳时所封，分别称大将军、二将军、三将军。大将军柏树高12米，围粗5.4米；二将军柏树高18.2米，围粗12.54米，树干下部有一南北相通的洞，树洞中可容五六人。明袁宏道《嵩游第三》："东过嵩阳宫，观汉三柏，大者七人围，皮如皴石，望之若山，干不甚修者，土掩其本也。今宫之石柱犹存其一，掘三尺馀，乃见础。古宫殿基，高常逾仞，柏之地，视阶不当高于基三尺也。柏之得封也，必以伟，在汉已为故物，前此之积埃，又不知几许。余意非去土数丈，不能尽其修伟也。"明王士性《五岳游草》卷一《嵩游记》："转而西二里，入嵩阳宫。外立唐巨碑，碑后植汉封三柏，其最大者南枝一节瘿甚，从者指此木瘿也，空其中，余遂割瘿注酒满引之，毕，入拜二程夫子像。"嵩阳书院今存者为清人所重修。三将军柏毁于明末。清康熙三十五

年（1696），田雯《游太室记》："又三里抵嵩阳观，有柏二株，大可十人围，闻在汉已为巨木，殆殷周时物。"可见"三将军"当时已不存。

②郁然：繁盛貌。

③二程先生：即北宋程颢、程颐两兄弟，皆著名理学家。程颢（1032~1085），字伯淳，世称明道先生，宋洛阳（今属河南）人。宋仁宗嘉祐进士，历官太子中允、监察御史里行，召为宗正丞，未赴而卒。程颐（1033~1107），字正叔，世称伊川先生，为程颢之弟。历官秘书省校书郎、崇政殿说书，致仕卒。二程同学于周敦颐，治学强调"天理"，主张格物致知，世称"洛学"。有《二程全书》，《宋史》有传。

④范阳祖无择：字择之（1011~1084），宋蔡州上蔡（今属河南）人，祖籍范阳（今河北涿州）。宋仁宗宝元元年（1038）进士，历官中正军节度副使、秘书少监分司西京，再迁光禄卿提举嵩山崇福宫，又迁秘书监充集贤院学士管勾西京留司御史台，授中大夫知信阳军，卒于任。著有《龙学文集》，《宋史》有传。上谷寇武仲：当作"上谷寇仲武"，生平不详。清叶封《嵩阳石刻集记》卷下："范阳祖无择、上谷寇仲武游，熙宁癸丑孟春二日。"熙宁癸丑为宋神宗熙宁六年（1073）。上谷，今河北易县，为寇氏郡望。苏才翁：即苏舜元（100~1054），字才翁，宋梓州铜山（今四川中江）人，苏舜卿之兄。历官湖南提刑、太常博士、三司度支判官。任气节，善诗歌，工草书，著有《才翁集》。见《四川通志》卷九上、《蜀中广记》卷九八。

⑤杰然：高耸雄伟貌。宋苏舜钦《东京宝相禅院新建大悲殿记》："京城之西南，有佛庙曰宝相院，中有层阁，杰然以庇大像。"作者《游恒山日记》崇祯六年八月十一日日记："出危崖上，仰眺绝顶，犹杰然天半。"

⑥蛟螭（chī）：谓碑额上所刻螭首即传说中无角龙的图案。唐封演

《封氏闻见记·碑碣》："隋氏制，五品以上立碑，螭首龟趺，趺上不得过四尺，载在《丧葬令》。"明陈继儒《珍珠船》卷一："唐诸陵皆无碑记，惟乾陵西南隅有大碑，高三十馀尺，螭首龟趺岿然，表里无一字，亦不知其何为而立。"

⑦右：意谓上述"雄碑"。古人文字竖写从右至左，"右"即前面所书者。唐碑：即《大唐嵩阳观纪圣德感应之颂》碑，位于嵩阳书院西南40米处。碑高约9米，宽2.04米，厚1.05米，形制巨大，为嵩山地区之冠。碑系唐玄宗天宝三载（744）刻立，李林甫撰文，裴迥篆额，徐浩八分隶书书丹，字体刚柔兼济，笔法遒雅。此碑今存，1984年移近书院门数十米。

⑧裴迥撰文：当作"裴迥篆额"，撰文者系李林甫（？~752），小字哥奴，出身于唐宗室，初任皇宫侍卫千牛直长，开元初，升为太子中允。历官御史中丞，刑部、吏部侍郎，开元二十三年（735）升任礼部尚书、同中书门下三品。居相位十九年，深得唐玄宗宠信。病死后，被追削官爵，籍没家产，子婿流配。史书称其"口蜜腹剑"，属于"奸相"之列。新、旧《唐书》皆有传。裴迥，历官河南尹，善书，其馀不详。篆额，用篆字书写碑额。

⑨徐浩：字季海（703~782），越州（今浙江绍兴）人。出身于名门望族，擢明经，历官河阳令、中书舍人、国子祭酒、吏部侍郎，卒赠太子少师，谥曰定。精书法，出入二王，草隶尤工。有《古迹论》、《论书》传世。新、旧《唐书》皆有传。明袁宏道《嵩游第三》："柏之右丰碑一，与太室争杰，其文不足言，书则徐浩八分体，字字生动欲飞，书家所云'怒猊抉石，渴骥奔泉'，不虚也。"八分书：汉字书体名。字体似隶而体势多波磔。相传为秦时上谷人王次仲所造。关于八分的命名，历来说法不一，或以为二分似隶，八分似篆，故称八分；或以为汉隶的波折，向左右

分开,"渐若八字分散",故名八分。见唐张怀瓘《书断上》。近人以为八分非定名,汉隶为小篆的八分,小篆为大篆的八分,今隶为汉隶的八分。

⑩崇福宫:位于太室山南麓万岁山下。西汉元封元年(前110),汉武帝在万岁峰上建万岁亭,山下建万岁观,后又建太乙祠坛于万岁观甘泉上。唐高宗时因天旱,道士刘道合在太乙祠坛祈雨有灵,遂改万岁观为太乙观。宋真宗时又更名为崇福宫,并扩充规模即一应配套建筑。金兵入侵中原,崇福宫被焚,仅存三清古殿。明成化间道士李本聪重建崇福宫,后因道教逐渐衰落,至明末仅存遗址与几通碑刻。

⑪又名万寿宫:未知所据,似有讹误。

⑫宋宰相提点:这里谓宋代的祠禄官制度。宋大臣罢职之后常给予祠禄官,即以道教宫观为名,无职事,仅借名食禄,以示优礼。《宋史·职官十》:"宋制,设祠禄之官,以佚老优贤。"如元丰中,王安石即以左仆射、官文殿大学士为集禧观使,吕公著以资政殿学士兼侍读提举中太一宫兼集禧观公事。宋代主管提举崇福宫者如范仲淹、司马光、程颢、程颐、李纲、朱熹等,不乏著名人士。

⑬启母石:位于今登封市北3千米的太室山南麓万岁峰下。石高、宽均10米左右,其西边有坎形窑,可容数十人。《汉书·武帝纪》"见夏后启母石",唐颜师古注引《淮南子》:"启,夏禹子也,其母涂山氏女也。禹治鸿水,通轘辕山,化为熊。谓涂山氏曰:'欲饷,闻鼓声乃来。'禹跳石,误中鼓。涂山氏往,见禹方作熊,惭而去。至嵩高山下化为石,方生启。禹曰:'归我子!'石破北方而启生。"

⑭侧有一平石:位于启母石北侧约两米处,系从启母石崩裂而来,据传即夏禹的儿子启所变化。砥(dǐ):质地较细的磨刀石。

⑮会善寺:位于太室山南麓积翠峰下,在今登封市西北6千米处。北魏孝明帝正光元年(520)建闲居寺,有僧众千百,北周武帝灭佛,寺

毁。隋开皇五年（585）改建嵩岳寺，后又赐名会善寺，因兵乱被焚。唐人重建，武后时赐名安国寺，五代时改名封禅寺，宋代赐名大会善寺，元至元间又赐名万寿禅寺，明末寺毁。今存者为清代以后所重修。

⑯茶榜：明汪珂玉《珊瑚网》卷二〇："元僧溥光书《茶榜》……令天趣流动，而结习未忘，超洒不足。"明王士性《五岳游草》卷一《嵩游记》："复西二里会善寺。寺为岳神受戒于珪禅师处，后立为戒坛，今亦废，惟馀四天王石柱。门外树李学士溥光《茶榜》，笔阵如列戟。"清叶封《嵩阳石刻集记》记述《茶榜》有云："为石四，与正刻凡八幅，今移立在城西峻极下院。按，王世贞跋云：'元僧溥光书《茶榜》风骨颇道劲，惜胸中无卍字骨，令天趣流动笔端，结习未忘，超洒不足。'又周叙记云：'元雪庵所书《茶榜》，字径三寸许，道伟可观。'今观其书，笔虽过丰，而结提求紧，有清臣、诚悬之风。书史亦称其工大字，录之。"李溥光（生卒年不详），元代高僧，书法家。又名释溥光，一作普光，字玄晖，号雪庵。大同（今属山西）人。喜读书，早年出家为僧。至元、大德间（1264~1307）以楷书大字名世。赵孟頫荐之于元廷。遂奉诏蓄发，元世祖特封其为昭文馆大学士，赐玄悟大师。书法善真、行、草书，尤工于大字。大都宫廷匾额，多出其手。

⑰唐贞元：唐德宗李适的年号（785~805）。戒坛记：位于会善寺西琉璃戒坛东侧，在《唐代宗敕牒戒碑》的碑阴刻有《会善寺坛记》，唐贞元十一年（795）刻立，陆长源撰文，陆郢八分书并篆额。

⑱汝州刺史陆长源：字泳之（？~799），唐吴县（今江苏苏州）人。历官建州刺史、都官郎中、汝州刺史、宣武军行军司马，因军乱被杀。工诗，与孟郊唱酬，著有《唐春秋》六十卷。新、旧《唐书》皆有传。汝州，今河南汝州。

⑲陆郢（yǐng）：唐德宗时人，工书法，生平不详。

⑳戒坛废址：位于原会善寺北净藏禅师塔东侧，为唐代天文学家释一行（673~727）所创建，用琉璃砌造。据文献记述，此坛四角镂刻天王像，栋柱磴石，各雕鬼怪山水，精美异常。后会善寺被焚毁，琉璃戒坛亦遭厄运。明袁宏道《嵩游第三》："西去数十武为戒坛，颓栏败砌，皆镂隋、唐佳句，人物山水，细入毫发。石柱上有唐、宋题名，字极精。寺故魏孝文避暑宫也，唐以来习毗尼者居之，遂有坛。"今残存石柱一根，尚可见当时雕刻之精美状况。

㉑刻镂（lòu）：雕刻。《礼记·少仪》："食器不刻镂。"

㉒砾（lì）：小石、碎石。

㉓郭店：疑即廓店，位于今登封市西二十里，在太室山通往少室山的途中。清乾隆五十二年（1787）《登封县志》卷五《土地志》："廓店保，《旧志》在县城西二十里二室之界，附近诸村有夏店河、水牛屯、邢家铺。"

㉔少林道：谓通往少林寺的路。少林寺，位于嵩山少室山北麓的五乳峰下，据今登封市13千米。建于北魏太和十九年（495）。孝昌三年（527）印度僧人菩提达摩在此首创禅宗，故历史上称达摩为初祖，称少林寺为祖庭。明王士性《五岳游草》卷一《嵩游记》："复西二十里少林寺。寺桓楹碍日，龙象如山，长夏无暑。碑刻种种，苏子瞻、赵孟頫辈其尤者。殿前桧柏入霄汉，问秦封槐，则风摧二十年矣。今寺东一槐，亦可数百年，黠僧往往谬指以夸，游人无辩者。寺四百馀僧，自唐太宗退王世充赐曇宗官，僧各习武艺俱绝。寺为跋跎所创，后四十年而达摩来自天竺。跋跎翻经处，天降甘露，西有甘露台。"军阀石友三于1928年曾放火烧寺，遗存者有山门、方丈、达摩亭、白衣殿及千佛殿。千佛殿保存有"五百罗汉朝毗卢"壁画三百多平方米，极为珍贵。

㉕瑞光上人：谓少林寺僧人法号瑞光者。上人，道德高尚的人，自南

朝宋以后，多用作对和尚的尊称。

二十三日 云气俱尽。入正殿①，礼佛毕②，登南寨③。南寨者，少室绝顶，高与太室等，而峰峦峭拔，负"九鼎莲花"之名④。俯环其后者为九乳峰⑤，蜿蜒东接太室，其阴则少林寺在焉。寺甚整丽，庭中新、旧碑森列成行⑥，俱完善。夹墀二松⑦，高伟而整，如有尺度⑧。少室横峙于前，仰不能见顶，游者如面墙而立，辄谓少室以远胜⑨。余昨暮入寺，即问少室道，俱谓雪深道绝，必无往。凡登山以晴朗为佳。余登太室，云气弥漫，或以为仙灵见拒⑩，不知此山魁梧⑪，正须止露半面。若少室工于掩映⑫，虽微云岂宜点浑⑬？今则霁甚⑭，适逢其会⑮，乌可阻也⑯！乃从寺南渡涧登山，六七里，得二祖庵⑰。山至此忽截然土尽而石⑱，石崖下坠成坑。坑半有泉，突石飞下⑲，亦以"珠帘"名之⑳。余策杖独前，愈下愈不得路，久之乃达。其岩雄拓不如卢岩㉑，而深峭过之。岩下深潭泓碧㉒，僵雪四积㉓。再上，至炼丹台㉔。三面孤悬，斜倚翠壁，有亭曰小有天㉕，探幽之屐㉖，从未有抵此者。过此皆从石脊仰攀直跻，两旁危崖万仞，石脊悬其间㉗，殆无寸土㉘，手与足代匮而后得升㉙。凡七里，始跻大峰。峰势宽衍㉚，向之危石，又截然忽尽为土。从草棘中莽莽南上㉛，约五里，遂凌南寨顶㉜，屏翳之土始尽㉝。南寨实少室北顶，自少林言之，为南寨云。盖其顶中裂，横界南北，北顶若展屏㉞，南顶列戟峙其前㉟，相去仅寻丈㊱，中为深崖，直下如剖。两崖夹中，坑底特起一峰，高出诸峰上，所谓摘星台也㊲，为少室中央。绝顶与北崖离倚㊳，彼此斩绝不可度㊴。俯瞰其下㊵，一丝相属㊶。余解衣从之，登其上，则南顶之九峰森立于前，北顶之半壁横障于后，东西皆深坑，俯不见底，罡风乍至㊷，几假翰飞去㊸。

从南寨东北转，下土山，忽见虎迹大如升㊹。草莽中行五六里，得茅庵。击石炊所携米为粥㊺，啜三四碗㊻，饥渴霍然去㊼。倩庵僧为引龙潭道㊽。下一峰，峰脊渐窄，土石间出，棘蔓翳之，悬枝以行㊾，忽石削万丈，势不可度。转而上跻，望峰势蜿蜒处趋下，而石削复如前。往复不啻数里㊿，乃迂过一坳(51)，又五里而道出，则龙潭沟也。仰望前迷路处，危崖欹石(52)，俱在万仞峭壁上(53)。流泉喷薄其中(54)，崖石之阴森崭巀者(55)，俱散成霞绮(56)。峡夹涧转，两崖静室如蜂房燕垒(57)。凡五里，一龙潭沉涵凝碧(58)，深不可规以丈。又经二龙潭(59)，遂出峡，宿少林寺。

[注释]

①正殿：谓少林寺大雄殿，建于金代，明清曾重修，五楹，重檐歇山绿琉璃瓦。后毁于1928年的大火，今存者为20世纪80年代中所重建。

②礼佛：顶礼于佛，拜佛。

③南寨：当即御寨，或称御皇寨，为少室山绝顶，海拔1405米。明王士性《五岳游草》卷一《嵩游记》："为至登封二十里，遥望叠巘如蹲虎豹，意奇之，问牧者，云此名御寨，即少室。"清叶封《嵩山志》卷七《形胜五·少室顶》："御寨，金宣宗曾屯兵少室，因名御寨。"

④九鼎莲花：少室山山势峭拔，峰峦如一朵莲花，层层向上高耸，故其绝顶素有"九鼎莲花"之称。明袁宏道《嵩游第一》："余数年前走南阳道，见远翠干霄。土人曰：'九鼎莲花寨也。'了不知所谓，及过崿岭，忽有举此名者，始知所见在五百里外也。少室之秀特可知矣。"崿岭，即

崿岭坂，位于今河南登封市东南三十里。

⑤九乳峰：当为五乳峰之讹，"九"、"五"，形近而讹。参见本日记二十四日日记注③。

⑥新旧碑：统称唐、宋、元人与明人所题刻碑。少林寺至今保存有唐以来（包括清与民国）碑碣石刻三百馀通。少林寺山门后甬道两侧石刻集中，栉比鳞次，号称"碑林"。较著名者如王知敬书写《大唐天后御制诗书碑》、崔琪撰文的《唐灵运禅师塔铭》、宋米芾《第一山》石刻、宋参寥书写《三十六峰赋》、元日僧邵元撰写《息庵禅师碑》、明《释迦如来双迹灵相图碑》、明金忠士书写《题达摩面壁》草字碑、张钦《千崖万壑》刻石以及《宜山竹》碑等，碑林东侧慈云堂有元代赵孟頫《裕公碑》、明代董其昌《道公碑》等五十二通。1985年碑廊落成，位于山门侧，碑林之碑刻多已移入其中。森列：纷然罗列。唐李白《古风》其五："太白何苍苍，星辰上森列。"

⑦夹墀（chí）：殿堂台阶的两侧。

⑧尺度：规定的限度。《六韬·农器》："丈夫治田有亩数，妇人织纴有尺度。"

⑨"少室横峙"四句：明袁宏道《嵩游第一》："少室奇秀，迫视不可见，远乃行修武道者，望若古钟，仰出诸山上。从汝来者，唯见千叶芙蓉，与天俱翠，摇曳云表而已。山四匝皆壁，群山翳其外，迫之乃不见巅而见翳，游人多不惬。"

⑩仙灵：神仙。晋左思《吴都赋》："图以云气，画以仙灵。"

⑪魁梧：犹言高大壮实。

⑫掩映：遮映衬托。南唐冯延巳《虞美人》词："春山拂拂横秋水，掩映遥相对。"

⑬点滓（zǐ）：谓少许污染。

⑭霁（jì）甚：谓天大晴。

⑮适逢其会：谓正好碰上这个晴天的时机。

⑯乌：疑问副词，何，哪里。

⑰二祖庵：位于嵩山少林寺西南4千米的钵盂峰上。庵内大殿三楹，碑碣数通，殿前有四井，传为二祖卓锡（谓僧人居留）所凿，名卓锡泉，虽相接近，而其水味各异。庵外有古塔三座，而以周万岁登封元年（696）所建唐塔最为秀挺。南上里许有炼魔台，又名觅心台，为二祖经行（佛教语，谓旋绕往返或径直来回于一定之地。佛教徒作此行动，为防坐禅而欲睡眠，或为养身疗病，或表示敬意）处。登此台可远眺百里景物。二祖，中国禅宗之第二祖慧可禅师，俗名姬光。北魏虎牢（今河南荥阳）人。他求道于初祖达摩，不得，乃在雪中以利刀断左臂，示其坚固不动之志，遂得传衣钵。后世遂称之为断臂慧可。传说他曾在此养伤，其徒众故建庵以为纪念。

⑱截然：界限分明貌。

⑲突：穿，破。《左传·襄公二十五年》："郑子展、子产帅车七百乘伐陈，宵突陈城，遂入之。"晋杜预注："突，穿也。"

⑳珠帘：即珠帘泉，位于少室山北麓二祖庵南的越峰下，泉水从几十米高的山崖飞流直下，激起团团水雾，如万斛珍珠闪烁，汇积成潭后又跌崖而下，斜日映照，形成道道彩霞。此即嵩山"珠帘飞瀑"一景。

㉑雄拓：雄奇开阔。卢岩：即卢崖瀑布。参见本日记二十日日记注㉜。

㉒泓碧：指水色清澈碧绿。

㉓僵雪：即枯雪，形容久积后板结的干雪。

㉔炼丹台：当即注⑰中所谓的炼魔台，或称觅心台，位于二祖庵以南。

㉕小有天：亭名，当位于炼魔台附近，今已不存。

㉖探幽之屐（jī）：喻寻幽揽胜的游山者。屐，即谢公屐，一种前后齿可装卸的木屐，原为南朝宋诗人谢灵运游山时所穿，故称。

㉗石脊：山石的脊背。宋欧阳修《忆山示圣俞》诗："林枯松鳞皴，山老石脊瘦。"

㉘殆（dài）：大概，几乎。

㉙代匮（kuì）：谓匮乏时取以代用。《左传·成公九年》："《诗》曰：'虽有丝麻，无弃菅蒯；虽有姬姜，无弃蕉萃。凡百君子，莫不代匮。'言备之不可以已也。"唐孔颖达疏："蒯与菅连，亦菅之类……并可代丝麻之乏，故云无弃也。"这里即谓攀爬中时常以手代足或手足并用，形容行进艰难。

㉚宽衍：宽阔平坦。《易·需》"象曰'需于沙'，衍在中也"，唐孔颖达疏："衍谓宽衍，去难虽近，犹未逼于难，而宽衍在其中也。"

㉛莽莽：草率，鲁莽。

㉜凌：升登。

㉝屏翳（yì）：遮蔽，隐藏。

㉞展屏：形容北顶山峰如展开的屏风。

㉟列戟：形容南顶山峰如宫庙、官府及显贵之府第门前作为仪仗的陈戟整齐排列。

㊱寻丈：泛指八尺到一丈之间的长度。《管子·明法》："有寻丈之数者，不可差以长短。"

㊲摘星台：或名摘星楼，据下文作者所记述的登顶过程，费时无多，似非少室山最高峰连天峰，而是其侧的紫霄峰或其他山峰。

㊳离倚：若即若离，形容极为靠近的态势。

㊴斩绝：陡峭貌。宋苏洵《忆山送人》诗："累累斩绝峰，兀不相

属联。”

㊵俯瞩（zhǔ）：从上往下看。

㊶一丝相属（zhǔ）：谓只有极小一部分相连接。

㊷罡（gāng）风：道教谓高空之风，后亦泛指劲风。

㊸假翰：谓凭借禽鸟的羽毛，犹如“插翅”。

㊹虎迹：老虎的脚印。

㊺击石：古人取火方式之一，用火镰击打火石点燃火绒取火。

㊻啜（chuò）：吃或喝。

㊼霍然：迅速消失的状态。

㊽倩（qiàn，旧读 qìng）：请，恳求。龙潭：即龙潭道，道中依次有五龙潭。清乾隆五十二年（1787）《登封县志》卷七《山川记下》：“按，少阳河源于少室之宝丰泉，下为五龙潭，东过少林寺前，又东南纳太子沟水。”嵩山又有九龙潭，源出于其东南麓的太室山，非此。

㊾悬枝以行：谓攀援树枝而行进。

(50)不啻（chì）：不仅，何止。

(51)迂过：迂回行进。坳（ào 奥）：山曲间的平地。

(52)欹（qī）石：歪斜的岩石。

(53)万仞（rèn）：形容峭壁高耸。仞，古代长度单位。七尺为一仞。一说，八尺为一仞。

(54)喷薄：汹涌激荡。宋朱熹《奉陪彦集充父同游瑞岩谨次莆田使君留题之韵》：“谷泉喷薄秋逾响，山翠空蒙昼不开。”

(55)阴森：幽暗惨淡。崭巀：形容山势陡峭直立。

(56)霞绮（qǐ）：艳丽多彩如锦绮的云霞。

(57)静室：指寺院住房或隐士、居士修行之室。唐綦毋潜《题灵隐寺山顶禅院》诗：“观空静室掩，行道众香焚。”蜂房：比喻房室密集众多。

唐杜牧《阿房宫赋》："蜂房水涡，矗不知乎几千万落。"燕垒：燕子的窝，这里比喻较为简易的栖身之所。

⑤⑧一龙潭：即五龙潭中第一潭。详注㊽。沉涵凝碧：谓潭水沉浸、涵泳成碧绿的颜色。

⑤⑨二龙潭：即五龙潭中第二潭。详注㊽。

二十四日 从寺西北行，过甘露台①，又过初祖庵②。北四里，上五乳峰③，探初祖洞④。洞深二丈，阔杀之⑤，达摩九年面壁处也⑥。洞门下临寺，面对少室。地无泉，故无栖者。下至初祖庵，庵中供达摩影石⑦。石高不及三尺，白质黑章⑧，俨然胡僧立像⑨。中殿六祖手植柏，大已三人围，碑言自广东置钵中携至者⑩。夹墀二松亚少林。少林松柏俱修伟⑪，不似岳庙偃仆盘曲⑫，此松亦然。下至甘露台，土阜蠢起⑬，上有藏经殿⑭。下台，历殿三重，碑碣散布，目不暇接。后为千佛殿⑮，雄丽罕匹⑯。出饭瑞光上人舍。策骑趋登封道，过辕辕岭⑰，宿大屯⑱。

[注释]

①甘露台：位于少林寺西，又称西台。据说跋陀在此翻译佛经，天降甘露，故名。参见本日记二十二日日记注㉔。

②初祖庵：位于少林寺西北2千米五乳峰的阜丘上，其大殿建于宋徽宗宣和七年（1125），深广各三间，砖木结构，为河南今存最古的建筑。初祖，即禅宗初祖菩提达摩（生卒年不详），印度人，梁武帝时泛海到达中国的广州，武帝迎至建业，因与武帝话不投机，遂渡江入魏，在嵩山少林寺面壁九年，为中国禅宗之始祖，圆寂于东魏天平以前，葬熊耳山。明

王士性《五岳游草》卷一《嵩游记》："明日诣初祖庵，行里许，入谒祖，白皙修眉凤目，僧言此太子东渡像也。后居东土尝六毒，面虽稍赤，然非今所传巨眼胡僧云。"

③五乳峰：位于少室山北麓，五座山峰突起，东西方向排列，形如五乳，故名。明王士性《五岳游草》卷一《嵩游记》："相携登五乳峰，盖山形为飞凤，又若五乳然者。"

④初祖洞：位于初祖庵后五乳峰麓，其半山腰有一自然山洞，据说就是达摩当年面壁九年（或云十年，527～536）之所。洞前立有明万历三十二年（1604）的单孔双柱石坊一座，南额题刻"默玄处"三字，北额题刻"东来肇迹"四字。

⑤阔杀（shài）之：谓宽度逊于深度。杀，等差。

⑥面壁：佛教语。《五灯会元·东土祖师·菩提达摩大师》："当魏孝明帝孝昌三年也，寓止于嵩山少林寺，面壁而坐，终日默然。人莫之测，谓之壁观婆罗门。"后因以称坐禅，谓面向墙壁，端坐静修。

⑦达摩影石：据今人研究，"影石"当属于石英砂岩，与原达摩洞中石灰岩壁石并非同类。原石已经毁于1928年大火，今存者乃用河石所复制。明王士性《五岳游草》卷一《嵩游记》："庵后一小亭，为达摩面壁影石，顽高可三尺，隐隐一僧坐石中。"清姚元之《竹叶亭杂记》卷三云："河南少林寺后殿西壁前设供桌，供一石。高几二尺强，上下宽五七寸不等。石面似平，凸凹实不平也。石质似净，黄黑实不净也。即之，一粗石了无异处。向之后退至五六尺外，渐有人形；至丈余，则俨然一活达摩坐镜中矣。谛视，腮边短髭若有动意，与世所画无纤毫差，盖传者实真像也。"

⑧白质黑章：带有黑色花纹的白色石质。

⑨胡僧：旧时称西域僧人或西蕃、天竺僧人。

⑩ "中殿"三句：禅宗六祖慧能所植柏，位于初祖庵大殿外东南角。明王士性《五岳游草》卷一《嵩游记》："庵前三花树，盖凌霄藤附桧而生者，花正开，深红可爱，自达摩未至时有之。左一柏高与花树并，云卢能钵盂中带至也。余为书'六祖所植柏'字。"中殿，谓初祖庵中殿，今已不存。六祖，中国佛教禅宗六祖，即慧能（638~713），一作惠能。俗姓卢，范阳（今北京大兴）人。幼随父流放岭南新州（今广东新兴），后北上参学，于唐龙朔元年（661）在黄梅谒见禅宗五祖弘忍，最终受其衣钵南归。其说法以定慧为本，对于禅宗发展影响巨大。

⑪ 修伟：高大健壮。

⑫ 偃仆盘曲：仆倒并曲折环绕。

⑬ 土阜：犹土丘。矗起：耸起。

⑭ 藏经殿：即藏经阁（法堂），为面阔五间、进深三架的歇山建筑，阁后有高地，其上建有方丈室，形成一高台院落，为少林寺住持僧所居。1928年藏经阁毁于军阀大火。

⑮ 千佛殿：又名毗卢阁，面阔七间，长28米，进深三架，长12.5米，高20米。始建于明万历十六年（1588），内有明人所绘五百罗汉的大型彩色壁画。砖铺地面上有四十八个陷坑，据说是少林武僧习武时的站桩坑。其东厢即白衣殿。

⑯ 雄丽：壮丽。罕匹：很少有能配得上的。

⑰ 轘（huán）辕岭：即轘辕山，在五乳峰之东，位于今河南偃师市南缑氏山东南，接巩义市与登封市界。其山麓有轘辕关，俗称峨岭口，关分东、西两处，山势陡峭，道路崎岖。据《登封县志》，这里道路弯曲如古车之轘而又辕曲，故称。传为夏禹治水时所凿，历来为军事要塞。轘辕岭，底本作"轩辕岭"，据丁文江本校改。

⑱ 大屯：明代村名，今名同，位于今登封市与洛阳偃师市之间，今属

偃师市高龙镇。大屯村在明代属于嵩洛之间的食宿地。

二十五日 西南行五十里，山冈忽断，即伊阙也①。伊水南来经其下②，深可浮数石舟③。伊阙连冈④，东西横亘，水上编木桥之⑤。渡而西，崖更危耸。一山皆劈为崖，满崖镌佛其上⑥。大洞数十，高皆数十丈⑦。大洞外峭崖直入山顶，顶俱刊小洞，洞俱刊佛其内。虽尺寸之肤⑧，无不满者，望之不可数计。洞左，泉自山流下，汇为方池⑨，馀泻入伊川⑩。山高不及百丈，而清流淙淙不绝⑪，为此地所难。伊阙摩肩接毂⑫，为楚、豫大道⑬，西北历关陕⑭。余由此取西岳道去⑮。

[注释]

①伊阙：一名龙门，位于今河南洛阳市南二十五里，即春秋之阙塞。青山对峙，形如门阙，伊水经其间，从南往北流，故称伊阙。《水经·伊水注》："伊水又北入伊阙，昔大禹疏以通水，两山相对望之如阙，伊水历其间北流，故谓之伊阙矣。"

②伊水：洛水支流，源出河南栾川县伏牛山北麓，东北流至偃师县南入洛水。

③可浮数石舟：用船的载重量衡量水流的深浅。数石舟，属于吃水较浅的小船，故谓其水不甚深。《太平御览》卷八二五引《颜氏家训》："胡人见锦，不信有虫食树吐丝所成。昔在江南，不信有千人毡帐；及来河北，不信有万石舟船。皆实验也。"石（今读 dàn），古人计算重量的单位，一百二十斤为一石。

④连冈：谓山冈连绵。宋范成大《峡州至喜亭》诗："断崖卧水口，

连冈抱城楼。"

⑤桥：搭桥。这里用如动词。

⑥满崖镌佛：这里所指即中国四大石窟之一的龙门石窟（其余三窟为甘肃莫高窟、山西云冈石窟、甘肃麦积山石窟），位于今河南洛阳市南13千米的伊河两岸。石窟造像始于北魏孝文帝迁都洛阳（493）前后，历经东西魏、北齐、北周、隋、唐四百余年的大规模营造，两山窟龛密如蜂窝，共计达2100多个，造像97300余尊，题记、碑碣等3600余品。佛塔39座。

⑦"大洞数十"二句：在龙门石窟中，古阳洞开凿最早，位于龙门山南部，其刻品琳琅满目，内容丰富。有关造像题记的刻石书法质朴古拙，今传《龙门二十品》碑刻书法，在书法史中属于魏碑精华，其中有十九品即在此洞窟内。其他如宾阳三洞、莲花洞、药方洞、老龙洞、万佛洞、皇甫公窟等，在佛教石刻艺术中各具特色，皆不乏传神之作。奉先寺位于龙门山南端，系唐高宗初年开凿，至上元二年（675）竣工，属于龙门石窟中规模最大的露天大龛，主佛卢舍那佛高达17.14米，面容丰腴，长目修眉，属于唐代雕塑艺术中的代表作。

⑧肤：谓岩崖的外表。

⑨方池：当指禹王池，据说是唐宋时期为纪念大禹而开凿，池中清泉翻涌，池边绿草成茵。

⑩伊川：即伊河，位于今河南栾川、嵩县、伊川等县境，《左传·僖公二十二年》有"平王之东迁也，辛有适伊川"的记述。

⑪淙淙（cóng cóng）：流水声。

⑫摩肩接毂（gǔ）：肩挨着肩，形容人多拥挤；车毂相接，形容车多。这里形容伊阙为洛阳一带的交通要道。

⑬楚：泛指今湖北、湖南一带。豫：河南的简称，因古为豫州地而

得名。

⑭关陕：指陕西一带，陕西古名关中，故称。

⑮西岳：即五岳之一的华山。《书·舜典》："西巡狩至于西岳。"唐孔颖达疏："西岳，华山。"详见后《游太华山日记》。

[评析]

  嵩山堪称我国一座内容丰富的地质博物馆，在大约400平方千米的范围内，连续完整地出露着太古宙、远古宙、古生代、中生代和新生代的岩浆岩、变质岩和沉积岩的岩石样貌。五个时期的地质现象在嵩山表现齐全，地质学上称之为世界上罕见的"五代同堂"。其山体岩石复杂繁多，主要以石英岩岩层为主，这决定了嵩山有别于其他山岭风貌的特点。

  徐霞客自幼即对五岳心向往之，成年以后，本打算取道湖北先游览五岳中最高峻的陕西华山，再由汉中经剑阁游览四川的峨眉山，终因母亲衰老多病，对原计划有所修订。为了减省旅途所花费的时间，他没有"沿江溯流"而上，而是采取"陆行舟返"的方式，选定由徐州、开封至郑州，先游中岳嵩山，再到西岳华山，然后于归途中游览湖北的太和山（武当山）。徐霞客家居两年以后，于明天启三年（1623）二月初开始了他连游三山的旅程。作者从家乡历时十九天到达郑州，并没有直接去往嵩山，而是用一天的时间先考察了位于嵩山东麓密县西北香炉山的圣僧池、天仙院、白皮松与滴沥泉。同先前的旅行一样，显然他事先做足了"功课"，对目的地及其周边的相关景观早已了如指掌，方能从容不迫，有条不紊，不浪费一点时间。

  据《游嵩山日记》，徐霞客于二月二十日进入登封县境，从观览石淙正式开始嵩山之旅，至二十四日离开少林寺，在嵩山一共游历五天；二十五日游览伊阙山的龙门石窟之后，方取道偃师去西岳华山。在嵩山，作者主要游览了中岳庙、卢岩（崖）寺、法王寺、嵩阳宫、三将军柏、崇福宫、启母石、会善寺、二祖庵、少林寺、初祖洞等名胜古迹，在太室山的峻极峰与少室山的"摘星台"，也都留有足迹。嵩山地处中原，历史文化悠久，在这篇游记中，堪称人文景观与自然景观并重，作者都有引人入胜的精彩记述。在《徐霞客游记》中，这一篇日记对于人文景观的描述尤觉神采飞扬。作者不畏艰险，无论从太室"悬溜而下"，还是登少室绝顶"解衣从之"，皆有一股大无畏的精神在起作用，至今读之，仍能令人肃然起敬。作者浓郁的山水之情奔腾于笔下，清新洗练、蕴含丰富而令读者难忘，如对石淙水的描绘，对卢岩（崖）瀑布的状写，皆绘声绘色，非同一般，令人叹为观止。清奚又溥序《徐霞客游记》有云："其笔意似子厚，其叙事似龙门。故其状山也，峰峦起伏，隐跃毫端；其状水也，源流曲折，轩腾纸上；其记遐陬僻壤，则记里分疆，了如指掌；其记空谷穷岩，则奇纵腾迹，灿若列星。凡在编者，无不搜奇抉怪，吐韵标新，自成一家之言。"用墨无多，却分析到位，堪称的评。

游太华山日记① 陕西西安府华阴县②

二月晦③ 入潼关④,三十五里,乃税驾西岳庙⑤。黄河从朔漠南下⑥,至潼关,折而东。关正当河、山隘口⑦,北瞰河流,南连华岳,惟此一线为东西大道,以百雉锁之⑧。舍此而北,必渡黄河,南必趋武关⑨,而华岳以南,峭壁层崖,无可度者。未入关,百里外即见太华屼出云表⑩;及入关,反为冈陇所蔽⑪。行二十里,忽仰见芙蓉片片⑫,已直造其下⑬,不特三峰秀绝⑭,而东西拥攒诸峰⑮,俱片削层悬⑯。惟北面时有土冈,至此尽脱山骨⑰,竟发为极胜处⑱。

[注释]

①太华(huà)山:即华山,位于今陕西华阴市南十里,是我国五岳中的西岳,《书·舜典》:"西巡狩至于西岳。"唐孔颖达疏:"西岳,华山。"又称华岳。《水经·渭水注》云:"其高五千仞,削成四方,远而望之,又若花状。"古"花"、"华"义通,故"华山"即"花山"。又因其西有少华山,故又称太华山。华山有东、西、南、北、中五峰,皆为主峰,其中南峰(落雁峰)最高,海拔2154.9米,也是五岳最高峰,古人尊称它是"华山元首";西峰海拔2082.6米,因峰巅巨石形状似莲花瓣,古代文人多称其为莲花峰、芙蓉峰;东峰(朝阳峰)海拔2096.2米,峰顶有一平台便于观赏日出,人称朝阳台;北峰(云台峰)海拔1614米,

四面悬绝，有若云台；中峰海拔2037.8米，居东、西、南三峰中央，据传为春秋时秦穆公女弄玉的修身之地，故又名玉女峰。千尺㠉、百尺峡、老君犁沟、擦耳崖、上天梯、苍龙岭皆异常险峻，在方圆148平方千米的华山景域中，名胜古迹众多，更令华山驰名海内。华山还是我国道教全真派胜地，被称为"第四洞天"。

②西安府：明洪武二年（1369）改元奉元路置，治所在长安、咸宁二县（今陕西西安市），辖境相当于今陕西彬县、周至以东，铜川、韩城以南，镇安、山阳、商南以北地。清代辖区缩小，1913年废。华阴县：西汉高帝八年（前199）改宁秦县置，属京兆尹，以在华山之阴（北），故称华阴。县治、区划历代或有变迁，至明代属西安府，清代属同州府，华阴县治所即今陕西华阴市（1990年县升市）。

③二月晦（huì）：明熹宗天启三年农历二月三十日，即公历1623年3月30日。晦，农历每月的最后一日。

④潼关：位于今陕西潼关县东北。古为桃林塞地，东汉建安中设潼关。明洪武九年（1376）置潼关卫，属河南都司，治所在潼关（今陕西潼关县东北港口镇）；永乐六年（1408）直隶中军都督府。

⑤税（tuō）驾：犹解驾，停车。谓休息或归宿。税，通"捝"、"脱"。西岳庙：位于华山下5千米之岳镇东端，西距今华阴市1.5千米。汉武帝时创立，北周天和二年（567）与唐开成元年（836）皆曾重修，北宋建隆二年（961）大修，明代亦曾修葺。建筑宏伟壮丽，历代帝王来陕，多在此驻跸。庙内碑刻众多，文物丰富。

⑥黄河：最早称河水，《汉书·高惠高后文功臣表》始见黄河之名，唐以后遂成其正名。发源于今青海省巴颜喀喇山北麓，全长约5494千米。上游在今宁夏、内蒙古河套平原，中游在今山西、陕西二省的龙门、潼关间，下游自今河南武陟、荥阳以下，河道屡有变迁。朔漠：北方沙漠

地带。

⑦河山隘口：谓黄河流经华山的险要处。隘口，险要的关隘。

⑧"惟此一线"二句：意谓潼关以东至函谷关一线，北有黄河，南有崤山，属于沟通东西的大道，所以潼关历来是人主严加防守的要地。百雉（zhì），指城墙的长度达三百丈，属于春秋时代国君的特权。雉，古代计算城墙面积的单位，长三丈高一丈为一雉。

⑨武关：战国秦置，位于今陕西商南县西南丹江上，即秦之南关。秦末刘邦即由武关入秦，子婴降，秦亡。《史记·项羽本纪》："关中阻山河四塞，地肥饶，可都以霸。"南朝裴骃集解引徐广曰："东函谷，南武关，西散关，北萧关。"

⑩屼（wù）：山高耸貌。云表：云外。汉张衡《西京赋》："立修茎之仙掌，承云表之清露。"

⑪冈陇：山冈。唐李白《宿鰕湖》诗："明晨大楼去，冈陇多屈伏。"

⑫芙蓉：荷花的别名，这里当形容华山西峰即莲花峰或称芙蓉峰的山峰形状。明袁宏道《华山后记》："西峰最幽奥，石态生动，有石叶如莲瓣，覆崖巅，其下有龟却立，昂首如欲行，盖叶上物也，是即所谓莲花峰矣。"另参见本段注①。

⑬造：到。《周礼·地官·司门》："凡四方之宾客造焉，则以告。"汉郑玄注："造，犹至也。"

⑭三峰：华山以南峰落雁峰、东峰朝阳峰、西峰莲花峰为三主峰，成鼎足之势。唐刘长卿《关门望华山》诗："客路瞻太华，三峰高际天。夏云亘百里，合沓遥相连。"秀绝：特出超群。

⑮拥攒（cuán）：相拥聚集。华山三主峰而外，又有中峰、北峰相辅，周围各小峰拱卫而立，共同构成华山胜境。

⑯片削层悬：形容山峰形状如刀削一般分层悬空。华山山脉属于深层

侵入岩体的花岗岩地貌，有较多明显的节理和断层，纵向与横向交互，又经水流长期冲涮与风化剥蚀，终于形成许多峻秀的山峰与奇形怪状的岩石样貌。

⑰山骨：山中岩石。明袁宏道《华山记》："凡山之名者，必以谷，率不能倍肤，得三之一，奇乃著。表里纯骨者，唯华为然。"

⑱竞发：竞相展现。

三月初一日 入谒西岳神①，登万寿阁②。向岳南趋十五里，入云台观③。觅导于十方庵④。由峪口入⑤，两崖壁立⑥，一溪中出，玉泉院当其左⑦。循溪随峪行，十里，为莎萝宫⑧，路始峻。又十里，为青柯坪⑨，路少坦。五里，过寥阳桥⑩，路遂绝。攀锁上千尺㠉⑪，再上百尺峡⑫。从崖左转，上老君犁沟⑬，过猢狲岭⑭。去青柯五里，有峰北悬深崖中，三面绝壁，则白云峰也⑮。舍之南⑯，上苍龙岭⑰，过日月岩⑱，去犁沟，又五里，始上三峰足⑲。望东峰侧而上⑳，谒玉女祠㉑，入迎阳洞㉒。道士李姓者，留余宿。乃以馀晷上东峰㉓，昏返洞㉔。

[注释]

①西岳神：即民间信仰中西岳华山的山神，其人格化历程是从汉代开始的，东方朔《神异经》认为他是金蝉氏次子，汉代纬书《龙鱼河图》云："西方华山君神，姓浩名郁狩。"唐玄宗"以华岳当本命"，奉西岳神为金天王，宋代封之为金天顺圣帝，元代又加封为太利金天顺圣帝。其形象据宋张君房《云笈七签》，乃以"少昊为白帝，治西岳"，"服白素之袍，戴太初九流之冠，佩开天通真之印，乘白龙"。明徐道《历代神仙通

鉴》卷四认为皋陶是西岳所化。明许仲琳《封神演义》封蒋雄为西岳华山金天愿圣大帝。其职司据《三教源流搜神大全》卷二云："主管世界金银铜铁五金之属陶铸坑冶，兼羽毛飞鸟之事。"但在民间传说中，金天王有时又是一位霸占人妻、索贿徇私的恶神，见《古今图书集成·神异典》卷二四引《逸史》。

②万寿阁：位于西岳庙后，明万历间建于层台之上，以位置较高，便于登眺。

③云台观：故址位于今华阴市南八里。元代末毁于火，明成化十六年（1480）始立三清殿，正德十年（1515）重建，隆庆六年（1572）重修，万历四年（1576）复修。清乾隆《华阴县志》卷五《建置·观》："云台观，观在县南八里。后周武帝时有道士焦道广独居云台峰，辟粒餐霞，常有三青鸟报未来之事，武帝亲诣山庭，临轩问道，因于谷口置云台观。"清李榕《华岳志》卷一《名胜·华岳》："云台观，在华山下，去谷口二里。盖古明堂地，周末巡狩不行，老子之徒始占为观。"

④十方庵：即十方院，故址位于云台观西南。清李榕《华岳志》卷一《名胜·华岳》："仙迹坊在云台观南一里，为登山初步。十方院在仙迹坊西。"

⑤峪口：即张超谷口，是从北面进入华山的必由之路。峪，山谷。

⑥两崖壁立：清李榕《华岳志》卷一《名胜·华岳》："谷口，即张超谷，出玉泉院东南，上为谷口，有崇崖崿嶂，递互亏蔽。"

⑦玉泉院：位于华山北麓谷口，院内绿荫蔽天，回廊曲折兼有泉石之胜，据传为五代隐士陈抟所建。院中有清泉一股，与山顶的镇岳宫玉井潜通，甘美清冽，玉泉院即得名于此。清姚玉翻《华岳志》卷一《名胜》："玉泉，在张超谷口，其水色如浆，相传云玉井渗出者，清冽而甘，服之可去沉疴。"

⑧莎萝宫：即莎萝庵，又作娑罗庵，位于莎萝坪，或称娑罗坪。清李榕《华岳志》卷一《名胜·华岳》："莎萝坪在（第二）关南二里，山至此缩约十余丈，谷浒宽平如几，有祠，游者过此祈祷。有莎萝庵，庵外东面可数十丈，鸣瀑挂壁而下。有莎萝树一本，盖即菩提树。"清姚玉翮《华岳志》卷一《名胜》："第一关：自玉泉院至关五里。玉泉院至五里关，往时避兵者就险垒石为关，额曰通天第一关。案，第一关俗称五里关。"又："第二关：希夷峡西折四十步为第二关，大石中分，若斧劈者。"又："娑罗坪，自希夷峡至娑罗坪半里。娑罗坪有娑罗树，故名。"

⑨青柯坪：位于华山谷口内约10千米，两侧全为天然石壁，中通小道，上下曲折，飞瀑悬流，涧水潆洄。沿途有王猛台、鱼石、壶公石室、希夷峡等古迹，依次分布于两侧石壁之上。至青柯坪，四周豁然开朗，有东道院与通仙观等建筑，游人至此可以憩息食宿。清姚玉翮《华岳志》卷一《名胜》："青柯坪，在十八盘之上有青柯馆，游者至此，舍舆易装。自希夷峡至青柯坪十里。青柯坪在西峰下，东西皆峻岭。"

⑩寥阳桥：当位于青柯坪右之寥阳洞附近，方志未见著录。

⑪千尺㡊（chuáng）：位于青柯坪东上三里，为峭壁上一条大裂缝，陷在两旁的巨石之间，旧时游者依靠道士手工凿出的刚刚能放下脚的"脚窝子"或岩嵌横木以及两侧可助攀爬的铁链攀登绝顶，据说共三百九十四步。游者仰望天际，但见一线天开；俯视脚下，如临深渊。石级顶端犹如一井口，若被盖住，华山之路便被断绝，故有"太华咽喉"之称。清姚玉翮《华岳志》卷一《名胜》："千尺㡊，在青柯坪东上三里许。绝壑中裂，两旁稍凿，横木承足，凡千尺云。千尺㡊乃行大窞，中才容人，左右穿受手足间，贯以横木，若悬梯两旁，垂锁自汲以上。"明袁宏道《华山别记》："导者引至千尺㡊，见细枝柴其上，顶如覆铛，天际一隙，不觉心怖。"

⑫百尺峡：又称百丈崖，位于千尺幢东北一里许，峡之两壁欲合，只见被两块岩石撑开，摇摇欲坠，游者从岩石下过，胆战心惊，此即所谓"惊心石"；俟过后回望，其石上大下小，实难坠下，故又有"平心石"之号。清姚玉翻《华岳志》卷一《名胜》："百尺峡，在幢上东北转一里许。峡如幢而缩，险与幢称。"清李榕《华岳志》卷一《名胜·华岳》："百尺峡，幢上北转一里，东上百丈崖，升降皆须攀绳挽葛而行。壁益狭，两腋摩壁以行，上有块石撑之，若恐其复合者。凡四十步。"明王士性《五岳游草》卷一《华游记》："路绝，扳巨石过，至百尺峡，峡比幢为短而峻过之。又转二石磴，而百尺始尽。"

⑬老君犁沟：位于媪神洞东南，是一条深不可测的沟状险道。据说太上老君过此，因无路可通，就牵来青牛一夜间犁成这条山沟。至今西侧崖上有石沟若犁槽，仍赫然可见。明王士性《五岳游草》卷一《华游记》："又再折而至老君犁沟，则片石直倚插天，亦又临绝壑，杳冥不知其际，中裂一缝如犁而成沟也。好事者必易犁沟为离垢，真成呓语。沟长与幢称，而险过之。幢有石蔽，而沟上下皆悬绝。"清李榕《华岳志》卷一《名胜·华岳》："老君犁沟在媪神洞东南。峡上五里许有山如砺，中有沟如犁辟然，凿石挽索而上。石壁插天，若镶若削，水雷一道自上而下直如引绳，深若发耠。犁险于幢，幢阴而犁突。凡二百五十二步。"

⑭猢狲岭：即猢狲愁，清李榕《华岳志》卷一《名胜·华岳》："猢狲愁，铁牛台北转数十步为猢狲愁。崖壁极峭，上有铁猿四，蹲踞台畔，月之三、八日，猿千百旅自上方后水帘洞出，遍满溪谷，至此辄回。盖自是境逾险，虽猿猱亦难超越矣。"

⑮白云峰：位于"大上方"以东，又称上方峰。清姚玉翻《华岳志》卷一《名胜》："（王志）白云峰即上方山，在云台峰北。唐金仙公主修道之所。"清乾隆《华阴县志》卷一《山》："白云峰在岳之东北，唐金仙公

主修行之所。大上方僻，路亦峻，人罕至之。其上有唐金仙公主墓。"清李榕《华岳志》卷一《名胜·华岳》："白云峰，即上方峰，在云台峰北。白云峰一径北去狭而长……尖峰耸拔，飞云冉冉幂其上，迤北为香炉峰。"明王士性《五岳游草》卷一《华游记》："又数十步，当崖陡处，翻身向右折而上，为猢狲愁。自幢至此皆南登也，又南为登岳正道。旋而北一山如鹿颈长里许，名白云峰。有石檐覆山顶……又数十步登倚云亭，则峰之巅也。此望苍龙岭多夺魄。"

⑯舍之南：意谓放弃了攀登白云峰（北峰）的打算，转而南行。

⑰苍龙岭：古称搦岭，又名夹峡，位于华山腰。其坡度极为陡峭，南北长1500米，宽仅1米左右，中间突起，两侧皆为深谷。明王士性《五岳游草》卷一《华游记》："崖头一洞，雷击其半欲堕，洞门红白二圈，名曰月崖。又南数里，树一棹楔，为登岳御道，则苍龙岭云。岭一石山，侧立深谷中，大都深百馀丈，阔五尺许，南高北下，左右斩然，如走剑脊上，一无所依傍。"清姚玉翻《华岳志》卷一《名胜》："苍龙岭，自日月崖转西南行三里许，是为山脊。在仙掌之北，旧广二尺许，长五十丈，崖东西深数千仞，人莫敢睨视。郦道元云搦岭须骑行矣。岭尽为龙口，冒一大石，有镌云韩退之投书所。"

⑱日月岩：即日月崖。"岩"、"崖"，当系音讹，反映了作者吴方言"韵尾脱落"的语音特点。清李榕《华岳志》卷一《名胜·华岳》："日月崖在仙人礄南，崖如斩块，挽锁而上百馀步，名上天梯，有日月圆形。"参见本段注⑰。

⑲三峰足：当即"三峰口"，是通往东、西、南三峰的要道。清李榕《华岳志》卷一《名胜·华岳》："入通天门里许，至三峰口。宗土祠在三峰口。过骊马石，度单人桥、五龙冈，入通天门，至宗土祠，则东峰之麓矣。"三峰，谓华山东峰（包括今天所称的中峰，即玉女峰）、西峰、南

峰三主峰。

⑳东峰：即朝阳峰，海拔2096.2米，以位于华山之东而得名。东峰由一主三仆四个峰头组成，朝阳台所在的峰头最高，玉女峰在西，石楼峰居东，博台偏南。古人称华山三峰，指的是东、西、南三峰，玉女峰则是东峰的一个组成部分。今人将玉女峰称为中峰，使其亦作为华山主峰单独存在。清姚玉翱《华岳志》卷一《名胜》："东峰，朝阳峰也。东峰冈石斜削，可数十丈，凿石迹，手援以上。东峰有三，玉女在左，石楼在右。"

㉑玉女祠：又称明星玉女祠，位于华山玉女峰（今称中峰）山顶，亦名中峰大殿。相传春秋时代有一善吹玉箫的隐士萧史，以箫声引动了秦穆公的女儿弄玉，她抛弃了宫廷生活，与其一同来到此处隐居修炼，后均得道成仙。后人于此修建祠宇，以供祀其像。祠内原奉玉女石像一尊，现供玉女之像为近世所塑立。祠旁有"玉女洗头盆"、"玉女梳妆台"、"无根树"、"引凤亭"等名胜古迹。明王士性《五岳游草》卷一《华游记》："（宗土）祠后分两路，西行而后入镇岳祠，上西峰。东行则入玉女峰，上东峰。余乃由玉女峰入。既至，一石如龟甲覆峰顶，腹下皆空，道人界二石室居之。背为祠，祠玉女。"清李榕《华岳志》卷一《名胜·华岳》："明星玉女祠，在顶之中峰龟背上，有玉女石室、玉女像。"

㉒迎阳洞：又称朝元洞，位于东峰下。清李榕《华岳志》卷一《名胜·华岳》："迎阳洞，自细辛坪东南行，有坪一方，其北有朝元洞，东南向。洞颇高旷，颜曰'迎阳'。盖华当少阴，迎阳令有生气。"

㉓馀晷（guǐ）：剩馀的时间，闲暇。

㉔昏：天刚黑的时候。《诗·陈风·东门之杨》："昏以为期，明星煌煌。"

初二日 从南峰北麓上峰顶①，悬南崖而下，观避静处②。复上，直跻峰绝顶③。上有小孔，道士指为仰天池④，旁有黑龙潭⑤。从西下，复上西峰⑥。峰上石耸起，有石片覆其上如荷叶⑦。旁有玉井甚深⑧，以阁掩其上，不知何故。还饭于迎阳⑨。上东峰，悬南崖而下，一小台峙绝壑中，是为棋盘台⑩。既上，别道士，从旧径下，观白云峰，圣母殿在焉⑪。下至莎萝坪，暮色逼人，急出谷，黑行三里，宿十方庵⑫。出青柯坪左上，有杻渡庵、毛女洞⑬；出莎萝坪右上，有上方峰⑭；皆华之支峰也。路俱峭削⑮，以日暮不及登。

[注释]

①南峰：即落雁峰，海拔2154.9米，是华山最高主峰，也是五岳最高峰。其南侧是千丈绝壁，直立如削，下临一断层深壑，同三公山、三凤山隔绝。南峰由一峰二顶组成，东侧一顶为松桧峰，西侧一顶即落雁峰，也有说南峰由三顶组成，称落雁峰之西的孝子峰亦为一顶，即落雁峰最高居中，松桧峰居东，孝子峰居西，整体如同一把圈椅。明袁宏道《华山记》："南峰踞两峰之上，如人危坐而引其膝。下有土径，异树交络，峡水鸣其间。峰顶各有池，如臼，如盆，如破瓮，鲜壁澄澈，古松覆之。"

②避静处：即贺老石室，因"贺老"为避喧嚣而开凿又隐于此而得名。特意凿山架木为"长空栈"以通，洞中狭小，开凿粗糙，似未完工，因又俗称"半截洞"。当年"贺老"煮饭用的石灶、滴水的石臼，至今犹在。据传，"贺老"在华山凿洞七十二个半，其中半个，即指此洞。清姚玉翱《华岳志》卷一《名胜》："贺老避静处，朝元洞之下有贺老石室，室凭深崖，炀灶犹在。长空栈在壁半，广八寸，长数十丈，背空虚，行栈尽得贺老窑，俯临千仞。"贺老，即贺志真（1212~1299），元初道士。名

贺元希，号圆明老人，隆德（今属宁夏固原市）人。他是华山朝元洞的创修人，实为华山派的开派宗师。

③跻（jī）：攀登。绝顶：即华山南峰（落雁峰），其上有金天宫，一名白帝祠。又有老君洞，洞北有太上泉，或谓即仰天池，池水青绿，冬夏不竭。

④仰天池：又名太乙池。明王士性《五岳游草》卷一《华游记》："又转而上为仰天池，池边有摘星石。吴伯与旧书'太华绝顶'字，余又为题'缥缈巅'。"清李榕《华岳志》卷一《名胜·华岳》："登太华观仰天池，即《图经》所谓太乙池者。水才一泓，冬夏不盈耗。其言互异也。上方有灵泉二所，一名太上泉，东注涧下。"

⑤黑龙潭：位于仰天池下。清李榕《华岳志》卷一《名胜·华岳》："黑龙潭，在仰天池南崖下，深不过二三尺，虽大旱不涸。旱祷必应。宋崇宁二年封显润侯。龙在则水黑，龙去则水清。华之顶门水也。"

⑥西峰：即莲花峰，海拔2082.6米，以位于华山之西而得名。其峰巅有一完整巨石，浑然天成，形状好似莲花瓣，古代文人多称其为莲花峰、芙蓉峰。其西北绝崖千丈，似刀削锯截，具有阳刚挺拔之势。其南崖有山脊与南峰相连，脊长300馀米，石色苍黛，形态如同一条屈缩的巨龙，世称屈岭，又名小苍龙岭，是华山著名的险道之一。翠云宫、莲花洞、巨灵足、斧劈石、舍身崖等为西峰著名景观，并伴有神话传说，最著者即沉香劈山救母的故事。

⑦"峰上石"二句：此是对莲花峰命名的简要概括。明袁宏道《华山记》："度峰足蛇蜒上，石叶上覆而横裂，为西峰。"

⑧玉井：位于莲花峰、落雁峰与玉女峰间谷地的镇岳宫前。清姚玉翱《华岳志》卷一《名胜》："玉井，在莲花峰旁。深可十丈，圆径半之。"清李榕《华岳志》卷一《名胜·华岳》："玉井，在（镇岳宫）上宫前五

尺，水出于上潜于下，深可十丈，圆径半之……玉井涓渫异常水，敞宇覆之。左方镇岳宫，右上即南峰路。有玉井楼，楼与镇岳宫对，俯临玉井。"

⑨迎阳：即迎阳洞，参见本日记三月初一日日记注㉒。

⑩棋盘台：即博台，位于华山东峰侧一小峰。据传赵匡胤曾与道家老祖陈抟在此下棋赌输赢，三盘皆负，最终把华山输给了陈抟，并承诺"自古华山不纳粮"。清李榕《华岳志》卷一《名胜·华岳》："博台，在岳顶东南隅别一孤峰上，遥望有石方平如榻，如棋局。秦昭王令工施钩梯上华山，以松柏之心为博箭，长八尺，棋长八寸，而勒之曰：王与天神博于此。东峰南下有小峰平顶，当岳之半胸，上有铁瓦亭一区，铁棋一枰，为卫叔卿博台，路由悬崖锁直缒约十馀丈，锁尽，跖崖自度。名鹞子翻身。"

⑪圣母殿：又称三圣母殿，位于莲花峰山麓。大殿内供奉着三圣母、其子刘沉香、侍女灵芝，即民间传说中沉香劈山救母故事的演义。

⑫十方庵：即十方院。清李榕《华岳志》卷一《名胜·华岳》："十方院，在仙迹坊西，李楷有记。在玉泉院下。"又："仙迹坊，在云台观南一里，为登山初步。"

⑬杯（bēi）渡庵：故址当位于青柯坪左上方。杯渡，同"杯渡"，晋宋时僧人，不知姓名，传说其常乘木杯渡水，故以杯渡为名。事见南朝梁慧皎《高僧传·神异下·杯渡》。后因以称僧人出行。毛女洞：位于华山十八盘西南毛女峰麓。清姚玉翱《华岳志》卷一《名胜》："毛女峰毛女洞，秦时宫人，字玉姜，入山隐此峰上，食柏饮水，体生绿毛，人常见之。有毛女洞，至今洞中犹闻鼓琴之声。"

⑭上方峰：即白云峰，参见本日记三月初一日日记注⑮。清李榕《华岳志》卷一《名胜·华岳》："大上方、小上方，莎萝坪东对小上方，又上为大上方。在西元门下，山形如椅，南临虚，北云岩，中污可居。亦

有瀑布,长数百丈。小上方附崖楼阁迭起,其径亦险。"

⑮峭削:谓山峰陡峭如削。明顾起元《客座赘语》卷九《守心戒行》:"法堂后山壁峭削,中开一洞,深数尺许,因构小屋附之。"

初三日 行十五里,入岳庙①。西五里,出华阴西门②,从小径西南二十里,入泓峪③,即华山之西第三峪也。两崖参天而起,夹立甚隘④,水奔流其间。循涧南行,倏而东折⑤,倏而西转。盖山壁片削⑥,俱犬牙错入⑦,行从牙罅中⑧,宛转如江行调舱然⑨。二十里,宿于木柸⑩。自岳庙来,四十五里矣。

[**注释**]

①岳庙:即西岳庙。参见本日记首段注⑤。

②华阴西门:华阴县城西门。

③泓峪:又称瓮峪,因峪口有奇石如瓮倒立而得名,位于台峪西,是华山以西第三个峪口,位于今310国道1033~1034米处。峪道绵延20千米,两侧峰岭起伏不断,沟岔交错相连。一河清流,明澈见底。是古代通往陕西商洛、湖北鄂北一带的主要山区道路。又名瓮谷,清李榕《华岳志》卷一《名胜·华岳》:"瓮谷,谷口环抱如瓮,为南洛径道。入谷四十里至瓮岭,东转为华阳山即洛境。"民国《华阴县续志》卷一《地理志·山谷》:"瓮谷,谷口环抱如瓮,内宽敞,名华阳川,居民数百家,为通商洛之巨道。"又《地理志·交通》:"西南赴洛道路:由瓮峪口起,经华阳川至老爷岭止,长四十里,虽系蟠蜒曲径,而骡驼肩挑,往来货物,络绎不绝。"

④隘:狭窄,狭小。

⑤倏而:迅疾貌,谓短暂的时间。

⑥片削：谓山壁陡峭如刀削一般。

⑦犬牙错入：同"犬牙交错"，谓地界交错，如同狗牙。

⑧牙罅（xià）：形容岩石裂缝如同犬牙的缝隙一样参差交互。

⑨宛转：回旋盘曲，蜿蜒曲折。这里用如动词。调（diào）舱：同"掉抢"，谓江行中帆船遇逆风，须调整帆的位置，以巧借风力曲折前行。俗语所谓"好船家使得八面风"即谓此。柴萼《梵天庐丛录》卷二七云："吴楚谓帆上风曰抢，谓借左右使向前也。《扬都赋》：'艇子抢风，榜人逸浪。'今舟人曰掉抢是也。又作'舱'，作'枪'，见杨慎《俗言》。"

⑩木柸（bēi）：当系位于瓮峪中段的村庄名。

初四日 行十里，山峪既穷，遂上泓岭①。十里，蹑其巅②。北望太华，兀立天表③。东瞻一峰，嵯峨特异④，土人云赛华山⑤。始悟西南三十里有少华，即此山矣。南下十里，有溪从东南注西北，是为华阳川⑥。溯川东行十里，南登秦岭⑦，为华阴、洛南界⑧。上下共五里。又十里，为黄螺铺⑨。循溪东南下，三十里，抵杨氏城⑩。

[注释]

①泓岭：即瓮岭，又称瓮峪岭，位于瓮峪的南出口，属于秦岭山脉的一座小岭。"泓"、"瓮"，当系音讹，反映作者吴方言"影匣不分"的语音特点。

②蹑（niè）：攀登。

③兀立：矗立。天表：犹天外。唐李白《金乡薛少府厅画鹤赞》："形留座隅，势出天表。"

④嵯峨（cuó é）：山高峻貌。

⑤土人：世代居住本地的人。北魏郦道元《水经注·汶水》："出谷有平丘，面山傍水，土人悉以种麦。"赛华山：即少华山，位于今陕西华阴市境内，在华山景区西南方向20千米处，主峰海拔1664.4米，与西岳太华山皆属秦岭支脉，并称"二华"。清李榕《华岳志》卷一《名胜·华岳》："赛华山，在落雁峰西南壑外，学三峰而未至者。"少华山有三峰，西名少华峰，又称独秀峰，其北绿竹遍野，渭水西来，掩映如画。中名玉女峰，上多石屋与摩刻。东峰俗称半截山，据说此峰原与西峰等高，北宋熙宁五年（1072）地震引来山崩，故仅存山基。

⑥华阳川：此似非专指溪水名，而是指溪水流经瓮峪内的小平川，参见本日记初三日日记注③。

⑦秦岭：为横贯我国中部、东西走向的古老褶皱断层山脉，渭河、淮河与汉江、嘉陵江水系的分水岭，是我国地理上的南北分界线。其海拔在2000~3000米，主峰太白山海拔3767米。其北侧断层陷落，山势雄伟，多横谷，为南北交通孔道。秦岭有广义与狭义之分，这里当指狭义上的秦岭，即在陕西境内的一段。

⑧洛南：即洛南县，位于今陕西东南部，属商洛市。地处华山之南与洛水之南，故称。周设华阳池，秦置华阳郡，隋开皇五年（585）改拒阳县置，属商州。明天启初以避明光宗朱常洛讳，改雒南县，1964年复改洛南县。距西安108千米，东与河南卢氏、灵宝毗连；南与丹凤、商州交界；西与华县、蓝田接壤；北与华阴、潼关为邻，素有陕西"东南门户"之称。

⑨黄螺铺：当即今黄龙铺村，位于今洛南县西北202省道（黄洛线）附近。"螺"、"龙"，当系音讹，反映了作者吴方言"阴阳对转"的语音特点。

⑩杨氏城：明代驿铺名，清乾隆《雒南县志》卷二《厢乡·驿铺》："北二十五里齐家铺，三十里杨氏城铺。"当即今洛南县西北202省道（黄洛线）附近的杨城村。

初五日 行二十里，出石门①，山始开。又七里，折而东南，入隔凡峪②。西南二十里，即洛南县③；峪东南三里，越岭。行峪中，十里出山，则洛水自西而东④，即河南所渡之上流也⑤。渡洛复上岭，曰田家原⑥。五里，下峪中，有水自南来入洛。溯之入，十五里，为景村⑦。山复开，始见稻畦⑧。过此仍溯流入南峪，南行五里，至草树沟⑨。山空日暮，借宿山家⑩。自岳庙至木柸，俱西南行，过华阳川则东南矣。华阳而南，溪渐大，山渐开，然对面之峰峥峥也⑪。下秦岭，至杨氏城，两崖忽开忽合，一时互见，又不比木柸峪中，两崖壁立，有回曲无开合也。

[注释]

①石门：即位于今洛南县北202省道（黄洛线）附近的石门镇。

②隔凡峪：当即今郭板沟，位于今洛南县城关镇与石门镇之间，202省道的东侧。"隔凡"、"郭板"，当系音讹，反映了作者吴方言"重轻唇不分"的语音特点。

③洛南县：位于今陕西东南部，属商洛市。参见本日记三月初四日日记注⑧。

④洛水：一作雒水，即今河南洛河，黄河支流。这里当指在陕西境内的一段，即洛水上游。

⑤上流：指河流的上游一带地区。

⑥田家原：当在今洛南县城关镇以东一带。

⑦景村：即位于今洛南县东南307省道附近的景村镇。

⑧"山复开"二句：作者忠实地记述了秦岭南北农作物品种的差异性，稻田的出现就是洛南气候更接近于我国南方的标志。稻畦，即稻田。

⑨草树沟：疑当作栲树沟，位于今景村镇以南。"草"、"栲"，当系音讹，反映了北方方言转为吴方言时可能发生的语音变化。

⑩山家：山野人家。

⑪峥峥：高峻貌。作者《粤西游日记三》："南北两石山复峥峥屏立。"

初六日 越岭两重，凡二十五里，饭坞底岔①。其西行道，即向洛南者。又东南十里，入商州界②，去洛南七十馀里矣。又二十五里，上仓龙岭③。蜿蜒行岭上，两溪屈曲夹之④。五里，下岭，两溪适合。随溪行老君峪中⑤，十里，暮雨忽至，投宿于峪口⑥。

[注释]

①坞底岔：按作者行进路线，在景村镇与栲树沟以南，今有糊涂岔村，属油泉乡。"坞底岔"与"糊涂岔"之不同，当系音讹所致，反映了作者吴方言"影匣不分"的语音特点。

②商州：北周宣政元年（578）改洛州置，治所在上洛县（今陕西商洛市商州区）。元属奉元路，明洪武七年（1374）改为商县，成化十三年（1477）复升为州，属西安城。清雍正三年（1725）升为直隶州，属陕西省。1913年改为商县，1988年改为商州县级市，2001年撤销商州市，设立地级商洛市。市人民政府驻新设立的商州区。

③仓龙岭：仓龙通"苍龙"，或谓所指即苍龙岭，或谓即今之蟒岭，

似皆非是。今丹凤县北境有仓岭，属于留仙坪乡，位于20世纪70年代中所新修之鱼岭水库北端，与作者笔下之"仓龙岭"或同一，若然，则"仓龙岭"似衍一"龙"字。

④两溪：当指今当地人所称之东河与西河，今丹凤县所修建之鱼岭水库恰在两河汇合处。

⑤老君峪：位于今陕西洛南县东南一百里。《清一统志·商州》："（老君峪）接商州界，路通武关。"

⑥峪口：今峪口有周家村与贺家村，隔老君河相望，未知作者当日所投宿者为何处。

初七日 行五里，出峪。大溪自西注于东①，循之行十里，龙驹寨②。寨东去武关九十里③，西向商州，即陕省间道④，马骡商货，不让潼关道中⑤。溪下板船⑥，可胜五石舟⑦。水自商州西至此，经武关之南，历胡村⑧，至小江口入汉者也⑨。遂趋觅舟。甫定⑩，雨大注，终日不休，舟不行。

[注释]

①大溪：这里即指丹水，即今丹江，为汉江最大的支流，全长443千米。源于今陕西商洛市西北冢岭山，东南流经今商州、丹凤、商南县，又东入河南，经淅川县荆紫关会淅川水，又东南称均水，折西南至今湖北丹江口市入于汉水。

②龙驹寨：即今商洛市丹凤县。《清一统志·商州》："（龙驹寨）有东、西二斋，据鸡冠山。俗传项羽乌骓产此，故名。其地水趋襄汉，陆入关辅，南北辐辏，一巨镇也。本朝乾隆二十二年，设州同驻此。"

③武关：参见本日记首段注⑨。

④间（jiàn）道：偏僻的小路。这里当指蓝武古道，即北起陕西蓝田，穿越秦岭并通过著名隘口武关后，南达河南南阳，故称蓝武道。又因为这条道穿越了商州全境，唐时又名商山道。

⑤潼关道：即豫陕大道，由长安东出，沿渭水、黄河南侧通往黄河下游及江、淮地区的道路，周代称"桃林塞"路，秦、西汉称"函谷路"，东汉以后称"潼关路"。周、秦、西汉、隋、唐等王朝在关中建都时期，它是横穿中国腹地连接长安至洛阳的轴心干道。宋、元、明、清时期，潼关道为官马大道，是京都连接陕西以及西北、西南地区的纽带。

⑥板船：即木制的船，通常用橹、桨等行驶。

⑦五石舟：载重量为五石左右的小船。石（今读dàn），古人计算重量的单位，一百二十斤为一石。

⑧胡村：即吴村，河南淅川县地名，今荆紫关镇东南、丹江南岸有吴村街，与本日记初十日日记"已入南阳淅川境，为秦、豫界。三十里，过胡村"的道里记述相符。"胡"、"吴"，当系音讹，反映了作者吴方言"吴胡不分"的语音特点。

⑨小江口：当指小江口关，位于今湖北丹江口市附近。清顾祖禹《读史方舆纪要》卷七九《湖广五·均州》："小江口关，州东南八十里，接光化县界，路出河南。"汉：谓汉水，一称汉江，为长江最大支流。源于今陕西省南部宁强县北之嶓冢山，《尚书·禹贡》"嶓冢导漾，东流为汉"，即此。东南流经陕西省南部、湖北省西北部与中部，在今武汉市入长江，全长1532千米。

⑩甫定：意谓刚刚寻觅到舟船。

初八日 舟子以贩盐故①，久乃行。雨后，怒溪如奔马②，两山夹之，曲折萦回，轰雷入地之险，与建溪无异③。已而雨复至。

午抵影石滩④，雨大作，遂泊于小影石滩。

[注释]

①舟子：船夫。《诗·邶风·匏有苦叶》："招招舟子，人涉卬否。"毛传："舟子，舟人，主济渡者。"

②奔马：奔跑之马，喻迅速。

③"轰雷入地"二句：意谓丹水波涛汹涌的险境，如同晋人雷焕之子在建溪（延平津）失落宝剑从而令溪水"惊沸"的境况一样。建溪，闽江北源，位于今福建省北部，由南浦溪、崇阳溪、松溪合流而成，南流至南平市和富屯溪、沙溪汇合为闽江。长296千米，亦名剑溪，又称延平津。据《晋书·张华传》，雷焕在豫章丰城掘地得双剑，即龙泉与太阿。雷焕赠张华一剑，自留一剑。后张华被诛杀，其剑丢失；雷焕死后，其子"持剑行经延平津，剑忽于腰间跃出堕水，使人没水取之，不见剑，但见两龙各长数丈，蟠萦有文章，没者惧而反。须臾光彩照水，波浪惊沸，于是失剑。"前选《游武彝山日记》首段，徐霞客曾提及武彝溪，即与建溪有关。五年以后，徐霞客第三次旅游福建，撰写《闽游日记前》，特意将建溪与"宁洋之溪"（九龙江）因河床坡度不同而致水流缓急有异的状态加以比较："宁洋之溪，悬溜迅急，十倍建溪。盖浦城至闽安入海，八百馀里，宁洋至海澄入海，止三百馀里，程愈迫则流愈急。况梨岭下至延平，不及五百里，而延平上至马岭，不及四百而峻，是二岭之高伯仲也。其高既均，而入海则减，雷轰入地之险，宜咏于此。"在发源地高度相等的情况下，宁洋之溪与建溪比较，前者流程短，流水的落差和流速就大；落差和流速大，侵蚀力就大。徐霞客这一解释符合现代的"河床比降"原理，很有科学意义。其中"雷轰入地"的比喻，也是暗用《张华传》中典，不过有意"张冠李戴"，借以凸显九龙江的奔腾气势。关于建溪，

可参见后选作者《粤西游日记一》崇祯十年（1637）五月二十一日日记注㊺。

④影石滩：即月日滩，位于今丹凤县城南月日乡，距县城8千米。

初九日 行四十里，过龙关①。五十里，北一溪来注，则武关之流也②。其地北去武关四十里，盖商州南境矣。时浮云已尽，丽日乘空，山岚重叠竞秀③。怒流送舟，两岸秾桃艳李④，泛光欲舞⑤，出坐船头，不觉欲仙也⑥。又八十里，日才下午，榜人以所带盐化迁柴竹⑦，屡止不进。夜宿于山涯之下。

[注释]

①龙关：即竹林关，位于今陕西丹凤县城南八十里竹林关乡。明成化十三年（1477）置巡司于此，清顺治十五年（1658）裁。银花河在此地汇入丹江，是丹江通道上连接河南、湖北、陕西三省的水旱码头。《清一统志·商州》："（竹林关）临丹水。自此登舟，经淅川、谷城至小江口入汉，为下襄阳水路。"

②武关之流：即武关河，为长江支流汉江的支流丹江上游较大的一条支流，因其流经武关而得名。发源于今陕西省丹凤县蟒岭南麓庾家河乡土地沟，北南流向，全长116.7千米，是丹凤县仅次于丹江的最长河流。武关河支流众多，两侧大小支流作对称状分布，流域平均宽度为7.7千米，是一条比较明显的树枝状水系。

③山岚（lán）：山间的雾气。唐顾非熊《陈情上郑主司》诗："茅屋山岚入，柴门海浪连。"

④秾桃艳李：鲜美的桃花与明丽的李花。农历三月初，桃花、李花当令。

⑤泛光：浮现光影。唐陈羽《送友人及第归江东》诗："五陵春色泛花枝，心醉花前远别离。"

⑥欲仙：谓人的感受轻松爽快。

⑦榜（bàng）人：船夫。化迁：原义为造化运转，这里是通过交易买卖以互通有无的意思。

初十日 五十里，下莲滩①。大浪扑入舟中，倾囊倒箧②，无不沾濡③。二十里，过百姓滩，有峰突立溪右，崖为水所摧，岌岌欲堕④。出蜀西楼⑤，山峡少开，已入南阳淅川境⑥，为秦、豫界⑦。三十里，过胡村。四十里，抵石庙湾⑧，登涯投店。东南去均州⑨，上太和⑩，盖一百三十里云。

[注释]

①莲滩：与下文"百姓滩"皆为位于今商洛市商南县境内丹江畔的地名。

②箧（qiè）：小箱子，藏物之具。大曰箱，小曰箧。

③沾濡（rú）：浸湿。

④岌岌（jí jí）：高貌。《楚辞·离骚》："高余冠之岌岌兮，长余佩之陆离。"汉王逸注："岌岌，高貌。"

⑤蜀西楼：即梳洗楼，"蜀西"、"梳洗"，当系音讹，反映了作者吴方言"阴入对转"的语音特点。今商南县东南隅荆紫关街北十里，有梳洗楼村，地处今陕西、河南省界。

⑥南阳：河南南阳府，元至元八年（1271）改申州置，治所在南阳县（今河南南阳市）。辖境相当今河南伏牛山及叶县以南，新野、桐柏二县以北，舞阳、泌阳二县以西地。1913年废。淅（xī）川：即淅川县，北

魏置，属淅川郡。元初废，明成化六年（1470）复置，徙治所今淅川县西南三十四里老城镇，后属南阳府。1927年直属河南省，1961年徙治所上集。

⑦秦：陕西省的简称。春秋时，秦国土奄有今陕西省地，故名。豫：河南的简称，因古为豫州地而得名。

⑧石庙湾：即石庙湾村，今属淅川县滔河乡，位于丹江南岸。

⑨均州：隋开皇五年（585）改丰州置，治所在武当县（今湖北丹江口市西北关门岩北）。唐显庆四年（659）移治今丹江口市西北关门岩东旧均县城，辖境约当今湖北丹江口、十堰两市与郧县地。元属襄阳路，明属襄阳府，1912年改均县。

⑩太和：太和山，即武当山，位于今湖北十堰市境内，是我国名山之一。详见《游太和山日记》。

[评析]

华山属于花岗岩峰林地貌，断层众多，因而险峻异常，在五岳中属于最难攀登的山岭。唐李肇《唐国史补》卷中记述了唐代著名文学家韩愈登华山的一则趣闻："韩愈好奇，与客登华山绝峰，度不可迈。乃作遗书，发狂恸哭。华阴令百计取之，乃下。"至今在苍龙岭的顶头石壁上，还有一块"韩退之投书处"的石刻，记述了这一莫须有的趣闻。唐人登华山，因当时相关设施的简陋，极其不易当是事实。明人登华山，由于险要处大都设置了铁锁以及凿有石磴等，登华山或许有了比唐人便利的条件，明代士大夫王士性就是在阴雨天中攀登上了千尺幢。徐霞客于明天启三年（1623）二月下旬游历河南的嵩山以后，在二月的最末一天赶到了潼关，并投宿于西岳庙。作者是从三月初一开始游华山的，历时两天，玉泉院、莎萝宫、青柯坪、千尺幢、百尺峡、老君犁沟、苍龙岭等景观，皆留下了徐霞客的游踪。作者依次登上华山东峰、南峰与西峰，娓娓道来，要言不烦。

唐李白《西岳云台歌送丹丘子》七古如此描写华山的不凡气势："巨灵咆哮擘两山，洪波喷箭射东海。三峰却立如欲摧，翠崖丹谷高掌开。"华山的壮美雄丽吸引了古往今来众多的文人墨客，题咏更仆难数。在徐霞客笔下，华山的险峻隐伏于其冷静从容的描述之中，往往三言两语就能提纲挈领地道出华山的山岩特色。如"芙蓉片片"、"片削层悬"、"尽脱山骨"、"两崖壁立，一溪中出"等描写，皆有耐人寻味的无穷魅力。从三月初三到三月初十，作者奔赴武当山的游程，作者却不惜笔墨，用八天的日记详加记述，显示了徐霞客对这一段古代水陆商路的浓厚兴趣。随着社会的进步，公路、航空运输的不断发展，徐霞客走过的这条水陆混合的商路早已失去了往日的热闹景象，有些路段甚至早已消失在历史的长河中，但其曾经的辉煌终究是一段民族的记忆，作者有关文字的文献价值不容忽视。所谓"山复开，始见稻畦"的忠实记录，明确了秦岭在中国气象学上的分界线作用，三言两语，画龙点睛，绝非寻常之笔。当作者乘舟从丹江顺流而下时，曲折迂回的水路、雨后的水涨船高，导致了"怒溪如奔马"的磅礴气势，这令徐霞客欣喜异常，不断用文学的笔触形容自家的愉悦心情，甚至超出了他对华山胜境的心理感受。特别是"轰雷入地之险，与建溪无异"两句，作者暗用晋人张华、雷焕有关宝剑的典故，更能引发读者的丰富联想，馀味无穷！这与此前徐霞客的武夷山之游密不可分，作者由大溪（即崇溪）联想到建溪，从而将《晋书》中有关宝剑落水后"光彩照水，波浪惊沸"的状态暗示而出，显示了作者博览群书的文学修养。注家若不明此处用典，莫名其妙而外，更难以通晓"建溪"出现于这里的无穷趣味了。

游太和山日记① 湖广襄阳府均州②

十一日③ 登仙猿岭④。十馀里，有枯溪小桥⑤，为郧县境⑥，乃河南、湖广界。东五里，有池一泓⑦，曰青泉⑧，上源不见所自来，而下流淙淙⑨，地又属淅川。盖二县界址相错，依山溪曲折，路经其间故也。五里，越一小岭，仍为郧县境。岭下有玉皇观、龙潭寺⑩。一溪滔滔自西南走东北⑪，盖自郧中来者。渡溪，南上九里冈⑫，经其脊而下，为蟠桃岭⑬。溯溪行坞中十里⑭，为葛九沟⑮。又十里，登土地岭⑯，岭南则均州境。自此连逾山岭，桃李缤纷，山花夹道，幽艳异常。山坞之中，居庐相望，沿流稻畦，高下鳞次，不似山、陕间矣⑰。但途中蹊径狭，行人稀，且闻虎暴⑱，日方下舂⑲，竟止坞中曹家店⑳。

[注释]

①太和山：即武当山，又有"大岳"之号，别名则有谢罗山、参上山、仙室山等。位于今湖北省西北丹江口市境内，相传为上古玄武（真武）得道飞升之地，有"非真武不足当之"之说，山因此得名。方圆400千米，主峰天柱峰海拔1612米，另有七十二峰、二十四涧、十一洞、三潭、九泉、十池、九井、十石、九台等风景名胜，是一座著名的道教名山。著名道者如唐代吕洞宾、五代陈抟、宋代孙元政（寂然子）、元代张守清、明代张三丰等，皆曾在此修炼，声誉日隆。由于唐、宋、元三代的

不断开发，这里的道教建筑渐成规模，但由于元末兵燹，所建道观大部分被毁。明成祖永乐十年（1412），明廷在此大兴土木，曾派遣军夫三十余万人历时十余年重建道教名山，八宫二观、三十六庵堂、七十二岩庙、三十九桥、十二亭的道教建筑群就在这一时期成型，各建筑单元错落有致，相映生辉，具有皇家气派，是当时全国最大的道场和道教活动中心，并成为专为朝廷祈福禳灾的"皇室家庙"，从而名闻遐迩。明嘉靖三十一年（1552）又继续加以维修扩建，终令武当山成为"五里一庵十里宫，丹墙翠瓦望玲珑"的道教宏伟建筑的代表。明代的建筑格局基本保留至今，如天柱峰顶的金殿以及太和、南岩、紫霄、五龙、遇真、玉虚六宫，复真、元和二观，磨针井与玄岳门等，依然保持了明代的风貌，历史价值、文化艺术价值颇高。

②湖广：元至元中置湖广等处行中书省，简称湖广行省，治所在武昌路（今湖北武汉市武昌），以其辖境包括宋之荆湖北路、荆湖南路与广南西路而得名，辖境相当于今湖北长江以北的小部分、以南的大部分，湖南全省、广西全区、广东自电白、茂名以西和贵州除北盘江流域以外的地区。明洪武九年（1376）改为湖广布政司（习惯仍称行省），辖境北界扩展至今湖北省界，南界划出原广南西路地区，另置广西省。湖广从此即指今湖北、湖南两湖之地。清康熙三年（1664）分为湖北、湖南两省，置两湖总督（湖广总督）。襄阳府：北宋宣和元年（1119）改襄州置，治所在襄阳县（今湖北襄阳市汉水南襄阳城），辖境相当于今湖北襄阳、南漳、谷城、宜城等市县地。元改为襄阳路，明代复为襄阳府，领一州六县，分别是均州、襄阳、宜城、南漳、枣阳、谷城、光化。1912年废。均州：隋开皇五年（585）改丰州置，治所在武当县（今湖北丹江口市西北关门岩北）。唐显庆四年（659）移治今丹江口市西北关门岩东旧均县城，辖境约当今湖北丹江口、十堰两市。元属襄阳路，明属襄阳府，1912

年改均县,1983年撤县,设立丹江口市。

③十一日:明熹宗天启三年三月十一日,即公元1623年4月10日。

④仙猿岭:位于今湖北十堰市郧阳区、河南淅川县交界处,据互联网署名"武当官方旅游助手"(公众号:wudangly)2016年7月8日博客称,此岭,当地人称猴山或猿岭,是一座人迹罕至的荒山,山不高,也不陡峭。从淅川县滔河乡喻家沟村通过一条小路翻越猴山行十馀里,即可达十堰市郧阳区谭山镇乌峪村。旧时这里为陕西香客朝拜武当山的必经之路。

⑤枯溪:据上引博文,即乌峪河,宽约5米,长2.5千米,今仍为干河,属于喀斯特岩溶地貌中的"干谷"地貌,即因地壳上升,从前的地表河降而为地下河,原地表的河床干涸而形成"干谷"地貌。附近的乌峪村即因此干谷而得名。《滇游日记六》崇祯十二年(1639)正月二十四日日记记述云南鹤庆境内干谷地貌:"松桧之南,山盘大壑而无水,沟涧之形,似亦望东南去。"

⑥郧(yún)县:元至元十四年(1277)置,属均州,治所即今湖北十堰市郧阳区。清同治《郧阳县志》卷一:"今郧县为汉郧乡,隶郧阳府,其得名则由郧关。"明成化十二年(1476)为郧阳府治,民国初属湖北襄阳道,1932年直属湖北省,2014年9月撤县,设立十堰市郧阳区。

⑦一泓:清水一片或一道。唐李贺《梦天》诗:"遥望齐州九点烟,一泓海水杯中泻。"

⑧青泉:据上引博文,即清泉,当地人称为老龙泉,为直径12米、水深4米左右的泉池。泉池位于今河南淅川县滔河乡清泉村,泉侧今存有明正德间所立《清泉碑记》石碑,高约2.5米。博文又云:"65岁的村民杜华敏说,老龙泉一年四季从不干涸,泉水甘甜,可直接饮用。他告诉我们一个奇怪的现象,在此泉水下生长的鱼,只有一只眼睛:'左眼必凸!

有趣的是，有人将正常的鱼放在此泉水下养，十天后，左眼就凸了。'在杜华敏的印象中，泉的周围曾经环绕着古时的石栏杆，及一株三人合抱的娑罗树。1958年以后，石栏杆和娑罗树被人为破坏了。"

⑨淙淙（cóng cóng）：流水声。

⑩玉皇观：故址位于今十堰市郧阳区南化塘镇，镇内今仍存玉皇观地名。龙潭寺：故址位于今十堰市郧阳区白桑关镇龙潭沟。

⑪一溪：郧阳区共有大小河流766条，河流总长3351千米，主要河流有汉江、滔河、堵河、曲远河和将军河，这里当指流经今十堰市郧阳区的滔河（汉江的一条支流）。滔滔：大水奔流貌。《诗·齐风·载驱》："汶水滔滔，行人儦儦。"毛传："滔滔，流貌。"

⑫九里冈：今十堰市郧阳区青山镇有九里岗村，位于59国道呼北高速附近。

⑬蟠桃岭：当位于九里冈南，未见著录。

⑭坞：四面高中间低的地方。

⑮葛九沟：位于今十堰市郧阳区梅铺镇小竹园村。

⑯土地岭：位于今十堰市郧阳区梅铺镇与丹江口市大沟林区交界处。

⑰山陕：山西与陕西。

⑱虎暴：谓老虎伤人畜的灾害。今郧阳区有虎啸滩风景区，显示出古代华南虎曾在这一带活动的迹象。

⑲下舂（chōng）：古人称日落之时。《淮南子·天文训》："（日）至于渊虞，是谓高舂；至于连石，是谓下舂。"汉高诱注："连石，西北山。言将欲冥，下象息舂，故曰下舂。"

⑳曹家店：位于今湖北丹江口市北端的大沟林区，有曹家店村。大沟林区西北与今十堰市郧阳区接壤，东北与河南省淅川县交界。

十二日　行五里，上火龙岭①。下岭随流出峡，四十里，下行头冈②。十五里，抵红粉渡③，汉水汪然西来④，涯下苍壁悬空，清流绕面。循汉东行，抵均州⑤。静乐宫当州之中⑥，踞城之半，规制宏整⑦。停行李于南城外，定计明晨登山⑧。

[注释]

①火龙岭：位于今湖北丹江口市北端的大沟林区。

②行头冈：位于今丹江口市习家店镇行陡坡村。

③红粉渡：或谓即旧时"均州八景"之一的"槐荫古渡"，今已没入丹江口水库。

④汉水：一称汉江，为长江最大支流。源于今陕西省南部宁强县北之嶓冢山，《尚书·禹贡》："嶓冢导漾，东流为汉。"即此。东南流经陕西省南部、湖北省西北部与中部，在今武汉市入长江，全长1532千米。汪然：深广貌。

⑤均州：谓均州州治，故址位于今丹江口市西北关门岩东，1958年由于丹江口水库的修建，被淹没。

⑥静乐宫：一般多写作"净乐宫"，明王世贞《自均州由玉虚宫宿紫霄宫记》："规均州城而半之则皆真武宫也。宫曰净乐，谓真武尝为净乐王国太子也。"明王士性《五岳游草》卷六《楚游上·太和山游记》："次日行三十里至迎恩宫，宫在石板滩，当郧、襄孔道。又十里而至均州净乐宫，宫规城而半之，然规模犹谢玉虚也。"清王概《大岳太和山纪略》卷三《宫殿》："净乐宫，在均州城内，相传帝之先会为净乐国王，净乐治麇，而均即麇地，故因以名宫焉。宫之中为帝殿，后为圣父母殿，左右为廊庑。"此宫为武当山九宫之首，故址位于均州城中（今湖北丹江口市境内的武当山北麓），始建于明永乐十一年（1413），永乐十六年（1418）

落成，并赐"元天净乐宫"额。全宫占地面积121785平方米。清康熙二十八年（1689）毁于火灾，康熙三十年（1691）动工重建，六载而成，乾隆元年（1736）又遭火焚。后几经修葺，粗还旧制。宫内原有殿堂、廊庑、亭阁及道舍等建筑五百二十馀间，由东、中、西三院组成，主要建筑有牌坊、大宫门、二宫门、正殿、二圣殿、真宫祠、方丈堂、斋堂、浴室、神厨、神库、配舍等，四周红墙碧瓦环绕，宫内重重殿宇，巍峨高耸，环境幽雅，宛如仙宫，是武当山著名的道教建筑之一。1958年因兴修丹江口水库，古均州城与净乐宫皆被淹没。2002年，丹江口市引资7000万元，净乐宫复原工作开始，新址位于丹江口市郊区丹赵路，今已基本再现当年的宏伟气势。

⑦规制：指建筑物的规模形制。宏整：宏伟整齐。作者《滇游日记六》崇祯十二年（1639）正月二十四日日记："又八里馀而入鹤庆南门。城不甚高，门内文庙宏整。"

⑧定计：主意，确定的计划。

十三日 骑而南趋，石道平敞。三十里，越一石梁，有溪自西东注，即太和下流入汉者。越桥为迎恩宫①，西向。前有碑大书"第一山"三字，乃米襄阳笔②，书法飞动③，当亦第一。又十里，过草店④，襄阳来道，亦至此合。路渐西向，过遇真宫⑤，越两隘下⑥，入坞中。从此西行数里，为趋玉虚道⑦；南跻上岭⑧，则走紫霄间道也⑨。登岭。自草店至此，共十里，为回龙观⑩。望岳顶青紫插天⑪，然相去尚五十里。满山乔木夹道⑫，密布上下，如行绿幕中⑬。

从此沿山行，下而复上，共二十里，过太子坡⑭。又下入坞中，有石梁跨溪⑮，是为九渡涧下流⑯。上为平台、十八盘⑰，即走紫霄登太和大道；左入溪，即溯九渡涧，向琼台观及八仙、罗公院诸路也⑱。峻登十里⑲，则紫霄宫在焉。紫霄前临禹迹池⑳，背倚展旗峰㉑，层台杰殿㉒，高敞特异。入殿瞻谒㉓。由殿右上跻，直造展旗峰之西㉔。峰畔有太子洞、七星岩㉕，俱不暇问。共五里，过南岩之南天门㉖。舍之西㉗，度岭，谒榔仙祠㉘。祠与南岩对峙，前有榔树特大㉙，无寸肤，赤干耸立，纤芽未发。旁多榔梅树㉚，亦高耸，花色深浅如桃杏，蒂垂丝作海棠状。梅与榔本山中两种，相传玄帝插梅寄榔㉛，成此异种云。

共五里，过虎头岩㉜。又三里，抵斜桥㉝。突峰悬崖㉞，屡屡而是，径多循峰隙上㉟。五里，至三天门㊱，过朝天宫㊲，皆石级曲折上跻，两旁以铁柱悬索。由三天门而二天门、一天门，率取径峰坳间㊳，悬级直上㊴。路虽陡峻，而石级既整，栏索钩连，不似华山悬空飞度也㊵。太和宫在三天门内㊶。日将晡㊷，竭力造金顶㊸，所谓天柱峰也㊹。山顶众峰，皆如覆钟峙鼎㊺，离离攒立㊻；天柱中悬，独出众峰之表，四旁崭绝㊼。峰顶平处，纵横止及寻丈㊽。金殿峙其上，中奉玄帝及四将㊾，炉案俱具㊿，悉以金为之㉛。督以一千户、一提点㉜，需索香金㉝，不啻御夺㉞。余入叩匆匆，而门已阖，遂下宿太和宫。

[注释]

①桥：即石板滩大石桥，故址位于今湖北丹江口市武当山北麓，明成祖永乐间（1403~1424）始建。明宪宗成化二年（1466）均州大水，当地毁桥梁众多，唯此桥完好无损，民间传说真武大帝显灵保佑所致，终于促

成明宪宗建迎恩宫。迎恩宫：故址位于原均州城南三十五里石板滩，原系关王庙故址。明成化十七年（1481）落成，名"迎恩观"，十九年（1483）改额"迎恩宫"。今已被丹江口水库淹没，或拟重建。

②米襄阳：即米芾（1051~1107），初名黻，后改芾，字元章，号海岳外史、襄阳漫士、鹿门居士，人称米南宫，祖籍太原（今属山西），徙居襄阳（今属湖北），长期居住润州（今江苏镇江）。北宋书法家、画家、书画理论家，与蔡襄、苏轼、黄庭坚合称"宋四家"。曾任校书郎、书画博士、礼部员外郎。能诗文，擅书画，精鉴别，书画自成一家，创立了"米点山水"。其个性怪异，举止癫狂，遇石称"兄"，并加膜拜，人称"米颠"。著有《画史》、《书史》等，《宋史》卷四四四有传。米芾的"第一山"石刻，据传海内有多处，较著名者即东岳泰山、江苏盱眙县南山与湖北武当山。据传武当山"第一山"刻碑原存朝阳洞，后迁元和观，此谓立于迎恩宫前，当系明末实录，可为碑刻研究者取资。

③飞动：飘逸生动。

④草店：位于今湖北十堰市武当山镇，在316国道一侧。

⑤遇真宫：位于今十堰市武当山镇东4千米处的武当山北麓，距玄岳门1千米，属武当山九宫之一，海拔174.7米，背依凤凰山，面对九龙山，左为望仙台，右为黑虎洞，山水环绕如城，旧名黄土城。此宫周围高山环抱，溪流潺潺，大树参天。明代初期张三丰在此修炼，明成祖敕建遇真宫，永乐十五年（1417）竣工，共建殿堂、斋房等97间。至嘉靖间，遇真宫已经扩大到396间，院落宽敞，环境幽雅静穆。明王士性《五岳游草》卷六《楚游上·太和山游记》："又次日经草店，乃入山。过'治世玄岳'棹楔，忽长冈绾縠，路穷从左入，已乃更旷朗。右馆亦如之，松杉满门，廊庑翼张，是为遇真宫。左庑铸三丰真人像，丰颐瓠领，锐目方面，髭碟出如戟，殊不类所谓闲云野鹤，山泽之癯。"

⑥隘：谓石崖狭窄处。

⑦玉虚：即玉虚宫，全称玄天玉虚宫，故址位于原均州城南六十里，在展旗峰北，距玄岳门约4千米。明永乐十一年（1413）建成，嘉靖三十一年（1552）重修，属于武当山建筑群中最大的宫观。有五进三路院落，计有大殿、启圣殿、元君殿、小观殿等一系列堂、祠、坛、庙达一千二百馀间，崇台叠砌，楼阁相连，宏伟壮观。后毁于清中叶，今遗存旧址，仍可想见当时规模。明袁中道《游太和记》："始入玉虚宫，周遭类一大县。其中虹柱龙梁，云楹藻井，砌以文石，覆以碧瓦，绮察云接，飞阁雾连。其外金字银书之亭，真官选客之宇，皆可为他山宫殿。其左右道宇玄院，绮错棋布；幽宫闷室，千门万户。流水周于阶砌，泉声喧于几席。蛇花异草，古树苍藤，骈罗列植，分天蔽日。海上三山，忉利五院，依稀似之。"

⑧跻（jī）：攀登。

⑨紫霄：即紫霄宫，位于天柱峰东北展旗峰下，距离太子坡（复真观）7.5千米。建于明永乐十一年（1413），殿堂楼宇，随山势而建，鳞次栉比，飞金流碧，富丽辉煌，属于保存至今较为完整的武当山宫观之一。紫霄宫供奉玉皇、真武诸神，雕塑细腻传神。宫后部建有父母殿，亦多特色。间（jiàn）道：偏僻的小路。

⑩回龙观：故址位于武当山玉虚宫东南的浩瀚坡上，海拔450.6米。元代在此建有祠宇，已经废圮不存。明永乐十年（1412）建玄帝殿宇、山门、廊庑、方丈、道房、益泉亭、仓库等十四间。清代续有重建和增建。1975年毁于火灾，现仅存山门、龙虎殿、十方堂、配房等，残垣断壁，境况凄凉。浩瀚坡山势蜿蜒，犹如长龙，突起一峰，有回头之状。传说回龙观据真武传说而修建，真武来武当山修炼之初，曾因意志动摇而返回，路上遇紫气元君化一老妪用铁杵磨针点化。真武至此大彻大悟，毅然返回继续修炼，终成大道。

⑪岳顶：即天柱峰顶，又名金顶，因顶上有金殿而得名。其巅峰拔空峭立，犹如一根宝柱屹立于众峰之中，故有"一柱擎天"之名。青紫：金顶上宫观殿阁的绿色琉璃瓦与紫色山岩相映生辉所产生的视觉效果。

⑫乔木：高大的树木。《诗·周南·汉广》："南有乔木，不可休思。"

⑬绿幕：形容浓密的绿色植被如同帷幕一般围绕山间。

⑭太子坡：即复真观，位于武当山天柱峰东北，距玄岳门约15千米。为攀登金顶之孔道，襄阳与郧阳之要冲，背依陡岩，面临深谷，形势险峻。据传净乐国太子入山修道之初，曾在此留住，因又名太子坡。明永乐十二年（1414）始建，清康熙间曾三度重修，今基本保持当年规模。建筑布局严谨，起伏变化，第一层坡上建有红门，额书"太子坡"三字。中轴线上建有龙虎殿、正殿、后殿、左右配殿等，其中五云楼，也叫五层楼，高15.8米，是现存武当山最高的木构建筑，有"一柱十二梁"天下一绝之誉，即在一根主体立柱上，有十二根梁枋穿凿在上，交叉叠搁，计算周密，令人叹为观止。

⑮石梁：当指剑溪桥，又称天津桥，为三孔石拱桥，建于明永乐十一年（1413），横跨剑溪（九渡涧），距太子坡2.5千米。今存。

⑯九渡涧：又称剑河，为武当山二十四涧之一。清王概《大岳太和山纪略》卷二《山川》："九渡涧，在九渡峰下，会紫霄、黑龙、白龙诸涧而出梅溪。"另据《玄天上帝启圣录》卷一"涧阻群臣"一则，净乐王子辞亲慕道，入武当山修真，净乐国王令大臣领兵五百追寻太子回朝，众人入山遇涧水忽涨，不能前进，八次渡皆因水泛滥受阻，第九次方得渡。故名。

⑰平台：当即平台庙遗址，故址位于太子坡下二里许。明人游记多称"平台"而不及"庙"，庙当早毁。十八盘：谓上、下十八盘。从剑河桥到仙关一段，须转十八道弯，即上十八盘；从太子坡到剑河桥一段，也须

转十八道弯,即下十八盘。底本与丁文江本、全注本于"平台、十八盘"皆未点断,当属疏漏。

⑱琼台观:即琼台三观,皆为明代建筑,残存。琼台下观,位于天柱峰南下十里处;琼台中观,位于天柱峰南下七里处;琼台上观位于天柱峰南下五里处。八仙:即八仙观,位于天柱峰东五十里许,海拔638.8米,面对灶门峰,灶门峰左即太上岩。据说此观系因八仙曾在此仙居而得名,八仙即铁拐李、蓝采和、何仙姑、张果老、韩湘子、钟离权、吕洞宾、曹国舅八位道教神仙。罗公院:故址位于罗公岩(又名罗状元岩),明代罗洪先曾居此,故名。清王概《大岳太和山纪略》卷二《山川》:"罗公岩,与太上岩对,自七里沟入,由开山故道而登之,石壁削出。往年有屋,居念庵罗太史。望西南诸峰,尽在目眦。"又卷四《仙真》:"罗洪先,字达夫,号念庵,江西吉水人。进士及第,官翰林赞善,以谏罢归。初寓南岳,后登太和,栖息于老君洞之对崖,人莫悉其动止。今名之为罗状元岩云。"明袁中道《游太和记》:"入溪即走九渡涧,中至玉虚岩、琼台观道也。其上为红门,即太上、八仙、罗公院诸处,可抵琼台者。"罗洪先(1504~1564),字达夫,号念庵、石莲居士,吉水(今属江西)人。明世宗嘉靖八年(1529)进士第一,授翰林院修撰,迁左春房赞善,忤旨罢归,绝意仕进,授徒讲学。他是江右王学的重要代表,博学多才,于天文、地理、礼乐、典章、经济等皆有所得。卒赠光禄少卿,谥文庄,私谥文恭。著有《广舆图》、《念庵罗先生集》等,《明史》卷二八三有传。底本与丁文江本、全注本于"八仙、罗公院"皆未点断,当属疏漏。

⑲峻登:谓向高险处攀登。

⑳禹迹池:位于武当山展旗峰前、紫霄宫附近。清王概《大岳太和山纪略》卷二《山川》:"禹迹池,位于紫霄、禹迹桥南,池广亩馀,水自小宝珠峰至大宝珠峰溢为此池。"明袁中道《游太和记》:"下至紫霄

宫，宫殿所不论。其后为展旗峰，前为禹迹池，泓然沉碧，有水亭可憩。上为福地殿，不及登。"

㉑展旗峰：位于天柱峰东。清王概《大岳太和山纪略》卷二《山川》："展旗峰，在天柱东，紫霄宫之后山也。峰色如铁，类中军皂纛展起半空中，帜旒飞扬，自宫前望之，疑墨云堕屋，垂垂欲雨，峰中之最雄奇者。或云真武常执皂旗，北方正色也，因名之。中有玉清、太清、太子三崖。"

㉒杰殿：谓殿宇高耸。晋潘岳《闲居赋》："浮梁黝以径度，灵台杰其高峙。"

㉓瞻谒：犹朝见，谒见。含有恭敬义。

㉔造：到，去。

㉕太子洞：即太子岩，位于武当山展旗峰山腰、紫霄宫后，系一天然石穴略加人工开凿的洞室。洞口高约10米，宽15米，深约11米，洞室宽阔，洞底坦平，正中有元代初年建造的小型石殿，玲珑别致。殿侧置至元二十七年（1290）镌刻的"太子崖"石额一方，可考订洞室的开凿年代。殿内供太子（即真武帝幼时）童年像，面容丰润。其旁侧洞阴凉，中有清泉，常年不竭。七星岩：当即七星崖，位于紫霄宫上。清王概《大岳太和山纪略》卷三《宫殿》："紫霄宫，在展旗峰下，离州城百里……出道院左复北上为炼丹崖，出道院右复西上为七星崖，又上为三清崖。"

㉖南岩：位于武当山紫霄宫西约2.5千米处，山岭峭拔，林木葱郁，上接碧霄，下临绝壑，是武当三十六岩中最美的一岩。元、明在此建有道观，最著名者为元延祐元年（1314）所建天乙真庆宫（南岩石殿），皆用石材雕琢，石殿崖前，有浮雕云龙石梁，长约2米，宽仅0.3米有馀，悬空伸出栏外，前端龙头之上置一小香炉，俗称龙头香，为香客所敬仰。所建宫观后大都毁弃。南天门：武当山天柱峰顶紫金城设有东天门、西天

门、南天门、北天门四座城门,南天门位于南岩侧,明代单檐歇山顶式建筑,是进入南岩宫的必经之路以及登金顶的孔道,同时连接着祈雨台、泰常观和雷神洞等庙宇。尚有碑亭、两仪殿等,今仅存遗址。

㉗舍之西:意谓放弃了游览南岩的打算,转而西行。

㉘榔仙祠:故址位于武当山乌鸦岭通往金顶的途中,明永乐十年(1412)敕建,是当年全山十六座祠庙中最大的一处,今仅存砖石结构正殿和配殿、厢房、山门、宫墙等。据《大岳太和山纪略》记载,此地原生有榔梅,其果味甘如蜜。明代永乐间,山中道士李素希将榔梅果上贡皇帝,得以敕建榔梅仙祠。

㉙榔(láng)树:别名血榉、金丝榔、沙榔树、毛脉榉、大叶榉,属于榆科榉树属。落叶乔木,树冠倒卵状伞形,树皮深灰色,叶卵状长椭圆形,表面粗糙,坚果小,花期3~4月,果10~11月成熟。

㉚榔梅:亦作"棚梅",木名。明李时珍《本草纲目·果一·棚梅》:"棚梅出均州太和山。相传真武折梅枝插于棚树,誓曰:'吾道若成,花开果结。'后果如其言。今树尚在五龙宫北,榔木梅实,杏形桃核。"当代有学者认为鸟衔各种果实在榔树上吃,梅核落入榔树裂缝中,生根发芽,从而发生变异形成榔梅树。因果实颜色嫩黄,形如鸭蛋,均县镇人称其为黄蛋;因形体和味道接近杏子,武当山五龙宫称其为布袋杏;三官殿、凉水河一带则称其为黄安。有关研究者认为榔梅为贡品的官方名称,黄蛋、黄安、布袋杏则为其乡土名称,实为同类异名物种。由于榔梅在明代地位很高,在皇室是贡果,在武当是禁果,常人很难见到实物,也就不可能将黄蛋与其联系在一起,这是造成"物在身边人不识"的根本原因。

㉛玄帝:这里即指道教所奉的真武帝,即玄武大帝,又称真武大帝。玄武本为北方七宿(斗、牛、女、虚、危、室、壁)的总称,后因以为北方神名。宋赵彦卫《云麓漫钞》卷九:"朱雀、玄武、青龙、白虎为四

方之神。祥符间，避圣祖讳，始改玄武为真武……后兴醴泉观，得龟蛇，道士以为真武现，绘其像以为北方之神，被发，黑衣，仗剑，蹈龟蛇，从者执黑旗。"其来源有多种说法，与武当山相关者见《三教搜神大全》卷一，玄帝本为元始化身，托胎为净乐国王子，不继王位，入太和山修行，功成飞升，被上帝封为"玄天上帝"。

㉜虎头岩：位于榔仙祠南，岩形似虎头，故名。

㉝斜桥：位于武当山朝天宫下。清王概《大岳太和山纪略》卷二《山川》："斜桥，在朝天宫下二里许，自斜桥上顶有三径，一为磴道，上三天门；一为官道，由欢喜坡往；一为樵人道，由铜殿垭入。"

㉞突峰：高耸的山峰。

㉟峰隙：山岩的夹缝。

㊱三天门：这里当作"一天门"，徐霞客或凭记忆行文致误，包括将"过朝天宫"记述于"三天门"之后；下文"由三天门而二天门、一天门"一句，亦当作"由一天门而二天门、三天门"。冯岁平《对徐霞客〈游太和山〉路线图之订补》（载《徐霞客逝世360周年纪念文集》，2001年版）业已指出，可参阅。攀登天柱峰金顶的古神道从下至上排列有朝天宫、一天门、二天门、三天门，气势恢宏，依次屹立在数千级石阶之间，过三天门后即可到紫金城与太和宫，距离金顶就不远了。三座天门均为明永乐十年（1412）在元代旧址上重建，砖石结构，单檐歇山顶，下层为石雕须弥座。进入一天门，有文昌祠遗址。祠旁一石拱桥，即摘星桥，又名会仙桥。清王概《大岳太和山纪略》卷三《宫殿》："自故道折而北上为朝圣门，度门复东折而下数百级绕出天柱峰后为三天门，又下数十百级为二天门，为摘星桥，复折而西下数十级为一天门。"

㊲朝天宫：位于武当山太和宫东六里，在一天门之下，明永乐十年（1412）于元代旧址上重建。

㊳率：一概，都。峰坳：两山间的低下处。

㊴悬级：高悬的登山石阶。

㊵华山悬空飞度：当指华山苍龙岭的险峻。参见《游太华山日记》天启三年（1623）三月初一日日记注⑰。

㊶太和宫：位于武当山天柱峰山腰紫金城南天门外，建于明永乐十四年（1416），正殿额题"大岳太和宫"，前有朝拜殿，左右为钟鼓楼，内悬永乐十四年所铸铜钟。小莲峰紧对正殿，内存永乐十四年从天柱峰顶移置于此的元大德十一年（1307）铸造的铜殿一座。附近尚有朝圣门以及天乙楼、天鹤楼、天云楼、天池楼等建筑与遗迹。

㊷晡（bū）：申时，相当于现代计时的下午15~17时。

㊸金顶：即金殿的俗称，位于天柱峰顶。金殿为一仿木构建筑的铜铸鎏金重檐庑殿式殿堂，面阔进深各三间，结构精巧，庄严凝重。殿下峰腰绕石城一周，名紫金城，长达1.5千米，四门石阙巍然。清王概《大岳太和山纪略》卷三《宫殿》："金殿，在天柱峰极顶，又名金顶。元置铜殿于上，明永乐以规制弗称，移于小莲峰，更为创建，基琢文石，冶铜成殿，沃以黄金，负酉面卯，高丈五尺，横丈二尺，直九尺，式如暖阁。外体精光一片，毫无铸凿之痕；内则刻划瓦鳞及櫺桷、檐牙、栋柱、门楣、窗棂、壁隅、门限，诸形毕具，皆刳铜为之。上设帝像，圣容丰润如生，傍侍天兵像四，庄严焕发。自殿屋法像至供御器物，悉是铜质金饰，焜煌一色。"

㊹天柱峰：武当山主峰，海拔1612米，位于丹江口市西南部。武当山山体四周低下，中央呈块状突起，多由古生代千枚岩（低级变质岩石）、板岩和片岩构成，局部有花岗岩。岩层节理发育，并有沿旧断层线不断上升的迹象，形成许多悬崖峭壁的断层崖地貌。一峰擎天，众峰拱卫，既有泰山之雄，又有华山之险，悬崖、深涧、幽洞、清泉星罗棋布。

自古以来，武当山便是道家追求仙境的理想之地，道教建筑遍及全山，规模宏伟。明王士性《五岳游草》卷六《楚游上·太和山游记》："十里许而至朝圣门，乃得当太和山。山孑立七十二峰之中，即天柱峰也。峰头南北长七丈，东西半之。玄武正位，四神在列，贮以金屋，承以瑶台，拥以石栏，倚以丹梯，系以铁絙，护以紫金城，辟四门以象天阙。羊肠鸟道，飞磴千尺，香炉、蜡烛三峰，恍惚当席前。"

㊺覆钟峙鼎：谓山峰如同钟和鼎一样矗立。

㊻离离：盛多貌。攒（cuán）立：聚集而立。

㊼崭绝：险峻陡峭。南朝宋鲍照《登庐山》诗其二："崭绝类虎牙，巑岏像熊耳。"

㊽寻丈：泛指八尺到一丈之间的长度。《管子·明法》："有寻丈之数者，不可差以长短。"

㊾四将：四位天将，民间一般认为真武大帝塑像下立有龟蛇二将以及周公与桃花女。

㊿炉案：焚香的器具香炉与放置香炉烛台的条桌香案。

(51)金：这里专指铜。

(52)千户：明代卫所兵制设千户所，千户为长，统兵一千一百二十人，分驻于重要府州，上属于卫，下辖十圪百户所。正千户秩正五品，副千户秩从五品。提点：明代置神乐观提点，掌乐舞；又置太和山提点，掌道观事务，秩正六品。

(53)需索：敲诈勒索。香金：施给寺庙的赞助费用。

(54)不啻（chì）：无异于，如同。御夺：强行夺取。御，强御，强暴。

十四日　更衣上金顶[①]。瞻叩毕[②]，天宇澄朗[③]，下瞰诸峰，近者鹄峙[④]，远者罗列，诚天真奥区也[⑤]！遂从三天门之右小径下峡中。此径无级无索，乱峰离立，路穿其间，迥觉幽胜⑥。三里馀，抵蜡烛峰右⑦，泉涓涓溢出路旁⑧，下为蜡烛涧。循涧右行三里馀，峰随山转，下见平丘中开⑨，为上琼台观⑩。其旁榔梅数株，大皆合抱，花色浮空映山，绚烂岩际⑪。地既幽绝，景复殊异。余求榔梅实，观中道士噤不敢答⑫。既而曰："此系禁物⑬。前有人携出三四枚，道流株连破家者数人⑭。"余不信，求之益力，出数枚畀余⑮，皆已黝烂，且订无令人知⑯。及趋中琼台，余复求之，主观仍辞谢弗有⑰。因念由下琼台而出，可往玉虚岩⑱，便失南岩、紫霄⑲，奈何得一失二；不若仍由旧径上，至路旁泉溢处，左越蜡烛峰，去南岩应较近。忽后有追呼者，则中琼台小黄冠以师命促余返⑳。观主握手曰："公渴求珍植㉑，幸得两枚，少慰公怀。但一泄于人，罪立至矣。"出而视之，形侔金橘㉒，渍以蜂液㉓，金相玉质㉔，非凡品也。珍谢别去。复上三里馀，直造蜡烛峰坳中。峰参差廉利㉕，人影中度㉖，兀兀欲动㉗。既度，循崖宛转㉘，连越数重。峰头土石，往往随地异色。既而闻梵颂声㉙，则仰见峰顶遥遥上悬，已出朝天宫右矣㉚。仍上八里，造南岩之南天门，趋谒正殿㉛。右转入殿后，崇崖嵌空㉜，如悬廊复道㉝，蜿蜒山半㉞，下临无际㉟，是名南岩，亦名紫霄岩㊱，为三十六岩之最㊲，天柱峰正当其面。自岩还至殿左，历级坞中，数抱松杉，连阴挺秀。层台孤悬，高峰四眺，是名飞升台㊳。暮返宫，贿其小徒，复得榔梅六枚。明日再索之，不可得矣。

[注释]

①更衣：这里谓换上干净正式的衣服，以表示对神祇恭敬。

②瞻叩：瞻仰叩拜。

③天宇：天空。澄朗：清朗。

④鹄（hú）跱：亦作"鹄峙"，直立貌。《艺文类聚》卷九一引南朝宋刘义庆《山鸡赋》："形凤婉而鹄跱，羽衮蔚而缃晖。"鹄，通称天鹅。似雁而大，颈长，飞翔甚高，羽毛洁白。亦有黄、红者。

⑤天真：谓道教神仙天真皇人，为道教信奉的前劫修真获得极道的远古仙人。《隋书·经籍志四》："所度皆诸天仙上品，有太上老君、太上丈人、天真皇人……天尊之开劫也，乃命天真皇人，改啭天音而辩析之。自天真以下，至于诸仙，展转节级，以次相授。"奥区：腹地，靠近中心的地区。

⑥迥：副词。表示程度深，为甚或全之义。幽胜：幽静而优美。

⑦蜡烛峰：位于武当山莲峰之间，有大、小之分。清人改称大笔峰、中笔峰。清王概《大岳太和山纪略》卷二《山川》："大笔峰、中笔锋，二峰并峙于莲峰之间，石笋抽出巅顶，抹黛涂黄，居然双管齐挥。原名大、小蜡烛峰，下临蜡烛涧，因其颖秀改今名。"冯岁平《对徐霞客〈游太和山〉路线图之订补》（载《徐霞客逝世360周年纪念文集》，2001年版）一文认为："蜡烛峰在榔梅祠东，与香炉峰相连，中间隔金童峰、玉女峰与天柱峰相望。根据地望，此处的蜡烛峰当为天柱峰之南的小莲峰，而且此处确有旧时的登山古道，位于小莲峰之下山涧中，此涧名蜡烛涧。今上方已经架设建成了索道。徐霞客据蜡烛涧，将此山峰（小莲峰）误作蜡烛峰。再说明代游两座蜡烛峰，徐霞客究竟指哪一座，看来也是模糊不清的。"可参考。

⑧涓涓：细水缓流貌。《荀子·法行》："《诗》曰：'涓涓源水，不雝不塞。'"

⑨平丘：顶平的山丘。

⑩上琼台观：位于天柱峰南下五里处，明代琼台三观之一。参见本日记十三日日记注⑱。

⑪绚烂：光彩炫目。

⑫噤（jìn）：闭口。

⑬禁物：旧时谓禁止民间食用或使用的物品。

⑭道流：道士之辈。唐孟浩然《梅道士水亭》诗："傲吏非凡吏，名流即道流。"

⑮畀（bì）：给予，付与。

⑯订：约定。

⑰主观（guàn）：主持道观事务者，与下文"观主"义同。弗：不。

⑱玉虚岩：又名俞公岩（武当山道士俞圣哲曾在此修炼，故名），位于武当山天津桥东约1.5千米处，在九渡涧北岸悬崖之上。武当山三十六岩之一，也是武当山规模较大、保存较好的岩庙之一。据元代碑文记载，此岩为玄帝（即真武帝）修炼之处，后得道飞升，被封为"玉虚师相"而得名。现存建筑系晚清重修，中供真武像及左右侍从、五百灵官，均为清同治年间重修。清王概《大岳太和山纪略》卷二《山川》："玉虚岩，一名俞公岩，在仙关之东，九渡涧之上，由渊默亭沿涧东入，壁立半空，岩之高以千仞，涧声雷震于其下。"

⑲南岩：位于武当山紫霄宫西约2.5千米处。参见本日记十三日日记注㉖。紫霄：即紫霄宫。参见本日记十三日日记注⑨。

⑳小黄冠：小道士。黄冠，道士之冠，古代常借指道士。

㉑珍植：谓珍贵的果品，指榔梅果实。

㉒侔（móu）：齐等，相当。金橘：又名金柑，橘之一种，常绿灌木，叶披针形或长圆形，秋冬实熟，色黄味酸而皮甘香。明李时珍《本草纲目·果二·金橘》："此橘生时青卢色，黄熟则如金，故有金橘、卢

橘之名。"

㉓漉以蜂液：谓色泽如同过滤了蜂蜜一般。

㉔金相玉质：形容人或物外表和内质俱美。汉王逸《〈离骚〉序》："所谓金相玉质，百世无匹，名垂罔极，永不刊灭者矣。"

㉕参差（cēn cī）：不齐貌。廉利：锋利。作者《粤西游日记四》崇祯十年（1637）十二月二十七日日记："洞两旁裂峡分瓣，皆廉利沓合。"

㉖人影中度：意谓人在高低嶙峋的山影中穿行。

㉗兀兀：摇晃貌。元李孝光《饮濡须守子衡君宅》诗："客子东来向西楚，河流兀兀舞轻舠。"

㉘宛转：回旋盘曲，蜿蜒曲折。这里用如动词。

㉙梵（fàn）颂：通"梵诵"，谓佛家诵经。

㉚出朝天宫右：冯岁平《对徐霞客〈游太和山〉路线图之订补》（载《徐霞客逝世360周年纪念文集》，2001年版）一文认为："朝天宫在欢喜坡，位居山坳中，那里是无法听到梵颂声的，故当作'出紫霄宫右'，这样更符合事实。"可参考。

㉛正殿：当指玄帝大殿，明代建筑，1926年毁于大火。明袁中道《游太和记》："至南岩，岩石若驳云，外覆为循廊，以达宫门。殿宇壮丽甚，殿后依岩为诸院宇，亦若修廊。"

㉜崇崖：高大的山崖。嵌空：凹陷。宋范成大《吴船录》卷下："沿江石壁下，忽嵌空为大石屋，即石凿为像。"

㉝悬廊：悬空的走廊。复道：楼阁间架空的通道。也称阁道。《史记·秦始皇本纪》："秦每破诸侯，写放其宫室，作之咸阳北阪上，南临渭，自雍门以东至泾渭，殿屋复道周阁相属。"

㉞蜿蜒：萦回屈曲貌。唐孟郊《石淙》诗其四："蜿蜒相缠挐，莘确亦回旋。"

㉟无际：犹无边；无涯。《列子·力命》："窈然无际，天道自会。"

㊱"是名南岩"二句：武当山的南岩与紫霄岩是否为一处景观，古今皆有不同说法，本日记下文也将两者对举，与"是名南岩，亦名紫霄岩"说法矛盾。明王士性《五岳游草》卷六《楚游上·太和山游记》："复由榔梅祠抵南岩，岩擘崖之半为宫，从殿后左折，大石延袤百丈如飞宸，其下，前绝大壑，荟薉蒙茸，正黑无底，天阴籁发，噫气洒渐，满山谷间。中为紫霄岩，岩前一龙首石出阑外，瞰之胆落，礼神者往往焚瓣香于鼻，从颈上望天柱以为虔。"又云："故论太和之胜，于其高不于大；论南岩之胜，于其怪不于其丽；论紫霄之胜，于其整不于其奇。信夫。"明袁中道《太和后记》："日中而止紫霄，览紫霄毕，以其馀力，及七星、宝珠诸处，而胜可穷也。朝从紫霄发，徐行于摘星、天门之间。日中而止太和谒帝。览太和毕，以其馀力，及清微、朝圣诸处，而胜可穷也。朝从天柱发，徐行于天门、摘星之间。日中而止南岩。览南岩毕，以其馀力，及燄火、不贰诸处，而胜可穷也。"清王概《大岳太和山纪略》卷二《山川》："紫霄岩，一名独阳岩，在天柱之北、更衣台之东、燄火岩之西、仙侣岩之南。上倚层霄，下临虎涧，高明敞豁，乃帝炼丹之地。至元中住岩张守清兴修之，叠石为路，积水为池，名以紫霄岩。上列殿庭，中有泉曰甘露。西上百馀步，有石曰试心石。又十馀步即更衣台，后有洞，云道人鲁大宥复开，香火受供，与五龙、紫霄二宫等。"

㊲三十六岩：宋王象之《舆地纪胜》引《武当山记》已有三十六岩之说，通行说法计有：南岩（紫霄岩）、隐仙岩、仙侣岩、卧龙岩、尹喜岩、玉虚岩、五龙岩、玉清岩、太清岩、太子岩、皇后岩、白云岩、三公岩、天马岩、藏云岩、隐士岩、云母岩、杨仙岩、沈仙岩、滴水岩、常春岩、集云岩、谢天地岩、北斗岩、燄火岩、黑龙岩、白龙岩、黑虎岩、升真岩、碧峰岩、仙龟岩、雷岩、凤岩、九卿岩、凌虚岩、太上岩。三十六

岩之外，还有虎耳岩、悟真岩、罗公岩等，也很有名。

㊳飞升台：位于五龙宫东南山峰上，相传为真武帝舍身飞升之处。清王概《大岳太和山纪略》卷二《山川》："飞升台，在五龙宫东南百步，松杉扶疏，烟霞交映。登其上，万壑千岩一目可尽。按图经碑刻，元帝奉诏于此，五龙披之上升，地皆变金玉色。今举山皆金星石。"

十五日 从南天门宫左趋雷公洞①。洞在悬崖间。余欲返紫霄，由太子岩历不二庵②，抵五龙③。舆者谓迂曲不便④，不若由南岩下竹笆桥⑤，可览滴水岩、仙侣岩诸胜⑥。乃从北天门下⑦，一径阴森⑧，滴水、仙侣二岩，俱在路左，飞崖上突，泉滴沥于中，中可容室，皆祠真武。至竹笆桥，始有流泉声，然不随涧行。乃依山越岭，一路多突石危岩⑨，间错于乱蒨丛翠中⑩，时时放榔梅花，映耀远近。

过白云、仙龟诸岩⑪，共二十馀里，循级直下涧底，则青羊桥也⑫。涧即竹笆桥下流，两崖蓊葱蔽日⑬，清流延回⑭，桥跨其上，不知流之所去。仰视碧落⑮，宛若瓮口。度桥，直上攒天岭⑯。五里，抵五龙宫，规制与紫霄、南岩相伯仲⑰。殿后登山里许，转入坞中，得自然庵⑱。已还至殿右，折下坞中，二里，得凌虚岩⑲。岩倚重峦，临绝壑，面对桃源洞诸山⑳，嘉木尤深密㉑，紫翠之色互映如图画，为希夷习静处㉒。前有传经台㉓，孤瞰壑中，可与飞升作匹㉔。还过殿左，登榔梅台㉕，即下山至草店。

华山四面皆石壁㉖，故峰麓无乔枝异干㉗；直至峰顶，则松柏多合三人围者㉘；松悉五鬣㉙，实大如莲㉚，间有未堕者，采食之，鲜香殊绝。太和则四山环抱，百里内密树森罗㉛，蔽日参天㉜；至

272 | 徐霞客游记

近山数十里内，则异杉老柏合三人抱者，连络山坞，盖国禁也㉝。嵩、少之间㉞，平麓上至绝顶㉟，樵伐无遗，独三将军树巍然杰出耳㊱。山谷川原㊲，候同气异㊳。余出嵩、少，始见麦畦青；至陕州㊴，杏始花，柳色依依向人㊵；入潼关㊶，则驿路既平㊷，垂杨夹道，梨李参差矣㊸；及转入泓峪㊹，而层冰积雪，犹满涧谷，真春风所不度也㊺。过坞底岔㊻，复见杏花；出龙驹寨㊼，桃雨柳烟，所在都有。忽忆日已清明㊽，不胜景物悴情㊾。遂自草店，越二十四日，浴佛后一日抵家㊿。以太和榔梅为老母寿㉕¹。

[注释]

①雷公洞：即雷洞，位于武当山叠字峰壁间。清王概《大岳太和山纪略》卷二《山川》："雷洞，叠字峰壁间有石穴，从上绳贯而入，石色作火焰雷文，有卧形足迹存焉。远听之常有声轰轰然，即邓天君修炼处。崖曰雷岩，洞曰雷洞。"

②太子岩：位于武当山展旗峰下。清王概《大岳太和山纪略》卷二《山川》："玉清岩、太清岩、太子岩，三岩在展旗峰下，一名三清岩。太清原名修道岩，昔黄太清得道于此，因名之。峰腰有太子岩，乃昔真武为太子修道处，下即太子坡，右延袤上数十级，有小构，设太子像于中。"参见本日记十三日日记注㉕。不二庵：位于武当山虎耳崖下。清王概《大岳太和山纪略》卷四《仙真》："不二和尚，名圆信，北京房山县人。薙发白云山，礼大僧德敬为师。明嘉靖庚申入武当住虎耳岩数十年，贤士大夫之辙以日至，尚方之赐、掖庭之供以月至，虎耳崖之名遍天下。"

③五龙：即五龙宫，位于五龙峰附近。清王概《大岳太和山纪略》卷三《宫殿》："五龙宫，州城西南九十里，即五龙灵应故址，前列金锁

峰，左绕磨针涧，其宫东向，递折其门北向，宫门内为道九曲十八折。殿二，曰元帝，曰启圣。"五龙峰，清王概《大岳太和山纪略》卷二《山川》："五龙峰，一名五龙顶，道藏云上应龙变梵度天。五峰罗列互见，奋迅涌起，有群龙天半拏云劈海之象。顶有石庙一区，曰真源之殿，即五炁龙神所寓，有灵泉曰龙池。"

④舆者：谓抬轿的轿夫。舆，肩舆，即轿子。

⑤竹笆桥：故址位于仙侣岩与白云岩之间，横跨青羊涧，在青羊桥以北。

⑥滴水岩：位于仙侣岩之南、南岩宫下，岩顶赭色如肺盖，时有泉滴如珠，下有小石池盛水，四季不竭，故名。清王概《大岳太和山纪略》卷二《山川》："滴水岩，在仙侣岩南，石中裂而上垂赭色如肺，盖泉时一滴似刻漏，下有小石池盛之，就视之，亦不见石。有隙窦痕，不知滴所从出。"仙侣岩：位于天柱峰北、青羊涧之上。今名"下元"，亦名"下院"。清王概《大岳太和山纪略》卷二《山川》："仙侣岩，在天柱北，面朝天门，山畬平坦，筑居深密。昔陶幼安隐此得道，后修炼者多栖之，故名仙侣。有泉曰百花。"一说，相传真武道成，蓬莱仙侣来贺，因名。

⑦北天门：武当山天柱峰顶紫金城设有东天门、西天门、南天门、北天门四座城门，此其一。

⑧阴森：谓树木浓密成荫。

⑨突石：凸出的岩石。突，凸出。《庄子·说剑》："吾王所见剑士，皆蓬头突鬓垂冠，曼胡之缨，短后之衣，瞋目而语难。"唐成玄英疏："发乱如蓬，鬓毛突出。"危岩：高耸峥嵘的山岩。

⑩乱蒨（qiàn）丛翠：谓色彩绛翠杂错的草木。蒨，指绛色。

⑪白云：即白云岩，位于武当山白云峰下。清王概《大岳太和山纪略》卷二《山川》："白云岩，在白云峰下，崄巇不可到。望壁间悬而吐

者为岩,诎而内者为洞。旁有石穴,曰星牖,幽栖者设栈以入则不复出,米盐率以絙致。或仿佛时见形影,昔陈希夷辟谷,曾三迁于此,后徙五龙。"仙龟:即仙龟岩,位于天柱峰下。清王概《大岳太和山纪略》卷二《山川》:"仙龟峰,在天柱峰下,侧立千尺,石员起作绿珩色,如龟衣苔藓而坐,旁溜点点滴下,以手承之,辄成掬。或云有神龟藏此,时吐云雾。"

⑫青羊桥:位于武当山大清羊涧上。清王概《大岳太和山纪略》卷二《山川》:"大青羊涧,在青羊峰下,一名青羊河,有桥跨之,曰青羊桥。承万虎、桃源诸涧之水,泌沸奔赴,激湍之声出乱石中。石皆白色,多奇状,四壁围若缭垣,山与水相响应,岛竦川迥以达于淄河。涧中之巨观也。"

⑬蓊(wěng)葱:草木茂盛貌。

⑭延回:迂回伸展。

⑮碧落:道教语。谓天空,青天。

⑯攒天岭:方志未见著录,大约是青羊桥到五龙宫的一段山岭名。

⑰伯仲:原指兄弟的次第,常用来比喻事物不相上下。晋王羲之《与谢安书》:"蜀中山水,如峨眉山,夏含霜雹,碑板之所闻,昆仑之伯仲也。"

⑱自然庵:位于五龙宫西五十步,自凌虚岩折而西上即是。庵前甃石为方池,即炼丹池。据传为宋初陈抟的修真之所。

⑲凌虚岩:位于五龙宫西南。清王概《大岳太和山纪略》卷二《山川》:"凌虚岩,在五龙宫西南二里许,于冈脊外横开数十丈,坦其巅与冈相属如坪,岩畔似坏城,筑墙围之,便于凭眺。下皆巨杉,蓊偃阴森。唐孙思邈、宋陈希夷俱修炼于此。路侧有希夷诵经台。"

⑳桃源洞:位于桃源峰麓。清王概《大岳太和山纪略》卷二《山

川》:"桃源洞,在桃源峰北,境象远阔,杳与尘绝。西有穴曰桃源洞,焚修者蜕形瘗剑于此。东即陈希夷诵经台。"桃源峰,清王概《大岳太和山纪略》卷二《山川》:"桃源峰,在紫盖峰之北,山之口如峡,入而逶迤,中则宽平,峰峦拔萃,下有桃源涧、桃源洞,流水落花,仿佛武陵,因以名其峰。"

㉑嘉木:美好的树木。

㉒希夷:即陈抟(?~989),字图南,号扶摇子,宋亳州真源(今安徽亳州西南)人。五代后唐时举进士不第,遂不仕,以逍遥山水为乐,隐居华山。宋太宗太平兴国中,曾两至汴京(今河南开封),为太宗所重,并赐号希夷先生。著有《无极图》、《先天图》、《心相篇》、《正易心法》等,后经周敦颐、邵雍等人发展为理学。《宋史》卷四五七有传。习静:亦作"习靖","靖"、"静",古通。意谓习养静寂的心性,亦指过幽静生活。

㉓传经台:当即诵经台,清王概《大岳太和山纪略》卷二《山川》:"诵经台,自凌虚岩左折而南,有陈希夷诵经台,其台南面天柱诸峰,下窥无际。"

㉔飞升:即飞升台。参见本日记十四日日记注㊳。

㉕榔梅台:又名神榔台,故址位于明道士李素希墓附近,原有榔梅亭,今废。

㉖华(huà)山:即太华山,位于今陕西华阴市南十里,是我国五岳中的西岳。参见前选作者《游太华山日记》天启三年(1623)二月晦日记注①。

㉗峰麓:山脚。乔枝异干:谓高大奇异的乔木树种。

㉘合三人围:三人合抱的大树。

㉙五鬣(liè):即五鬣松,又称五粒松,为松的一种,因一丛五叶如

钗形而得名。清顾炎武《送李生南归寄戴笠锡阐二高士》诗："华山五粒松，寄向江东去。"鬣，植物花、叶、穗芒形状如马鬃的，这里谓松针。唐段成式《酉阳杂俎·木篇》："松，凡言两粒、五粒，粒当言鬣。"

㉚实大如莲：谓松子大如莲子。

㉛森罗：谓树木繁蔚杂陈。唐张九龄《商洛山行怀古》诗："硕人久沦谢，乔木自森罗。"

㉜蔽日参天：遮蔽日光，高耸于天空。宋梅尧臣《和永叔啼鸟》："深林参天不见日，满壑呼啸谁识名。"

㉝国禁：国家的禁令。这里指明廷对武当山及其周围的植物不得樵采砍伐的诏令。

㉞嵩：即嵩山，伏牛山脉的一支，其主体位于今河南西部登封市西北，由海拔1491.7米的太室山与海拔1512米的少室山组成，东西绵延60馀千米。古代有所谓"外方"、"嵩高"、"崇山"等别称，在"五岳"中因地处中原，故称中岳。参见前选作者《游嵩山日记》首段注①。少：即少室山，位于今河南登封市西北，为嵩山之西部。其最高峰即连天峰，海拔1512米。

㉟平麓：山脚平地。

㊱三将军树：即嵩山嵩阳书院内的三将军柏，至清初仅存两株。参见前选作者《游嵩山日记》天启三年（1623）二月二十二日日记注①。

㊲山谷：两山间低凹而狭窄处，其间多有涧溪流过。川原：河流与原野。

㊳候同气异：意谓季节虽同，但因地势的垂直差异以及南北（纬度）差异，天气寒暖与物候时令实有不同。《素问·六节藏象论》："五日谓之候，三候谓之气，六气谓之时。"

㊴陕州：北魏太和十一年（487）置，治所在陕县（今河南三门峡市

西陕县老城），辖境相当于今河南三门峡、陕县、洛宁、渑池、灵宝等市县及山西运城、平陆、芮城等市县地。明属河南府，清雍正二年（1724）升为陕州直隶州，1913年改为陕县。

㊵依依：轻柔披拂貌。《诗·小雅·采薇》："昔我往矣，杨柳依依；今我来思，雨雪霏霏。"

㊶潼关：位于今陕西潼关县东北。古为桃林塞地，东汉建安中设潼关。明洪武九年（1376）置潼关卫，属河南都司，治所在潼关（今陕西潼关县东北港口镇）；永乐六年（1408）直隶中军都督府。

㊷驿路：驿道，大道。

㊸参差（cēn cī）：纷纭繁杂。

㊹泓峪：又称瓮峪，因峪口有奇石如瓮倒立而得名，位于台峪西，是华山以西第三个峪口，位于今310国道1033~1034米处。参见前选作者《游太华山日记》天启三年（1623）三月初三日日记注③。

㊺春风所不度：意谓气候迥异。语本唐王之涣《凉州词二首》其一："羌笛何须怨杨柳，春风不度玉门关。"

㊻坞底岔：当位于今陕西洛南县景村镇与栲树沟以南的糊涂岔村，属油泉乡。参见前选作者《游太华山日记》天启三年（1623）三月初六日日记注①。

㊼龙驹寨：即今商洛市丹凤县。参见前选作者《游太华山日记》天启三年（1623）三月初七日日记注②。

㊽清明：我国二十四节气之一，在公历每年的4月5日前后。

㊾不胜（shēng）：无法承担，承受不了。悴（cuì）情：忧伤的情怀，这里谓思念母亲。

㊿浴佛：即浴佛节，又称佛诞节。中国汉族地区相传农历四月初八日为释迦牟尼生日。佛寺于此日诵经，并用名香浸水，灌洗佛像。取法传说

中龙王以香水洗灌悉达多太子的故事，以纪念佛的诞生，称为浴佛节。

(51)寿：这里谓为自己年近八十的生母王孺人祝寿或祝福。

[评析]

明王士性《五岳游草》卷六《楚游上·太和山游记》："太和山，一名武当，地隶均。均，春秋时麇国也。道书称玄君降于神农之世，为净乐国太子，乃亦治麇，缘是上升。我明文皇感而尊为帝时，赐太岳名，至肃皇复尊称玄岳，欲以冠五岳云。云武当者，则《水经》已先之矣。志称山拥七十二峰、三十六岩、二十四涧，周环八百馀里。谓此天下名山，非玄武不足以当之，然乎哉。山既以擅宇内之胜，而帝又以其神显，四方士女，持瓣香戴圣号，不远千里号拜而至者，盖肩踵相属也。"王士性对于武当山道教宫观的富丽堂皇又发感慨说："至宫庭之广，土木之丽，神之显于前代亡论，其在今日可谓用物之宏也矣。《志》云聚南五省之财，用人二十一万，作之十四年而成，大哉我文皇之烈乎！非神道设教，馀山安望其俦匹耶？"武当山在有明一代的崇高地位，与燕王朱棣从北方南下"清君侧"的靖难之役分不开。朱棣认为他之所以能从侄儿手中夺取天下，完全靠北方玄武大帝的祐护，因而尊武当为大岳理所当然！有皇帝的倡导，文人墨客自然也有神化武当的意向。徐霞客《游嵩山日记》开首就明确表示："余髫年蓄五岳志，而玄岳出五岳上，慕尤切。"可见太和山在明代文人士大夫心目中的崇高地位。

明天启三年（1623）仲春，徐霞客开始出游分别位于河南、陕西与湖广的三座名山，继嵩山与太华山之后，湖广太和山是其这次旅程的最后一站。据《游太和山日记》，徐霞客于三月十一日进入湖广境内，十二日南抵均州，十三日开始攀登太和山。沿途游遇真宫、紫霞宫、南岩、太和宫、五龙宫以及滴水、仙侣、凌虚诸岩，并攀登绝顶天柱峰金顶。十五日下山，返草店。此后取汉水、长江舟行，越二十四日，于四月初九归家。经过仔细观察、对比，他对这次历时两月有馀的三山之旅加以科学地总结，认为"山谷川原，候同气异"，这一对地形影响气候的结论，还包括纬度高低不同的因素，绝非纯粹游山玩水者所能心领神会。太和山因为在明代地位崇高，自然植被的生态保护就首屈一指，比嵩山与太华山就幸运得多。徐霞客明确提出这一带有浓厚人文关怀的观点，对于今天如何自上而下地采取措施保护我们美丽家园的生态环境，也有相当的认识价值。

闽游日记①后（节选游浮盖山）

庚午春②，漳州司理叔促赴署③。余拟是年暂止游屐④，而漳南之使络绎于道⑤，叔祖念莪翁⑥，高年冒暑⑦，坐促于家，遂以七月十七日启行⑧。二十一日至武林⑨。二十四日渡钱唐⑩，波平不縠⑪，如履平地。二十八日至龙游⑫，觅得青湖舟⑬，去衢尚二十里⑭，泊于樟树潭⑮。

[注释]

①闽：福建省的简称。这里本为闽越族居地，秦置闽中郡。汉初为闽越国。东汉许慎《说文解字》："闽，东南越，蛇种。"福建地处亚热带，自古多蛇，居住于境内的古越族先民以蛇作为图腾崇拜，闽即因此而得名。

②庚午：即明思宗崇祯三年（1630）。

③漳州司理叔：即徐霞客的族叔徐日升（生卒年不详），字如之，明天启五年（1625）三甲第十三名进士，清光绪《江阴县志》卷一七《政绩》有传云："徐日升，字如之，天启乙丑进士，授漳州府推官。雪冤狱，擒盗魁，赈灾荒，奉檄督理洋税，尽斥陋规，商民请勒石纪其廉。祀漳州名宦祠。"漳州，即漳州府，明洪武元年（1368）改元漳州路为府，属福建省，治所在龙溪县（今福建漳州市）。辖境相当于今福建九龙江流域及其西南地区。清代辖境减缩，1913年废。司理，又作"司李"，即推

官,明代知府的佐贰官,洪武三年(1370)始设,正七品;顺天府、应天府从六品。掌理刑名,赞计典。规定每府设立一员,亦有因事增设之例。署,官署。

④游屐(jī):谓游玩山水。屐,即谢公屐,一种前后齿可装卸的木屐,原为南朝宋诗人谢灵运游山时所穿,故称。

⑤漳南:漳州地处闽南,这里即以漳南代指漳州。络绎:连续不断,往来不绝。

⑥叔祖念莪翁:即徐宪明(生卒年不详),字伯敏,庠生,以子日升封文林郎。清光绪《江阴县志》卷一四《封赠》有传。"念莪"当是其别号。叔祖:父亲的叔父。

⑦高年:年岁大。《汉书·宣帝纪》:"诏曰:鳏寡孤独高年贫乏之民,朕所怜也。"冒暑:谓不惧暑热。

⑧七月十七日:明崇祯三年农历七月十七日,即公元1630年8月24日。

⑨武林:旧时杭州的别称,以武林山得名。宋苏轼《送子由使契丹》诗:"沙漠回看清禁月,湖山应梦武林春。"

⑩钱唐:即钱塘江,位于今浙江省西北部的浙江的下游,称钱塘江。江口呈喇叭状,海潮倒灌,形成著名的"钱塘潮"。

⑪縠(hú):绉纱,用来比喻水的波浪。

⑫龙游:即龙游县,元代属衢州路,明清属衢州府,民国初属金华道,今属浙江衢州市。

⑬青湖:当作"清湖",即清湖渡,位于今浙江江山市南十五里清湖乡驻地之清湖,渡跨江山港上游之清溪,明万历中建九清桥。清顾祖禹《读史方舆纪要》卷九三《浙江五·江山县·清湖渡》:"县南十五里,官置浮梁,以济行旅。有清湖镇,为闽、浙要会。闽行者自此舍舟而陆,浙

行者自此舍陆而舟矣。"清湖渡在古代为浙闽之要津。前选作者《游九鲤湖日记》万历四十八年（1620）五月二十三日日记："始过江山之青湖。山渐合，东支多危峰峭嶂，西伏不起。悬望东支尽处，其南一峰特耸，摩云插天，势欲飞动。问之，即江郎山也。"又作者《闽游日记前》崇祯元年（1628）日记首段："三月十一日，抵江山之青湖，为入闽登陆道。"两文中之"青湖"，与此处之"青湖"皆指清湖渡。

⑭衢：即衢州府，朱元璋于元至正二十六年（1366）改龙游府置，府治西安县（今衢州市衢江区），隶浙江布政使司，辖西安、龙游、常山、江山、开化五县。

⑮樟树潭：即樟潭，以衢江中有深潭，岸上多樟树而得名。位于今衢州市衢江区樟潭镇，在衢江南岸、衢州市东8千米。光绪《续修浦城县志》卷三《山川》："樟树潭，在北乡忠信里灵岩上。"

三十日 过江山①，抵青湖②，乃舍舟登陆。循溪觅胜③，得石崖于北渚④。崖临回澜⑤，澄潭漱其址⑥，隙缀茂树，石色青碧，森森有芙蓉出水态⑦。僧结槛依之，颇觉幽胜⑧。余踞坐石上⑨，有刘对予者，一见如故，因为余言："江山北二十里有左坑，岩石奇诡⑩，探幽之屐⑪，不可不一过。"余欣然返寓，已下午，不成行。

[注释]

①江山：即江山县（治今浙江江山市），以江郎山得名，明代属衢州府。

②青湖：当作"清湖"，参见本日记首段注⑬。

③循溪觅胜：谓沿着清溪寻觅风景优美的地方。

④渚（zhǔ）：水边。《楚辞·九歌·湘君》："朝骋骛兮江皋，夕弭节

兮北渚。"汉王逸注："渚，水涯也。"

⑤回澜：回旋的波涛。南朝梁沈约《日出东南隅行》："延躯似纤约，遗视若回澜。"

⑥漱：冲刷，冲荡。《周礼·考工记·匠人》："善沟者水漱之，善防者水淫之。"汉郑玄注："漱，犹啮也。"清孙诒让正义："案漱本为荡口，引申为凡水荡物之称。啮谓水冲堤土，犹齿之噬物也。"

⑦森森：蔚然兴盛貌。芙蓉：荷花的别名。

⑧幽胜：幽静而优美。明蒋一葵《长安客话·积水潭》："池上建有莲花庵、净业寺及王公贵人家水轩、水亭，最为幽胜。"

⑨踞坐：坐时两脚底和臀部着地，两膝上耸。

⑩奇诡：奇特，诡异。

⑪探幽之屐（jī）：探寻幽境的步履。屐，即谢公屐，一种前后齿可装卸的木屐，原为南朝宋诗人谢灵运游山时所穿，故称。

八月初一日 冒雨行三十里。一路望江郎片石①，咫尺不可见②。先拟登其下，比至路口，不果。越山坑岭③，宿于宝安桥④。

[注释]

①江郎片石：江郎三石，即江郎山，又名金纯山、须郎山，俗呼三爿石，位于今浙江衢州市江山市东南25千米的石门镇。山形主体为三个高耸入云的巨石，据传说是古时候三个姓江的兄弟登上山巅所化，故名。三座石峰呈川字形排列，形成江郎山最具丹霞地貌特色的"三峰列汉"的奇景。三爿石分别称：郎峰，海拔819.1米；亚峰，海拔737.4米；灵峰，海拔765米。三峰状如天柱，摩天插云，石呈五色，拥有"中国丹霞第一奇峰"的美誉。参见前选作者《游九鲤湖日记》首段注⑫。

②咫（zhǐ）尺：周制八寸为咫，十寸为尺，谓接近或刚满一尺。这里形容距离极近。

③山坑岭：位于今江山市南境。作者《闽游日记前》崇祯元年（1628）日记首段："十五里，至峡口，已暮。又行十五里，宿于山坑。"

④宝安桥：当即保安桥，故址位于今浙江江山市西南40千米的保安乡，在仙霞岭北麓。

初二日 登仙霞①，越小竿岭②，近雾已收，惟远峰漫不可见。又十里，饭于二十八都③。其地东南有浮盖山④，跨浙、闽、江西三省，衢、处、信、宁四府之境⑤，危峙仙霞、梨岭间⑥，为诸峰冠。枫岭西垂⑦，毕岭东障⑧，梨岭则其南案也⑨；怪石挐云⑩，飞霞削翠⑪。余每南过小竿，北逾梨岭，遥瞻丰采⑫，辄为神往⑬。既饭，兴不能遏⑭，遍询登山道。一牧人言："由丹枫岭而上⑮，为大道而远；由二十八都溪桥之左越岭，经白花岩上⑯，道小而近。"余闻白花岩益喜，即迁道且趋之，况其近也！遂越桥南行数十步，即由左小路登岭。三里下岭，折而南，渡一溪，又三里，转入南坞，即浮盖山北麓村也。分溪错岭⑰，竹木清幽，里号"金竹"云。度木桥，由业纸者篱门入，取小级而登。初皆田畦高叠，渐渐直跻危崖。又五里，大石磊落⑱，棋置星罗⑲，松竹与石争隙。已入胜地⑳，竹深石转，中峙一庵，即白花岩也。僧指其后山绝顶，峦石甚奇。庵之右冈环转而左，为里山庵㉑。由里山越高冈两重转下，山之阳则大寺也㉒。右有梨尖顶㉓，左有石龙洞㉔，前瞰梨岭㉕，可俯而挟矣。余乃从其右，二里，憩里山庵。里山至大寺约七里，路小而峻。先跻一冈㉖，约二里，冈势北垂。越其东，坞下水皆东流，即浦城界㉗。又南上一里，越一冈，循其左而上，是谓狮峰㉘。雾重路塞，舍之。逾冈西下，复转南上，二里，又越一冈，其左亦可上狮峰，右即可登龙洞顶。乃南向直下，约二里，抵大寺。石痕竹影，白花岩正得其具体㉙，而峰峦环列，此真独胜。雨阻寺中者两日。

[注释]

①仙霞：即仙霞岭，位于浙江省西南部，是闽、赣边境的武夷山入浙的主干山脉，西南—东北走向，绵延于龙泉溪与江山港、衢江之间，向东北伸展为大盘山、天台山、四明山与会稽山。平均海拔1000米左右，相对高度为300~500米，主峰大龙岗在江山市南部，海拔1503米，主要有由花岗岩和流纹岩构成。为钱塘江支流乌溪江、江山港与闽江支流建溪、鄱阳湖水系信江的源地与分水岭，又是浙闽的交通要冲，有"东南锁钥"之誉。南宋在此建有仙霞关，其东西又有安民、六石、黄坞、二渡、木城等关，最南端的枫岭关为浙闽交通要道。

②小竿岭：古岭名，位于今江山市西南保安乡、二十八都镇界上，相传旧时植竿其上，故名。《清一统志·衢州府·山川》："《南行记》：仙霞之为岭一，而南北有名之岭凡五……一曰小竿岭，在仙霞南三十六里。"明代置小竿寨，设小竿巡司于岭上，为浙闽交通要道。

③二十八都：明代行政区划，位于今江山市西南。今存廿八都古镇，位于仙霞关以南的205国道附近。都，宋、元、明、清县、乡级以下的行政区划。《宋史·袁燮传》："合保为都，合都为乡，合乡为县。"

④浮盖山：古山名，一作浮盖亭山，又名盖仙山，位于今江山市南二十八都镇南，在福建浦城县盘亭乡柳墩村东面，主峰碧狮峰海拔1146米。清顾祖禹《读史方舆纪要》卷九七《福建三·建宁府·浦城》："盖仙山，

在县西北九十里，一名浮盖山。《志》云：山介衢、信、处三府之间，周围三百馀里。"

⑤处：即处州府，明改安南府置，属浙江行省，治所在丽水县（今浙江丽水市）。辖境当今浙江青田县以西之瓯江流域。洪武九年（1376）属浙江布政使司，清属浙江省，1912年废。信：即广信府，元至正二十年（1360）朱元璋改信州路置，治所在上饶县（今江西上饶市西北天津桥）。辖境相当于今江西贵溪以东的信江流域。明洪武三年（1370）徙治今上饶市，1912年废。宁：即建宁府，南宋绍兴三十二年（1162）升建州置，元至正十六年（1279）升为建州路，明洪武元年（1368）复为府，属福建省，治所在建安、瓯宁二县（今福建建瓯市），辖境相当今福建建瓯市以上的建溪流域及寿宁、周宁等县地。1913年废。

⑥危：高耸。梨岭：位于今福建省浦城县西北。明嘉靖《建宁府志》卷三《山川·浦城县》著录梨岭："路通衢之江山，厥土宜梨，故名。"清顾祖禹《读史方舆纪要》卷九七《福建三·建宁府·浦城》："枫岭，县北七十五里，高险，林木青葱，蹊径逼仄，为浙、闽分界处……岭之北麓谓之大竿岭。又梨岭，在县北六十里，危峰仄洞，飞阁悬崖，至为峻阻。亦曰梨园岭，以其地宜梨也。俗谓之五显岭，以上有五显庙也。"光绪《续修浦城县志》卷三《山川》："梨岭，在安乐里，距城六十五里，路通浙江江山县。其土宜梨，故名。杨亿《谈苑》云：天下之水皆东，梨岭之水独北，其水流入广信溪。"

⑦枫岭：一名大竿岭，位于浦城县北。清光绪《续修浦城县志》卷三《山川》："枫岭，一名大竿岭，在安乐里，距城一百里。上有关，为闽、浙分界处……北去为小竿岭，又十里为仙霞岭，岭势相接。旧传宋时植竿于岭上，故有大竿、小竿之称。"参见本段注⑥。

⑧毕岭：位于今福建浦城县忠信镇村桥村一带，在村桥村与官路乡李

处村间的毕岭头垭口设有毕岭关，始建于明代，为福建浦城与浙江江山界关之一，横截两峰之间，地势险要。关分为东西两关，相距 30 米。清光绪《续修浦城县志》卷三《山川》："毕岭，在船山、毕岭两里间，距城七十里。南磴稍平，北梯更峻。"

⑨南案：位于其南方的案山。案山，中国古代风水堪舆学名词，又称迎砂，指的是穴山和朝山间的山，也就是位于穴场正前方的山峰或者山丘，案山对于判断地形吉凶有很大的作用。据说案山最重形美与气局，有吉利的案山可令后代出官出贵。

⑩拏（ná）云：犹凌云。

⑪飞霞削翠：形容云霞飘飞，拂过翠岭。

⑫丰采：形容山之神采。

⑬神往：内心向往，思慕。

⑭兴不能遏：兴致难以抑制。

⑮丹枫岭：即枫岭，参见本段注⑥与注⑦。《闽游日记前》崇祯元年（1628）三月十二日日记："二十里，登仙霞岭。三十五里，登丹枫岭，岭南即福建界。"

⑯白花岩：又作"百花岩"，位于今福建浦城以北的浮盖山以东、二十八都以南。清顾祖禹《读史方舆纪要》卷九七《福建三·建宁府·浦城》："又石龙山，在县西北七十五里。三峰鼎峙，中一峰曰鹅儿峰。旁有池，周数丈。又有鹅子、白花等岩，亦接崇安县界。"清光绪《续修浦城县志》卷三《山川》："百花岩，在西乡通德里，上有坐禅石，旧传宋净空大士尝栖息于此。"

⑰分溪错岭：意谓溪流与山岭曲折交错。

⑱磊落：众多委积貌。

⑲棋置星罗：义同"星罗棋布"，即如天星罗列，似棋子分布。形容

大石多而密。

⑳胜地：美妙的境界。南朝宋刘义庆《世说新语·任诞》："王卫军云：'酒正自引人箸胜地。'"

㉑里山庵：里山当地的寺院名。里山，位于今浦城以北、白花岩东南。参见本日记初四日日记注㊳。

㉒山之阳：山的南面。大寺：即大云寺，又名石钟寺，位于浮盖山南麓。清光绪《续修浦城县志》卷三《名胜》："石莲池，其下为大云寺，一名大寺，以旁有石如钟，又谓之石钟寺。寺之东为仙掌石。"

㉓梨尖顶：又作"犁尖峰"，浮盖山南麓的一座山峰名，在白花岩南。清光绪《续修浦城县志》卷三《名胜》："盖仙山（即浮盖山），周遭三十余里，怪石拏云，飞崖削翠，其中顶为仙坛，皆盘石累垒而成，下者为盘，上者为盖，垒成双阙。另一峰南向，前竿二石，一斜而尖，是名犁尖锋。循是而下，散为五峰，回环离立，中藏一坪，山僧于微洼处缀以碎石，谓之石莲池。"

㉔石龙洞：当即龙洞，位于浮盖山麓。清光绪《续修浦城县志》卷三《名胜》："又东为龙洞，洞口夹壁相去仅尺许，上下如一，似所谓'一线天'者。侧身而入，其上渐合而暗，其下水流沙底，濡足而平。中有片石，如舌上吐，直竖夹中，愈入愈窄。稍舒处有水澄澈，是为龙池。夹壁尽处悬崖直下，石理粗砾成鳞甲，因以'龙'神之。"

㉕瞰（kàn）：俯视。

㉖跻（jī）：攀登。

㉗浦城：唐天宝元年（742）改唐兴献置，属建州，治所即今福建南平市浦城县。宋属建宁府，元属建宁路，明、清属建宁府，1928年直属福建省。

㉘狮峰：当即碧狮峰，为浮盖山之主峰，位于大云寺附近。清光绪

《续修浦城县志》卷三《名胜》："（大）寺之东为仙掌石，分指布爪，若摘星辰，其南为仙桥，桥上有仙人迹。又东为碧狮峰，又东为龙洞。"

㉙具体：即具体而微，总体的各部分都具备而形状或规模较小。《孟子·公孙丑上》："子夏、子游、子张皆有圣人之一体；冉牛、闵子、颜渊，则具体而微。"汉赵岐注："体者，四肢股肱也……具体者，四肢皆具。微，小也。"宋朱熹集注："具体而微，谓有其全体，但未广大耳。"

初四日 冒雨为龙洞游。同导僧砍木通道①，攀乱碛而上②。雾瀡棘铦③，苇石笼崖④，狞恶如奇鬼⑤。穿簇透峡⑥，窈窕者⑦，益之诡而藏其险⑧；屼嵲者⑨，益之险而敛其高⑩。如是二里，树底睨峭崿⑪。攀踞其内⑫，右有夹壁⑬，离立仅尺，上下如一，似所谓"一线天"者⑭，不知其即通顶所由也。乃爇火篝灯⑮，匍匐入一罅⑯。罅夹立而高，亦如外之一线天，第外则顶开而明⑰，此则上合而暗。初入，其合处犹通窍一二，深入则全黑矣。其下水流沙底，濡足而平⑱。中道有片石，如舌上吐，直竖夹中，高仅三尺，两旁贴于洞壁。洞既束肩，石复当胸，无可攀践，逾之甚艰。再入，两壁愈夹，肩不能容。侧身而进，又有石片如前，阻其隘口，高更倍之。余不能登，导僧援之。既登，僧复不能下，脱衣宛转久之⑲，乃下。余犹侧伫石上，亦脱衣奋力，僧从石下掖之，遂得入。其内壁少舒可平肩，水较泓深⑳，所称"龙池"也。仰睇其上㉑，高不见顶，而石龙从夹壁尽处悬崖直下。洞中石色皆赭黄㉒，而此石独白，石理粗砺成鳞甲㉓，遂以"龙"神之㉔。挑灯遍瞩而出。石隘处上逼下碍㉕，入时自上悬身而坠，其势犹顺，出则自下侧身以透㉖，胸与背既贴切于两壁㉗，而膝复不能屈伸，石质刺肤，前后莫可悬接，每度一人，急之愈固㉘，几恐其与石为一也。既出，欢若更生，而岚气忽澄㉙，登霄在望㉚。由明峡前行，芟莽开荆㉛，不半里，又得一洞㉜，洞皆大石层叠，如重楼复阁，其中燥爽明透。

徘徊久之㉝，复上跻重崖，二里，登绝顶，为浮盖最高处。踞石而坐，西北雾顿开，下视金竹里以东㉞，崩坑坠谷㉟，层层如碧玉轻绡㊱，远近万状；惟顶以南，尚郁伏未出㊲。循西岭而下，乃知此峰为浮盖最东。由此而西，蜿蜒数蜂，再伏再起，极于叠石庵㊳，乃为西隅，再下为白花岩矣。既连越二峰，即里山趋寺之第三冈也。时余每过一峰，辄一峰开霁㊴，西峰诸石，俱各为披露。西峰尽，又越两峰，峰俱有石层叠。又一峰南向居中，前耸二石，一斜而尖，是名“犁头尖石”㊵。二石高数十丈，堪为江郎支庶㊶，而下俱浮缀叠石数块，承以石盘，如坐嵌空处㊷，俱可徙倚㊸。此峰南下一支，石多嶙峋㊹，所称“双笋石人”㊺，攒列寺右者，皆其派也。峰后散为五峰，回环离立，中藏一坪，可庐，亦高峰所罕得者。又西越两峰，为浮盖中顶，皆盘石累叠而成，下者为盘，上者为盖，或数石共肩一石，或一石复平列数石，上下俱成叠台双阙㊻，“浮盖仙坛”㊼，洵不诬称矣㊽。其石高削无级，不便攀跻。登其巅，群峰尽出。山顶之石，四旁有苔，如发下垂，嫩绿浮烟㊾，娟然可爱㊿。西望叠石、石仙诸胜(51)，尚隔三四峰，而日已过午，遂还饭寺中。别之南下，十里，即大道，已在梨岭之麓。登岭，过九牧(52)，宿渔梁下街(53)。

[注释]

①导僧：作为向导的僧人，当系大云寺中和尚。

②碛（qì）：沙石浅滩。

③雾滃（wěng）：谓云雾四起。棘铦（xiān）：刺激锋利。这是作者对于身处雨雾天中的一种主观感受。

④芾（fèi）石笼崖：谓云雾荫庇笼罩岩石山崖。芾，即蔽芾，茂盛貌，引申为荫庇。宋苏轼《宝月大师塔铭》："锦城之东，松柏森然，子孙如林，蔽芾其阴。"

⑤狞恶：凶恶。奇鬼：形容在云雾笼罩下的崖石面貌狰狞凶猛。宋苏轼《石钟山记》："大石侧立千尺，如猛兽奇鬼，森然欲搏人。"

⑥穿簇透峡：形容云雾飘拂穿过聚集的岩崖与峡谷。簇，丛集，聚集。

⑦窈窕（yǎo tiǎo）：妖冶貌。这里用来形容岩崖状貌。

⑧益之诡而藏其险：意谓使形态妖冶的岩崖更显奇异而将其险峻遮蔽。

⑨屼嵲（wù niè）：山高耸貌。

⑩益之险而敛其高：意谓使形态高耸的岩崖更显险怪而将其高度遮蔽。

⑪睨（nì）：斜着眼看。峭崿（è）：高峰，高崖。《文选·孙绰〈游天台山赋〉》："披荒榛之蒙茏，陟峭崿之峥嵘。"唐吕向注："峭崿，高峰也。"

⑫踞：蹲伏。

⑬夹壁：谓岩崖对垒。

⑭一线天：洞窟中或两崖之间仅可见一缕天光者。如浙江金华北山、雁荡山合掌峰、杭州西湖飞来峰等处皆有，且甚著名。

⑮爇（ruò）：烧，焚烧。篝灯：谓置灯于笼中。《宋史·陈彭年传》："彭年幼好学，母惟一子，爱之，禁其夜读书，彭年篝灯密室，不令

母知。"

⑯罅（xià）：岩石裂缝。

⑰第：副词。只是，只。

⑱濡（rú）足：沾污了脚。

⑲宛转：回旋盘曲，蜿蜒曲折。这里用如动词。

⑳泓深：水深貌。

㉑睇（tī）：视，望。

㉒赭黄：指黄中带赤的颜色。唐封演《封氏闻见记·运次》："赭黄，赭色之多赤者。"作者《滇游日记九》崇祯十二年（1639）四月二十七日日记："其上亦有乳垂，而其内高广俱不及三分之一，石色赭黄如新凿者。"

㉓石理：石头的脉络纹理。粗砺：粗糙，不光滑。

㉔神之：视之为神。神，形容词的意动用法。

㉕上逼下碍：上面狭窄，下方有障碍。逼，狭窄，作者《粤西游日记二》崇祯十年（1637）六月二十四日日记："初入，觉峡逼无奇。"

㉖透：穿过。

㉗贴切：这里是紧贴无缝隙的意思。

㉘急之愈固：意谓愈急迫就愈卡得牢，难以移动。

㉙岚气：山中雾气。晋夏侯湛《山路吟》："冒晨朝兮入大谷，道逶迤兮岚气清。"

㉚登霄：登上云霄。比喻登上峰顶。

㉛芟（shān）莽开荆：清除草丛荆棘以开道。

㉜又得一洞：即松岩洞，位于石龙洞以东。清光绪《续修浦城县志》卷三《名胜》："又东为松岩洞，洞皆大石层叠如重楼复阁，其中燥爽明透，可坐可卧。"

㉝徘徊：流连，留恋。宋苏舜钦《沧浪亭记》："予爱而徘徊，遂以钱四万得之，构亭北碕，号沧浪焉。"

㉞金竹里：即位于浮盖山北麓的村名，见前。里，古代地方行政组织。自周始，后代多因之，其制不一。有二十五家、五十家、七十二家、八十家、一百一十家为一里的不同说法。明代以最后者为率，《明史·食货志二》："迨造黄册成，以一百十户为一里，里分十甲曰里甲。"

㉟崩坑坠谷：凝灰岩山体在外力作用下（如地震、河流冲击、风化作用等）岩石碎裂崩坍所致，可造成各种奇异的景观，非人力可为。

㊱碧玉轻绡（xiāo）：凝灰岩因其成分不同而导致岩石外观颜色呈现不同，给人以紫红色、灰白色、淡绿色等视觉效果，雨后远远望去，易生遐想。绡，薄的生丝织品，轻纱。

㊲郁伏：蕴藏隐伏。

㊳叠石庵：位于浮盖山山麓棋盘石以西。清光绪《续修浦城县志》卷三《名胜》："（大云）寺之前为双笋石，石笋攒簇如虆龙初萌者然。西有石座高丈许，座上石如人立，曰仙人峰，又曰仙石。又西为棋盘石，又西为叠石寺，三石相叠，一石着地，其上两石，三面空悬，不欹不坠。又西为里山庵，自是迤北为白花岩，旁有庵。岩之左石壁数丈，外黑中白，远望若挂榜然，因名挂榜石，又曰仙人晒被。"

㊴开霁（jì）：放晴。《后汉书·质帝纪》："比日阴云，还复开霁。"

㊵犁头尖石：当即犁尖峰，参见本日记初二日日记注㉓。

㊶江郎支庶：江郎山的旁支别系。江郎山，参见本日记八月初一日日记注①。支庶，宗法制度谓嫡子以外的旁支。江郎山属于典型的丹霞地貌，与浮盖山的凝灰岩山体构成相比，个别山形或有近似处，山岩本质则有不同。

㊷嵌空：玲珑。唐杜甫《铁堂峡》诗："修纤无垠竹，嵌空太始雪。"

清仇兆鳌注："嵌空，玲珑貌。"

㊸徙倚：犹徘徊，逡巡。《楚辞·远游》："步徙倚而遥思兮，怊惝恍而乖怀。"

㊹嶙峋（lín xún）：形容山峰、岩石等突兀高耸。

㊺双笋石人：又称双笋石，位于大云寺侧。

㊻双阙：古代宫殿、祠庙、陵墓前两边高台上的楼观。《古诗十九首·青青陵上柏》："两宫遥相望，双阙百馀尺。"这里是对凝灰岩层状地貌叠石形态的形象描述。这里指仙坛石，详下注。

㊼浮盖仙坛：当即仙坛石景观，位于大云寺以南，多层叠石而成，形如汉阙。仙坛，这里谓祭坛，旧时供祭祀或宗教祈祷用的台。清光绪《续修浦城县志》卷三《山川》："盖仙山，一名浮盖山，在毕岭、安乐二里间，面临柳营关，距城八十五里。来自安民关、殷家尖，经车盘岭从老鼠冈陡起千仞，溪流环绕二十馀里，上有仙坛石诸胜。"

㊽洵：诚然，实在。讵称：谓吹嘘夸饰之谈。

㊾浮烟：飘动的烟气或云雾。

㊿娟然：清秀美丽貌。

㉛叠石石仙：位于双笋石以西偏南的两处岩石景观。石仙，似当作"仙石"，又名仙人峰。参见本段注㊳。

㉜九牧：明代九牧司，位于今浦城以北偏西205国道山深线一侧。今有九牧镇九牧村。

㉝渔梁下街：当在渔梁山山麓。清光绪《续修浦城县志》卷三《山川》："渔梁山，在乐平里渔梁，距城四十五里。南龙大干于此过峡，故《洞天记》称天下十大名山，渔梁其一也。"

初五日 下浦城舟，凡四日，抵延平郡①。

[注释]

①延平郡：即延平府，明洪武元年（1368）改延平路置，属福建省，治所在南平县（今福建南平市）。辖境相当于今福建南平市和沙、金两溪中下游与尤溪流域。清代辖境略有缩小，1913 年废。

[评析]

明崇祯元年二月二十日至四月初五日（1628 年 3 月 25 日～5 月 8 日）历时四十五天，徐霞客第三次游闽，写下了《闽游日记前》。两年以后，即崇祯三年七月十七日至八月十九日（1630 年 8 月 24 日～9 月 25 日）历时三十四天，徐霞客第四次游闽，写下了《闽游日记后》。他第一次游闽在万历四十四年（1616），写有《游武彝山日记》；第二次游闽在万历四十八年（1620，这一年八月改为明光宗泰昌元年），写有《游九鲤湖日记》。这两次游闽，本书皆已入选，可参考。"四游"与"三游"皆由浙入闽，虽记述之景点有异，但路线基本一致，因而本书仅入选"四游"即《闽游日记后》。这篇日记以分别记述位于浦城县浮盖山的石龙洞景观以及位于永安县的桃花洞"一线天"景观为主；至于过华封，沿流穷九龙江石滩最险处，也占有日记的一席之地。若将上述内容加以简单比较，尤以记述浮盖山游历之笔墨最为集中。限于选本篇幅，本书仅节选了有关浮盖山石龙洞的日记内容，即本篇日记的前半部分。

有景点介绍浮盖山山体系由古老的花岗岩构成，其间奇峰怪石的形成是由于在漫长的地质发展过程中各种自然力叠加作用的结果，如山岩崩裂断塌就纯属物理作用而非如喀斯特地貌带有化学作用的岩溶效果。其实浮盖山山体主要由熔结凝灰岩构成，石质致密坚硬而有层理，颜色多样，有黑色、紫色、红色、白色、淡绿色等。其主要成分是火山灰，属于一种火山碎屑岩，可归类于沉积岩中的一种。这一类山体易受外力作用影响，导致奇峰怪石与形貌各异岩洞的形成。据方志记述，浮盖山除石龙洞、松岩洞而外，尚有罗汉洞、查源洞、银长洞、古佛洞等岩洞，点缀于山麓上下，令耳闻者无限神往，这或许是徐霞客对浮盖山情有独钟的重要原因。从日记饱蘸热情、浓墨重彩的描述中，读者可以明显地觉察到其情感的真挚。如作者在雨雾之中奔赴龙洞山路之所见，堪称涉笔成趣："雾瀹棘钴，苔石笼崖，狞恶如奇鬼。穿簇透峡，窈窕者，益之诡而藏其险；屼嵲者，益之险而敛其高。"用墨无多，神采毕现。至于作者艰难攀爬龙洞过程的书写，也可见其义无反顾献身祖国山水地理考察的大无畏精神，其勇于实践的果敢与百折不挠的毅力，不达目的决不罢休的魄力，也许更值得现代人深深思考。

游天台山日记后

壬申三月十四日① 自宁海发骑②,四十五里,宿岔路口③。其东南十五里为桑洲驿④,乃台郡道也⑤;西南十里,松门岭⑥,为入天台道⑦。

[注释]

①壬申三月十四日:明崇祯五年壬申农历三月十四日,即公元1632年5月2日。

②宁海:县名,明属台州府,今属浙江宁波市。发骑(jì):骑马出发。

③岔路口:这里当指岔路镇,位于宁海县西南部,距县城约15千米,为明清时代通衢要道。参见前选作者《游天台山日记》万历四十一年(1613)四月初一日日记注①。

④桑洲驿:古驿名,故址在今宁海县西南隅桑洲镇。清顾祖禹《读史方舆纪要》卷九二《浙江四·宁海县·白峤驿》:"又桑洲驿,在(宁海)县西桑洲岭,洪武二十年汤和增置。嘉靖中改隶天台县。"

⑤台(tāi)郡:明台州府,洪武初改元台州路置,隶浙江布政司,治所在其附郭县临海县(今浙江临海市)。辖境相当于今浙江临海、台州两市及天台、仙居、宁海、三门、温岭五县。

⑥松门岭:位于今宁海县岔路镇西南,属于王爱山脉。

⑦天台（tāi）：明天台县（今属浙江台州市）。

十五日 渡水母溪①，登松门岭，过王爱山②，共三十里，饭于筋竹岭庵③，其地为宁海、天台界。陟山冈三十馀里，寂无人烟，昔弥陀庵亦废④。下一岭，丛山杳冥中⑤，得村家，瀹茗饮石上⑥。又十馀里，逾岭而入天封寺⑦。寺在华顶峰下⑧，为天台幽绝处。却骑⑨，同僧无馀上华顶寺⑩，宿净因房⑪，月色明莹。其地去顶尚三里，余乘月独上，误登东峰之望海尖⑫，西转，始得路至华顶。归寺已更馀矣⑬。

[注释]

①水母溪：发源于天台县华顶山学堂岗（海拔1094米）北麓，在今天台县庙下坑进入宁海县，流经宁海县黄坛镇、桑洲镇、岔路镇、前童镇等地，至跃龙街道马婆园，有大溪水汇入，汇入后亦称"双港"、"水车港"，东向白峤港入海，主流全长66.5千米。明崇祯《宁海县志》卷一《山川》未著录，当即《山川》所言白溪："上白溪，西南四十里，俗传狐啸溪。源出天台华顶东，北流八十里会大溪，由双港渡东流入海。"水母溪水系流经宁海西南、西北与中部，为宁海县主流最长、流域面积最大的河流，因古时无灌溉之利而以"白溪"命名。

②王爱山：位于浙江宁海县西南，西起望海尖，东至桑洲岭头，长达17千米，西北—东南走向。明崇祯《宁海县志》卷一《山川》："王爱山，西六十里，与天台分界。"

③筋竹岭庵：即筋竹庵，位于筋竹岭下。筋竹岭，明崇祯《宁海县志》卷一《山川》："筋竹岭，西六十里。"参见前选作者《游天台山日

记》万历四十一年（1613）四月初一日日记注⑩。

④弥陀庵：故址当位于今天台县泳溪乡杨家峃村北的山坳中。参见前选作者《游天台山日记》万历四十一年（1613）四月初一日日记注⑲。

⑤杳冥（yǎo míng）：阴暗貌。《文选·张衡〈西京赋〉》："奇幻倏忽，易貌分形，吞刀吐火，云雾杳冥。"唐吕延济注："杳冥，阴暗貌。"

⑥瀹（yuè）茗：煮茶。明清饮茶已多用冲泡法。

⑦天封寺：故址位于今天台县东北二十六里华峰乡天封村，南朝陈太建七年（575）智顗建，五代后汉乾祐中（948~950）改智者院，宋治平三年（1066）改天封寺。20世纪60年代中毁于大火。

⑧华顶峰：或称华顶山，天台山主峰，海拔1110米。位于天台县城东北二十八里。山体由花岗岩构成，多悬岩、峭壁、瀑布。参见前选作者《游天台山日记》万历四十一年（1613）三月晦日记注①、初二日日记注③。

⑨却骑：下马。

⑩无馀：僧人法号。华顶寺：位于华顶峰下，或称善兴寺，五代晋天福元年（936）德韶大师建，后改名华顶圆觉道场，几经兴废，今存者已非旧观。

⑪净因：华顶寺僧人法号。

⑫望海尖：山峰名，位于天台县城东北约17千米处，东近海宁县境，属于天台山中段山脉的中支山峰。海拔897米，山体高耸如巨塔，晴天登顶可眺望东海，故名。

⑬更馀：初更以后，相当于现代计时的晚9时以后。

十六日 五鼓①，乘月上华顶，观日出。衣履尽湿，还炙衣寺中。从寺右逾一岭，南下十里，至分水岭②。岭西之水出石梁③，岭东之水出天封④。循溪北转，水石渐幽。又十里，过上方广寺⑤，抵昙花亭⑥，观石梁奇丽⑦，若初识者。

[**注释**]

①五鼓：即五更，又称五夜。旧时分黄昏至拂晓一夜间为甲、乙、丙、丁、戊五段，称"五更"。五鼓相当于现代计时的凌晨3时至5时之间。

②分水岭：山岭名。参见下文十八日日记："察岭东北，华顶之南，有分水岭，不甚高。"

③石梁：即"石梁飞瀑"，一名石桥，位于天台县城北三十里石桥山中，为"天台八景"之一。两崖峭壁对峙，一长两丈、厚约六尺的长石横跨其间，上如牛脊，狭处不足尺，涧水穿梁下而过，从高约六丈的峭壁飞泻碧泓潭。参见前选作者《游天台山日记》万历四十一年（1613）四月初一日日记注⑭。

④天封：地名，当谓天封村，位于今天台县东北石梁镇。

⑤上方广：故址在今天台县北四十六里处，原有上、中、下三座古刹，上寺于20世纪60年代初焚毁。

⑥昙花亭：位于中方广寺大雄宝殿前，登亭可以俯视"石梁飞瀑"的壮观。

⑦奇丽：新奇美丽。宋陆游《老学庵笔记》卷六："木工杨淇作龙舟极奇丽。"

十七日 仍出分水岭，南十里，登察岭①。岭甚高，与华顶分南北界。西下至龙王堂②，其地为诸道交会处。南十里，至寒风阙③。又南下十里，至银地岭④，有智者塔已废⑤。左转得大悲寺⑥，寺旁有石，为智者拜经台⑦。寺僧恒如为炊饭⑧，乃分行囊，从国清下⑨，至县，余与仲昭兄以轻装东下高明寺⑩。寺为无量讲师复建⑪，右有幽溪⑫。溪侧诸胜曰圆通洞、松风阁、灵响岩⑬。

[注释]

①察岭：山岭名，位于天台县北偏东二十四里，岭下有察岭脚村，今属集云乡。清康熙《天台山全志》："察岭在华顶南，汉高察隐处。"

②龙王堂：当即龙皇堂，吴语"王"、"皇"不分。在天台县城北二十二里。参见前选作者《游天台山日记》万历四十一年（1613）四月初四日日记注⑬。

③寒风阙：山崖名，与龙皇堂相距数里，今属天台县石梁镇。明王士性《五岳游草》卷四《入天台山志》："别一岐而东行，既逾岭，折而西北数里，两崖如阙，巨石踞其表，罡风蓬蓬起，驱石如舞，人行不成步，即六月披裘而栗，名寒风阙。"

④银地岭：地名，位于天台县城北。

⑤智者塔：即智者塔院，俗称塔头寺，又名真觉讲寺，故址位于天台县城北金地岭、银地岭交界处。隋开皇十七年（597），智𫖮圆寂于剡县石城寺，其徒舆葬于此，建肉身塔，名定慧真身塔院。宋大中祥符元年（1008）改真觉寺，后废。隆兴间（1163~1164），僧真稔重兴佛殿僧房。智者，即智𫖮（yǐ，538~597），南北朝时高僧，俗姓陈，字德安。祖籍颍川（今河南许昌），生于荆州华容（今湖北潜江西南）。自幼信佛。后入天台山，归宗法华，遂开天台一宗，世称天台大师。因曾为晋王杨广（即后之隋炀帝）授菩萨戒，王赐予"智者"之号，故又称智者大师。

⑥大悲寺：当作"大慈寺"，陈太建七年（575）为智者所建，系其第二宴坐处。后因国清寺建成，遂改寺为道场。唐会昌年间（841~846）

废,咸通八年(867)重建。宋大中祥符元年(1008)改称大慈寺。

⑦拜经台:据说智者大师为《楞严经》能早传中土而设台拜佛灵应。或谓此台于明清相关志书如《天台山方外志》、《天台山全志》乃至康熙《天台县志》等皆未见著录,近世则多称"智者说法石"。1995年《天台县志》第三编《天台山·自然景观》:"智者说法石,在太平乡智者塔院前。传曾于此向弟子讲说《妙法莲花经》。"

⑧恒如:大慈寺僧人法号。

⑨国清:即国清寺,位于天台县城北六里,隋开皇十八年(598)晋王杨广命司马王弘建。初名天台寺,老僧定光示谶于智者谓:"寺若成,国即清。"故改今名。唐武宗灭佛,寺被毁,后经重建。现存建筑为清雍正十二年(1734)重修,1973年又经全面整修。为汉传佛教天台宗祖庭,今为省级重点文物保护单位。

⑩仲昭兄:即徐遵汤(?~1653),字仲昭,徐霞客的族兄。明崇祯元年(1628)副贡生。为人口吃不能言,为文风发泉涌,杰出一时。少即能诗,知名后数作远游,诗风奇纵,与黄道周、张溥等有交。晚归,名所居曰小盘谷。家贫,以鬻文为生,县令冯士仁延主修志。清光绪《江阴县志》卷一七《文苑传》有传。高明寺:位于天台县城东北二十里的太平山麓高明岭下、幽溪之旁,距离国清寺十六里,为智者大师亲手创建(当时称幽溪道场),唐天祐间(904~907)再建,现存建筑为1982年所重修,规模宏大。

⑪无量讲师:当作"无尽讲师",即释传灯(1554~1628),衢州(今属浙江)人,俗姓叶,字无尽,号有门。初就进贤映庵出家,后随百松真觉听讲《法华》,又问楞严大定之旨。明万历十五年(1587)入天台山,住幽溪高明寺,立天台祖庭,世称幽溪大师。后于新昌石山寺讲学之际,感天乐之瑞。年七十五,预知时至,手书"妙法莲华经"五字,复

高唱经题，泊然而寂。释传灯为天台宗一代宗师，著有《楞严经圆通疏》、《性善恶论》、《天台传佛心印记注》、《天台山方外志》、《幽溪别志》等二十四种一百馀卷，影响巨大。讲师，这里谓讲道传经的高僧。

⑫幽溪：天台县城东北山溪名。1995年《天台县志》第三编《天台山·自然景观》："幽溪，源出大慈山，流入螺溪。旁有高明寺。"

⑬圆通洞：位于高明寺侧幽溪旁，上跨巨石，洞下可容数人，洞南有两棵巨松，高摩云天。《幽溪别志》有云："圆通洞在芙蓉峰下，顶下三石鼎峙，上片石横覆，中空如庵，洞下溪声瑟瑟，洞侧松音幽幽，于是跏趺，耳根圆通，时时现前，因名。"1995年《天台县志》第三编《天台山·自然景观》："圆通洞，在高明寺东，一石横空，三石相承，一门北敞，仅可通人。洞广约4米，长则倍之。洞上摩崖'松风'、'伏虎'四字，传为智者所书。洞南有二松夭矫拏云，下有看云台，为明高僧传灯看云观瀑之处。"松风阁：明代建筑名，故址在圆通洞以北。明蒋熏《天台山记》："（圆通）洞北有松风阁，开四牖，景各异，得清音、尔瞻、松风、米拜诸胜，应接不暇。"灵响岩：位于天台幽溪之上。1995年《天台县志》第三编《天台山·自然景观》："灵响岩，在高明寺幽溪之上，峭壁万仞，随人呼喊，响答甚明，故名。"此外，高明寺旁尚有香谷岩、观音洞、巾子岩、盘陀石诸胜。

十八日 仲昭坐圆通洞，寺僧导余探石笋之奇①。循溪东下，抵螺溪②。溯溪北上，两崖峭石夹立，树巅飞瀑纷纷。践石蹑流，七里，山回溪坠，已至石笋峰底，仰面峰莫辨，以右崖掩之也。从崖侧逾隙而下，反出石笋之上，始见一石矗立涧中，涧水下捣其根，悬而为瀑，亦水石奇胜处也。循溪北转，两崖愈峭，下汇为潭，是为螺蛳潭③，上壁立而下渊深④。攀崖侧悬藤，踞石遥睇其内⑤。潭上石壁，中劈为四，岐若交衢⑥。然潭水下薄⑦，不能窥其涯涘⑧。最内两崖之上，一石横嵌，俨若飞梁⑨。梁内飞瀑自上坠潭中，高与石梁等⑩。四旁重崖回映，可望而不可即，非石梁所能齐也⑪。闻其上有"仙人鞋"⑫，在寒风阙之左，可逾岭而至。雨骤，不成行，还憩松风阁。

[注释]

①石笋：谓石笋峰，又称石笋岩，1995年《天台县志》第三编《天台山·自然景观》："石笋岩，在螺蛳潭上，石根扎于潭水中，高数十米，尖锐如笋，多生莓苔、卷柏，蒙草披离。因其'酷似渔舟，作长篙百尺，斜耸霄汉'，故又称'螺溪钓艇'，为天台山八景之一。"

②螺溪：位于天台县城以东六里，其西岸有螺溪村。清康熙《天台县志》卷一："螺溪，旧传僧智顗放螺处。"

③螺蛳潭：亦传为僧智顗放螺处。

④渊深：深邃。

⑤睇（tī）：视，望。

⑥岐：分岔。岐，通"歧"。交衢（qú）：指道路交错要冲之处。

⑦薄（bó）：逼近，靠近。

⑧涯涘（sì）：边际，界限。

⑨飞梁：凌空飞架的桥。北魏郦道元《水经注·晋水》："水侧有凉堂，结飞梁于水上。"

⑩石梁：这里谓"石梁飞瀑"，一名石桥。参见前选作者《游天台山日记》万历四十一年（1613）四月初一日日记注⑭。

⑪齐：并列。

⑫仙人鞋：象形岩石名，位于寒风阙附近。

二十日 抵天台县①。至四月十六日，自雁宕返②，乃尽天台以西之胜。北七里，至赤城麓③，仰视丹霞层亘④，浮屠标其巅⑤，兀立于重岚攒翠间⑥。上一里，至中岩⑦，岩中佛庐新整，不复似昔时凋敝。时急于琼台、双阙⑧，不暇再蹑上岩⑨，遂西越一岭，由小路七里，出落马桥⑩。又十五里，西北至瀑布山左登岭⑪。五里，上桐柏山⑫。越岭而北，得平畴一围⑬，群峰环绕，若另辟一天。桐柏宫正当其中⑭，惟中殿仅存，夷、齐二石像尚在右室⑮，雕琢甚古，唐以前物也。黄冠久无住此者⑯，群农见游客至，俱停耕来讯，遂挟一人为导⑰。西三里，越二小岭，下层崖中，登琼台焉。一峰突瞰重坑，三面俱危崖回绕。崖右之溪，从西北万山中直捣峰下，是为百丈崖⑱。崖根涧水至琼台脚下，一泓深碧如黛⑲，是名百丈龙潭。峰前复起一峰，卓立如柱，高与四围之崖等，即琼台也。台后倚百丈崖，前即双阙对峙，层崖外绕，旁绝附丽⑳。登台者从北峰悬坠而下，度坳脊处咫尺㉑，复攀枝仰陟而上，俱在削石流沙间㉒，趾无所着也。从台端再攀历南下，有石突起，窟其中为龛㉓，如琢削而就者，曰仙人坐㉔。琼台之奇，在中悬绝壑，积翠四绕。双阙亦其外绕中对峙之崖，非由涧底再上，不能登也。忆余二十年前，同云峰自桃源来㉕，溯其外涧入，未深穷其窟奥㉖。今始俯瞰于崖端，高深俱无遗胜矣。饭桐柏宫，仍下山麓，南从小径渡溪，十里，出天台、关岭之官道㉗。复南入小径，隙行十里㉘，路左一峰，兀立若天柱，问知为青山茁㉙。又溯南来之溪，十里，宿于坪头潭之旅舍㉚。

[注释]

①天台（tāi）县：明属台州府（今属浙江台州市），地处浙东丘陵，东有苍山，南有大雷山，西有天柱山，天台山绵延于县境北部，始丰溪自西向东流贯县境。

②"至四月"二句：明崇祯五年（1632）三月十四日至二十日，徐霞客第二次游天台山后，于三月二十一日至四月十五日又再游雁荡山，然而徐霞客第二次游雁山并没有留下日记，参见后《游雁宕山日记后》之"评析"。作者于四月十六日从雁荡山返回，又开始了第三次游天台山的旅程。

③赤城麓：即赤城山山脚。赤城山，又名烧山，位于天台县西北约六里处，以石皆呈赤霞色，望之如城堞，故称。参见前《游天台山日记》四月初四日日记注⑲。

④丹霞：原比喻红艳的色彩，作者在这里将地质学中的"丹霞地貌"概括而出。赤城山属于天台山景区唯一的丹霞地貌景观。丹霞地貌即巨厚红色砂、砾岩层中沿垂直节理发育的各种丹崖奇峰的总称，主要发育于侏罗纪至第三纪的水平或缓倾的红色地层中，以中国广东省北部丹霞山为典型，故称。在砂岩中，因有交错层理所形成绣锦般的地形，称为锦石。河流深切的岩层，可形成顶部平齐、四壁陡峭的方山，或被切割成各种各样的奇峰，有直立的、堡垒状的、宝塔状的，等等。在岩层倾角较大的地区，则侵蚀形成起伏如龙的单斜山脊；多个单斜山脊相邻，称为单斜峰群。岩层沿垂直节理发生大面积崩塌，则形成高大、壮观的陡崖坡；陡崖坡沿某组主要节理的走向发育，形成高大的石墙；石墙的蚀穿形成石窗；石窗进一步扩大，变成石桥。各岩块之间常形成狭陡的巷谷，其岩壁因红色而名为"赤壁"，壁上常发育有沿层面的岩洞。丹霞地貌区常是奇峰林

立、景色瑰丽。层亘：重叠连绵。

⑤浮屠：又作"浮图"，佛教语，谓佛塔，当即指赤城塔，南朝梁岳阳王为其妃所建，故又称梁妃塔、梁塔，1978年重修。此塔海拔307.6米，高29.7米，为四面七层的砖泥混合结构，自二层以上每层每面有拱门供奉佛像，檐下又有斗拱，属于密檐式塔，与国清寺隋塔遥相呼应。标：标志，符号。《文选·孙绰〈游天台山赋〉》："赤城霞起而建标，瀑布飞流以界道。"唐李善注："建标，立物以为之表识也。"

⑥兀立：矗立。重岚攒翠：形容山林中雾气浓厚，翠色聚集。

⑦中岩：谓中岩寺，位于赤城山山麓的紫云洞中，晋兴宁间（363~365），敦煌高僧昙猷不远万里云游至此，并在此依洞结屋建造中岩寺，至今已有一千六百多年的历史。传说当年昙猷在此坐禅，虎怪、蛇精屡欲侵犯，但终为昙猷佛法所困而不敢动，最终远遁。1995年《天台县志》第三编《天台山·自然景观》："紫云洞，在赤城山麓，俗名下岩。深广约30米，高10馀2米。顶嵌'赤城霞'三字，楷书。东晋高僧昙猷建中岩寺于此，后圮。宋大中祥符元年（1008）改崇善寺。今依洞构筑三层楼屋，中塑佛像。后壁岩滴石髓，称'净尘水'……左有小洞，齐僧惠明于建元间塑卧佛于此，因称卧佛岩。"

⑧琼台双阙：谓琼台山两处岩石景观。琼台山在今天台县北赤城街道。晋孙绰《游天台山赋》："双阙云竦以夹路，琼台中天而悬居。"参见前《游天台山日记》初四日日记注⑪。

⑨上岩：俗称道教南宋十大洞天之一的第六洞天玉京洞为上岩，相传是元始天尊玄都说法之地。玉京洞，古洞名，在今天台县北赤城山西。《明一统志》卷四七："玉京洞，在赤城山，道书十大洞天之第六。晋许迈尝居此，与王羲之书云'自山阴至临海，多有金庭玉堂、仙人芝草'，谓此。"1995年《天台县志》第三编《天台山·自然景观》："玉京洞，

在赤城山，俗名上岩。高轩宽敞，随岩构筑三开间楼房。道家称汉茅盈、晋魏夫人、许迈均炼丹修道于此，号天下第六大洞天。洞右上方有文昌阁，原祀奎宿及三台星。壁镌'丹栖如霞'。"

⑩落马桥：又称司马悔桥，据说唐司马子微隐天台山，被征至此而悔，因以为名。桥系单孔石拱桥，拱券为不规则的石块或卵石砌置。位于浙江天台县西北接壤的新昌县班竹村边，桥边建有司马庙，是通天台古道上主要桥梁之一。

⑪瀑布山：又名紫凝山，位于天台县西四十里之紫凝乡，有飞瀑。《太平寰宇记》卷九八："瀑布山，亦天台之别岫也。西南瀑布悬流，千丈飞泻，远望如布。"左：古方位名，地理上常以东为左。

⑫桐柏山：位于今天台县北栖霞乡，为天台山支脉。参见前《游天台山日记》四月初四日日记注⑱。

⑬平畴：平坦的田野。晋陶渊明《癸卯岁始春怀古田舍》诗其二："平畴交远风，良苗亦怀新。"围：区域。

⑭桐柏宫：即桐柏观，故址位于今天台县北栖霞乡桐柏山中，唐景云二年（771）司马承祯建，宋张伯端著《悟真篇》于此，创南宗（紫阳派），遂成为道教东南圣地。20世纪70年代初因建水库，桐柏观沉入水底。

⑮夷齐：伯夷和叔齐的并称。商末孤竹君之二子。相传其父遗命要立次子叔齐为继承人。孤竹君死后，叔齐让位给伯夷，伯夷不受，叔齐也不愿登位，先后都逃到周国。周武王伐纣，二人叩马谏阻。武王灭商后，他们耻食周粟，采薇而食，终于饿死于首阳山。事见《吕氏春秋·诚廉》、《史记·伯夷列传》。

⑯黄冠：道士之冠，这里即借指道士。

⑰挟：依恃，倚仗。《孟子·万章下》："不挟长，不挟贵，不挟兄弟

而友。"宋朱熹集注:"挟者,兼有而恃之之称。"导:向导。

⑱百丈崖:这里当谓百丈崖瀑布。百丈崖,又称百丈岩,位于天台县西北二十五里,与琼台相望。1995 年《天台县志》第三编《天台山·自然景观》:"百丈岩,在桐柏山,与琼台相望,险峻高峭,四山壁立,下为龙湫,翠蔓蒙络,水声渹然,出为灵溪。"唐李白《求崔山人百丈崖瀑布图》:"百丈素崖裂,四山丹壁开。龙潭中喷射,昼夜生风雷。但见瀑泉落,如潆云汉来。"清李琦注引《天台山志》:"百丈岩,在天台县西北二十五里崇道观西北,与琼台相望,峭险束隘,四山墙立。下为龙湫,翠蔓蒙络,水流声潥然,盘涧绕麓,入为灵溪。由高视下,凄神寒骨。"

⑲一泓:清水一片或一道。唐李贺《梦天》诗:"遥望齐州九点烟,一泓海水杯中泻。"黛:黛色,即青黑色。南朝宋鲍照《登大雷岸与妹书》:"从岭而上,气尽金光,半山以下,纯为黛色。"

⑳附丽:附着,依附。

㉑坳脊:山曲间凸起处。咫(zhǐ)尺:周制八寸为咫,十寸为尺,谓接近或刚满一尺。这里形容地方狭小。

㉒削石流沙:谓陡峭的岩石与松散的沙砾。

㉓窟:挖(洞)。龛(kān):小的窟穴。

㉔仙人坐:即仙人座,琼台峰上有石形似椅,1995 年《天台县志》第三编《天台山·自然景观》:"由(琼台)隙南下,有石似椅,其平如砥,后有圆形线龛,可倚而息,相传为吕洞宾、张无梦、白玉蟾修炼游憩之处,故名仙人座。"

㉕云峰:国清寺僧人名,生平不详。桃源:地名,在天台县城西北三十里。参见前《游天台山日记》四月初四日日记注⑰。

㉖窟奥:比喻景观的奥秘精微之处。

㉗关岭:位于天台县西北与新昌县东南接界处。《清一统志·台州

府·山川》:"关岭……与新昌县分界。"清乾隆《绍兴府志》卷五《地理志》:"关岭,《一统志》:在新昌县东南七十里,与天台接境。"

㉘隙行:谓从山间狭窄的通道行进。

㉙青山茁:即青山桌,又名青山岊(jié),位于今天台县西南平桥镇下曹村以东,为一粗硕巨石兀然蹲坐于一小山上。当地又有西张岊,与青山岊隔天台盆地相望,被当地人称为天台县入口的两张"桌子"。

㉚坪头潭:即今天台县之平镇,辖于平桥镇。位于步头以东、桃源西南。参见前选作者《游天台山日记》万历四十一年(1613)初六日日记注⑱。

十七日 由坪头潭西南八里,至江司陈氏①。渡溪左行②,又八里,南折入山。陟小岭二重,又六里,重溪回合中,忽石岩高峙,其南即寒岩③,东即明岩也④。令僮先驰,炊于明岩寺⑤,余辈遂南向寒岩。路左俱悬崖盘列,中有一洞岈然⑥。洞前石兔蹲伏,口耳俱备。路右即大溪萦回,中一石突出如擎盖⑦,心颇异之。既入寺,向僧索龙须洞、灵芝石⑧,即此也。寒岩在寺后,宏敞有馀,玲珑未足。由洞右一穴上⑨,视鹊桥而出⑩。由旧路一里,右入龙须洞。路为莽棘所翳⑪,上跻里许⑫,如历九霄。其洞圆耸明豁⑬,洞口斜倚一石,颇似雁宕之石梁⑭,而梁顶有泉中洒,与宝冠之芭蕉洞如出一冶⑮。下山,仍至旧路口,东溯小溪,南转入明岩寺。寺在岩中,石崖四面环之,止东面八寸关通路一线⑯。寺后洞窈窕非一⑰,洞右有石笋突起,虽不及灵芝之雄伟,亦具体而微矣⑱。饭后,由故道骑而驰三十里,返坪头潭。又北二十五里,过大溪,即西从关岭来者,是为三茅⑲。又北五里,越小涧二重,直抵北山下，入护国寺宿焉[20]。

[**注释**]

①江司陈氏：谓天台县张思村的陈家。江司，当系"张思"的音讹。张思村位于坪头潭（平镇）西南八里的始丰溪畔，至今村民仍以陈姓居多。

②溪：谓始丰溪，又名大溪，为灵江最大支流，位于浙江东部，流经天台。

③寒岩：即寒岩山，一作寒石山，位于今天台县西南龙溪乡。《舆地纪胜》卷一二："寒石山……寒山子尝居之，今呼为寒岩。"岩上有石室，旧有寒岩寺，今不存。

④明岩：即明岩山，位于今天台县西南街头镇，与寒岩山同山相背。传说唐代寒山、拾得、丰干三僧曾隐居于此。《舆地纪胜》卷一二："明岩在天台县西北七十里。岩前峭壁屹立，亦号幽石，其下窍穴逶迤，日光穿漏，怪石森然。"山中有狮口洞、初来洞、朝阳洞、仙人洞与石月岩、响岩、将军岩、合掌岩、仙人井等胜迹。

⑤明岩寺：位于今天台县街头镇明岩，五代后周显德四年（957），吴越昭仪孙氏捐资始建，名云光院，宋开宝七年（974）升为寺，称明岩寺。宋大中祥符元年（1008）改称大梵寺，此后规模日盛。明初复称明岩寺，沿续至今。据明《天台山方外志》云："（明岩寺）居谷间，道窄不容轨，入门两石夹峙，号石门，前对幽石，横敞飞阁，岩窦嵌空，堂宇半居。"今寺址与故址不同。

⑥岈（xiā）然：深貌。唐柳宗元《始得西山宴游记》："其高下之势，岈然洼然，若垤若穴。"

⑦擎盖：伞盖。

⑧龙须洞：位于寒岩十里铁甲龙中段的悬崖峭壁上。

⑨洞右一穴：底本原缺"穴"字，文字不通，据《四库》本补。

⑩鹊桥：位于寒岩洞右半山上，两崖对峙，中架一石桥，桥洞高五六米，桥下冬夏无水，故称旱石梁，又称鹊桥。

⑪莽棘：繁茂有芒刺的草木丛。翳（yì）：遮蔽，隐藏。

⑫跻（jī）级：逐步攀登。

⑬圆耸：浑圆高耸。明豁：明朗开阔。

⑭雁宕之石梁：即雁荡山石梁洞，或称东石梁洞，位于雁荡山东外谷谢公岭以东约二里处，洞口东向，高广十余丈，深二十余丈，有一长约数十丈的危石虚悬洞前，横架如梁。参见前选者《游雁宕山日记》万历四十一年（1613）四月十一日日记注⑬。

⑮宝冠之芭蕉洞：雁荡山宝冠寺故址侧的芭蕉洞，即西石梁洞。参见后选作者《游雁宕山日记后》崇祯五年（1632）五月初三日日记："从含珠峰外二里，依涧访宝冠寺。寺在西谷绝坞中，已久废，其最深处，石崖回合，磴道俱绝。一洞高悬崖足，斜石倚门。门分为二，轩豁透爽，飞泉中洒，内多芭蕉，颇似闽之美人蕉。"如出一冶：谓两洞的形状规模近似，如出一炉。冶，熔炉。

⑯八寸关：又称"八寸岩"，明岩峡谷最为狭窄之处，位于明岩寺以东，旧时仅容一人侧身而过，今因通路垫高，已非复旧观。

⑰窈窕非一：谓深远或秘奥各有不同。窈窕，深远貌，秘奥貌。南朝宋宗炳《明佛论》："萍沙见报于白兔，释氏受灭于昔鱼，以示报应之势，皆其窈窕精深，迂而不昧矣。"

⑱具体而微：总体的各部分都具备而形状或规模较小。《孟子·公孙丑上》："子夏、子游、子张皆有圣人之一体；冉牛、闵子、颜渊，则具体而微。"宋朱熹集注："具体而微，谓有其全体，但未广大耳。"

⑲三茅：即三茅溪，旧名清溪，因流经三茅岗而得名。其源出新昌县报国乡里岙，至下西山村汇秀溪水，穿三茅岗，以后汇桃源溪水、西灵溪水、张姚水、赤城溪（海坑）水，注入始丰溪，全长26.5千米。

⑳护国寺：故址在今天台县白鹤镇宝相村，位于天台县西北三十里，旧名般若寺。后周显德四年（957）建，僧德韶第九道场。宋大中祥符元年（1008）改为护国寺。清道光间寺遭大火焚毁。2012年始于原址重建。

十八日 晨，急诣桃源①。桃源在护国东二里，西去桐柏仅八里。昨游桐柏时，留为还登万年之道②，故选寒、明。及抵护国，知其西有秀溪③，由此入万年，更可收九里坑之胜④，于是又特趋桃源。初由涧口入里许，得金桥潭⑤。由此而上，两山愈束，翠壁穹崖⑥，层累曲折⑦，一溪介其中。溯之，三折而溪穷，瀑布数丈，由左崖泻溪中。余昔来瀑下，路穷莫可上，仰视穹崖北峙，溪左右双鬟诸峰娟娟攒立⑧，岚翠交流⑨，几不能去。今忽从右崖丛莽中，寻得石径层叠，遂不及呼仲昭，冒雨拨棘而上。磴级既尽⑩，复叠石横栈，度崖之左，已出瀑上。更溯之入，直抵北岩下，蹊磴俱绝，两瀑自岩左右分道下。遥睇岩左犹有遗磴，从之，则向有累石为桥于左瀑上者，桥已中断，不能度。睇瀑之上流，从东北夹壁中来，止容一线，可践流而入。计其胜不若右岩之瀑，乃还，从大石间向西北上跻，抵峡窟下，得重潭甚厉⑪，四面俱直薄峡底⑫，无可缘陟⑬。第从潭中西望，见石峡之内，复有石峡；瀑布之上，更悬瀑布；皆从西北杳冥中来⑭，至此缤纷乱坠于回崖削壁之上，岚光掩映⑮，石色欲飞。久之，还出层瀑下⑯。仲昭以觅路未得，方独坐观瀑，遂同返护国。

闻桃源溪口,亦有路登慈云、通元二寺[17],入万年,路较近;特以秀溪胜,故饭后仍取秀溪道。西行四里,北折入溪,溯流三里,渐转而东向,是为九里坑。坑既穷,一瀑破东崖下坠,其上乱峰森立,路无可上。由西岭攀跻,绕出其北,回瞰瀑背,石门双插,内有龙潭在焉。又东北上数里,逾岭,山坪忽开[18],五峰围拱中得万年寺[19],去护国三十里矣。万年为天台西境,正与天封相对,石梁当其中。寺中古杉甚多[20]。饭于寺。又西北三里,逾寺后高岭[21]。又向西升陟岭角者十里,乃至腾空山[22]。下牛牯岭[23],三里,抵麓。又西逾小岭三重[24],共十五里,出会墅[25]。大道自南来,望天姥山在内[26],已越而过之,以为会墅乃平地耳。复西北下三里,渐成溪[27],循之行五里,宿班竹旅舍[28]。

[注释]

①桃源:地名,在天台县城西北三十里。参见前选作者《游天台山日记》万历四十一年(1613)四月初四日日记注[17]。

②万年:即万年寺,位于天台县城西北三十里万年山麓。《天台山全志》卷六:"唐太和七年(833)创平田禅院,八峰回抱,双涧合流,以为真福田也,梁龙德中改名福田,宋雍熙二年改寿昌寺,敕造罗汉像五百十六身。"寺中有览众亭、妙莲亭、藏经阁等。屡经兴废,今仅存大雄宝殿、金刚殿、后殿。

③秀溪:位于桃源以北,源出万年山麓,为三茅溪支流,在今白鹤镇下西山村汇入三茅溪。

④九里坑:地名,位于秀溪畔(今属金华市磐安县尖山镇里岙村),为明代著名风景区。

⑤金桥潭：又名鸣玉涧，位于桃源坑，潭水清澈渊澄，可鉴毛发。明王士性《五岳游草》卷四《入天台山志》："又北行五里过清溪，入护国寺，寻桃源。绣壁夹涧，峍崿而立，水流乱石间，声如佩环者十里，三折乃至其奥。每折似堂皇扃户，不见去来。中折有潭，清冽沁骨，名金桥潭。立潭边仰望三峰如罨画，而东峰特秀，上有石如绾髻，名双女峰。"

⑥穹崖：圆顶高崖。

⑦层累：谓逐层积累。

⑧双鬟：双鬟峰，又名双女峰，位于金桥潭侧。明蒋熏《天台山记》："更进为鸣玉涧，一名金桥潭，仙女尝于此戏水，现金桥焉。转上见双鬟峰，东西削立，缥缈娟秀。视洞口诸峰，腰肢近丰，有太真之目矣。"娟娟：姿态柔美貌。攒（cuán）立：聚集而立。

⑨岚翠：苍翠色的山雾。交流：犹言来往。

⑩磴（dèng）级：石台阶。

⑪重（chóng）潭：谓极深极低处的水潭。厉：危险。《易·乾》："君子终日乾乾，夕惕若厉，无咎。"唐孔颖达疏："厉，危也。"

⑫薄（bó）：逼近。

⑬缘陟：攀援登临。

⑭杳（yǎo）冥：犹渺茫。北魏郦道元《水经注·胶水》："北眺巨海，杳冥无际，天际两分，白黑方别，所谓溟海者也。"

⑮岚光：山间雾气经日光照射而发出的光彩。唐李绅《若耶溪》诗："岚光花影绕山阴，山转花稀到碧玕。"

⑯还出层瀑下：以上文字似描述桃源洞（又名刘阮洞、仙子洞）外的内外珠帘水景观。明蒋熏《天台山记》："再进有巨石平衍，客坐卧，浮杯五也。仰见飞瀑层泻，是曰外珠帘，石级五折，如五帘。更进为小玉池，内珠帘水落而汇此。东上，复北数折渐下，得桃源洞，隔以潭水，不

可入。"

⑰慈云：慈云寺，故址位于今天台县白鹤镇，旧名安国云居院，后晋天福元年（936）建。宋大中祥符元年（1008）改慈云寺。隆兴初（1163~1164）初并入护国寺。明初寺废，万历（1573~1620）间重兴，后废。通元：通元寺，故址当在通元峰麓。

⑱山坪：山间的平地。

⑲五峰围拱：一般说法，万年寺周围有八峰拱卫，即明月峰、娑罗峰、香炉峰、大舍峰、铜鱼峰、藏象峰、烟霞峰、应泽峰。万年寺：位于天台县城西北三十里万年山麓。参见本段注②。

⑳古杉（shān）：当指柳杉，又名孔雀杉，属常绿乔木，高可达40米以上，胸径可达3米。树冠尖塔形或卵圆形，小枝下垂，叶钻形，螺旋状互生。

㉑高岭：当指观音头，海拔977米，为三十六渡溪与王渡溪的分水岭。

㉒腾空山：又名藤公山，位于今新昌县东境，据《清凉寺碑记》："会墅、藤公二岭，天姥之门户也。"

㉓牛牯（gǔ）岭：位于新昌县东境。民国八年（1919）《新昌县志》卷二《山川》："牛牯岭，县东七十里。"

㉔小岭三重：当谓飞狮岭、求婆岭、张家岭，皆在新昌县东境。

㉕会墅：即会墅岭，海拔392米，岭下有会墅铺。民国八年（1919）《新昌县志》卷二《山川》："会墅岭，县东五十里。"

㉖天姥（mǔ）山：位于今新昌县城南28千米儒岙镇，山体由火成岩构成。明万历《新昌县志》卷三："其脉自括苍山，盘桓数百里至关岭入县界。屏峰叠嶂，千态万状。"民国八年（1919）《新昌县志》卷二《山川》："天姥山，县东五十里，高三千五百丈，围六十里，南为莲花峰，

北为芭蕉山，道家称为第十六福地。山状如髽女，因名。"这里当谓天姥山主峰拨云尖（笔架山），海拔818米。

㉗溪：当指惆怅溪（又名桃源江），源于通明灯岗北坡木里坑（芭蕉坑），传说刘、阮与二仙女在此惆怅分别，故名。

㉘班竹旅舍：这里指班竹山麓的班竹铺驿站。班竹，即班竹山，或作斑竹山，民国八年（1919）《新昌县志》卷二《山川》："斑竹山，县东四十里。"

天台之溪，余所见者：正东为水母溪；察岭东北，华顶之南，有分水岭，不甚高；西流为石梁，东流过天封，绕摘星岭而东①，出松门岭，由宁海而注于海②。正南为寒风阙之溪，下至国清寺，会寺东佛陇之水③，由城西而入大溪者也。国清之东为螺溪，发源于仙人鞋，下坠为螺蛳潭，出与幽溪会，由城东而入大溪者也。又东有楢溪诸水④，余屐未经⑤。国清之西，其大者为瀑布水，水从龙王堂西流⑥，过桐柏为女梭溪⑦，前经三潭，坠为瀑布，则清溪之源也⑧；又西为琼台、双阙之水，其源当发于万年寺东南，东过罗汉岭⑨，下深坑而汇为百丈崖之龙潭，绕琼台而出，会于青溪者也。又西为桃源之水，其上流有重瀑，东西交注，其源当出通元左右⑩，未能穷也；又西为秀溪之水，其源出万年寺之岭，西下为龙潭瀑布，西流为九里坑，出秀溪东南而去。诸溪自青溪以西，俱东南流入大溪。又正西有关岭、王渡诸溪⑪，余屐亦未经；从此再北有会墅岭诸流⑫，亦正西之水，西北注于新昌⑬；再北有福溪、罗木溪⑭，皆出天台阴⑮，而西为新昌大溪⑯，亦余屐未经者矣。

[注释]

①摘星岭：明代宁波府、绍兴府、台州府三府之界山，其东部在宁海县界，南部在天台县界，西北部在新昌县界。宋陈耆卿《嘉定赤城志》卷二一《山水门·天台》："摘星岭，在县北一百里。"

②宁海：明代县名，位于今浙江省东部沿海，三门湾内，明清属台州府。

③佛陇：即佛陇峰，位于天台山西南隅之太平乡，以智者大师别号佛陇为峰名。

④楢（yóu）溪：古水名，又名欢溪。《清一统志·台州府·山川》："楢溪，在天台县东二十五里，亦名欢溪，源出华顶，南流至凤凰山侧，入始丰溪。"1995年《天台县志》第三编《天台山·自然景观》："楢溪，源于吊船岩岗、牛梗岗头，自北向南，纵贯欢岙全乡，至凤凰山东南流入大溪。因六朝高士顾欢尝居其上，故又名欢溪。为入天台山之东大门。晋孙绰《游天台山赋》说的'济楢溪而直进'，即指此。"

⑤余屐（jī）未经：谓自己未曾游历。屐，这里泛指鞋。

⑥龙王堂：当即龙皇堂，吴语"王"、"皇"不分。在天台县城北二十二里。参见前选作者《游天台山日记》万历四十一年（1613）四月初四日日记注⑬。

⑦女梭溪：即玉女溪，位于桐柏山顶、旧桐柏观前，称"女梭福地"。发源于洞天山，过女梭，曳为瀑布，下入灵溪。

⑧清溪：即三茅溪。参见本日记十七日日记注⑲。

⑨罗汉岭：在万年寺东，有石柱形似罗汉而得名。其下有铁船湖，相传五百罗汉曾泛舟于此。

⑩通元：即通元寺，参见本日记十八日日记注⑰。

⑪关岭王渡诸溪：谓新昌县境内左溪、乌漏溪和横渡溪。唐佳文《重履霞客的足迹——兼谈徐霞客天姥之行》（载 2012 年 7 月 23 日《今日新昌》数字报）："霞客所说的'关岭、王渡诸溪'，就是左溪、乌漏溪和横渡溪。左溪，发源于新昌前青山，为天台三茅溪主流，属始丰溪水系。乌漏溪，源于关岭小岭头，为三茅溪支流。横渡溪，即霞客所称王渡溪，为曹娥江上源支流左于江上游。"可参考。

⑫会墅岭诸流：当指南流儒岙溪、北流惆怅溪。儒岙溪，又称坑下山坑，属澄潭江水系，源于大元岗头里圳滕（八堡大山南）；惆怅溪，又称桃源江、赤土溪，属新昌江水系，位于县域东南部，源于通明灯岗北坡木里坑（芭蕉坑）。

⑬新昌：即新昌县，位于今浙江省东部，曹娥江上游，东南境与天台县、宁海县接壤。

⑭福溪：即今新昌江（潭遏溪）上游。宋陈耆卿《嘉定赤城志》卷二四《山水门·天台》："福溪，在县北四十里。"罗木溪：当指三十六渡坑。唐佳文《重履霞客的足迹——兼谈徐霞客天姥之行》根据清光绪《台州府志·山水略》有关记述，认为："罗木溪在福溪之西北二十里，罗公岭在石桥山西北；罗木溪与慈圣大坑一样源出华顶山西北，从罗公岭山足直接流入新昌境内。"而三十六渡坑"位于新昌县域东南部，源于天台县观音头北麓小鳌坑，经大坪入境，称东家坑"，从而得出结论："三十六渡坑更加适合有关罗木溪的记载……与光绪《台州府志》记述的罗木溪相符合。"可参考。

⑮天台阴：天台山的北面。阴，水的南面或山的北面。

⑯新昌大溪：当指今新昌江，旧称潭遏溪，源于华顶山，流经新昌，于黄泥桥村入嵊州，至新联乡白丹村注入澄潭江。

[评析]

徐霞客首游天台山在明万历四十一年癸丑（1613）四月间，历时九天，可参见前选作者《游天台山日记》。本篇《游天台山日记后》则记述了作者于十九年后再游与三游天台山的旅程，但在两次游踪中又插入了作者特意抽出二十五天的时间即三月二十一日至四月十五日再游雁荡山的探幽寻胜，虽未留下日记等文字记录，却也有迹可查，难以抹杀徐霞客勇于以双脚丈量祖国山山水水的艰苦努力。

徐霞客第二次游天台山从崇祯五年（1632）三月十四日启程，至三月十九日止，历时六天，其游踪基本与其十九年前首游天台山的前半历程相同，即从宁海出发，历经岔路口、松门岭、筋竹岭庵、弥陀庵、天封寺、华顶、石梁，未去断桥与万年寺，直接从石梁经龙皇堂到首游未去过的大慈寺、高明寺、螺溪钓艇等景点，再从高明寺经金地岭、国清寺至天台县城，开启了再游雁荡山的二十五天旅程。再游天台，徐霞客于十四日投宿岔路口，十五日投宿华顶，十六日投宿石梁，十七日、十八日两宿高明寺，十九日投宿国清寺。

徐霞客三游天台山是从雁荡返程后的四月十六日开始，至十八日止，历时三天，由天台县城开始，历经赤城山、桐柏宫、琼台，又回至桐柏宫经坪头潭（平镇）、江司（张思）到明岩、寒岩，再折返北上桃源，经秀溪至万年寺，出牛牯岭、班竹岭，考察了天台与新昌交界的部分水系，结束了这次游天台的旅程。三游天台，徐霞客历览天台以西之胜，于十六日投宿坪头潭（平镇），十七日投宿护国寺，十八日投宿班竹岭驿站。

徐霞客再游与三游天台山，较比十九年前的首游天台山，地理探索的科学精神更加发扬光大，用他在本日记中的话说："忆余二十年前，同云峰自桃源来，溯其外涧入，未深穷其窟奥。今始俯瞰于崖端，高深俱无遗胜矣。"作者所谓"高深俱无遗胜"的说法不无夸大之处，格于明末物质条件的限制，不足十天的考察实在难以踏遍天台的青山不说，就是走马观花也要有先期的充分准备方能达到目的。再游与三游天台山，徐霞客显然做足了预先饱览相关史乘方志的功课，因而才能于读山品水的过程中有从容不迫的旅程。本日记最后一段有关天台与新昌交界处水系的观察与思考，具有相当的科学严谨的态度，绝非信手拈来的随意挥洒。不过由于古今地形地物乃至景观的变迁、地名的转变讹传等因素，今天仅凭志书文献注释《徐霞客游记》并非易事，而当地文化学者有目的性的实地踏勘的山水考察文字借助互联网的传播便利，的确为搞清《游记》的有关内容提供了必要的证据，为我们今天发扬光大徐霞客精神不可或缺，这是值得我们深致谢忱的！

家藏文库

徐霞客游记 下

〔明〕徐霞客 著　　赵伯陶 选注

中州古籍出版社
·郑州·

游雁宕山日记 后

余与仲昭兄游天台①,为壬申三月②。至四月二十八日,达黄岩③,再访雁山④。觅骑出南门,循方山十里⑤,折而西南行,三十里,逾秀岭⑥,饭于岩前铺⑦。五里,为乐清界⑧,五里,上盘山岭⑨。西南云雾中,隐隐露芙蓉一簇⑩,雁山也。十里,郑家岭⑪,十里,大荆驿⑫。渡石门涧⑬,新雨溪涨,水及马腹。五里,宿于章家楼⑭,是为雁山之东外谷⑮。章氏盛时,建楼以憩山游之屐⑯,今旅肆寥落⑰,犹存其名。

[注释]

①仲昭兄:即徐遵汤(?~1653),字仲昭,徐霞客的族兄。明崇祯元年(1628)副贡生。参见前选作者《游天台山日记后》崇祯五年(1632)三月十七日日记注⑩。

②壬申三月:明崇祯五年壬申(1632)农历三月。

③黄岩:明代黄岩县,属浙江台州府。治今台州市黄岩区。

④雁山:即雁荡山。

⑤方山:古称永宁山,位于黄岩东南六里。山势平地突起,岩壁峻峭,四望皆方正,故名。其支脉有九峰山、白龙山、卧龙山等,主峰黄毛山,海拔776米。

⑥秀岭:山名,位于黄岩以南偏西三十里,岭下有秀岭乡。

⑦岩前铺：邮舍名，位于黄岩县南四十里，清光绪《黄岩县志》卷七《建置·邮舍》："岩前铺，在柏奥铺南十里。"

⑧乐清：明县名，属温州府（今浙江乐清市），位于浙江东南沿海，东临乐清湾。

⑨盘山岭：即盘山，为黄岩与乐清之界岭，位于今黄岩区西南茅畬乡，与乐清境内的北雁荡山相望。参见前选作者《游雁宕山日记》万历四十一年（1613）四月十一日日记注①。

⑩芙蓉一簇：形容远观雁荡山诸峰群岭如把把利剑一样高耸入天。芙蓉，即芙蓉剑，汉袁康《越绝书·外传记宝剑》载，越王句践有宝剑名"纯钧"，相剑者薛烛以"手振拂，扬其华，捽如芙蓉始出"。后因以指利剑。唐卢照邻《长安古意》诗："相邀侠客芙蓉剑，共宿娼家桃李蹊。"前选作者《游雁宕山日记》万历四十一年（1613）四月十一日日记："二十里，登盘山岭。望雁山诸峰，芙蓉插天，片片扑人眉宇。"

⑪郑家岭：山名，位于黄岩县西。清光绪《黄岩县志》卷二《地里·叙山》："郑家岭，在县西一百有五里，北通五部岭。宋主学郑鹓飞所辟，故名。"

⑫大荆驿：又称岭店驿，元明驿站名，在乐清东北一百馀里，处于台州、温州两府间交通要道的大荆镇。参见前选作者《游雁宕山日记》万历四十一年（1613）四月十一日日记注④。

⑬石门涧：又名新溪，位于石门潭附近。

⑭章家楼：又称"章义楼"，为明代名臣章纶（1413~1483）从弟章巘所建，故址位于今雁荡山东外谷，后因修坝，已沉于石门潭中。

⑮东外谷：雁荡山有东外谷、东内谷、西外谷、西内谷"四谷"之分，古人对于西内谷与东内谷的景观最为重视。

⑯山游之屐（jī）：喻游山者。屐，即谢公屐，一种前后齿可装卸的

木屐,原为南朝宋诗人谢灵运游山时所穿,故称。

⑰旅肆:这里指代章家楼接待游人的处所。寥落:衰微。

二十九日　西入山,望老僧岩而趋①。二里,过其麓②。又二里,北渡溪,上石梁洞③。仍还至溪旁,西二里,逾谢公岭④。岭以内是为东内谷。岭下有溪自北来,夹溪皆重岩怪峰,突兀无寸土⑤,雕镂百态⑥。渡溪,北折里许,入灵峰寺⑦。峰峰奇峭,离立满前⑧。寺后一峰独耸,中裂一罅⑨,上透其顶,是名灵峰洞⑩。蹑千级而上⑪,石台重整,洞中罗汉像俱更新⑫。下饭寺中。同僧自照胆潭越溪左⑬,观风洞⑭。洞口仅半规⑮,风蓬蓬出射数步外。遂从溪左历探崖间诸洞。还寺,雨大至,余乃赤足持伞溯溪北上。将抵真济寺⑯,山深雾黑,茫无所睹,乃还过溪东,入碧霄洞⑰。守愚上人精舍在焉⑱。余觉其有异⑲,令僮还招仲昭,亦践流而至,恨相见之晚。薄暮⑳,返宿灵峰㉑。

[注释]

①老僧岩:即接客僧,又名石佛岩,位于今温州市乐清市大荆镇中庄村内,属于雁荡山东外谷。这座岩石为一身披袈裟的秃顶老僧形象,面朝东南方,拱手做迎客状。参见前选作者《游雁宕山日记》十一日日记注⑦。

②麓:山脚。

③石梁洞:或称东石梁,位于雁荡山东外谷谢公岭以东约二里处,洞口东向,高广十馀丈,深二十馀丈,有一长约数十丈的危石虚悬洞前,横架如梁。参见前《游雁宕山日记》十一日日记注⑬。

④谢公岭：位于雁荡山东外谷与东内谷的分界处，传说南朝宋谢灵运曾至此而掉落屐齿，有落屐亭遗址。参见前《游雁宕山日记》万历四十一年（1613）四月十一日日记注⑰。

⑤突兀：高耸貌。

⑥雕镂（lòu）：犹雕刻。这里形容自然景观奇妙如同人工刻意制成。

⑦灵峰寺：在雁荡山东内谷灵峰下，宋天圣元年（1023）建寺，是雁荡十八古刹之一，几经兴废，今存者为民国间重建，已非旧观。

⑧离立：并立。《礼记·曲礼上》："离立者，不出中间。"唐孔颖达疏："又若见有二人并立，当已行路，则避之；不得辄当其中间出也。"

⑨璺（wèn）：裂纹。《方言》第六："器破而未离谓之璺。"

⑩灵峰洞：即"观音洞"，又称"罗汉洞"，为雁荡山第一大洞，位于梅岭西麓灵峰寺后合掌峰的"掌心"中，天然生成，洞内有一石柱悬垂至地。洞高113米，深70米，宽14米，洞内倚岩建楼九层，顶层观音殿，供奉观音与十八罗汉塑像。

⑪躡（niè）：攀登。

⑫罗汉：佛教语，梵语"阿罗汉"的省称。小乘的最高果位，称为"无学果"。谓已断烦恼，超出三界轮回，应受人天供养的尊者。我国寺庙中供奉者，有十六尊、十八尊、五百尊、八百尊之分。

⑬照胆潭：位于雁荡山东内谷灵峰寺前鸣玉溪中，深不见底。明王光美《灵峰洞记》："（灵峰）寺右折数十步，岩下注潭曰照胆，方可丈许，不以水旱溢涸，渊渟泓澄，眉发可数。"

⑭风洞：或称风穴，位于雁荡山东内谷灵岩下照胆潭上方，洞口径不足半米，冬天吹暖风，夏天出冷风。明王士性《五岳游草》卷四《游雁宕记》："风穴者，未至灵峰，左麓下一窍，大如斗，风蓬蓬出窍，人近之，六月皮毛粟起，云通括苍。"

⑮半规:半圆形。

⑯真济寺:位于雁荡山东内谷,距离碧霄洞五里处。

⑰碧霄洞:明陈善《游雁荡记》:"(风洞)东行里许,为碧霄洞,峰形若卧狮,洞在峰足。"阮伯林编注《雁荡山古代游记选注》有注云:"这个碧霄洞在灵峰寺往真济寺道中一侧的碧霄峰下。按:雁荡山灵峰景区共有四个山洞都曾名为碧霄洞。其他三个分别是:将军洞,因洞口正朝碧霄峰,曾取名为南碧霄,后因在洞中发现洞壁上有天然的白色将军的形象而名为将军洞。另二个洞在灵峰寺旁的紫云谷中,其一即现在称为雪洞,因为该洞所处的倚天嶂最早名为碧霄峰而得名,因为洞口朝南,所以也称为南碧霄;另一个碧霄洞在凌霞峰下,因洞口向北,又名为北碧霄洞。徐霞客在两篇游记中都谈到了游碧霄洞的事;第一篇游记中的碧霄洞即为雪洞。"(西藏人民出版社2005年版,第125页)可参考。另参见前选作者《游雁宕山日记》万历四十一年(1613)四月十二日日记注①。

⑱守愚上人:法号守愚的僧人,生平不详。上人,道德高尚的人,自南朝宋以后,多用作对和尚的尊称。精舍:僧人修炼居住之所。

⑲有异:谓守愚和尚有非凡之处。

⑳薄暮:傍晚,太阳快落山的时候。

㉑灵峰:谓灵峰寺。详见本段注⑦。

三十日 冒雨循流,西折二里,一溪自西北来合,其势愈大。渡溪而西,溯而西北行,三里,入净名寺①。雨益甚,云雾中仰见两崖重岩夹立②,层叠而上,莫辨层次。衣履沾透,益深穷西谷,中有水帘谷、维摩石室、说法台诸胜③。二里,至响岩④。岩右有二洞,飞瀑罩其外,余从榛莽中履险以登⑤。其洞一名龙王⑥,一名三台⑦。二洞之前,有岩突出,若露台然⑧,可栈而通也⑨。出洞，返眺响岩之上，一石侧耳附峰头，为"听诗叟"⑩。又西二里，入灵岩。自灵峰西转，皆崇岩连嶂，一开而为净名⑪，一璺直入，所称一线天也⑫；再开而为灵岩⑬，叠嶂回环，寺当其中⑭。

[注释]

①净名寺：雁荡山十八古刹之一，位于雁山东内谷净名谷谷口。参见前选作者《游雁宕山日记》万历四十一年（1613）四月十二日日记注③。

②"云雾中"句：谓雁荡山净名谷中所见景象，坑两侧悬崖壁立，高耸入云，游丝、铁城两障对峙，于谷口仰望，天空如蛾眉初月。

③水帘谷：即水帘洞。位于雁荡山净名谷的铁城障下有洞，旁有水帘洞、维摩洞、梅花桩诸景观。维摩石室：即维摩洞，在净名谷中。清施元孚《铁城障记》："再入为维摩室，广不数寻，而卷石环匝，萧然清隐。"说法台：佛教传说讲道的石台，在净名谷中。参见前选作者《游雁宕山日记》万历四十一年（1613）四月十二日日记注④。

④响岩：位于雁荡山灵峰与灵岩之间，岩高三十馀米，与位于其北面的云霞嶂相对成门，故又称响岩门。参见前选作者《游雁宕山日记》万历四十一年（1613）四月十二日日记注②。

⑤榛莽：杂乱丛生的草木。

⑥龙王：即龙王洞，后名虎口洞，以其状如虎口大张，其中间唇沟部位有泉水下流。

⑦三台：即三台洞，后名霞嶂洞，洞形横长，朝西南，洞壁丹黄，上有崖石突如燕颔，有泉从此石两侧流淌。

⑧露台：露天台榭。

⑨栈（zhàn）：栈道，谓在山岩上架木为路。

⑩听诗叟：位于云霞嶂上的岩石名。明郑汝璧《游雁荡山记》："出

谷（水帘谷），遇一石人侧耳山椒，名听诗叟。"清施元孚《过响门岩记》："西多怪石，其对立如面语者，谓之二仙谈诗。东北有听诗叟俯山脊，清瘦如老人，翘其首为侧耳状。"

⑪净名：谓净名谷，中有净名寺、铁城障等景观。

⑫一线天：当谓净名谷中铁城障景观。参见前选作者《游雁宕山日记》万历四十一年（1613）四月十二日日记注④。

⑬灵岩：位于雁荡山东内谷，即屏霞嶂，在灵岩寺后，嶂高广两百余米，壁立于霄，色五彩相间，如大锦屏，故称。明何白《灵岩记》："灵岩外户固无奇，两岩壁立，若辟严关。稍入，万峰林立，中拓而广，足量万牛，而诸奇毕萃焉。背悬岩展屏，横亘二里许，半壁烂烂若五云，曰屏霞障。"

⑭寺：谓灵岩寺，位于雁荡山东内谷灵岩下，雁荡山十八古刹之一。初建于北宋太平兴国四年（979），宋真宗赐额"灵岩禅寺"，宋仁宗赐金字藏经。明清时重建，规模缩小。四周群峰屹立，环境清幽。参见前选作者《游雁宕山日记》万历四十一年（1613）四月十二日日记注⑤。

五月朔① 仲昭与余同登天聪洞②。洞中东望圆洞二，北望长洞一，皆透漏通明③，第峭石直下④，隔不可履。余乃复下至寺中，负梯破莽，率僮逾别坞⑤，直抵圆洞之下，梯而登；不及，则斫木横嵌夹石间，践木以升；复不及，则以绳引梯悬石隙之树。梯穷济以木，木穷济以梯，梯木俱穷，则引绳揉树⑥，遂入圆洞中，呼仲昭相望而语。复如法躐长洞而下，已日中矣。西抵小龙湫之下⑦，欲寻剑泉⑧，不可得。踞石碛而坐⑨，仰视回嶂逼天⑩，峭峰倒插，飞流挂其中，真若九天曳帛者⑪。西过小剪刀峰⑫，又过铁板嶂⑬。

嶂方展如屏,高插层岩之上,下开一隙如门,惟云气出没,阻绝人迹。又过观音岩⑭,路渐西,岩渐拓,为犁尖⑮,复与常云并峙⑯,常云南下,跌而复起,为戴辰峰⑰。其跌处有坳⑱,曰马鞍岭⑲,内谷之东西分者,以是岭为界。从灵岩至马鞍岭凡四里,而崇峦屼嵲⑳,应接不暇。逾岭,日色渐薄崦嵫㉑。二里,西过大龙湫溪口㉒,又二里,西南入宿能仁寺㉓。

[注释]

①五月朔:明崇祯五年农历五月初一日,即公元1632年6月18日。朔,月相名,农历每月初一,月球运行到地球和太阳之间,和太阳同时出没,地球上看不到月光的月相。

②天聪洞:即天窗洞,位于雁荡山东内谷展旗峰北胁壁间,洞口形似耳窍,洞内有洞,洞底见天。洞口朝西南,面对天柱峰,沿屏霞嶂右侧石级而上可到。参见前选作者《游雁宕山日记》万历四十一年(1613)四月十二日日记注㉝。

③透漏通明:谓岩石的洞穴通透漏光。

④第:副词。只是,只。峭石:陡峻的岩石。

⑤别坞:岩石间另外的较低平处。坞,四面高中间低的地方。

⑥引绳揉树:用绳牵引树木,以利攀登。揉,牵引,攀援。

⑦小龙湫(qiū):雁荡山小瀑布名,位于东内谷灵岩寺右侧后面的隐龙嶂底,落差50余米。龙湫,谓上有悬瀑下有深潭。参见前选作者《游雁宕山日记》万历四十一年(1613)四月十二日日记注⑳。

⑧剑泉:该景观当在雁荡山东内谷内,具体方位不详,本日记初六日日记谓剑泉"知沦没已久"。

⑨石碛(qì):多石的沙滩。

⑩回嶂：耸立如屏障的山峰。

⑪九天曳帛：形容小龙湫如同从天空最高处飘摇而下的一缕白纱。

⑫小剪刀峰：位于雁荡山东内谷，峰形下合上开如剪刀，但不如大剪刀峰高大。

⑬铁板嶂：即板嶂岩，又名铁板障、板嶂峰，另有玉屏峰、巾子峰、纱帽岩等别称，位于雁荡山东内谷，高耸于列仙嶂、紫霄嶂之上，方整如立屏风。

⑭观音岩：位于雁荡山西外谷东岭上，高七十馀丈。自石门村观赏，颇似观音朝北趺坐，前有二岩似童子和净瓶，因名。

⑮犁尖：即犁尖峰，以峰形酷似三角形的犁铧而得名，位于雁荡山西内谷。

⑯常云：即常云峰，位于雁荡山西内谷马鞍岭北端西侧，高度仅次于百岗尖与雁湖顶，因雾随峰转而得名。相传游人抱着至诚登山，云雾便会自行消退，因此也叫"灵府山"。参见前选作者《游雁宕山日记》万历四十一年（1613）四月十三日日记注⑫。

⑰戴辰峰：位于雁荡山西内谷丹芳岭下，以正对能仁寺，又名对仁峰。明何白《能仁寺记》："寺左一峰耸拔天半，白云英英冠其顶，故名常云。寺后芙蓉峰若负扆，而戴辰、火焰诸峰环而衔秀于堂庑之下。"

⑱坳（ào）：山曲间的平地。

⑲马鞍岭：又名"石城岭"，位于雁荡山东、西谷的中界，北接石城嶂，南至飞泉寺所在之南山，中间凹下如马鞍，故称。参见前选作者《游雁宕山日记》万历四十一年（1613）四月十三日日记注⑧。

⑳屼嵲（wù niè）：山高耸貌。

㉑渐薄崦嵫（yān zī）：谓天色渐晚。崦嵫，山名，在甘肃天水县西境，传说中的日落处。《楚辞·离骚》："吾令羲和弭节兮，望崦嵫而勿

迫。"汉王逸注："崦嵫，日所入山也。"

㉒大龙湫（qiū）：位于西内谷马鞍岭以西八里，源出"百岗三尖"的白云尖（西尖），为我国著名的大瀑布。水从高约200米的连云嶂凌空而下，如同白练飞泻，壮观异常。参见前选作者《游雁宕山日记》万历四十一年（1613）四月十三日日记注⑮。

㉓能仁寺：曾名常云院，俗称大镬寺，位于雁荡山西内谷丹芳岭下，大锦溪下游，雁荡山十八古刹之一。参见前选作者《游雁宕山日记》万历四十一年（1613）四月十四日日记注㉝。

初二日 从寺后坞觅方竹①，无佳者。上有昙花庵②，颇幽寂。出寺右，观燕尾泉③，即溪流自龙湫来者，分二股落石间，故名。仍北溯流二里，西入龙湫溪口。更西二里，由连云嶂入④，大剪刀峰矗然立涧中⑤，两崖石壁回合，大龙湫之水从天下坠。坐看不足亭⑥，前对龙湫，后揖剪刀，身在四山中也。出连云嶂，逾华岩岭⑦，共二里，入罗汉寺⑧。寺久废，卧云师近新之⑨。卧云年八十馀，其相与飞来石罗汉相似，开山巨手也⑩。余邀师穷顶，师许同上常云，而雁湖反在其西⑪，由石门寺为便⑫。时已下午，以常云期之后日，遂与其徒西逾东岭，至西外谷，共四里，过石门寺废址。随溪西下一里，有溪自西来合，即凌云、宝冠诸水也，二水合而南入海。乃更溯西来之溪，宿于凌云寺⑬。寺在含珠峰下⑭，孤峰插天，忽裂而为二，自顶至踵，仅离咫尺，中含一圆石如珠，尤奇绝。循溪北入石夹⑮，即梅雨潭也⑯。飞瀑自绝壁下激，甚雄壮，不似空蒙雨色而已⑰。

[注释]

①坞：四面高中间低的地方。方竹：竹之一种，外形微方，高三至八米，直径一至四厘米，质坚，产于我国华东和华南一带。可供观赏外，古人多用以制作手杖。

②昙花庵：寺院名，故址位于雁荡山西内谷能仁寺上方。

③燕尾泉：位于能仁寺附近。明慎蒙《游雁荡山记》："山之西有二泉分流而出，势如燕尾，名燕尾泉。"清施元孚《登飞泉记》："飞泉者，即燕尾泉。其西北，旧有飞泉寺。"

④连云嶂：即连云峰，位于雁荡山西内谷，全长300米以上，高度200米左右，浅绛色。中间有一裂阙如门，称连云阙。清施元孚《入大龙湫记》："大龙湫，水之最奇者也。其障曰连云，壁立千仞，怀抱里馀，独开东南一面，如天阙焉。剪刀峰适立其间，而湫则在于障底。"

⑤大剪刀峰：位于雁荡山西内谷大龙湫附近。参见前选作者《游雁宕山日记》万历四十一年（1613）四月十三日日记注⑬。

⑥看不足亭：位于大龙湫附近的山亭建筑名。

⑦华岩岭：位于雁荡山海豹岩对面，岭下有华岩寺遗址。

⑧罗汉寺：前身即芙蓉庵，位于小锦溪上游，为雁山十八古刹之一。明何白《东洞记》："有宋太平兴国间，禅僧全了经行至东洞，闻岩中童子诵经声，围绕作礼，竟于焉结刹，名芙蓉庵。后因高崖有飞来石罗汉，复名罗汉寺。相传罗汉自清漳航海来，将礼诺讵那遗蜕，适遇樵者，即跃上高崖，立化为石。其语颇怪诞不经，传疑可也。"明王献芝《游雁山记》："由外谷度小岭，见石门寺废址。又峭崖中有石罗汉，险莫可攀，云自闽飞来，或未必然。"

⑨卧云：僧人法号，又称卧云智（？~1651?）、僧正智，闽人，精通

佛典，与曹学佺等文人士大夫有交。师：对僧、尼、道士的尊称。

⑩开山：在名山创立寺院。巨手：高手，比喻指杰出的人物。

⑪雁湖：这里谓雁湖山，又称雁湖岗、雁湖岭，位于雁荡山西外谷，海拔990米。顶上原有雁湖，分北、中、东三部分，以中湖较大，有数十亩之广，今因湖荡淤塞，仅剩水塘一口。

⑫石门寺：寺院名，故址当位于雁荡山西外谷天冠峰下，为雁山十八古刹之一。

⑬凌云寺：位于雁荡山东内谷。

⑭含珠峰：又称含珠岩，位于雁荡山东内谷天柱峰侧。参见前选作者《游雁宕山日记》万历四十一年（1613）四月十二日日记注㊱。

⑮石夹：山石狭窄处。

⑯梅雨潭：位于梅雨岩下，明王光美《梅雨岩记》："扪葛而入，紫崖陡峭，回而成壑。瀑悬崖直下，如垂匹练，回风飞沫，喷洒若梅雨，沾拂巾舄，故以名岩。岩下多锦石，离列如星，闻故有潭，为驶湍溃石所壅，恨不得神人过海上尽驱而浚也。"明何白《梅雨岩记》："梅雨岩僻在雁山西外谷，无论游客杖履罕至，即询之山中人，亦鲜有知者。"

⑰空蒙：迷茫貌，缥缈貌。南朝齐谢朓《观朝雨》诗："空蒙如薄雾，散漫似轻埃。"

初三日 仍东行三里，溯溪北入石门①，停担于黄氏墓堂②。历级北上雁湖顶③，道不甚峻。直上二里，向山渐伏，海屿来前④，愈上，海辄逼足下。又上四里，遂逾山脊。山自东北最高处迤逦西来⑤，播为四支，皆易石而土。四支之脊，隐隐隆起，其夹处汇而成洼者三⑥，每洼中复有脊，南北横贯，中分为两，总计之，不止六洼矣。洼中积水成芜⑦，青青弥望⑧，所称雁湖也。而水之分堕于南者，或自石门，或出凌云之梅雨⑨，或为宝冠之飞瀑⑩；其北堕者，则宕阴诸水也⑪，皆与大龙湫风马牛无及云⑫。既逾冈，南望大海，北瞰南阁之溪⑬，皆远近无蔽，惟东峰尚高出云表⑭。余欲从西北别下宝冠⑮，重岩积莽，莫可寄足。复寻旧路下石门，西过凌云⑯，从含珠峰外二里，依涧访宝冠寺。寺在西谷绝坞中，已久废，其最深处，石崖回合，磴道俱绝⑰。一洞高悬崖足，斜石倚门。门分为二，轩豁透爽⑱，飞泉中洒，内多芭蕉⑲，颇似闽之美人蕉⑳；外则新箨高下㉑，渐已成林。至洞，闻瀑声如雷，而崖石回掩，杳不可得见。乃下山涉溪，回望洞之右胁，崖卷成罅㉒，瀑从罅中直坠㉓，下捣于圆坳㉔，复跃出坳成溪去。其高亚龙湫，较似壮胜，故非宕山第二流也㉕。东出故道，宿罗汉寺。

[注释]

①石门：位于雁湖区，两山夹立所形成的一条长约50米的门道。过石门有望天猫、虎蹲石、观音峰等景观。

②停担：置放随身携带的行李。黄氏墓堂：故址位置不详。墓堂，墓前的祭堂。

③雁湖顶：即雁湖山，又称雁湖岗、雁湖岭，位于雁荡山西外谷，海拔990米。顶上原有雁湖，分北、中、东三部分，以中湖较大，有数十亩之广，今因湖荡淤塞，仅剩面积不大的水塘一口。

④海屿（yǔ）：海中小岛。

⑤迤逦（yǐ lǐ）：曲折连绵貌。

⑥洼：水坑。

⑦芜：野草丛生。

⑧弥望：充满视野，满眼。

⑨凌云之梅雨：谓凌云寺侧的梅雨潭。

⑩宝冠之飞瀑：谓宝冠峰下宝冠寺侧的瀑布。

⑪宕阴诸水：谓雁荡山北坡的多条溪水。

⑫风马牛无及：即"风马牛不相及"，比喻事物之间毫不相干。语本《左传·僖公四年》："君处北海，寡人处南海，唯是风马牛不相及也。"唐孔颖达疏引服虔曰："牝牡相诱谓之风……此言'风马牛'，谓马牛风逸，牝牡相诱，盖是末界之微事，言此事不相及，故以取喻不相干也。"一说：风，放逸，走失。谓齐、楚两地相离甚远，马牛不会走失至对方地界。

⑬南阁：即南阁村，有南阁溪流过。

⑭东峰：当指桐岭。

⑮宝冠：即宝冠峰，在招贤峰北，大方石卧山脊，长四十馀丈，阔半之，两头隆起，北高二十馀丈，南半之，在桐岭望如卓笔，近视端然如宝冠，西北里许有宝冠寺。

⑯凌云：即凌云寺，建于宋太平兴国五年（980），故址位于雁山西外谷凌云峰下石门以西。

⑰磴（dèng）道：登山的石径。

⑱轩豁：高大开阔。透爽：明亮而爽朗。

⑲芭蕉：多年生草本植物。叶长而宽大，花白色，果实似香蕉，不能食用。

⑳美人蕉：多年生草本植物，具根状茎，高可达1.5米。叶片卵状长圆形具明显的中脉及羽状侧脉，叶鞘包茎。花排成总状花序；有红、黄、白等颜色，栽培供观赏。

㉑新箨（tuò）：谓新生竹。箨，竹笋皮，包在新竹外面的皮叶，竹

长成逐渐脱落，俗称笋壳。

㉒罅（xià）：岩石裂缝。

㉓瀑：谓西石梁大瀑，位于雁山西外谷凌云峰以西二里宝冠寺故址侧的西石梁洞（又称芭蕉洞、蕉林洞）西侧，落差160米，小于大龙湫190米的落差，但瀑水时断时续，犹如累累大石砸入下面的潭水中，气势雄伟，故作者下文用"较似壮胜"四字形容之。

㉔坳（ào）：两山间的低下处。

㉕"其高"三句：意谓西石梁大瀑虽不及大龙湫的落差高，但规模似更壮观，不能简单地视为雁荡山瀑布的第二流。

初四日 早，望常云峰白云蒙翳①，然不为阻，促卧云同上。东逾华岩二里，由连云嶂之左，道松洞之右，跻级西上②，共三里，俯瞰剪刀峰已在屐底。一里，山回溪出，龙湫上流也。渡溪，过白云、云外二庐③，又北入云静庵④。庵庐与登山径，修整俱异昔时，卧云令其徒采笋炊饭。既饭，诸峰云气倏尽，仲昭留坐庵中，余同卧云直跻东峰。又二里，渐闻水声，则大龙湫从卷崖中泻下⑤。水出绝顶之南、常云之北，夹坞中即其源也⑥。溯水而上，二里，水声渐微。又二里，逾山脊。此脊北倚绝顶，南出分为两支，东支为观音岩⑦，西支为常云峰，此其过脉处也⑧。正脊之东为吴家坑⑨。其峰之回列者，近为铁板嶂，再绕为灵岩，又再绕为净名，又再绕为灵峰，外为谢公岭而尽。脊之西，其坑即龙湫背⑩。其峰之回列者，近为龙湫之对崖，再绕为芙蓉峰⑪，又再绕为凌云，又再绕为宝冠，上为李家山而止⑫。此雁山之南面诸峰也。而观音、常云二峰，正当其中，已伏杖履下⑬，惟北峰若负扆然⑭，犹屏立于后。

北上二里，一脊平峙，狭如垣墙⑮，两端昂起，北颓然直下，即为南阁溪横流界⑯，不若南面之环互矣。余从东巅跻西顶⑰，倏踯躅声大起⑱，则骇鹿数十头也⑲。其北一峰，中剖若斧劈⑳，中则石笋参差，乱崖森立，深杳无底。鹿皆奔堕其中，想有陨堑者㉑。诸僧至，复以石片掷之，声如裂帛，半响始沉，鹿益啼号不止。从此再西，则石脊中断，峰亦渐下，西北眺雁湖，愈远愈下。余二十年前探雁湖，东觅高峰，为断崖所阻，悬绠而下，即此处也。昔历其西，今东出其上，无有遗憾矣。返下云静庵，循溪至大龙湫上，下瞰湫底龙潭，圆转夹崖间㉒，水从卷壁坠潭，跃而下喷，光怪不可迫视。遂逾溪西上，南出龙湫之对崖，历两峰而南，其岭即石门东、罗汉之西、南出为芙蓉峰、又南下为东岭者也。芙蓉峰圆亘特立，在罗汉寺西南隅。既至其下，始得路。东达于寺，日已西，仲昭亦先至矣。

[注释]

①蒙翳（yì）：弥漫。

②跻（jī）级：逐步攀登。

③白云云外二庐：即白云庵，又称白云院，位于大龙湫上，为明嘉靖间五台山僧人白云、云外所构筑，故名。参见前选作者《游雁宕山日记》万历四十一年（1613）四月十三日日记注㉔。

④云静庵：故址位于雁荡山西内谷龙湫背的寺院。徐霞客十九年前第一次游雁荡山曾住宿于此，并结识僧人清隐。

⑤大龙湫：阮伯林编注《雁荡山古代游记选·游雁宕山日记后》（西藏人民出版社2005年版，第126页）注㊴："根据上下文内容，这里的

'大龙湫'应是龙湫背上的'上龙湫',这个错误可能是整理《徐霞客游记》的人因不知道有'上龙湫'之名而改写出来的,徐霞客自己则不可能有这个错误。"可参考。

⑥夹坞:谓山顶上的较低平处。坞,四面高中间低的地方。联系前后"绝顶"之称谓,这里当指"百岗三尖"中的白云尖与百岗尖的山坞,当时"三尖"尚未命名,故含混称之。参见阮伯林《雁山片石·曾造雁山绝顶百岗尖——徐霞客在雁山一段被人忽视的游踪》,香港天马图书有限公司2002年版,第71~72页。

⑦观音岩:即观音峰,又名玉霄峰、紫霄峰。清施元孚《逾马鞍岭观玉霄峰记》:"马鞍岭东北,有玉霄焉。子朱子所谓欲登之以望蓬莱者。其峰自山半拔地千仞,上凌云霄。在岭视之,其体巍然而丰,中多直理,黑质而白章,璀璨夺目。至岭东回顾,则变而北向,峭耸瘦削,又若释氏所貌大士趺坐状,乃山中诸峰最高大而秀丽者也。"

⑧过脉:这里谓连接西峰白云尖到东峰百岗尖的山脊,凌云尖则在"两尖"以北,且距离较远。

⑨吴家坑:位于雁荡山观音峰东侧山涧,百岗尖的南坡,今名大鼋坑。

⑩龙湫背:上龙湫瀑布所在处。明正德间,五台僧人白云、云外来此建有白云院,明末另有云静庵,为清隐所居。

⑪芙蓉峰:位于雁荡山西内谷与西外谷的交界处的东岭北端,一巨石浑圆如将要开放的荷苞,高耸于山脊之上。明薛应旂《雁荡山志》:"芙蓉峰在县东六十里,上有三峰削翠,俨若芙蓉,芙蓉山之水出焉。"

⑫李家山:位于雁山南部的地名。

⑬"而观音"三句:这是作者描述他站在白云尖峰顶所见景象。杖履,手杖和鞋子,这里谓作者等一行登山者。

⑭北峰：这里谓雁山主峰"百岗三尖"中位于白云尖与百岗尖以北的凌云尖，其上有一石雄踞峰顶，如同巨碑屹立。负扆（yǐ）：背靠屏风，常指皇帝临朝听政，这里用来形容雁山绝顶的至高无上的地位。扆，指置于门窗之间的屏风，常借指君位。

⑮垣墙：这里谓位于百岗尖东北方的一道石脊，当地人称石地栿。

⑯南阁溪：流经雁山以北（荡阴）南阁村的溪水名，由西向东流。

⑰东巅：这里当指百岗尖。西顶：这里当指白云尖。

⑱踯躅（zhí zhú）：以足击地，顿足。这里形容鹿群来回交错移动的声响。

⑲骇鹿：受惊的鹿。《列子·周穆王》："郑人有薪于野者，遇骇鹿，御而击之。"

⑳"其北一峰"二句：这里当指位于凌云尖山腰处的羊角峰。

㉑陨堑（qiàn）：坠落于沟谷中。

㉒圆转：旋转。

初五日 别卧云，出罗汉寺，循溪一里，至龙湫溪口。凡四里，逾马鞍而下。北望观音峰下，有石罅若门①，层列非一。仲昭已前向灵岩。余挟一僮北抵峰下，循樵路西转二里②，直抵观音、常云之麓，始知二峰上虽遥峙，其下石壁连亘成城③。又循崖东跻里许，出石罅之上，丛木密荫，不能下窥。崖端盘石如擎盖④，上平如砥，其下四面皆空。坐其上久之，复下循石罅而入，层崖悬裂，皆可扪而通也。罅外一峰特起，薄齐片云⑤，圆顶拱袖，高若老僧岩，俨若小儿拱立⑥。出路隅，居多吴氏，有吴应岳者留余餐。余挟之溯溪入⑦，即绝顶所望吴家坑溪也⑧，在铁板、观音之间。

欲上溪左黄崖层洞⑨，崖在铁板嶂之西，洞在崖之左，若上下二层者。抵其下，不得上，出其上，洞又在悬崖间，无可下也。乃循崖东行，又得一石䃺，望其上，层叠可入，计非构木悬梯不能登。从此下一小峰，曰莺嘴岩⑩，与吴别。东过铁板嶂下，见其中石䃺更大⑪，下若有洞流而成溪者。亟溯流入，抵洞下，乱石窒塞，而崖左有路直上，凿坎悬崖间⑫，垂藤可攀。遂奋勇上，衣碍则解衣，杖碍则弃杖，凡直上一崖，复横历一崖，如是者再，又栈木为桥者再⑬，遂入石䃺中。石对峙如门，中宽广，得累级以升。又入石门两重，仰睇其上⑭，石壁环立，青天一围，中悬如井。壁穷，透入洞中。洞底日光透处，有木梯，猱升其上⑮，若楼阁然。从阁左转，复得平墟⑯，后即铁板嶂高列，东西危崖环绕，南面石䃺下伏，轩敞回合⑰，真仙灵所宅矣⑱！内有茅屋一楹，虚无人居。隙地上多茶树，故坎石置梯，往来其间耳。下至溪旁，有居民。遂越小剪刀峰而东，二里，入灵岩，与仲昭会。

[注释]

①石䃺（wèn）：岩石的裂纹。《方言》第六："器破而未离谓之䃺。"

②樵路：打柴人走的小路。唐李白《鸣皋歌奉饯从翁清归五崖山居》诗："鸣皋微茫在何处？五崖峡水横樵路。"

③连亘成城：这里当谓石城嶂。

④盘石：即磐石，谓大石。擎盖：伞盖。

⑤薄（bó）：逼近，靠近。片云：极少的云。

⑥俨若：宛若，好像。拱立：肃立，恭敬地站着。与上文"拱袖"义同。

⑦挟：依恃，倚仗。《孟子·万章下》："不挟长，不挟贵，不挟兄弟而友。"宋朱熹集注："挟者，兼有而恃之之称。"

⑧绝顶：谓百岗尖，当时尚无正式称谓。吴家坑：参见本日记初四日日记注⑨。

⑨黄崖层洞：当指方洞，位于灵岩以西，洞内有三处滴泉。

⑩莺嘴岩：又作鹰嘴岩，位于方洞以西、笔架峰以东。

⑪石罂更大：当指东峣阙，位于方洞以东、送子观音以西。

⑫凿坎：谓在悬崖的岩石壁上凿出石阶或孔穴。

⑬栈木为桥：谓在山岩间架木为桥。

⑭仰睇（tī）：抬头仰望。

⑮猱（náo）升：比喻像猿猴似的轻捷攀登。猱，兽名，猿类，身体便捷，善攀援。

⑯平墟：平缓的大丘。

⑰轩敞回合：宽敞明亮，山岩环绕。

⑱仙灵：神仙。

初六日 挟灵岩僧为屏霞嶂之游①。由龙鼻洞右攀石罅上②，半里，得一洞甚奇③。又上半里，崖穹路绝④，有梯倚崖端，盖烧炭者所遗。缘梯出其上，三巨石横叠两崖间，内覆石成室，跨其外者为仙桥⑤。其室空明幽敞，蔽于重岩之侧，虽无铁板嶂、石门之奇瑰攒合⑥，而幽邃自成一天⑦。复透洞左上，攀藤历栈，遂出屏霞嶂之中层，盖龙鼻顶也。崖端亦宽垲可庐⑧，后嶂犹上倚霄汉，嶂右有岩外覆，飞泉落其前。由右复攀跻崖石，几造嶂顶，为削石所阻。其侧石隙一缕，草木缘附，可以着足，遂随之下。崖间多修藤垂蔓，各采而携之。当石削不受树、树尽不受履处，辄垂藤下。如是西越石冈者五重，降升不止数里，始下临绝涧，即小龙湫上游也。其涧发源雁顶之东南⑨，右即铁板，左即屏霞，二嶂中坠为绝壑，重崖亏蔽，上下无径，非悬绠不能飞度也⑩。入涧，践石随流，东行里许，大石横踞涧中，水不能越，穴石下捣，两旁峭壁皆斗立⑪，行者路绝。乃缚木为梯升崖端，复缒入前涧下流，则横石之下，穹然中空⑫，可树十丈旗。水从石后建瓴下注⑬，汇潭漾碧，翛然沁人⑭。左右两崖，俱有洞高峙。由此而前，即龙湫下坠处也。余两次索剑泉，寺僧辄云在龙湫上，人力鲜达⑮。今仍杳然⑯，知沦没已久。欲从此横下两峰，遂可由仙桥达石室，乃斫木缚梯，盘绝巘者数四⑰，俯视独秀、双鸾诸峰⑱，近在屐底。既逼仙桥，隔崖中断，日已西，疲甚，乃返觅前辙，复经屏霞侧石室返寺，携囊过净名⑲，投宿灵峰⑳。

[注释]

①屏霞嶂：即灵岩。参见本日记三十日日记注⑬。

②龙鼻洞：又名龙鼻龛，位于灵岩寺右侧的插龙峰下。参见前选作者《游雁宕山日记》万历四十一年（1613）四月十二日日记注⑬。石罅（xià）：岩石裂缝。

③一洞甚奇：当指石室洞，位于龙鼻洞右侧山峡之上。

④穹：高。宋杨万里《游蒲涧呈周师蔡漕张舶》诗："穹岩千仞欹欲裂，仰看飞泉泻云窟。"

⑤仙桥：这里形容天然所设之桥，与本日记初七日日记所谓"王子晋仙桥"不同一。

⑥奇瑰：奇异，奇特。攒（cuán）合：聚合。

⑦幽邃（suì）：幽深僻远。一天：谓独立的天地。

⑧宽垲（kǎi）：宽敞高燥。可庐：可以造庐居住。

⑨雁顶：雁山绝顶，即百岗尖。当时尚无正式称谓。

⑩悬绠：谓攀援绳索、藤蔓。

⑪斗立：即"陡立"，指山峰、建筑物等高高地直立。斗，通"陡"。

⑫穹然：深阔貌。

⑬建瓴（líng）：即"建瓴水"之省，谓倾倒瓶中之水，形容居高临下、难以阻挡的形势。语本《史记·高祖本纪》："譬犹居高屋之上建瓴水也。"

⑭倏（shū）然：迅疾貌。宋司马光《馆宿遇雨怀诸同舍》诗："佳雨濯烦暑，倏然生晓凉。"沁人：使人感到舒适。

⑮人力鲜（xiǎn）达：谓游人脚力很少能够到达。

⑯杳（yǎo）然：形容看不到，听不见，无影无踪。

⑰绝巘（yǎn）：绝顶。巘，山，山顶。《诗·大雅·公刘》："陟则在巘，复降在原。"毛传："巘，小山，别于大山也。"

⑱独秀：即独秀峰，位于雁荡山东内谷，山形孤峭高耸，有老松生于其顶，与卓笔峰相对，两峰之间即藏珠谷，又名栖贤谷。参见前选作者《游雁宕山日记》万历四十一年（1613）四月十二日日记注⑮。双鸾：即双鸾峰，位于雁荡山东内谷天柱峰北侧、玉女峰东南，本为一峰，因巨大石隙而呈双峰并立之态，高百馀米，顶部尖小，其下圆壮，如双鸾蹲踞，故称。鸾，传说中凤凰一类的鸟。参见前选作者《游雁宕山日记》万历四十一年（1613）四月十一日日记注㉘。

⑲净名：即净名寺，雁荡山十八古刹之一，位于雁山东内谷净名谷谷口。参见前选作者《游雁宕山日记》万历四十一年（1613）四月十二日

日记注③。

⑳投宿：临时住宿。灵峰：即灵峰寺，位于雁荡山东内谷灵峰下。参见前选作者《游雁宕山日记》万历四十一年（1613）四月十一日日记注㉚。

初七日 溯寺前溪，观南碧霄冈①，轩爽无他奇②。又三里，西转，望真济寺在溪北坞中③。是溪西由断崖破峡而来，峡南峰为"五马朝天"④，峥嵘尤甚⑤。两旁逼仄石蹊⑥，内无居民，棘茅塞路。行里许，甚艰，不可穷历。北过真济寺，寺僻居北谷，游屐不到。寺右溯小溪三里，登马家山岭⑦，路甚峻。登巅，望雁顶棱簇如莲花状⑧，北瞰南阁⑨，已在屦底。飞鸟而下⑩，四里馀，得新庵，弛担于中⑪，溯南阁溪，探宕阴诸胜⑫。南阁溪发源雁山西北之箬袅岭⑬，去此三十馀里，与永嘉分界⑭。由岭而南，可通芙蓉⑮，入乐清⑯；由岭而西，走枫林⑰，则入瓯郡道也⑱。溪南即雁山之阴，山势崇拓⑲，竹木翁茸⑳，不露南面巉崿态㉑。溪北大山，自箬袅迤逦而来，皆层崖怪峰，变换阖辟㉒，与云雾争幻，至阁而止㉓。又一山北之溪㉔，自北阁来会㉕，俱东下石门潭㉖。门内平畴千亩㉗，居人皆以石门为户牖㉘，此阁所由名㉙，而南北则分以溪也㉚。南阁有章恭毅宅㉛，西入有石佛洞、散水岩、洞仙岩诸胜㉜。北阁有白岩寺旧址㉝，更西有王子晋仙桥为尤奇㉞。余冒雨穷南阁，先经恭毅宅，聚族甚盛。溯溪五里，过犁头庵㉟，南即石佛洞，以路芜不能入。西十里，至庄坞㊱，夹溪居民皆叶姓。散水岩在北坞中，石崖横亘，飞瀑悬流，岩左登岭有小庵。时暮雨，土人留宿庄坞㊲，具言洞仙院之胜㊳。

[注释]

①南碧霄冈：联系下文"轩爽"的形容，当作"南碧霄洞"，《广雁荡山志》"南碧霄冈"即作"南碧霄洞"。参见本日记二十九日注⑰。

②轩爽：轩敞高爽。

③真济寺：雁荡山十八古刹之一，故址位于灵峰寺侧三里许的真济谷，前有鸣玉溪，为南坑、北坑两条涧水所汇聚。坞：四面高中间低的地方。

④五马朝天：又名五马回槽，位于真济寺前南坑口。明陈善《游雁荡记》："五里，真济寺。由寺右行，五峰荡胸而起，曰五马朝天。"

⑤峥嵘：高峻貌。

⑥逼仄石蹊：狭窄的石路。

⑦马家山岭：位于真济寺北、南阁溪南。

⑧雁顶：这里的"雁顶"当指百岗尖以东偏北的乌岩尖（莲花峰），作者立于马家山岭，向西眺望，乌岩尖恰挡住百岗尖。棱簇：谓峰顶多条山脊凸起相聚。

⑨南阁：当谓南阁溪，位于南阁村以北、北阁村以南，东西流向。

⑩飞舄（xì）：形容健步如飞。舄，指脚。

⑪弛担：放下行李等。

⑫宕阴：雁荡山北坡。

⑬箬袅（ruò niǎo）岭：位于乐清西北境。

⑭永嘉：永嘉县，东接乐清县，明代温州府治所（今属浙江温州市）。

⑮芙蓉：明代村名（今芙蓉镇），以芙蓉峰得名，属乐清县，位于县治乐成镇北四十里。

⑯乐清：这里当谓乐成镇，为明乐清县治所在。

⑰枫林：明代地名（今枫林镇），属永嘉县，位于县城北偏东四十里，大楠溪东畔。

⑱瓯郡：谓明温州府治（今永嘉县），因瓯江得名。

⑲崇拓：高大开阔。

⑳蓊茸（wěng róng）：密盛貌。

㉑巀嶭（jié niè）：高耸。

㉒阖辟：闭合与开启。这里形容山势曲折开合的变化无穷。

㉓至阁而止：意谓具有"层崖怪峰"山势的"溪北大山"至南阁溪而止，不再绵延。

㉔山北之溪：这里谓仙溪，西北—东南流向。

㉕北阁：明代村名，位于乐清县城乐成以北六十八里（今仙溪镇），仙溪东畔，与南阁村隔南阁溪相望。

㉖石门潭：位于雁山东外谷灵峰景区东部蒲溪中流，为雁荡山第一大潭，十八滩水所汇聚，潭深处达30余米。潭两侧有断崖峭立如门。清施元孚《泛石门潭记》："石门潭为雁山东址，两巨崖对峙如门，荡阴十八水俱会而注于此门，门内外俱为巨渊，深不可测。"

㉗门：谓石门，详上注。平畴：平坦的田野。晋陶渊明《癸卯岁始春怀古田舍》诗其二："平畴交远风，良苗亦怀新。"

㉘户牖（yǒu）：门窗。《老子》："凿户牖以为室，当其无，有室之用。"

㉙此阁所由名：意谓这就是北阁村与南阁村命名的缘由。

㉚溪：谓南阁溪，详本段注⑨。

㉛章恭毅：即章纶（1413~1483），字大经，号葵心，乐清（今属浙江温州市）南阁村人。明英宗正统四年（1439）二甲第三名进士，授南

京礼部主事。明代宗景泰初为仪制郎中，因上疏忤旨，被下狱榜掠，几死。英宗复辟，擢礼部侍郎，调南京，屡有直言，为当事者所不喜，为侍郎二十年不得迁。后请老归，卒赠南京礼部尚书，谥恭毅。著有《拙斋集》、《困志集》。《明史》卷一六二有传。

㉜石佛洞：位于显胜门内东壁腰部，洞口朝向西南，内有三尊钟乳石石佛。明黄绾《游石佛洞记》："石佛在雁荡之阴，路从南阁入……计又行四五里，仰视巨石两两高数百丈，上覆复合，中空一线仅尺许。扪崖而登，入可数百步，如丹阙开阔于层霄缥缈间，曰显胜门。瀑水自门内绝壁泄下，西上有洞，深阔数十丈，石髓下滴，凝为三像，是石佛之所有名也。"散水岩：位于南阁村以西二十余里。明黄绾《游散水岩记》："人皆知龙湫之胜，而不知有散水岩。自荡阴章氏之居西行二十余里，岩谷壁立，拔地数千尺，悬瀑自岩端垂下，直捣澄潭，若白虹横空，匹练孤悬，照耀于丹屏翠壑、乔松古柏间，观者莫不心骇神眩。"洞仙岩：当位于下文所言之洞仙院附近。

㉝白岩寺：方志未见著录，故址所在不详。

㉞王子晋仙桥：为天然生成之石桥，位于雁荡山北麓仙溪上游的仙亭山上，长38米，宽7米，高40余米。传说东周灵王太子晋曾骑鹤吹箫于此，后人因称仙人桥，简称仙桥。清施元孚《入北阁登仙桥记》："仙桥在北阁谷底，去北阁村二十里。游者自村西北行十里，过龙虎关，即仰见桥如偃虹，跨于半天……桥长六十余丈，阔五丈，形若牛背，而中有线路可行……桥高百余仞，其左桥址，东延数百丈，四下壁立，恍然身为飞仙凭虚荣裔。"

㉟犁头庵：故址当在南阁溪以南的显胜门一带。

㊱庄坞：村庄名，今名庄屋，位于散水岩西南，南阁溪以北。

㊲土人：世代居住本地的人。北魏郦道元《水经注·汶水》："出谷

有平丘,面山傍水,土人悉以种麦。"

㊳洞仙院:据下文,当位于小篡厝(洞书院)以西。

初八日 雨未止。西溯溪行三里,山涧愈幽。随溪转而北,又二里,隔溪小径破云磴而入①。东渡溪,从之,忽峰回溪转,深入谷中,则烟峦历乱②。峰从庄坞之后连亘至此,又开一隙,现此瑰异③。执土人问之④,曰:"此小篡厝也⑤,洞仙尚在其外大溪上流。"复出而渡溪,里许,有溪自东来入,即洞仙坞溪矣。渡大溪,溯小溪东上,其中峰峦茅舍,与前无异。洞仙即在其内崖,倚峰北向,层篁翳之⑥。乃破莽跻石隙而入,初甚隘,最上渐宽。仍南出庄坞,东还犁头庵,终不得石佛洞道。遂出过南阁,访子晋仙桥,在北阁底尚二十里。念仲昭在新庵甚近⑦,还晤庵中。日已晡⑧,竟不及为北阁游,东趋大荆而归⑨。

[注释]

①云磴:高山上的石级。元倪瓒《题画》诗:"水榭汀桥曲曲,风林云磴层层。"

②烟峦:云雾笼罩的山峦。历乱:纷乱,杂乱。

③瑰异:谓景物卓异。北魏郦道元《水经注·庐江水》:"有孤石,介立大湖中……蠢然高峻,特为瑰异。"

④执:这里是寻找到的意思。

⑤小篡厝(zuǎn cuò):明代地名,即今洞书院,位于庄坞以西五里乐清与永嘉接壤处。

⑥篁:竹丛,竹林。翳(yì):遮蔽,隐藏。

⑦新庵：位于马家山岭下，作者一行曾置放行李处。参见本日记初七日日记注⑪。

⑧晡（bū）：申时，相当于现代计时的下午15~17时。

⑨大荆：大荆驿，又称岭店驿，元明驿站名，在乐清东北一百馀里，处于台州、温州两府间交通要道的大荆镇。参见前选作者《游雁宕山日记》万历四十一年（1613）四月十一日日记注④。

[评析]

《游雁宕山日记后》是徐霞客第三次游雁荡山的记述，与作者初游雁山已有十九年的间隔。日记有云："（三月）二十日抵天台县。至四月十六日自雁宕返。"这说明崇祯五年（1632）三月十四日至四月十八日的三十五天之内，作者在二游天台山与三游天台山期间，曾抽出二十五天的时间即三月二十一日至四月十五日再游雁荡山。然而徐霞客第二次游雁山并没有留下日记，于是引来论者的疑惑。徐霞客友人陈函辉所撰《前纪游》组诗有序云："壬申初夏，（徐霞客）同其兄仲昭过予山斋，将再穷雁宕诸胜。"可证徐霞客二游雁山并非虚妄，只不过再游雁山未登上绝顶。陈函辉于霞客卒后撰有《徐霞客墓志铭》，这样追述了其三游雁山的缘由："余席上问霞客：'君曾一造雁山绝顶否？'霞客听而色动。次日，天未晓，携双不借叩予卧榻外曰：'予且再往，归当语卿。'过十日而霞客来，言：'吾已取间道扪萝上，上龙湫三十里，有宕焉，雁所家也。再攀磴往，上十数里，正德间白云、云外两僧团瓢尚在。又复二十里许而立其巅，罡风逼人，有麋鹿数百群夜绕予宿，予三宿而始下山。'其果敢直前如此。"

《游雁宕山日记后》就是徐霞客三游雁山的记录，从明崇祯五年四月二十八日至五月初八日，历时十一天，并在雁山绝顶看到鹿群，这与《徐霞客墓志铭》所言大致不差。徐霞客之所以在二游雁山后不几天即再披行装三游雁山，正是因其根深蒂固的绝顶情结使然，陈函辉的激励则起到了促行作用。今人阮伯林先生是浙江乐清人，对雁荡山感情深厚，他对徐霞客游雁山的实地踏勘更非常人所能及。据他所著《雁山片石》考证（香港天马图书有限公司2002年版，第74~76页），徐霞客在三游雁山时已经登上雁山绝顶"百岗三尖"中的白云尖与百岗尖，只不过雁山绝顶因地理位置与游览者观察视角等因素，当时易被忽略，所以迟迟未予命名，《游记》中相关记述不够清晰也在所难免。阮先生实地考察成果值得我们重视！

初游雁山仅历时五天，来去匆匆，已见前选，此不赘述。再游雁山虽历时二十五天，却因无文字传下而迷离恍惚，或因他事缠绕而未尝尽兴也在情理之中。三游雁山，足迹遍及东外谷、东内谷、西外谷、西内谷以及荡阴的南阁、北阁诸胜，成功攀登绝顶并纠正了以前受前人误导而认为大龙湫之水源于雁湖的揣测，确定了大龙湫之水源出"百岗三尖"的白云尖（西尖）的事实。徐霞客三游雁山从黄岩开始，以后无论天窗洞探险、雁湖顶考察，还是西石梁观瀑、"百岗三尖"冲顶，乃至荡阴诸胜的游览，皆非走马观花，而是详记游踪，不厌其烦，体现了一位身兼地理学家与探险家的旅行者的科学精神。应当提及的是，徐霞客没有重蹈初游雁山探顶的复辙，年纪已八十余岁的向导卧云僧功不可没。

游五台山日记①山西太原府五台县②

癸酉七月二十八日③　出都④，为五台游。越八月初四日，抵阜平南关⑤。山自唐县来⑥，至唐河始密⑦，至黄葵渐开⑧，势不甚穹窿矣⑨。从阜平西南过石梁⑩，西北诸峰复嵝崧起⑪。循溪左北行八里，小溪自西来注，乃舍大溪，溯西溪北转，山峡渐束⑫。又七里，饭于太子铺⑬。北行十五里，溪声忽至。回顾右崖，石壁数十仞⑭，中坳如削瓜直下⑮。上亦有坳，乃瀑布所从溢者，今天旱无瀑，瀑痕犹在削坳间。离涧二三尺，泉从坳间细孔泛滥出，下遂成流。再上，逾鞍子岭⑯。岭上四眺，北坞颇开⑰，东北、西北，高峰对峙，俱如仙掌插天⑱，惟直北一隙少杀⑲。复有远山横其外，即龙泉关也⑳，去此尚四十里。岭下有水从西南来，初随之北行，已而溪从东峡中去。复逾一小岭，则大溪从西北来㉑，其势甚壮，亦从东南峡中去，当即与西南之溪合流出阜平北者。余初过阜平，舍大溪而西，以为西溪即龙泉之水也，不谓西溪乃出鞍子岭坳壁，逾岭而复与大溪之上流遇，大溪则出自龙泉者。溪有石梁曰万年㉒，过之，溯流望西北高峰而趋。十里，逼峰下，为小山所掩，反不睹嶙峋之势㉓。转北行，向所望东北高峰，瞻之愈出，趋之愈近，峭削之姿㉔，遥遥逐人㉕，二十里之间，劳于应接。是峰名五岩寨㉖，又名吴王寨，有老僧庐其上。已而东北峰下，溪流溢出，与龙泉大溪会，土人构石梁于上㉗，非龙关道所经。从桥左北行，八里，时遇崩崖矗立溪上。又二里，重城当隘口㉓，为龙泉关。

[注释]

①五台山：位于今山西省东北部的忻州市五台县境内，位列中国佛教四大名山（山西五台山、浙江普陀山、四川峨眉山、安徽九华山，分别是文殊菩萨、观世音菩萨、普贤菩萨、地藏王菩萨的道场）之首。其山体由古老结晶岩构成，北部切割深峻，五峰耸立，峰顶平坦如台，故称五台，最低处海拔仅624米。东台望海峰，海拔2795米；西台挂月峰，海拔2773米；南台锦绣峰，海拔2485米；北台叶斗峰，海拔3061米；中台翠岩峰，海拔2894米。五峰之外称台外，五峰之内称台内，台内以台怀镇为中心。五台周长约250千米，总面积2837平方千米。五台之中以北台最高，有"华北屋脊"之称。山中气候寒冷，台顶终年有冰，盛夏天气凉爽，故又称清凉山，为古今避暑胜地。五台山是中国唯一一个青庙（汉传佛教）黄庙（藏传佛教）交相辉映的佛教道场，因此汉、蒙、藏等民族在此和谐共处。五台山据传曾拥有寺庙128座，现存台内寺庙39座、台外寺庙8座，著名者如显通寺、塔院寺、菩萨顶、南山寺、黛螺顶、广济寺、万佛阁等。佛寺建筑壮丽辉煌，雕刻精美，彩塑庄严，在我国佛教史上地位重要。宋释延一《广清凉传》卷上《清凉山得名所因》："按《华严经疏》云：'清凉山者，即代州雁门郡五台山也。以岁积坚冰，夏仍飞雪，曾无炎暑，故曰清凉。五峰耸出，顶无林木，有如垒土之台，故曰五台。'海东《文殊传》云：'五台即是五方如来之座也，亦象菩萨顶有五髻。'"明释镇澄《清凉山志》卷二："五台，亦曰五峰……其东西南北四台，皆自中台发脉。一山连属，势若游龙，唯南台特秀而窝居焉。"

②太原府：唐开元十一年（723）改并州置。北宋太平兴国四年（979）复为并州，移治所于阳曲县（今太原市）；嘉祐四年（1059）复改

太原府。元太祖十一年（1216）改为太原路；大德九年（1305）改名冀宁路。明洪武元年（1368）复改太原府，清代仍之，辖境相当于今山西榆次、太谷以西至黄河东岸兴县、岢岚、岚县等地，为明清省会。1912年废。五台县：今属山西省。清顾祖禹《读史方舆纪要》卷四〇《山西二·代州·五台县》："五台县，州南百四十里，东南至盂县百二十里。汉虑虒县，属太原郡……隋大业初改曰五台，因山以名也。唐属代州，宋因之。金贞祐四年升为台州，元因之。明洪武二年复为五台县，属太原府，八年改属代州。"民国初属山西雁门道，1928年直属山西省。

③癸酉七月二十八日：即公元1633年9月1日。癸酉，明崇祯六年。

④都：明代京师，即今北京市。

⑤阜平：即阜平县，金明昌四年（1193）置，属真定府，治所即今河北阜平县，西与山西五台县交界。元代属真定路。明代属真定府。清顺治十六年（1659）废，康熙二十二年（1683）复置，移治王快镇，位于今阜平县东南五十里。后又移治今阜平县，属正定府。民国初属直隶保定道，1928年直属河北省。今属河北保定市，东与曲阳、唐县交界，东北与涞源为邻，西与山西省五台县相接，西北与山西省繁峙县接壤。清顾祖禹《读史方舆纪要》卷一四《北直五·真定府·阜平》："府西北二百五十里。西至山西五台县二百四十里，东至保定府唐县百八十里。"南关：南城门。

⑥唐县：西汉置，属中山国。唐属定州，圣历元年（698）移治今唐县西南城子村。金代移治今唐县，元代属保定路，明代属保定府。民国初直隶保定道，1928年直属河北。今属河北保定市。

⑦唐河：大清河支流，古称滱水，源出山西浑源县东南，曲折东流入河北中部白洋淀。清顾祖禹《读史方舆纪要》卷四四《山西六·浑源州》："滱水，在州东南……发源州东南五十里枪峰岭，经灵丘、广昌二

县境，出倒马关入北直唐县界，谓之唐河。"

⑧黄葵：当作"王快"，即王快镇，位于阜平县东南五十里。今阜平阳镇有王快村，其南兴修有王快水库。"黄葵"、"王快"，当系音讹，反映了作者吴方言"王黄不分"的语音特点。

⑨穹窿：又作"穹隆"，高大貌。北魏郦道元《水经注·庐江水》："庐山，彭泽之山也。虽非'五岳'之数，穹隆嵯峨，实峻极之名山也。"

⑩石梁：石桥。

⑪嵱嵷（yǒng sǒng）：高低众多貌。《汉书·扬雄传上》："陵高衍之嵱嵷兮，超纡谲之清澄。"唐颜师古注引如淳曰："嵱，上下众多貌。"

⑫山峡：两山之间的峡谷。《淮南子·原道训》："逍遥于广泽之中，而仿洋于山峡之旁。"

⑬太子铺：即今塔子铺，位于今阜平县西北，在382省道北侧。"太"、"塔"，当系音讹，反映了作者吴方言"阴入对转"的语音特点，当非古今地名变迁使然。

⑭仞：古代长度单位。七尺为一仞。一说，八尺为一仞。

⑮坳（ào）：山曲间的平地。

⑯鞍子岭：又作安子岭，位于今阜平西北三十五里处，在塔子铺以西、382省道北侧。

⑰坞：四面高中间低的地方。

⑱仙掌插天：谓群峰攒立如手掌直指苍天。

⑲少杀（shài）：稍衰，稍差。

⑳龙泉关：位于今阜平县西部偏北，有龙泉关镇龙泉关村，在382省道南侧。清顾祖禹《读史方舆纪要》卷一四《北直五·真定府·阜平》："龙泉关，县西北七十里，有上、下二关，相距二十里。下关，正统二年建，景泰二年又于迤西北筑上关城。天顺二年及成化十二年皆添设官兵戍

守。嘉靖二十五年改筑关城，守御益密。《关隘考》：龙泉关东北至倒马关百五十里，西至山西五台县百八十里，自关南北沿山曲折各数百里，所属隘口凡六十馀处，皆与山西连界，分列官军戍守。"清王昶《台怀随笔》："又十里，过石印寺尖营，为龙泉关。关有城，气象峻整。从此盘屈而上，下临绝壑，几八九里，名长城岭。"

㉑大溪：当指沙河，又名派河，即今河北潴龙河支流大沙河。清顾祖禹《读史方舆纪要》卷一四《北直五·真定府·阜平》："派河，在县北。志云：源发恒山，流经大派、小派二山而南。县治南有当城河流合焉。又县西五十里有胭脂河，县东五十里有平阳河，与县境班牛、鹞子诸河悉流入于派河。旧东南流入行唐县界，亦南流入于滹沱。"

㉒万年：即石桥万年桥。

㉓嶙峋（lín xún）：形容山峰、岩石等突兀高耸。

㉔峭削：谓山峰陡峭如削。明顾起元《客座赘语》卷九《守心戒行》："法堂后山壁峭削，中开一洞，深数尺许，因构小屋附之。"

㉕遥遥：形容摇摆不定的样子。《楚辞·九章·悲回风》："漂翻翻其上下兮，翼遥遥其左右。"姜亮夫校注："遥，犹摇；翼分左右，言其心如两翼之摇摇然，左右不定也。"

㉖五岩寨：即今五崖寨，位于今阜平县龙泉镇平石头村，即保阜高速与382省道之间。其境内有一座天然石佛堂。

㉗土人：世代居住本地的人。北魏郦道元《水经注·汶水》："出谷有平丘，面山傍水，土人悉以种麦。"

㉘隘口：险要的关隘。

初五日 进南关①，出东关。北行十里，路渐上，山渐奇，泉声渐微。既而石路陡绝，两崖巍峰峭壁②，合沓攒奇③，山树与石竞丽错绮④，不复知升陟之烦也⑤。如是五里，崖逼处复设石关二重。又直上五里，登长城岭绝顶⑥。回望远峰，极高者亦伏足下，两旁近峰拥护，惟南来一线有山隙，彻目百里。岭之上，巍楼雄峙⑦，即龙泉上关也。关内古松一株，枝耸叶茂，干云俊物⑧。关之西，即为山西五台县界。下岭甚平，不及所上十之一。十三里，为旧路岭⑨，已在平地。有溪自西南来⑩，至此随山向西北去，行亦从之。十里，五台水自西北来会⑪，合流注滹沱河⑫。乃循西北溪数里，为天池庄⑬。北向坞中，二十里，过白头庵村⑭，去南台止二十里⑮，四顾山谷，犹不可得其仿佛⑯。又西北二里，路左为白云寺⑰。由其前南折，攀跻四里，折上三里，至千佛洞⑱，乃登台间道⑲。又折而西行，三里始至。

[注释]

①南关：与下"东关"皆指龙泉关下关关口名。

②巍峰：高峻的山峰。峭壁：陡削的山崖。

③合沓：重叠，攒聚。攒奇：密集争奇。

④错绮：纵横交错。

⑤升陟：攀登。北魏郦道元《水经注·颍水》："水中有立石，高十余丈，广二十许步，上甚平整，缁素之士，多泛舟升陟，取畅幽情。"

⑥长城岭：位于今阜平县龙泉关镇马跑泉附近，与五台县接界，为冀晋咽喉要道，佛教圣地五台山的东大门。长城岭长城建于明万历元年至万历四年（1573~1576），长城岭城墙以条石做根基，墙体用柴烧大块青砖包砌，石灰固缝，内填土石。墙体上遗存有敌楼、战台、烽火台等。清高士奇《扈从西巡日录》："度长城岭，又名十八盘。岭凡二十里，关山险

隘，石磴崎岖，一松苍翠。临崖碑题'宋杨延昭挂甲树'。"

⑦雄峙：昂然屹立。

⑧干云：高入云霄。三国魏何晏《景福殿赋》："飞阁干云，浮阶乘虚。"俊物：原指杰出人物，这里喻古松。

⑨旧路岭：位于五台县东境与河北阜平县交界处。明释镇澄《清凉山志》卷二："旧路岭，（东）台东南五十余里。"

⑩溪自西南来：当指清水河，位于五台山东北。《明史·地理二》："东北有五台山，有清水河，东北流，合虒阳河，南入于滹沱。"

⑪五台水：即虒阳河，清顾祖禹《读史方舆纪要》卷四〇《山西二·代州·五台县》："虒阳河，在县东北四十里，平地涌出，西南合虑虒水。又清水河，出县东北一百六十里华岩岭，西南流，虑虒水及虒阳河俱流合焉，注于滹沱。"

⑫滹沱（hū tuó）河：位于今河北省西部，源出山西省五台山东北之泰戏山，穿割太行山，东流入河北平原，在献县与滏阳河汇合为子牙河，至天津市，会北运河入海。长540千米。清顾祖禹《读史方舆纪要》卷四〇《山西二·代州·五台县》："滹沱河，在县西南三十五里。自定襄县流入界，又东南流入盂县界。《志》云：县西三十里有泉岩河，平地发源，流入滹沱。"

⑬天池庄：故址当在今五台县金岗库乡一带。

⑭白头庵村：位于台怀镇以南、今205省道（大石线）东侧。白头庵，建于明嘉靖间，故址位于五台山南台东北十余里。明释镇澄《清凉山志》卷二："南台东北十余里。昔有行者，生而皓首，神异颇多。嘉靖间，卓庵于此，后罔知终焉。"

⑮南台：即五台山锦绣峰，海拔2485米。明释镇澄《清凉山志》卷二："南台，高三十七里，顶若覆盂，周一里。亦名锦绣峰，山峰耸峭，

烟光凝翠，细草杂花，千峦弥布，犹铺锦然，故以名焉。支山南延六十里至欻若寺。"

⑯仿佛：梗概，大略。《后汉书·班固传下》："至今迁正黜色宾监之事焕扬宇内，而礼官儒林屯朋笃论之士而不传祖宗之仿佛，虽云优慎，无乃葸欤！"唐李贤注："仿佛，犹梗概也。"

⑰白云寺：台内寺庙之一，故址位于白头庵村以北偏西，在台怀镇南10千米。

⑱千佛洞：又名佛母洞，位于白头庵村以西白云村、白云寺西南，在台怀镇南12.5千米的南台东南麓。明释镇澄《清凉山志》卷二："千佛洞，台东北崖畔。嘉靖末，道方者夜游至此，见神灯万点，既出旋入。方随入，见玉佛像森列其中，穹窿深迥。进里许，黯然闻波涛，悚怖不能出。念观音名，愿造像，忽见一灯，寻光得出。乃造石佛于洞口。"

⑲间（jiàn）道：偏僻的小路。

初六日 风怒起，滴水皆冰。风止日出，如火珠涌吐翠叶中①。循山半西南行，四里，逾岭，始望南台在前。再上为灯寺②，由此路渐峻。十里，登南台绝顶，有文殊舍利塔③。北面诸台环列，惟东南、西南少有隙地。正南，古南台在其下④，远则盂县诸山屏峙⑤，而东与龙泉峥嵘接势⑥。从台右道而下，途甚夷⑦，可骑。循西岭西北行十五里，为金阁岭⑧。又循山左西北下，五里，抵清凉石⑨。寺宇幽丽⑩，高下如图画。有石为芝形⑪，纵横各九步，上可立四百人，面平而下锐，属于下石者无几⑫。从西北历栈拾级而上⑬，十二里，抵马跑泉⑭。泉在路隅山窝间⑮，石隙仅容半蹄，水从中溢出，窝亦平敞可寺⑯，而马跑寺反在泉侧一里外⑰。又平下八里,宿于狮子窠⑱。

[注释]

①"如火珠"句:形容太阳初升于东方山峦叠翠中。火珠,即火齐珠,宝珠的一种,这里比喻旭日东升的状态。翠叶,即绿叶,这里比喻苍翠的层层山峦。

②灯寺:即金灯寺,明释镇澄《清凉山志》卷二:"金灯寺,南台东北麓,元建。成化间,一庵重修。"

③文殊舍利塔:存放文殊菩萨舍利的佛塔。文殊,佛教菩萨名,文殊师利或曼殊室利的省称。意译为"妙吉祥"、"妙德"等。其形顶结五髻,象征大日如来的五智;持剑、骑青狮,象征智慧锐利威猛。为释迦牟尼佛的左胁侍,与司"理"的普贤菩萨相对。中国传其说法道场为山西省五台山。舍利,梵语,意译"身骨"。释迦牟尼佛遗体火化后结成的坚硬珠状物,又名舍利子。《魏书·释老志》:"佛既谢世,香木焚尸。灵骨分碎,大小如粒,击之不坏,焚亦不燋,或有光明神验,胡言谓之'舍利'。弟子收奉,置之宝瓶,竭香花,致敬慕,建宫宇,谓为'塔'。"后也泛指佛教徒火化后的遗骸。

④古南台:又名皇图垴、南神顶、南神垴,位于山西五台县台怀镇东南6千米处,与古西台紫罗山、古中台文昌山、古北台青山脑、古东台东东山共称为"古五台",是五台山建寺庙最早的地方。明释镇澄《清凉山志》卷二:"古南台,台南二里。嘉靖间,香林大士卓庵其上。"

⑤盂县:明代县名,属太原府,位于太行山西侧、山西省东部,今属山西阳泉市。最初为春秋晋大夫盂丙之邑,故城在今阳曲县东北大盂镇,因县境山峦回合,中低如盂得名。清顾祖禹《读史方舆纪要》卷四〇《山西二·太原府·盂县》:"盂县,府东北二百四十里。东北至北直真定

府二百里，东南至北直井陉县百五十里，西北至代州五台县百二十里。"屏峙：如屏风般环绕峙立。

⑥龙泉：谓龙泉关附近诸山岭。龙泉关，参见本日记七月二十八日日记注⑳。峥嵘：指高峻的山峰。

⑦途甚夷：谓路途平坦。

⑧金阁岭：位于五台山南台与中台的交界处，距离台怀镇15千米。岭畔有始建于唐大历五年（770）的金阁寺，为不空三藏的弟子含光与印度那烂陀寺僧纯陀、西域僧人道仙共同设计建造的一座融中印文化于一体的梵宇花宫，规模宏大，具有十二个菩萨院落。因寺庙的殿堂屋顶全铺鎏金铜瓦，故名。后虽经"会昌灭佛"与五代兵燹，寺院一度荒废，但经历代僧人努力，特别是明嘉靖三十年（1551）再建三层七间观音大阁，铸成一尊三头四十二臂观音，终令金阁寺成为五台山著名的十大青庙之一与五大禅林之一。明释镇澄《清凉山志》卷二："金阁寺，南台西北岭畔，昔人见金阁浮空，因建寺。"

⑨清凉石：又名曼殊床、般若石，位于五台山中台南瓦厂村东北清凉谷中的清凉寺内。清凉寺距离台怀镇15千米，有一个从禅宗丛林与净土道场转变为密宗道场的过程，可惜于20世纪60年代中被毁，又于90年代后期重建。据说文殊菩萨曾于清凉石上讲经说法，因而驰名海内。明释镇澄《清凉山志》卷二："清凉石，在清凉谷岭西畔，厚六尺五寸，围四丈七尺，面方平正，自然文藻。或能容多人不隘。古者尝有头陀趺坐其上，为众说法，梵音琅琅，异状围绕，望之悚怖，近之即失。后人目其所坐之石，曰曼殊床。"

⑩幽丽：幽静美丽，这里即谓清凉寺。

⑪芝形：灵芝形，其顶平如云弥漫。灵芝，传说中的瑞草、仙草。

⑫属于下石者无几：意谓清凉石主体所附着的石基不大，照应上文

"面平而下锐"。

⑬拾（shè）级：逐级登阶。《礼记·曲礼上》："拾级聚足，连步以上。"汉郑玄注："谓前足蹑一等，后足从之并。"

⑭马跑泉：徐霞客记忆行文或有错位。根据文中所记方位与里程，此处当为今所称之"龙泉"，位于龙泉寺东侧，寺即因此泉而得名。本游记下文有"望东台、南台，俱在五六十里外，而南台外之龙泉，反若更近"数语，所述"南台外之龙泉"，当即此"马跑泉"，若然，则当时九龙岗麓已有"龙泉"之名。马刨泉又作"马跑泉"，在马刨寺（马跑寺）外，位于长城岭东侧的阜平县西境，龙泉关恰在其附近，徐霞客游览五台山路线涵盖龙泉关与长城岭，而事后于无意中又张冠李戴，而将马跑寺与马跑泉一同位移至五台山九龙岗，亦未可知。明释镇澄《清凉山志》卷二："马跑泉，台东南六十馀里。龙泉关，台东南六十里。关之东即直隶，关之西即山西。"

⑮山窝：这里指山间的凹地。

⑯可寺：谓可以建寺院。寺，用如动词。

⑰马跑寺：按《游记》所记方位及里程，此处当即今所称之龙泉寺，位于五台山台怀镇西南5千米的九龙岗山腰，在万佛洞以北偏西，始建于宋代，原为杨家将的家庙，明代嘉靖间曾加整修。据说曾有九龙作恶，文殊菩萨施法力将九龙压在山下。寺东侧有一眼清澈的龙泉，传说尚可见九条小龙的影子，龙泉寺亦因此得名。然而根据明释镇澄《清凉山志》，明代五台山台怀镇内及其附近计有佛刹六十八处，并无马跑寺及马跑泉之著录，亦无龙泉寺之著录，该书卷二所著录之龙泉寺则另有其处，位于东台外与阜平交界的旧路岭："龙泉寺，台东南旧路岭。宋建。嘉靖初，群盗纵横，往者惮之。有马大士者，不知何来，依止废寺，遇贼即杀，群盗乃绝。由是道路复通，往来无难。马公将卒，以三门托燕京大智宗主，以慈

惠及物。山之野民，靡然从化，耻为盗者，皆愿施，重修其寺。谚云：前日马那吒，今朝智菩萨。"显然此龙泉寺并非位于台怀镇西南、九龙岭山腰的龙泉寺。这座寺院在明代规模不大，且不知名，因而释镇澄未予著录。五台龙泉寺是清代以后逐渐知名的，特别是民国间精雕石牌楼的树立以及山门外一百零八级台阶的建置，更令这座龙泉寺驰名海内。或许明代此处的杨氏家庙尚无正式寺名，故令徐霞客的记述出现模糊不清的混淆乃至讹误。或谓此处马跑泉与马跑寺乃清凉泉与古清凉寺之讹写，似非。

⑱狮子窠：即大护国文殊寺，俗称狮子窝，位于五台山中台西南，在台怀镇西南10千米的山麓。始建于明万历十四年（1586），为僧智光等五十三人所建十方净土院，寺院早毁，今仅存佛塔一座，名为琉璃塔，又名万佛塔。塔基为石砌八角束腰须弥座，座上为八角十三层密檐式塔身，高35米，中空，可登至第五层。塔身面饰黄、绿、蓝三彩琉璃。明释镇澄《清凉山志》卷二："狮子窝，中台西南岭，昔人见万亿狮子游戏其中。万历丙戌，僧智光、净立等约五十三人构屋结社。唯十方学道者共居，不许子孙承业。"五台山的寺庙，除有青（汉传佛教）、黄（藏传佛教）之分外，旧时还有所谓"子孙庙"、"十方庙"之别。由本寺僧人掌管的寺庙俗称子孙庙，这类庙宇可以收徒，有师徒传承关系，财产属于本庙。供游方僧人修行并由他们轮流管理的寺庙俗称十方庙，十方庙一般禁止收徒，只接待本教教徒。五台山的文殊寺（狮子窝）就属于十方寺。

初七日 西北行十里，度化度桥①。一峰从中台下②，两旁流泉淙淙③，幽靓迥绝④。复度其右涧之桥，循山西向而上，路欹甚⑤。又十里，登西台之顶⑥。日映诸峰，一一献态呈奇。其西面，近则闭魔岩⑦，远则雁门关⑧，历历可俯而挈也⑨。闭魔岩在四十里外，山皆陡崖盘亘⑩，层累而上⑪，为此中奇处。入叩佛龛⑫，即从台北下，三里，为八功德水⑬。寺北面，左为维摩阁⑭，阁下二石耸起，阁架于上，阁柱长短，随石参差⑮，有竟不用柱者。其中为万佛阁⑯，佛俱金碧旃檀⑰，罗列辉映，不啻万尊⑱。前有阁二重，俱三层，其周庐环阁亦三层，中架复道⑲，往来空中。当此万山艰阻，非神力不能运此。从寺东北行，五里，至大道，又十里，至中台。望东台、南台⑳，俱在五六十里外，而南台外之龙泉，反若更近，惟西台、北台㉑，相与连属。时风清日丽，山开列如须眉㉒。余先趋台之南，登龙翻石㉓。其地乱石数万，涌起峰头，下临绝坞㉔，中悬独耸，言是文殊放光摄影处㉕。从台北直下者四里，阴崖悬冰数百丈，曰"万年冰"㉖。其坞中亦有结庐者㉗。初寒无几㉘，台间冰雪，种种而是㉙。闻雪下于七月二十七日，正余出都时也。行四里，北上澡浴池㉚。又北上十里，宿于北台㉛。北台比诸台较峻，余乘日色，周眺寺外。及入寺，日落而风大作。

[**注释**]

①化度桥：位于狮子窝西北十里许，在清凉桥以南三里。为古代登西台的通道。

②中台：又称翠石峰，台顶海拔2894米，面积约15万平方米。明释镇澄《清凉山志》卷二："中台，高三十九里，顶平广，周五里，一名翠岩峰。巅峦雄旷，翠霭浮空，因为名。与西、北二台接臂，南眺晋阳，北俯沙塞。有五溪发源，二溪左往清河，三溪右由西台下，出峨口，入滹沱焉。《水经》云'峨谷之水，出乎中台'，即此也。"

③淙淙（cóng cóng）：流水声。

④幽靓（jìng）：犹幽静。靓，通"静"。迥绝：远远隔绝。

⑤攲（qī）：歪斜。

⑥西台：即挂月峰，位于台怀镇西北、中台西南，海拔2773米。明释镇澄《清凉山志》卷二："西台，高三十五里，顶平广，周二里。亦名挂月峰，月坠峰巅，俨若悬镜，因以为名。其上有泉，群山拱合，岩谷幽潜。支山西北延四十里，至繁峙县界。"

⑦闭魔岩：当作秘魔岩，位于今繁峙县岩头村东北，以有龙洞、秘密寺而得名。唐释惠祥《古清凉传》卷上《古今胜迹》："西台略无可述。台之西，有秘魔岩者，昔高齐之代，有比丘尼法秘，惠心天悟，真志独拔，脱落嚣俗，自远居之。积五十年，初无转足，其禅惠之感，世靡得闻。年馀八十，于此而卒。后人重之，因以名岩焉……岩之东面，壁立数千丈，石文五色，艳似朝霞，有松树数行，植根岩腹。于是两边渐降，合于西面；中间一路，才可容身。自馀天然，状如城郭，而佛堂房宇，犹有数间。禅诵之迹，足使观者兴怀耳。"明释镇澄《清凉山志》卷二："秘魔岩，台西四十馀里，木叉和尚居此。龙洞，在秘魔岩，恳祷则龙现，见者非一。"又同卷："秘密寺，在秘魔岩。岩谷幽深，隐者星布。唐木叉和尚于此藏修，始建寺。"

⑧雁门关：一名西陉关，唐置，故址在今山西代县西北三十二里雁门关西雁门山上，北宋时为防御契丹重地。元废，明筑雁门关于今雁门关村，为山西三关之一，向为山西南北交通要冲。

⑨历历：清晰貌。《古诗十九首·明月皎夜光》："玉衡指孟冬，众星何历历。"挈（qiè）：提起，悬持。《墨子·兼爱中》："夫挈太山而越河济，可谓毕劫有力矣。"

⑩盘亘：绵延连接。

⑪层累：重叠。

⑫佛龛：指佛寺。《说郛》卷六〇引宋无名氏《鸡林志·佛龛》："龟

山有佛龛，林木益邃，传云罗汉三藏行化至此涤齿。"这里当指位于西台顶的法雷寺，此寺创建于隋代，内供狮子文殊像。当时或值衰败，寺名不彰，明释镇澄《清凉山志》卷二："法雷寺，西台，唐建，明法聚重修。"

⑬八功德水：位于西台以北三里的西来寺，海拔2500米。据说八功德水在全世界只有两处，一处在印度，一处就在五台山。又据佛经，八功德水：一澄清，异此方混浊；二清冷，异寒热；三甘美，异咸淡劣味；四轻软，异沉重；五润泽，异臭腐褪色；六安和，异急暴；七除饥渴，异生冷；八长养诸根，异损坏诸根，及渗戾增病没溺等。当地人有所谓"先有八功德水，后有五台山"之说。八功德水西来寺大约初建于公元460年至公元495年的北魏时期，是五台山首批建造的十几座寺庙之一。传说古有两印度梵僧飞临至不二对谈石，一夜之间幻化出七十二座楼宇殿阁，金碧辉煌，后学弟子为纪念祖师建庙恩德，尊为西来寺之名，沿用至今。

⑭维摩阁：又称不二楼、华严楼、三生楼，原建筑架设于八功德水西来寺以北数百米的文殊菩萨与维摩诘大士的不二对谈石上，今已不存。不二对谈石，又称"二圣对谭石"，明释镇澄《清凉山志》卷二："二圣对谭石，唐法林见淄白二叟坐谈石上，近之则失，因为名。宣公子睹异，于上建楼。"又同卷："不二楼，台西北，楼倚二圣对谈石。景泰间，宣城公子游此，遥见紫金楼跃出云表，因建重楼，拟所见也。嘉靖丙寅，永平法师慧月至此，见文殊、净名二圣对谈，须臾失之。有感，偈曰：'清凉有分归来晚，大圣无缘奉觐难。一句了然千圣外，相逢何事自颠顶。'先是，成化间有老尼居此，自忆宣公子再来，发其私隐，皆符契。将终，勒石志曰：'吾若来时，必阐《华严》，重修是楼。'月公至此，讲《华严》凡五遍矣。故时人呼为华严楼，亦曰三生楼。"所建楼当即此所称之维摩阁。此处有两大岩石相对，一南一北，皆高三丈有馀，据说文殊菩萨与维摩诘大士曾来此分踞一石，对谈佛家不二法门。维摩，梵文音译，又有维

摩诘、毗摩罗诘利帝、毗摩罗诘、无垢称、净名、灭垢鸣等不同译法，为佛陀之在家弟子，乃中印度毗舍离城之长者。虽在俗尘，然精通大乘佛教教义，其修为高远，虽出家弟子犹有不能及者。据《维摩经》载，彼尝称病，但云其病是"以众生病，是故我病"，待佛陀令文殊菩萨等前往探病，彼即以种种问答，揭示空、无相等大乘深义。我国关于维摩与文殊问答情状之雕画颇多，如唐段成式之寺塔记、长安平康坊菩萨寺佛殿之维摩变壁画皆是。

⑮参差（cēn cī）：不齐貌。

⑯万佛阁：雕塑有众多佛像的建筑。

⑰金碧：形容色彩异常华丽，光彩夺目。栴（zhān）檀：即檀香，香木名。此木材极香，可制器物，亦可入药，寺庙中用以燃烧祀佛。

⑱不啻（chì）：不仅，何止。

⑲复道：楼阁间架空的通道。也称阁道。《史记·秦始皇本纪》："秦每破诸侯，写放其宫室，作之咸阳北阪上，南临渭，自雍门以东至泾渭，殿屋复道周阁相属。"

⑳东台：又称望海峰，海拔2795米，其面积在五个台顶中最小，仅7万平方米。台上曾建有望海楼，据传登楼能远眺东海日出，故名。明释镇澄《清凉山志》卷二："东台，约高三十八里，顶若鳌脊，周三里，亦名望海峰。若夫蒸云寝壑，爽气澄秋，东望明霞，若陂若镜，即大海也，亦见沧瀛诸洲，因以为名。东溪之水，北注滹沱。支山，东南延四十里，入阜平县界。西北延二十里，入繁峙县界。"

㉑北台：山西第一高峰，也是华北第一高峰。位于台怀镇北妙德庵村云雾山山顶上，海拔3058米。台顶平广，周围2千米。明释镇澄《清凉山志》卷二："北台，高四十里（旧传三十八里，中台四十里。今登中台，不见北台地面；登北台，则见中台地面。是知北台高于中台，故易

之)。顶平广,周四里。亦名叶斗峰,其下仰视,巅摩斗杓,故以为名。风云雷雨,出自半麓。有时下方骤雨,其上曝晴,四方云气,每归朝而宿泊焉,盖龙帝之宫也。时或猛风怒雷,令人悚怖。尝有大风,吹人坠涧,若槁叶耳。东望海气,北眺沙漠,令人悲凄。登临者俯仰大观,益觉此生微茫虚幻。支山北延四十里,至繁峙川前,有众溪发源,注清河。"

㉒须眉:男子代称。这里形容作者从中台眺望其馀四台威武雄壮的感觉。

㉓龙翻石:位于五台山中台顶,有一片灰白色巨石堆积,棱角分明,被称为龙翻石。传说是文殊菩萨从东海老龙王那里取来歇龙石,老龙王的五个儿子追到五台讨还,挥舞龙爪,在台顶上乱翻乱挖形成的。实则这是冰缘地貌的记录,即由寒冻风化和冻融作用形成的地表形态。冰缘原指冰川边缘地区,现泛指无冰川覆盖的气候严寒地区,范围大体与多年冻土区相当,部分季节冻土区亦发育有冰缘现象。因此冰缘地貌又称冻土地貌。龙翻石,属于石海冰缘地貌类型。水的冻结引起基岩或土体膨胀,它会使基岩沿裂隙胀开,导致岩石崩解,产生巨石原地铺盖的现象。冻胀作用而外,热融、雪蚀、风化等作用也是龙翻石的产生原因。

㉔绝墺:同"绝壑",谓深谷。

㉕文殊:佛教菩萨名,文殊师利或曼殊室利的省称,一般称文殊菩萨。意译为"妙吉祥"、"妙德"等。其形顶结五髻,象征大日如来的五智;持剑、骑青狮,象征智慧锐利威猛。为释迦牟尼佛的左胁侍,与司"理"的普贤菩萨相对。中国传其说法道场为山西省五台山。放光摄影:古人多谓佛像上空呈现的光辉。宋邵博《邵氏闻见后录》卷二八:"五台山佛光,其传旧矣。《唐穆宗实录》:元和十五年四月四日,河东节度使裴度奏:五台山佛光寺侧,庆云现,若金仙乘狻猊,领其徒千万,自巳至申乃灭。"现代一般认为这是一种大气光学现象,即太阳相对方向处的云

层或雾层上围绕人影的彩色光环。人背太阳而立，光线通过云雾区小水滴经衍射作用所致。常见于山区，我国以峨眉山最为常见，被称为"峨眉宝光"。

㉖万年冰：位于五台山中台与北台间，因台顶气候异常寒冷，台背阴面有常年不化的冰雪，即称万年冰。明释镇澄《清凉山志》卷二："万年冰，（中）台东麓。有冰数丈，九夏不消，地多静居。"

㉗结庐者：这里指构筑茅篷房舍修炼的僧人。

㉘初寒无几：谓气候刚刚寒冷没有多久。

㉙种种：犹言各种各样，一切。

㉚澡浴池：或称万圣澡浴池寺，位于五台山中、北二台之间的岭上，始建于隋文帝时期，后经历代扩建，寺庙兴盛。因其寺中有文殊菩萨沐浴显圣之传说而闻名。宋释延一《广清凉传》卷上《五台境界》："中台北，北台南，中间有诸佛浴池一百二十所。四面是水，中心有土台，方圆三尺，号为菩萨盥掌游戏之地。其岁香气氛馥，色相光明。人熟视之，神移目乱，不敢久住，然人迹亦罕到。池中多出白云，状如队仗，有梵志、婆罗门像。"

㉛宿于北台：当谓寄宿于北台顶之灵应寺。灵应寺创建于隋代，坐北朝南，明代隆庆间曾予以重修。正殿为三间石洞，内供奉文殊菩萨。明释镇澄《清凉山志》卷二："灵应寺，北台，五台唯此山高风猛，人难措泊，往者多冻馁而死。隆庆初，释圆广与徒明来构居，开粥以济饥寒。万历丁亥，释佛秀募造文殊大像，未遂，竟以劳死。感梦慈圣施金，佛始成。遣中使陈儒载送峰顶，更建殿宇供奉，为祝釐之所。"

初八日 老僧石堂送余①，历指诸山曰："北台之下，东台，西中台，中南台，北有坞曰台湾②，此诸台环列之概也。其正东稍北,有浮青特锐者③,恒山也④。正西稍南,有连岚一抹者⑤,雁门也⑥。直南诸山⑦,南台之外,惟龙泉为独雄⑧。直北俯内外二边⑨,诸山如蓓蕾⑩,惟兹山之北护⑪,峭削层叠⑫,嵯峨之势⑬,独露一班⑭。此北台历览之概也。此去东台四十里,华岩岭在其中⑮。若探北岳⑯,不若竟由岭北下,可省四十里登降。"余颔之⑰。别而东,直下者八里,平下者十二里,抵华岩岭。由北坞下十里,始夷⑱。一涧自北,一涧自西,两涧合而群峰凑,深壑中一"壶天"也⑲。循涧东北行,二十里,曰野子场⑳。南自白头庵至此,数十里内生天花菜㉑,出此则绝种矣。由此,两崖屏列鼎峙㉒,雄峭万状㉓,如是者十里。石崖悬绝中㉔,层阁杰起㉕,则悬空寺也㉖;石壁尤奇,此为北台外护山。不从此出,几不得台山神理云㉗。

[注释]

①石堂:北台灵应寺中僧人的法号,生平无考。

②台湾:当作"台怀",即今之台怀镇。"湾"、"怀",当系音讹,反映了作者吴方言"影匣不分"的语音特点。台怀镇位于今五台山风景区的中心腹地,以其地处东台、西台、南台、北台与中台形成的怀抱之中,故称"台怀"。这里山水环绕,景色秀美,除周围五座高山以外,这里还有灵鹫峰、黛螺顶、梵仙山等较小的山峰。五台山的佛教寺院,有一半以上集中在台怀镇,显通寺、塔院寺、菩萨顶、万佛阁、罗睺寺、圆照寺、殊像寺、镇海寺等最为著名。

③浮青特锐:谓浮泛青色的陡峭山峰。

④恒山:亦名太恒山,古称玄武山、崞山、高是山、玄岳。位于今山西大同市浑源县城南10千米处,距大同市市区62千米,地跨山西、河

北,连绵数百里。参见下选作者《游恒山日记》首段注①。

⑤连岚一抹:谓山间云雾连成一片的地方。

⑥雁门:即雁门关。参见本日记初七日日记注⑧。

⑦直南:即正南。下文"直北"即正北。

⑧龙泉:即龙泉关。参见本日记七月二十八日日记注⑳。

⑨内外二边:因北方蒙古残馀势力的侵扰,明代长城分内、外两道。外长城,东起鸭绿江,西抵嘉峪关,全长一万二千七百多里,也叫"极边"、"外边"或"边墙"。《明史·兵志三》:"山西保德州河岸,东尽老营堡,凡二百五十四里。西路丫角山迤北而来,历中北路,抵东路之东阳河镇口台,凡六百四十七里。宣府西路,西阳河迤东,历中北路,抵东路之永宁四海冶,凡一千二十三里。皆逼临巨寇,险在外者,所谓极边也。"内长城,初为北齐时修建,也叫"次边"。《明史·兵志三》:"老营堡转南而东,历宁武、雁门、北楼至平刑关尽境,约八百里。又转南而东,为保定界,历龙泉、倒马、紫荆、吴王口、插箭岭、浮图峪至沿河口,约一千七十馀里。又东北为顺天界,历高崖、白羊,抵居庸关,约一百八十馀里。皆峻岭层冈,险在内者,所谓次边也。"

⑩蓓蕾(bèi lěi):花蕾,含苞未放的花。这里比喻诸山形势不够险要。

⑪兹山:谓五台山。北护:位于北方的护卫。

⑫峭削:谓山峰陡峭如削。明顾起元《客座赘语》卷九《守心戒行》:"法堂后山壁峭削,中开一洞,深数尺许,因构小屋附之。"

⑬嵯峨(cuó é):山高峻貌。

⑭一班:通"一斑",比喻事物的一小部分。宋苏轼《洞庭春色赋》:"悟此生之泡幻,藏千里于一班。"

⑮华岩岭:即今繁峙鸿门岩,位于古北台(大黄尖)东南、东台顶

以北，在今繁峙县与五台县交界处205省道（大石线）侧，海拔2523米。明释镇澄《清凉山志》卷二："华岩岭，（北）台之东南二台之间。"又同卷："大黄尖，（北）台北二十里，即古北台。"

⑯北岳：即五岳之一的恒山。清代以前朝廷祭祀北岳的典礼皆在今河北曲阳县的北岳庙举行，即以大茂山为恒山，被称为古北岳。参见孟娜、苏宗印《古北岳恒山考》（载《保定学院学报》2010年第23卷第2期）。徐霞客笔下的北岳即指位于山西浑源州的恒山。

⑰颔（hàn）：点头。表示允诺、赞许、领会等意。《左传·襄公二十六年》："逆于门者，颔之而已。"

⑱夷：平。

⑲壶天：比喻景致迷人的仙境或胜境。据《后汉书·方术传下·费长房》记述，东汉费长房为市掾时，市中有老翁卖药，悬一壶于肆头，市罢，跳入壶中。费长房于楼上见之，知为非常人。次日复诣翁，翁与俱入壶中，唯见玉堂严丽，旨酒甘肴盈衍其中，共饮毕而出。壶天，底本标点为"一壶天"，似有误解，未从。

⑳野子场：即在今鸿门岩（华岩岭）以北偏西的繁峙东山乡野子场村，位于今山西繁峙县城以东偏南45千米处、205省道（大石线）东侧。清道光《繁峙县志》卷二《村庄·南乡》著录，作"野子厂"。

㉑天花菜：即台山香蘑，或称台蘑，为五台山著名土特产。明释镇澄《清凉山志》卷二："天花，菌类，生于柴木，台山佳品也。释镇澄歌：'君不见，五台山上产灵葩，山人目之为天花。多在巅崖深险处，枯木云蒸抽菌芽。'"明王思任《游五台山记》："山尽豫章之材，居僧苦其荒塞，斧斤不力，在付之一炬，故树名柴木。得雨之后，精气怒生，菌如斗状，所云天花者也。"

㉒屏列鼎峙：谓如屏风排列，如鼎足并峙。

㉓雄峭万状：雄壮峭拔，形态多种呈现。

㉔悬绝：险峻峭绝。北魏郦道元《水经注·涑水》："路出北巇，势多悬绝，来去者咸援萝腾鉴。"

㉕杰起：卓异地兴起。

㉖悬空寺：故址位于五台山以北繁峙县野子场一带的山崖间，今已不存。作者《游恒山日记》明崇祯六年（1633）八月初十日日记："西崖之半，层楼高悬，曲榭斜倚，望之如蜃吐重台者，悬空寺也。五台北壑亦有悬空寺，拟此未能具体。"

㉗神理：犹神道。谓冥冥之中具有无上威力，能显示灵异，赐福降灾的神灵之道。《文选·谢灵运〈从游京口北固应诏〉诗》："事为名教用，道以神理超。"唐李善注："《周易》曰：'圣人以神道设教，而天下服。'"

[评析]

一般认为，徐霞客山西之行是其第十五次出游。明崇祯六年（1633）夏，四十七岁的徐霞客北上京师，七月末西行游山西五台山和恒山，然后又返回京师；再由长江直下漳州三访黄道周，未遇。写有《游五台山日记》和《游恒山日记》。具体而言，这一年徐霞客于七月二十八日离开京城，途经保定，八月初四过阜平县，初五进入山西境内，然后历时四天遍游南、西、中、北四台。初八离开五台山奔赴恒山。何以弃东台未登？原因就是听从灵应寺中僧人石堂的劝告，选走捷径北上恒山。

在《徐霞客游记》中，注重对山脉走势、水流去向的整体综合考察，是其科学精神的体现。这篇《游五台山日记》前一部分对于阜平一带即长城岭龙泉关以东山形水势的记述，绝非闲笔，对于五台山研究至关重要。至于山体的顶部形态如何，即尖顶抑或平顶，徐霞客在其长期的旅行中也积累了丰富的经验，并时时加以比较。其《粤西游日记一》崇祯十年（1637）闰四月二十一日日记，记述广西兴安县状元山的尖顶，用"高而尖圆"四字概括；《粤西游日记二》崇祯十年七月十八日日记，记述广西柳州犁冲某山的尖顶则以"尖峰弯竖，形若牛角"加以形容。《粤西游日记一》崇祯十年闰四月二十八日日记，记述广西兴安白爽村西北五座平顶山则谓："望西北五峰高突，顶若平台，可夺五台之名。"对于山西五台山的深刻印象，令这种相互比较的记述，形象具体，尤其能够显示出徐霞客旅游考察的细致性与科学性。

难能可贵的是，徐霞客所记述的五台山中台的龙翻石，具有相当的科研价值。其形态为"其地乱石数万，涌起峰头，下临绝坞"，这就是冰缘地貌的所谓"石海"现象。冰缘，原指冰川边缘地区，现指所有不被冰川覆盖的气候严寒地区，即相当于多年冻土区。冰缘地貌故又称冻土地貌，它是由多年冻土层中的冻融作用而产生的地貌，石海就是气候在地貌上打下的烙印。五台山中台海拔 2894 米，北台海拔 3058 米，其基石是滹沱系的变质砾岩和石英岩，顶面平整。裸露的富有节理而且硬度较大的块状基石可以因为冻融作用而遭到破坏。石头缝里的水冻结膨胀时所产生的压力可以使石缝增大；冰融之后，水就会渗得更深；再次冰冻时，石缝又进一步扩大，就这样循环往复、年复一年，最后基石会崩解成巨石角砾堆，从而成为石海。现在中台、北台顶上周围一里的范围内均有石海分布，岩石直径从 0.3 米至 4 米不等，极其壮观。20 世纪初，波兰的洛津斯基在第 11 届国际地质学会上发表论文《机械风化的冰缘相》，首次提出冰缘一词和冰缘相概念，指出冰缘过程和气候之间的密切联系，科学解释了冰缘地貌"石海"现象的成因。早于洛津斯基三百年左右的徐霞客尽管没有对"龙翻石"现象加以科学的解释，但瞩目于"乱石数万"绝非猎奇心理，他的客观记述并为后人留下珍贵的资料，不也是一种科学精神的体现吗？

游恒山日记[①] 山西大同府浑源州[②]

去北台七十里[③]，山始豁然[④]，曰东底山[⑤]。台山北尽，即属繁峙界矣[⑥]。

[注释]

①恒山：亦名太恒山，古称玄武山、崞山、高是山、玄岳。位于今山西大同市浑源县城南10千米处，距大同市市区62千米，地跨山西、河北，连绵数百里。其中，倒马关、紫荆关、平型关、雁门关、宁武关虎踞为险，是塞外高原通向冀中平原之咽喉要冲。恒山分东、西两峰，东为天峰岭，西为翠屏山，双峰对峙，恒水（浑河源头之一）中流，自古即为兵家必争之地。主峰天峰岭在浑源县城南，海拔2016.1米，是天下道教主流全真派圣地。天峰岭又分为东、南、北、中四座突起的峰峦：中峰恒宗，为恒山极顶；东峰紫微峰，如驼峰般与恒宗隔凹相连；南峰飞来峰，如一堵丹壁，屏立于恒宗前；北峰香炉峰，如一炷香挺立恒宗之后。此外，东峰与中峰之间还有一座圆锥形小峰，名白云峰；香炉峰西侧又有一座孤峭小峰，名五华峰。连天岭六峰与翠屏峰共成七峰，如北斗七星，因此恒山又有"七星峰"之名。恒山是经历次造山运动和历次地壳升降运动形成的一座断层山，岩层为古老的寒武纪奥陶系石灰岩，距今已有5亿年。基岩大面积裸露，风化破碎严重，峰峦均呈尖塔形，沟谷切割较深，相对高差达1000米以上。恒山悬空寺始建于1400多年前的北魏王朝后

期，历代都对悬空寺做过修缮，距地面平均高约50米，悬空寺发展了我国的建筑传统和建筑风格，其建筑特色可以概括为"奇、悬、巧"三个字，为古今著名的人文景观。

②大同府：辽重熙十三年（1044）升云州置，治所在大同县（今山西大同市）。元至元二十五年（1288）改大同路。明洪武二年（1369）复为大同府，辖境相当今山西北部内外长城之间及河北蔚县、涞源等县地。清代辖境有所扩大。1912年废。浑源州：金贞祐二年（1214）升浑源县置，治所在浑源县（今山西浑源县）。元属大同路，明代属大同府。1912年改浑源县。

③北台：五台山北台，山西第一高峰，也是华北第一高峰。位于台怀镇北妙德庵村云雾山山顶上，海拔3058米。台顶平广，周围2千米。参见前选作者《游五台山日记》崇祯六年（1633）八月初七日日记注㉑。

④豁然：开阔貌。

⑤东底山：当作"东山底"，当时村名，清道光《繁峙县志》卷二《村庄·南乡》著录"东山底"。当即今东山村，位于今繁峙县野子场以北的302省道大石线侧。此日记开篇系接写《游五台山日记》到达野子场以后的路程。

⑥繁峙：明洪武二年（1369）改坚州置，属太原府，治所在今山西繁峙县东南三里南关，八年（1375）属代州。成化三年（1467）移治东义村（今繁峙县西），万历十四年（1586）又移治石龙岗（即今繁峙县）。民国初属山西雁门道，1928年直属山西省。

初九日① 出南山②。大溪从山中俱来者③，别而西去。余北驰平陆中④，望外界之山，高不及台山十之四，其长缭绕如垣⑤，东带平邢⑥，西接雁门⑦。横而径者十五里⑧，北抵山麓⑨，渡沙河即为沙河堡⑩。依山瞰流⑪，砖甃高整⑫。由堡西北七十里，出小石口⑬，为大同西道；直北六十里⑭，出北路口⑮，为大同东道。余从堡后登山，东北数里，至峡口，有水自北而南，即下注沙河者也。循水入峡，与流屈曲，荒谷绝人。数里，义兴寨⑯。数里，朱家坊⑰。又数里，至葫芦嘴⑱。舍涧登山，循嘴而上，地复成坞⑲，溪流北行，为浑源界。又数里，为土岭⑳，去州尚六十里，西南去沙河，共五十里矣。遂止居民同姓家㉑。

[注释]

①初九日：明思宗崇祯六年八月初九日，即公元1633年9月11日。

②南山：当即南山寺，徐霞客寄宿之所。据清道光《繁峙县志》卷二《寺观》，繁峙县有两座南山寺，一在娘子崖下，一在冶口村。但此两处地名，方志未见著录，未知孰是。

③大溪：当即羊眼河，发源于山西忻州市繁峙县东山乡，全长12千米，于繁峙县砂河镇境内汇入滹沱河。

④平陆：平原，陆地。

⑤缭绕如垣（yuán）：曲折围绕如同城墙。

⑥平邢：即平型关，方志史书多作"平刑关"。位于今山西繁峙县东北边境，邻接灵丘县，为长城要口之一，地势险要，为晋北交通要冲。清光绪《繁峙县志》卷一《地理志》："又东北十里曰瓶形岭，今平刑关在焉，西南去县城百三十里。"

⑦雁门：即雁门关，一名西陉关，唐置，故址在今山西代县西北三十二里雁门关西雁门山上，北宋时为防御契丹重地。元废，明筑雁门关于今雁门关村，为山西三关之一，向为山西南北交通要冲。

⑧横而径者：当谓从两关中间横穿北上。

⑨山麓：山脚。

⑩沙河：当即滹沱河上游部分。滹沱河位于今河北省西部，源出山西省五台山东北之泰戏山，穿割太行山，东流入河北平原，在献县与滏阳河汇合为子牙河，至天津市，会北运河入海。长540千米。清顾祖禹《读史方舆纪要》卷四〇《山西二·代州·五台县》："滹沱河，在县西南三十五里。自定襄县流入界，又东南流入盂县界。志云：县西三十里有泉岩河，平地发源，流入滹沱。"沙河堡：即砂河堡，当位于今繁峙县砂河镇以北的滹沱河北岸。清道光《繁峙县志》卷二《村庄·东乡》著录："砂河堡，距城六十里。"

⑪瞰：看，俯视。

⑫砖甃（zhòu）高整：谓用砖石所砌沙河堡围墙高大严整。

⑬小石口：地名，位于今繁峙县北境，与应县相望，在大石口西南，两口皆为明长城关口。清道光《繁峙县志》卷二《村庄·北乡》著录"大石口"、"小石口"。

⑭直北：即正北。

⑮北路口：当作"北娄口"，又作"北楼口"，位于小石口、大石口东北，亦为明长城关口。

⑯义兴寨：即今义兴寨村，位于今繁峙县龙山水库以北、公路金砂线一侧。清光绪《繁峙县志》卷一《地理志》："又西为郎岭，或曰即狼牙岭，北去北楼口十里，盖天险也。南出为义兴寨，近寨有龙山，有釜山，有石人崖，有金鸡洞。"

⑰朱家坊：即今朱家坊村，位于义兴寨以北，靠近繁峙县北境。

⑱葫芦嘴：位于朱家坊东北方，以地形似葫芦而得名。距离小石口不远。

⑲坞：四面高中间低的地方。

⑳土岭：即今土岭村，位于今浑源县西南的官儿乡。

㉑止：止宿，寄宿。同姓：当谓与作者姓氏相同者，即徐姓。或谓乃姓"同"者，亦通。

初十日 循南来之涧，北去三里，有涧自西来合，共东北折而去。余溯西涧入，又一涧自北来，遂从其西登岭，道甚峻。北向直上者六七里，西转，又北跻而上者五六里①，登峰两重，造其巅，是名箭筈岭②。自沙河登山涉涧，盘旋山谷，所值皆土魁荒阜③；不意至此而忽跻穹窿④，然岭南犹复阿蒙也⑤。一逾岭北，瞰东西峰连壁陨⑥，翠蜚丹流⑦。其盘空环映者⑧，皆石也，而石又皆树⑨；石之色一也，而神理又各分妍⑩；树之色不一也，而错综又成合锦⑪。石得树而嵯峨倾嵌者⑫，幕以藻绘而愈奇⑬；树得石而平铺倒蟠者⑭，缘以突兀而尤古⑮。如此五十里，直下至阮底⑯，则奔泉一壑，自南注北，遂与之俱出坞口，是名龙峪口⑰，堡临之⑱。村居颇盛，皆植梅杏，成林蔽麓。既出谷，复得平陆。其北又有外界山环之，长亦自东而西，东去浑源州三十里，西去应州七十里⑲。龙峪之临外界，高卑远近，一如东底山之视沙河峡口诸山也⑳。于是沿山东向，望峪之东，山愈嶙嶒斗峭㉑，问知为龙山㉒。龙山之名，旧著于山西㉓，而不知与恒岳比肩㉔；至是既西涉其阈域㉕，又北览其面目，从不意中得之，可当五台桑榆之收矣㉖。东行十里，为龙山大云寺㉗，寺南面向山。又东十里，有大道往西北，直抵恒山之麓，遂折而从之，去山麓尚十里。望其山两峰亘峙㉘，车骑接轸㉙，破壁而出㉚，乃大同入倒马、紫荆大道也㉛。循之抵山下，两崖壁立,一涧中流㉜,透罅而入㉝,逼仄如无所向㉞,曲折上下,俱成窈窕㉟,伊阙双峰㊱,武彝九曲㊲,俱不足以拟之也。时清流未泛㊳,行即溯涧㊴。不知何年两崖俱凿石坎㊵,大四五尺,深及丈,上下排列,想水溢时插木为阁道者㊶,今废已久,仅存二木悬架高处,犹栋梁之巨擘也㊷。三转,峡愈隘,崖愈高。西崖之半,层楼高悬,曲榭斜倚㊸,望之如蜃吐重台者㊹,悬空寺也㊺。五台北䲡亦有悬空寺㊻,拟此未能具体㊼。仰之神飞㊽,鼓勇独登㊾。入则楼阁高下,槛路屈曲㊿。崖既蠹削㊾,为天下巨观㊿,而寺之点缀,兼能尽胜㊾。依岩结构,而不为岩石累者,仅此。而僧寮位置适序㊾,凡客坐禅龛㊾,明窗暖榻,寻丈之间㊾,肃然中雅㊾。既下,又行峡中者三四转,则洞门豁然㊾,峦壑掩映,若别有一天者㊾。又一里,涧东有门榜三重㊾,高列阜上㊾,其下石级数百层承之,则北岳恒山庙之山门也㊾。去庙尚十里,左右皆土山层叠,岳顶杳不可见㊾。止门侧土人家㊾,为明日登顶计。

[注释]

①跻(jī):犹攀登。

②箭筸(gān)岭:当即今箭杆梁,位于今浑源县官儿乡土岭村以北偏西。

③土魁:小土丘。魁,魁陵,小土丘。《国语·周语下》:"夫周,高山、广川、大薮也。故能生是良材,而幽王荡以为魁陵、粪土、沟渎,其有悛乎?"三国吴韦昭注:"小阜曰魁。"荒阜(fù):荒凉的土山。阜,土山。《诗·小雅·天保》:"如山如阜,如冈如陵。"毛传:"高平曰陆,大陆曰阜,大阜曰陵。"

④穹窿：又作"穹隆"，高大貌。北魏郦道元《水经注·庐江水》："庐山，彭泽之山也。虽非'五岳'之数，穹隆嵯峨，实峻极之名山也。"

⑤犹复阿蒙：意谓箭筈岭的南面仍然是荒凉景象。阿蒙，指三国吴吕蒙。据晋裴松之注《三国志·吴志·吕蒙传》，孙权曾劝吕蒙"宜学问以自开益"。后吕蒙苦学，笃志不倦，学识大进，鲁肃上代周瑜，过蒙言议，常欲受屈。肃拊蒙背曰："吾谓大弟但有武略耳，至于今者，学识英博，非复吴下阿蒙。"蒙曰："士别三日，即更刮目相待。"后用以谦称自己为没有学识的一介武夫。

⑥壁陨（tuí）：谓岩壁崩颓。

⑦翠蜚（fēi）丹流：为红花翠叶触目成景，富于流动感。蜚，通"飞"。

⑧盘空环映：凌空环绕映衬。

⑨石又皆树：谓岩石上皆生长有树木。

⑩神理：精神理致。分妍：谓不同的悦目效果。

⑪错综：交错综合。

⑫嵯峨（cuó é）：高峻貌。倾嵌（qiàn）：山石堆叠貌。

⑬幕：覆盖。藻绘：错杂华丽的色彩。

⑭倒蟠（pán）：倒生盘曲。

⑮突兀：奇特。古：不同凡俗。

⑯阬（gāng）：大山坡，土冈。《汉书·扬雄传上》："陈众车于东阬兮，肆玉钦而下驰。"唐颜师古注："阬，大阜也。读与'冈'同。"

⑰龙峪口：即今凌云口，有村同名，与大峪口村邻近，位于山西浑源县裴村乡，在今箭杆梁西北。在明代属于内长城的关口之一，驻有军队把守，峪口的烽台和土堡，人称"六郎城"。

⑱堡（bǔ）：堡子，即有围墙的村镇。

⑲应州：唐末置，治所在金城县（今山西应县东八里）。乾符间移治今应县。金辖境相当今山西应县、山阴、浑源等县地。元属大同路。明属大同府。1912年改应县。

⑳东底山：当作"东山底"，当时村名。参见本日记首段注⑤。

㉑嶙嶒（lín céng）：形容山石突兀。斗峭：谓山势坡度大，直上直下。斗，通"陡"。

㉒龙山：一名封龙山，海拔2266.8米，比恒山主峰还高250余米，位于今山西浑源县西南三十里。清顾祖禹《读史方舆纪要》卷四四《山西六·大同府·浑源州》："龙山，州西南四十五里。一名封龙山。夏时雨过，山气上腾如龙，因名。"清同治《浑源县志》卷二《山川》："龙山，在州西南四十里，高三里，递高二十里，盘踞八里。一名封龙山，有文殊岩，巅有萱草坡。夏日雨过，山气如虹。东北五里有玉泉山，其东连柏山，山之东北有惠岭，秀丽可爱，又名秀丽岭，下有黑龙池，云气上升，不三日而雨。其东有五峰山，上有三阳洞，盘踞又数十里。"

㉓著（zhuó）：归属。

㉔比肩：并列，居同等地位。

㉕阃（kǔn）域：境地，境界。

㉖"可当"句：意谓可以弥补五台山之行来不及畅游东台的遗憾了。全句化用《后汉书·冯异传》："（光武帝）玺书劳异曰：'赤眉破平，士吏劳苦，始虽垂翅回溪，终能奋翼渑池，可谓失之东隅，收之桑榆。'"大意即初虽有失而终得补偿。东隅，日所出处；桑榆，落日所照处。桑榆，桑树与榆树。日落时光照桑榆树端，因以指日暮。《太平御览》卷三引《淮南子》："日西垂，景在树端，谓之桑榆。"

㉗大云寺：即大云禅林，分上、下院，上院故址在龙山上，兴盛时有殿宇僧寮一百余间，僧侣众多。下院位于浑源城西荆家庄。清康熙《浑

源州志》卷上："大云禅林，一在龙山上，为上院，今废。一在城西荆家庄，为下院，今存。俱建自元魏。"从文义分析，徐霞客未登顶龙山，所过者当为大云寺下院。

㉘两峰亘峙：谓恒山的东、西两主峰。东为天峰岭（又名玄岳峰、恒宗），西为翠屏山（又名翠屏峰），两峰对峙，以金龙峡分开，地势险要。亘峙，绵延对峙。

㉙车骑（jì）接轸（zhěn）：意谓车马相衔接而行，形容人来人往众多。轸，车后横木；一说，为车厢底部四面的横木。

㉚破壁而出：谓车马如龙，仿佛从岩壁中出来，这是略带调侃意味的说法。破壁，唐张彦远《历代名画记·张僧繇》："金陵安乐寺四白龙，不点眼睛。每云'点睛即飞去'。人以为妄诞，固请点之。须臾，雷电破壁，两龙乘云腾去上天，二龙未点睛者见在。"后遂以"破壁"为龙或画龙的典故。

㉛倒马：即倒马关，又名常山关、鸿山关、鸿上关、鸱塞，位于今河北唐县西北一百一十里的倒马关乡。此关与居庸关、紫荆关合称内三关。《水经·滱水注》："滱水又东经倒马关，关山险隘，最为深峭势均。诗人高冈之病良马，傅险之困行轩，故关受其名。"清顾祖禹《读史方舆纪要》卷一〇《北直一·倒马》："倒马关，在真定府定州西北二百五十里，山西广昌县南七十里，即战国时鸿之塞也。"明代于此设两城，上城建于洪武初，景泰三年（1452）又于其南三里建下城，并设巡司、参将驻守。紫荆：即紫荆关，古名子庄关、金坡关，位于今河北易县西八十里紫荆岭上，太行七陉蒲阴。金、元以来称紫荆关。清顾祖禹《读史方舆纪要》卷一〇《北直一·紫荆》："紫荆关，在保定府易州西八十里，山西广昌县东北百里。路通宣府、大同，山谷崎岖，易与控扼，自昔为戍守处，即太行蒲阴陉也。"明初在此设千户所。

㉜一涧中流：即恒水（当地人又称唐峪河、柳河），为浑河源头之一。浑河，桑干河支流，源出山西浑源县恒山北端西麓，西流至怀仁县新桥镇附近入桑干河。

㉝罅（xià）：岩石裂缝。这里当指金龙口。明杨述程《登恒山记》："两岸峭削如门，大类吾乡剑阁诸峡，泉流峡中，澎湃奔泻。"

㉞逼仄（zè）：犹狭窄。

㉟窈窕（yǎo tiǎo）：美好貌。

㊱伊阙双峰：谓河南伊阙青山对峙、伊水中流的景致。伊阙，一名龙门，位于今河南洛阳市南二十五里，即春秋之阙塞。青山对峙，形如门阙，伊水经其间，从南往北流，故称伊阙。参见前选作者《游嵩山日记》天启三年（1623）二月二十五日日记注①。

㊲武彝九曲：谓福建九曲溪从武夷山群山间流过的景致。武彝，即武夷山，位于明建宁府崇安县（今福建武夷山市）南15千米，方圆60千米，四面有溪谷环绕，不与外山相连，构成独立的风景区，有"溪曲三三水，山环六六峰"之誉，意即九曲溪与三十六峰营造出武夷山的山水之美。九曲，即武彝溪，发源于三保山，流经星村入武夷山，折为九曲，长约7.5千米。参见前选作者《游武彝山日记》万历四十四年二月二十一日日记首段注①与注⑪。

㊳清流未泛：时值北方的枯水季节，水未上涨，故称。

㊴溯涧：逆着溪流方向沿山涧上行。

㊵石坎：石洞，石坑。

㊶阁道：栈道，即在山崖险绝处傍山架木而成的一种道路。

㊷巨擘（bò）：大拇指，常用来比喻杰出的人物。这里形容木料之大，有调侃意味。

㊸榭：建在高台上的木屋。多为游观之所。《书·泰誓上》："惟宫室

台榭。"孔传:"土高曰台,有木曰榭。"

㊹蜃(shèn)吐重台:用海市蜃楼现象来形容所见悬空寺所具有的神秘性、虚幻性的主观感受。海市蜃楼,属于大气光学现象。光线经过不同密度的空气层,发生显著折射或全反射时,把远处景物显示在空中或地面而形成的各种奇异景象,常发生在海上或沙漠地区。古人误认为蜃吐气而成,故称。语本《史记》卷二七《天官书》:"海旁蜄(蜃)气象楼台,广野气成宫阙然。云气各象其山川人民所聚积。"蜃,传说中的蛟属,古人认为它吐气能成海市蜃楼。

㊺悬空寺:位于今山西浑源县城南5千米处恒山下金龙口西崖峭壁上,始建于公元6世纪的北魏晚期。寺基建于陡壁上所凿洞穴中横插悬梁与竖插立柱之上,楼阁之间有栈道相通,地势窄险,气魄雄伟。悬空寺共有殿宇楼阁四十处,皆为木制,随崖就势,辉煌壮观,虚实相生,对称变化,高低错落,参差有致。铜铸、铁铸、泥塑、石雕等佛像八十馀尊。清桂敬顺《恒山志·迹志》:"悬空寺,在磁峡上,为北岳门户,相去尚十五里。壁岸无阶,岑楼自得……崖下千尺,即恒、滱双流奔汇处,近号磁峡。前魏道武帝天兴元年克燕,将自中山北归平城,发卒万人凿恒岭,通直道五百馀里,峡之始基也。宋杨业守三关,亦镇兵于此。敌楼戍垒,云阁虹桥,址迹都在。"

㊻五台北壑亦有悬空寺:故址位于五台山以北繁峙县野子场一带的山崖间,今已不存。参见前选作者《游五台山日记》崇祯六年(1633)八月初八日日记注㉖。

㊼具体:即具体而微,总体的各部分都具备而形状或规模较小。《孟子·公孙丑上》:"子夏、子游、子张皆有圣人之一体;冉牛、闵子、颜渊,则具体而微。"汉赵岐注:"体者,四肢股肱也……具体者,四肢皆具。微,小也。"宋朱熹集注:"具体而微,谓有其全体,但未广大耳。"

㊽神飞：犹言神往。作者《滇游日记六》崇祯十一年（1637）正月初四日日记："时余神飞玉龙阁，遂不及南下问大士阁之胜，于是仍返脊，南循峡端共一里，陟瀑布之上，登玉龙。"

㊾鼓勇：鼓足勇气。

㊿槛（jiàn）路：带有栏杆的石径。

(51)矗削：高耸陡削。

(52)巨观：大观，谓宏伟的景象。晋王济《华林园》诗："皇居伟则，芳围巨观。"

(53)尽胜：谓令胜景达到极致。

(54)僧寮：僧舍。宋陆游《贫居》诗："囊空如客路，屋窄似僧寮。"适序：得当有序。

(55)禅龛：佛堂。唐杨炯《后周明威将军梁公神道碑》："故得雕檀之妙，俯对禅龛，贝叶之文，式盈梵宇。"

(56)寻丈：泛指八尺到一丈之间的长度。《管子·明法》："有寻丈之数者，不可差以长短。"

(57)肃然中雅：意谓安定平静，秩序良好且庄重不俗。

(58)豁然：开阔貌。

(59)别有一天：另开一种境界。

(60)门榜：门前张挂的牌匾。唐薛用弱《集异记·永清县庙》："见荒庙岿然，土偶罗列，无门榜牌记，莫知谁氏。"恒山朝殿山门前分别矗立有"人天北柱"、"岳灵普照"、"北冀敷恩"三重坊上匾额。

(61)阜：土山。《诗·小雅·天保》："如山如阜，如冈如陵。"毛传："高平曰陆，大陆曰阜，大阜曰陵。"

(62)北岳恒山庙之山门：葛致巍《北岳恒山及胜迹考略》（载哲学社会科学版《河北大学学报》1987年第3期）一文有云："恒山山门早年间建

于原来的半坡村旁，位在石门峪上的磁窑口，石筑台阶分上下两层，在门洞龙凤板上刻有‘北岳恒山’四个大字，据考证为明弘治十六年（1503）书写，距今已四百七十多年。在四柱三路木牌坊上还有横匾——‘屏藩燕晋’。牌坊东侧的石碑上刻着‘塞北第一山’，此碑为明万历年间（1573~1619）所建。”山门，通常指佛寺的外门，这里专指恒山下所立之牌坊门。

(63)岳顶：北岳恒山天峰岭巅顶。杳（yǎo）：消失，不见踪影。

(64)止：寄宿。土人：世代居住本地的人。北魏郦道元《水经注·汶水》：“出谷有平丘，面山傍水，土人悉以种麦。”

十一日 风翳净尽①，澄碧如洗。策杖登岳②，面东而上，土冈浅阜，无攀跻劳③。盖山自龙泉来④，凡三重。惟龙泉一重峭削在内⑤，而关以外反土脊平旷⑥。五台一重虽崇峻⑦，而骨石耸拔⑧，俱在东底山一带出峪之处⑨。其第三重自峡口入山而北，西极龙山之顶⑩，东至恒岳之阳⑪，亦皆藏锋敛锷⑫，一临北面，则峰峰陡削，悉现岩岩本色⑬。一里，转北，山皆煤炭，不深凿即可得⑭。又一里，则土石皆赤，有虬松离立⑮，道旁亭曰望仙⑯。又三里，则崖石渐起，松影筛阴⑰，是名虎风口⑱。于是石路萦回⑲，始循崖乘峭而上。三里，有杰坊曰“朔方第一山”⑳，内则官廨、厨井俱备㉑。坊右东向拾级上㉒，崖半为寝宫㉓，宫北为飞石窟㉔，相传真定府恒山从此飞去㉕。再上，则北岳殿也㉖。上负绝壁，下临官廨，殿下云级插天㉗，庑门上下㉘，穹碑森立㉙。从殿右上，有石窟倚而室之，曰会仙台㉚。台中像群仙㉛，环列无隙。余时欲跻危崖㉜，登绝顶。还过岳殿东㉝，望两崖断处，中垂草莽者千尺㉞。为登顶间道㉟，遂解衣攀蹑而登㊱。二里，出危崖上，仰眺绝顶，犹杰然天半㊲，而满山短树蒙密㊳，槎枒枯竹㊴，但能钩衣刺领，攀践辄断折，用力虽勤，若堕洪涛㊵，汩汩不能出㊶。余益鼓勇上，久之棘尽，始登其顶。时日色澄丽㊷，俯瞰山北，崩崖乱坠㊸，杂树密翳㊹。是山土山无树，石山则有；北向俱石，故树皆在北。浑源州城一方㊺，即在山麓㊻，北瞰隔山一重，苍茫无际；南惟龙泉，西惟五台，青青与此作伍㊼；近则龙山西亘㊽，支峰东连㊾，若比肩连袂㊿，下扼沙漠者(51)。既而下西峰，寻前入峡危崖，俯瞰茫茫，不敢下。忽回首东顾，有一人飘摇于上(52)，因复上其处问之，指东南松柏间。望而趋，乃上时寝宫后危崖顶。未几，果得径，南经松柏林。先从顶上望，松柏葱青(53)，如蒜叶草茎，至此则合抱参天(54)，虎风口之松柏，不啻百倍之也(55)。从崖隙直下，恰在寝宫之右，即飞石窟也，视余前上隘，中止隔崖一片耳。下山五里，由悬空寺危崖出。又十五里，至浑源州西关外(56)。

［注释］

①风翳（yì）：谓风吹散云雾。风，用如动词。翳，云雾。宋吕祖谦《卧游录》卷一："司马太傅斋中夜坐，于时天月明净，都无纤翳。"

②策杖：拄杖。宋邵伯温《闻见前录》卷一一："公（司马光）不喜肩舆，山中亦乘马，路险，策杖以行。"

③攀跻（jī）：犹攀登。这里所说的登山路当是步云路，清桂敬顺《恒山志·迹志》："步云路，有磁砄东北来，入山初径也。蛇延百折，鸟上千盘。步骑相兼，随行替憩，再易时才望岳所。"

④龙泉：即龙泉关，位于今河北阜平县西部偏北，有龙泉关镇龙泉关

村，在382省道南侧。清顾祖禹《读史方舆纪要》卷一四《北直五·真定府·阜平》："龙泉关，县西北七十里，有上、下二关，相距二十里。下关，正统二年建，景泰二年又于迤西北筑上关城。天顺二年及成化十二年皆添设官兵戍守。嘉靖二十五年改筑关城，守御益密。《关隘考》：龙泉关东北至倒马关百五十里，西至山西五台县百八十里，自关南北沿山曲折各数百里，所属隘口凡六十馀处，皆与山西连界，分列官军戍守。"清王昶《台怀随笔》："又十里，过石印寺尖营，为龙泉关。关有城，气象峻整。从此盘屈而上，下临绝壑，几八九里，名长城岭。"

⑤峭削：谓山峰陡峭如削。明顾起元《客座赘语》卷九《守心戒行》："法堂后山壁峭削，中开一洞，深数尺许，因构小屋附之。"

⑥土脊：土丘高处像兽类脊骨似的隆起部分。平旷：平坦宽广。晋陶渊明《桃花源记》："土地平旷，屋舍俨然。"

⑦五台：即五台山，位于今山西省东北部的忻州市五台县境内，五台之中以北台最高，海拔3061米，有"华北屋脊"之称。位列中国佛教四大名山（山西五台山、浙江普陀山、四川峨眉山、安徽九华山，分别是文殊菩萨、观世音菩萨、普贤菩萨、地藏王菩萨的道场）之首。参见前选作者《游五台山日记》首段注①。崇峻：高大。

⑧骨石：通"石骨"，谓坚硬的岩石。耸拔：高耸挺拔。

⑨东底山：当作"东山底"，即今东山村，位于今繁峙县野子场以北的302省道（大石线）侧。参见本日记首段注⑤。

⑩龙山：一名封龙山，位于今山西浑源县西南三十里。参见本日记初十日日记注㉒。

⑪恒岳之阳：北岳恒山的南面。阳，山的南面或水的北面。

⑫藏锋敛锷（è）：不露锋芒。锷，刀剑的刃。

⑬岩岩：高大，高耸。《诗·鲁颂·閟宫》："泰山岩岩，鲁邦所詹。"

唐孔颖达疏："言泰山之高岩岩然，鲁之邦境所至也。"本色：本来面目。

⑭"山皆煤炭"二句：山西自古以来就是煤矿大省，浑源煤矿矿层较浅，煤质为长焰弱粘性煤，较适于露天开采。徐霞客客观地记录了当时的煤炭开采状况，可为当今研究者取资。

⑮虬松：盘屈怪异的老松。明蒋一葵《长安客话·戒坛》："辽金时所植松今尚在，围抱可四、五人，高不三丈，荫布一庭，枝干径二尺；虬曲离奇，可坐可卧。"离立：并立。《礼记·曲礼上》："离立者，不出中间。"唐孔颖达疏："又若见有二人并立，当己行路，则避之；不得辄当其中间出也。"唐杜甫《四松》诗："别来忽三岁，离立如人长。"清仇兆鳌注："两相丽之谓离。"徐霞客所记者或为恒山的"盘根松"与"悬根松"，"虎口悬松"为"恒山十八景"之一。盘根松今已不存。

⑯望仙：即望仙亭，又名望岳亭、望山亭，故址位于恒山大字岩（又名大字湾）下。清桂敬顺《恒山志·迹志》："望仙亭，在翠雪亭下。右临恒水，昼夜相攻，雷响川发。南俯平麓，高下惟田。时当初夏，麦叶被陇，山花照溪，野香难名，碧羑如熨，仿佛晋代桃花仙源。回仰集仙、琴棋，蒙茸翠裹，几讶诸天更在藤萝外矣。"今存者为1984年所重建。

⑰松影筛阴：谓日光为簇簇松针遮挡，在地面留有阴影，且随风移位，如同过筛一般。

⑱虎风口：位于大字岩下、果老岭后。清桂敬顺《恒山志·迹志》："虎风口，由步云路入山，此半途矣。风从东南来，以口为纳；风生西北，以口为出。其势折逆，其鸣咆哮。口峙木坊，旁立介石，两步前有金龙口，不传所自名。"

⑲萦回：盘旋往复。

⑳杰坊：高耸的牌坊。朔方第一山：牌坊题额，清桂敬顺《恒山志》未见著录。朔方，北方。《书·尧典》："申命和叔，宅朔方，曰幽都。"

宋蔡沈集传："朔方，北荒之地。"

㉑官廨（xiè）：官署，官吏办公的房舍。这里当指白云堂，俗称接官厅，位于恒宗峰半山腰，与飞石窟南北相对，四方院落，为接待往来官员的食宿之所。厨井：位于白云堂东侧的玄井亭中，亭内南北并列双井，称玄武井，又称潜龙井，两井相距三尺，据说水味南苦北甜，当地俗称苦甜井，今苦井早被填枯无水。"龙泉甘苦"亦为"恒山十八景"之一。

㉒拾（shè）级：逐级登阶。《礼记·曲礼上》："拾级聚足，连步以上。"汉郑玄注："谓前足蹑一等，后足从之并。"

㉓寝宫：原指帝王的宫室，这里谓恒山飞石窟内东岩龛下所建重檐歇山顶、面宽三间的殿宇，原为北岳正殿，故亦称旧殿，是恒山最早的建筑，初创于北魏。清桂敬顺《恒山志·迹志》："旧殿，在白云穴东，俗名寝宫，亦巨穴也。径偏仄，行踵趾相递。撑柱鏊底，横柴木为飞桥，亘三十武，始达穴门。桥上履声如瓮。殿三楹，结构凭虚，超发意想。穴覆空如盖，左右壁如曲屏。高松接天，目竭未极，时有老鹤往来其间。盛夏凝冰，皑皑幽壑。"

㉔飞石窟：《尚书·虞书·舜典》谓舜帝："十有一月朔巡守，至于北岳，如西礼。"有人据此附会舜帝祭祀北岳恒山途中遇雪，阻于今河北曲阳，恰从浑源飞来一块石头，舜帝即望而拜祭，从此曲阳建北岳庙，成为帝王祭祀恒山之所，而位于今河北唐县西北75千米处的大茂山就成为恒山所在地。准确地说，大茂山，雄踞于今河北保定阜平、唐县、涞源三县交界处，与曲阳北岳庙也并非同处一地。曲阳北岳庙有飞石殿（今存殿基），据说是为纪念陨石降于曲阳而建，而这又与浑源恒山飞石窟的传说不"谋"而合。明乔宇《恒山记》："庙之上有飞石窟，两岸壁立，豁然中虚。相传飞于曲阳县，今尚有石突峙，故历代凡升登者，就祠于曲阳，以为亦岳灵所寓也。"明王士性《五岳游草》卷一《恒游记》："庙之

上为飞石窟，两崖削立，窈其中，不知与曲阳石类否？"清桂敬顺《恒山志·迹志》："飞石窟，在旧殿内右侧，可容三客坐。山中如是窟者，奚止百区。讹说荒唐，不足深辨，存其名可也。""幽窟飞石"作为"恒山十八景"之首，也可见这一飞石传说在古人心目中的位置。

㉕真定府恒山：即指大茂山，又有神仙山、神尖山等别称，今多通称古北岳恒山，海拔1898米。从汉宣帝神爵元年（前61）直至清顺治十七年（1660），帝王祭祀北岳，即以此大茂山为恒山。真定府，五代唐改镇州置，治所在真定县（今河北正定县）。后晋天福七年（942）改为恒州，后汉改为镇州，寻复为真定府，后周又改镇州。北宋复为真定府，辖境相当于今河北唐河以西，藁城、元氏以北地区。元改真定路，明复为真定府，辖境东部扩大至今定州、深州、南宫等市境。

㉖北岳殿：又名元灵宫、朝殿、恒宗殿，建成于明弘治十五年（1502），单檐歇山屋宇式山门，名崇灵门，朱门铜钉，绿瓦红墙，气势壮观。山门东西两厢建有青龙、白虎二殿，正中砌筑一百〇三级石阶，倾斜达六十度，陡峭异常，令人望而生畏。北岳庙规模较为宏大，前檐为单步檐廊，西檐为歇山回廊。清桂敬顺《恒山志·迹志》："元灵宫，在岳顶下，内外三楹，倚岩为壁，沉深若思。炉香聚烟，风不即散。晓钟午磬，声若有往，信触觉逝。殿阶层九十八级，旁列杆桧，岁少亦五百载。叶匪春荣，翠靡寒谢，分行鹄立，俨然侍臣。奠神灵，修祀事，嵯峨显赫，地固莫尚于兹。"

㉗云级插天：形容大殿台阶高耸入云，属于夸张手法的运用。

㉘庑门：堂下周围的走廊、廊屋。《楚辞·九歌·湘夫人》："合百草兮实庭，建芳馨兮庑门。"宋朱熹集注："庑，堂下周屋也。"

㉙穹碑：圆顶高大的石碑。明叶襄《禹陵》诗："窆石虫书古，穹碑鸟篆工。"森立：犹林立，罗列。

㉚会仙台：又名聚仙台、会仙府，位于北岳殿以西。清桂敬顺《恒山志·迹志》："会仙府，在元灵宫西，塑列仙像，故名。府极轩敞，岩尤高空。春被翠萝，秋然红叶，棕团柳勺，晨夕其间。不必骑鹤吹笙之客，始堪把臂矣。府东为万寿亭，为文昌阁，俱极幽秀。集仙洞在府北岩上，府始基处也。"

㉛像：塑像，用如动词。群仙：道教传说中长生不老、有种种神通的人。

㉜危崖：高峻的悬崖。

㉝还过：折回来。

㉞草莽：草丛。

㉟间（jiàn）道：偏僻的小路。

㊱攀蹑：攀援，攀登。宋郭彖《睽车志》卷三："一径极高峻，乃攀蹑而登。"

㊲杰然：高耸雄伟貌。

㊳蒙密：茂密的草木。南朝宋范晔《乐游应诏诗》："遵渚攀蒙密，随山上岖嵚。"

㊴槎枒（chá yā）：树木枝杈歧出貌。

㊵洪涛：大波浪。

㊶汩汩（yù yù）：水急流貌。《文选·枚乘〈七发〉》："恍兮忽兮，聊兮慄兮，混汩汩兮。"唐吕延济注："混汩汩，相合疾流貌。"

㊷澄丽：明丽。宋司马光《景仁召饮东园呈彦升次道君锡才元子容》诗："今秋侍高宴，晴日正澄丽。"

㊸崩崖乱坠：形容山崖断层碎裂垂挂的形态。

㊹密翳（yì）：浓阴遮蔽。

㊺一方：一边，多指远处。《诗·秦风·蒹葭》："所谓伊人，在水一

方。”汉郑玄笺：“在大水之一边，假喻以言远。”

㊻山麓：山脚。

㊼青青（jīng jīng）：草木茂盛貌。《诗·卫风·淇奥》：“瞻彼淇奥，绿竹青青。”毛传：“青青，茂盛貌。”作伍：同“为伍”，即做伙伴。

㊽亘：绵延。

㊾支峰：山脉的分支。

㊿比肩连袂（mèi）：并肩而立，衣袖相连，比喻相互紧靠。

(51)下扼：谓居高临下加以控制。沙漠：这里指长城以北的广大地区，是为明代蒙古鞑靼各部活动的范围。

(52)飘摇：举止轻盈洒脱貌。

(53)葱青：草木青翠茂盛貌。三国魏阮籍《东平赋》：“瞻荒榛之荒秽兮，顾东山之葱青。”

(54)合抱：两臂环抱，形容树身粗大。参天：高耸于天空。

(55)不啻（chì）：不仅，何止。

(56)西关：西城门。

[评析]

明崇祯六年（1633）八月，徐霞客游毕五台山，又北上恒山，历时三天，完成了对“北岳”的巡礼。除悬空寺堪称惊世骇俗、难觅其偶外，无论自然景观还是人文景观，浑源恒山总的说来皆不如中岳嵩山、西岳华山丰富，也不像五台山那样夺人眼球，这与其地理位置相关，也与历代统治者开发不够有关。所幸作为旅行家的徐霞客关注点一向集中于对山脉大势、水系分布的瞩目，从而为我们留下了宝贵的历史资料。恒山山脉属于单翼断层山，南坡向阳平缓，北坡背阴陡峭。在通常情况下，向阳花木易为春，山南面草木生长当远过于北坡；然而在明代的浑源州，情况恰恰相反，山南的植被反而不如山北茂盛。徐霞客在这篇游记中两次提及这一状况：第一次是在位于恒山以南的箭筈岭一带的考察，第二次是在恒山顶上观察南北山麓的植被状况。尽管作者只是观察细致，并没有议及成因，即天寒与水分蒸发的辩证关系，但提出问题也难能可贵。至于对山脉走势以及煤炭矿藏的瞩目，也尽显游记的科学性。

值得一提的是，北岳恒山的地理位置问题。从汉宣帝神爵元年（前61）至清顺治十七年（1660）之前，帝王祭祀北岳皆以位于今河北曲阳的北岳庙为其神灵受祭之所在，恒山或称常山，则专指位于今河北保定阜平、唐县、涞源三县交界处的大茂山，而非浑源的玄岳山。唐贾岛有《北岳庙》一诗："天地有五岳，恒岳居其北。岩峦叠万重，诡怪浩难测。"诗中所谓"北岳"或"恒岳"，也当指大茂山。然而明代乐平（今山西昔阳）人乔宇（1464~1531）《恒山记》开首即云："北岳在浑源州之南，纷缀典籍，《书》著其为舜北巡狩之所，为恒山。《水经》著其高三千九百丈，为元岳。《福地记》著其周围一百三十里，为总元之天。"虽解释典籍不够审慎，但言之凿凿，北岳在浑源似无可疑，或出于其故乡情结。乔宇早生于徐霞客113年，明代临海（今属浙江）人王士性（1547~1598）早生于徐霞客40年，其《五岳游草》卷一《恒游记》亦云："余披舆地图，河北盖有两恒岳云。在曲阳者，当飞石西北百馀里，其上有玄石冢，即饮中山千日酒者。余所至乃浑源岳也。浑源左太行右洪河，翼以霍山，五台再当其案，有虞氏北巡狩所冯也。总之，在浑源者近是。"明万历二十九年（1601）进士四川杨述程《登恒山记》也以浑源为北岳所在地。徐霞客在这篇游记中也提及"相传真定府恒山从此飞去"的传言，但未深辨，证明他对恒山在浑源说已深信不疑。可见明代中叶以后，文人士大夫有认定浑源为北岳所在地的舆论倾向。明弘治十五年（1502），兵部尚书马文升上疏改祀浑源恒岳，未准，但明廷终认定浑源恒山为北岳祖庙，即上庙，河北曲阳的北岳庙为下庙，并对祖庙修缮，新建恒宗殿（元灵宫）。《明史·地理二》："浑源州，南有恒山，即北岳也，与北直曲阳县界。"《明史》为清人撰写，相当程度代表了清廷的官方立场。然而由明入清的著名经学家顾炎武专门写有《北岳辨》的长文，引经据典，坚持认为"曲阳说"的合理，并驳斥飞石的传闻说："舜北狩，大雪，止于曲阳，有石飞来，因而望祀。不知此谁见之而谁传之？"《清史稿·地理七》著录浑源州有云："恒山，北岳，顺治十七年自曲阳移祀于此。山高三千九百丈，周回数千里，横跨燕、赵，屏蔽京师。曲阳其趾，阜平其脊，州境其主峰也。"清廷的主导作用潜移默化，近代以来，人们约定俗成地认为北岳"浑源说"不可移易，显然受了清廷改祀的影响。既然如此，今人也不必再为"曲阳说"辨解了，更不必认定四百年前的徐霞客登错了山，拜错了庙。

浙游日记[1]（节选游金华兰溪溶洞）

初十日[2] 鸡鸣起饭，天色已曙。瑞峰为余束炬数枚[3]，与静闻分肩以从[4]，从朱庄后西行一里[5]，北而登岭[6]。岭甚峻，约一里，有石耸突峰头。由石畔循北山而东[7]，可达玉壶[8]；由石畔逾峰而北，即朝真洞矣[9]。洞门在高峰之上，西向穹然[10]，下临深壑，壑中居舍环聚，恍疑避秦[11]，不知从何而入。询之，即双龙洞外居人也[12]。

盖北山自玉壶西来，中支至此而尽，后复生一支，西走兰溪[13]。后支之层分而南者，一环而为龙洞坞[14]，再环而为讲堂坞[15]，三环而为玲珑岩坞[16]，而金华之界[17]，于是乎尽。玲珑岩之西，又环而为钮坑[18]，则兰溪之东界矣；再环而为白坑[19]，三环而为水源洞[20]，而崇崖巨壑，亦于是乎尽。后支层绕中支，中支西尽，颓然下坠：一坠而朝真辟焉，其洞高峙而底燥；再坠而冰壶注焉[21]，其洞深奥而水中悬；三坠而双龙窍焉[22]，其洞变幻而水平流。所谓三洞也，洞门俱西向，层累而下，各去里许，而山势崭绝[23]，俯瞰仰视，各不相见，而洞中之水，实层注焉。中支既尽，南下之脉复再起而为白望山[24]，东与杨家山骈列于北山之前[25]，而为鹿田门户者也[26]。

[注释]

①浙游日记：明崇祯九年（1636）九月十九日至十月十六日，年届

五十的徐霞客再踏征途，开始其浙江之游，这也是徐霞客以后持续四年之久"万里遐征"的开端。他从故乡江阴出发，途径南直隶（今江苏）的无锡、苏州、昆山、上海，入浙经杭州、馀杭、临安、桐庐、兰溪到达金华，后又至衢县、常州，结束了这次浙游之旅。本书即节选徐霞客《浙游日记》中游览金华、兰溪溶洞的篇章。

②初十日：谓明崇祯九年十月初十日，即公元1636年11月7日。

③瑞峰：鹿田寺僧人名。束炬：捆扎火把。

④静闻：江阴迎福寺僧人莲舟的徒弟，曾刺血书写《法华经》，发誓愿供奉于云南宾川的鸡足山。其师莲舟曾与徐霞客同游天台山。清光绪《江阴县志》卷二一《方外》有传。

⑤朱庄：明末官宦朱大典的山庄。本日记十月初九日日记："从两山夹中（指杨家山与白望山）北透而上，约共七里，则北山上倚于后，杨家山排列于前，中开平坞，巨石铺突，有因累级为台者，种竹列舍，为朱开府之山庄也朱名大典。"朱大典（1581~1646），字延之，号未孩，金华长山村人。明万历四十四年（1616）进士，初授章丘知县，历官兵部右侍郎，总督漕运，巡抚凤阳。以遭弹劾归故里。南明福王即位于南京，以原官任职，曾奉命抵御左良玉的叛军。南京沦陷，清军进攻金华，大典督军抵御，城破，阖门死难。

⑥岭：即金华山，又与赤松山合称北山，以其位处金华府城北，横跨兰溪、金华、义乌、东阳四县，故称。本日记十月初八日日记："盖金华之山，横峙东西，郡城在其阳，浦江在其北，西垂尽处则为兰溪，东则义乌也。"

⑦畔：旁边，边侧。

⑧玉壶：山名，位于今金华东北山桥乡。《清一统志·金华府·山川》："金华山……山巅双峦，曰玉壶，曰金盆。玉壶之顶有徐公湖。"

⑨朝真洞：又称真人洞，位于金华北山冰壶洞上行1千米处，海拔887米，系著名的北山三洞之一。相传古代有得道真人栖居于此，因名。洞口西向，洞穴曲折起伏，分为四段，有花瓶洞、螺丝洞、石弄堂、石棋盘、一线天诸景。

⑩穹然：深阔貌。

⑪恍疑避秦：意谓恍惚间怀疑是晋陶渊明笔下《桃花源记》中因逃避秦人苛政而与世隔绝的桃花源中人。这里指双龙洞前的洞前村，旧时交通闭塞，现代已有公路，非复旧观。

⑫双龙洞：位于金华北山，在金华城北12千米，海拔520米，系著名的北山三洞之一。以有钟乳石分悬洞口两侧，状如龙头，故称。洞分内外两部分，总面积约3300平方米。外洞石质腻洁犹如肌理，有泉水清澈，常年恒温15°C；内洞则满目钟乳，如琼楼玉阙、翠幔绮窗，千汇万状。内外洞间有一条长约12米的水道相连，仅容一小船进入，游人须仰卧于船，方能被牵引进入内洞观览。

⑬兰溪：即兰溪县，明代辖于金华府，位于金华县西北，两县接壤。

⑭坞：四面高中间低的地方。在岩溶地貌中属于岩溶谷地。这里指双龙洞前的谷地，有洞前村。

⑮讲堂：谓讲堂洞，位于金华北山九龙村之北的后山，距离村庄约1千米。该洞洞口面南，从地面朝下走，到洞内约有5~6米的高程，洞内地面平坦，岩洞呈椭圆形，西侧另有小洞。据说南朝梁刘孝标（462~521）曾在此聚徒讲学，故名。洞前谷地有九龙村。

⑯玲珑岩：位于今金华市婺城区与兰溪交界处，在双龙洞西北，其附近谷地有玲珑岩村。清嘉庆《兰溪县志》卷二《山川》："玲珑岩，在紫岩乡。"

⑰金华：明金华县（今浙江金华市），辖于金华府，位于今浙江

中部。

⑱钮坑：地名，即鸟窠岩，或称鹞窠岩，清嘉庆《兰溪县志》卷二《山川》："鹞窠岩，玲珑岩下，岩如鹞窠，广十馀丈，深五六丈，可容二三百人。""钮坑"、"鸟窠岩"，系因音讹致误。

⑲白坑：即白坑村，位于今兰溪市东南部的灵洞乡。清嘉庆《兰溪县志》卷二《山川》："洞岩山（又名灵洞山）之东，深五六十丈，东西相跨二百馀步，长五里。其山石皆白，可燔为灰。"

⑳水源洞：又名涌雪洞、下灵洞，有"地下长河"之誉，位于今兰溪市灵洞乡六洞山（又名灵洞山）西南麓，在白坑村以西，与紫霞洞、白云洞构成下、中、上三洞。

㉑洼：低陷，凹下。这里用如动词。

㉒窍：洞，孔穴。这里用如动词。

㉓崭绝：险峻陡峭。南朝宋鲍照《登庐山》诗其二："崭绝类虎牙，攒岏像熊耳。"

㉔白望山：位于今金华市北二十五里，距双龙洞约四里。

㉕杨家山：位于白望山以东。骈列：骈比排列。

㉖鹿田：鹿田山，位于今金华市北双龙乡，山麓有鹿田寺。为北出兰溪之间道。相传南宋玉女曾在此驯鹿耕田，故名。本日记十月初九日日记："北山上倚为后，杨家山排列于前，中开平坞，巨石铺突，有因累级为台者，种竹列舍，为朱开府之山庄也朱名大典。其东北石累累愈多，大者如狮象，小者如鹿豕，俱蹲伏平莽中，是为石浪，即初平叱石成羊处，岂今复化为石耶？石上即为鹿田寺，寺以玉女驱鹿耕田得名。殿前有石形似者，名驯鹿石。此寺其来已久，后为诸宦所蚕食，而郡公张朝瑞海州人，创殿存羊，屠赤水有《游纪》刻其间。"

朝真洞门轩豁①，内洞稍洼而下。秉炬深入，左有一隙如夹室②，宛转从之，夹穷而有水滴沥，然隙底仍燥，不知水从何去也。出夹室，直穷洞底，则巨石高下，仰眺愈穹，俯瞰愈深。从石隙攀跻下坠，复得巨夹，忽有光一缕自天而下。盖洞顶高盘千丈，石隙一规③，下逗天光④，宛如半月，幽暗中得之，不啻明珠宝炬矣⑤。既出内洞，其左复有两洞，下洞所入无几，上洞宛转，亦如夹室，右有悬窍，下窥无底，想即内洞之深坠处也。

出洞，仍从突石峰头南下，里许，折而西北，又里许，得冰壶洞⑥，盖朝真下坠之次重矣。洞门仰如张吻，先投杖垂炬而下，滚滚不见其底⑦；乃攀隙倚空入其咽喉，忽闻水声轰轰。愈秉炬从之，则洞之中央，一瀑从空下坠，冰花玉屑，从黑暗处耀成洁采⑧。水坠石中，复不知从何流去。复秉炬四穷，其深陷逾于朝真，而屈曲不及也。

[注释]

①轩豁：高大开阔。

②夹室：古代宗庙内堂东西厢的后部，藏五世祖以上远祖神主的地方。《释名·释宫室》："夹室，在堂两头，故曰夹也。"

③一规：谓近似于圆的孔洞。

④逗：投射。

⑤不啻（chì）：无异于，如同。以上徐霞客所记述者为岩溶地貌中的岩溶天窗形态，所谓"岩溶天窗"，即指地下河顶板的刚刚开始塌陷的、范围不大的那一部分。通过岩溶天窗可以看到地下河或溶洞大厅。作者《江右游日记》崇祯九年（1636）十二月二十九日日记记述浙江永新之梅

田洞："由洞门入，穹然而高十数丈。后洞顶忽盘空而起，四围俱削壁下垂，如悬帛万丈，牵绡回帷，从天而下者。其上复嘘窦嵌空，结蜃成阁，中有一窍，直透山顶，天光直落洞底，日影斜射上层，仰而望之，若有仙灵游戏其上者。"作者《楚游日记》崇祯十年（1637）四月十三日日记记述湖南耒阳直钓岩一溶洞："其左隅由大洞深入，石窍忽盘空而起，东迸一隙，斜透天光；其内又盘空而起，若万石之钟，透顶直上，天光一围，圆若明镜，下堕其中，仰而望之，直是井底观天也。"上举皆属岩溶天窗形态，可参考。

⑥冰壶洞：位于金华北山朝真洞下行1千米处，系著名的北山三洞之一。洞口小，腹大身长，形似冰壶，因名。洞深50余米。有磴道可下，洞中有瀑布，落差20米。瀑下无潭潜水，潜流四散。冰壶洞属于岩溶落水洞地貌，为流水沿裂隙进行溶蚀、机械侵蚀并伴随塌陷而形成，是地表水流入地下河的主要通道。作者《楚游日记》崇祯十年（1637）正月十六日日记对湖南茶陵一带的岩溶地貌落水洞成因有如下解释："岭头多漩涡成潭，如釜之仰，釜底俱有穴道直下为井，或深或浅，或不见其底，是为九十九井。始知是山下皆石骨玲珑，上透一窍，辄水捣成井。窍之直者，故下坠无底，窍之曲者，故深浅随之。"这一认识已接近现代地学理论。

⑦滚滚：谓迅速消逝。

⑧洁采：洁白的光彩。

  出洞，直下里许，得双龙洞。洞辟两门，瑞峰曰："此洞初止一门。其南向者，乃万历间水倾崖石而成者。"一南向，一西向，俱为外洞。轩旷宏爽①，如广厦高穹②，闾阖四启③，非复曲房夹室之观④。而石筋夭矫⑤，石乳下垂⑥，作种种奇形异状，此"双龙"之名所由起⑦。中有两碑最古，一立者，镌"双龙洞"三字，一仆者，镌"冰壶洞"三字，俱用燥笔作飞白之形⑧，而不著姓名，必非近代物也。流水自洞后穿内门西出，经外洞而去。俯视其所出处，低覆仅馀尺五⑨，正如洞庭左蚛之墟，须帖地而入⑩，第彼下以土⑪，此下以水为异耳。瑞峰为余借浴盆于潘姥家⑫，姥居洞口。姥饷以茶果。乃解衣置盆中，赤身伏水，推盆而进隘。隘五六丈，辄穹然高广，一石板平庋洞中⑬，离地数尺，大数十丈，薄仅数寸。其左则石乳下垂，色润形幻，若琼柱宝幢⑭，横列洞中。其下分门剖隙⑮，宛转玲珑。溯水再进，水窦愈伏，无可容入矣。窦侧石畔一窍如注，孔大仅容指，水从中出，以口承之，甘冷殊异，约内洞之深广，更甚于外洞也。要之⑯，朝真以一隙天光为奇，冰壶以万斛珠玑为异⑰，而双龙则外有二门，中悬重喔⑱，水陆兼奇，幽明凑异者矣⑲。

[注释]

①轩旷：高爽空阔。宏爽：开阔明朗。

②高穹：形容洞顶高大。双龙洞外洞洞高66馀米，深广各33馀米，面积1200多平方米，可容千人驻足。

③阊阖（chāng hé）：室门。《说文·门部》："楚人名门皆曰阊阖。"《文选·潘岳〈寡妇赋〉》："梦良人兮来游，若阊阖兮洞开。"唐李周翰注："阊阖，天门，今以为室门，盖亦通言也。"

④曲房：内室，密室。

⑤石筋：谓岩石的形状纹理。夭矫：纵恣貌。

⑥石乳：即石钟乳，又称钟乳石。石灰岩洞中悬在洞顶上的锥状物

体，由含碳酸钙的水溶液逐渐蒸发凝结而成。

⑦"此双龙之名"句：南宋学者方凤在其《金华洞天记》中认为"双龙"在内洞："伛偻踏水入内洞，有形蜿蜒，头角须尾，凡二，屈蟠隐见，爪尖皆白，石如玉，所谓双龙也。"明代嘉靖二十七年（1548）任金华知县的郑东白，在其《金华记游》中认为这升降之龙在外洞洞厅："洞门轩豁如大厦，石盖如砥错，有石乳下垂，如龙升降状。"徐霞客观点同此。现代人多认为"双龙"位于外洞口，洞口两侧分别悬着钟乳石一青一黄，酷似两龙头（须从洞厅内向洞口观览始见），两龙头在外洞，而龙身却藏在内洞，故名"双龙洞"。

⑧燥笔：中国书画术语，谓用笔含墨量甚少。飞白：亦作"飞白书"，一种特殊的书法。相传东汉灵帝时修饰鸿都门，匠人用刷白粉的帚写字，蔡邕见后，归作"飞白书"。这种书法，笔画中丝丝露白，像燥笔所写。汉魏宫阙题字，曾广泛采用。

⑨尺五：一尺五寸，极言离高处距离近。唐杜甫《赠韦七赞善》诗"时论同归尺五天"自注："俚谚曰：'城南韦杜，去天尺五。'"双龙洞外洞与内洞之间，有一块巨大岩石覆盖在一流清泉之上，水道宽丈馀，岩底仅离水面一尺左右，今人进入里洞，须用小船，人直躺于船底，小船经岩底的水面被牵引两三丈荡入内洞。

⑩"正如洞庭"二句：意谓如同太湖中洞庭东山的某些山丘可由地面匍匐而入。左衽，这里用为方位词，意指东方。明陈函辉《徐霞客墓志铭》记述墓主自言："万历丁未始泛舟太湖，登眺东西洞庭两山，访灵威丈人遗迹。"万历丁未即明万历三十五年（1607），徐霞客时年二十一岁。墟，谓山丘。一说二句意谓如同湖南洞庭湖一带少数民族的民居干栏式建筑（如吊脚楼）须从底层躬身而升室。左衽，我国古代某些少数民族的服装，前襟向左掩，异于中原一带的右衽，这里即指代少数民族。

墟，这里谓村落。

⑪第：副词。只是，只。

⑫姥（mǔ）：老妇的通称。

⑬庋（guǐ）：擎起，托出。

⑭琼柱：晶莹如玉的柱石。宝幢（chuáng）：即经幢，刻有佛号或经咒的石柱。

⑮分门剖隙：形容石笋交错丛生、或近或远的样态。

⑯要之：犹总之。

⑰万斛（hú）：极言容量之多，古代以十斗为一斛，南宋末年改为五斗。珠玑：珠宝，珠玉。这里比喻晶莹似珠玉的瀑布水流。

⑱重幄（chóng wò）：重叠的帷帐。这里形容钟乳形成的石幕。

⑲幽明：谓有形和无形的事物。《易·系辞上》："仰以观于天文，俯以察于地理，是故知幽明之故。"晋韩康伯注："幽明者，有形无形之象。"凑异：会聚奇异。

出洞，日色已中，潘姥为炊煮黄粱以待①。感其意而餐之，报之以杭伞一把②。乃别二僧③，西逾一岭。岭西复成一坞，由坞北入，仍转而东，去双龙约五里矣。又上山半里，而得讲堂洞焉。其洞亦有二门，一西北向，一西南向，轩爽高洁④，亢出双龙洞之上⑤，幽无双龙洞之黯⑥，真可居可憩之地。昔为刘孝标挥麈处⑦，今则塑白衣大士于中⑧。盖即北山后支南下第一岭，其阳回环三洞⑨，而阴又辟成此洞也。岭下坞中，居民以烧石为业⑩，其涧涸而无底流，居人俱登山汲水于讲堂之上⑪。渡涧，复西逾第二岭，则北山后支南下之第二层也。下岭，其坞甚逼⑫，然涧中有流淙淙北来⑬。又渡而西，再循岭北上，磴辟流涌⑭，则北山后支南下之第三层也。外隘而中转⑮，是名玲珑岩，去讲堂又约六里矣。坞中居室鳞次，自成洞壑，晋人桃源不是过⑯。转而西，逾其岭，则兰溪界也。下岭，为钮坑，亦有居人数十家。又逾一岭，曰思山祠⑰，则北山后支南下之第四层也，去玲珑岩西又约六里矣。时日已将坠，问洞源寺路⑱，或曰十里，或曰五里。亟下岭⑲，循涧南趋五里，暮至白坑。居人颇多，亦俱烧石。又西逾石塔岭⑳，则北山后支南下之第五层也。洞源寺即在岭后高峰之北，从此岭穿径而上仅里许，而其正路在山前下洞之旁。盖此地亦有三洞，下为水源洞，一名涌雪。上为上洞，一名白云。中为紫云洞，而其地总以"水源"名，故一寺而或名水源，或名上洞，而寺与水源洞异地。由岭上径道抵寺，故前曰五里；由水源洞下岭复上，故前曰十数里。时昏黑不辨山路，无可询问，竟循大路下山。已见一径，西岐而下㉑，强静闻从之㉒。久而不得寺，只见石窟满前㉓，径路纷错。正彷徨间，望见一灯隐隐，亟投之，则水舂也㉔。其人曰："此地即水源，由此坞北过洪桥㉕，循右岭而上，可三里，即上洞寺矣。"以深夜难行，欲止宿其中。其人曰："月色如昼，至此山径亦无他岐，不妨行也。"始悟上洞寺在北山第五层之阴。乃溯溪，西北至洪桥，自白坑来，约四里矣。渡桥，北蹑岭而上，里馀，转而东，又里馀，始得寺，强投宿焉。始闻僧有言灵洞者，因忆赵相国有"六洞灵山"诸刻㉖，岂即是耶？竟未悉而卧㉗。

[注释]

①黄粱：小米饭。

②杭伞：杭州所产的纸伞或绸布伞，属于当时有名的土特产。

③二僧：即鹿田寺僧人瑞峰与从闻，二僧是徐霞客考察金华北山三洞的向导。本日记十月初九日日记："又西二里至鹿田寺，僧瑞峰、从闻以余辈久不至，方分路遥呼，声震山谷。"

④轩爽：轩敞高爽。

⑤兀：高。

⑥幽：僻静，幽雅。黯：深黑，昏暗。

⑦刘孝标：即刘峻（462~521），字孝标，平原（今属山东德州）人。南朝梁文学家，曾注释南朝宋刘义庆编撰的《世说新语》，引书达四百馀种，驰名后世。他曾在东阳紫岩山讲学，门徒甚众。生平坎坷，不得志，死后门人谥曰玄静先生。明人张溥辑有《刘户曹集》，今人有《刘孝标集校注》，上海古籍出版社1988年出版。挥麈（zhǔ）：晋人清谈时，常挥动麈尾以为谈助。后因称谈论为挥麈。麈，即麈尾，古人闲谈时执以驱虫、掸尘的一种工具。在细长的木条两边及上端插设兽毛，或直接让兽毛垂露外面，类似马尾松。因古代传说麈迁徙时，以前麈之尾为方向标志，故称。后古人清谈时必执麈尾，相沿成习，为名流雅器，不谈时，亦常执在手。

⑧白衣大士：即白衣仙人，指观世音菩萨，被民间奉为救苦救难的神祇，因常着白衣、坐白莲中，故称。

⑨阳：古人以山南或水北为阳。

⑩烧石：煅烧石灰石以成白色硬块，旧时多用于建筑。明宋应星《天工开物·石灰》："凡石灰，经火焚炼为用。成质之后，入水永劫不坏。亿万舟楫，亿万垣墙，室隙防淫，是必由之。"

⑪"其涧涸（hé）"二句：讲堂坞属于岩溶地貌中的"干谷"地貌，即因地壳上升，从前的地表河降而为地下河，原地表的河床干涸而形

成"干谷"地貌。类似记述又见作者《滇游日记五》崇祯十一年（1638）十二月初六日日记："有枯涧自西而来，其中皆流沙没足，两傍俱回崖亘壁，夹持而来，底无滴水，而沙间白质皑皑，如严霜结沫，非盐而从地出，疑雪而非天降，则硝之类也。"讲堂洞以上地貌属于火山碎屑岩系（非岩溶地层）构造，可以汇聚裂隙水和地表水，故有水可汲。

⑫逼：狭窄。

⑬淙淙（cóng cóng）：流水声。

⑭磴砰流涌：谓石阶旁侧流水奔涌。

⑮转：宽转，即宽敞有馀地。

⑯晋人桃源：晋陶渊明作《桃花源记》，谓有渔人从桃花源入一山洞，见秦时避乱者的后裔居其间："土地平旷，屋舍俨然。有良田、美池、桑竹之属。阡陌交通，鸡犬相闻。其中往来种作，男女衣着悉如外人。黄发垂髫，并怡然自乐。"渔人出洞归，后再往寻找，遂迷不复得路。后遂用以指避世隐居的地方，亦指理想的境地。徐霞客笔下的玲珑岩坞属于溶岩槽谷地貌，底宽坡陡，旧时无公路可通，地形相对封闭，作者故以桃源称之。

⑰思山祠：即思山祠岭，位于兰溪灵洞乡北部，以旧有思山祠得名。此地又称狮山寺，谐音西山寺，今仍有西山寺村。

⑱洞源寺：又名栖真寺，位于上洞附近。

⑲亟（jí）：疾速，与"缓慢"相对。

⑳石塔岭：兰溪地名，位于灵洞乡。

㉑西岐：西岔路。岐，通"歧"。

㉒强（qiǎng）：劝勉。《周礼·地官·司谏》："掌纠万民之德而劝之朋友，正其行而强之道艺。"汉郑玄注："强犹劝也。"静闻：江阴迎福寺僧人莲舟的徒弟，曾刺血书写《法华经》，发誓愿供奉于云南宾川的鸡足

山。其师莲舟曾与徐霞客同游天台山。清光绪《江阴县志》卷二一《方外》有传。

㉓石窑：烧石灰石的窑。

㉔水舂（chōng）：即水碓，利用水力舂米的器械。明宋应星《天工开物·攻稻》："凡水碓，山国之人居河滨者之所为也。"

㉕洪桥：明代一座拱桥，如虹横跨洞源溪上。清嘉庆《兰溪县志》卷三《桥渡》："洪桥，一名洪恩。"

㉖赵相国：即赵志皋（1524～1601），字汝迈，号濲阳，金华兰溪（今属浙江）人。明隆庆二年（1568）一甲第三名进士，历官翰林编修、侍读，礼部尚书兼东阁大学士，居内阁首辅时已届七十，乞归，卒赠太傅，谥文懿，著有《灵洞山房集》、《四游稿》等。《明史》卷二一九有传。相国，古代官名，秦及汉初，其位尊于丞相，后成为宰相的尊称。这里即以相国称首辅大学士。六洞灵山诸刻：当指赵志皋手书刻石，今不存。六洞，位于今兰溪市东南4千米灵洞乡洞源村西，即涌雪、紫霞、白云、呵呵、无底、漏斗六洞。《清一统志·金华府·山川》："洞岩山……一名灵洞。洞凡六，著名者三：曰白云，曰紫霞，曰涌雪。"

㉗悉：知道，了解。

十一日　平明起，僧已出。余过前殿①，读黄贞父碑②，始知所称"六洞"者，以金华之"三洞"与此中之"三洞"，总而得六也③。出殿，则赵相国之祠正当其前，有崇楼杰阁④，集、记中所称灵洞山房者是也。余艳之久矣⑤，今竟以不意得之，山果灵于作合耶⑥！乃不待晨餐，与静闻从寺后蹑磴北上⑦，先寻白云洞⑧。洞在寺北二里。

[注释]

①前殿：谓投宿的上洞寺前殿。

②黄贞父：即黄汝亨（1558~1626），字贞父，号寓庸，钱塘（今浙江杭州）人。明万历二十六年（1598）进士，历官进贤知县、南京工部主事，改礼部，历郎中，官至江西布政司参议。擅长散文小品写作，著有《天目记游》以及《寓林集》三十八卷。

③"始知"三句：赵志皋"六洞灵山"之谓，不包括金华三洞，徐霞客似有误解。参见本日记上段注㉖。周舸岷《金华北山之游——徐霞客后期旅游探险生活的序幕》一文对此三句有注云："此处徐霞客所见有误，'六洞灵山'所指六洞均在兰溪，除徐霞客考察过的水源、紫云、白云、洞窗四洞外，尚有漏斗洞和呵呵洞。"可参考。按，漏斗洞，清光绪《兰溪县志》卷二《山川》："漏斗洞，在涌雪洞山后。按赵志皋《灵洞源记》，有洞名玉露者，今芜没无觅处。"按，呵呵洞，前志又记云："呵呵洞，在栖真寺右，洞口听之，有声呵呵然。"

④崇楼杰阁：高大雄伟的楼阁。唐韩愈《记梦》诗："隆楼杰阁磊岿高，天风飘飘吹我过。"

⑤艳：倾慕。

⑥灵于作合：意谓山有灵验，成就了我与北山诸多洞穴的奇缘。作合，《诗·大雅·大明》："文王初载，天作之合。"

⑦蹑磴（dèng）：攀登石阶上山。

⑧白云洞：即上洞，位于紫云洞之上。

一里，至岭头，逾岭而北，岭凹忽盘旋下洼如盂磬①。披莽从之②，一洞岈然③，下坠深黑④，意即所云白云而疑其隘。忽有樵者过顶上,仰而问之,曰:"白云尚在北,此洞窗也⑤。"乃复上,北行。两山夹中,又回环而成一洼,大且百丈,深数十丈,螺旋而下,而中竟无水⑥;倘置水其中,即仙游鲤湖矣⑦。然即无水,余所见山顶四环而无隙泻者,仅此也。又下,从岐左西转山夹,则白云洞在焉。洞门北向,门顶一石横裂成梁,架于其前,从洞仰视,宛然鹊桥之横空也⑧。入洞,转而左,渐下渐黑,有门穿然,内若甚深,外有石屏遥峙。从黑暗中以杖探地而入数十步,洞愈宽广,第无灯炬⑨,四顾无所见,乃返步而出。出至穿门之内,初入黑甚者,至此光定⑩,已历历可睹。乃复转屏出洞,逾岭而还。饭而出寺,仍旧路西下,二里至洪桥。未渡,复从桥左人居后半里上紫云洞。洞门西向,洞既高亢,上下平整。中有垂柱四五枚⑪,分门列户,界为内外两重。琼窗翠幄⑫,处处皆是,亦敞亦奥⑬,肤色俱胜⑭。洞之北隅复通一奥,宛转深入,以无炬而返。下渡洪桥,循涧而东,山石半削,髡为危壁⑮。其下石窟柴积,纵横塞路,即夜来无问津处也⑯。渡石梁,水源洞即在其侧。洞门南向,正跨涧上。洞口垂石缤纷⑰,中有一柱,自下属上,若擎之而起⑱;其上嵌空纷纶⑲,复辟一窦,幻作海蜃状⑳。洞内上下分二层。下层即水涧所从出,涧水已涸,出洞数步,即有水溢于涧中,盖为水碓引出洞侧也㉑。上层由洞门蹑蹬而上,渐入渐下,既下而空广愈觉无极,闻水声甚远,以无炬,不及穷㉒。

[注释]

　　①盂(yú):盛汤浆或饭食的圆口器皿。磬(qìng):寺院中诵经用的钵形打击乐器。

浙游日记 | 411

②披莽：拨开草丛。

③岈（xiā）然：深貌。唐柳宗元《始得西山宴游记》："其高下之势，岈然洼然，若垤若穴。"

④下坠深黑：作者在这里真实记述了岩溶地带的井状落水洞地貌，其深度远大于宽度，呈垂直状。可参见本日记前有关冰壶洞的注释。

⑤洞窗：或谓即今所称之漏斗洞。

⑥"两山夹中"六句：这是有关岩溶漏斗地貌（现代地学或称之为喀斯特漏斗）的典型记录，即地表因水的溶蚀或塌陷，形成类似漏斗状或碟状的封闭洼地，是地表水沿节理裂隙不断溶蚀且伴随塌陷、渗透以及溶滤作用逐渐发育而成，其深度一般远小于宽度。山夹，两山体交界处。

⑦仙游鲤湖：即福建兴化府仙游县的九鲤湖，位于仙游县东北13千米的钟山镇。据说汉武帝时，有何氏九仙在这里骑鲤升仙，故称。本书选有《游九鲤湖日记》，可参考。《游九鲤湖日记》："九仙祠即峙其西，前临鲤湖。湖不甚浩荡，而澄碧一泓，于万山之上，围青漾翠，造物之酝灵亦异矣！"仙游九鲤湖不属于岩溶地貌，其湖居于万山之上，与此"两山夹中"所形成的岩溶漏斗地貌的无水洼地似不能相提并论，此为徐霞客行文百密一疏之处。

⑧鹊桥：民间传说天上的织女七夕渡银河与牛郎相会，喜鹊来搭成桥，称鹊桥。这里用为比喻石梁横悬之状。

⑨第：副词。只是，只。

⑩光定：谓人眼处于黑暗中瞳孔放大，逐渐适应。

⑪垂柱：岩溶地貌中洞穴上悬之石钟乳与下生之石笋经过千百万年的生长逐渐相接成柱。

⑫琼窗翠幄：形容洞中钟乳石千变万化的形状与色彩，晶莹如美玉雕成的窗户，翠绿如帘幕飘舞。

⑬亦敞亦奥：谓山洞既宽敞又深不可测。奥，深。《文选·蔡邕〈郭有道碑〉》："浩浩焉，汪汪焉，奥乎不可测已。"唐李善注："深不可测。"

⑭肤色俱胜：谓钟乳石的质地与颜色皆有可喜处。

⑮髡（kūn）：剃去毛发，这里比喻石工从下部开采石灰岩的结果。危壁：陡峭的山崖。

⑯问津：寻访或探求路经。晋陶渊明《桃花源记》："南阳刘子骥，高尚士也；闻之，欣然规往。未果，寻病终。后遂无问津者。"

⑰垂石缤纷：形容山洞顶钟乳纷乱交错的样态。

⑱"中有一柱"三句：洞顶孔隙多而水流速较快，没有形成下垂钟乳的条件，故其下石笋生长至顶并无相接处，下文"其上嵌空"、"复辟一窦"云云谓此。

⑲嵌空：玲珑。唐杜甫《铁堂峡》诗："修纤无垠竹，嵌空太始雪。"清仇兆鳌注："嵌空，玲珑貌。"纷纶：众多貌。

⑳海蜃：即海市蜃楼，光线经过不同密度的空气层，发生显著折射或全反射时，把远处景物显示在空中或地面而形成的各种奇异景象，常发生在海上或沙漠地区。古人误认为蜃吐气而成，故称。这里用来比喻形态奇异、色彩缤纷似乎虚幻不真的钟乳石景象。

㉑水碓（duì）：古代利用水力舂米的器械。参见本文前"水舂"注。

㉒穷：穷尽。

出坐洞口擎柱内，观石态古幻①。念两日之间，于金华得四洞，于兰溪又得四洞，昔以六洞凑灵②，余且以八洞尽胜，安得不就此一为殿最③：双龙第一，水源第二，讲堂第三，紫霞第四，朝真第五，冰壶第六，白云第七，洞窗第八，此由金华八洞而等第之④。

若夫新城之墟⑤，聿有洞山⑥，两洞齐启，左明右暗，明览云霞，暗分水陆，其中仙田每每，塍叠波平，琼户重重，隘分窦转⑦。以斯洞之有馀，补洞窗之不足，法彼入此⑧，当在双龙、水源之间，非他洞之所得侔也⑨。品第久之，始与静闻别洞源而去。过夜来问津之春，循西岭出坞，西南行十五里，而达于兰溪之南关⑩。

入旅肆，顾仆犹未饭⑪，亟饭而觅舟。时因援师之北⑫，方籍舟以待⑬，而师久不至。忽有一舟自北来，亟附之，乃布舟也。其意犹未行，而籍舟者复至，乃刺舟五里⑭，泊于横山头⑮。

[注释]

①古幻：奇特古朴，变幻无常。

②六洞凑灵：谓明人赵志皋等对于所谓"六洞灵山"命名。参见本日记前"始知"三句注。

③殿最：古代考核政绩或军功，下等称为"殿"，上等称为"最"。这里即指作者对于八个山洞等级高低上下的评定。

④金华：这里谓金华府，意指金华与兰溪两县的八个山洞。

⑤新城：古县名，三国吴黄武五年（226）分富春县置。《郡县释名·浙江上》："今邑而城之，故云新城。"故治在今浙江杭州市富阳区新登镇东，属东安郡。后屡有兴废，明清属杭州府，民国三年（1914）改新登县，今改新登镇，属富阳区。墟：大丘，山。徐霞客浙游，于此前七天曾经过新城，考察其地周围水系与山脉。

⑥聿（yù）：助词。用于句首或句中。洞山：位于今富阳市西北万市镇与桐庐县交界的山区。

⑦"两洞齐启"八句：承《浙游日记》初四日日记的有关描写（本

书未选），复述洞山的明洞与幽洞之区别，又分述幽洞干、水两个溶洞形态的不同。本日记初四日日记："（灵隐）庵后危壁倚空，叠屏耸翠，屏之南即明洞也……再南即为幽洞。二洞并启，中间石壁，色轻红若桃花。洞口高悬，内若桥门之覆空，得呼声辄传响不绝，盖其内空峒无底也。廿丈之内，忽一转而北，一转而南。北者为干洞，拾级而上，如登橑蹑阁。三十丈后，又转而南，辟一小阁，颇觉幽异。南者为水洞，一转即仙田成畦，塍界层层，水满其中，不流不涸。"清刘献廷《广阳杂记》卷一："方日生曰：新城有洞山，长六七里，火而行，或广或狭，不一其处。偶一咳唾，响应若雷，六七声乃止。"明览云霞，形容明洞中钟乳石灿若云霞的形态。暗分水陆，形容幽洞又有干洞与水洞的分殊。仙田，每每，原意为草盛貌，语本《左传·僖公二十八年》："听舆人之诵曰：'原田每每，舍其旧而新是谋。'"晋杜预注："喻晋军美盛，若原田之草每每然。"作者《粤西游日记四》崇祯十一年（1638）二月二十六日日记记述在庆远府（今广西宜州市）九龙洞之仙田地貌："直进十馀丈，转而东，下虽平，而石纹涌起，屈曲分环，中有停潦，遂成仙田。东二丈，忽下陷为深坑。由坑上南崖伛偻而出坑之东，其下亦平，而仙田每每与西同。"塍（chéng），田埂，畦田。琼户，形容石钟乳的洞穴。所谓"仙田"，又称仙人田、石田、石田坝，系岩溶洞穴堆积的形态之一。所谓"洞穴堆积"，是指洞穴中堆积的各种不同成因的堆积物，包括碎屑堆积、化学沉积、河流冲积物、有机充填物以及混合充填物，等等。仙田地貌属于化学沉积物，它又分滴水形态、水下形态和流水形态三种。滴水形态是指各种形态的石钟乳以及石柱、石笋等，水下形态包括各种石果、石珠等，流水形态包括边石、石田、石盘、石荷叶等，徐霞客称之为石榻、仙人田、石棋盘、石田、珠盘、石盆、石床、荔枝盆，等等。仙田等的成因为溶洞底部凸凹不平，形成一块块浅小积水区，由于含有碳酸钙的水在积水区边缘蒸发较快，遂沿其曲折的边缘析出结晶，长年积累，形成稍高于积水小区的沉淀，一块一块犹如畦垄纵横的水田，故称仙田。作者《粤西游日记三》崇祯十年（1637）十月二十日日记："其上有石盆一圆，径尺馀，深四寸，皆石髓所凝，雕镂不逮。"

⑧法彼入此：意谓以洞山水洞的标准再来为这八个溶洞排序。法，标准，模式。

⑨侔（móu）：齐等，相当。

⑩南关：兰溪县南城门（明德门）一带。

⑪顾仆：徐霞客所雇用的顾姓仆人顾行。

⑫援师之北：明崇祯九年即清太宗皇太极崇德元年（1636）七月，清阿济格率兵入长城大举侵掠，过保定，至安州，连破十二城，俘获人畜十八万有奇，形势紧张。《明史》卷二三《庄烈帝本纪一》："（崇祯九年）秋七月……癸丑，诏诸镇星驰入援……乙未，卢象升入援，次真定。丙申，唐王聿键起兵勤王，勒还国，寻废为庶人。"本日记初八日日记："初八日，早登浮桥，桥内外诸舡鳞次，以勤王师自衢将至，封桥聚舟，不听上下也。"

⑬籍（jí）舟：谓明廷登记征用船只。

⑭刺舟：撑船，划船。

⑮横山头：当指兰溪横山乡码头。横山乡，清光绪《兰溪县志》卷一《乡都》："横山乡清江里，旧名从善，在甘棠乡东南，东临婺港，北滨衢江，南界汤溪，西界万檀溪。领都三图七。"

[评析]

明崇祯六年（1633），徐霞客有山西之行，赴五台，游恒山，北归后又第三次赴漳州，行色匆匆。崇祯七年至八年（1634～1635），徐霞客家居两年有余，忙于儿女婚嫁事务，向平愿了之后，于崇祯九年（1636）九月十九日开始了他从南直隶、浙江开始的"万里遐征"。这一年徐霞客已经年届五十一岁，在将近四年的旅程中，他由浙江而江西、湖南、广西、贵州、云南，足迹几乎踏遍祖国西南地区，这一阶段的《游记》为后世留下了极其宝贵的地学资料。徐霞客研究者一般将其游踪大致分为两大阶段，五十岁以前的旅途为前期，五十一岁以后将近四年的旅途为后期。徐霞客的后期旅途已经摆脱了其前期旅游多局限于旅行家与探险家的面貌，而染有相当的地理学家本色了，《浙游日记》正是开端之作。徐霞客对于八个溶洞的精准考察与描述，奠定了他在世界喀斯特地貌研究方面先行者的地位。

徐霞客这次浙游，从崇祯九年九月十九日至十月十六日历时三十四天，陪同者有其家乡江阴的迎福寺僧人莲舟的徒弟静闻，还有顾行、王二两位仆从。十月初五日，半途中王二逃走。徐霞客从家乡乘醉放舟，南下无锡，途经苏州、昆山、青浦、佘山等南直隶府县，九月二十五日由嘉善始进入浙江，经乌镇、杭州至馀杭，十月初三日舍舟步行，经临安、新城，考察了洞山二溶洞，原准备陆路至浙西淳安一带考察，后因仆从王二遁去，"不便于陆，仍就水道"，东南行至桐庐，于初七日抵兰溪。经过一番问询考察，对于金华北山的大致走势与溶洞有了初步的了解，决定放弃北山东段芙蓉峰的登临，而一意向西，游金华三洞与兰溪六洞，并选取八洞，从专业的地学角度加以品评，排出次第。徐霞客在金华府有关溶洞的一系列考察集中于十月初十日至十一日两天，本书即选此二日日记加以选注，当系其《浙游日记》的菁华所在。十月十二日，徐霞客一行离开金华，乘舟西行经龙游、衢州，十月十六日抵常山县，结束了浙游旅程，进入江西境内，开始了以下《江右游日记》的书写。

清潘耒序《徐霞客游记》有云："其行不从官道，但有名胜，辄迂回屈曲以寻之；先审视山脉如何去来，水脉如何分合，既得大势后，一丘一壑，支搜节讨。"吕学斌《徐霞客与金华岩溶地貌》一文认为"金华北山大地构造单元属于浙西钱塘台拗，古生代为拗陷地带"，因而："石炭—二叠纪灰岩地层出露横贯于山腰，上部被中生界侏罗纪火山碎屑岩系覆盖，下部为古生界石炭系叶家塘组砂页岩铺垫，构成东西向条带状延伸、长25千米宽约1千米多裂隙易溶蚀的岩溶地区。加上本地区亚热带季风气候，植被茂盛，地下水溶蚀性强，流动性大，对溶洞发育十分有利。徐霞客在北山的考察活动正是沿着这一石灰岩分布地区进行。"（载自然科学版《浙江师范大学学报》1998年2月第21卷第1期）徐霞客对于金华溶洞的考察，先将北山山脉的走向、层次、地质等搞得一清二楚，然后才对溶洞细致考察，其内容涉及洞穴的位置、高度乃至洞口朝向、洞厅大小等，至于地下暗河、洞内瀑布等，更是其日记中的精要部分。徐霞客对地表岩溶和地下岩溶的地貌形态，在记述中加以分类命名，善于从地表水、地下水的相互关系探讨溶洞的成因。这些认识领先于西方学者，并已非常接近现代地貌学研究。唐代杜光庭《洞天福地记》称金华山为道教"第三十六洞天"，可见金华府溶洞在古人心目中的位置。《浙游日记》更为金华洞穴研究增添了浓墨重彩的一笔。

江右游日记[①]（节选游武功山）

初三日[②] 晨餐后行，云气渐合，而四山无翳[③]。三里，转而西，复循山向北，始东见大溪自香炉峰麓来[④]，是为湘吉湾[⑤]。又下岭一里，得三四家。又登岭一里，连过二脊，是为何家坊[⑥]。有路从西坞下者，乃钱山之道[⑦]，水遂西下而东，则香炉峰之大溪也；有路从北坳上者[⑧]，乃九龙之道[⑨]；而正道则溯大溪东从夹中行[⑩]。二里，渡溪循南崖行，又一里，茅庵一龛在溪北[⑪]，是为三仙行宫[⑫]。从此渐陟崇岗[⑬]，三里，直造香炉峰。其崖坳时有细流悬挂，北下大溪去。仰见峰头云影渐朗，亟上跻[⑭]，忽零雨飘扬[⑮]。二里至集云岩[⑯]，零雨沾衣，乃入集云观少憩焉。观为葛仙翁栖真之所[⑰]，道流以新岁方群嬉正殿上[⑱]，殿止一楹[⑲]，建犹未完也。其址高倚香炉，北向武功[⑳]，前则大溪由东坞来，西向经湘吉湾而去，亦一玄都也[㉑]。时雨少止，得一道流欲送至山顶，遂西至九龙，乃冒雨行半里，渡老水桥[㉒]，复循武功南麓行，遂上牛心岭[㉓]。五里，过棋盘石[㉔]，有庵在岭上。雨渐大，道流还所畀送资[㉕]，弃行囊去[㉖]。盖棋盘有路，直北而上五里，经石柱风洞[㉗]，又五里，径达山顶，此集云登山大道也；由小径循深壑而东，乃观音崖之道[㉘]。余欲兼收之，竟从山顶小径趋九龙，而道流欲仍下集云，从何家坊大路，故不合而去。余遂从小径冒雨东行。从此山支悉从山顶隤壑而下[㉙]，凸者为冈，凹者为峡，路循其腰，遇冈则跻而上，遇峡则俯而下。

由棋盘经第二峡，有石高十馀丈竖峰侧，殊觉娉婷㉚。其内峡中突崖丛树㉛，望之甚异，而曲霏草塞㉜，无可着足。又循路东过三峡，其岗下由洞底横度而南，直接香炉之东。于是洞中之水，遂分东西行，西即由集云而出平田㉝，东即由观音崖而下江口㉞，皆安福东北之溪也。于是又过两峡。北望峡内，俱树木蒙茸㉟，石崖突兀㊱，时见崖上白幌如拖瀑布㊲，怪无飞动之势，细玩之，俱僵冻成冰也。然后知其地高寒，已异下方，余躜躞雨中不觉耳㊳。共五里，抵观音崖，盖第三冈过脊处正其中也。

观音崖者，一名白法庵，为白云法师所建，而其徒隐之扩而大之㊴。盖在武功之东南隅㊵，其地幽僻深窈㊶，初为山牛野兽之窝，名牛善堂；白云鼎建禅庐㊷，有白鹦之异㊸，故名白法佛殿。前有广池一方，亦高山所难觏者㊹。其前有尖峰为案㊺，曰箕山㊻，乃香炉之东又起一尖也。其地有庵而无崖，崖即前山峡中亘石㊼，无定名也。庵前后竹树甚盛，其前有大路直下江口㊽，其后即登山顶之东路也。时余衣履沾透，亟换之，已不作行计。饭后雨忽止，遂别隐之，向庵东跻其后。直上二里，忽见西南云气浓勃奔驰而来㊾，香炉、箕山倏忽被掩㊿，益厉顾仆竭蹶上跻〔51〕。又一里，已达庵后绝顶，而浓雾弥漫，下瞰白云及过脊诸岗峡，纤毫石可影响〔52〕，幸霾而不雨〔53〕。又二里，抵山顶茅庵中，有道者二人〔54〕，止行囊于中。三石卷殿即在其上，咫尺不辨〔55〕。道者引入叩礼〔56〕，遂返宿茅庵。是夜风声屡吼，以为已转西北，可幸晴〔57〕，及明而弥漫如故。

[注释]

①江右：古人指长江下游以西的地区，即今江西一带。明代设江西布

政使司，治所在南昌府（今江西南昌市）。

②初三日：明崇祯十年正月初三日，即公元1637年1月28日。

③翳（yì）：指云雾。宋吕祖谦《卧游录》卷一："司马太傅斋中夜坐，于时天月明净，都无纤翳。"

④大溪：当指今所称之"五里筝"，源于箕峰顶，穿林击石，溪流声响清扬如古筝弹奏，长约五里，故称。香炉峰：又称大箕峰，位于武功山金顶（白鹤峰，海拔1918米）以南的三天门东南方山脊上，山脊组成了武功山的一道屏风，为武功山第二高峰，海拔1703米。金顶与香炉峰两峰之间下凹的丫口称肚皮坳，海拔1214米。

⑤湘吉湾：位于今吉安市安福县西隅钱山乡油市村。

⑥何家坊：今名何家，位于今安福县钱山乡油市村以北，四回山以东。

⑦钱山：即今钱山乡，位于今安福县西隅，与莲花县、萍乡市接壤，距安福县城55千米。

⑧坳（ào）：山曲间的平地。

⑨九龙：即九龙山，位于武功山金顶白鹤峰西南十五里。清康熙《安福县志》卷一《疆域·山川》："九龙山，自武功绝顶行十五里，万山环绕，林木蓊郁。相传刘蓬头结茅山中，嘉靖间游僧宁州自安仁古爽来，创建佛宇。"

⑩夹中：犹峡谷。

⑪茅庵：茅庐，草舍。旧时修真或学佛者所结。一龛（kān）：小的窟穴或房屋。宋范成大《一龛》诗："一龛窄似鸟窠禅，世界悠悠任大千。"

⑫三仙：据《太平广记》卷三八九引《祥瑞记·孙钟》，传说三国吴主孙权之祖孙钟，以种瓜为业，有三仙人诣门乞瓜，钟厚待之。因指以葬

地，谓当出天子。言讫化为三鹤飞去。后用为施瓜得福的典实。行宫：一般指古代京城以外供帝王出行时居住的宫室，这里当谓供"三仙"云游时的居所。

⑬陟（zhì）：由低处向高处走。崇岗：高岗。

⑭亟（jí）：疾速，与"缓慢"相对。跻（jī）：犹攀登。

⑮零雨：慢而细的小雨。《诗·豳风·东山》："我来自东，零雨其蒙。"唐孔颖达疏："道上乃遇零落之雨，其蒙蒙然。"高亨注："零雨，又慢又细的小雨。"

⑯集云岩：位于香炉峰北麓，其附近有集云观。

⑰葛仙翁：即葛玄与葛洪。葛玄（164~244），字孝先，道教灵宝派祖师，尊称葛天师，道教尊为葛仙翁，又称太极仙翁。在道教流派中与张道陵、许逊、萨守坚共为四大天师。三国丹阳郡句容（今属江苏）人，葛洪的从祖父。跟随左慈学道，得到《太清丹经》、《黄帝九鼎神丹经》、《金液丹经》等道经。吴嘉禾二年（233），在阁皂山修道建庵，筑坛立炉，修炼九转金丹。喜好遨游山川。编撰《灵宝经诰》，精研上清、灵宝等道家真经，并嘱弟子世世箓传。葛洪（284~364），字稚川，号抱朴子，晋丹阳郡句容（今属江苏）人，三国方士葛玄之侄孙，世称小仙翁。东晋道教学者、著名炼丹家、医药学家，曾受封为关内侯，后隐居罗浮山炼丹。著有《肘后方》等。栖真：道家谓存养真性，返其本元。《晋书·葛洪传论》："游德栖真，超然事外。"

⑱道流：道士之辈。唐孟浩然《梅道士水亭》诗："傲吏非凡吏，名流即道流。"新岁：犹新年，古人以农历正月初一为元旦。群嬉：共同欢笑戏乐。正殿：庙宇或宫观里位置在中间的主殿。

⑲楹（yíng）：量词，房屋计量单位。屋一列或一间为一楹。

⑳武功：即武功山，原名兹山，位于中国江西、湖南两省交界的罗霄

（卢萧）山脉北段，地跨今江西西部的吉安市安福县、萍乡市的芦溪县、宜春市袁州区三地，山体博大，景区面积360多平方千米，海拔1000~1500米，主峰海拔1918.3米，为江西省境内第一高峰。自然风光以瀑布群、高山草甸、金顶古祭坛群为三大绝景。清康熙《安福县志》卷一《疆域·山川》："武功山，治西百二十里，连接卢萧，根盘八百里，跨吉、袁、长沙三郡。晋葛玄、葛洪二仙先后修炼山中，因名葛仙峰。又传有武氏夫妇远来修炼，夫止泸潇，妇止西昌，遂以武公名山，故泰和有武姥山云。及陈武帝时，阴助王师平侯景之乱，更名武功。高逾三十里，晓登顶可观日出。上有仙翁坛，以巨石垒方丈许，瓦皆以铁，祀葛仙于坛内，傍石塔或见火焰。炼丹池泉冬温夏凉，滚滚不绝。求嗣者于泉激流处掬水得圆石，宜男。"

㉑玄都：传说中神仙居处。《海内十洲记·玄洲》："上有大玄都，仙伯真公所治。"晋葛洪《枕中书》："《真记》曰：玄都玉京七宝山，周回九万里，在大罗之上，城上七宝宫，宫内七宝台，有上中下三宫……上宫是盘古真人、元始天尊、太元圣母所治。"

㉒老水桥：桥梁名，未见方志著录，位置不详。

㉓牛心岭：武功山山峰名，位置不详。

㉔棋盘石：位于武功山麓。清同治《安福县志》卷二《舆地·山》："武功山……又一棋盘石，平阔十馀丈，世传为黄衣白鹤遗迹。石右有储云洞，洞上书'许过云'三字。"

㉕畀（bì）送资：谓雇佣向导的费用。畀，给予，付与。

㉖行囊：出行时所带的钱袋。

㉗石柱风洞：即下文之"风洞石柱"，位置不详。

㉘观音崖：当即今观音岩，位于香炉峰西北侧。

㉙山支：山脉的分支。陨（tuí）壑：谓走势陡峭，向谷底直下。

㉚娉婷（pīng tíng）：姿态美好貌。

㉛突崖：竖起的山崖。

㉜曲霏草塞：意谓地处偏僻又浓雾弥漫，荒草堵塞。

㉝平田：地名，当即下文之"平田十八都"。本日记正月初六日日记："五里，北越岭而下，又得平畴一壑，是曰十八都。又三里，有大溪亦自西而东，乃源从钱山洞北至此者，平田桥跨之。"

㉞江口：当即江口渡，位于福田县十都，见清同治《安福县志》卷二《舆地·津渡》。今安福县严田镇有江口村。

㉟蒙茸：葱茏。唐罗邺《芳草》诗："废苑墙南残雨中，似袍颜色正蒙茸。"

㊱突兀：高耸貌。

㊲白幌：白色的幌子。幌子，旧时用布缀于竿头，高悬在店铺门外用以招揽顾客的标识。

㊳蹀蹀（xiè dié）：小步行走貌。

㊴"一名白法庵"三句：白法庵故址位于今武功山香炉峰西北侧的观音岩附近。清康熙《安福县志》卷一《疆域·山川》："又有观音岩，白云禅师开创梵刹名白法庵，其徒隐之续修，改名白云，规趾宏敞，可容数百众。庵内有放生池，金鱼甚多，闻钟声，鱼簇拥出游饲饵而散。馀小刹以百数，皆白云派分。"

㊵东南隅：观音岩位于武功山白鹤峰的西南方向，这里当是"西南隅"之讹误。

㊶幽僻：幽静而偏僻。《北齐书·陆法和传》："此寺幽僻，可以免难。"深窈（yǎo）：幽深。宋苏轼《与客游道场何山得鸟字》诗："高堂俨像设，禅室各深窈。"

㊷鼎建：犹营建。明沈德符《万历野获编·列朝二·庙议献谄不

用》："嘉靖中，太庙被灾，寻即鼎建。"

㊸白鹦之异：白鹦，或作"白莺"，据说白法庵选址因"白莺入池"之异而定。清康熙《安福县志》卷五《人物·仙释》："白云和尚……乃历秦晋、吴越，遍参诸尊宿。复归武功，见白莺入池，即其处创刹，徒侣盈千。"

㊹所难觏（gòu）者：谓难以遇到。觏，底本原缺，据《四库》本补。

㊺案：即案山，中国古代风水堪舆学名词，又称迎砂，指的是穴山和朝山间的山，也就是位于穴场正前方的山峰或者山丘，案山对于判断地形吉凶有很大的作用。据说案山最重形美与气局，有吉利的案山可令后代出官出贵。

㊻箕山：即箕峰，位于武功山金顶白鹤峰东南面。香炉峰与箕峰遥峙相对，并称大、小箕峰，是武功山十大山峰之一。箕峰建有武功山最早的道教场所，山巅留存有古祭坛、玉皇殿等遗址，且有古道蜿蜒山间。

㊼亘石：谓绵延的石崖。

㊽江口：即江口渡，参见注㉞。

㊾浓勃：浓厚兴起。

㊿倏忽：顷刻，指极短的时间。

(51)益厉：更加劝勉。厉，"励"的古字。顾仆：徐霞客所雇用的顾姓仆人顾行。蹶蹶：亦作"蹶蹷"，颠仆倾跌，行步匆遽貌。《荀子·儒效》："故近者歌讴而乐之，远者竭蹶而趋之。"唐杨倞注："竭蹶，颠倒也。远者颠倒趋之，如不及然。"

(52)纤毫：极其细微。石可：当是"不可"之形讹。影响：影子和声响。引申为踪迹。唐韩愈《上宰相书》："彼惟恐入山之不深，入林之不密，其影响昧昧，惟恐闻之于人也。"

㊼霾（mái）：昏暗，模糊不清。

㊺道者：道士。

㊻咫（zhǐ）尺：周制八寸为咫，十寸为尺，谓接近或刚满一尺。

㊼叩礼：叩头下拜。

㊽幸：希望，期望。

武功山东西横若屏列①。正南为香炉峰，香炉西即门家坊尖峰②，东即箕峰。三峰俱峭削③。而香炉高悬独耸，并列武功南，若棂门然④。其顶有路四达：由正南者，自风洞石柱，下至棋盘、集云，经相公岭出平田十八都为大道⑤，余所从入山者也；由东南者⑥，自观音崖下至江口⑦，达安福；由东北者，二里出雷打石⑧，又一里即为萍乡界⑨，下至山口达萍乡；由西北者，自九龙抵攸县⑩；由西南者，自九龙下钱山，抵茶陵州⑪，为四境云⑫。

[注释]

①屏列：如屏风般排列。

②门家坊尖峰：位于武功山香炉峰以西。

③峭削：谓山峰陡峭如削。明顾起元《客座赘语》卷九《守心戒行》："法堂后山壁峭削，中开一洞，深数尺许，因构小屋附之。"

④棂（líng）门：即棂星门，旧时学宫孔庙的外门。

⑤相公岭：位于武功山香炉峰以南。平田十八都：参见本日记初三日日记注㉝。又据清康熙《安福县志》卷一《食货·都图》，十八都属明安福县循化乡。

⑥东南：按照观音崖方位，似当作"西南"。

⑦江口：即江口渡，参见本日记上段注㉞。

⑧雷打石：当即今雷打峡，位于武功山金顶白鹤峰西南山麓。

⑨萍乡：明萍乡县。三国吴宝鼎二年（267）析宜春县置，属安成郡，治所在今江西萍乡市东四十里芦溪镇西南古岗。《元和志》卷二八谓萍乡县"以地多生萍草，因以为名"。隋属宜春郡，徙治今萍乡市。唐属袁州。元元贞元年（1295）升为萍乡州。明洪武二年（1369）复为县，属袁州府。民国初属江西庐陵道，1926年直属江西省。1960年改设萍乡市。

⑩攸（yōu）县：西汉置，属长沙国，治所在今湖南攸县东攸水南，以北有攸溪为名。东汉属长沙郡，南朝齐属湘东郡，梁、陈间改为攸水县。唐武德四年（621）复置，为南云州治。贞观元年（627）州废，县属衡州。五代梁时迁今攸县治，改属谭州。元元贞元年（1295）升为攸州，明洪武二年（1369）复降为县，属长沙府。民国初属湖南湘江道，1922年直属湖南省。

⑪茶陵州：元至元十九年（1282）升茶陵县置，属湖广行省，治所即今湖南茶陵县。明初降为县，成化十八年（1482）复升州，属长沙府。1913年改为茶陵县。

⑫四境：四方疆界，四方边境地区。《孟子·梁惠王下》："四境之内不治，则如之何？"

初四日 闻夙霾未开①，僵卧久之②。晨餐后方起，雾影倏开倏合③。因从正道下④，欲觅风洞石柱。直下者三里，渐见两旁山俱茅脊⑤，无崖岫之奇⑥，远见香炉峰顶亦时出时没，而半山犹浓雾如故。意风洞石柱尚在二三里下，恐一时难觅，且疑道流装点之言⑦，即觅得亦无奇，遂仍返山顶，再饭茅庵。乃从山脊西行，初犹弥漫，已而渐开。三里稍下，度一脊，忽雾影中望见中峰之北矗崖崭柱⑧，上刺层霄，下插九地⑨，所谓千丈崖⑩。百崖丛峙回环，高下不一，凹凸掩映。隙北而下⑪，如门如阙⑫，如幛如楼⑬，直坠壑底，皆密树蒙茸，平铺其下。然雾犹时时笼罩，及身至其侧，雾复倏开，若先之笼，故为掩袖之避⑭，而后之开，又巧为献笑之迎者⑮。盖武功屏列，东、西、中共起三峰⑯，而中峰最高，纯石，南面犹突兀而已，北则极悬崖回崿之奇⑰。使不由此而由正道，即由此而雾不收，不几谓武功无奇胜哉⑱！

共三里，过中岭之西，连度二脊，其狭仅尺五。至是南北俱石崖，而北尤崭削无底⑲，环突多奇⑳，脊上双崖重剖如门㉑，下陨至重壑。由此通道而下，可尽北崖诸胜，而惜乎山高路绝，无能至者。又西复下而上，是为西峰。其山与东峰无异，不若中峰之石骨棱嶒矣㉒。又五里，过野猪洼㉓。西峰尽处，得石崖突出，下容四五人，曰二仙洞㉔。闻其上尚有金鸡洞㉕，未之入也。于是山分两支，路行其中。又西稍下四里，至九龙寺㉖。寺当武功之西垂㉗，崇山至此，忽开坞成围㉘，中有平壑，水带西出峡桥㉙，坠崖而下，乃神庙时宁州禅师所开㉚，与白云之开观音崖㉛，东西并建寺。然观音崖开爽下临㉜，九龙幽奥中敞㉝，形势固不若九龙之端密也㉞。若以地势论，九龙虽稍下于顶，其高反在观音崖之上多矣。寺中僧分东西两寮㉟，昔年南昌王特进山至此㊱，今其规模尚整。西寮僧留宿，余见雾已渐开，强别之。出寺，西越溪口桥，溪从南下。复西越一岭，又过一小溪，二溪合而南坠谷中。溪坠于东，路坠于西，俱垂南直下。五里，为紫竹林，僧寮倚危湍修竹间㊲，幽爽兼得，亦精蓝之妙境也㊳。从山上望此犹在重雾，渐下渐开，而破壁飞流，有倒峡悬崖湍之势㊴。又十里而至卢台㊵，或从溪右，或从溪左，循度不一㊶，靡不在轰雷倒雪中㊷。但涧崖危耸㊸，竹树翳密㊹，悬坠不能下窥㊺，及至渡涧，又复平流处矣。

出峡至卢台，始有平畴一窒㊻，乱流交涌畦间㊼，行履沾濡㊽。思先日过相公岭，求滴水不得；此处地高于彼，而石山潆绕㊾，遂成沃泽㊿。盖武功之东垂，其山乃一脊排支分派㉛；武功之西垂，其山乃众峰耸石攒崖㉜，土石之势既殊，故燥润之分亦异也。夹溪四五家㉝，俱环堵离立㉞，欲投托宿，各以新岁宴客辞。方徘徊路旁，有人一群从东村过西家，正所宴客也。中一少年，见余无宿处，亲从各家为觅所栖㉟，乃引至东村宴过者，唐姓家。得留止焉。是日行三十里。

[注释]

①夙霾（sù mái）：谓昨日的阴霾。

②僵卧：躺卧不起。

③倏开倏合：形容雾气集散迅速。

④正道：主干道。

⑤茅脊：谓山脊为茅草所覆盖。这是对武功山高原草甸地貌的准确记述，所谓"草甸"，即在适中的水分条件下发育起来的以多年生中生草本为主体的植被类型。武功山草甸主要以白茅草为主构成。

⑥崖岫（xiù）之奇：谓峰峦洞穴的奇幻形态。岫，峰峦。

⑦装点之言：指不切合实际的夸饰言语。

⑧中峰：当谓武功山香炉峰。矗崖巑枊：谓高峻突出的山崖石峰。

⑨九地：这里形容山谷的最深处。

⑩千丈崖：又称千丈岩，武功山山峰名，位于发云界与金顶白鹤峰之间的一大陡坡，在观音岩西南，海拔1630米左右。

⑪颓（tuí）北：谓山体向北陡立。

⑫阙：宫门、城门两侧的高台，中间有道路，台上起楼观。《诗·郑风·子衿》："挑兮达兮，在城阙兮。"高亨注："阙，城门两边的高台。"

⑬幨：幨子，旧时作为庆吊礼物用的整幅布帛，题字或缀字于上以悬之。宋苏轼《太白山下早行》诗："乱山横翠幨，落月淡孤灯。"

⑭掩袖之避：旧时妇女羞见外人，常以衣袖遮面。

⑮献笑之迎：故作笑容以取悦于人。

⑯三峰：从东至西当指箕峰、香炉峰、门家坊尖峰。

⑰崿：山崖。

⑱奇胜：谓景物非常优美。《新唐书·文艺传中·王维》："（维）别墅在辋川，地奇胜。"

⑲崭削：形容山势陡峭直立。

⑳环突：回环竖起。

㉑重（chóng）剖：重叠剖分。

㉒石骨：坚硬的岩石。宋王炎《游砚山》诗："涧水抱石根，石骨多绀碧。"棱嶒（céng）：同"崚嶒"，形容高耸突兀。

㉓野猪洼：武功山山谷名，方志未见著录，位置不详。

㉔二仙洞：方志未见著录，位置不详。

㉕金鸡洞：方志未见著录，位置不详。

㉖九龙寺：位于九龙山麓，明嘉靖间游方僧宁州所创建。参见本日记初三日日记注⑨。

㉗西垂：西面山麓。

㉘开坞成围：谓在山峦重叠中形成一块低地。坞，四面高中间低的

地方。

㉙水带：如带子一样环山的溪流。峡桥：当指山峡之间形成的过梁。

㉚神庙：即明神宗朱翊钧（1563~1620），隆庆六年（1572）即位，年号万历，在位四十八年，卒葬定陵，庙号神宗，故称"神庙"。宁州禅师：法号宁州的禅宗僧人。

㉛白云：即白云禅师，创建白法庵，后改名白云庵。参见本日记初三日日记注㊴。

㉜开爽：开阔，宽敞。作者《滇游日记六》崇祯十二年（1639）正月初九日日记："其南即为传衣寺，寺基开爽，规模宏拓。"

㉝幽奥：深远，深奥。《后汉书·冯衍传下》："览天地之幽奥兮，统万物之维纲。"唐李贤注："幽奥，深邃也。"

㉞端密：规整隐秘。

㉟寮：即僧寮，谓僧舍。宋陆游《贫居》诗："囊空如客路，屋窄似僧寮。"

㊱南昌王：即朱兴隆（？~1344），原名朱重五，濠州钟离（今安徽凤阳东）人。明太祖朱元璋的长兄，明仁祖淳皇帝朱世珍的长子，明初名将朱文正之父。元至正四年（1344），淮北大旱，朱兴隆及其父母朱世珍、陈氏曾逃荒至此，先后卒于瘟疫。明洪武元年（1368），朱元璋追封朱兴隆为南昌王，列祀家庙，后诏祀为靖江王始祖。

㊲湍（tuān）：急流的水。

㊳精蓝：佛寺，僧舍。精，精舍，道士、僧人修炼居住之所。蓝，阿兰若，即梵语的音译，意译为寂静处或空闲处。原为比丘洁身修行之处，后亦用以称一般佛寺。

㊴倒（dào）峡：谓江水倾峡而出。悬崖湍：当作"悬湍"，即瀑布，谓从高处下注的水流。北魏郦道元《水经注·溱水》："岩岭干天，交柯

云蔚……悬湍回注，崩浪震山。”

㊵卢台：或作“芦台”，位于武功山九龙山西南麓。今安福县钱山乡有芦台村。

㊶循度：犹循轨，即依轨道而行。

㊷靡不：无不。轰雷倒雪：用响雷与喷雪形容武功山瀑布的声响与想象中的视觉感受。瀑布众多且形态各异是武功山的一大特色。

㊸涧崖：当指瀑布或溪流的源头。危耸：高高耸立。

㊹翳（yì）密：浓阴遮蔽。

㊺悬坠不能下窥：意谓瀑布下泻的踪影难以寻觅。

㊻平畴：平坦的田野。晋陶渊明《癸卯岁始春怀古田舍》诗其二：“平畴交远风，良苗亦怀新。”

㊼畦间：田垄之间。

㊽沾濡（rú）：浸湿。

㊾潆（yíng）绕：清流环绕。潆，清澈貌。

㊿沃泽：润泽肥美之地。

(51)排支分派：谓武功山众多的山脉分支。

(52)耸石攒崖：谓独立的山峦石崖会聚。

(53)夹溪：溪流左右上下两侧。

(54)环堵：四周环着每面一方丈的土墙，形容狭小、简陋的居室。《礼记·儒行》：“儒者有一亩之宫，环堵之室。”汉郑玄注：“环堵，面一堵也。五版为堵，五堵为雉。”《淮南子·原道训》：“环堵之室，茨之以生茅，蓬户瓮牖，揉桑为枢。”汉高诱注：“堵长一丈，高一丈，故曰环堵，言其小也。”离立：并立。《礼记·曲礼上》：“离立者，不出中间。”唐孔颖达疏：“又若见有二人并立，当己行路，则避之；不得辄当其中间出也。”

㊺亲从：亲自跟从。

初五日 晨餐后，雾犹翳山顶。乃东南越一岭，五里，下至平畴，是为大陂①。居民数家，自成一壑。一小溪自东北来，乃何家坊之流也，卢台之溪自北来，又有沙盘头之溪自西北来②，同会而出陈钱口③。两山如门，路亦随之。出口即十八都平田，东向大洋也④。大陂之水自北而出陈钱，上陂之水自西而至车江⑤，二水合而东经钱山下平田者也。路由车江循西溪⑥，五里，至上陂，复入山。已渡溪南，复上门楼岭⑦，五里越岭，复与溪会。过平坞又二里，有一峰当溪之中，其南北各有一溪，潆峰前而合⑧，是为月溪上流⑨。路从峰之南溪而入，其南有石兰冲⑩，颇突兀⑪。又三里，登祝高岭⑫，岭北之水下安福，岭南之水下永新⑬。又平行岭上二里，下岭东南行二里，过石洞北，乃西南登一小山，山石色润而形巉⑭。由石隙下瞰，一窟四环，有门当隙中，内有精蓝，后有深洞，洞名石城⑮。洞外石崖四亘⑯，崖有隙东向，庵即倚之。庵北向，洞在其左，门东北向，而门为僧闭，无可入。从石上俯而呼，久之，乃得入，因命僧炊饭，而余入洞，欲出为石门寺之行也⑰。循级而下，颇似阳羡张公洞门⑱，而大过之。洞中高穹与张公并⑲，而深广倍之。其中一冈横间⑳，内外分两重，外重有巨石分列门口如台。当台之中，两石笋耸立而起㉑。其左右列者，北崖有石柱矗立㉒，大倍于笋，而色甚古穆㉓，从石底高擎，上属洞顶㉔。旁有隙，可环柱转。柱根涌起处，有石环捧，若植之盘中者。其旁有支洞。曲而北再进，又有一大柱，下若莲花，围叠成柱；上如宝幢㉕，擎盖属顶㉖；旁亦有隙可循转。柱之左另环一窍，支洞益穹。及出，饭后见洞甚奇，索炬不能，复与顾仆再入细搜之。出已暮矣，遂宿庵中。

石城洞初名石廊；南陂刘元卿开建精蓝于洞口石窟中[27]，改名书林[28]；今又名石城，以洞外石崖四亘若城垣也[29]。

[注释]

①大陂（bēi）：大陂村，位于今安福县横市镇。陂，池塘，旧时多指某种水利设施。《淮南子·说林训》："十顷之陂可以灌四十顷，而一顷之陂可以灌四顷，大小之衰然。"汉高诱注："畜水曰陂。"

②沙盘头：方志未见著录，位置不详。

③陈钱口：地名，位于祝高岭以北。

④大洋：旧时多称较大的开阔平坦地带。洋，广大，盛大。湘、赣一带多称山间较为开阔的平坦地带为"洋"。本日记正月初六日日记："盖自祝高岭而南，山分东西二界，中开大洋，直南抵汤渡。其自断山之东，山又分南北二界，中开大洋，东抵洋溪。"

⑤上陂：地名。清康熙《安福县志》卷一《食货·水利》："安福乡……九都……上陂。"车江：地名，位于今安福县城东南，224省道西侧。

⑥西溪：当指上文"上陂之水"。

⑦门楼岭：方志未见著录，位置不详。

⑧濚（yìng）：水流回旋貌。

⑨月溪：方志未见著录，位置不详。

⑩石兰冲：方志未见著录，位置不详。

⑪突兀：高耸貌。

⑫祝高岭：位于安福县南境，与永新接界。本日记正月初六日日记：

"而武功南面与石门山之北,彼此相对,中又横架祝高至儿坡一层,遂分南北二大洋。北洋西自上陂合陈钱口之水,由钱山平田会于洋溪;南洋西自断山至路口,水始东下,合石门东麓卢子坑之水,由塘前而会于洋溪。二溪合流曰洋岔,始胜舟而入安福。"

⑬永新:明代县名,位于安福县以南。三国吴宝鼎二年(267)置,属安成郡,治所在今江西永新县西北三十五里沙市。隋开皇中废入泰和县,唐武德五年(622)复置,属南平州。八年(625)又废,显庆四年(659)复置,属吉州,治所即今永新县。元元贞元年(1295)升为永新州,明洪武初仍降为县,属吉安府。民国初属江西庐陵道,1926年直属江西省。

⑭巉(chán):险峻陡峭。

⑮洞名石城:即石城洞,位于安福县西隅。清康熙《安福县志》卷一《疆域·山川》:"石城洞,治西百三十里,石势环抱如城。往父老误传刘龙云游永新石廊诗,遂冒名石廊,《一统志》因乘讹刻诗。刘泸潇考定,改今名。洞口奇石四面,壁立如廊,由小窦秉烛而入,洞水中流,从岭后穿出,溉田数百亩。中有观音崖、石钟、石鼓、石田、玉兔、仙楼篆、踞狮岩诸名胜,前后相去可五里许。俗呼为书林洞。洞口有云楼、石馆,十余里内复有书岩洞、仙坛、老山……"底本于"洞名石城"以下内容未吸收融入记述较详的清乾隆本文字,而仅将后者作为参照,小字括注于正文之后,不便于读者阅读。本书作为选本,参照朱惠荣、李兴和《徐霞客游记》全注全译本的校勘方式,于正文中穿插融入清乾隆本的相关文字,以使记述流畅。

⑯四亘:四面萦绕。

⑰石门寺:位于永新县禾山以北与安福县交界的石门山山麓。

⑱阳羡张公洞:位于今江苏省宜兴市城西南约22千米的禹峰山麓,

据《宜兴县志》，2000年前曾有庚桑楚隐居于此，故名庚桑洞。又谓汉代张道陵以及唐代张果老皆曾在此隐居修道，故又名张公洞。洞为石灰岩溶洞，分为前后两部分，总面积约3000平方米，洞中有洞，相互套联，千姿百态，多达七十二洞，深邃幽奥，景观奇异。徐霞客早年曾游历张公洞。阳羡，今江苏宜兴秦汉时的古称。

⑲高穹：形容洞顶高大。并：平列。《左传·昭公二十六年》："礼之可以为国也久矣，与天地并。"

⑳横间（jiàn）：横向阻隔。

㉑石笋：由溶洞洞底生成如笋状的尖锥体状石灰岩，即含碳酸钙的水不断点滴到一处，经过上万年碳酸钙沉淀而形成的。石笋可以有不同的形状，水滴的流量、滴水的高度以及地面的状况均会影响其形状。

㉒石柱：石钟乳和石笋相对生长，并逐渐结合成一体，随着岩溶水的不断沉积，慢慢形成粗壮的石柱。石钟乳，即石灰岩洞中悬在洞顶上的像冰锥的物体。由含碳酸钙的水溶液逐渐蒸发凝结而成，因状如钟乳，故名。

㉓古穆：古朴凝重。

㉔属（zhǔ）：连接。

㉕宝幢（chuáng）：即经幢，刻有佛号或经咒的石柱。

㉖擎盖：伞盖。

㉗南陂：地名，位于今江西莲花县坊楼镇。刘元卿：字调甫（1544～1609），号旋宇，一号泸潇，江西莲花县坊楼南陂藕下村人。明隆庆四年（1570）举人，因忤朝中大僚，两次会试未第，隐居家乡讲学，先后创办复礼、识仁、中道、一德等书院。后被荐应召入京，旋升任礼部主事，最终称病辞归。他是明朝著名理学家、教育家、文学家，"江右四君子"之一，江右王门后期大家，在理学、教育和文学等领域皆卓有成就，著述甚

丰，有《大学新编》、《山居草》、《还山续草》、《通鉴纂要》、《六鉴》、《诸儒学案》、《贤弈编》、《刘聘君全集》等。《明史》卷二八三有传。

㉘书林：藏书处，极言其书之多。

㉙城垣（yuán）：城墙。

[评析]

《江右游日记》是徐霞客旅游今江西一带的记述，历时将近三个月。他于明崇祯九年十月十六日（1636年11月13日）乘舟至浙江衢州府常山县，翌日进入江西玉山县，开始了他的江右之游。这次旅行他横贯赣江流域，玉山而外，广信、铅山、弋阳、贵溪、金溪、建昌（今南城）、南丰、宜黄、永丰、吉水、永新、安福等地皆留有霞客的游踪，武功山之游属于其江右行的尾声阶段。崇祯十年正月初二日（1637年1月27日），徐霞客从江西永新县进入安福县，向北从东路向武功山绝顶白鹤峰进发，遍览香炉峰、箕峰、九龙山等景观后，于初五日从西路下行至石城洞，饱览了这座溶洞景色。随后再下永新县，西行至莲花县，穿行游览石门山后，于正月十一日离开江西，取道湖广茶陵州、攸县，开始了他的楚游之行。这一年徐霞客已经年过五十，随行者除江阴迎福寺僧人莲舟的徒弟静闻和尚以及仆人顾行两人外，还不时雇佣脚夫分担其行李。然而江右行并不通畅，先是"因骤发脓疮，行动俱妨"，后又于赣江遭遇"棍徒"洗劫舟船，险些将行李丢失。尽管条件异常困苦，但徐霞客不畏艰难，毅然前行，终于完成了这次壮游。

明章潢《图书编》卷六十五《武功山》："大江西南三巨镇，衡、庐、武功也。武功以僻远不见经传，不得与衡、庐并显，然究竟脊脉，则实首衡尾庐而屹然高耸雄踞荆吴之间，谓之三巨镇亦宜。"在我国江西东北部广泛分布着红色砂岩丘陵，不少地方具有碧水丹崖、洞穴清幽的丹霞地貌,尤以上饶的仙来山,铅山县的叫岩、印山,弋阳县的龟峰、双剑峰,贵溪县的仙水桥、五面峰、一线天等景观最为吸引游客。武功山则以高山草甸的绿色地貌著名于世,由于这一带植被茂盛,水量充沛,故而可以形成大大小小的瀑布群,据有关统计,这一带大大小小的瀑布林林总总计有两百馀处,装点着这座当时尚未充分开发的"非著名"高山。山中落差在120米以上的瀑布就有五条,最高的潭口瀑布高达170米,堪称瀑布之王。对于武功山的诸多美景,徐霞客常以饱含热情之笔加以书写。如他描写武功山瀑布运用侧写法:"又十里而至卢台,或从溪右,或从溪左,循度不一,靡不在轰雷倒雪中。但润崖危耸,竹树翳密,悬坠不能下窥,及至渡涧,又复平流处矣。"虽未明言瀑布,但神龙见首不见尾,能给予读者以深刻的印象。又如他描写武功山倏开倏合、来去无定的雾气:"然雾犹时时笼罩,及身至其侧,雾复倏开,若先之笼,故为掩袖之避,而后之开,又巧为献笑之迎者。"文学色彩浓厚,拟人手法的运用巧妙细腻,堪称神来之笔!至于对武功山的山山水水来龙去脉走势的概要叙述,更凸显了徐霞客科学考察祖国山水的一贯风格,读者可自行体味,这里不再赘述。

　　《江右游日记》内容丰富,本书仅选取徐霞客游历武功山一段,尝鼎一脔,略知其味而已。

楚游日记① （节选游衡山）

二十一日② 四鼓③，月明，舟人即促下舟④。二十里，至雷家埠⑤，出湘江⑥，鸡始鸣。又东北顺流十五里，抵衡山县⑦。江流在县东城下。自南门入，过县前，出西门。三里，越桐木岭⑧，始有大松立路侧。又二里，石陂桥，始夹路有松⑨。又五里，过九龙泉⑩，有头巾石。又五里师姑桥⑪，山陇始开⑫，始见祝融北峙⑬，然夹路之松，至师姑桥而尽矣。桥下之水东南去⑭。又五里入山，复得松。又五里，路北有"子抱母松"，大者二抱，小者分两岐。又二里，越佛子坳⑮，又二里，上俯头岭⑯，又一里则岳市矣⑰。过司马桥⑱，入谒岳庙⑲，出饭于庙前。问水帘洞在山东北隅⑳，非登山之道。时才下午，犹及登顶，密云无翳㉑，恐明日阴晴未卜。踌躇久之㉒，念既上岂能复迁道而转，遂东出岳市，即由路亭北依山转岐㉓。初，路甚大，乃湘潭入岳之道也㉔。东北三里，有小溪自岳东高峰来，遇樵者引入小径㉕。三里，上山峡㉖，望见水帘布石崖下。二里，造其处，乃瀑之泻于崖间者，可谓之"水帘"，不可谓之"洞"也。崖北石上大书"朱陵大沥洞天"㉗，并"水帘洞"、"高山流水"诸字㉘，皆宋、元人所书，不辨其款。引者又言㉙，其东九真洞㉚，亦山峡间出峡之瀑也。下山又东北二里，登山循峡，逾一隘㉛，中峰回水绕，引者以为九真矣。有焚山者至㉜，曰："此寿宁宫故址㉝，乃九真下流。所云洞者，乃山环成坞㉞，与此无异也，其地在紫盖峰之下㉟。逾山而北尚有洞，亦山坞，渐近湘潭境。"予见日将暮，遂出山，十里，僧寮已近㊱，还宿庙。

[注释]

①楚：泛指今湖北、湖南一带。这篇日记所记述者是作者于明崇祯十年正月十一日，即公元1637年2月5日进入茶陵州以后，游历湖南南部一带的经历，历时将近四个月。此后，作者于当年的闰四月初七日（5月30日）离湘进入广西境内。

②二十一日：明崇祯十年正月二十一日，即公元1637年2月15日。

③四鼓：即四更，旧时分黄昏至拂晓一夜间为甲、乙、丙、丁、戊五段，称"五更"。四鼓相当于现代计时的凌晨1时至3时之间。

④舟人：船夫。

⑤雷家埠（bù）：或称雷堡，位于今湖南衡东县新塘雷家市，明置巡司于此，属衡山县。

⑥湘江：今湖南省最大的河流，源于今广西灵川县东、海洋山西麓，东北流贯湖南省东部，经永州、衡阳、湘潭、长沙等地，至湘阴县芦林潭入洞庭湖，总长约817千米。下文之"江流"即谓湘江水流。

⑦衡山县：位于南岳衡山及其附近地区。唐天宝八载（749）改湘潭县置，属衡阳郡（后改衡州），治所在今湖南衡山县东，五代移今治。明《寰宇通志》卷五六谓衡山县"取南岳衡山为名"。宋属潭州，元属天临路，明属衡州府。民国初属湖南衡阳道，1922年直属湖南省。

⑧桐木岭：即今桐木岗，为巾紫峰之馀脉，位于今衡山县开云镇，在107国道（京深线）南侧。

⑨"石陂（bēi）桥"二句：谓至衡山一段路上松树夹道。明王士性《五岳游草》卷一《衡游记》："余与翰卿泛洞庭溯沅、湘而上，登陆则行

古松三十里，琼枝龙鳞蔽亏天日，皆数千百年物，大风时鼓涛震山谷，伟哉观也。"清李元度《南岳志》卷四《形胜》："岳路，凡三十里，自县城至岳庙之路，夹道古松皆湖南马氏所植。沈周《客坐新闻》：衡岳神祠，其径绵亘四十馀里，夹道皆合抱松桂相间，连云蔽日，人行空翠中，而秋来香闻十里。计其数云一万七千株，真神幻佳境，宜其灵妥神安，永久无虞。"石陂桥，故址当在今桐木岗以西偏北。

⑩九龙泉：今名同，位于今衡山县开云镇，在107国道（京深线）南侧。以其泉眼众多，故称九龙，其侧有岩石名头巾石，亦为当地景观。

⑪师姑桥：或作师古桥，旧时以其旁有师姑塔而得名，位于今107国道（京深线）西北侧。

⑫山陇：山丘。宋王休《清清堂赋》："山陇勾连分明秀，湖波停蓄分清涟。"

⑬祝融：即祝融峰，位于南天门西北，为南岳衡山七十二峰中的最高峰，海拔1300.2米，相传上古祝融氏葬于此，故名。峰顶建有祝融殿（一名老圣殿），明万历间又建开元祠，祭祀祝融火神。清高自位《南岳志》卷一《形胜》："祝融峰，在县西北三十里，高九千七百三十丈。韩愈诗云'祝融万丈拔地起，欲见不见轻烟里'。昔有铁脚道人登峰观日出仰天大叫曰：'云海荡吾心胸。'峰巅有风穴、雷池、铁瓦殿、望日台、望月台，峰之窝建上封寺，即古光天坛。"

⑭桥下之水：当即双烟河，源于紫盖峰水帘洞，流入湘江。

⑮佛子坳：位于岳市以东，地势相对低洼。

⑯俯头岭：当位于今衡阳市南岳区，方志未见著录。

⑰岳市：南岳市的简称，即今岳阳市南岳区南岳镇，位于南岳祝融峰南麓，南岳大庙坐落于其北部偏西，为进入南岳的门户。

⑱司马桥：石拱桥，位于南岳镇东街，横跨龙隐河上游，为明代司马

刘尧诲所创建，故名。

⑲岳庙：即南岳大庙的简称，位于今岳阳市南岳区南岳镇北端赤帝峰下，在我国五岳庙中为规模最大、总体布局最为完整的古建筑群，与泰安岱庙、登封中岳庙并称于世。大庙占地98500平方米，分为九进四重院落，四周围以红墙，角楼高耸，寿涧山泉，绕墙流注，颇似北京故宫风貌。南岳大庙佛道共存，东侧为八个道观，西侧为八个佛寺。始建于唐开元十三年（725），是年封南岳神为司天神，宋代加尊号为司天昭圣帝，元代尊之为司天大化昭圣帝，明太祖朱元璋为尊皇权，皆以本名称五岳之神，改称南岳神为南岳衡山之神。南岳大庙历经宋、元、明、清历朝各代六次大火和十六次重修扩建，今存者大致保留了清光绪八年（1882）重建后的庙貌。大庙由棂星门、盘龙亭、正川门、御碑亭、嘉应门、御书楼、正殿、寝宫、后门、东西便门与四角楼等建筑所组成，堪称是一组集民间祠庙、佛教寺院、道教宫观及皇宫建筑于一体的建筑群。

⑳水帘洞：旧名朱陵洞，位于衡山紫盖峰下，距离南岳大庙约4千米。水源来自紫盖峰峰顶，流经山涧，汇入石池，水满溢出，垂直下泻，高达二十馀丈。每年春夏之交，这里山泉迸泻，雪溅雷鸣，为南岳"四绝"之一。其周围有众多古人题刻，明人计宗道有"天下第一泉"的石刻。湖南省地方志编纂委员会编《南岳志》第二篇《形胜·洞》（湖南出版社1996年版）："水帘洞在紫盖峰下，唐杜光庭《洞天福地记》称之为'朱陵小有洞天，第二十二洞真墟福地'。其实它不是洞，而是南岳一个最大最奇丽的瀑布……水从石壁上奔涌直下，像垂帘一幅，虎虎有声，银光四射，远在一二里路以外，就能听到'雷声'，看到'白练'……水帘峭壁两叠石磴，其半腰一叠磴，水从上泻下，遇之而一折，再喷飞倾落直下，如帘幅中间拦腰一折，形成跳玉喷珠之奇观……1964年兴修水利，从上游截住源水筑坝蓄渚，建成一座水库，额曰'水帘洞水库'。从此，

平时发电,旱季灌田,瀑布奇观,需要专门开闸放水或春雨季节才能看到。"

㉑翳(yì):遮蔽,隐藏。

㉒踌躇:犹豫,迟疑不决。

㉓路亭:建筑在路旁供行人休息的小亭。

㉔湘潭:即湘潭县,位于衡山以北。唐天宝八载(749)改衡山县置,属衡阳郡,治所在洛口(今湖南湘潭县治易俗河镇)。元和后属潭州。宋移治今湘潭市。元元贞初升为州,明洪武三年(1370)复降为县,属长沙府。民国初属湖南湘江道,1922年直属湖南省。1992年移治易俗河镇。

㉕樵者:打柴人。

㉖山峡:两山之间的峡谷。《淮南子·原道训》:"逍遥于广泽之中,而仿洋于山峡之旁。"

㉗朱陵大沥洞天:徐霞客可能误记,此六字当作"朱陵太虚洞天",为宋张孝祥所书。湖南省地方志编纂委员会编《南岳志》第三篇《石刻·宋代石刻》(湖南出版社1996年版):"'镇岳飞天法轮 朱陵太虚洞天'12字,每字80厘米见方,楷书竖刻。字在水帘洞雪浪亭右石上。旧志记为张孝祥题。石刻侧尚有题记为:'绍兴间(1131~1162),故紫微张公射策君门,居甲科之前列;逮尘乙览,则又嘉其字画之雄杰,擢升第一。于是飞笺点翰,为时所珍。岁丙戌秋,还自桂林,经衡岳,凡所游观,不留诗则留字。而大书之楷者二题:镇岳飞天法轮、朱陵太虚洞天是已。后十有九年,知铨德观道士万如寿,乃摹刻于洞天之侧,并托诸不朽。淳熙甲辰(1184)二月之吉吴兴卢宜之谊伯书。'"张孝祥(1132~1170),字安国,别号于湖居士,宋历阳乌江(今安徽和县乌江镇)人,卜居明州鄞县(今浙江宁波)。南宋著名词人,书法家,为唐代诗人张籍

之七世孙。绍兴二十四年（1154），张孝祥状元及第，授承事郎，历任秘书郎、著作郎、集英殿修撰、中书舍人等职，还出任过抚州、平江、静江、潭州等地的地方长官，颇有政绩。乾道五年（1169），以显谟阁直学士致仕。乾道六年（1170）卒于芜湖，年仅三十八岁。《宋史》卷三八九有传。

㉘水帘洞：三字为宋潘畤所书。湖南省地方志编纂委员会编《南岳志》第三篇《石刻·宋代石刻》："'水帘洞'，3字，每字90厘米见方，楷书竖刻。字在水帘洞第二叠瀑布石上，款署：淳熙甲辰（1184）冬十二月潘畤书，会真观知观道士周延龄摹刻。潘畤，宋绍兴至淳熙间任荆湖北路常平茶盐及荆湖南路提点刑狱等官。"高山流水：四字为明人所书。湖南省地方志编纂委员会编《南岳志》第三篇《石刻·明代石刻》："'高山流水'，4字，每字约30厘米见方，楷书横刻。字在水帘洞瀑布壁石上，款署万历丁巳（1617）秋……（涂难辨识）。"

㉙引者：即向导。

㉚九真洞：故址位于衡山仙岩峰下。湖南省地方志编纂委员会编《南岳志》第二篇《形胜·七十二峰》："仙岩峰，在紫盖峰下侧。峰下有九真洞。《南岳总胜集》载：'仙岩峰下有石岩，高敞一二百尺，昔刘根先生于此炼丹。'东有醮坛、风穴、长生池、悬泉，泉下有仙泓、灵草、风洞，南有火洞。《总胜集》说此洞是朱陵之东门，下有集仙观、丹霞庵旧址。晋太康元年（280），新野先生在仙岩峰下寿宁观故址建九真观。唐曹道冲有联：长生门户分明启，大洞烟霞咫尺连。以上古迹今均已不存。"或谓九真洞位于衡山碧岫峰下。

㉛隘：岩石狭窄处。

㉜焚山：当即"烧荒"，谓开荒前烧掉荒地上的野草。

㉝寿宁宫：当即寿宁观，故址位于岳庙左侧。清高自位《南岳志》

卷二《寺观》著录寿宁宫，另著录："九真观，在岳庙左，即寿宁观。"

㉞坞：四面高中间低的地方。

㉟紫盖峰：又称华盖峰、雁来峰、上回雁峰（以区别位于衡阳市的回雁峰），位于祝融峰东，峰下即今南岳区紫峰村。清高自位《南岳志》卷一《形胜》："紫盖峰，在岳庙东，其形似麾盖。诸峰皆向祝融，独此峰势转东去。杜甫《望岳》诗云：'祝融五峰尊，峰峰次低昂。紫盖独不朝，争长䇿相望。'"紫盖峰为水帘洞的源头，洗心源、洞真源两条山溪从峰左右下淌，至峰腰合一，奔涌而下，形成水帘洞之瀑布奇观。

㊱僧察：僧舍。宋陆游《贫居》诗："囊空如客路，屋窄似僧察。"

二十二日 力疾登山①。由岳庙西度将军桥②，岳庙东西皆涧。北入山一里，为紫云洞③，亦无洞，山前一冈当户环成耳。由此上岭一里，大石后度一脊，里许，路南有铁佛寺④。寺后跻级一里⑤，路两旁俱细竹蒙茸⑥。上岭，得丹霞寺⑦。复从寺侧北上，由络丝潭北下一岭⑧，又循络丝上流之涧，一里，为宝善堂⑨。其处涧从东西两壑来，堂前有大石如劈，西涧环石下出玉板桥⑩，与东涧合而南。宝善界两涧中，去岳庙已五里。堂后复蹑蹬一里，又循西涧岭东，平行二里，为半云庵⑪。庵后渡涧，西蹑级直上，二里上一峰，为茶庵⑫。又直上三里，逾一峰，得半山庵⑬，路甚峻。由半山庵、丹霞侧北上，竹树交映，青翠滴衣。竹中闻泉声淙淙⑭。自半云逾涧，全不与水遇，以为山高无水，至是闻之殊快。时欲登顶，过诸寺俱不入。由丹霞上三里，为湘南寺⑮，又二里，南天门⑯。平行东向二里，分路。南一里，飞来船、讲经台⑰。转至旧路，又东下半里，北度脊，西北上三里，上封寺⑱。上封东有虎跑泉，西有卓锡泉⑲。

[注释]

①力疾登山："力疾登山"至"又二里，南天门"一大段内容，为清乾隆本文字，记述较详，底本仅以小字括注于"十五里，半山庵。五里，南天门"十一字正文之后，作为参照。本书作为选本，删去上引十一字的"正文"，而仅以清乾隆本文字作为正文，以便于读者阅读。参见本段注⑬。力疾，动作有力而迅速。《国语·越语下》："今其来也，刚强而力疾，王姑待之。"

②将军桥：石拱桥，位于南岳镇北支街，在岳庙西北，其下有将军泉，乃龙隐河上源之一，东南流入湘江。

③紫云洞：方志未见著录，当位于紫云峰下。紫云峰位于瑞应峰左侧，岳庙后。据刘惕之《徐霞客游南岳衡山进山线路考》（载《千古奇人徐霞客——徐霞客逝世350周年国际纪念活动文集》，科学出版社1991年版）考订："实地调查了解到：抗日战争中，湖南省私立岳云中学迁来南岳，建于甘泉祠遗址前面……右方保持有一座六方花岗岩石亭——甘泉亭，亭内竖有明万历年间所立的'甘泉石刻像碑，右后方还有'紫云桥'。现在的岳云中学，东、北、西三面均为高山环绕，只有南边有一开口，还被东面山岭伸出一'冈'挡去大半，完全符合当时徐霞客笔下的所谓'洞'的地貌特征。即此，我们可以断定：'湖南省岳云中学'坐落的小盆地，即为当年的紫云洞。"可参考。甘泉祠，即甘泉书院，明张元忭（1538~1588）《游衡山记》："绕庙而北，过胡文定祠，左为甘泉书院。后由中路跻岩而升，其右有络丝潭。"

④铁佛寺：原名报国寺，又名铁佛庵，位于衡山烟霞峰麓祝高岭，在清人所建邺侯书院上约一里。始建于南宋宝庆间（1225~1227），规模不

大，今仅存正殿与杂屋三间。殿中原供铁佛一尊，为接引佛（弥陀佛），重达万斤，传为明代所铸造。

⑤跻（jī）级：攀登石阶。

⑥蒙茸：葱茏。唐罗邺《芳草》诗："废苑墙南残雨中，似袍颜色正蒙茸。"

⑦丹霞寺：位于南天门下。始建于唐代贞元间（785~804），为石头和尚弟子丹霞所创，故名。丹霞又名天然，故寺亦名天然禅寺。清高自位《南岳志》卷二《寺观》著录。刘惕之《徐霞客游南岳衡山进山线路考》："实地考察。笔者多次登山，由半山亭北石级小径上祝高岭，二里至紫竹林，之后过邺侯书院（建于1744年），再上一里到铁佛寺，寺为石砖青瓦，陈旧而坚实。再北上一里为丹霞寺，寺正面的门额仍保留着'丹霞寺'三个石刻大字，西面门额改刻为'五岳殿'，但其上还刻有'丹霞寺'三个小字。再往上即经湘南寺到南天门。考察证明，铁佛、丹霞二寺，确在半山寺之上、南天门之下。在玉版桥以下是否曾有过铁佛、丹霞呢？再查考地方志和多种游记，都没得到这方面的任何记载；又经反复实地勘探，这一带亦无寺院遗址痕迹；访问当地老人，也无人听说过这一带有过铁佛寺和丹霞寺。据以上多方分析肯定：自古至今，南岳衡山只有一个丹霞寺和一个铁佛寺，其位置与现在的丹霞寺、铁佛寺同。徐霞客《游衡山日记》将铁佛寺和丹霞寺记载于玉版桥以下，实是误记。"可参考。

⑧络丝潭：位于今华严湖下，集纳寿涧水汇而成潭。潭在整块岩石中，水由上直下，入潭旋转，遇石而碎，转成千丝万缕，重重旋涡，如络丝一般，故称。明王士性《五岳游草》卷一《衡游记》："乃度小岭至络丝潭。潭水澄澈见底，溪流从乱石中跳跃而来，注之如瀑布。谓络丝者声固有然，形亦似之。"

⑨宝善堂：当即宝善山房，故址位于衡山玉版桥侧。明万历十三年至十五年（1585~1587）间衡州知府许俊建，20世纪70年代被毁。明王士性《五岳游草》卷一《衡游记》："再过玉板桥，有亭翼然，为宝善山房。"清高自位《南岳志》卷二《书院》："宝善山房，在玉版桥，郡守许俊建。"

⑩西涧：底本据清乾隆本作"两涧"，据《四库》本、丁文江本改。刘惕之《徐霞客游南岳衡山进山线路考》："'如劈大石'却不见踪迹……实地考察证明：宝善堂附近只有东西两涧，并无三涧。'两涧环石下出玉板桥'之句与事实不符。我们认为，此句中的'两'字本应是'西'字。"甚是。玉板桥：即玉版桥，横跨半云庵庵下玉版溪上，桥即因溪而得名。

⑪半云庵：故址在衡山祝高岭铁佛庵下，清高自位《南岳志》卷二《寺观》著录。刘惕之《徐霞客游南岳衡山进山线路考》："徐霞客记载中关于'半云庵庵后渡涧西蹑级直上'之句，有些让人费解。若加标点为：'半云庵，庵后渡涧，西蹑级直上。'则此路西上山岭通磨镜台，再反至半山亭，必经麻姑桥越涧，与文中'自半云越涧，全不与水遇'相矛盾，且里程要比引文中多一倍以上。若加标点为：'半云庵，庵后渡涧西，蹑级直上。'则可由迎新桥西、半云庵后，北登巴巴岭到半山亭。古人由半云庵上半山亭多经此道。我们认为：徐霞客是由庵后登巴巴岭而上的。"可参考。

⑫茶庵：清高自位《南岳志》卷二《寺观》未见著录。刘惕之《徐霞客游南岳衡山进山线路考》："经调查研究得出：'茶庵'并非'庵'，只是各庵堂、寺、院的僧人搞的慈善事业，在一些登山要道上设立的'义茶'亭。古代南岳衡山类似'小亭'、'茅庵'、'石屋'之类的'茶庵'为数不少，磨镜台去天柱峰游路上至今还存留了一处'石屋'茶庵。

据引文分析，我们认为，徐霞客记载的'茶庵'应在巴巴岭上，半山亭下。经勘察，我们在巴巴岭上发现了一处石亭遗址，其亭曾叫耙耙亭。半云庵僧人一直在此负责点茶油灯和供茶。可以肯定，此亭即为徐霞客游记中的'茶庵'了。"此论建筑于田野考察的基础上，因而颇为可信，读者可参考。

⑬半山庵：当即半山寺，位于衡山半山亭附近。明王士性《五岳游草》卷一《衡游记》："从（宝善）山房上十馀里，为半山寺。"清高自位《南岳志》卷二《寺观》未见著录。或认为半山庵即半山亭。明张居正《游衡岳记》："午乃至半山亭，亭去岳庙十五里，五峰背拥，云海荡漾，亦胜境也。"

⑭淙淙（cóng cóng）：流水声。

⑮湘南寺：位于丹霞寺上一里处。原为唐代智通、天然两位僧人坐禅之地，故属唐人古刹。明嘉靖二十三年（1544）曾经重修。明王士性《五岳游草》卷一《衡游记》："繇半山后为湘南寺。"此寺至清代当已废，清高自位《南岳志》卷二《寺观》著录，无考。

⑯南天门：位于衡山芙蓉峰上，距南岳镇9千米处，立有牌坊，上有楷书"南天门"三字，每字40厘米×35厘米见方。从南岳镇远望，南天门为最高处，至南天门方能见祝融峰。此"南天门"以上一大段，刘惕之《徐霞客游南岳衡山进山线路考》一文认为："《徐霞客游记》在作者逝世后135年才整理出版。这其中经历过了一个'原稿遗失、残缺、传抄乃至多以己意的大量删改'的过程。这就难免出现错误，甚至使某些部分面目皆非。"他从而作如下增删改订："力疾登山。由岳庙西度将军桥，岳庙东西皆涧。北入山一里，为紫云洞，亦无洞，山前一冈当户环成耳。由此上山一里，大石后度一脊，里许，路两旁俱细竹蒙茸。由络丝潭北下一岭，又循络丝上流之涧，一里，为宝善堂。西涧环石下，出玉板桥与东

涧合而南，宝善界两涧中，去岳庙已五里。堂后复蹑蹬一里，又循西涧岭东，平行二里，为半云庵。庵后渡涧西，蹑级直上二里，上一峰，为茶庵，又直上三里，逾一峰，得半山庵，路甚峻。北上里许，路南有铁佛寺。寺后跻级一里，上岭得丹霞寺。由半山亭丹霞侧北上，竹树交映，青翠滴衣，竹中闻泉声淙淙。自半云逾涧，全不与水遇，以为山高无水，至是闻之殊快。时欲登顶，过诸寺俱不入。由丹霞上三里，为湘南寺，又二里，南天门。"读者可参考。

⑰飞来船：故址位于衡山金简峰与掷钵峰间，是山体岩石风化后所形成，其形如船，悬架于另外两块岩石之上，世人即附会为"飞来船"。明谭元春《游南岳记》："转寻飞来船石，众石支扶，一石翱翔甫定，衔尾卧其上。人从陈中过，见石上树如藤，皮半存，青青自有叶。"明王士性《五岳游草》卷一《衡游记》："度横岭方为衡之后山，过飞来船，一石自空而至如船形。"清王夫之《飞来船》绝句："偶然一叶落峰前，细雨危烟懒扣舷。长借白云封几尺，潇湘春水坐中天。"清刘献廷（1648~1695）《广阳杂记》卷二："南岳有飞来石船，在祝融峰下，长数十丈，蓬桅篙橹，无不逼肖。嵌空架两石上，昂首耸尾，俨然百万斛之艘，凌空御风以行，而暂维于此者……辛卯三月十二日夜，大雷电，石船震碎。"辛卯为清顺治八年（1651）。清乾隆《衡州府志》卷六《山川》："船石，在掷钵峰，状如船，人呼为飞来船。"清钱邦芑（？~1673）撰《游南岳记》有云："癸卯（1663）秋，迅雷暴雨，崖为之崩，胜迹永绝。游人犹指故处凭吊焉。稍下有说法台。"癸卯为清康熙二年，与前引刘献廷之"辛卯"说相差十二年，未知孰是。在金简峰侧石上，竖刻有"石舟"两个隶书大字，每字55厘米见方，署款"蒋向能书"，为明代石刻。不远处有"飞来船"正楷横刻三大字，每字大30厘米见方，刻于黄帝岩上90米处，无题款。讲经台：又名黄帝岩、皇帝岩，位于金简峰，传说轩辕黄帝曾在

此受戒经，故又称讲经台。台后掷钵峰顶巨石坪上镌"天子万年"四字，楷书竖刻，每字约20厘米见方。

⑱上封寺：位于衡山祝融峰顶处，周围多矮松，有雷池，历代题咏甚多。明王士性《五岳游草》卷一《衡游记》："乃入上封寺，老木支柱，仅二三大雄像存。右转三里许上山之巅，则祝融峰也。"清高自位《南岳志》卷二《寺观》："上封寺，在祝融峰巅，旧为光天观，有司天霍王庙，隋代始易为寺。乾隆十六年，遵旨修建祝融殿。"

⑲"上封东"二句：清高自位《南岳志》卷一《形胜》："掷钵峰，在岳庙后。峰有虎跑、卓锡二泉。世传慧思大和尚掷钵于此。"虎跑泉，位于福严寺侧、掷钵峰极高明台下，泉水清澈，传说此处原无泉水，慧思和尚建般若寺时，忽夜有一虎跑地攫岩，引来水源，遂得泉，故名虎跑泉。卓锡泉，位于福严寺左侧山凹，传说慧思和尚建福严寺时，以寺附近无水，即以其锡杖定泉位，凿而得泉，故名卓锡泉。

二十三日　上封①。

二十四日　上封。

二十五日　上封。

[注释]

①上封：即上封寺，位于衡山祝融峰顶。参见本日记二十二日日记注⑱。徐霞客从二十二日至二十五日连续四夜寄宿上封寺。

二十六日　晴。至观音崖①，再上祝融会仙桥②，由不语崖西下③。八里，分路。南茅坪④。北二里，九龙坪⑤，仍转路口。南一里，茅坪。东南由山半行⑥，四里渡乱涧，至大坪分路⑦。东南上南天门⑧。西南小路直上四里，为老龙池⑨，有水一池在岭坳，不甚澄，其净室多在岭外⑩。西南侧刀之西⑪，雷祖之东分路⑫。东二里，上侧刀峰。平行顶上二里，下山顶，度脊甚狭。行赤帝峰北⑬。一里，绕其东，分路。乃南由坳中东行，一里，转出天柱东⑭，遂南下。五里，过狮子山与大路合⑮，遂由岐路西入福严寺⑯，殿已倾，僧佛鼎谋新之⑰。宿明道山房⑱。

[注释]

①观音崖：即观音岩，又称烟霞洞，位于高台寺下，为明代僧人楚石所开凿。悬石上有行书横刻"观音岩"三字，每字35厘米见方，款署："大明天启癸亥年（1623）五月十三日部检封司郎中杨一鹏书。"传说楚石和尚曾与明代状元罗洪先（字达夫，号念庵，1504~1564）在此读书论道，岩上有念庵松，据说为罗洪先手植。观音岩仅一方丈左右，旁有泉声，是为观音泉。清李元度《南岳志》卷五《形胜》："观音岩，在碧萝峰下，岩有念庵松。"

②会仙桥：位于祝融峰下被道家称为第二十四福地的青玉坛（又名会仙峰）侧，为长约1米的石板，连接突出万丈绝壑之上的天然石峰青玉坛与山麓，因青玉坛上有二石蹲坐，名试心石，故会仙桥又名试心桥。传说游人过桥去青玉坛即可会见神仙。明王士性《五岳游草》卷一《衡游记》："寺僧请先抵会仙桥。循崖东畔下三里许，石崖屹立千尺，造石为飞桥横度之，以非仙人不能，故名。过桥凭石栏茵草而坐，回望北崖插汉，凌厉欲飞，隐隐腰间有线路若趾迹然，名拾身崖，此南岳第一绝险处。"

③不语崖：即不语岩，位于祝融峰青玉坛侧。据传说南台寺曾有一僧，从不说话，人呼为不语禅师，常在此岩打坐。一夜，他提灯笼赴上封寺求火，有人对他说："你灯笼中不是自有火种吗？"不语禅师即说："早知灯有火，饭熟已多时。"此岩即因不语和尚而得名。

④茅坪：位于不语岩西南。坪，山间的平地。

⑤九龙坪：位于祝融峰后不语岩西北、茅坪的北面。清高自位《南岳志》卷一《形胜》著录。

⑥山半：谓半山腰。

⑦大坪：位于南天门西北。

⑧南天门：位于衡山芙蓉峰上。参见本日记二十二日日记注⑯。

⑨老龙池：或称龙池，位于侧刀峰下水月寺前，长约3丈，宽7丈。每年惊蛰前几天，山中数以万计的蟾蜍来此交配产卵，蔚为壮观，俗称"群蛙朝圣"，又称"龙池蛙会"。清高自位《南岳志》卷一《形胜》："老龙池，在崱屴峰右。"

⑩净室：谓清静干净的居室，多指寺庙中供歇息的房间。

⑪侧刀：即侧刀峰，又名崱屴（zè lì）峰，与祥光峰相连。崱屴，形容山峰高耸。该峰峰头朝西的山侧面是一块巨大的石壁，光滑照人，长约200米，高约100米，形如侧立之刀，故名侧刀峰。峰下原有金莲寺，早废。

⑫雷祖：即雷祖峰，位于侧刀峰以西。清李元度《南岳志》卷五《形胜》："雷祖峰，当祝融峰之麓，峰有雷池，能兴云布雨，故名雷祖。"

⑬赤帝峰：古名炼玉峰，位于岳庙之后、朱明峰上。据说祝融君葬于峰上，祝融为赤帝，故名。一说今之祥光峰亦称赤帝峰。清李元度《南岳志》卷五《形胜》："赤帝峰，在岳庙后，古名炼玉峰，上有惠车子尸解处。"

⑭天柱：即天柱峰，又名双柱峰，位于岳庙西，突出耸立于祝融峰以南。从山下仰望群峰，其上有如双柱插天的两个山峰即天柱峰，其下有天柱寺。清高自位《南岳志》卷一《形胜》："天柱峰，亦曰双柱峰，在岳庙西。两山端耸，其形似柱。《九域志》云：名山三百六十，中有八柱。此为第六柱。"

⑮狮子山：当即狮子岩，位于衡山南天门石牌坊上方，岩顶有巨石屹立，如同蹲狮，故名。岩壁之上有"起舞南天"、"天然太狮"等刻石。

⑯福严寺：位于衡山掷钵峰麓的山谷斜坡上，初名般若寺，又名般若台，为南朝陈光大元年（567）慧思和尚创建。兴盛于北宋，南宋时曾毁于火，后经重建，至明初已基本恢复原貌，明中叶寺全废，明末佛顶（鼎）和尚重修。清代与民国皆有重建或整修，今存福严寺为"文革"后重新整修。

⑰佛鼎：或作"佛顶"，明代僧人法号。谋新之：谓计划重建福严寺。

⑱明道山房：位于衡山烟霞峰下山谷中邺侯李泌故居端居室右侧，为衡宝兵巡副使李天植创建，以僻处深山，讲学功能难以发挥。入清废。清高自位《南岳志》卷二《书院》："明道山房，即唐邺侯李泌书院也。泌隐衡山，结庐烟霞峰顶，名曰端居室。泌好藏书，韩愈诗云：'邺侯家多书，插架三万轴。'"

二十七日 早闻雨，餐后行少止①。由寺西循天柱南一里，又西上二里，越南分之脊，转而北，循天柱西一里，上西来之脊，遂由脊上西南行，于是循华盖之东矣②。一里，转华盖南，西行三里，循华盖西而北下。风雨大至，自是持盖行③。北过一小坪④，复过上岭，共一里，转而西行岭脊上。连度三脊，或循岭北，或循岭南,共三里而复上岭。于是直上二里,是为观音峰矣⑤。由峰北树中行三里,雨始止,而沉霾殊甚⑥。又西南下一里,得观音庵⑦,始知路不迷。又下一里,为罗汉台⑧。有路自北坞至者,即南沟来道。于是复南上二里,连度二脊,丛木亦尽⑨,峰皆茅矣。既逾高顶,南下一里,得丛木一丘,是为云雾堂⑩。中有老僧,号东窗,年九十八,犹能与客同拜起⑪。时雾稍开,又南下一里半,得东来大路,遂转西下,又一里半,至涧,渡桥而西,即方广寺⑫,寺正殿崇祯初被灾⑬,三佛俱雨中⑭。盖大岭之南,石廪峰分支西下⑮,为莲花诸峰⑯;大岭之北,云雾顶分支西下⑰,为泉室、天台诸峰⑱。夹而成坞⑲,寺在其中,寺始于梁天监中⑳。水口西去㉑,环锁甚隘㉒,亦胜地也㉓。宋晦庵、南轩诸迹㉔,俱没于火㉕。寺西有洗衲池㉖,补衣石在涧旁㉗。渡水口桥,即北上山,西北登一里半,又平行一里半,得天台寺㉘。寺有僧全撰㉙,名僧也。适他出,其徒中立以芽茶馈㉚。盖泉室峰又西起高顶,突为天台峰。西垂一支,环转而南,若大尾之掉㉛,几东接其南下之支。南面水仅成峡,内环一坞如玦㉜,在高原之上,与方广可称上下二奇㉝。返宿方广庆禅、宁禅房㉞。

先是,余欲由南沟趋罗汉台至方广㉟;比登古龙池㊱,乃东上侧刀峰,误出天柱东;及宿福严,适佛鼎师通道取木㊲,遂复辟罗汉台路。余乃得循之西行,且自天柱、华盖、观音、云雾至大坳㊳,皆衡山来脉之脊,得一览无遗,实意中之事也。由南沟趋罗汉台亦迂㊴,不若径登天台,然后南岳之胜乃尽。

[注释]

①行:副词,辄,即。少:稍,略。

②华盖：即华盖峰，又名灵芝峰，海拔970米以上，旧多虎患，为华南虎的栖息地。位于前后山的过山通道西岭右，峰上原有华盖院，传为华盖君修道处，故名。清李元度《南岳志》卷五《形胜》："华盖峰，在岳庙后，地产灵芝，一名灵芝峰。"

③持盖：谓撑起伞盖。

④坪：山间的平地。

⑤观音峰：位于华盖峰南，南与潜圣峰相连，峰上原有观音庵，庵前有罗汉台（又名讲经台，台为一巨石），据说观音菩萨从天台去南海，途经南岳，在此处讲经，峰因此名。峰下有金竹坪、方广寺。观音峰为"莲花八峰"之一。清李元度《南岳志》卷五《形胜》："观音峰，在岳庙右下，有罗汉台、金竹坪。"

⑥沉霾（mái）：谓浓积的阴霾水汽。

⑦观音庵：位于观音峰上。参见本段注⑤。

⑧罗汉台：又名讲经台，位于观音庵前。参见本段注⑤。

⑨丛木：丛生的树木。三国魏曹植《七启》："素水盈沼，丛木成林。"

⑩云雾堂：位于罗汉堂西南、方广寺东北。未见方志著录。

⑪拜起：跪拜起立。古时多为祭拜或行礼的一种仪态，常多次重复。

⑫方广寺：位于莲花峰下。南朝梁天监二年（503），惠海禅师结茅庵于此，梁大通六年（534），僧希遁创建方广寺。后因宋代大儒朱熹、张栻曾寄宿于方广寺并加赞誉，从而声名大振。明嘉靖二年（1523），僧洁空重修，板屋铁瓦，金碧辉煌。明神宗万历二十年（1592）曾赐藏经648函，寺僧因建藏经阁，从而成为南岳五大佛寺丛林之一。崇祯元年（1628）曾被火焚，其后屡有兴废，外貌至今大致保持清末重修后的规模。明张居正《游衡岳记》："方广在莲花峰下，四山重重如瓣，而寺居

其中。是多响泉，声彻数里，大如轰雷，细如鸣弦。幽草珍卉，夹径窈窕，锦石斑驳，照烂丹青。盖衡山之胜，高称祝融，奇言方广。然磴道险绝，岩壑幽邃，人罕至焉。"

⑬寺正殿：佛寺中的大雄宝殿，为供奉佛祖或三世佛的大殿。崇祯：明思宗朱由检的年号（1628~1644）。

⑭三佛：即三世佛，有所谓"竖三世佛"与"横三世佛"之别。竖三世佛：佛教谓过去、现在、未来三世，各有千佛出世，即过去佛为燃灯古佛，现在佛为释迦牟尼佛，未来佛为弥勒佛。横三世佛：中间为释迦牟尼佛（主管中央娑婆世界），左边为药师佛（主管东方琉璃光世界），右边为阿弥陀佛（掌管西方极乐世界）；另外还有中间是释迦牟尼佛，右有文殊菩萨，左立普贤菩萨等不同说法。

⑮石廪（lǐn）峰：位于衡山祝融峰南，在衡阳市界牌镇将军村与衡山县祝融乡能仁村交界处，海拔1189米。顶端有石雷池，其东南即黄龙大坳。石廪峰峭壁三面，难以攀登。在其面向能仁村的巨大峭壁上又有两块又长又圆的巨石，似两扇巨门，非常壮观。从其下侧仰视，两巨石浑为一体，如同大门紧闭，峰巅则如圆廪之盖。清高自位《南岳志》卷一《形胜》："石廪峰，在岳庙西南，形如仓廪，有二户，一开一阖。《湘中记》云：闭则岁丰，开则岁歉。"

⑯莲花：即莲花峰，位于衡山潜圣峰右，距离南岳镇20千米。方广寺即在其山麓。清王夫之曾著《莲花志》五卷，内有云："凡入莲峰，四山横之，天台揖之，两坳奔之，观音翼之……山见幽，水见咽，林见未得之树，驯不畏人见猿鹿……山胜盖备矣。"清高自位《南岳志》卷一《形胜》："莲花峰，在岳庙西，状如莲花。峰下即方广寺，寺在莲花心，有宋徽宗题'天下名山'四字。"

⑰云雾顶：位于方广寺东北，云雾堂当即在其下。未见方志著录。

⑱泉室：即泉室峰，位于天台峰东北、云雾顶以西。天台：即天台峰，位于衡山方广寺西。清高自位《南岳志》卷一《形胜》："天台峰，在方广寺西，中有拜经台、无缝塔、莲花池、酥酪泉、会仙桥。"清王夫之《莲峰志·形胜》云："凡入莲峰，观其簇立，叠瓣堆根，知名之自立也。凡入莲峰，四山向拱之，天台揖之，两坳奔之，观音翼之，前旷后窈，知形之自来也……《衡岳志》曰：'莲花峰。方广导居其下，四水萦绕，山如莲瓣。'"可见方广寺正位于莲花诸峰（莲花峰群共八峰，分别为莲花、石廪、天台、观音、妙高、潜圣、天堂、狮子）的"莲心"中央。

⑲夹而成坞：谓云雾、泉室、天台三山相交会所形成的四面高中间低的较为平坦的谷地。

⑳梁天监：南朝梁武帝萧衍的年号（502~519）。

㉑水口：水流的出入口或其近旁。《尔雅·释水》"濆，大出尾下"晋郭璞注："河东汾阴县有水口，如车轮许，溃沸涌，其深无限，名之为濆。"

㉒环锁：如锁一样的环绕。隘：狭窄，狭小。

㉓胜地：美妙的境界。南朝宋刘义庆《世说新语·任诞》："王卫军云：'酒正自引人箸胜地。'"

㉔晦庵：即朱熹（1130~1200），字元晦，又字仲晦，号晦庵，晚称晦翁，谥文，世称朱文公。祖籍徽州府婺源县（今江西婺源），出生于南剑州尤溪（今属福建）。宋高宗绍兴十八年（1148）进士，历任江西南康、福建漳州知府、浙东巡抚，为官清正，振举书院建设。官拜焕章阁侍制兼侍讲，曾为宋宁宗皇帝讲学。著有《四书章句集注》、《太极图说解》、《通书解说》、《周易读本》、《楚辞集注》，后人辑有《朱子大全》等。他是南宋著名的理学家、思想家、哲学家、教育家、诗人，闽学派的

代表人物，儒学集大成者，世尊称为朱子。《宋史》卷四二九有传。南轩：即张栻（1133~1180），字敬夫，后避讳改字钦夫，又字乐斋，号南轩，学者称南轩先生，谥曰宣，后世又称张宣公。南宋汉州绵竹（今属四川）人，右相张浚之子。南宋孝宗隆兴元年（1163），张栻以荫补官，历知抚州、严州，吏部员外侍郎，起居郎侍立官兼侍讲，再历知袁州、江陵，迁右文殿修撰，提举武夷山冲佑观。他是南宋初期学者、教育家，与朱熹、吕祖谦齐名，时称东南三贤。著作经朱熹审定的有《南轩文集》，还有《论语解》、《孟子说》，后人合刊为《张南轩公全集》。《宋史》卷四二九有传。明尚书尹台于嘉靖十八年（1539）曾建二贤祠于方广寺侧，以纪念两位大儒，于是方广寺与二贤祠遂成为文人士大夫寻幽访古的胜迹，"诸迹"当谓此。

㉕俱没于火：明万历四十七年（1619），方广寺曾毁于大火，二贤祠亦未幸免。后经僧少庵重建，殿宇宏丽，僧徒众多，盛时达二百馀众。明崇祯元年（1628），方广寺又遭火焚；入清以后再修再焚，则是徐霞客身后之事了。

㉖洗衲池：位于方广寺前溪，溪旁一石，即洗衲石，有楷书竖刻"洗衲"二字，每字约100厘米见方，无款识。池与石，据说皆为南朝梁僧惠海的遗迹。

㉗补衣石：即补衲台，位于方广寺前溪边的一块巨石上，其背刻有明衡州太守李綮五律《补衲台》一首，今仍清晰可辨，据说为僧惠海补衲之地。

㉘天台寺：位于衡山天台峰麓，南朝陈太建（569~582）中建，寺左有隋智顗禅师拜经台。寺早废。

㉙全撰：天台寺僧法号。

㉚中立：天台寺僧全撰的徒弟法号。芽茶：衡山云雾茶早享盛名，见

唐陆羽《茶经》。其中"雨前岳茗"，清初李长庚《九仙观记》著录。"芽茶"当即云雾茶中之早采者。

㉛大尾之掉：反用成语"尾大不掉"（比喻事物前轻后重，难以驾驭），意谓天台峰虽为诸峰馀脉，雄伟气势却丝毫不减。

㉜玦（jué）：环形而有缺口的玉佩。

㉝上下二奇：谓方广寺与天台寺所处位置。

㉞庆禅宁禅：分别为方广寺两位僧人的法号。

㉟南沟：未见方志著录，位置不详。

㊱古龙池：即前文之"老龙池"，参见本日记二十六日日记注⑨。

㊲通道取木：意谓为砍伐木材（重修福严寺大殿）而开辟山路。

㊳大坳：当即黄龙大坳，位于石廪峰东南。参见本段注⑮。

㊴迂：迂回曲折的路。

二十八日 早起，风雨不收。宁禅、庆禅二僧固留余，强别之。庆禅送至补衲台而别。遂沿涧西行，南北两界①，山俱茅秃②。五里，始有石树萦溪，崖影溪声，上下交映。又二里，隔溪前山，有峡自东南来，与方广水合流西去③。北向登崖，崖下石树愈密，涧在深壑，其中有黑、白、黄三龙潭④，两崖峭削⑤，故路折而上，闻声而已，不能见也。已而平行山半，共三里，过鹅公嘴⑥，得龙潭寺⑦。寺在天台西峰之下，南为双髻峰⑧。盖天台、双髻夹而西来，以成龙潭之流；潭北上即为寺，寺西为狮子峰⑨，尖削特立⑩，天台以西之峰，至此而尽；其南隔溪即双髻西峰，而莲花以西之峰，亦至此而尽；过九龙⑪，犹平行山半，五里，自狮子峰南绕其西，下山又五里，为马迹桥⑫，而衡山西面之山始尽。桥东去龙潭十里[13]，西去湘乡界四十里[14]，西北去白高三十里[15]，南至衡阳界孟公坳五里[16]。自马迹桥南渡一涧，涧即方广九龙水去白高者。即东南行，四里至田心[17]。又越一小桥，一里，上一低坳，不知其为界头也[18]。过坳又五里，有水自东北山间悬崖而下，其高数十仞[19]，是为小响水塘[20]，盖亦衡山之馀波也[21]。又二里，有水自北山悬崖而下，是为大响水塘。阔大过前崖，而水分两级，转下峡间，初见上级，后见下级，故觉其不及前崖飞流直下也。前即宁水桥[22]，问水从何处，始知其南由唐夫、沙河而下衡州草桥[23]。盖自马迹南五里孟公坳分衡阳、衡山界处，其水北下者，即由白高下一殡江[24]，南下者，即由沙河下草桥，是孟公坳不特两县分界，而实衡山西来过脉也[25]。第其坳甚平[26]，其西来山即不甚高，故不之觉耳[27]。始悟衡山来脉，非自南来，乃由此坳东峙双髻，又东为莲花峰后山，又东起为石廪峰，始分南北二支，南为岣嵝、白石诸峰[28]，北为云雾、观音以峙天柱。使不由西路，必谓岣嵝、白石乃其来脉矣。

由宁水桥饭而南，五里，过国清亭[29]，逾一小岭，为穆家洞[30]。其洞回环圆整，水自东南绕至东北，乃石廪峰西南峡中水；山亦如之，而东附于衡山之西。径洞二里，复南逾一岭，一里，是为陶朱下洞[31]，其洞甚狭，水直西去。路又南入峡，二里，复逾一岭，为陶朱中洞，其水亦西去。又南二里，上一岭，其坳甚隘，为陶朱三洞，其洞较宽于前二洞，而不及穆洞之回环也。二里，又逾一岭，为界江[32]，其水由东南向西北去。界江之西为大海岭[33]。溯水南行一里，上一坳，亦甚平，乃衡之脉又西度为大海岭者。其坳北之水，即西北下唐夫；其坳南之水，即东南下横口者也[34]。逾坳共一里，为傍塘[35]，即随水东南行。五里，为黑山[36]。又五里，水口[37]，

楚游日记 | 461

两山逼凑③,水由其外破壁而入,路逾其上。一里,水始出峡,路亦就夷㊴。又一里,是为横口。傍塘、黑山之水南下,岣嵝之水西南来,至此而合。其地北望岣嵝、白石诸峰甚近,南去衡州尚五十里,遂止宿旅店。是日共行六十里。

[注释]

①界:范围。

②茅秃:谓无草木植被。

③方广水:即方广溪,为方广寺的一条出口山溪,源于方广大坳,流经石涧潭到方广寺前,与莲花诸峰下泻的溪水汇合,流出方广寺前的洗衲池,一路沿拜殿村曲折蜿蜒,流至黑龙潭出口,至衡山县马迹桥与涓水合流,注入湘江。全长约4千米。

④黑:即黑沙潭,俗称黑龙潭,位于衡山莲花峰下。诸涧水汇流至此,激成瀑布,高十馀丈,下注成潭。白:即白沙潭,位于衡山莲花峰下。黄:即黄沙潭,位于衡山莲花峰下。清高自位《南岳志》卷一《形胜》:"黄沙潭、黑沙潭、白沙潭,已上三潭俱从莲花峰下倾注濛洞。旧传梁海尊者送五龙王各居其所,沙以色分,黄沙最上,黑沙最胜。林宵瀑寒,冷风射人,森森不可久即也。至白沙稍夷,其上常有云气,每祷雨辄应。"黑、白、黄三龙潭位于方广寺以西七里处,清王夫之《莲峰志·附丽》亦云:"从莲花峰下注水右绕,三潭系之。旧传梁海尊者送五龙王各居其所。沙以色分,黄沙最上,黑沙最胜。"清高自位《南岳志》另著录位于巾紫峰下之白龙潭,则与此无涉。

⑤峭削:谓山峰陡峭如削。明顾起元《客座赘语》卷九《守心戒行》:"法堂后山壁峭削,中开一洞,深数尺许,因构小屋附之。"

⑥鹅公嘴:当即今鹅公冲,位于今衡阳县东北隅,在衡山县马迹镇的

西北方向。嘴，即山嘴，山脚伸出去的尖端。冲，山区里的平地。

⑦龙潭寺：故址位于黑沙潭侧，在天台西峰之下，南为双髻峰。早废。

⑧双髻峰：位于衡山方广寺山冲的拜殿村入口右三里处，在黑龙潭畔。清初王夫之隐居之续梦庵即在双髻峰的西峰麓下。

⑨狮子峰：位于方广寺侧，其形如狮，故名。此狮子峰并非《南岳志》所著录之别名柿蒂峰者。清高自位《南岳志》卷一《形胜》："狮子峰，亦曰柿蒂峰，在岳庙后。下有灵源，时闻石间泠泠而不见水。"另据湖南省地方志编纂委员会编《南岳志》第二篇《形胜·其他三十九峰》（湖南出版社1996年版）："南岳区内有四个狮子峰，除此外，高台寺下的狮子岩也叫狮子峰，方广寺侧的狮形山俗亦称狮子峰，掷钵峰亦名狮子峰。"显然，徐霞客这里所称之狮子峰系位于方广寺侧者。

⑩特立：独立，挺立。唐柳宗元《始得西山宴游记》："是山之特立，不与培塿为类。"

⑪九龙：即九龙水，源于衡山，西北汇入涓水，再北流入湘江。

⑫马迹桥：故址位于今湖南衡山县西部偏南的马迹镇马迹村，距县城约60千米，东接今东湖镇，南毗今南岳区，西接衡阳县，北抵新桥镇，是三县一区的中心地带。相传古时有天马降临，在一条小溪边留下一行清晰的足迹，后人遂在此建起一座石拱桥，名曰马迹桥，马迹镇因此而得名。

⑬龙潭：清同治《衡阳县志》卷一《疆域》第十六图标注有"龙潭"，位于盂公坳（详下注⑯）西面偏北。

⑭湘乡：明代湘乡县，位于衡州府衡山县北。唐代属潭州，元代元贞元年（1295）升为湘乡州，明初降为县，属长沙府。民国初属湖南湘江道，1922年直属湖南省。1986年改设湘乡市。

⑮白高：当为"白果"之音讹，即今衡山县白果镇，位于衡山县西北隅，距县城37千米。明代属崇岳乡第一都，旧志称白果市，相传涓水河畔有一白果古树，每年人们于果熟季节采摘白果入药而得名。

⑯衡阳：明代县名，位于今湖南省南部、湘江中游蒸江流域。汉为承阳（东晋废）、钟武（三国吴改重安）等县地，隋与临烝县合并为衡阳县。孟公坳：位于今湘乡市与衡阳两地之间的一处山坳，在今衡阳县界牌镇西北。

⑰田心：今名同，位于今衡阳县岣嵝乡。

⑱界头：当即指今衡阳县东部偏北的界牌镇，与衡山县交界。

⑲仞（rèn）：古代长度单位，七尺为一仞；一说，八尺为一仞。

⑳小响水塘：清同治《衡阳县志》卷一《疆域》第十六图标注有"响水潭"，位于孟公坳西南，此与下文之"大响水塘"皆当属于响水潭水系，旧志未分上下。"塘"、"潭"，当系音讹。

㉑馀波：江河的末流。《书·禹贡》："导弱水至于合黎，馀波入于流沙。"这里谓衡山水系的末流。

㉒宁水桥：故址当在今迎水铺一带，位于今衡阳县樟木乡，在今107国道（京深线）西侧。"宁"、"迎"，当系音讹，反映了作者吴方言的语音特点。

㉓唐夫：当为蒸水支流。沙河：即沙江，亦为蒸水支流。作者《楚游日记》崇祯十年（1637）二月初一日日记："蒸水者，由湘之西岸入，其发源于邵阳县耶姜山，东北流经衡阳北界，会唐夫、衡西三洞诸水，又东流抵望日坳为黄沙湾，出青草桥而合于石鼓东。一名草江，以青草桥故。一名沙江，以黄沙湾故。谓之蒸者，以水气如蒸也。"衡州：即衡州府，元至元二十四年（1364）朱元璋改衡州路置，属湖广行省（后改湖广布政使司），治所在衡阳县（今湖南衡阳市）。其辖境相当于今湖南衡阳、

耒阳二市及衡阳、衡山、衡东、安仁、炎陵、常宁、桂阳、嘉禾、蓝山、临武等县地。清代将桂阳、嘉禾、蓝山、临武等县划出设立桂阳州，辖境缩小。1913年废。草桥：即青草桥，又名韩桥，位于衡州城北，横跨蒸江。作者《楚游日记》崇祯十年（1637）二月初一日日记："衡州城东面濒湘，通四门，馀北西南三面鼎峙，而北为蒸水所夹。其城甚狭，盖南舒而北削云。北城外，则青草桥跨蒸水上，此桥又谓之韩桥，谓昌黎公过而始建者。然文献无征，今人但有草桥之称而已。"

㉔一殞江：未详所指，当因音讹兼形讹致误。殞，《康熙字典》、《中华大字典》与今《汉语大字典》皆未收录此字。一殞江，似因衡阳与湘潭方言关系先音讹"易俗江"为"一锁江"，后又因日记转抄，行书偏旁"金"形讹为"歹"，生造出一个怪字。若然，则当指涓水。涓水，位于今湖南湘潭县西，一名易俗水。清顾祖禹《读史方舆纪要》卷八〇《湖广六·湘潭县·湘江》："涓水，在县西南十里，一名易俗水。源自南岳山，北合数溪流入县界，经龙口东流入湘江。"

㉕过脉：谓两边高峰，中间独木岭为过脉。

㉖第：副词。但是，表示转折。

㉗不之觉：即"不觉之"，之，宾语提前。

㉘岣嵝（gǒu lǒu）：即岣嵝峰，位于今湖南衡阳与衡山两县交界处，为衡山主峰。《山海经·中山经》晋郭璞注谓衡山"南岳也，俗谓之岣嵝山"。故衡山亦兼有岣嵝山之称谓。《方舆览胜》卷二四著录衡州岣嵝峰："在衡阳北。《湘水记》：衡山南有一山，名岣嵝，东西七十里，南北三十里，高一千五百丈。禹登山获金简玉牒治水之书。山上承翼宿，铃得钩物，故名岣；下据离宫，摄统大师，故名嵝。"白石：即白石峰，位于今衡阳县，海拔1101米。清高自位《南岳志》卷一《形胜》："白石峰，在岳庙西上有白石岩，相传有龙栖其后洞，水流不竭。"湖南省地方志编纂

委员会编《南岳志》第二篇《形胜·南岳区境外二十八峰》(湖南出版社1996年版)著录"衡阳县六峰"包括岣嵝峰与白石峰。

㉙国清亭:故址当位于今衡阳县界牌镇斜陂堰水库东南的国清寺附近。清高自位《南岳志》卷二《寺观》:"国清寺,在白石峰下。"

㉚穆家洞:当即位于今衡阳县白石峰山麓的莫家洞。这里的"洞"并非一般所谓"山洞",而是当地对山坞(山坳,即山间的平地)的称谓。其下文"陶朱下洞"等亦当如此诠释。本日记二十一日日记"所云洞者,乃山环成坞",可参见。"穆"、"莫",当系音讹。

㉛陶朱下洞:与下文"陶朱中洞"、"陶朱三洞"皆当位于今衡阳县白石峰山麓。

㉜界江:即界江村,位于衡阳县国清寺以南,这里三溪汇合。

㉝大海岭:或即大霞岭,位于衡阳县国清寺以南,界江村的西南方向。清同治《衡阳县志》卷一《疆域》第十九图标注有"大霞岭",位于界江以西。

㉞横口:位于今衡阳县,位置不详。

㉟傍塘:当系"畔塘"之音讹,清同治《衡阳县志》卷一《疆域》第廿三图标注有"畔塘",位于青山冲(参见本日记二十九日日记注⑥)东北。

㊱黑山:位于今衡阳县,未见方志著录,位置不详。

㊲水口:位于今湖南衡阳县溪江乡,在今新桥水库西南。

㊳逼凑:犹言聚集靠拢。

㊴就夷:转为平坦。

二十九日 早起,雨如注,乃踯躅泥途中①。沿溪南行,逾一小岭,是为上梨坪②。又逾一小岭,五里,是为下梨坪,复与溪遇。

又循溪东南下，十里，为杨梅滩③，有石梁南北跨溪上④，溪由梁下东去，路越梁东南行。五里入排冲⑤，又行排中五里，南逾青山坳⑥。排冲者，岗自谭碧岭东南至青山⑦，分为两支，俱西北转，两岗排闼⑧，夹成长坞⑨，缭绕为田，路由之入，至青山而坞穷。乃逾坳而南，陂陀高下⑩，滑泞几不留足⑪，而衣絮沾透，亦疲而不觉其寒。十里，下望日坳⑫，为黄沙湾⑬，则蒸江自西南沿山而来⑭，路遂随江东南下，又五里，为草桥⑮，即衡州府矣。觅静闻⑯，暮得之绿竹庵天母殿瑞光师处⑰。亟投之⑱，就火炙衣，而衡山古太坪僧融止已在焉⑲。先是，予过古太坪，上古龙池⑳，于山半问路静室㉑，而融止及其师兄应庵双瞽苦留余㉒，余急辞去。至是已先会静闻，知余踪迹。盖融止扶应庵将南返桂林七星岩㉓，故道出于此，而复与之遇，亦一缘也㉔。

绿竹庵在衡北门外华严、松萝诸庵之间㉕。八庵连络，俱幽静明洁，呗诵之声相闻㉖，乃藩府焚修之地㉗。盖桂王以亲藩乐善㉘，故孜孜于禅教云㉙。

[注释]

①踯躅（zhí zhú）：徘徊不进貌。

②上梨坪：此与下文之"下梨坪"皆未见方志著录，位置不详。

③杨梅滩：当位于今衡阳县集兵镇杨梅桥一带。

④石梁：石桥。

⑤排冲：位于今衡阳县集兵镇，在杨梅桥以南稍偏西。冲，山区里的平地。

⑥青山坳：位于今衡阳县排冲以南、51省道（南岳高速）的西北一侧。

⑦谭碧岭：位于岣嵝峰以西偏北，在青山坳西北方向。

⑧排闼（tà）：推门，撞开门。宋王安石《书湖阴先生壁》诗："一水护田将绿绕，两山排闼送青来。"

⑨长坞：绵长的山间洼地。

⑩陂陀（pō tuó）：倾斜不平貌。

⑪滑泞：泥泞湿滑。不留足：谓地滑。

⑫望日坳：当作"望城坳"，位于今衡阳市北部石鼓区黄沙湾。清同治《衡阳县志》卷一《疆域》第廿二图标注有"望城坳"与"黄沙弯"。

⑬黄沙湾：详上注。

⑭蒸江：即蒸水，又作承水或烝水，源于今湖南邵东县东大云山，东北经衡阳县，又折而南流转东，至衡阳市北入湘水。宋本《寰宇记》卷一一五衡州衡阳县："蒸水源出县西，水气如蒸。《水经》云，蒸水源出重安县南，又东北至临蒸入于湘，谓之蒸口也。"

⑮草桥：即青草桥，又名韩桥，位于衡州城北，横跨蒸江。参见本日记二十八日日记注㉓。

⑯静闻：江阴迎福寺僧人莲舟的徒弟，曾刺血书写《法华经》，发誓愿供奉于云南宾川的鸡足山。其师莲舟曾与徐霞客同游天台山。清光绪《江阴县志》卷二一《方外》有传。

⑰绿竹庵：故址位于今衡阳市城北，早废。详下文。天母殿：当系供奉天母娘娘的佛殿。天母娘娘，又称天妃、妈祖、天后、天上圣母，北方一般称为天后娘娘，原名林默娘，是宋代都巡检林愿之女，据说她近三十岁时在湄洲屿成仙登天，成为航海者的保护神。中国各地多建有天妃庙。瑞光：绿竹庵僧人的法号。

⑱亟（jí）：疾速，与"缓慢"相对。

⑲古太坪：当为寺庵名，当位于衡山侧刀峰山麓。未见方志著录。融

止：古太坪的僧人法号。

⑳古龙池：即前文之"老龙池"，参见本日记二十六日日记注⑨。

㉑静室：指寺院住房或隐士、居士修行之室。唐綦毋潜《题灵隐寺山顶禅院》诗："观空静室掩，行道众香焚。"

㉒应庵：僧人法号。双瞽：双目皆盲。

㉓桂林：桂林府，明洪武五年（1372）改静江府置，后为广西布政使司治，治所在临桂县（今广西桂林市）。清代为广西省会。辖境相当于今广西东北部永福、阳朔以北地区。1913年废。七星岩：旧称栖霞洞、碧虚洞、仙迹洞，位于今广西桂林市东三里七星山第三峰（天玑峰）半山上，全长约三里，有六洞天、两洞府（玉谿洞府与群仙洞府）。瑰丽多彩，是桂林最大最奇的岩洞。自隋唐以来即为游览胜地。

㉔缘：即缘分，谓由于以往因缘致有当今的机遇。

㉕衡北门：明代衡州府治所衡阳县（今湖南衡阳市）县城北门。华严：即华严庵，早废。松萝：即松萝庵，早废。

㉖呗（bài）诵：唱偈诵经。呗，梵语（呗匿）音译之略，意为"止息"、"赞叹"。印度谓以短偈形式赞唱宗教颂歌，后泛指赞颂佛经或诵经声。

㉗藩府：明代藩王王府。焚修：焚香修行，泛指净修。

㉘桂王：谓桂端王朱常瀛（1597~1645），明神宗万历帝朱翊钧第七子、明光宗朱常洛异母弟。桂王王府即建于衡州（今衡阳），于天启七年（1627）九月二十六日就藩。崇祯十六年（1643），张献忠农民军攻陷衡阳，桂王携子朱由楥、朱由榔逃往广西梧州，南明弘光元年（1645）十一月初四病卒于梧州，谥号"端"。由第三子安仁王朱由楥承嗣。其第四子朱由榔称帝（即永历帝）后，追尊朱常瀛为皇帝，庙号礼宗。亲藩：指帝王宗室亲属被分封者。

㉙孜孜：勤勉，不懈怠。《书·益稷》："予何言？予思日孜孜。"唐

孔颖达疏："孜孜者，勉功不怠之意。"禅教：即佛教禅宗，又名佛心宗或心宗，以印度菩提达摩为初祖。禅宗之名称始于唐代。后世以南方慧能的顿悟说最为盛行，主张不立文字，直指人心，顿悟成佛。禅宗兴起后，流行日广，影响及于宋明理学。

[评析]

  衡山位于今湖南省中部，大小山峰计有七十二座，大致呈北东—南西走向，整个山体属于巨大黄岗岩（酸性岩浆侵入岩，由石英、长石、云母等结晶矿物组成，镶嵌结构良好，质地坚硬，抵抗侵蚀能力强）侵入断块山体。其山势雄伟壮观，奇花异草众多，文物古迹更令游人目不暇接。衡山北起衡阳市衡山县福田铺乡，南迄衡阳市衡阳县樟木乡，长 38 千米；西起衡阳县界牌镇，东止衡阳市南岳区，最宽处 17 千米，总面积 640 平方千米。衡山群峦中以祝融峰、芙蓉峰、紫盖峰、天柱峰、石廪峰五座山峰最为著名，最高峰祝融峰海拔 1300.2 米。衡山东北坡、东坡、东南坡共计河川 26 条，经衡阳、湘潭、衡山三县的易俗河、荆坡河、乌石港、龙隐港、萱洲港、白鹭港等注入湘江。相传上古舜南巡以及大禹治水都曾到过这里，这无疑更增加了衡山的感人魅力。清高自位《南岳志》卷一《形胜》："山东南尽衡山县境，西入衡阳县境，北入湘潭县境，又北入善化县境，西北接湘乡县境。袤跨长沙、衡州二府四县之间，东南二面以湘水为界，西以蒸水为界，北以兴乐江为界。"这大致是明清时期南岳衡山的"四至八到"。

  《楚游日记》是徐霞客五十一岁时旅游今湖南一带的日记。此日记紧接其《江右游日记》的旅程，徐霞客与静闻和尚、顾仆一行于明崇祯十年正月十一日即公元 1637 年 2 月 5 日从江西西行进入湖南茶陵州，继而于正月二十一日到达衡山县，开始对五岳之一南岳衡山的考察。五岳中位于长江以北的四岳，此前徐霞客已经先后考察旅游过。东岳泰山是徐霞客最早攀登者，属于其五岳游的揭幕之旅，霞客时年二十三岁，包括在他早期的齐鲁燕冀京师之游中，可惜没有日记传世。至于中岳嵩山、西岳华山与北岳恒山的游记，本书皆已入选，可参看。南岳衡山物华天宝，因气候适宜，向来受到文人墨客的青睐，古往今来，相关散文诗歌的数量堪称指不胜屈。徐霞客记述衡山之游则独辟蹊径，不落前人窠臼，无论人文景观还是自然景观，似乎都无须占据这几天游记的主要篇幅，而专注于这里的山水大貌，才是这位旅行家的主要目的。正月二十八日，徐霞客从衡山方广寺经龙潭、马迹桥继续向衡州府进发，历经祁阳、永州、道州、江华、蓝山、临武、宜章、郴州、永兴、耒阳等县、州、府，其间二月十一日湘江遇盗，险些丧命，过程惊心动魄。此后，徐霞客再回到衡州府，西溯湘江，于闰四月初七日（5月30日）进入广西，开始了其粤西之游的行程。所谓"楚游"不包括今湖北一带，也并非湖南全境之旅，历时将近四个月的考察只局限于湘南一带。衡山之游历时七天，还有三天因冰雪缘故困于上封寺，其实际游程不过四天而已。南岳大庙、水帘洞与九真洞，是徐霞客至南岳首日的游踪。旅行家是夜宿于岳庙，翌日开始登山，紫云洞、络丝潭、半山庵、铁佛寺、丹霞寺、湘南寺、南天门、上封寺，一路行来，因冰雪而困于上封寺四夜。正月二十六日天气放晴，徐霞客再上祝融峰，历经会仙桥、不语岩、龙池、侧刀峰、天柱峰至福严寺，寄宿于明道山房。二十七日，徐霞客由明道山房出发，登天柱峰后又循华盖峰、观音峰到达方广寺，另游天台寺后投宿方广寺。二十八日从方广寺出发经马迹桥奔赴衡州，徐霞客不惜笔墨将这一历程持续记述了多天，意在搞清衡山山麓水系的来龙去脉，因而方位里程皆——详细加以记录。尽管类似做法没有现代的科技测量手段作为支撑，但徐霞客作为四百多年前的一位"独行侠"式的旅行家，实在已经尽其所能，值得后人尊敬。

粤西游日记一[1]（节选游桂林漓江阳朔）

初九日[2] 余少憩寓中[3]。上午，南自大街一里过樵楼[4]，市扇欲书《登秀诗》[5]，赠绀谷、灵室二僧[6]，扇无佳者。乃从县后街西入宗室廉泉园[7]。廉泉丰仪修整[8]，礼度谦厚[9]，令童导游内园甚遍。园在居右，后临大塘[10]，远山近水，映带颇盛[11]，果树峰石，杂植其中，而亭榭则雕镂缋饰[12]，板而无纹也[13]。停憩久之。东南一里，过五岳观[14]。又一里，出文昌门[15]，乃东南门也，南溪山正对其前[16]。转若一指[17]，直上南过石梁[18]，梁下即阳江北分派[19]。即东转而行，半里，过桂林会馆[20]，又半里，抵石山南行麓[21]，则三教庵在焉[22]。庵后为右军崖[23]，即方信孺结轩处[24]。方诗刻庵后石崖上[25]，犹完好可拓[26]。其山亦为漓山[27]，今人呼为象鼻山[28]，与雉山之漓[29]，或彼或此，未知孰当谁左[30]。山东南隅亦有洞，南向，即在庵旁而置栅锁[31]，因土人藏萎其中也[32]。洞不甚宽广，昔直透东北隅，今其后窍已叠石掩塞。循石崖东北，遂抵漓江[33]。乃盘山溯行[34]，从石崖危嵌中又得一洞[35]，北向，名南极洞[36]。其中不甚深。出其中前，直盘至西北隅，是为象鼻岩[37]，而水月洞现焉[38]。盖一山而皆以形象异名也。飞崖自山顶飞跨[39]，北插中流[40]，东西俱高剡成门[41]，阳江从城南来，流贯而合于漓。上既空明如月，下复内外漾波[42]，"水月"之称以此。而插江之崖[43]，下跨于水，上属于山，中垂外掀，有卷鼻之势，"象鼻"之称又以此。水洞之南，崖半又辟陆洞。

其崖亦自山顶东跨江畔，中剜圆窍，长若行廊，直透水洞之上，北踞窍口，下瞰水洞，东西交穿互映之景，真为胜绝㊹。宋范石湖作铭勒窍壁以存㊺。字大小不一，半已湮泐㊻，此断文蚀枣㊼，真可与范《铭》同珍，当觅工拓之，不可失也。时有渔舟泊洞口崖石间，因令棹余绕出洞外㊽，复穿入洞中，兼尽水陆之观。

[注释]

①粤西：今广东与广西，古为百粤之地，故合称"两粤"。广东称粤东，广西称粤西，相当于今天的广西壮族自治区全境。或亦用"粤西"简称今广东省西部地区，即湛江、茂名、阳江、云浮四个地级市所在区域，则属于今人的地理概念。

②初九日：明崇祯十年五月初九日，即公元1637年6月30日。

③寓中：据本日记闰四月二十九日日记，徐霞客至桂林府后从旅舍迁居借寓于桂林东江门以南位于都指挥使司衙门前一位姓赵的人家，"以其处颇宽洁也"。另据本日记五月二十八日日记："乃循其东出东江门，命顾仆以行囊入趋赵时雨寓，而其女出痘，遂携寓对门唐葵吾处。"可知赵姓主人即赵时雨。

④樵（qiáo）楼：即谯楼，樵，通"谯"。古代城门上的瞭望楼。

⑤市扇：买折扇。登秀诗：未见流传，当是期盼游览桂林独秀峰的诗。

⑥绀（gàn）谷：湖南永州茶庵僧会源法师之徒的法号，当时明藩王靖江王府正结坛礼《梁皇忏》，置栏演《木兰传奇》，聘请绀谷为主持僧。据本日记五月初四日日记："（绀谷）有须，即永州茶庵会源之徒，藩府之礼忏、扁优，皆俾主。"灵室：绀谷徒弟的法号，当时亦为靖江王府礼忏坛僧。独秀峰位于靖江王府后花园，当时属于王府禁地，普通百姓难

得一窥。据本日记五月初四日日记："绀谷瀹茗献客，为余言：'君欲登独秀，须先启王，幸俟忏完，王撒宫后启之。'时王登峰时看忏坛戏台，诸宫人随之，故不便登。盖静闻先求之灵室，而灵室转言师者。期以十一日启，十二日登。"但因故，徐霞客最终未能登上独秀峰，留下遗憾。

⑦宗室：特指与君主同宗族之人，犹言皇族。廉泉：朱廉泉，廉泉当为其号，生平不详。

⑧丰仪：风度仪表。修整：检点，约束。

⑨礼度：彬彬有礼的仪表风度。谦厚：谦逊厚道。

⑩大塘：大的水池。

⑪映带：景物互相衬托。晋王羲之《兰亭集序》："又有清流激湍，映带左右。"

⑫亭榭：亭阁台榭。雕镂（lòu）：犹雕刻。缋（huì）饰：图绘的花纹图案。

⑬板而无纹：意谓花纹呆板，装饰简陋。

⑭五岳观：故址位于今桂林文明路市科委及教工幼儿园附近，宋大中祥符年间（1008~1016）奉诏创建，初名天庆观，后更名元妙观，宋咸淳二年（1266）改名五岳观，亦名东观。明洪武二十五年（1392）重修，清顺治十五年（1658）重建，乾隆二十四年（1759）重修。道光末年烧毁，咸丰十年（1860）重建，同治十年（1871）年重修。抗战期间观屋全毁，抗战胜利后遗址改建为文明路小学，现为市科委、市教工幼儿园、教育局招待所所在地。

⑮文昌门：明桂林府为洪武五年（1372）改元静江府置，后为广西布政使司治，府城治所即临桂县（今广西桂林市）。洪武九年（1376）扩建府城南城，全城为长方形，建有十二门。东面濒临漓江有五门，最南者即浮桥门，又称东江门，位于今解放桥西。南面有两门，即文昌门与宁远

门（又称南门）。西面四门，即武胜门（又称振武门或西门）、丽泽门、宝贤门与西清门。北面一门，即安定门（又称北门）。文昌门位于城东南，门外有文昌桥。

⑯南溪山：位于今广西桂林市南七里南溪公园内将军桥头，东近漓江，其东北麓则有南溪萦绕，故名。清顾祖禹《读史方舆纪要》卷一〇七《广西二·桂林府》："南溪山，府南七里。《志》云：从斗鸡山白水口入，是为南溪山。耸拔千仞，下临溪水，诸峰环合，烟翠黝苍。西北有洞，唐李渤名曰玄岩。西南又有白龙洞，洞在平地半山上。"山岩洞壁有唐李渤《留别南溪》诗。

⑰转若一指：意谓稍微变换一下方向。一指，一个指头的宽度，形容方向偏转不大。

⑱石梁：石桥。这里即指文昌门外之文昌桥（五胜桥）。

⑲阳江：即今广西桂林市西桃花江。《寰宇记》卷一六二著录临桂县："阳江在县南二里，源出临川县界思慕山下，东流百馀里，渐胜舟楫，出郊郭之中，东流合于桂江。"北分派：明洪武九年（1376）以后，阳江始分南北二流入漓江，且以北面的支流为主流。清顾祖禹《读史方舆纪要》卷一〇七《广西二·桂林府》："阳江，在城南。源出灵川县思磨山，一云出灵川维罗岭，经分界山、马公岭流五十馀里至府郭西，受杉木、莲花诸塘水汇为澄潭，历西南文昌、三石梁东出漓山，与漓水合……洪武九年复浚城濠，导阳江经西门外通宁远桥，分二流入于漓江。"分派，犹支流。

⑳桂林会馆：方志未见著录，故址位置不详。

㉑石山：岩石积成的山。桂林石山属于岩溶地貌，以四坡壁立峭峻为特征，其石灰岩体多被溶蚀而成向下透的通路，因此，石山坡面是以崩塌为主。它和土山以流水冲刷坡面，并使山坡由急向和缓演化相反，由于地

面水流以石山为集中下透区，因而使石山四周陡立，形成拔地而起的孤峰，今桂林市中心的独秀峰即为典型的石山地貌。行麓：沿山脚而行。

㉒三教庵：故址位于今桂林象鼻山西南麓的云峰寺东南。

㉓右军崖：《四库》本与乾隆本作"古云崖"，似是。宋儒方信孺在象鼻山西南麓曾建书斋，名曰"云崖轩"。明王士性《五岳游草》卷七《滇粤游上·桂海志续》："漓山据漓江之滨，横障江流，与伏波、斗鸡峙。前有水月洞，后有古云崖轩，宋方信孺故居也。"

㉔方信孺：字孚若（1177～1222），宋兴化军（治今福建莆田）人。以父荫补番禺县尉，开禧三年（1207）假朝奉郎使金，自春至秋三往返，以口舌折强敌。历淮东转运判官，知真州。后奉祠归，屏居岩穴，放浪诗酒以终。工诗词，著有《南海百咏》、《南冠萃稿》、《南辕拾稿》、《曲江啸吟》、《九疑漫编》、《桂林丙》三集、《击缶编》、《好庵游戏集》等，《宋史》卷三九五有传。轩：房室，这里指书斋，即云崖轩。据明张鸣凤《桂故》载："故宋提刑方公信孺即南壁下建精舍以居，曰云崖轩。轩废已久。"

㉕方诗：方信孺《题云崖轩》七律一首，刻于石壁之上："不用穷探费杖藜，隐然林壑挟城阴。曾尊月洞千岩上，更著云崖一段奇。拂拭轩窗容俎豆，发挥泉石借声诗。瞿昙颇似知人意，已约梅花带雪移。"宋张自明另有唱和诗一首。

㉖拓（tà）：在钟鼎碑碣等器物上蒙上纸，用揭包蘸墨椎印出其文字或图像。

㉗漓山：又名沉水山、象山、象鼻山，即今广西桂林市区南象鼻山。唐莫休符《桂林风土记》："漓山在訾家洲西，一名沉水山，以其山在水中遂名。"《寰宇记》卷一六二著录临桂县："漓山在城南二里，漓水之阳，因以名焉。一名沉水山，其山孤拔，下有沉潭，上高三百余尺，周回

二里,可容五百家。旁有洞穴,广数丈,南北直透。上有怪石,欹危,藤萝荣茂。"

㉘象鼻山:或称漓山,又称沉水山、仪山,位于今广西桂林市南漓江与桃花江汇流处,因酷似一只站在江边伸鼻豪饮于漓江的巨象而得名,被人们视为桂林山水的象征,从而成为桂林的城徽山。清顾祖禹《读史方舆纪要》卷一〇七《广西二·桂林府》:"漓山,在城外东南隅。山立漓江中,一名沉水山。唐龙朔中曾降天使,投龙于此。阳江西来,东入漓水,山魁然拔起,横障江口。郡人名为象鼻山,以其突起水滨,形如象鼻也。"

㉙雉(zhì)山之漓:意谓雉山也有人称漓山,本日记五月初五日日记:"雉岩,《一统志》以为即漓山,在城南三里。阳水南支经其北,漓水南下经其东;东有石门嵌江,西有穹洞深入,南有千手大士庵,俱列其足。"又云:"然以予权之,濒江午向三山,不特此二山相匹,崖头西北山脚,石亦剜空嵌水,跨成小门,其离立江水冲合中,三山俱可名漓也。"认为象鼻山、雉山与崖头山这三山皆可称为漓山,可见徐霞客对漓山的名实问题早已有思索。雉山,又名雉岩,即位于今广西桂林市区南的雉山岩,以其上有石若昂首欲飞之鸡,故名。宋范成大《桂海虞衡志》:"雉岩亦江滨独山。有小洞,洞门下临漓江。"明张鸣凤《桂胜》有云:"(雉岩)下饮江水,其土侧起,有昂首欲飞之势,名或因之。"清顾祖禹《读史方舆纪要》卷一〇七《广西二·桂林府》:"漓山……又南二里有雉山。山东北麓下瞰江水,其上侧起,势如昂首欲飞,谓之雉岩。"

㉚未知袒当谁左:意谓不知道以偏护赞成哪一种说法为好。袒当谁左,即左袒,汉高祖刘邦死后,吕后擅政,大封吕姓以培植势力。吕后死,太尉周勃谋诛诸吕,行令军中说:"为吕氏右袒,为刘氏左袒。"军中皆左袒。事见《史记·吕太后本纪》、《孝文本纪》。后因以称偏护一方

为左袒。

㉛栅（zhà）锁：安装在栅栏上的锁。唐周贺《送耿山人归湖南》诗："夜涛鸣栅锁，寒苇露船灯。"

㉜土人：世代居住本地的人。北魏郦道元《水经注·汶水》："出谷有平丘，面山傍水，土人悉以种麦。"蒌（lóu）：即蒌蒿，多年生草本植物。生水中，嫩芽叶可食。

㉝漓江：发源于今广西桂林市东北兴安县猫儿山，流经桂林、阳朔，在梧州汇入西江。在由桂林至阳朔的40千米之间，奇峰秀水，山水相依，茂林翠竹，江山如画。清顾祖禹《读史方舆纪要》卷一〇七《广西二·桂林府》："漓江，在府东十里，亦曰桂江。源出兴安县海阳山，流二百里至府城东北，复绕流而南，至城下，潄伏波岩之趾，至漓山北麓阳江流入焉，又南合相思江入平乐府界。亦曰癸水，以其自北而来也。"

㉞溯（sù）行：逆水而上。

㉟危嵌（qiàn）：高耸的凹陷。作者《黔游日记一》崇祯十一年（1638）四月十四日日记："则西崖自峰顶下嵌，深坠成峡。"

㊱南极洞：位于象鼻山象眼岩右眼下，洞壁刻有"南极洞天"四字。

㊲象鼻岩：即指象鼻山，详见本段注㉘。

㊳水月洞：因洞口朝阳，亦名朝阳洞，位于桂林象鼻山的象鼻和象腿之间。距今约1.2万年前，因地壳抬升，漓江缩小，加速了水月洞的发育，形成一个东西通透的圆洞。洞长17米，宽9.5米，高12米，面积约150平方米。据《象山记》载："有石穴一，彼此可以相望，形圆而长，其半入于漓水中，水时高时下，故其穴亦时有大小。""象山水月"是桂林山水一大奇观。

㊴飞崖：谓象鼻岩的象鼻。

㊵中流：水中。

㊶剜（wān）：刻，挖。

㊷潆波：回旋的水波。

㊸插江之崖：与上文"北插中流"照应。崖，底本作"涯"，谓水边，未如"崖"义胜；据丁文江本改。

㊹胜绝：绝妙。唐薛用弱《集异记·崔商》："江滨有溪洞，林木胜绝，商因杖策徐步，穷幽深入。"

㊺范石湖：即范成大（1126~1193），字至能，一字幼元，早年自号此山居士，晚号石湖居士，南宋平江府吴县（今江苏苏州）人。宋高宗绍兴二十四年（1154）进士，累官礼部员外郎兼崇政殿说书。乾道三年（1167），知处州。乾道六年（1170）出使金国，不辱使命，还朝后除中书舍人。乾道七年（1171），出知静江府兼广西经略安抚使。淳熙二年（1175），擢敷文阁待制、四川制置使。淳熙五年（1178），拜参知政事，两月后被罢。晚年退居石湖，加资政殿大学士。卒赠少师、崇国公，谥文穆。著有《石湖集》、《揽辔录》、《吴船录》、《吴郡志》、《桂海虞衡志》等。《宋史》卷三八六有传。铭勒：镌刻。《后汉书·冯衍传上》："君臣两兴，功名兼立，铭勒金石，令问不忘。"这里指范成大所撰《复水月洞铭》，此铭对于六年前任广西经略安抚使的张孝祥（1132~1170）改水月洞名为"朝阳洞"提出异议，内有云："水月洞剜漓山之麓，梁空踞江，春水时至，湍流贯之，石门正圆如满月，涌光景穿映，望之皎然，名宾其实旧矣。近岁或以一时燕私，更其号'朝阳'，邦人弗从，且隐山东洞既曰'朝阳'矣，不应相重。"按，今桂林市区西有隐山，亦有洞名"朝阳"，为隐山六洞之一。

㊻湮泐（yān lè）：磨灭开裂。

㊼断文蚀束：比喻石刻被自然风化以及人为摹拓后所形成的具有残缺美的形态。断文，同"断纹"，即裂纹，多指古琴的裂纹。宋赵希鹄《洞

天清禄集·古琴辨》:"凡漆器无断纹,而琴独有之者,盖他器用布漆,琴则不用,他器安闲,而琴日夜为弦所激。"蚀束,即被虫蛀的束帖。

㊽棹(zhào):谓划船。晋陶渊明《归去来兮辞》:"或命巾车,或棹孤舟。"

乃南行一里,渡漓江东岸,又二里,抵穿山下①。其山西与斗鸡山相对②。斗鸡在刘仙岩南③,崖头山北④,漓江西岸濒江之山也。东西夹漓,怒冠鼓距⑤,两山当合名斗鸡,特东山透明如圆镜⑥,故更以穿山名之。山之西又有一峰危立,初望之为一,抵其下,始见竖石下剖,直抵山之根,若岐若合,亭亭夹立⑦。盖山以脆薄飞扬见奇也⑧,土人名为荷叶山⑨,殊得之也⑩。穿山北麓,嘉熙拖剑之水直漱崖根⑪,循山而南,遂与漓合。余始至其北,隔溪不得渡。望崖壁危悬,洞门或明或暗,纷纷错列,即渡亦不得上。乃随溪南行,隔水东眺,则穿岩已转,不睹空明,而山侧成峰⑫,尖若竖指矣。又以小舟东渡,出穿山南麓,北面而登。拨草寻磴⑬,登一岩,高而倚山半,其门南向,疑即穿岩矣。而其内乳柱中悬⑭,琼楞层叠⑮,殊有曲折之致。由其左深入,则渐洼而黑,水汇于中。知非穿岩,乃出。由其右复攀跻而上,则崇岩旷然⑯,平透山腹,径山十馀丈,高阔俱五六丈,上若卷桥⑰,下如甬道⑱,中无悬列之石,故一望通明。洞北崖右有镌为"空明"者,由其外攀崖东转,又开一洞,北向,与穿岩并列,而后不中通,内分层窦⑲。若以穿岩为皇堂⑳,则此为奥室矣㉑。其东尚有三洞门,下可望见,至此则峭削绝径㉒。穿岩之南,其上复悬一洞,南向,与穿岩叠起,而后不北透,内列重帏㉓。若以穿岩为平台,则此为架阁矣㉔。凭眺久之㉕,仍由旧路东下汇水岩㉖。将南抵山麓,复见一洞,门亦南向,而列于汇水之东。其内亦有支窍,西入而隘黑无奇。时将薄暮㉗,遂仍西渡荷叶山下。北二里,过河舶所㉘,溯漓江东岸,又东北行三里,渡浮桥而返寓㉙。

[注释]

①穿山:位于今桂林市南郊、漓江东岸,距市中心3.5千米,海拔298米,相对高度148米。穿山五峰逶迤,状若雄鸡,西东为首尾,南北为两翼,中峰为背,西峰上的月岩,恰是鸡的眼睛,与隔江的龟山,犹两鸡相斗,合称斗鸡山。五峰耸立,形如笔架,故又有"笔架山"之名。西峰上有洞,分上下两层,下层南北贯通,高9米,宽13.3米,长31米,如当空皓月,宋称月岩,或题为"空明",故又有空明山之称。

②斗鸡山:位于桂林小东江东、西两岸的穿山与雉山的合称,因两山造型酷似斗鸡,故称。这里当专指雉山(龟山),位于今桂林市市区内的上海路东端,在漓江西侧、宁远河河畔,其北边是象鼻山、南边是南溪山和塔山。海拔202.7米,相对高度53米,长130米,宽130米。

③刘仙岩:位于桂林南面的南溪山南半山腰,在白龙洞以南,岩分东西两部分,西部高平,东部低陷。据说北宋时有屠夫刘景,字仲远,号大空子,得方士指授,钻研医卜、炼丹术并为人治病,寿至一百一十八岁辞世,被认为是羽化成仙,人称刘真仙,其所居之洞因而得名刘仙岩。宋张孝祥、明李开芳等皆有题诗,更令其声名远播。本日记五月初六日日记:"刘仙名景,字仲远,乃平叔弟子,各有《金丹秘歌》镌崖内,又有《佘真人歌》在洞门崖上,半已剥落,而《养气汤方》甚妙,唐少卿书奇,俱附镌焉。"

④崖头山:即净瓶山,位于今桂林市南溪山以南的漓江西岸,距今桂

林市中心6千米处。山高46米，长500米，宽110米，西南面为瓶口，伸入江中，像是观世音手中的净瓶灌甘露，因称净瓶山。春夏水涨时节，倒映水中，山影相连，浑然一体，构成完整的净瓶奇景。本日记五月初七日日记："东至崖头庙。其山在雉山之南，乃城南第三重当午之案也。漓江西合阳江于雉山，又东会拖剑水及漓江支水于穿山，奔流南下，此山当其冲。山不甚高，而屹立扼流，有当熊之势。"又云："其东北隅石崖插江，山名'净瓶'以此，须泛舟沿流观之，其上莫窥也。"

⑤怒冠：比喻山势如同斗鸡的鸡冠血脉奋张貌。鼓距：比喻山势如同斗鸡之距雄劲。距，雄鸡、雉等的腿的后面突出像脚趾的部分，鸡相斗时可用以刺对方。

⑥圆镜：穿山山势昂耸，近山顶处有穴通透，望之如一轮明月高挂，或称空明岩，又称月岩。所谓"穿山"，又称穿洞、月亮山，属于古地下河道的残留部分，因地壳变化而抬升。那些地理位置较高的穿洞，人们从下往上看，就像是各种不同形状的月亮，因此有月亮山之名。本日记二十一日日记"其中峰最高处，透明如月挂峰头，南北相透"三句，亦属岩溶地貌中的穿洞景观。

⑦亭亭：直立貌。

⑧脆薄：不坚牢。唐元稹《缚戎人》诗："阴森神庙未敢依，脆薄河冰安可越。"飞扬：飞举。

⑨荷叶山：即今所称宝塔山，又称军舰山，位于漓江东岸、小东江西畔，与穿山隔江相望。海拔194米，相对高度44米。山顶之塔乃六角形七层实心砖塔，约为明朝末年所建，故徐霞客至桂林时并未见到。此山可分为两部分，一石柱拔地而起，石柱与山崖间隔有一道裂缝，如被利斧一剖为二。上文所谓"竖石下剖，直抵山之根，若岐若合，亭亭夹立"，本此。

⑩殊：副词。甚，极。得之：适宜，得当。宋苏洵《权书下·六国》："古人云：'以地事秦，犹抱薪救火，薪不尽，火不灭。'此言得之。"

⑪嘉熙：谓嘉熙桥，即今花桥，又名天柱桥，因建于宋代嘉熙间（1237~1240），故称，位于今桂林市小东江与灵剑江汇流处。明嘉靖十九年（1540）重修，扩桥为十一拱，长达二十余丈，改名花桥。拖剑之水：即拖剑水，又名灵剑江或灵剑溪，发源于尧山，经弹子岩至花桥汇入小东江，其下称嘉熙水，至穿山西南汇入漓江。漱：冲刷，冲荡。《周礼·考工记·匠人》："善沟者水漱之，善防者水淫之。"汉郑玄注："漱，犹啮也。"清孙诒让正义："案漱本为荡口，引申为凡水荡物之称。啮谓水冲堤土，犹齿之噬物也。"

⑫山侧成峰：意谓山势随观察者的角度变化而变化，语本宋苏轼《题西林壁》诗："横看成岭侧成峰，远近高低各不同。"

⑬磴（dèng）：石台阶。

⑭乳柱：岩溶地貌溶洞中下方的石笋与上方的石钟乳对接而成。

⑮琼楞：当属于地表岩溶的石芽、溶沟地貌，由于地表水沿石灰岩节理裂隙流动，不断进行溶蚀和冲蚀而形成。溶痕由微小而逐步加深以至形成溶沟，沟槽间突起的地方就是石芽。溶沟宽一般为十几厘米至两米，深为几厘米至三米。溶沟间的间距一般为一至二米，很少超过十米。石芽与溶沟将平坦的地面分割得崎岖不平，难以行走。

⑯崇岩：谓高大的岩洞。旷然：开阔貌。

⑰卷桥：谓如隆起或弯曲成弧形的拱桥洞。

⑱甬道：两旁有墙或其他障蔽物的驰道或通道。

⑲层窦：分层的洞穴。

⑳皇堂：旧时官府治事之所，通称大堂。

㉑奥室：内室，深宅。

㉒峭削：谓山峰陡峭如削。明顾起元《客座赘语》卷九《守心戒行》："法堂后山壁峭削，中开一洞，深数尺许，因构小屋附之。"绝径：无路可通。

㉓重帱：谓岩溶地貌中的石幔景观，指渗流水中碳酸钙沿溶洞壁或倾斜的洞顶向下沉淀成层状堆积而成，因形如布幔而得名，又称石帘、石帷幕。

㉔架阁：空中楼阁。

㉕凭眺：据高远望。

㉖汇水岩：方志未见著录，位置不详。

㉗薄暮：傍晚，太阳快落山的时候。

㉘河舶所：即河泊所，明代征收渔课的机构，洪武十五年（1382）定天下凡二百五十二所。

㉙浮桥：横跨临桂县东江门外漓江之上，又名永济桥，故址位于浮桥门前（今桂林解放桥附近），唐人创建，桥身以木船横排连结，贯以铁索，上铺木板。明正德四年（1509）都御史陈金重修浮桥，下列浮船五十舟，至徐霞客时，所见只有三十六舟。本日记五月十五日日记："过七星岩，又一里，入浮桥门，浮桥共三十六舟云。"或谓即浮桥门，又称东江门，位于今解放桥西。为桂林十二城门中东临漓江的五门中最靠南者。寓：指桂林东江门以南位于都指挥使司衙门前一位姓赵名时雨的人家。参见本日记初九日日记注③。

二十一日① 候附舟者②，日中乃行。南过水月洞，又南，雉山、穿山、斗鸡、刘仙、崖头诸山，皆从陆遍游者③，惟斗鸡未到，今舟出斗鸡山东麓。崖头有石门、净瓶胜④，舟隔洲以行⑤，不能近悉。去省已十里⑥。又东南二十里，过龙门塘⑦，江流浩然⑧，南有山嵯峨骈立⑨，其中峰最高处，透明如月挂峰头，南北相透。又东五里，则横山岩屼突江右⑩。渐转渐东北行，五里，则大墟在江右⑪，后有山自东北迤逦来⑫，中有水口⑬，疑即大涧榕村之流南下至此者⑭。于是南转又五里，江右复有削崖屏立⑮。其隔江为逗日井⑯，亦数百家之市也。又南五里，为碧崖⑰，崖立江左，亦西向临江，下有庵。横山、碧崖二岩夹江右、左立，其势相等，俱不若削崖之崇扩也⑱。碧崖之南，隔江石峰排列而起，横障南天⑲。上分危岫⑳，几埒巫山㉑；下突轰崖㉒，数逾匡老㉓。于是扼江而东之㉔，江流啮其北麓㉕，怒涛翻壁㉖，层岚倒影㉗，赤壁、采矶㉘，失其壮丽矣。崖间一石，纹黑缕白章㉙，俨若泛海大士㉚，名曰沉香堂㉛。其处南虽崇渊极致㉜，而北岸犹夷豁㉝，是为卖柴埠㉞。共东五里，下寸金滩㉟，转而南入山峡，江左右自是皆石峰巑屼㊱，争奇炫诡㊲，靡不出人意表矣㊳。入峡㊴，又下斗米滩㊵，共南五里，为南田站㊶。百家之聚，在江东岸，当临桂、阳朔界㊷。山至是转峡为坞㊸，四面层围，仅受此村。过南田，山色已暮，舟人夜棹不休㊹。江为山所托㊺，俛东俛南㊻，盘峡透崖，二十五里，至画山㊼，月犹未起，而山色空蒙㊽，若隐若现。又南五里，为兴平㊾。群峰至是东开一隙，数家缀江左㊿，真山水中窟色也㈤。月亦从东隙中出，舟乃泊而候曙，以有客欲早起赴恭城耳㈥。由此东行，有陆路通恭城。

漓江自桂林南来，两崖森壁回峰㈦，中多洲渚分合㈧，无翻流之石、直泻之湍㈨，故舟行屈曲石穴间，无妨夜棹㈩；第月起稽缓㊗，暗行明止，未免怅怅㊘。

[注释]

①二十一日：即明崇祯十年五月二十一日（1637年7月12日）。从五月初十日至二十日共十一天的日记，本书未入选。

②附舟者：搭船的人。

③皆从陆遍游者：徐霞客从五月五日至七日曾陆行遍游桂林上述诸山，五月二十日至二十八日则乘舟漓江又往返经过诸山。

④石门：位于净瓶山北梳妆台下。本日记五月初七日日记："望崖头北隅梳妆台下，飞石嵌江，剡成门阙，远望之，较水月似小，而与雉山石门，其势相似。然急流涌其中，荡漾尤异，倏忽之间，上见圆明达云，下睹方渚嵌水，瞻顾之间，奇绝未有。"净瓶：即崖头山，位于桂林漓江右岸。平视如同古瓷瓶半边倒卧江中，为江水洗濯，故名净瓶山。春夏水涨，半边瓷瓶倒映江中，山影相接，浑然一体。

⑤洲：当指镜子洲，位于净瓶山前。

⑥省：明代广西省治在桂林府临桂县。

⑦龙门塘：当在今龙门村一带，位于今桂林市雁山区柘木镇漓江北岸。

⑧浩然：水盛大貌。《法苑珠林》卷八二引南朝齐王琰《冥祥记》："时积雨大水，懿前望浩然，不知何处为浅，可得揭躩。"

⑨嵯峨（cuó é）：山高峻貌。骈（pián）立：并排而立。

⑩横山岩：当位于今桂林龙门村以南五里，在漓江以西。本日记五月二十七日日记："又西北五里，至横山岩。其岩东向，瞰流缀室，颇与碧岩似。右腋有窦，旁穿而南，南复辟一洞，甚宏，有门有奥。奥西上则深入昏冥，奥之南坠，皆嵌空透漏。门在坠奥东，廓然凭流，与前门比肩立。"屼（wù）突：即突兀，高耸貌。

⑪大墟：当即今大圩古镇一带，位于今桂林灵川县东南漓江东岸，距桂林市15千米陆路，23千米水路。圩为"墟"的俗写，即农村集市。明代时这里的大圩被称为广西四大圩镇（即灵川大圩、宾阳芦圩、苍梧龙圩、贵县桥圩）之首。本日记五月二十七日日记："又西北五里，至大墟，市聚颇盛，登市蔬面。"江右：似当作"江左"，大圩位于漓江的东北一侧。

⑫迤逦（yǐ lǐ）：曲折连绵貌。

⑬水口：水流的出入口或其近旁。

⑭榕村：本日记四月二十八日日记作"熔村"，谓是一大集市，并云："墟上聚落甚盛，不特山谷所无，亦南中所少见者。"榕村或熔村，皆当为"雄村"之音讹，反映了作者吴方言的语音特点。雄村位于今桂林市灵川县174县道的东侧，在大圩古镇东北方向、桂林市以东偏南。

⑮削崖：犹峭壁。这里似指位于漓江西岸的磨盘山，位于今桂林市东南30千米的漓江西岸，从北面望去，山石层层叠叠，酷似一架石磨，故名。

⑯逗日井：本日记五月二十七日日记作"豆豉井"，或因音讹所致，今村镇名难觅对应者，按日记记述，当位于大墟东南五里处。

⑰碧崖：当在今碧岩阁一带，位于桂林市雁山区的漓江以东。本日记五月二十七日日记作"碧岩"，有云："东三里，至碧岩。其岩北向，石嘴啖江。其上削崖高悬，洞嵌其中，虽不甚深，而一楹当门，倚云迎水，帆樯拂其下，帷幄环其上，亦凭空掣远之异胜地也。"清光绪《临桂县志》卷一〇《山川九》："碧崖阁，在东乡，距长安市十里。其岩嵌空，可容数十人。前通漓水，游人鼓楫乃可入。"

⑱崇扩：高而广。

⑲南天：谓桂林的南方。

⑳危岫（xiù）：陡峭的峰峦。徐霞客在这里描绘了岩溶地貌的峰林景观。峰林是指石灰岩石峰高耸林立，分散或成群出现在平地上，远望如林的地形。在徐霞客笔下，岩溶峰林地貌常用所谓"石峰"刻画，如作者《楚游日记》崇祯十年（1637）三月二十四日日记记述湖南南部宁远县一带的石峰就有类似描写："由此西北入山，多乱峰环岫，盖掩口之东峰，如排衙列戟，而此处之诸岫，如攒队合围，俱石峰森罗。中环成洞，穿一隙入，如另辟城垣。山不甚高，而窈窕回合，真所谓别有天地也。"

㉑埒（liè）：等同，比并。巫山：位于今四川盆地东部湖北、重庆、湖南交界一带"南—北"走向的连绵群峰。这里仅就群山样貌加以类比，并不涉及石山或土山之别。

㉒突：竖起，凸出。轰崖：陡峭近于垂直甚至下凹上凸的山崖。作者《江右游日记》崇祯十年（1637）十月二十一日日记："一石如梁，横两顶之间，梁尽而轰崖削起，决无登理。"

㉓数（shǔ）：数说，一件一件地说。《礼记·儒行》："遽数之，不能终其物；悉数之，乃留，更仆，未可终也。"唐孔颖达疏："数，说也。"匡老：当谓庐山的五老峰，位于庐山东南，距万松坪1千米，海拔1436米，因山的绝顶被垭口所断，分成并列的五个山峰，雄奇陡峭，从位于山麓的明人所建海会寺仰视山峰，形同五个老人并坐，故名。匡，即庐山，又名匡庐、匡山，位于今江西九江市南，相传周朝有匡氏七兄弟上山修道，以草庐为舍，故名。

㉔扼江而东之：谓阻拦漓江转向东流。

㉕啮（niè）：咬，啃。比喻侵蚀，冲刷。宋范成大《烟江叠嶂》诗："波涛投隙漱且啮，岁久缺啮深重重。"

㉖怒涛翻壁：谓漓江狂涛拍打冲涮着山岩峭壁。

㉗层岚（lán）：围绕于山间的层层雾气。

㉘赤壁：山名，即汉献帝建安十三年（208）孙权与刘备联军大破曹操军队处。位于今湖北武昌西赤矶山，与汉阳南纱帽山隔江相对。另有谓孙、刘破曹在湖北赤壁市（原蒲圻西）之赤壁山一说，是为"武赤壁"。宋苏轼有前、后《赤壁赋》与《念奴娇·赤壁怀古》词，其赤壁则为所谓"文赤壁"，即赤鼻矶，位于今湖北黄冈市黄州区西北江滨，因山形截然如壁而有赤色，也称赤壁。采矶（jī）：即采石矶，与南京燕子矶、岳阳城陵矶并称"长江三大名矶"。位于今安徽省马鞍山市西南5千米处的长江东岸，南接芜湖，北连六朝古都南京，峭壁千寻，突兀江流，历史悠久，名胜众多。

㉙黑缕白章：谓有黑白相间的纹理。

㉚泛海大士：即观音菩萨，是佛教中慈悲和智慧的象征，无论在大乘佛教还是在民间信仰，都占有极其重要的地位。泛海，相传东海有鱼龙，时常兴风作浪，吞舟啮人。观音菩萨眼观众生疾苦，闻声救难，现身东海，以大慈悲心和无上法力降服鱼龙，使得东海安宁，百姓安居乐业。大士，民间特指观音菩萨。

㉛沉香堂：本日记五月二十七日日记："二里至卖柴埠。西面峰崖骈立，沉香堂在焉。"

㉜崇渊：丁文江本作"崇深"，似是，谓陡峻。北魏郦道元《水经注·河水四》："此石经始禹凿，河中漱广，夹岸崇深。"极致：达到的最高程度。

㉝夷豁：平坦而开阔。

㉞卖柴埠（bù）：当位于今漓江望夫石以北的明村一带，在漓江西畔沉香堂附近。

㉟"共东五里"二句：本日记五月二十七日日记："昧爽出峡口，上寸金滩，二里至卖柴埠。"与此处"五里"的记述不符，未知孰是。

㊱巑屼（cuán wù）：当作"巑岏（wán）"，谓山高锐貌。屼、岏形讹。

㊲争奇炫诡：竞相逞其奇特，炫耀怪异。

㊳靡不：没有不。出人意表：超出人们的意料之外。

㊴峡：当指黄牛峡，位于磨盘山南，与碧崖隔漓江相峙。

㊵斗米滩：位于距离今桂林市37千米处漓江西岸的望夫石下。

㊶南田站：即明水路驿站南田驿，故址位于漓江望夫石以南、今漓江东岸桂林冠岩景区的草坪村一带。本日记五月二十六日日记："共四里抵南田驿，觅舟不得，遂溯江而北，又一里，乃入舟。舟人带雨夜行，又五里，泊于斗米、寸金二滩之间。"

㊷临桂：即临桂县，唐贞观八年（634）改始安县置，为桂州治，治所即今广西桂林市，已临近桂江为名。南宋绍兴三年（1133）为静江府治，元为静江路治，明为广西布政使司及桂林府治。阳朔：即阳朔县，隋开皇十年（590）置，属桂州，治所在今广西阳朔县东北二十五里官厅。唐武德初属桂州，元和、宝历间移治今阳朔县。南宋属静江府，元属静江路，明属桂林府。民国初属广西桂林道，1928年直属广西省。阳朔以山青、水秀、峰奇、洞巧闻名古今中外。

㊸坞：四面高中间低的地方。

㊹夜棹（zhào）：夜间行船。棹，船桨，这里谓行船。

㊺托：衬托。

㊻佹（guī）东佹南：谓时而向东行，时而转南行。佹，忽，时而。

㊼画山：位于今阳朔县东北，是漓江中的名山，海拔536.3米，相对高度416.3米，长550米。其西面为一巨大平直的峭壁，高宽各百馀米，面向江水，其上布满青、黄、紫、白颜色不一的花纹，浓淡相间，斑驳有致，绚烂多彩，似有形态不一的骏马或驰骋奔驰，或昂首长嘶，栩栩如

生，向有“九马画山”之称。本日记五月二十六日日记：“西北三里，为横埠堡，又北二里为画山。其山横列江南岸，江自北来，至是西折，山受啮，半剖为削崖；有纹层络，绿树沿映，石质黄红青白，杂彩交错成章，上有九头，山之名‘画’，以色非以形也。”

㊽空蒙：迷茫貌，缥缈貌。宋苏轼《饮湖上初晴后雨》诗其一：“水光潋滟晴方好，山色空蒙雨亦奇。”

㊾兴平：即今阳朔县兴坪镇，位于阳朔县北的漓江东岸，水路距桂林城区约63千米，是历史悠久的著名古镇。晋代为熙平县治，倚山面水，景色清幽，是漓江风光的荟萃之地。兴坪东有朝笏、罗汉、僧尼、狮子诸山；北有寿星、骆驼山；西有笔架、美女山；西南有螺蛳、鲤鱼山。这里有一潭、三洲、三滩、三岩、五井、十二山，自古即有“阳朔山水在兴平”之说。镇前有榕潭，镇后山上有株古榕树，浓荫如盖。

㊿缀：点缀，谓数量不多。江左：谓漓江的东面。左，古方位名，地理上常以东为左。

(51)窟色：谓犹如洞窟中所见景色。此为夜色中对漓江东岸山水风光的描绘。

(52)恭城：今桂林市恭城各族自治县，位于阳朔县东。

(53)森壁：陡崖，峭壁。南朝梁吴均《与顾章书》：“森壁争霞，孤峰限日。”回峰：回环曲折的山峰。

(54)洲渚（zhǔ）：水中小块陆地。

(55)翻流之石：谓令江流旋动翻回的礁石。直泻之湍（tuān）：谓奔腾而下急流之水。

(56)“故舟行”二句：徐霞客常瞩目于河床的地区差异，日记中多有反映。《粤西游日记二》崇祯十年（1637）六月二十日日记曾对漓江、洛青江、柳江以及福建建溪等江流的河床进行过较为科学的辨析：“柳江西北上，两涯多森削之石，虽石不当关，滩不倒壑，而芙蓉倩水之态，不若阳朔江中俱回崖突壑壁，亦不若洛容江中俱悬滩荒碛也。此处余所历者，其江有三，俱不若建溪之险。阳朔之漓水，虽流有多滩，而中无一石，两旁时时轰崖缀壁，扼掣江流，而群峰逶迤夹之，此江行之最胜者；洛容之洛青，滩悬波涌，岸无凌波之石，山皆连茅之坡，此江行之最下者；柳城之柳江，滩既平流，崖多森石，危峦倒岫，时与土山相为出没，此界于阳朔、洛容之间，而为江行之中者也。”

(57)第：副词。但是，表示转折。稽缓：迟延。

(58)怅怅：失意不快貌。

二十二日　鸡鸣，恭城客登陆去，即棹舟南行。晓月漾波，奇峰环棹，觉夜来幽奇之景①，又翻出一段空明色相矣②。南三里，为螺蛳岩③。一峰盘旋上，转峙江右，盖兴平水口山也④。又七里，东南出水绿村⑤，山乃敛峰⑥。天犹未晓，乃掩篷就寐⑦。二十里，古祚驿⑧。又南十里，则龙头山铮铮露骨⑨，而阳朔县之四围，攒作碧莲玉笋世界矣⑩。

阳朔县北自龙头山，南抵鉴山⑪，二峰巍峙⑫，当漓江上下流⑬，中有掌平之地⑭，乃东面濒江，以岸为城，而南北属于两山，西面叠垣为雉⑮，而南北之属亦如之。西城之外，最近者为来仙洞山⑯，而石人、牛洞、龙洞诸山森绕焉⑰，通省大路从之，盖陆从西而水从东也。其东南门鉴山之下，则南趋平乐⑱，水陆之路，俱统于此。正南门路亦西北转通省道。直南则为南斗山延寿殿⑲，今从其旁建文昌阁焉⑳，无径他达。正北即阳朔山㉑，层峰屏峙㉒，东接龙头。东西城俱属于南隅，北则以山为障，竟无城，亦无门焉。

而东北一门在北极宫下㉓，仅东通江水，北抵仪安祠与读书岩而已㉔，然俱草塞，无人行也。惟东临漓江，开三门以取水。从东南门外渡江而东，濒江之聚有白沙湾、佛力司诸处㉕，颇有人烟云。

上午抵城，入正东门，即文庙前㉖，从其西入县治，荒寂甚。县南半里，有桥曰"市桥双月"，八景之一也㉗。桥下水西自龙洞入城，桥之东，飞流注壑㉘。壑大四五丈，四面丛石盘突㉙，是为龙潭㉚，但飞流下捣，入而不溢。潭东即城，大江流城外，盖地穴潜通也。桥之南有峰巍然独耸，询之土人，名曰易山㉛，盖即南借以为城者。其东麓为鉴山寺㉜，亦八景之一，鉴寺钟声。寺南倚山临江，通道置门，是为东南门。山之西麓，为正南门㉝。其南崖之侧，间有罅如合掌㉞，即土人所号为雌山者也㉟。从东南门外小磴㊱，可至罅傍。余初登北麓，即觅道上跻㊲，盖其山南东二面即就崖为城，惟北面在城内，有微路级㊳，久为莽棘所蔽㊴。乃攀条扪隙㊵，久之，直造峭壁之下㊶，莽径遂绝。复从其旁蹑巉石㊷，缘飞磴㊸，盘旋半空，终不能达。乃下。已过午矣。时顾仆守囊于舟㊹，期候于东南门外渡埠旁㊺。于是南经鉴山寺，出东南门，觅舟不得，得便粥就餐于市。询知渡江而东十里，有状元山㊻，出西门二里，有龙洞岩㊼，为此中名胜，此外更无古迹新奇著人耳目者矣㊽。急于觅舟，遂复入城，登鉴山寺，寺倚山俯江，在翠微中㊾，城郭得此㊿，沈彬诗云"碧莲峰里住人家"㉛，诚不虚矣。时午日铄金㉒，遂解衣当窗，遇一儒生以八景授㉓。市桥双月，鉴寺钟声，龙洞仙泉，白沙渔火，碧莲波影，东岭朝霞，状元骑马，马山岚气。复北由二门觅舟，至文庙门，终不得舟。于是仍出东南门，渡江而东，一里，至白沙湾，则舟人之家在焉。而舟泊其南，乃入舟解衣避暑，濯足沽醪㊾，竟不复搜奇而就宿焉㊵。

　　白沙湾在城东南二里，民居颇盛，有河泊所在焉㊶。其南有三峰并列，最东一峰曰白鹤山㊷。江流南抵其下，曲而东北行，抱此一湾，沙土俱白，故以白沙名。其东南一溪，南自二龙桥来㊸，北入江。溪在南三峰之东，逼白鹤西址出㊹。溪东又有数峰，自南趋北，界溪入江口，最北者，书童山也㊺，江以此乃东北逆转。

[注释]

　　①幽奇：幽雅奇妙。

　　②空明：指空旷澄净的景观。色相：亦作"色象"，佛教语，指万物的形貌。《涅槃经·德王品四》："（菩萨）示现一色，一切众生各各皆见种种色相。"

　　③螺蛳岩：或作"螺丝岩"，又名"腾蛟岩"，位于螺蛳山下两百馀步远处，在漓江西畔。螺蛳山距桂林城区约64千米，距兴坪镇南约1千米，犹如巨大青螺，表面似有螺纹回旋，故名。其山海拔356.8米，相对高度231.8米。螺蛳岩分左右两洞，左洞较为宽大，内有明代所建腾蛟庵；右洞狭小，内有摩崖碑文，记载岩的由来及附近景色。

　　④水口山：一种风水格局的局部名称，即水流离明堂而去处的左右两山，隔水成对峙状。螺蛳山与螺蛳岩隔漓江遥对兴平水口，故称。

　　⑤水绿村：当即今水洛村，位于螺蛳岩以南鲤鱼翅的东南方，在漓江"U"形转弯处的东南岸。"绿"、"洛"，当系音讹，反映了作者吴方言的语音特点。

　　⑥山乃敛峰：谓山势趋于平缓。

　　⑦篷：张盖在舟船上面，用以遮蔽日光、风、雨的设备。

　　⑧古祚（zuò）驿：明代水路驿站名，故址当在今漓江西岸的高洲村

一带，位于阳朔县治以北。

⑨龙头山：位于阳朔县治北，在漓江西岸，海拔245米，相对高度135米。绝壁临江，上下凸出，中呈弧形，像张着巨口的龙头，故称。山西有北鹿、都荔、天鹅、螃蟹、玉姑、龙跃等数十座山峰，犹如龙头、龙身、龙尾相接，绵亘数里，似一条向东飞腾的巨龙。左与北鹿山相依，右接阳朔古石城墙。铮铮露骨：比喻山势险峻挺拔。

⑩攒（cuán）：簇聚，聚集。碧莲玉笋：形容绿水环绕、青山耸立。

⑪鉴山：即碧莲峰，当地人或称"易山"，位于阳朔县县城东南，东临漓江。海拔297.8米，相对高度186.2米，以其山北有一块崖壁光滑如镜，故又名鉴山，为县城之主峰，山势巍峨，古树颇多。民国《阳朔县志》卷一《地理》："碧莲峰，为县治诸山之总名，奇峰环列，形如菡萏，亦似芙蓉，故又名芙蓉峰。"参见本段下注㉛。

⑫巍峙：高耸相对。作者《粤西游日记三》崇祯十年（1637）九月二十七日日记："脊上巨石巍峙，若当关之兽，与独角并而支其腋。"

⑬漓江上下流：这里谓阳朔县境内漓江的北段与南段。上下流，河流的上游、下游。

⑭掌平：像手掌那样平坦。宋曾巩《送程公辟使江西》诗："掌平百里露州郭，发密千甍衔屋瓦。"

⑮叠垣为雉（zhì）：谓修筑城墙。垣，筑墙围绕。雉，古代计算城墙面积的单位。长三丈，高一丈为一雉。《礼记·坊记》："古制国不过千乘，都城不过百雉。"汉郑玄注："雉，度名也。高一丈，长三丈为雉。百雉为长三百丈。"

⑯来仙洞山：当指阳朔独秀峰，位于今阳朔县阳朔公园（又称寿阳公园）内，独秀峰北麓有来仙洞，洞口呈三角形，洞内可容百馀人，属于石灰岩溶洞。民国《阳朔县志》卷一《地理》："独秀山，在县城西门

外半里，平地突起，高三十馀丈，山形如笏，后有岩曰棋盘岩，岩口刻'来仙洞'三大字。宋建学宫于山麓，为文庙主山。明邑令李杜有记刻于岩内石壁。岩口之上刻'云台'二大字。岩内可燃火而入，有小孔可通后洞，颇光朗，别为一境。明靖藩朱经莽有记。"

⑰石人：位于今阳朔县阳朔公园内。本日记五月二十四日日记："南崖复北转至第一洞，乃下山循麓南行半里，有峰巍然拔地屏峙于左，有峰峭然分岐拱立于右。东者不辨为何名，西者心拟为石人，而《志》言石人峰在县西七里，不应若是之近，然使更有一峰，则此峰可不谓之'人'耶？既而石人之南，复突一石，若伛偻而听命者，是一是二，是人是石，其幻若此，吾又焉得而辨之！"民国《阳朔县志》卷一《地理》："灵人山，在县东六里漓江滨，对岸即广化寺，与东华山相连。在半山上如人端立拱手，衣冠楚楚，面向北方，前有危石如车轮，俗名'仙人坐车'。"牛洞：即珠明洞，或称珠明岩，位于今阳朔县阳朔公园内，有数洞相连。本日记五月二十四日日记："甫入庵，有莫姓者随余至，问：'游岩乐否？'余以珠明岩夸之。曰：'牛洞也。数洞相连，然不若李相公岩更胜。此间岩洞，山山有之，但少芟荆剔蔓为之表见者耳。惟李岩胜而且近，即在西门外，不可失也。'"龙洞：位于今阳朔公园内的钟灵山麓，亦属于石灰岩溶洞，与南薰洞、碧莲洞相通。本日记五月二十四日日记："出，由洞北登龙洞岩。爇炬而入，洞阔丈五，高一丈，其南崖半壁，平亘如行廊；入数丈，洞乃南辟，洞顶始高。其后壁有龙影龙床，俱白石菱蕤，上覆下裂，为取石锤凿半去，所存影响而已。其下有方池一、圆池一，深五六寸，内有泉澄澈如镜，久注不泄，屡斟辄满。幽闷之宫有此灵泉，宜为八景第一也。"按下文所列"阳朔八景"，"龙洞仙泉"居第三。民国《阳朔县志》卷一《地理》："钟灵山，在县西一里西郎山后，岩洞极多。北面有二岩，西岩有《寿阳公园记》，刻于石岩。内有小孔穿通后洞，曰南

薰洞。东岩亦高爽幽深，山前有马道，清时武试较射处也。岩右突起一峰，如观音佛像，东面有罗汉岩，岩内石桌、石磴，为游人休息之所，今改为钟灵岩。南面有八洞，玲珑透光，高低不一，均可游玩。明徐霞客与僧静闻曾游于此见《粤西游记》，号曰八门。"森绕：峙立围绕。

⑱平乐：明平乐府，元大德中改诏州置，治所在平乐县（今属广西）。明属广西布政司，辖境相当于今广西平乐、荔浦、蒙山、昭平、钟山、贺县与恭城、雷川、金秀三个瑶族自治县地。清属广西省，1913年废。

⑲直南：即正南。南斗山：位于阳朔县城南门外。延寿殿：或称延寿堂，位于南斗山麓。本日记五月二十四日日记："又南半里，将抵南门逆旅，见路南山半，梵宇高悬，一复新构，贾馀勇登之。新构者文昌阁，再上为南斗延寿堂，以此山当邑正南。故'南斗'之也。"

⑳文昌阁：为古代祭祀文昌帝君的所在。《明史·礼志四》："梓潼帝君者，记云：'神姓张名亚子，居蜀七曲山，仕晋战没，人为立庙。唐宋屡封至英显王。道家谓帝命梓潼掌文昌府事及人间禄籍，故元加号为帝君，而天下学校亦有祠祀者。'"

㉑阳朔山：位于今广西阳朔县北。《清一统志·桂林府一》谓阳朔山："在阳朔县北门外，隋时以此名县。俗呼羊角山。"

㉒屏峙：如屏风般耸立。

㉓北极宫：故址位于阳朔县北，始建于宋，明洪武十六年（1383）在此设立道会司。

㉔仪安祠：或称仪安庙，位于阳朔县城北门外。本日记五月二十四日日记："余不顾，亟出北门，沿江循麓，忽得殿三楹，则仪安庙也，为土人所虔事者。"读书岩：即曹邺读书岩，位于阳朔城北天鹅山下。岩宽数尺，壁间刻"曹邺读书处"五个大字，据说唐代桂州（今广西桂林）诗

人曹邺（816~875?）曾在此读书，故名。明诗人解缙有诗云："阳朔县中城北寺，人传曹邺旧时居。年深寺废无僧住，惟有石岩名读书。"民国《阳朔县志》卷一《地理》："天鹅山，在县城北都荔山右，两山排列，左低右高，形类天鹅。曹邺读书岩即在此山之下。"

㉕白沙湾：位于阳朔城东南，白鹤山横截漓江，令漓江在此转弯，江湾岸上遍布如霜之白沙，故称白沙湾。路边有村名白沙湾村。佛力司：当即阳朔福利古镇，位于今阳朔县漓江下流东岸，依山傍水。古代因此地多荔枝树，村舍隐伏其间，故名伏荔村，后改今名。古代这里是漓江水运码头，明代建有巡检司。"佛力"当是"福利"的音讹，以有巡检司，故讹称"佛力司"。

㉖文庙：即孔子庙，古代县城内皆建有文庙。唐朝封孔子为文宣王，称其庙为文宣王庙。元明以后省称为文庙。

㉗八景：八个胜景。宋沈括《梦溪笔谈·书画》："度支员外郎宋迪工画，尤善为平远山水。其得意者有平沙雁落、远浦帆归、山市晴岚、江天暮雪、洞庭秋月、潇湘夜雨、烟寺晚钟、渔村落照，谓之'八景'。"后来名胜地乃至方志多称其地景物为八景。如"燕京八景"、"西湖八景"，等等。

㉘飞流：丁文江本作"悬流"，当即瀑布。

㉙盘突：盘曲突兀。作者《江右游日记》崇祯九年（1636）十月十九日日记："濒溪石崖盘突，下插深潭。"

㉚龙潭：位于阳朔县城市桥东龙潭庵下，溪水自城西龙洞山来，经市桥下注，汇为巨潭，广四五丈。本日记五月二十四日日记："急入北门，过市桥，入龙潭庵，观所谓龙潭。石崖四丛，中洼成潭，水自市桥东注，喷坠潭中，有纳无泄，潜通城外大江也。"

㉛"询之土人"二句：丁文江本作："桥南鉴山独耸，一名易山，即

南借以为城者。"可见"易山"当即碧莲峰，或称鉴山，参见本段注⑪。土人，世代居住本地的人。北魏郦道元《水经注·汶水》："出谷有平丘，面山傍水，土人悉以种麦。"

㉜鉴山寺：故址位于阳朔碧莲峰东北麓，创建于唐代开元初年（713~741），是桂林最早的古寺之一，历经宋、元、明、清等朝代，屡经修缮，其香火旺达1200馀年之久。旧时寺内僧人早晚鸣钟礼佛，钟声悠扬，响彻云霄，故有被列为阳朔旧八景之一的"鉴寺僧钟"（或称"鉴寺钟声"，如本日记）景观。20世纪初毁于战火，后于原址重建鉴山楼，上下两层。上层三面开敞，凭栏观景，气象万千，令人心旷神怡，有所谓"鉴山远眺"新景观。20世纪末重建鉴山寺，已经迁址于阳朔月亮山旅游风景区的云集山下，在大榕树公园对面，距阳朔县城南7千米。

㉝正南门：即阳朔水南门，又称南薰门。

㉞罅（xià）：岩石裂缝。合掌：比喻岩缝如同佛教徒合两掌于胸前的形态。

㉟雌山：当位于鉴山南侧。

㊱磴（dèng）：石台阶。

㊲跻（jī）：犹攀登。

㊳微路级：谓狭窄的石阶。

㊴莽棘：草丛荆棘。

㊵扪隙：谓用手攀抓崖壁的裂隙。

㊶造：到，去。

㊷巉（chán）石：险峻陡峭的岩石。

㊸飞磴（dèng）：处于高山上的石台阶。宋苏轼《径山道中次韵答周长官兼赠苏寺丞》诗："南望功臣山，云外盘飞磴。"

㊹顾仆：徐霞客所雇用的顾姓仆人顾行。

㊺渡埠（bù）：渡江码头。

㊻状元山：即状元峰，位于阳朔县城东南的漓江东岸，与僧帽峰东西对峙。本日记五月二十三日日记：“东北又起一峰，上分二岐，东岐矮而欹斜，若僧帽垂空，西岐高而独耸，此一山之二奇也。四尖东枝最秀，二岐西岫最雄，此两山之一致也。”状元峰即“二岐”之“西岐”，以“西峰最高，故以状元名之”。

㊼龙洞岩：即龙洞。参见本段注⑰。

㊽新奇：新鲜奇妙。南朝梁刘勰《文心雕龙·体性》：“新奇者，摈古竞今，危侧趣诡者也。”著人耳目：谓为人所称道。耳目，犹视听，见闻。

㊾翠微：指青翠掩映的山腰幽深处。《尔雅·释山》：“未及上，翠微。”晋郭璞注：“近上旁陂。”清郝懿行义疏：“翠微者……盖未及山顶孱颜之间，葱郁葐蒀，望之谸谸青翠，气如微也。”

㊿城郭：城墙。城指内城的墙，郭指外城的墙。

(51)沈彬：字子文（约865~?），洪州高安（今江西高安）人。唐末应进士举不第，浪迹衡湘，与诗僧齐己、虚中游。又曾入蜀，与韦庄、贯休、杜光庭唱和。后入吴，与孙鲂、李建勋结为诗社。李昪表为秘书郎，历员外郎，以吏部郎中致仕。南唐中主南迁洪州，彬尚在。有《沈彬集》一卷，已佚。《全唐诗》存诗十九首、残句若干。碧莲峰里住人家：沈彬《阳朔碧莲峰》诗：“陶潜彭泽五株柳，潘岳河阳一县花。两处争如阳朔好，碧莲峰里住人家。”

(52)午日铄（shuò）金：形容中午天气非常酷热。铄金，熔化金属。

(53)儒生：儒士，通儒家经书的人。汉王充《论衡·超奇篇》：“故夫能说一经者为儒生，博览古今者为通人。”

(54)濯（zhuó）足：洗脚。沽醪（láo）：买酒。醪，酒的总称。

(55)搜奇：这里谓寻求奇异景物。

(56)河泊所：本日记或作“河舶所”，参见本日记初九日日记第二段注㉘。

(57)白鹤山：位于阳朔县城东南的漓江“U”形弯处。本日记五月二十四日日记：“截江渡南峰下，登岸问田家洞道。乃循麓东南，又转一峰，有岩高张，外有门垣。亟入之，其岩东向，轩朗平豁，上多垂乳，左后有窍，亦幽亦爽。岩中置仙像，甚潇洒，下有石碑，则县尹王之臣重开兹岩记也。读记始知兹岩即土人所称田家洞，即古时所志为白鹤山者。三日求白鹤而不得，片时游一洞而两遂之，其快何如！余至阳朔即求白鹤山，人无知者，于入田家岩，知其即白鹤也。其山东对书童山，排闼而南，内成长坞，二龙桥之水北注焉。坞中舟行六十里，可抵二龙桥。”民国《阳朔县志》卷一《地理》：“白鹤山，在县南二里白沙湾对岸。山势高耸，局面开展，如鸟舒翼。相传有白鹤翔集，故名。”

(58)二龙桥：位于白鹤山以南30千米处。参见上注。

(59)逼：迫近。址：地点，处所。

(60)书童山：又名“桅杆山”，位于阳朔县城南1.5千米的田家河与漓江汇合处，山呈圆形，挺拔峻秀，近看石壁如削，半山处有巨石矗立，高丈馀，犹如古代宽衣大袖的书童捧书而读，故名。民国《阳朔县志》卷一《地理》：“书童山，在县南三里田家河口，孤峰耸立，秀色可餐，形势酷肖画家之描绘书童，肃然拱立江湾，髻秀无比。”

[评析]

徐霞客《粤西游日记》共有四篇，分别以“一、二、三、四”为序。其一为今广西东北部的游记，其二为今广西北部与东南部的游记，其三为今广西西南部的游记，其四为今广西西北部的游记。据《粤西游日记一》，明崇祯十年（1637）闰四月初八日至六月十一日，历时六十三天，徐霞客主要集中于湘江与漓江流域一带游览。闰四月初八日他从今广西全州黄沙铺向西南行，途经兴安县，游柳山和湘山寺，又登金宝鼎，探湘江源，考察灵渠运河和严关，二十八日至桂林。在桂林、漓江、阳朔山水之间徜徉近一个半月，遍游桂林四周胜景如虞山、叠彩山、伏波山、七星岩、隐山、雉岩、南溪山、崖头山、荷叶山、刘仙岩、象鼻山、穿山、龙隐岩、屏风岩、中隐山、侯山、牛角岩、狮子岩，等等，其中，七星岩和雉山分别上过两次和三次。不仅如此，还往东北攀登桂林最高峰尧山，过靖江王墓群；往东南畅游漓江水，考察阳朔附近的龙洞、来仙洞、读书岩、白鹤山，登富教山。只有独秀峰地处靖王府的王城禁地，徐霞客多次要求攀登而未能如愿以偿，成为终生遗憾。本书所选内容为徐霞客五月初九日、五月二十一日与二十二日共三天的日记，这与其长达将近一年的粤西之旅相比，不过一鳞半爪而已，虽然尝鼎一脔，仅略知其味，但以小见大，仍然可以体味到作者坚忍不拔的人格魅力与全面细致的科学探索精神。

桂林、漓江两岸以及阳朔，皆处于岩溶地貌的槽谷峰林区，石灰岩山地形由于漓江切入，从而成奇伟怪异的峰林景观，断崖高耸，雄伟壮丽，其景色不亚于原长江三峡的引人入胜。漓江两岸崖壁下部由于常年受到漓江的水流侵蚀，石灰岩峭壁多呈现上凸下凹的形势而突出于河面，崖壁上常常有因受侵蚀而分离开来的石柱与石针，奇形怪状，危立江边。石峰四面陡立，喀斯特地貌的溶洞接二连三，千汇万状，令人叹为观止。作者《粤西游日记三》崇祯十年九月二十六日日记："且江抵新宁，不特石山最胜，而石岸尤奇。盖江流击山，山削成壁，流回沙转，云根迸出，或错立波心，或飞嵌水面，皆洞壑层开，肤痕縠绉，江既善折，岸石与山辅之恐后，益使江山两擅其奇。余谓阳朔山峭濒江，无此岸之石，建溪水激多石，无此石之奇。虽连峰夹嶂，远不类三峡；凑泊一处，促不及武彝；而疏密宛转，在伯仲间。至其一派玲珑通漏，别出一番鲜巧，足夺二山之席矣。"这一段对于喀斯特地貌河岸岩壁与河中石礁成因的论述信非苟得，且有比较鉴别，是《游记》深具科学性的体现。同为喀斯特地貌，广西与贵州、云南也有形貌上的差异，并非千篇一律。广西一带典型的峰林地形主要分布于岩性较纯的灰岩地区，而不纯灰岩或灰岩夹非可溶岩的地区，则峰林地形不典型，甚至呈缓坡丘陵景观，这就是徐霞客笔下的"粤西之山"的特征。《滇游日记二》崇祯十一年（1638）八月二十八日日记，徐霞客比较粤、黔、滇三地之岩溶地貌有云："粤西之山，有纯石者，有间石者，各自分行独挺，不相混杂。滇南之山，皆土峰缭绕，间有缀石，亦十不一二，故环洼为多。黔南之山，则界于二者之间，独以逼耸见奇。滇山惟多土，故多壅流成海，而流多浑浊。粤山惟石，故多穿穴之流，而水悉澄清。而黔流亦界于二者之间。"可见徐霞客关于岩溶地貌地区差异的观察和论述，已具有相当高的科学水平。

　　事物只有通过比较方能确切地加以定性，对喀斯特岩溶地貌的辨析如此，对于河水水流的疾徐缓急，徐霞客常瞩目于河床的地区差异，日记中也多有总结。《粤西游日记二》崇祯十年六月二十日日记曾对漓江、洛青江、柳江以及福建建溪等江流的河床进行过较为科学的辨析，参见本日记二十一日日记注㊻，这里不再赘言。

黔游日记一①（节选游白云山）

十四日② 晨，饭于吴③，遂出司南门④，度西溪桥⑤，西南向行。五里，有溪自西谷来，东注入南大溪⑥；有石梁跨其上，曰太子桥⑦。此桥谓因建文帝得名⑧，然何以"太子"云也？桥下水涌流两崖石间，冲突甚急⑨，南来大溪所不及也。度桥，溯南来大溪，又西南三里，有一山南横，如列屏于前⑩，大溪由其东腋北出⑪，路从其西腋南进。又南行峡间二里，历东山之嘴⑫，曰邑堰塘⑬，其西南有双峰骈起⑭，其东即屏列山之侧也。又三里，过双骈东麓而出其南，渐闻溪声遥沸⑮，东望屏列之山，南迸成峡⑯，溪形复自南来捣峡去⑰，即出其东北腋之上流矣；第路循西界山椒⑱，溪沿东界峰麓⑲，溯行而犹未觌面耳⑳。又南二里，始见东溪汪然㉑，有村在东峰之下，曰水边寨㉒。又南三里，曰大水沟㉓，有一二家在路侧，前有树可憩焉。又南渐升土阜㉔，遂东与大溪隔㉕。已从岭上平行，五里，北望双骈，又三分成笔架形矣㉖。南行土山峡中，又一里出峡。稍折而东，则大溪自西南峡中来，至此东转，抵东峰下㉗，乃折而北去。有九巩巨石梁㉘，南北架溪上，是为华仡佬桥㉙。乃饭于桥南铺肆中。遂南向循东峰之西而行，皆从土坂升陟㉚，路坦而宽。九里，见路出中冈㉛，路东水既东北坠峡下，路西水复西北注坑去，心异之。稍下冈头，则路东密箐回环㉜，有一家当其中，其门西临大路，有三四人憩石畔，因倚杖同憩，则此冈已为南北分水之脊矣㉝。盖东西两界，俱层峰排闼㉞，而此冈中横其间为过脉㉟，不峻而坦㊱，其南即水南下矣，是云独木岭。或曰头目岭。昔金筑司在西界尖峰下㊲，而此为头目所守处㊳。从岭南下，依东界石山行。五里，复升土岭，渐转东南，岭头有一洼中坠。从其东又南向而上，共二里，乃下。一里，则有溪自西北峡中出，至此东转，石梁跨之，是为青崖桥㊴。水从桥下东抵东界山，乃东南注壑去，经定番州而南下泗城界㊵，入都泥江者也㊶，于是又出岭南矣。度桥而南，半里，入青崖城之北门㊷。其城新建，旧纡而东㊸，今折其东隅而西就尖峰之上，城中颇有瓦楼阛阓焉㊹。是日晴霁竟日㊺，夜月复皎㊻。

青崖屯属贵州前卫㊼，而地则广顺州所辖㊽。北去省五十里，南去定番州三十五里，东北去龙里六十里㊾，西南去广顺州五十里。有溪自西北老龙脊发源㊿，环城北东流南转。是贵省南鄙要害[51]，今添设总兵驻扎其内[52]。

[注释]

①黔：贵州省的简称，因省境东北部在战国、秦代属黔中郡，在唐代属黔中道，故名。

②十四日：明崇祯十一年四月十四日，即公元1638年5月27日。

③吴：吴慎所家。本日记四月十三日日记："止贵州，寓吴慎所家。"

④司南门：贵阳府治所的次南门。明代隆庆三年（1569）置贵阳府，治所在贵竹长官司（今贵州贵阳市），故称。

⑤西溪桥：故址当在今贵阳市都司路的市西河附近。市西河，原名水磨河，古代沿河多置水车开设磨坊，故称。市西河修建桥梁多座，最著名者为头桥、二桥、三桥。头桥离城最近，三桥离城最远，二桥居两者之

间,古人合称三座桥为通济桥。三座桥位于古代至云南道上,故为交通要津。

⑥南大溪:即下文"南来大溪",谓南明河,流经今贵阳市南。清顾祖禹《读史方舆纪要》卷一二一《贵州二·贵定县》:"南明河,府城南。源出定番州界,东北流经青岩下,至南门外,中有芳杜洲,广百步,可以种植,其下流为清水江。"

⑦太子桥:即太慈桥,或作"大慈桥",位于今贵阳市南明区太子街附近。"太"、"慈",当系音讹,反映了明代贵州方言"送气不送气音不分"、"塞音塞擦音不分"的语音特点。明弘治《贵州图经新志》卷三《贵州宣慰使司下·关梁》:"大慈桥,在治城西南五里四方河之上,俗讹为太子桥。"四方河,当即上文"有溪自西谷来"者,为南明河支流,今地图有四方河村。明弘治《贵州图经新志》卷一《贵州宣慰使司上·山川》:"四方河,在治城西南五里。"

⑧建文帝:即朱允炆(1377~1402?),明太祖朱元璋孙,太子朱标次子。洪武二十五年(1392)立为皇太孙,三十一年(1398)即帝位,罢天下不急之务,更定内外官制,削夺藩王权。朱元璋第四子燕王朱棣乘机起兵"靖难",于建文四年(1402)五月,燕军兵临南京城下,谷王与李景隆等开金川门降。宫中起火,建文帝不知所终。或谓自焚死,或谓由地道出亡,南下为僧。

⑨冲突:水流冲击堤岸,亦谓水流奔突。

⑩列屏:同下文"屏列",即如屏风般排列。

⑪腋:即山腋,谓山峡,即两山之间的峡谷。

⑫嘴:即山嘴,谓山脚伸出去的尖端。

⑬邑(bā)堰塘:当即位于今贵阳市南明区的甘荫塘,位于今四方村以南。

⑭骈（pián）起：即骈立，谓并排而立。

⑮沸（fú）：水声。《文选·司马相如〈上林赋〉》："沸乎暴怒，汹涌彭湃。"晋郭璞注："沸，水声也。音拂。"

⑯迸（bèng）：散裂，断裂。

⑰溪形：谓水流的趋势。捣峡：同"倒峡"，谓水流倾峡而出。

⑱第：副词。但是，表示转折。山椒（jiāo）：山顶。《文选·谢庄〈月赋〉》："洞庭始波，木叶微脱；菊散芳于山椒，雁流哀于江濑。"唐李善注："山椒，山顶也。"

⑲峰麓：同"山麓"，即山脚。

⑳溯行：逆水而行。觌（dí）面：见面。

㉑汪然：深广貌。

㉒水边寨：故址当位于今贵阳市花溪区上水村一带。

㉓大水沟：今名同，位于今贵阳市花溪区101省道（花溪大道南段）西侧，在今贵州大学以北。

㉔土阜：犹土丘。此土丘当位于今贵州民族学院附近。

㉕大溪：此当指花溪，即南明河从龙山峡至济番桥一段的称谓，属于南明河的上游。

㉖笔架：古代用以搁置毛笔的架子，多呈"W"形状，有三岔。也有五岔或多岔者。宋鲁应龙《闲窗括异志》："远峰列如笔架。"

㉗东峰：或谓即指南北走向的大将山脉，属于苗岭中部山脉的一支，总长17千米，位于贵阳市花溪区的十里河滩。其山脉中段之主峰称牛角坡，建有孔学堂，山脚即为花溪十里河滩湿地公园。2014年，花溪区政府决定改称"大将山脉"为"大成山脉"，属于法定标准名称。

㉘九巩巨石梁：有九个券孔的大石桥。巩，通"栱"或"拱"，古人谓在立柱与横梁交接处向外伸出成弓形的承重结构。拱桥，即用拱作为桥

身主要承重结构的桥。作者《滇游日记十》崇祯十二年（1639）六月十三日日记："卷中不楹而砖，亦横巩如桥，卷外为檐，以瓦覆石，连属于洞门之上壁；洞与巩连为一室，巩高而洞低，巩不掩洞，则此中之奇也。"

㉙华（huā）仡佬（gē lǎo）桥：即花仡佬桥，明天启间所建，横跨于花溪河上，故址位于今贵阳市南郊的花溪公园，距市中心17千米。仡佬，中国少数民族之一。唐宋史书中写作"葛僚"、"仡僚"、"佶僚"、"革老"、"仡佬"等，统称为"僚"。散居在今贵州、广西、云南等地。1978年统计数字约二万六千人。"花仡佬"乃花溪的旧称，据说与仡佬族曾在此居住有关。仡佬族人善纺织、刺绣、蜡染，历史上因其服饰色彩款式不同而被称为"青仡佬"、"红仡佬"、"花仡佬"、"披袍仡佬"等。如在衣领、衣袖、裙边绣以红花的被称为红仡佬。花仡佬所绣花边则为五彩色，且周身还缀以蚕茧为饰，累累如贯珠。花仡佬即仡佬族的一个支系。明初洪武年间设屯堡于此，称花仡佬堡，天启年间建桥，即称"花仡佬桥"。至今仍有仡佬寨、仡佬坝、仡佬湾、仡佬井等地名。1937年，贵阳县认为原"花仡佬称不雅"，加之少数民族众多，以一个民族来确定一个地方称谓，既不符合事实，更容易引发矛盾和纷争。于是就改称"花仡佬"为"花溪"。

㉚土坂（bǎn）：土坡。升陟：攀登。北魏郦道元《水经注·颍水》："水中有立石，高十馀丈，广二十许步，上甚平整，缁素之士，多泛舟升陟，取畅幽情。"

㉛路出中冈：谓道路通往居中的山冈。中冈，当指今桐木岭，即下文所谓"独木岭"（或曰头目岭），位于今贵阳市花溪区101省道东侧。

㉜箐（qìng）：山间大竹林。

㉝南北分水之脊：即今桐木岭。黄成德《徐霞客入黔古道考察记十八》："离开花溪镇南行来到桐木岭（徐公称为独木岭），徐公在考察中把

这里定为'南北分水之脊'是正确的。现代水文考察证实，桐木岭的确是长江水系与珠江水系的分水岭。从桐木岭往北去的水经南明河流入长江，往南去的水经涟江流入珠江。"（见互联网"行者黄成德"精英博客文。http：//www. gz - travel. net/gzdc/wzlt/zl/201211/15171. html.）可参考。"桐"、"独"，当系音讹，反映明代贵州方言"阳入对转"的语音特点。

㉞排闼（tà）：推门，撞开门。宋王安石《书湖阴先生壁》诗："一水护田将绿绕，两山排闼送青来。"

㉟过脉：谓两边高峰，中间独木岭为山脉之连通者。

㊱峻：陡峭。

㊲金筑司：即金筑安抚司。明洪武四年（1371）改金竹府置金筑长官司，属贵州卫，治所在今贵州长顺县西北广顺镇。十年（1377）升为金筑安抚司，后属贵阳府。万历四十年（1612）改置广顺州。

㊳头目：即土司，或称土官，元、明、清时期于西北、西南地区设置的由少数民族首领充任并世袭的官职，按等级分为宣慰使、宣抚使、安抚使等武职和土知府、土知州、土知县等文职。这里当指安抚司以下的土司。

㊴青崖桥：今存，即青岩桥，横跨今贵阳市花溪区玉带河上，长28米，宽2.7米，为三孔石拱桥，单孔净跨6米，矢高3米，是当时青岩通过北古驿道连接外部的重要通道之一。玉带河，参见本段下注㊶。

㊵定番州：明万历十四年（1586）于旧程番府治置，属贵阳府，治所即今贵州惠水县。1913年改为定番县。泗城：即泗城州，北宋皇祐中置羁縻州，属邕州横山寨，治所在今广西凌云县东南下甲乡，元属田州路，明属广西布政司，移治古磡洞（今凌云县），辖境相当于今广西凌云、乐业、田林及贵州罗甸、望谟等县地。清顺治十五年（1658）升为

泗州府。清顾祖禹《读史方舆纪要》卷一二一《贵州二·贵阳军民府》："定番州，府南八十五里。东至龙里卫大平伐长官司八十里，西至金筑安抚司百里，南至广西泗州城百五十里。"

㊶都泥江：即今贵州惠水县南之涟江，为南盘江支流。清顾祖禹《读史方舆纪要》卷一二一《贵州二·贵阳军民府》："都泥江，在州南，一名牂牁江。源出州西北二十里乱山中，曰蒙潭，经州南界，地名破蚕，流入广西南丹州境。《志》云，江有三流，一自金筑东北流绕州城；一自上马桥东流入境，合为一江而东南注。详见川渎盘江。又七曲江，在州西二十里；又有玉带河，在州北二里。皆流合都泥江。"

㊷青崖城：明代青岩堡，即今青岩镇，位于今贵阳市花溪区南部，距贵阳市25千米。

㊸旧：谓青岩堡旧城。纡：迂回。

㊹阛阓（huán huì）：街市，街道。《文选·左思〈魏都赋〉》："班列肆以兼罗，设阛阓以襟带。"唐吕向注："阛阓，市中巷绕市，如衣之襟带然。"

㊺晴霁（jì）：谓晴天。

㊻皎：光照耀。《古诗十九首·明月皎夜光》："明月皎夜光，促织鸣东壁。"

㊼青崖屯：即青岩堡（今青岩镇）。屯，戍所，防区。明代青岩堡为屏卫贵阳的军事重地。贵州前卫：明代卫所之一。卫，一般以府为防区设置，长官为指挥使，管辖五个千户所。每千户所有一千一百二十人，长官为千户。据《明史》卷九〇《兵志二》，贵州都司下设有十八卫，有"贵州前卫（旧无，后设）"。

㊽广顺州：明万历四十年（1612）改金筑安抚司置，属贵阳府，治所即今贵州长顺县西北广顺镇。1913年改为广顺县。

㊽龙里：即龙里卫，明洪武二十三年（1390）于龙里长官司置，属贵州宣慰司，治所即今贵州龙里县。

㊾老龙脊：这里系泛指贵阳山脉的大山脊。本日记十七日日记后半段（本书未选）："老龙之脊，自广顺北，东度上寨岭东，过头目岭，又东北过龙里之南，又东过贵定县西南，又东过新添卫之杪木寨，乃东南转，环蟒山之南，东过为普林北岭，又东南抵独山州北，乃东趋黎平南境，而东度沙泥北岭，以抵兴安分界。"

㊿南鄙：南境。要害：比喻紧要的关键部分，这里即指军事上的要地。

㊼总兵：即总兵官，明代总镇一方的武官。初时，遇战事于公、侯、伯、都督中推举，事毕还任。后因边境多事，遂留镇守，受皇帝直接指挥，无品级、无定员，事权甚重。中叶以后，所设日增，渐以流官充任，且受总督、巡抚约束。至崇祯时已设置渐滥，权位降低。

十五日 昧爽①，出青崖南门，由岐西向入山峡②。南遵大路为定番州道。五里，折而南。又西南历坡阜③，共五里，有村在路北山下，曰蓊楼④，大树蒙密⑤，小水南流。从其西入山峡，两山密树深箐⑥，与贵阳四面童山迥异⑦。自入贵省，山皆童然无木，而贵阳尤甚。西北入峡三里，遂西上陡岭。一里，逾岭西下，半里，有泉出路旁土中，其冷彻骨，南下泻壑去。又西下半里，有涧自北峡来，横木桥于上⑧，其水南流去，路西度之。复北上岭一里，逾脊西，有泉淙淙⑨，随现随伏。西北行两山夹中⑩，夹底平洼，犁而为田，而中不见水。又西北半里，抵西脊，脊东复有泉淙淙，亦随现随隐。盖此中南北两界俱穹峰⑪，而东西各亘横脊⑫，脊中水皆中坠，不见洼底，故洼底反燥而不潴⑬。越西脊而下，西北二里，路北有悬泉一缕，自山脊界石而下；路南忽有泉声淙淙成涧，想透穴而出者⑭。半里，转而西行，又半里，得一村在北山下，曰马铃寨⑮。路由寨前西向行，忽见路南涧已成大溪，随之西半里，又有大溪自西峡来，二溪相遇，遂合而东南注壑去。此水经定番州，与青崖之水合而下都泥者也⑯。于是溯西来大溪之北岸，又西向行二里，为水车坝⑰。坝北有土司卢姓者⑱，倚庐北峰下⑲；坝南有场在阜间⑳，川人结茅场侧㉑，为居停焉㉒。坝乃自然石滩横截，涧水飞突其上㉓，而上流又有巨木桥架溪南北，其溪乃西自广顺来㉔。广顺即金筑安抚司㉕，乃万历二十五年改为州㉖，添设流官㉗。由溪北岸溯流入，为广顺州道，由溪南岸逾岭上，为白云山道㉘；随溪东南下，为定番州道。乃饭于川人旅肆㉙；送火钱㉚，辞不受。遂西南一里，逾岭。又行岭夹中一里半，乃循山南转，半里，又东转入峡。半里，峡穷，乃东南攀隘上㉛，其隘萝木蒙密㉜，石骨逼仄㉝。半里，逾其上，又东南下，截壑而过。半里，复东南上，其岭峻石密丛更甚焉。半里，又逾岭南下，随坞南行㉞，一里，是为八垒㉟。其中东西皆山，南北成壑，亦有深坎㊱，坠成眢井㊲，而南北皆高，水不旁泄者也㊳。直抵壑南，则有峰横截壑口，西骈隘如阃㊴，东联脊成岭。乃东向陟岭上，一里，逾其脊，是为永丰庄北岭㊵，即白云山西南度脊也㊶。乃南向下山，又成东西坞，有村在南山下，与北岭对，是为永丰庄。从坞中东向北二里，得石磴北崖上㊷，遂北向而登。半里，转而西，半里，又折而北，皆密树深丛，石级迤逦㊸。有巨杉二株㊹，夹立磴旁，大合三人抱㊺，西一株为火伤其顶，乃建文君所手植也㊻。再折而西半里，为白云寺㊼，则建文君所开山也⁴⁸；前后架阁两重⁴⁹。

有泉一坎，在后阁前楹下⁵⁰，是为跪勺泉⁵¹，下北通阁下石窍，不盈不涸⁵²，取者必伏而勺，故名曰"跪"，乃神龙所供建文君者⁵³，中通龙潭⁵⁴，时有双金鲤出没云。由阁西再北上半里，为流米洞。洞悬山顶危崖间，其门南向，深仅丈馀，后有石龛⁵⁵，可傍为榻；其右有小穴，为米所从出，流以供帝者，而今无矣；左有峡高迸，而上透明窗，中架横板。犹云建文帝所遗者，皆神其迹者所托也⁵⁶。洞前凭临诸峰，翠浪千层⁵⁷，环拥回伏⁵⁸，远近皆出足下。洞左构阁，祀建文帝遗像，阁名潜龙⁵⁹，胜迹⁶⁰。像昔在佛阁，今移置此。乃巡方使胡平运所建⁶¹，前瞰遥山，右翼米洞而不掩洞门⁶²，其后即山之绝顶。逾而北，开坪甚敞⁶³，皆层篁耸木⁶⁴，亏蔽日月⁶⁵，列径分区，结静庐数处⁶⁶，而南京井当其中⁶⁷。石脊平伏岭头，中裂一隙，南北横不及三尺，东西阔约五尺，深尺许，南北通窍不可测；停水其间，清洌异常，而不减不溢；静室僧置瓢勺之。余初至，见有巨鱼戏水面，见人掉入窍去⁶⁸，波涌纹激，半晌乃定。穴小鱼大，水停峰顶，亦一异也。以其侧有南京僧结庐住静⁶⁹，故以"南京"名；今易老僧，乃北京者，而泉名犹仍其旧也。

是日下午，抵白云庵⁷⁰。主僧自然供餐后⁷¹，即导余登潜龙阁，憩流米洞；命阁中僧导余北逾脊，观南京井。北京老僧迎客坐。庐前艺地种蔬⁷²，有蓬蒿菜⁷³，黄花满畦；罂粟花殷红千叶⁷⁴，簇朵甚巨而密，丰艳不减丹药也⁷⁵。四望乔木环翳⁷⁶，如在深壑，不知为众山之顶。幽旷交擅⁷⁷，亦山中一胜绝处也⁷⁸。对谈久之，薄暮乃返⁷⁹。自然已候于庵西，复具餐啜茗⁸⁰，移坐庵后石壁下。是日自晨至暮，清朗映彻⁸¹，无片翳之滓⁸²；至晚阴云四合⁸³，不能于群玉

黔游日记一 | 513

峰头逢瑶池夜月⑭,为之怅然⑮。

[注释]

①昧爽:拂晓,黎明。

②岐:同"歧",谓分开,岔出。这里是岔路的意思。

③坡阜:土山坡。

④蓊(wěng)楼:即今新楼村,位于贵阳市花溪区南114县道西侧。

⑤蒙密:茂密的草木。南朝宋范晔《乐游应诏诗》:"遵渚攀蒙密,随山上岖嵚。"

⑥密树深菁(qìng):谓山间树木茂盛,竹林幽深。

⑦贵阳:即贵阳府,明隆庆三年(1569)改程番府置,属贵州宣慰司,治所在贵竹长官司(后改置新贵县,即今贵州贵阳市)。清康熙二十六年(1687)增置贵筑县,与新贵县同为贵阳府治(后省新贵入贵筑)。辖境相当于今贵州贵阳市以及开阳、惠水、长顺、修文、息烽、贵定、龙里、罗甸等县地。明、清两代皆为贵州省会所在地。1913年废。童山:无草木的山。

⑧横木桥于上:以横木为桥。桥,用如动词。

⑨淙淙(cóng cóng):流水声。

⑩山夹:即山峡,谓两山之间的峡谷。

⑪穹峰:中间隆起四周下垂的山峰。

⑫亘:绵延。

⑬潴(zhū):水停聚处。徐霞客这里所记述的是不太典型的"干谷"岩溶地貌,即地表水因渗漏或因地壳抬升而通过落水洞转入地下,于是地表原来的河谷就变成干谷。文中所言山中泉水"随现随伏"、"随现随隐"以及"脊中水皆中坠,不见注底"的状态,准确形象地描述了地表水沿

石灰石岩溶裂缝向下渗漏的样貌，极有认识价值。

⑭想：推想，推测。

⑮马铃寨：即今马铃布依族苗族乡，位于今贵阳市花溪区南境114县道附近。

⑯都泥：即都泥江，或称涟江。参见本日记十四日日记注㊶。

⑰水车坝：今名同，位于今贵阳市花溪区南境114县道附近，在今马铃布依族苗族乡西侧偏南。

⑱土司：又称"土官"，元、明、清时期于西北、西南地区设置的由少数民族首领充任并世袭的官职，按等级分为宣慰使、宣抚使、安抚使等武职和土知府、土知州、土知县等文职。明清两代曾在部分地区进行"改土归流"，即改土官为流官。

⑲倚庐：古人为父母守丧时居住的简陋棚屋。《左传·襄公十七年》："齐晏桓子卒，晏婴粗缞斩，苴绖、带、杖，菅屦，食鬻，居倚庐，寝苫、枕草。"

⑳场（cháng）：集市。阜：土山。《诗·小雅·天保》："如山如阜，如冈如陵。"毛传："高平曰陆，大陆曰阜，大阜曰陵。"

㉑川人：四川人。结茅：编茅为屋，谓建造简陋的屋舍。

㉒居停：寄居的处所。

㉓飞突：飞洒冲撞。

㉔广顺：即广顺州。参见本日记十四日日记注㊽。

㉕金筑安抚司：即前文所称"金筑司"。参见本日记十四日日记注㊲。

㉖万历二十五年：即公元1597年。

㉗流官：明清时朝廷派遣到川、滇、黔等少数民族地区的地方官。因其有一定任期，非世袭，非土著，有流动性，故称。《明史·邓廷瓒传》：

"请改为府县，设流官与土官兼治，庶可久安。"

㉘白云山：位于今贵州长顺县东北。《清一统志·贵阳府》著录白云山："在广顺州（治今广顺镇）东三十里。万山环列，每旦有白云从山顶起，因名。"清檀萃《黔囊》："白云山在贵阳城南七十里，明建文帝遁迹之所，上有罗永庵。"壁上有建文帝题诗。

㉙旅肆：旅舍，旅店。

㉚火钱：饭费。

㉛隘：谓石崖狭窄处。

㉜萝木：缘松柏或其他乔木而生的蔓生植物以及灌木丛。

㉝石骨：坚硬的岩石。宋王炎《游砚山》诗："涧水抱石根，石骨多绀碧。"逼仄（zè）：犹狭窄。

㉞坞：四面高中间低的地方。

㉟八垒：地名，当位于今贵阳市花溪区，在水车坝以南。参见本日记十七日日记："后则从山顶穷极窈渺，北抵龙潭，下为后坞，即余来时所经岭南之八垒者也。"

㊱深坎：深坑。

㊲眢（yuān）井：废井，无水的井。《左传·宣公十二年》："目于眢井而拯之。"唐陆德明释文："废井也。《字林》云：'井无水也。'"

㊳"而南北皆高"二句：八垒一带当属于喀斯特岩溶槽谷地貌，岩溶槽谷即长条状的合成洼地，又称喀斯特谷地。其发育主要受地质构造的控制，长几十至一百余千米，面积达几十至几百平方千米。谷坡急陡，谷底平坦可以耕作。但有一些谷底也并不一定是平的，因地形漏陷，会导致"中坠如井"的"眢井"产生。本日记十八日日记："东南界即白云后龙潭之后，西北界即南岭所环，转北而东，属于龙潭东峰之下者；其中平坞一壑，南北长二里，水亦中洼下坠，两旁多犁为田，是名八垒。"徐霞客

在其游记中对于喀斯特岩溶槽谷地貌多有记述，如作者《粤西游日记三》崇祯十年（1637）十一月初三日日记："于是东向行山坞间，南北石山排闼成坞，中有平畴，东向宛转而去，大溪亦贯其中，曲折东行，南北两山麓时时有村落倚之。"再如本日记四月初一日日记："又东一里，转而北，有坞南北开洋，其底甚平，犁而为田，波耕水耨，盈盈其间，水皆从崖坡泻下，而不见有浍浚之迹。"又如作者《滇游日记二》崇祯十一年（1638）八月二十九日日记："又三里抵坞中，闻水声淙淙，然四山回合，方疑水从何出。又西北一里，忽见坞中有坑，中坠如井，盖此水之所入者矣。从坞右半里，又西北陟岭半里，透脊夹而出，于是稍降，从长峡中行。西北三里，复稍上，始知此峡亦中洼而无下泄之道者也。"这一对岩溶槽谷地貌的描述，提到"坞中有坑，中坠如井"，与八垒之岩溶槽谷地貌更为接近。

㊴骈隘如阈（yù）：谓并立的狭窄石崖如同门户一样。阈，门户，门口。三国魏曹植《应诏》诗："仰瞻城阈，俯惟阙庭，长怀永慕，忧心如酲。"

㊵永丰庄北岭：其方位据下文"白云山西为永丰庄北岭"，可知。永丰庄，据本日记四月十八日日记："十八日辞自然师下山。一里半，抵山麓。西一里半，有数家在南麓，为永丰庄，皆白云寺中佃户也。"另据黄成德《徐霞客入黔古道考察记二十一》："我们三人按照《徐霞客游记》所载的下山方位和里程数，确认徐公走下白云山所记载的'永丰庄'即今天的鞍脚村。"（见互联网"行者黄成德"精英博客文）可参考。

㊶度脊：过渡的山梁。

㊷石磴（dèng）：石台阶。

㊸逶迤（yǐ lǐ）：曲折连绵貌。

㊹杉（shān）：当指柳杉，又名孔雀杉，属常绿乔木，高可达40米

以上，胸径可达3米。树冠尖塔形或卵圆形，小枝下垂，叶钻形，螺旋状互生。

㊺合三人抱：意谓树围需三人手接手合抱。

㊻建文君：即建文帝。参见本日记十四日日记注⑧。

㊼白云寺：前身为罗永庵，位于今贵州长顺县白云镇北部，海拔1462米，由观音殿、天井、跪井、潜龙阁等建筑群组成，依山错落、布局自然。山门有联云："云自天来舒望眼，寺由帝兴绕梵音。"寺曾毁于清同治五年（1865），今已重修建。

㊽开山：在名山创立寺院。宋刘克庄《送日老住九座山》诗："守土亲为大檀越，开山留下废砧基。"据本日记十八日日记："自然言建文君先驻唐帽，后驻白云。"

㊾架阁两重：谓建造佛阁前后两进。

㊿前楹（yíng）：谓佛阁的前柱。

(51)跪勺（zhuó）泉：或称"跪井"，此与下文所谓"南京井"皆属于岩溶泉中的常流泉，但以泉口形态分析，当属于溶洞泉（泉口为水平洞穴）。岩溶泉是岩溶水的天然出露点，中国的岩溶泉分布较为广泛，徐霞客在游记中多有记述。《粤西游日记四》崇祯十一年（1638）三月十一日日记："石间有小水流，其南一穴伏石窞下，喷流而出，独清洌殊甚。"又同上三月十七日日记："有泉一泓出路左石穴，西向汩汩，无涨涸，亦无停息，勺而饮之，甘洌殊甚，出穴即坠石穴而下。"又同上二月十六日日记："坞中有石潭，或断或续，涵水于中，即小江之脉也，水大时则成溪，而涸则伏流于下耳。"以上所举三例皆属岩溶泉，不过最后者属于岩溶泉中的间歇泉或季节泉而已。勺，通"酌"，谓舀取。

(52)不盈不涸（hé）：不溢出亦不干枯。

(53)神龙：谓龙。相传龙变化莫测，故有此称。

(54)龙潭：深渊。唐李白《求崔山人百丈崖瀑布图》诗："龙潭中喷射，昼夜生风雷。"这里当指龙爪潭，位于距南京坪不到1千米处，有一深潭，称龙爪潭，水深不可测。潭边石壁上清楚地有一龙爪印，传说乃建文帝与小青龙在此激战时所留。该潭水流向马林乡龙耳朵洞出。

(55)石龛（kān）：小的石窟穴。此石龛又名天子洞，位于潜龙阁左侧，为一天然洞。龛中一巨石平卧，传建文帝在此下榻。石床右端登七级出一洞口至山绝顶处，称白云盖顶，此洞口也称望天洞，传为建文帝登临遥望京城（今南京）思乡之处。

(56)神其迹：以建文帝事迹为神。神，形容词的意动用法。

(57)翠浪：指禾苗因风起伏而形成的波浪。宋苏轼《和田国博喜雪》："玉花飞半夜，翠浪舞明年。"

(58)回伏：迂回起伏。

(59)潜龙：比喻圣人在下位，隐而未显。《乐府诗集·燕射歌辞二·食举歌》："瑞征辟，应嘉锺，舞云凤，跃潜龙。"

(60)胜迹：有名的古迹、遗迹。

(61)巡方使：明代巡按，指分道出巡按临的监察御史。其职在考核吏治，审录罪囚，吊刷案卷，可直言政事得失。明初间有派遣，永乐元年（1403）以后遂成定制，十三省各一人。其品秩虽低，但代天子巡视，大事奏闻，小事专断，可与布政使司分庭抗礼，府、州、县官惟命是从。胡平运：字明卿（生卒年不详），号南石。顺德（今属广东）人。明崇祯三年（1630）解元，四年（1631）三甲第八十七名进士，历官江西道监察御史。清咸丰《顺德县志》卷二四有传。潜龙阁位于白云山顶于子祠，胡平运于明崇祯九年（1636）修建，并移建文帝铜像祭祀。民国二十七年（1938）毁于火灾，重建后又毁于"文革"，今存者为1996年在原址所重建。

㉖翼：即"翼蔽"，谓障蔽，遮护，与"不掩洞门"照应。《史记·项羽本纪》："项庄拔剑起舞，项伯亦拔剑起舞，常以身翼蔽沛公，庄不得击。"

㉖开坪：谓在山间展开局部平地。

㉖层篁耸木：谓丛生的竹林与高耸的树木。篁，竹丛，竹林。

㉖亏蔽：遮掩。

㉖静庐：即"静室"，谓寺院住房或隐士、居士修行之室。下文"静室僧"即谓居于静庐的僧人。

㉖南京井：岩溶泉中的常流泉，按照下文"中裂一隙"的泉口形态分析，当属于溶蚀裂隙泉，有别于跪勺泉。参见本段前注㉑。南京，即今江苏南京市。据《明史·太祖本纪》，朱元璋于洪武元年（1368）定都于应天府，即"以应天为南京，开封为北京"，南京以与北京（开封府）相对而取名。十一年（1378）开封罢称北京，改南京为京师。永乐十九年（1421）朱棣迁都北京顺天府，改北京为京师，仍以应天府为南京。

㉖掉：即"掉尾"，谓摇尾。

㉖结庐：构筑房舍。晋陶渊明《饮酒》诗其五："结庐在人境，而无车马喧。"住静：即"静修"，谓闭门修道。

㉖白云庵：即白云寺。参见本段前注㊼。

㉑主僧自然：法号自然的住持僧。主僧，即"住持"，佛教寺院主管僧的职称，起于禅宗。也称"方丈"。

㉒艺地：开地种植。

㉓蓬蒿菜：即"茼蒿"，又称同蒿、蓬蒿、蒿菜、菊花菜、塘蒿、蒿子杆、蒿子、蓬花菜，为菊科一年生或二年生草本植物，叶互生，长形羽状分裂，花黄色或白色，与野菊花很像。瘦果棱，高二三尺，茎叶嫩时可食，亦可入药。

㉔罂粟（yīng sù）：二年生草本植物。叶长椭圆形。夏季开花，花单生于枝顶，具长梗，花蕾常下垂，萼片2枚，早落；花瓣4片，白色、红色或紫色。果实未成熟时划破表皮，流出乳状白液，可制鸦片，含吗啡和其他生物碱，有镇痛、镇咳和止泻作用，但常用能成瘾。果壳能入药，花可供观赏。殷（yān）红：深红色。千叶：形容花瓣重叠繁多。

㉕丰艳：多而美。汉司马相如《美人赋》："臣之东邻，有一女子，云发丰艳，蛾眉皓齿。"丹药：谓牡丹与芍药一类的花卉。

㉖乔木：高大的树木。《诗·周南·汉广》："南有乔木，不可休思。"环翳（yì）：环绕遮蔽。

㉗幽旷：幽深与旷远。交擅：谓两境更替，相映成趣。

㉘胜绝：绝妙。唐薛用弱《集异记·崔商》："江滨有溪洞，林木胜绝，商因杖策徐步，穷幽深入。"

㉙薄暮：傍晚，太阳快落山的时候。

㉚啜（chuò）茗：饮茶。唐杜甫《重过何氏》诗其三："落日平台上，春风啜茗时。"

㉛清朗：清净明亮。映彻：照临。

㉜片翳（yì）之滓（zǐ）：犹言晴空万里。

㉝四合：四面围拢。

㉞"不能"句：意谓不能欣赏十五的明月。语本唐李白《清平调》三首其一："若非群玉山头见，会向瑶台月下逢。"原诗乃比喻杨贵妃美貌如花，这里借以咏月，有调侃意味。《粤西游日记二》崇祯十年（1637）八月十五日日记："空山寂静，玉宇无尘，一客一僧，漫然相对，洵可称群玉山头，无负我一筇秋色矣。"

㉟怅然：失意不乐貌。战国楚宋玉《神女赋》序："罔兮不乐，怅然失志。"

十六日　夜闻风雨声，抵晓则风雨霏霏①，余为之迟起。饭后坐小窗待霁，欲往探龙潭②，零雨不休③，再饭乃行。仍从潜龙阁北逾岭，至南京井，从岐东北入深箐中，耸木重崖，上下窈渺④，穿崿透碧⑤，非复人世。共五里，则西崖自峰顶下嵌⑥，深坠成峡，中洼停水，渊然深碧⑦，陷石脚而入⑧，不缩不盈，真万古潜渊⑨，千峰閟壑也⑩。其峡南北约五丈，东西约丈五，东崖低陷空下者约三丈，西崖耸陷空下者十数丈；水中深不可测，而南透穴弥深，盖穿山透腹，一峰中涵⑪，直西南透为南京井，东南透为跪勺泉者也。崖上乔干密枝，漫空笼翠⑫。又东北攀崖，东南度壑，皆窈渺之极。壑东有遗茅一龛，度木桥而入，为两年前匡庐僧住静处⑬，今茅空人去。将度木披之⑭，而山雨大作；循旧径返，深霭间落翠纷纷⑮，衣履沾透。再过南京井，入北僧龛。僧钥扉往白云⑯，惟雨中罂粟脉脉对人⑰，空山娇艳，宛然桃花洞口逢也⑱。还逾潜龙阁，自然已来候阁旁。遂下庵，瀹茗炙衣⑲。晚餐后，雨少霁，复令徒导，由庵东登岭角⑳。循之而北，一里，出其东隅，近山皆伏其下，遥山则青崖以来，自龙里南下之支也㉑。稍北，下深木中㉒，度石隙而上㉓，得一静室。其室三楹㉔，东向寥廓㉕，室前就石为台，缀以野花，室中编竹缭户㉖，明洁可爱。其处高悬万木之上，下瞰箐篁丛叠㉗，如韭畦沓沓㉘，隔以悬崖，间以坑堑㉙，可望而不可陟。故取道必迂从白云，盖与潜龙阁后北坪诸静室取道皆然，更无他登之捷径也。此室旷而不杂，幽而不闷㉚，峻而不逼㉛，呼吸通帝座㉜，寤寐绝人寰㉝，洵栖真之胜处也㉞。静主号启本㉟，滇人㊱，与一徒同栖；而北坪则独一老僧也。白云之后，共十静庐，因安氏乱㊲，各出山去，惟此两庐有栖者十二。庐旁各有坎泉供勺㊳，因知此山之顶，皆中空酝水，停而不流，又一奇也。晚返白云，暮雨复至。自然供茗炉旁，篝灯夜话㊴，半晌乃卧㊵。

[注释]

①凤雨：早晨的雨。霏霏：雨雪盛貌。《诗·小雅·采薇》："今我来思，雨雪霏霏。"

②龙潭：当即龙爪潭。参见本日记十五日日记注㊴。

③零雨：慢而细的小雨。《诗·豳风·东山》："我来自东，零雨其蒙。"

④窈渺：又作"窈妙"，精微，幽远。

⑤穿崿透碧：谓穿过山崖与绿树。崿，山崖。

⑥嵌（qiàn）：凹陷。作者《黔游日记一》崇祯十一年（1638）四月十四日日记："则西崖自峰顶下嵌，深坠成峡。"

⑦渊然：深邃貌。这里即上文所言之"龙潭"，或称龙爪潭。

⑧石脚：山脚。

⑨潜渊：能够藏龙的深渊。

⑩閟（bì）壑：幽深的山谷。

⑪涵：浸润。

⑫漫空笼翠：谓漫天为翠色所笼罩。

⑬匡庐僧：来自庐山的和尚。

⑭披：拨动，打开。

⑮深霭（ǎi）：浓密的云雾。

⑯钥（yuè）扉：锁门。

⑰脉脉（mò mò）：犹默默，这里是无限含情的意思，属于拟人手法

的运用。

⑱桃花洞口：据南朝宋刘义庆《幽明录》等小说，汉刘晨、阮肇入天台山采药迷路，在桃花盛开的山洞口遇二仙女，相将入洞中，蹉跎半年始归。时已入晋，子孙已过七代。后复入天台山寻访，旧踪渺然。这里即以罂粟花的鲜艳喻指如桃花洞口般的仙境。

⑲瀹（yuè）茗：煮茶。明清饮茶已多用冲泡法。炙（zhì）衣：烤干衣服。

⑳岭角：即"山角"，谓山的转角向外突出处。北魏郦道元《水经注·巨洋水》："水出剧县南角崩山，即故义山也。俗人以其山角若崩，因名为角崩山。"

㉑龙里：即龙里卫。参见本日记十四日日记注㊾。

㉒深木：幽深的林木。

㉓石隙：岩石夹缝。

㉔楹（yíng）：量词，房屋计量单位。屋一列或一间为一楹。

㉕寥廓：空旷深远。

㉖编竹缭（liáo）户：编竹篱围绕门户。缭，围绕。

㉗菁（qīng）篁：竹林。丛叠：层层叠叠。

㉘沓沓：重重叠叠。

㉙坑堑（qiàn）：沟壑，山谷。作者《滇游日记十一》崇祯十二年（1639）七月初十日日记："越冈西下，其间坑堑旁午，陂陀间错，木树森罗。"

㉚闭（bì）：阻隔。

㉛逼：狭窄。

㉜呼吸通帝座：意谓寄身高远，呼吸之间皆可与天或自然相接近。帝座，亦作"帝坐"，古星名，属天市垣。即武仙座α星。战国甘德、石申

《星经》："帝座一星在市中，神农所贵，色明润。"旧题后唐冯贽所撰《云仙杂记》卷一引《搔首集》："李白登华山落雁峰，曰：'此山最高，呼吸之气想通天帝座矣，恨不携谢朓惊人诗来，搔首问青天耳。'"明杨维桢乐府《华山高》："思美人兮西华山，我欲往兮如天难。通帝座二气之呼吸，下冲龙门百折之昆仑源。"

㉝寤寐（wù mèi）绝人寰（huán）：意谓地处荒僻，清醒与沉睡皆可与人间或凡尘相隔离。人寰，人间，人世。

㉞洵：诚然，实在。栖真：道家谓存养真性，返其本元。《晋书·葛洪传论》："游德栖真，超然事外。"

㉟静主：谓静室的栖居者。

㊱滇人：云南人。滇，云南省的简称。因有滇池而得名。

㊲安氏乱：或称"奢安之乱"，为明末西南土司发动的叛变。天启元年（1621）四川永宁宣抚使罗罗族人屠崇明（？～1629）借调兵援辽之机，起兵反明，攻陷重庆、遵义、泸州等地，进围成都，建国号大梁。天启二年（1622），贵州水西罗罗族人安邦彦（？～1629）亦举兵反明，自称罗甸大王，围攻贵阳，与屠崇明互为声援，后又合兵一处，黔蜀震动。崇祯二年（1629）总督朱燮元率明军攻破水西，擒杀安邦彦、屠崇明，终于平定了这次叛乱。

㊳坎泉：坑中涌泉，即喀斯特地貌的岩溶泉。参见本日记十五日日记注�。

㊴篝灯：谓置灯于笼中。《宋史·陈彭年传》："彭年幼好学，母惟一子，爱之，禁其夜读书，彭年篝灯密室，不令母知。"

㊵半晌（shǎng）：许久，好久。

十七日 晨起，已霁，而寒峭颇甚①。先是重夹犹寒②，余以为阴风所致③，有日当解，至是则日色皎然④，而寒气如故，始知此中夏不废垆⑤，良有以耳⑥。

白云山初名螺拥山，以建文君望白云而登，为开山之祖，遂以"白云"名之。《一统志》有"螺拥"之名⑦，谓山形如螺拥，而不载建文遗迹，时犹讳言之也⑧。土人讹其名为罗勇⑨，今山下有罗勇寨⑩。土人居罗勇，而不知其为螺拥；土人知白云山，而不知即螺拥山。僻地无征⑪，沧桑转盼如此⑫！

白云山西为永丰庄北岭，即余来所逾岭也；东则自滇僧静室而下，即东隤颓然⑬，下对青崖，皆为绝壑⑭；前则与南山夹而成坞⑮，即余来北上登级处也⑯；后则从山顶穷极窈渺，北抵龙潭，下为后坞，即余来时所经岭南之八垒者也。此其近址也。其远者：东抵青崖四十五里，西抵广顺三十里，东南由翁贵抵定番州三十里⑰，北抵水车坝十五里。

白云山中有玄色、白色诸猿⑱，每六六成行，轮朝寺下⑲。据僧言如此。余早晚止闻其声。又有菌甚美⑳，大者出龙潭后深箐仆木间㉑，玉质花腴㉒，盘朵径尺，即天花菜也㉓。又有小者名八担柴㉔，土人呼为茅枣，云南甚多。

[注释]

①寒峭：义同"料峭"，形容风力寒冷、尖利。

②重（chóng）夹：两层夹衣。

③阴风：阴冷之风。

④日色皎然：谓阳光明亮貌。

⑤中夏：指夏季的第二个月，即农历五月。《周礼·夏官·大司马》：

"中夏，教茇舍，告振旅之陈。"废垆：谓不生火取暖。垆，通"炉"。宋陆游《山行过僧庵不入》诗："茶垆烟起知高兴，碁子声疏识苦心。"

⑥良有以耳：确实有根据。

⑦一统志：当指《大明一统志》，九十卷，明李贤等修撰，成书于明英宗天顺五年（1461），属于官修地理总志。其体例沿袭《大元一统志》，以南北两京及十三布政司分区，各府、直隶州分建置沿革、郡名、形胜、风俗与古迹、人物诸目，其后殿以"外夷"。有明内府刻本与明嘉靖二十八年（1549）重刻本，另有明万历十六年（1588）修补本。此书资料引用颇多错讹，故常为学界所诟病。

⑧讳言：因有所顾忌而不敢说或不愿明说。徐霞客尽管认为明显具有神话色彩的跪勺泉和流米洞等传说"皆神其迹者所托也"，不相信有关灵异事件的虚妄，却相信建文帝为僧之说，并在其《游记》中另有记述。《粤西游日记二》崇祯十年（1637）八月十五日日记提及广西横州宝华山寿佛寺也有"建文君遁迹之地"，并进一步描述说："其寺西向，寺门颇整，题额曰'万山第一'。字甚古劲，初望之，余忆为建文君旧题，及趋视之，乃万历末年里人施怡所立。盖施怡建门而新其额，第书己名而并没建文之迹；后询之僧，而知果建文手迹也。余谓宜表章之。"又说："寺后冈上，见积砖累累。还问之，僧曰：'此里人杨姓者，将建建文帝庙，故庀材以待耳。'吁！施怡最新而掩其迹，此人追远而创其祠，里闬之间，知愚之相去何霄壤哉！"两相比较，作者肯定了前者，表明即使在明末的穷乡僻壤，建文帝事也并非可随意公开讨论的话题，证实了独裁专制统治的残酷性。

⑨土人：世代居住本地的人。北魏郦道元《水经注·汶水》："出谷有平丘，面山傍水，土人悉以种麦。"

⑩罗勇寨：今名罗勇组，位于贵州省黔南布依族苗族自治州长顺县白

云山镇思京村。

⑪僻地无征：谓偏僻地方没有证明与实据。无征，没有证明，没有实据。《文选·左思〈三都赋〉序》："于辞则易为藻饰，于义则虚而无征。"唐刘逵注："盖韩非所谓画鬼魅易为好，画狗马难为工之类。"

⑫沧桑：即"沧海桑田"，谓大海变成农田，农田变成大海。比喻世事变化巨大。语本晋葛洪《神仙传·王远》："麻姑自说云：'接侍以来，已见东海三为桑田。'"转盼：犹转眼，喻时间短促。

⑬东𬯎（tuí）：向东崩塌。颓（tuí）然：坍塌貌。

⑭绝壑：深谷。唐于邵《送家令祁丞序》："非奇峰绝壑，则不能运其机；非缘情体物，则不能动其兴。"

⑮坞：四面高中间低的地方。

⑯登级：谓从石磴攀登之始。

⑰蓊（wěng）贵：即今翁贵村，位于今贵州长顺县改尧镇，在白云山东南。

⑱玄色：黑里带微赤的颜色。《周礼·考工记·锺氏》："五入为緅，七入为缁。"汉郑玄注："凡玄色者，在緅缁之间，其六入者与？"

⑲轮朝（cháo）：轮番朝拜。

⑳菌：食用真菌，即蘑菇。

㉑仆木：倒伏的树木。枯木易生菌类。

㉒玉质花腴（yú）：形容白蘑菇（双孢蘑菇）颜色洁白如玉，半球形菌盖巨大肥厚。

㉓天花菜：此系借用五台山香菇名。参见前选作者《游五台山日记》崇祯六年（1633）八月初八日日记注㉑。

㉔八担柴：野生食用菌品种之一，多产于云南一带。其中学名"裂褶菌"与"侧耳"者可食用，与上述两种蘑菇形貌近似，俗称"小白

菌"、"鸡冠菌"、"指甲菌"或"蝴蝶菌"的，则系毒菌，如若误食，就可能引起头晕、恶心、出虚汗、心跳加速等中毒症状，甚至于死亡。

[评析]

　　徐霞客的《黔游日记》共传世两篇，其一为作者游览今贵州盘江以东地区的经历，其二为考察今贵州西部地区的游记。据《黔游日记一》，徐霞客于明崇祯十一年（1638）三月二十七日出广西，进入贵州下司，往北经独山州（今独山县）、都匀府（今都匀市）、麻哈州（今麻江县）、平越卫（今福泉市）；转西经新天卫（今贵定县）、龙里卫（今龙里县）、贵阳府（今贵阳市），然后绕道广顺州游白云山，过平坝卫（今平坝县），再西经安顺府（今安顺市）、镇宁州（今镇宁布依族苗族自治县）、关索岭守御所（今关岭布依族苗族自治县），四月二十四日抵北盘江东侧的永宁。沿途主要游览的名胜有杨宝山、古佛洞、白云山、双明洞、白水河等，其中白水河瀑布即今著名的黄果树瀑布。本书所选者即徐霞客从贵阳出发前往白云山考察的一段经历。白云山位于今贵州长顺县广顺镇东，山顶方广百亩，常有白云覆罩，阴晴不散，故名。长顺县隶属今贵州省黔南布依族苗族自治州，县政府驻长寨镇，位于贵州省中南部、黔南州西部。县城距省城贵阳市84千米，少数民族人口占56%，主要以布依族、苗族为主。长顺县山脉属苗岭山系，苗岭分水岭横亘县的北部，地势呈北高南低，地貌类型北部为丘原区，西部为丘陵区，中南部为岩溶中低山，东部为峰丛谷地，河流分属长江、珠江两大水系。徐霞客在没有现代测量仪器的简陋条件下，仅靠相关志书与目测、脚量，对白云山一带的山脉水系进行了详细的考察并记述，至今仍可"按图索骥"，寻觅到这位"行者"往日的踪迹。2009年曾获"当代徐霞客"美誉的《贵阳日报》社记者黄成德先生追寻徐霞客在贵州的足迹，在2012年写有一组三十七篇《徐霞客入黔古道考察记》的"博客"。其中第二十一篇,作者深有感触地写道:"徐霞客在其游记中记载他途经干沟村路过土地关,并在路边一处叫'一碗水'的小山泉喝过水。果然,我们在距干沟村半里的山脊路边上发现了一个残缺的土地庙,徐公所说的'土地关'是这里应该准确无疑。再往前半里,按徐公所说的方位我们居然看到了'一碗水'这处山泉。没想到都快四百年了,这个小碗儿般大的山泉依旧流淌着。正犯愁深不到一寸的山泉咋能喝到嘴?只见给我们带路的农妇摘下两片树叶,用一片叶子卷成筒状放在流水处,于是泉水就通过树叶做成的水管流了出来。"(本书未选徐霞客这段旅程的日记)探寻这位"游圣"的踪迹,只要不畏艰难困苦,也自有穿越古今的无穷魅力!

今贵州长顺县白云镇的白云寺,因留有建文帝的遗踪而享盛名于后世。明建文四年(1402),建文帝的四叔朱棣以"靖难"为名攻破南京夺得大位,于是建文帝的下落即成谜团。或谓其自焚宫中,或谓其逃至西南削发为僧,甚至有建文帝漂洋过海抵达非洲之说。最早记述建文帝未死的文献是正德年间姜清所撰的《姜氏秘史》,距离"靖难"发生已有百馀年了。其书于建文结局语焉不详,反倒是其后的相关野史愈传愈细,离真相也就愈远。封建专制嫡长子承继帝位的游戏规则本与百姓毫不相关,偏偏有位铮铮铁汉不惜被灭十族之厄,激烈反抗朱棣的"篡位",毅然决然大骂燕王,为帝王家本无所谓是非曲直的残酷权斗慷慨献身,他就是大名鼎鼎的方孝孺!清吴敬梓《儒林外史》第二十九回,作者借杜慎卿之口评价方孝孺有云:"方先生迂而无当。天下多少大事,讲那臬门、雉门怎么?这人朝服斩于市,不为冤枉的。"这代表了清代读书人的一种看法。同情弱者乃是人类的普遍心理,明代人对建文帝抱有很大的同情心当属事实,只不过慑于专制淫威不敢公开表达而已。据《武定县地名志》等文献记载,据说建文帝逃离南京后曾隐居在云南武定县狮子山,山中尚有建文帝手植的"龙凤柏"及供奉建文帝塑像的建文祠，门首楹联相当有名："僧为帝，帝亦为僧，数十载衣钵相传，正觉依然皇觉旧；叔负侄，侄不负叔，八千里芒鞋徒步，狮山更比燕山高。"将朱元璋祖孙三代的错综关系和盘托出，褒贬中可见人心所向。徐霞客对有关建文帝的传说、事迹津津乐道，可见他不仅深信建文帝出家为僧的说法，而且对建文帝的遭遇充满了同情。徐霞客曾于崇祯十一年十一月十一日抵达云南武定府，留憩数日，遍阅包括狮子山在内的武定诸名胜。可惜这一段总共十九天的日记已经失传，令我们无法看到他对狮子山建文帝遗迹的记载和评述，留下了无尽的遗憾。

滇游日记一①

游太华山记②

出省城③，西南二里下舟，两岸平畴夹水④。十里田尽，萑苇满泽⑤，舟行深绿间，不复知为滇池巨流⑥，是为草海⑦。草间舟道甚狭，遥望西山绕臂东出⑧，削崖排空⑨，则罗汉寺也⑩。又西十五里，抵高峣⑪，乃舍舟登陆。高峣者⑫，西山中逊处也⑬。南北山皆环而东出，中独西逊，水亦西逼之，有数百家倚山临水，为迤西大道⑭。北上有傅园⑮；园西上五里，为碧鸡关⑯，即大道达安宁州者⑰。由高峣南上，为杨太史祠⑱，祠南至华亭、太华⑲，尽于罗汉⑳，即碧鸡山南突为重崖者。盖碧鸡山自西北亘东南㉑，进耳诸峰由西南亘东北㉒，两山相接，即西山中逊处，故大道从之，上置关，高峣实当水埠焉㉓。

[注释]

①滇游日记一：徐霞客云南之旅为时最久，里程最长，日记篇幅也最多，约占其传世《游记》总量的百分之四十左右。《滇游日记》凡十三部分，第一部分即《滇游日记一》。崇祯十一年（1638）五月九日，徐霞客由广西赴云南考察，但自五月十日至八月六日一共八十七天的日记未见传世，当是作者身后毁于明清易代之际的兵燹，而这部分缺失的日记可能恰

好是《滇游日记一》的内容。季梦良，字会明，系徐霞客生前好友，也是《徐霞客游记》的主要整理者之一，今传本有其校记云："乙酉七月，余宗人季扬之避难于舅氏徐虞卿处，顾余于馆，见《霞客游记》，携《滇游》一册去。不两日虞卿为盗所杀，火其庐，记付祖龙。是书遭其残缺，亦劫数也！原稿后又抢散，此集亦失而复得，危矣哉！幸矣哉！但全集今唯义兴庠友曹骏甫处有之。骏甫亦好游，慕霞客之高，闻变，诣吊，已葬，拜墓而去。后又来，欲求遗书校录，为刊刻计。子依以原稿付去，逾一年而返赵，云已誊录。今其集必全。况此册正入滇之始，奇遇胜游，多在其中，甚不可缺，访而得之，亦甚易也。又诗稿一册，仲昭付梓人陈仲邻；仲邻遇难，稿亦散失。然其诗另为一册，与记不相连属，缺之犹可；记缺其一，便不成集，当急求之。"清乾隆间陈泓，字体静，也是《徐霞客游记》的校订者之一，有识语云："余尝考介翁于宜兴史氏购得曹氏底本，而此册中亦仅载游太华、颜洞数小记而已，其间自五月初九至八月初六，凡八十七日日记，仍不可得。想曹氏以其经行之略已见于《盘江考》中而概削之者，则知骏甫所录，先已非全文也。文章缺陷，信乎有数存焉，为之浩叹。"徐镇，字筠谷，是徐霞客的族孙，《徐霞客游记》清乾隆初刻本的主事者，亦有按语云："《滇一》日记，已为烬简，介翁蒐残补治，定知非辑缀假合也。或者一并汰之，直将《太华》数节，别作记外赘笔，而《滇一》则仍阙如，岂复成令丙耶？兹从陈本编正。"李寄，字介立，是徐霞客的第四子，因家庭变故，随其母育于李氏，故姓李名寄。清康熙间，李寄曾据曹骏甫本、史夏隆本，补《游太华山记》、《游颜洞记》等数篇于《滇游日记》，整理者将此数篇归为《滇游日记一》，聊胜于无而已。1928年商务印书馆出版丁文江编《徐霞客游记》，其中《滇游日记一》依次为《游太华山记》、《滇中花木记》、《游颜洞记》、《随笔二则》；2015年中华书局出版朱惠荣等译注《徐霞客游记》全本，其中《滇游日记一》与丁文江本全同。1987年上海古籍出版社出版褚绍唐等整理《徐霞客游记》，《滇游日记一》仅收《游太华山记》与《游颜洞记》两篇，而将其余两篇移至其书卷十下"附编"之中。2016年上海古籍出版社出版普及本《徐霞客游记》，即以该社1987年本为底本，不过删去了原书卷十下之"附编"，《滇游日记一》则仍旧只存两篇。本书虽属选本，且以上述普及本为底本，但仍依照丁文江本的处理办法入选四篇，以略见徐氏游记文字之不同风格。

②太华山：位于今云南昆明市西南郊15千米的西山山脉，在滇池西岸。西山由碧鸡山、华亭山、太华山、太平山、罗汉山等群峰组成，太华山海拔近2360米，高出滇池水面470米，气势雄伟。清康熙《云南府志》卷一《地理三》："太华山，在碧鸡山西南，左环右拥，苍秀端严，滇中名胜，首推重焉。"

③省城：即云南布政使司，明洪武十五年（1382）置，治所在云南府昆明县（今云南昆明市），辖境约当今云南省（滇东北属四川）及缅甸、泰国、老挝、越南的部分地区。清代改置云南省。清康熙《云南府志》卷二《地理五》："昆明县，左环金马，右拥碧鸡。列昆水以为池，枕螺峰而带郭。山川明秀，南土要津。群山四拱，秀笋郊原。一水南濚，光浮市郭。形势之佳，以斯为首。"

④平畴：平坦的田野。晋陶渊明《癸卯岁始春怀古田舍》诗其二："平畴交远风，良苗亦怀新。"

⑤萑（huán）苇：两种芦类植物，蒹长成后为萑，葭长成后为苇。《诗·豳风·七月》："七月流火，八月萑苇。"宋朱熹集传："萑苇，即蒹葭也。"

⑥滇池：又名昆明湖、昆明池，古称滇南泽，位于今云南昆明市西南。属于断层陷落湖，面积297平方千米，南北长40千米，东西平均宽8

千米，水深平均约 5.5 米，盘龙江等二十馀条大小河流向南注入，又向北经螳螂川、普渡河流入金沙江。滇池两岸有金马、碧鸡两山东西夹峙，池面一碧万顷，烟波浩渺，古人对之有"五百里滇池"的美誉，不愧是云贵高原上一颗耀眼的明珠。滇池周围有大观楼、西山、海埂、观音山、白鱼口、石城等景观，气象万千。清康熙《云南府志》卷一《地理三》："滇池，一名昆明池，在城西南，周五百馀里，汇盘龙江、黄龙溪诸水，望之一碧万顷。《史记》'滇水源广末狭，有似倒流，故曰滇池'。一说凡水皆东，此独徂西而下也。"刘琳《华阳国志校注》认为："盖滇本当地少数民族对此湖的称呼，汉人译其音加水旁作滇耳。"近是。

⑦草海：昆明滇池的重要组成部分，位于今滇池海埂以北的水域，明代或称之为西湖。湖水较浅，湖面较小。明王士性《五岳游草》卷七《泛舟昆明池历太华诸峰记》："下高峣，轻洲浅渚，蒲苇飒沓长过人，又称草海。海长廿馀里，草中津港以千数，往来系罜䍡而渔，余荡桨其中，不复知非山阴道上也。"清康熙《云南府志》卷一《地理三》："西湖，一名积波池，俗名青草湖，在滇池上流，荇藻长青，兰桡竞泛。"

⑧西山：位于今云南昆明市西南郊山脉的总称，耸立于滇池西畔。绕臂东出：谓乘舟从东面如手臂弯曲一样向西山行进。这与草海的自然走势相符。

⑨削崖：犹峭壁。排空：凌空，耸向高空。南朝梁何逊《赠韦记室黯别》诗："无因生羽翰，千里暂排空。"

⑩罗汉寺：故址位于昆明西山罗汉山麓，在今三清阁门前悬崖之下。明施显《重修罗汉山妙定寺碑记》记载，罗汉寺原名妙定寺，又称海涯寺，创建于明弘治九年（1496），以"峭壁半空悬石如罗汉状，是以滇人名曰罗汉寺"。至明正德、嘉靖间（1506~1566），已经形成三清阁南北庵建筑群。明王士性《五岳游草》卷七《泛舟昆明池历太华诸峰记》："质

明，缘碕岸碛历而南，远见山顶室庐嵌空，一如幅画，舆者云罗汉寺也，以有石像比丘而名……寺尚在数千步绝壁上，仰视之如欲堕者。盘辟而升，计四五曲，入寺问南北庵，寺后树金马碧鸡碣，摩碣乃入南庵。"明顾养谦《滇云纪胜书》："自太华稍西南行山腰鸟道，五里许得罗汉寺。寺在绝壁下，其上有石似罗汉，依悬崖，故以寺名。旧有南北庵、玉皇阁，据山险绝。"

⑪高峣（yáo，或注音qiāo，当系方言音）：此处当指高峣关城，或称高峣渡，位于今云南昆明市西南碧鸡镇。清顾祖禹《读史方舆纪要》卷一一四《云南二·云南府·昆明县》："高峣关城，在府城西云津桥北，为关津总要处。《碧峣精舍记》：'滇海西斥舍舟登陆，俗亦曰高桥。稽之古志，桥实曰峣，以山形似秦峣关也。高峣与碧鸡相望，如箭括然。'"清康熙《云南府志》卷四《建设四》："高峣渡，在府西三十里。"

⑫高峣：此处当指高峣山，位于今云南昆明市西南碧鸡山右，以山形似秦峣关，故名。清康熙《云南府志》卷一《地理三》："高峣山，在碧鸡山右，明嘉靖间修撰杨慎被谪寓此。旧有祠，毁于兵燹。康熙二十八年总督范承勋建为碧峣书院。"

⑬逊处：谓其高度有所不及。

⑭迤西：明代称今云南昆明市以西地区为迤西，称今云南昆明市以东地区为迤东。清代因"改土归流"的需要，于雍正八年（1730）正式设立迤西、迤东两道。迤西道治所大理府（今云南大理市大理古城），迤东道先驻寻甸州城，后移驻曲靖府城（今云南曲靖市）。乾隆三十一年（1766）又分迤东道增设迤南道，治所在普洱府城（今云南普洱哈尼族彝族自治县）。从此以所谓"三迤"作为云南的代称流传至今。

⑮傅园：明代傅宗龙别墅，故址位于碧鸡关附近。《滇游日记四》崇祯十一年（1638）十月二十三日日记："忽一日遇张石夫谓余曰：'此间

名士唐大来，不可不一晤。'余游高峣时，闻其在傅元献别墅，往觅之，不值。"傅宗龙（？～1641），字仲纶，一字元宪（《游记》作"元献"，当系音讹），号括苍，昆明（今属云南）人。明万历三十八年（1610）三甲第四十六名进士，由知县征授御史，历官贵州巡按、四川巡抚、保定总督、兵部尚书，总督陕西。崇祯十四年（1641）在河南围剿李自成农民军的过程中，傅宗龙为农民军所俘，死之，谥忠壮。《明史》卷二六二有传。

⑯碧鸡关：位于今昆明市碧鸡山北。明清两朝从昆明到大理的南丝绸之路要经过九关十八铺，碧鸡关即是这条古道的第一雄关，当时属于昆明城西的战略要地。作者《滇游日记四》崇祯十一年（1638）十月二十八日日记："又二里，山坳间有聚庐当尖，是为碧鸡关。盖进耳之山峙于北，罗汉之顶峙于南，此其中间度脊之处，南北又各起一峰夹峙，以在碧鸡山之北，故名碧鸡关，东西与金马遥对者也。关之东，向东南下为高峣，乃草海西岸山水交集处，渡海者从之；向西北下为赤家鼻，官道之由海堤者从之。"清顾祖禹《读史方舆纪要》卷一一四《云南二·云南府·昆明县》："碧鸡山，府西南三十里，东瞰滇池，苍崖万丈，绿水千寻。下有碧鸡关。"清康熙《云南府志》卷四《建设四》："碧鸡关，在府西三十里碧鸡山北，两山如扁，一线通道，为迤西门户。"

⑰安宁州：蒙古至元三年（1266）置安宁千户，至元十二年（1275）改安宁州，属中庆路，治所即今云南安宁市，明、清属云南府。1913年废州改安宁县。

⑱杨太史祠：或称杨升庵祠，位于今云南昆明市西15千米高峣村，明万历间为纪念杨慎，改其旧居碧峣精舍为杨升庵祠，祠内供奉杨慎塑像。清康熙间曾经重修，今存杨升庵纪念馆。明谢肇淛《滇略》卷二："高峣关，在昆明县东、云津桥之北，旧有城。嘉靖初，成都杨慎谪戍永

昌，来往滇池，相其地卜筑焉。乐其胜概，为作《十二景诗》，后竟卒于此。今其庄亦荒废。"其祠背临西山，面临滇池，旁有清泉，花木繁盛。杨慎（1488~1559），字用修，号升庵，新都（今属四川）人。明正德六年（1511）进士第一，授翰林院修撰。嘉靖三年（1524），众臣因"议大礼"，违背世宗意愿受廷杖，杨慎谪戍云南永昌卫，居云南三十馀年，死于戍地。杨慎对诗、文、词、赋、散曲、杂剧、弹词，皆有涉猎，尤精于诗；考论经史以及研究训诂、文学、音韵、名物的杂著亦多建树。《明史》称明代记诵之博，著作之富，推慎为第一。除诗文外，其杂著多至百馀种。其主要作品收入《升庵集》，达八十一卷。《明史》卷一九二有传。太史，官名。西周、春秋时太史掌记载史事、编写史书、起草文书，兼管国家典籍和天文历法等。明、清修史之职归之翰林院，故俗称翰林为太史。

⑲华亭：即华亭山，位于西山中太华山左。清康熙《云南府志》卷一《地理三》："华亭山，在太华山左，远望似欹，登临之则觉迥然独出。"

⑳罗汉：即罗汉山，位于太华山右，为西山最高峰，海拔2507.5米，高出滇池水面约620米。清康熙《云南府志》卷一《地理三》："罗汉山，在太华山之右，卓立海岸。其南峭壁千仞，常抱白云；其北巘险相将，纚联幽奥。相传为梁王避暑宫。"

㉑亘：绵延。

㉒进耳：即进耳山，位于府城西。清康熙《云南府志》卷一《地理三》："进耳山，在城西三十里，三峰并立，故又名笔架山。"

㉓水埠（bù）：江河、池塘边用石块等砌成供人洗涤或泊船的埠头。

余南一里，饭太史祠。又南过一村，乃西南上山，共三里，山半得华亭寺①。寺东向，后倚危峰，草海临其前。由寺南侧门出，循寺南西上，南逾支陇入腋②，共二里，东南升岭，岭界华亭、太华两寺中而东突者③。南逾岭，西折入腋凑间④，上为危峰，下盘深谷⑤，太华则高峙谷东，与行处平对。然路必穷极西腋，后乃东转出。腋中悬流两派坠石窟⑥，幽峭险仄⑦，不行此径不见也。转峡，又东盘山嘴⑧，共一里，俯瞰一寺在下壑，乃太平寺也⑨。又南一里，抵太华寺。寺亦东向，殿前夹墀皆山茶⑩，南一株尤巨异⑪。前廊南穿庑入阁⑫，东向瞰海。然此处所望犹止及草海，若漭漭浩荡观⑬，当更在罗汉寺南也。

[注释]

①华亭寺：故址位于西山华亭山麓，在太华寺右。清康熙《云南府志》卷一七《方外二·寺观》："在佛严寺右，元僧铉峰建。"

②支陇：同"支脉"，谓山脉的分支。腋：同"山腋"，谓山峡，即两山之间的峡谷。

③太华：即太华寺，初名佛严寺，位于昆明西山太华山麓。清康熙《云南府志》卷一七《方外二·寺观》："佛严寺，在太华山腹，元僧铉鉴建，绀宇琳宫，左右焜耀，楼阁诸处，极尽奇观。俱毁于兵。本朝康熙二十六年，总督范承勋重建。"寺内有一碧万顷楼，至今仍是观赏湖光山色的好去处。

④腋凑：峡谷交会处。

⑤盘：盘绕。

⑥派：水分道而流。

⑦幽峭：隐僻峻峭。作者《滇游日记八》崇祯十二年（1639）三月

二十七日日记："盘磴陟坡，路极幽峭。"险仄（zè）：崎岖而狭窄。

⑧山嘴：山脚伸出去的尖端。

⑨太平寺：故址位于昆明西山太华寺下。康熙《云南府志》卷一七《方外二·寺观》："太平寺，在佛严寺下，明万历间建，泰昌元年僧碧潭重修。"

⑩夹墀（chí）：殿堂台阶的两侧。山茶：常绿灌木或乔木。山茶属200余种，中国有185种左右，分布中心在中国南部至西南部，其中用于观赏的，主要有4种。明冯时可《滇中茶花记》称滇中茶花甲海内，记有72个品种。原产中国，久经栽培，为著名的观赏植物。叶革质，有光亮，冬春开花，花形大，有红、白等色，品种繁多。花可入药，子可榨油。俗名茶花，也叫耐冬花、曼陀罗树。明王士性《五岳游草》卷七《泛舟昆明池历太华诸峰记》："余右陟飞磴，历龙藏，东下黔宁祠，览其世像，出文陛前，两墀夹山茶八本，高三丈，万花霞明，飞丹如茵，列绣如幄。倦欲坐其下，神悚悚复王，疑入石家锦步障也。"

⑪巨异：谓大而奇异。此株山茶花为云南松子鳞品种，花色桃红或银红，其花形完全重瓣，多而齐整，平铺密集，柔腴如绢。因其花初开之时，花冠宛如松球张鳞，故得名。后人或附会此株山茶乃明建文帝流亡云南时手植。

⑫庑（wǔ）：走廊。阁：当指一碧万顷楼，或称一碧万顷阁，是古代欣赏滇池水光山色的理想之地。

⑬潆潆（yíng yíng）：水波动荡貌。浩荡：水壮阔貌。

遂出南侧门，稍南下，循坞西入①。又东转一里半，南逾岭。岭自西峰最高处东垂下，有大道直上，为登顶道。截之东南下，复南转，遇石峰嶙峋南拥②。辄从其北，东向坠土坑下，共一里，又西行石丛中。一里,复上蹑崖端③,盘崖而南,见南崖上下,如蜂房燕窝④,累累欲堕者⑤,皆罗汉寺南北庵也⑥。披石隙稍下,一里,抵北庵,已出文殊岩上⑦,始得正道。由此南下,为罗汉寺正殿;由此南上,为朝天桥⑧。桥架断崖间,上下皆嵌崖⑨,此复崭崖中坠⑩。桥度而南,即为灵官殿⑪,殿门北向临桥。由殿东侧门下,攀崖蹑峻,愈上愈奇,而楼供纯阳⑫、而殿供元帝⑬、而阁供玉皇⑭、而宫名抱一⑮,皆东向临海,嵌悬崖间。每上数十丈,得斗大平崖⑯,辄杙空架隙成之⑰。故诸殿俱不巨,而点云缀石,互为披映⑱,至此始扩然全收水海之胜⑲。南崖有亭前突,北崖横倚楼,楼前高柏一株,浮空漾翠⑳。并楼而坐㉑,如倚危樯上㉒,不复知有崖石下藉也㉓。抱一宫南削崖上㉔,杙木栈㉕,穿石穴㉖,栈悬崖树,穴透崖隙,皆极险峭。度隙,有小楼粘石端㉗,寝龛炊灶皆具㉘。北庵景至此而极。返下朝天桥,谒罗汉正殿。殿后崖高百仞㉙。崖南转折间,泉一方渟崖麓㉚,乃朝天桥迸缝而下者㉛,曰勺冷泉㉜。南逾泉,即东南折,其上崖更崇列㉝,中止潆坪一缕若腰带㉞,下悉陨阪崩崖㉟,直插海底,坪间梵宇仙宫㊱,雷神庙、三佛殿、寿佛殿、关帝殿、张仙祠、真武宫㊲,次第连缀㊳。真武宫之上,崖愈杰竦㊴,昔梁王避暑于此㊵,又名避暑台㊶,为南庵尽处,上即穴石小楼也㊷。更南,则庵尽而崖不尽,穹壁覆云㊸,重崖拓而更合㊹。南绝壁下,有猗兰阁址㊺。

[注释]

①坞:四面高中间低的地方。

②嶙峋(lín xún):形容山峰、岩石等突兀高耸。

③蹑（niè）：攀登。

④蜂房：蜜蜂用分泌的蜂蜡造成的六角形的巢，是蜜蜂产卵和储藏蜂蜜的地方。唐杜牧《阿房宫赋》："蜂房水涡，矗不知其几千万落。"燕窝：金丝燕和多种同属燕鸟在海边岩石间营造的巢。由所吞下的海藻及未消化的小鱼虾等混合唾液后凝结而成，是一种珍贵的食品。蜂房燕窝，比喻房室密集众多。

⑤累累：重叠。

⑥南北庵：昆明西山罗汉寺因山势原因而分为南北两组建筑。南庵与罗汉寺正殿等建筑已渐废弃，今存三清阁建筑群则为明代罗汉寺北庵的遗迹。明王士性《五岳游草》卷七《泛舟昆明池历太华诸峰记》："二庵者，南疏朗，北幽峭。南庵横截山麓而过，金铺绿房，足称近水楼台；北庵抟扶摇以上，层层各千丈，转山椒斗大崖，则憩一宇焉，人侧身而度鸟道尔。然北庵虽高，仅见草海，白萍红蓼，楚楚有致；若南庵面东南，水海风帆，雪浪日月出没其中，故大观也。"

⑦文殊岩：位于昆明西山罗汉山山麓，靠近滇池。明王士性《泛舟昆明池历太华诸峰记》："文殊之岩，咸傍海岸，时而惊涛拍空，飞沫可溅佛身也。"

⑧朝天桥：位于罗汉寺北庵上方的岩石断裂处。明王士性《泛舟昆明池历太华诸峰记》："路回则转北庵，蹑级而上，过朝天桥，谒老君庙，入真武宫，最上升玉皇阁，如鹊巢燕寝，悬度飘摇，雷祠、龙井跐藉足下，益又胜也。"

⑨嵌（qiàn）崖：上凸而下凹陷的山崖。作者《黔游日记一》崇祯十一年（1638）四月十四日日记："则西崖自峰顶下嵌，深坠成峡。"

⑩崭（zhǎn）崖：陡峻的山崖。

⑪灵官殿：道教供奉王灵官的殿阁。灵官，王灵官的略称，道教奉祀

的神，又称"玉枢火府天将"，相传姓王名善，为宋徽宗时人，曾从林灵素弟子萨守坚传符法。明宣德（1426～1435）中封为"隆恩真君"，岁时遣官致祭。道观内多塑王灵官像，如佛寺之塑伽蓝，作为镇守山门之神。

⑫纯阳：传说中神仙吕洞宾的别号。亦称"纯阳子"。相传为唐末人，名岩，举进士不第，后隐居终南山，不知所终。见宋吴曾《能改斋漫录·神仙鬼怪》。元明小说中则列为八仙之一。

⑬元帝：即道教所奉之"玄帝"，或称玄武大帝，又称真武大帝。玄武本为北方七宿（斗、牛、女、虚、危、室、壁）的总称，后因以为北方神名。宋赵彦卫《云麓漫钞》卷九："朱雀、玄武、青龙、白虎为四方之神。祥符间，避圣祖讳，始改玄武为真武……后兴醴泉观，得龟蛇，道士以为真武现，绘其像以为北方之神，被发、黑衣，仗剑，蹈龟蛇，从者执黑旗。"

⑭玉皇：道教称天帝曰玉皇大帝，简称玉帝、玉皇。唐李白《赠别舍人台卿之江南》诗："入洞过天地，登真朝玉皇。"

⑮抱一：道家谓专精固守不失其道。所谓"一"，指道。《老子》："少则得，多则惑，是以圣人抱一以为天下式。"

⑯斗大平崖：山崖间平处，"斗"言其面积极小。

⑰辄（zhé）：副词。立即，就。杙（yì）空架隙：谓在有限的空间构筑屋宇。杙，用木桩或木桩类物楔入，作者《粤西游日记三》崇祯十年（1637）十月二十五日日记："仍由中洞出外岩，北杙一木，透石隙间。"

⑱"而点云缀石"二句：意谓诸多小型建筑在云光、岩石的点缀映衬下，更觉优美。披映，显示映衬。

⑲扩然：张开貌。水海：昆明滇池的重要组成部分，位于今滇池海埂以南的水域，或称外海、昆阳海，湖水较深，湖面宽广。

⑳浮空漾翠：形容柏树树冠仿佛悬于半空，荡漾着翠绿色。

㉑并（bàng）：通"傍"，挨着。

㉒危樯（qiáng）：高的桅杆。宋王安石《夏夜舟中颇凉有感》诗："扁舟畏朝热，望夜倚危樯。"

㉓藉（jiè）：凭借，依托。

㉔削崖：犹峭壁。

㉕杙（yì）木栈（zhàn）：谓用木桩楔入山岩，架木为路。

㉖穿石穴：谓开凿穿岩之洞。

㉗粘：粘连或互相连接。这里谓紧贴岩石而建。

㉘寝龛（kān）：可以睡卧的壁上小龛（墙上小室）。

㉙百仞（rèn）：形容峭壁高耸。仞，古代长度单位。七尺为一仞。一说，八尺为一仞。

㉚方：古代用于计量面积的量词，指一丈见方。渟（tíng）：水聚集不流。

㉛迸（bèng）：涌出，喷射。《文选·潘岳〈寡妇赋〉》："口呜咽以失声兮，泪横迸而沾衣。"

㉜勺冷泉：又称孝牛泉、牛井。清康熙《云南府志》卷二《地理九》："牛井，在罗汉山崖下。明嘉靖初，有赵道人修炼于此，居苦无水，道人以一牛架桶于背，下山汲水，海边居民注之使拽上，以供炊爨，垂二十馀年。一日牛忽死，其处即出水，味甘冽，盛旱不涸。"

㉝崇列：峻峭排列。

㉞潆（yíng）坪：回环曲折的山区内局部平地。

㉟陨阪（yǔn bǎn）：坠落的斜坡。崩崖：倒塌的山崖。

㊱梵（fàn）宇：佛寺。仙宫：上帝的宫殿，这里指道观。

㊲雷神庙：供奉雷神的庙。雷神，神话中主管打雷的神。俗称雷公。

《山海经·海内东经》："雷泽中有雷神，龙身而人头，鼓其腹。"三佛殿：当即佛寺中的正殿大雄宝殿。三佛，即如来三佛，是大雄宝殿内的三尊大佛，代表着佛教的三个世界。正中端坐的是释迦牟尼，主宰娑婆世界；坐在东首的是药师佛，主宰东方净琉璃世界；坐在西首的是阿弥陀佛，主宰西方极乐世界。寿佛殿：供奉无量寿佛的佛殿。寿佛，即释全真，俗姓周，名宗惠，唐开元二十三年（735，一说其生于开元十六年）出生于湖南资兴周源山，唐天宝二年（743）到郴州开元寺出家，天宝七载（748）随师进京晋谒唐玄宗，唐至德元年（756）到广西湘源县（今广西全州）开创净土院（今湘山寺），唐咸通八年（867）圆寂，世寿133岁。著有《牧牛歌》、《遗教经》、《湘山百问》。曾受宋徽宗等多位皇帝的敕封，后世以其德懋寿高，尊之为"无量寿佛"、"寿佛老爷"，在江南地区、港澳台甚至东南亚一带享有盛名。佛教亦称阿弥陀佛为无量寿佛。关帝殿：祭祀三国蜀大将关羽的殿宇。关羽（？~219），原字长生，改字云长，河东解县（今山西省运城市临猗县西南）人，东汉末随刘备起兵，为建立蜀汉立有大功。镇守荆州时以攻曹魏为孙权所乘虚而袭，败走麦城，遭擒杀。《三国志》卷三六有传。南宋高宗建炎二年（1128）追赠关羽"壮缪武安王"的封号，元文宗天历元年（1328）加封关羽为"显灵威勇武安英济王"，明万历四十二年（1614）又封关羽"三界伏魔大帝神威远镇天尊关圣帝君"。此后，清顺治九年（1652）加封关羽"忠义神武关圣大帝"。张仙祠：供奉吉祥神送子张仙的祠堂。张仙，传说能够赐给世人儿女后嗣的道教男性神祇，类似于送子娘娘、鬼子母神。有关此神来源，或谓为后蜀主孟昶，或谓乃四川仙人张远霄。真武宫：道教供奉玄武大帝的宫观，玄武大帝又称真武大帝。玄武本为北方七宿（斗、牛、女、虚、危、室、壁）的总称，后因以为北方神名。宋赵彦卫《云麓漫钞》卷九："朱雀、玄武、青龙、白虎为四方之神。祥符间，避圣祖讳，始改玄武为真武……后兴醴泉观，得龟蛇，道士以为真武现，绘其像以为北方之神，被发，黑衣，仗剑，蹈龟蛇，从者执黑旗。"

㊳次第：次序，顺序。

㊴杰竦（sǒng）：高耸。

㊵梁王：元代诸王封号，真金太子长子甘麻剌始封，子松山、孙王禅袭封。元顺帝时，把匝剌瓦尔密受封梁王。这里即指把匝剌瓦尔密（？~1382），元世祖第五子云南王忽哥赤后裔，封梁王，顺帝时守云南。元亡，曾两次拒绝明廷招降，明洪武十四年（1381）冬，明兵入云南，迫走普宁州，旋赴滇池投水死。

㊶避暑台：即梁王避暑宫，元梁王把匝剌瓦尔密避暑之处，经今人实地踏勘，故址不在三清阁一带，当位于罗汉山南崖的三清阁、龙门下层以南的挂榜山边缘。明张佳胤《游太华山记》："又东行，连过三佛舍，像制妙丽，栋宇炳焕，一带飞壁，奇峭刺天，岩畔多结构痕。问之，乃梁王避暑阁故址。"

㊷穴石小楼：或谓即明嘉靖间所开之凤凰岩。

㊸穹壁：谓高耸的山崖崖壁。

㊹拓（tuò）而更合：谓山崖张开后又重新合拢。

㊺猗兰阁：故址当位于南庵之南下方，未见方志著录。猗兰，喻情操高洁之士。

还至正殿，东向出山门①，凡八折，下二里抵山麓，有村氓数十家②，俱网罟为业③。村南即龙王堂④，前临水海。由其后南循南崖麓，村尽波连，崖势愈出，上已过猗兰旧址。南壁愈拓削⑤，一去五里，黄石痕挂壁下，土人名为挂榜山⑥。再南则崖回嘴突⑦，巨石垒空嵌水折成罋⑧，南复分接屏壁⑨，雄峭不若前，而兀突离奇⑩，又开异境⑪。三里，下瞰海涯，舟出没石隙中，有结茅南涯侧者⑫，亟悬仄径下⑬，得金线泉⑭。泉自西山透腹出，外分三门，大仅如盎⑮，中腔峒⑯，悉巨石歕侧⑰，不可入。水由盎门出，分注海。海中细鱼溯流入洞，是名"金线鱼"⑱。鱼大不逾四寸，中胦脂⑲，首尾金一缕如线，为滇池珍味。泉北半里，有大石洞，洞门东瞰大海，即在大道下，崖倾莫可坠，必迂其南，始得透迤入⑳，即前所望石中小舟出没处也。门内石质玲透㉑，裂隙森柱㉒，俱当明处。南入数丈辄暗，觅炬更南，洞愈崇拓㉓。共一里，始转而分东西向，东上三丈止，西入窈窕莫极㉔。惧火炬不给㉕，乃出。

[注释]

①山门：佛寺的外门。

②村氓（méng）：泛指乡民、农人。

③网罟（gǔ）：捕鱼及捕鸟兽的工具。这里当专指捕鱼。

④村：当指今龙门村一带，位于昆明西山的东南方，在千步岩东北，濒临滇池，与其南的山邑村邻近。龙王堂：即龙王庙，故址当位于今龙门村与山邑村之间。

⑤拓（tuò）削：谓开张而峻峭。

⑥土人：世代居住本地的人。北魏郦道元《水经注·汶水》："出谷有平丘，面山傍水，土人悉以种麦。"挂榜：科举时代朝廷发布殿试中式名单的公告称黄榜。以其岩壁有黄色石痕，故称。

⑦嘴：即山嘴，山脚伸出去的尖端。

⑧嵌（qiàn）：山石堆叠貌。璺（wèn）：裂纹。《方言》第六："器破而未离谓之璺。"

⑨屏壁：如屏风而立的崖壁。

⑩兀突：高竿突出貌。离奇：盘绕屈曲貌。

⑪异境：奇妙的境界。唐韩愈《桃源图》诗："文工画妙各臻极，异境恍惚移于斯。"

⑫结茅：编茅为屋，谓建造简陋的屋舍。

⑬亟（jí）：疾速，与"缓慢"相对。悬：悬空而下，喻下山艰难。仄（zè）径：狭窄的山路。

⑭金线泉：又名金鱼泉，即三龙泉之一，谓出自罗汉山洞者。清康熙《云南府志》卷一《地理三》："三龙泉，一出商山，一出城西勒甸村，一出罗汉山洞，产金线鱼，又名金鱼泉。"

⑮瓫（àng）：盆类盛器。《急就篇》卷三："甄、缶、盆、盎、瓮、罃、壶。"唐颜师古注："缶、盆、盎一类耳。缶即盎也，大腹而敛口，盆则敛底而宽上。"

⑯崆峒（kōng dòng）：宽敞空阔，这里形容山洞口小而内中宽阔。作者《粤西游日记二》崇祯十年（1637）六月十四日日记："从门隙内窥，洞甚崆峒，而路无由入。"

⑰欹（qī）侧：歪斜在一侧。

⑱金线鱼：即金线鲃，昆明滇池中所产一种珍稀鱼种，属于鲤形目鲤科，金线鲃属，当今已被列入国家二级保护动物，属于中国濒危动物。体呈椭圆形，侧扁，全体呈浅红色，腹部较淡，鱼体从头至尾有一缕金线，美丽异常。徐霞客所见金线鱼洞，今已干涸无鱼。明兰茂《滇南本草》著录金线鱼有云："味甘，滋阴调元，暖肾添精。"清徐炯《使滇杂记·物产》："碧鸡山下有二洞，产金线鱼，细鳞赤文，为鱼中佳品。杨升庵集有云：'滇池鲫鱼，冬月可荐，中含腹白，号水母线。'即是品也。"

⑲腴脂：谓脂肪丰厚。

⑳逶迤（wēi yí）：曲折行进貌。

㉑玲透：极为明澈貌。这是岩溶地貌石钟乳的特征。

㉒森柱：谓石柱罗列，为石灰岩溶洞中石笋形貌。

㉓崇拓（tuò）：高大宽阔。

㉔窈窕（yǎo tiǎo）：深远貌，秘奥貌。

㉕不给（jǐ）：供给不足。

上山返抱一宫。问山顶黑龙池道①，须北向太华中，乃南转。然池实在山南金线泉绝顶，以此地崖崇石峻，非攀援可至耳。余辄从危崖历隙上，壁虽峭，石缝多棱，悬跃无不如意②。壁纹琼葩瑶茎③，千容万变④，皆目所未收⑤。素习者惟牡丹⑥，枝叶离披⑦，布满石隙，为此地绝遘⑧，乃结子垂垂⑨，外绿中红，又馀地所未见。土人以高远莫知采鉴⑩，第曰山间野药，不辨何物也。攀跻里馀，遂蹑巅，则石萼鳞鳞，若出水青莲，平散竟地⑪。峰端践侧锷而南⑫，惟西南一峰最高。行峰顶四里，凌其上，为碧鸡绝顶。顶南石萼骈丛⑬，南坠又起一突兀峰，高少逊之⑭，乃南尽海口山也⑮。绝顶东下二里，已临金线泉之上，乃于耸崖间观黑龙池而下。

[注释]

①黑龙池：据今人踏勘，即当地人所称之小黑龙洞，为一小水潭，高出滇池三四百米，常年不盈不涸，位于罗汉山南金线泉之上。

②悬跃：谓凌空跨越岩石裂缝。

③壁纹：岩壁褶皱处。琼葩（pā）瑶茎：色泽如玉的花草，即奇花异草。

④千容万变：谓容貌各异，千变万化。

⑤目所未收：未曾见过。

⑥素习：平素熟习。牡丹：著名的观赏植物，落叶小乔木，初夏开花。古无牡丹之名，统称芍药，后以木芍药称牡丹。一般谓牡丹之称在唐以后，但在唐前，已见于记载。至唐开元中盛于长安，至宋在中州以洛阳为冠，在蜀以天彭为冠。群花品中，牡丹第一，芍药第二，故世谓牡丹为花王，芍药为花相。

⑦离披：参差错杂貌。

⑧绝遘（gòu）：谓独一无二之遭遇。

⑨垂垂：低垂貌。

⑩采鉴：采摘观赏。

⑪"则石萼鳞鳞"三句：以莲花遍地形容地表岩溶的石芽、溶沟地貌。石芽与溶沟是由于地表水沿石灰岩节理裂隙流动，不断进行溶蚀和冲蚀而形成的。溶痕由微小而逐步加深以至形成溶沟，沟槽间突起的地方就是石芽。溶沟宽一般为十几厘米至两米，深为几厘米至三米。溶沟间的间距一般为一至二米，很少超过十米。石芽与溶沟将平坦的地面分割得崎岖不平，难以行走。石萼，类似花萼的岩溶形态。鳞鳞，鳞状物，形容石芽、溶沟地貌。青莲，青色莲花。瓣长而广，青白分明。南朝梁江淹《莲花赋》："发青莲于王宫，验奇花于陆地。"竟，遍。

⑫锷（è）：刀剑的刃，比喻峰脊。

⑬骈（pián）丛：成排成丛而立。这一岩溶地貌明显与上文所谓"若出水青莲，平散竟地"的石芽、溶沟地貌不同，其发育阶段当介乎石芽、溶沟地貌与喀斯特峰林地貌之间。所谓喀斯特峰林地貌，是指石灰岩石峰高耸林立，分散或成群出现在平地上，远望如林的地形。作者"石萼骈丛"的描写，显然不具备"远望如林"的特征，当地人对这里有

"小石林"的俗称，可谓恰如其分。《粤西游日记一》崇祯十年（1637）四月二十八日日记："诸危峰分岈叠出于前，愈离立献奇，联翩角胜矣。石峰之下，俱水汇不流，深者尺许，浅仅半尺。诸峰倒插于中，如出水青莲，亭亭直上。"则是对岩溶地貌石林的形象描述。

⑭少逊：谓高度稍低一些。

⑮海口山：为罗汉山向南延展的山峰，以接近海口而得名，有大鼓浪山、小鼓浪山等。海口，即今昆明市西山区所辖海口镇，位于西山区南端，在螳螂川畔，因是滇池西南的出水口而得名。东临滇池，南接晋宁，西连安宁，北与本区的碧鸡镇毗邻。清康熙《云南府志》卷一《地理三》："海口，在城西南八十里，泻滇池之水，由安宁、富民汇广翅塘入金沙江。"

[评析]

明崇祯十一年五月初十日，即公元1638年6月21日，徐霞客在其贵州游之后，从由黔入滇的重要关口胜境关（又称界关，在今云南富源县城东胜境关村）进入云南，经过平夷卫（今富源县）、交水（今云南曲靖市北之西平镇），然后多以舟行往南沿南盘江抵达曲靖府、越州卫（今曲靖市越州）和陆凉州（今陆良县），再经嵩明州（今嵩明县）南部的杨林，抵达云南省城云南府（今昆明市）。徐霞客在云南府游览太华山，写下《游太华山记》和《滇中花木记》等。

今云南昆明市建有西山森林公园，位于市西郊有"高原明珠"之称的滇池西畔，距市区15千米。西山森林公园北起碧鸡关，南达灰湾，由碧鸡山、华亭山、太华山、太平山、罗汉山等山峰组成，由北向南逶迤升高，最高峰罗汉山海拔2507.5米，高出滇池水面620多米。西山公园东濒滇池，西迤长坡，占地约889公顷。《游太华山记》为徐霞客首游昆明之作，时间当在明崇祯十一年（1638）六月至七月间。本篇题名"游太华山"，当为后世编者所拟，并不确切，实则徐霞客所游并不局限于一山一峰，因而题为"游西山"似更符合实际。在这篇游记中，昆明西山的山脉水系大势仍是徐霞客重点考察的对象，对于这里的岩溶地貌特点以及植物花卉乃至珍稀鱼类金线鱼，作者也不惜笔墨加以淋漓尽致的描写，为后人留下了耐人寻味的记述。特别是对罗汉山南崖一带类似恒山悬空寺的寺院建筑"坪间梵宇仙宫"的有关形象描述，更能给读者留下深刻的印象。

滇中花木记①

滇中花木皆奇，而山茶、山鹃杜鹃为最②。

山茶花大逾碗，攒合成球③，有分心、卷边、软枝者为第一④。省城推重者⑤，城外太华寺⑥。城中张石夫所居朵红楼楼前⑦，一株挺立三丈馀，一株盘垂几及半亩⑧。垂者丛枝密干，下覆及地，所谓柔枝也；又为分心大红，遂为滇城冠⑨。

山鹃一花具五色，花大如山茶，闻一路迤西⑩，莫盛于大理、永昌境⑪。

花红形与吾地同⑫，但家食时⑬，疑色不称名⑭，至此则花红之实⑮，红艳果不减花也。

[注释]

①滇中花木记：此篇游记当与前选《游太华山记》在同一时段书写。滇中，明清指以云南府（今云南昆明县）为中心的地区。

②山茶：常绿灌木或乔木。山茶属约200馀种，中国有185种左右，分布中心在中国南部至西南部，其中用于观赏的，主要有4种。云南山茶花为常绿小乔木或乔木，枝条稀疏，叶大，厚而硬，叶脉明显。花红色至粉红，罕复色，径6~20厘米，子房被褐色毛。一般只抽发春梢，花期11月至翌年4月上旬。原产中国，分布于云南省海拔1800~2500米的中、西、北部地区。腾冲县今仍有大片半野生林，昆明、大理为主要栽培中心，现有品种120馀个。明冯时可《滇中茶花记》称滇中茶花甲海内，记有72个品种。原产中国，久经栽培，为著名的观赏植物。叶革质，有光亮，冬春开花，花形大，有红白等色，品种繁多。花可入药，子可榨油。俗名茶花，也叫耐冬花、曼陀罗树。明谢肇淛《滇略》卷三："滇中茶花甲于天下，而会城内外尤胜。其品七十有二，冬春之交，霞雪纷积，而繁英艳质，照耀庭除，不可正视，信尤物也。豫章邓渼称其有十德焉：艳而不妖，一也；寿经二三百年，二也；枝干高疏，大可合抱，三也；肤纹苍黯，若古云气尊罍，四也；枝条夭矫，似尘尾龙形，五也；蟠根轮囷，可几可枕，六也；丰叶如幄，森沉蒙茂，七也；性耐霜雪，四序常青，八也；自开至落，可历数月，九也；折入瓶中，旬日颜色不变，半含亦能自开，十也。为诗一百韵赏之。"清李渔《闲情偶寄·种植部》："花之最不耐开，一开辄尽者，桂与玉兰是也；花之最能持久，愈开愈盛者，山茶、石榴是也。然石榴之久，犹不及山茶；榴叶经霜即脱，山茶戴雪而荣。则是此花也者，具松柏之骨，挟桃李之姿，历春夏秋冬如一日，殆草木而神仙者乎？又况种类极多，由浅红以至深红，无一不备。其浅也，如粉如脂，如美人之腮，如酒客之面；其深也，如朱如火，如猩猩之血，如鹤顶之珠。可谓极浅深浓淡之致，而无一毫遗憾者矣。得此花一二本，可抵群花数十本。"山鹃：即杜鹃花，也称映山红，常绿或落叶灌木，全属850馀种，中国约有560馀种，分布地区集中于云南、西藏和四川，其中云南

有 250 馀种，是世界杜鹃花分布中心，也是栽培杜鹃花的主要发源地。叶卵状椭圆形。春季开花，花冠阔漏斗形，红色，是著名的观赏植物。1983 年在云南省腾冲县高黎贡山发现一株高 25 米以上、地径 3.07 米、树龄 500 年以上的大树杜鹃，是迄今发现的世界上最大的杜鹃花树。

③攒合成球：谓花瓣聚拢成球形，当谓云南山茶花的松子鳞品种，花色桃红或银红，其花形完全重瓣，多而齐整，平铺密集，柔腴如绢。因其花初开之时，花冠宛如松球张鳞，故名松子鳞。

④分心：当谓花形为"武瓣形"的山茶花品种，开复瓣至重瓣花，排列不整齐，不规则，曲折起伏，雄蕊混生瓣间。卷边：当谓花形为"半文瓣形"的山茶花品种，外轮大瓣 2~5 轮，排列整齐，中心有细瓣卷曲或平伸，有雄蕊混生。软枝：当谓枝茎柔软下垂的山茶花品种。清吴大勋《滇南闻见录·物部·花属》："滇省花卉多且佳，花朵大而耐久。其最胜者，莫过于山茶。花之颜色不一，大小浓淡之间，种分数十品，花家能辨之。大红者最贵，名曰宝珠，猩红可爱，衬以浓绿，益增光艳，有端冕黼黻、垂绅委佩气象。其粉白色者，洁净之中又饶浓厚，品质高雅，有名山石室、硕士高人气象。唯浅红色者最多，树亦最大，常有一本可蔽屋两三楹者，花之盛约可万千计，有广厦细旃、歌筵舞席、琳琅满室、锦绣被墙气象。古诗云'浅为玉茗深都胜，大甲山茶小海红'，都胜即宝珠，浅红者，殆玉茗耶？"

⑤省城：即云南布政使司，明洪武十五年（1382）置，治所在云南府昆明县（今云南昆明市），参见前选《游太华山日记》首段注③。

⑥太华寺：初名佛严寺，位于昆明西山太华山麓。清康熙《云南府志》卷一七《方外二·寺观》："佛严寺，在太华山腹，元僧铉鉴建，绀宇琳宫，左右焜耀，楼阁诸处，极尽奇观。俱毁于兵。本朝康熙二十六年，总督范承勋重建。"

⑦张石夫：徐霞客游滇所结交的云南府昆明县籍文士，作者《滇游日记四》崇祯十一年（1638）十月二十三日日记："忽一日遇张石夫谓余曰：'此间名士唐大来，不可不一晤。'"朵红楼：方志未见著录，故址不详。

⑧盘：广大貌。《文选·枚乘〈七发〉》："轧盘涌裔，原不可当。"唐李善注："盘谓盘礴，广大貌。"作者《滇游日记七》崇祯十二年（1639）二月初十日日记："楼前茶树，盘荫数亩。"

⑨冠（guàn）：谓居于首位。

⑩一路：犹言一带或一个方面。明田艺蘅《留青日札·赌博》："苏常一路尤甚，士大夫归家者则开赌坊，盖避禁也。"迤西：明代称今云南昆明市以西地区为迤西，称今云南昆明市以东地区为迤东。参见前选《游太华山记》首段注⑭。

⑪大理：即大理府，明洪武十五年（1382）置，属云南布政司，治所在太和县（今云南大理市北二十六里大理古城）。辖境约当今云南大理白族自治州中部。1913年废。永昌：即永昌府，宋置，治所在今云南保山市。明洪武十五年（1382）改属云南布政司，二十三年（1390）废。嘉靖元年（1522）复置永昌军民府，其辖境约当今云南永平、腾冲、施甸、龙陵间，其北部包含今怒江傈僳族自治州及香格里拉市。清乾隆三十年（1765）改永昌府，1913年废。

⑫花红：植物名，又名林檎，或称沙果。落叶小乔木，叶卵形或椭圆形，花粉红色。果实球形，似苹果而小，黄绿色带微红。明文震亨《长物志·蔬果》："西北称柰，家以为脯，即今之苹婆果也……吴中称花红，即名林檎，又名来禽，似柰而小，花亦可观。"吾地：作者谓自己的家乡江阴（今属江苏）一带。

⑬家食：赋闲，不食公家俸禄。《易·大畜》："大畜，利贞，不家

食，吉，利涉大川。"唐孔颖达疏："'不家食吉'者，已有大畜之资，当使养顺贤人，不使贤人在家自食，如此乃吉也。"

⑭色不称名：沙果颜色多见黄绿色带微红，生长云南者则红艳如其花色。作者《滇游日记十》崇祯十二年（1639）六月二十五日日记所记云南保山一带的花红："北邻花红正熟，枝压墙南，红艳可爱。摘而食之，以当井李。此间花红结子甚繁，生青熟红，不似余乡之熟辄黄也。余乡无红色者，'花红'之名，俱从此地也。"

⑮实：果实。

[评析]

《徐霞客游记》对于各地植物生长状况以及不同寻常的特征每多关注，如前选《游天台山日记》对于当地云锦杜鹃、岭上短松等植物的兴趣，《游五台山日记》对于台蘑天花菜的记述，《游太和山日记》比较潼关南北植物生长状况的差异等，皆为有得之见，信非随意点染。据有关统计，《徐霞客游记》中所记述的植物种类达一百六十馀种之多，既有寻常可见者，又有始终不明为何物者，如《滇游日记九》，作者在云南腾冲云峰山绝壑下所发现的"木胆"，至今研究者莫名其妙。

因气候适宜，云南的植物品类繁盛，令人目不暇接。徐霞客笔下的优昙树、蛱蝶树、龙女树、扶留藤等，林林总总，皆能引来读者的兴趣，凸显了滇地植被品类的丰富多彩。山茶花、杜鹃花与花红，并非云南一地所独有，但因地域气候关系，仍有许多有别于他地的特征，清张泓《滇南新语》云："山茶宜于滇，惟银红、大红二种，在在有之，无黄白锦边各色，而常一树千花，俱大如盎。瓣若连环相扣，洵足美观。通海县螺顶者名尤著。迤西楚雄、大理等郡盛杜鹃，种分五色，有蓝者蔚然天碧，诚宇内奇品。余得一本，为人索去，然滇中亦不多觏。"对于云南山茶、杜鹃花等,徐霞客皆怀着浓厚的兴趣加以记述。先看山茶花。作者《滇游日记七》崇祯十二年(1639)二月初十日日记:"余将为举笔,二把事曰:'馁久矣,请少迟之。后有茶花,为南中之冠,请往一观而就席。'盖其主命也,余乃从之。由其右转过一厅,左有巨楼,楼前茶树,盘荫数亩,高与楼齐。其本径尺者三四株丛起,四旁萎蕤下覆甚密,不能中窥。其花尚未全舒,止数十朵,高缀丛叶中,虽大而不能近觑。且花少叶盛,未见灿烂之妙,若待月终,便成火树霞林,惜此间地寒,花较迟也。把事言,此树植与老把事年相似,屈指六十馀。余初疑为数百年物,而岂知气机发旺,其妙如此。"再看杜鹃花。作者《滇游日记八》崇祯十二年(1639)三月十三日日记记述大理感通寺杜鹃花:"时山鹃花盛开,各院无不灿然。中庭院外,乔松修竹,间以茶树。"作者《滇游日记九》崇祯十二年(1639)四月十三日日记记述腾冲杜鹃花:"村庐不多,而皆有杜鹃灿烂,血艳夺目。若以为家植者,岂深山野人,有此异趣?若以为山土所宜,何他冈别陇,杳然无遗也?"三看花红。本篇注⑫所引述者,即可见作者对这一寻常果木的关注,也是通过比较而加以鉴别的。

游颜洞记①

临安府颜洞凡三②,为典史颜姓者所开③,名最著。余一至滇省,每饭未尝忘钜鹿也④。遂由省中南过通海县⑤,游县南之秀山⑥。上一里半,为灏穹宫⑦。宫前巨山茶二株⑧,曰红云殿⑨。宫建自万历初⑩,距今裁六十年,山茶树遂冠南土⑪。又南抵临安府。城南临泸江⑫;此江西自石屏州异龙湖来⑬,东北穿出颜洞;而合郡众水⑭,亦以此洞为泄水穴也⑮。

[注释]

①颜洞：又作"岩洞"、"阎洞"，位于今云南红河哈尼族彝族自治州建水县境内的建水风景区，建水风景区由建水古城、燕子洞、颜洞溶洞群组成，属于溶蚀洼地、孤峰、地下洞发育良好的岩溶地貌景观。颜洞开发于明代，在建水县城以东8千米处的山脚盲谷处，距昆明220千米，有"西南第一洞天"的美誉。今人多分颜洞为前、中、后三洞：前洞称水云洞，泸江至此注入洞内形成伏流；中洞称云津洞，距前洞1.5千米，位于山涧断崖之下，洞口石刻众多。后洞称万象洞，距中洞约1千米，为泸江伏流出口处。包括徐霞客在内的众多古人则多称颜洞之三洞为云津洞（一水洞）、万象洞与南明洞（二陆洞），参见本篇"评析"。

②临安府：明洪武十五年（1382）改临安路置，属云南布政司，治所在建水州（即今云南建水县），辖境约相当于今云南红河哈尼族彝族自治州大部、文山壮族苗族自治州大部，通海、华宁、峨山、新平等县及越南部分地区。清代属云南省，治所建水县。1913年废。

③典史：官名，元始置，明清沿置，为知县下掌管缉捕、监狱的属官。如无县丞、主簿，则典史兼领其职。

④每饭未尝忘钜鹿：意谓心中始终难以忘怀的一件事。语本《汉书·冯唐传》："冯唐，祖父赵人也。父徙代。汉兴，徙安陵。唐以孝著，为郎中署长，事文帝。帝辇过，问唐曰：'父老何自为郎？家安在？'具以实言。文帝曰：'吾居代时，吾尚食监高祛数为我言赵将李齐之贤，战于钜鹿下。吾每饮食，意未尝不在钜鹿也。父老知之乎？'唐对曰：'齐尚不如廉颇、李牧之为将也。'"钜鹿，或作巨鹿，位于今河北省南部，釜阳河流域。

⑤省中：即云南布政使司治所云南府昆明县（今云南昆明市）。通海

县：元初置通海千户，至元十三年（1276）改通海县，属宁州，为临安路治，治所即今云南通海县。以县北有通海湖，县以湖名。明、清属临安府，民国初属云南蒙自道，1929年直属云南省，1956年与河西县合并置杞麓县，1958年复名通海县。

⑥秀山：又名青山、螺峰，宋代以来即称秀山，位于今云南通海县城南隅秀山公园内，海拔2065米。清顾祖禹《读史方舆纪要》卷一一五《云南三·通海县》："秀山，在县南六十里，又名青山。列翠如屏，下瞰长河，即海子也。旧有启祥宫，大理段智祥时所建。山半又有判府泉，亦因囊判而名。王奎云：'逾滇以南，深渊绝壑，通海为最胜。环通海数十里，峻壑遥峰，秀山为最胜。秀山之奇曰浮屠者三，涌金为胜'云。"秀山即因"秀甲南滇"而得名。顾祖禹"六十里"之说或抄自《寰宇通志》、《明一统志》，实有误。

⑦灏（hào）穹宫：即启祥宫，明万历十六年（1588）重建时改名。今所称玉皇阁为一组道观建筑，位于秀山中部。

⑧山茶：常绿灌木或乔木，参见前选《滇中花木记》注②。所谓"巨山茶二株"，一株名"宝珠"，一株名"宫粉"。明杨慎《秀山观茶花》诗："山茶竞开如火燃，山城淑气锁寒烟。几经南国芳华远，忽忆上林花信前。赏心避地日多阻，抱病闭门春可怜。黄须紫萼莫相恼，青镜绿樽非壮年。"

⑨曰红云殿：此处疑有脱文，全句当谓巨山茶二株植于玉皇阁内的红云殿前。红云殿，为玉皇阁主体建筑，五开间，比例端庄得体，细节精巧娟秀，实为木构文物建筑之精品。或谓"红云"之殿名即源于二株巨山茶。

⑩万历：明神宗朱翊钧（1563~1620）的年号（1573~1620）。

⑪冠南土：意谓南方第一。元刘应李编《大元混一方舆胜览》："秀

山，山有山茶一株，花如木芍药，中原所未见也。"

⑫泸江：流经今云南石屏、建水、开远等市县间。《明一统志》卷八六《临安府·泸江》："在府城南。源自石屏州异龙湖，东流入阿迷州南，为乐蒙河，入于盘江。"今全程皆称泸江。

⑬石屏州：明洪武十五年（1382）改石平州置，属临安府，治所即今云南石屏县。异龙湖：位于今云南石屏县东南。《明一统志》卷八六《临安府·异龙湖》："在石屏州治东，湖有九曲，周一百五十里。中有三岛，曰孟继龙，曰小末束，曰和龙。其水流为泸江。"

⑭合郡众水：谓流经临安府的全部水流。

⑮泄水穴：将水流排出的洞穴。作者《盘江考》："水又东经临安郡南，为泸江，穿颜洞出，又东至阿弥州，东北入盘江。"

于是觅一导游者于城东接待寺①。颜洞大道，当循城而南，渡泸江桥②；导者从寺前隔江东北小路行，遂不得渡泸江，东观三溪会合处。由寺北循塘岸东行，塘东皆红莲覆池，密不见水。东北十五里，渡赛公桥③。水自西北来，东南入泸。又五里，上山，为金鸡哨④。哨南泸江会诸水，由此东入峡。峡甚逼⑤，水倾其中，东抵洞口尚里馀。望洞顶石崖双劈，如门对峙，洞正透其下，重冈回夹之，不可得见。求土人导入⑥，皆曰："水涨流急，此非游时。若两月前水涸，可不桥而入；今即有桥，亦不能进，况无桥耶！"桥非一处，每洞中水深处，辄架木以渡。往例按君来游⑦，架桥费且百金⑧，他费亦百金。土人苦之⑨，乘普酋兵变⑩，托言洞东即阿迷境⑪，叛人尝出没此，遂绝官长游洞者。余必欲一至洞门，土人曰："须渡江南岸，随峡入，所谓泸江桥大道也。"始悔为导者误，乃舍水洞⑫，觅南明、万象二陆洞⑬。

[注释]

①接待寺：位于今云南建水县城东。清雍正《续修建水州志》卷九《寺观》："接待寺，在城东。元百户赵益辞职为僧，以其居室为庵，并施田以赡僧，故名。明崇祯四年焚毁。康熙十一年僧清虚募众重修。"

②泸江桥：位于今云南建水县城东南。清雍正《续修建水州志》卷一《津梁》："泸江桥，在城东南。宣德间建，正德中义民王镐等重修。万历初复圮，乡民沈崇儒易以石。年久沙壅，孔低水喧，一遇瀑涨，转为堤害，而桥工浩大，无能改建者。"

③赛公桥：位于今云南建水县城北。清雍正《续修建水州志》卷一《津梁》："赛公桥，在城北二十里，居人余先觉建。"

④金鸡哨：方志未见著录，当即今云南建水县东北的金鸡寨，位于今铁路建水站附近。哨，岗哨，军队巡逻瞭望的关卡。作者《滇游日记五》崇祯十一年（1638）十二月十五日日记："稍西转南，是为龙马箐。三里，有哨当涧东坡上，是为龙马哨，有哨无人。"

⑤逼：狭窄。

⑥土人：世代居住本地的人。北魏郦道元《水经注·汶水》："出谷有平丘，面山傍水，土人悉以种麦。"

⑦按君：即明代巡按御史之别称。明代都察院下属有十三道监察御史，监察御史平时在京城都察院供职称为内差或常差，奉命巡按地方即为巡按御史，均称外差或特差。秩正七品，品级虽然不高，但奉命巡按地方时职权和责任却非常重大，地方官不敢得罪。

⑧百金：一百两银子。明代至近代以银一两或银币一元为一金。

⑨苦之：以迎送巡按御史一事为苦。苦，形容词的意动用法。

⑩乘：利用，凭借。普酋兵变：谓阿迷州土司普名胜（或作普名声、普明声）叛乱一事。参见后选《随笔二则》之第二则。酋，古称部落的首领。

⑪托言：假称。阿迷：即阿迷州（徐霞客《盘江考》作"阿弥州"），元代置，属临安路，治所即今云南开远市。明属临安府，南明改为开远州，清初复名阿迷州。1913年改为阿迷县。清顾祖禹《读史方舆纪要》卷一一五《云南三·临安府》："阿迷州，在府东南百二十里。东至广西府弥勒州界一百七十里，北至宁州一百三十里。"又有注云："土知州普姓。《志》云：阿宁古蛮名，今讹为阿迷。"

⑫水洞：当谓云津洞，即颜洞之中洞。参见本篇首段注①与下文。

⑬南明：即南明洞，位于云津洞后，上有两窍，白天阳光可以透入。明解一经《临安岩洞记》："南明洞，在岩洞后门，洞门卑浅，其中若无物者，蹑磴而下，渐觉宽舒。上露二窍，阳光直射，玲珑明爽，犹夫堂奥。石林丛错，药床罗列，有窦谽谺，仅容一人。燃灯以进，中复宏敞，云牙石髓，丹梯灵迹，满乎目前。尘土烦歆，邈焉迥矣。缘岩而上，一窍天生，广可三丈，烟霞翔集，云影徘徊，奇树璀璨，异草纷茁。兀坐清谈，披襟散酌，足涤尘想，何必寻方外哉！"万象：即万象洞，亦位于云津洞后。明解一经《临安岩洞记》："万象洞，与南明相近，洞形峻阔，岚霭层结，如云如霞，飞布其上。随磴俯下，度石梁，逾沙峤，复危石，借火光而观，听窅焉者，隐隐风雷声；环峙者千态万状，愈深愈远，愈见愈奇。始焉欢忻，继而踊跃，既而骇愕。其中状若丘壑者八九。黄中名曰'万象洞天'，称哉！"南明洞与万象洞两者相并，似当同属颜洞之后洞。

从哨东下坡①，复上山登顶。东瞰峡江环峡东入，洞门即在东峡下。余所登山处，正与其上双崖平对，门犹为曲掩，但见峭崖西向，涌水东倾，捣穴吞流之势②，已无隐形矣。东北三里，逾岭脊下山。二里，则极东石壁回耸，如环半城，下开洞门北向。余望之有异，从之直下，一里，抵峡中。又一里半，抵东壁下。稍南上，洞门廓然③，上大书"云津洞"，盖水洞中门也。游颜洞以云津为奇：从前门架桥入，出后门，约四五里，暗中傍水行，中忽辟门延景④，其上又绝壁回环，故自奇绝⑤。余不能入其前洞，而得之重崿绝巘间⑥，且但知万象、南明，不复知有云津也，诚出余意外。遂瞰洞而下。洞底水从西南穴中来，盘门内而东，复入东南穴去。余下临水湄⑦，径之⑧，水阔三丈，洞高五六丈，而东西当门透明处，径可二十丈。但水所出入，直逼外壁，故非桥莫能行。出水西穴，渐暗不可远窥；东为水入穴处，稍旁拓⑨，隔水眺之，中垂列乳柱⑩，缤纷窈窕⑪。复上出洞外，上眺东南北三面，俱环壁无可上。仍西出旧道，北上山。东一里，逾岭，已陟东壁回环上⑫。岭坞中东向一里⑬，其地南北各起层峰，石崖时突⑭，万象洞即在北崖上，乃导者妄谓在南崖下。直下者一里，抵南崖。一洞东向，高四丈，水从中涌出，两崖角起，前对为峡，水出洞破峡，势极雄壮，盖水洞后门也。又东二里，抵老鼠村⑮，执途人问之⑯，万象洞在西北岭上，即前所从下山处，洞甚深，历降而下⑰，底与水洞通。余欲更至洞门，晚色已合⑱，去宿馆尚十里⑲。念此三洞，慕之数十年，趋走万里，乃至而叛彝阻之⑳，阳侯隔之㉑，太阳促之㉒，导人又误之，生平游屐㉓，斯为最厄矣㉔！

[注释]

①哨东：谓金鸡哨东。参见本篇第二段注④。

②捣穴吞流：形容水势浩大貌。

③廓然：空旷貌。晋陶渊明《祭从弟敬远文》："庭树如故，斋宇廓然。"

④辟门延景：意谓溶洞壁裂隙如门，将自然光线引入洞中。景，亮光。

⑤奇绝：奇妙非常。晋陶渊明《和郭主簿》诗其二："陵岑耸逸峰，遥瞻皆奇绝。"

⑥重崿（è）：重崖。绝巘（yǎn）：极高的山峰。北魏郦道元《水经注·江水二》："绝巘多生怪柏。"

⑦水湄（méi）：水边。《诗·秦风·蒹葭》："蒹葭凄凄，白露未晞。所谓伊人，在水之湄。"

⑧径之：这里有目测、步量加以估算的意思。径，直径，用如动词。

⑨旁拓：向两旁扩展开。

⑩乳柱：即钟乳石柱，系由溶洞上方的石钟乳与其下方的石笋经过百万年碳酸钙的长期积淀而对接形成。

⑪缤纷：多貌。窈窕（yǎo tiǎo）：美好貌。

⑫陟（zhì）：由低处向高处走。东壁回环：与上文"则极东石壁回耸，如环半城"二句照应。

⑬岭坞：山岭间四面高中间低的地方。

⑭突：竖起，凸出。

⑮老鼠村：即老鼠鲊（zhǎ），清雍正《续修建水州志》卷二《村寨》于"州治东"著录。今作"老楚鲊"，属建水县面甸镇，位于今铁路建水站以东约8千米处。

⑯执：这里是寻找到的意思。

⑰历降：谓逐级降低高度。

⑱晚色已合：谓日暮天色。

⑲宿馆：寄宿的馆驿。这里指位于今建水县漾田的馆驿。朱惠荣、李兴和译注《徐霞客游记》有注云："《滇游日记二》八月十八日日记：'自初一漾田晴后，半月无雨。'漾田，今名同，在云南建水县东境，位于古代临安到阿迷的大道上，正当颜洞稍东'去宿馆尚十里'的位置。则霞客游颜洞的时间，当为戊寅（崇祯十一年，1638）七月的最末一天。当晚宿漾田，第二天晴。"可参考。

⑳叛彝：即本篇第二段所称"普酋兵变"一事。参见本书后选《随笔二则》之第二则。

㉑阳侯：古代传说中的波涛之神。这里即指泸江水大，阻隔洞口。

㉒太阳促之：谓时间仓促。

㉓游屐（jī）：谓游玩山水。屐，即谢公屐，一种前后齿可装卸的木屐，原为南朝宋诗人谢灵运游山时所穿，故称。

㉔厄（è）：困厄，困窘。《孟子·万章上》："是时孔子当厄。"

[评析]

据朱惠荣先生考证，这篇游记当写于明崇祯十一年七月二十九日，即公元1638年9月7日，在游太华山之后。关于颜洞，明张佳胤《临安三洞记》云："从西洞沿泸江入，水声倾洞，澎湃雷转。约三里，至水云洞。洞旧名岩洞，殊萧索不称。余易今名云。洞门峻启，霞壁刺天，石堂窔奥，显敞寡匹，垂乳如林，难以辞叙。少进则飞甍丹盘，标举秀发，曲折其中，如遵两掖。其石扉高雄，吞束长津。上垂石帘数丈，若有天帝端居清虚之表，令人正襟而立。再进，则秉烛望一窦，乃江水奔流处，不可径矣。余顾卢君谓：'兹洞明豁宏杰胜万象、南明远甚，致足乐也。'将里策返，左右曰：'此前门若观中洞，更奇。'余与卢君抚掌曰：'有是哉!'遂由北行。山径羊肠,舍舆而步。可三里,至中洞。甫至洞口,见飞岩截云似坠,复倚一石柱,从右撑拄甚奇。与卢君列席坐沙上,仰对苍壁,下临江水。盖泸江从前门入者,伏流至此。素湍渌潭,回清倒影,殊可称心……稍进一里许,顾四围石形玉立,上悬下踞,左诡右奇,不可穷诘。已而又进数百武,翠屏石柱,珑透藻丽,文逾刻画,如是者百馀处。游人穿屏柱左右,随意杂踏。此中敞旷,不止容数万人。"此记显然将水云洞与云津洞合二为一了。明顾养谦《滇云纪胜书》则谓临川之岩洞仅有二:"临安城东三十里曰岩洞。洞凡二,一曰万象洞,一曰乾洞,岩洞总名之也。洞中形状奇幻以千万,仓卒不可名状。"所谓"乾洞"或为"前洞"之讹,将水云洞与云津洞混一言之。清雍正《续修建水州志》卷一《山川》:"建水有岩洞,又曰阎洞。谢肇淛《滇略》云:岩洞在临安东二十里,一名云津洞,山形绵亘,林径萦纡,众水归宿,伏流隐见,会盘江达于南海。洞口空阔,可容数百人。前阻深潭,无径可通。游者循山背行达中洞,结桥而渡,列炬而入,石髓凝结倒垂,千态万状,盖西南第一洞天也。诸葛元声《滇史》云:巴甸(即今建水州)东二十里有洞,古未开。嘉靖间都谏阎闳谪蒙自丞,邀当道刱游之,更名阎洞。"此州志只言及云津洞而未提及水云洞,但通过"岩洞"之别称,似乎也与水云洞合二为一,这与徐霞客有关颜洞"三洞"的认识大致相同。至于这组溶洞得名之由,"颜典史"抑或"阎县丞",徐霞客与《建水州志》则有所不同,无关宏旨,读者似不必在意。

由于人为因素与自然因素的干扰,徐霞客颜洞之行颇不顺利,云津洞之发现还是因机缘巧合,否则就难免入宝山而空归了。万象洞与南明洞因被导者所误以及时间紧迫,失诸交臂,被作者无限遗憾地称为"生平游屐,斯为最厄矣",信非虚语。开发较迟的荒僻地区旅游,若没有好的向导,就会发生重重困苦,走冤枉路尚在其次,如果不慎迷路,就有可能面临绝境。即使旅行经验相当丰富的徐霞客，有时因向导问题也不免受窘。然而霞客"万里遐征"之行，因无母亲在堂的后顾之忧，时间已经充裕，完全可以次日重游，何以一击不中即飘然远去，义无反顾？这对于一位遍行天下搜奇览胜的探险者而言，匪夷所思。也许是有关日记日后散失，湮没了这位旅行家的再游踪影，令今天的读者只能尝鼎一脔，略知其味了。

随笔二则

黔国公沐昌祚卒①，孙启元嗣爵②。邑诸生往祭其祖③，中门启④，一生翘首内望，门吏杖棰之⑤。多士怒⑥，亦棰其人，反为众桀奴所伤⑦，遂诉于直指金公⑧。公讳瑊，将逮诸奴，奴耸启元先疏诬多士⑨。事下御史⑩，金逮奴如故。启元益嗔⑪，征兵祭纛⑫，环直指门⑬，发巨炮恐之，金不为动。沐遂掠多士数十人，毒痛之⑭，囊其首于木⑮。金戒多士毋与争，急疏闻。下黔督张鹤鸣勘⑯，张奏以实。时魏珰专政⑰，下调停旨⑱，而启元愈猖狂不可制。母宋夫人惧斩世绪⑲，泣三日，以毒进，启元陨⑳，事乃解。宋夫人疏请，孙稚未胜爵服，乞权署名㉑，俟长赐袭。会今上登极㉒，怜之，辄赐敕实授㉓。即今嗣公沐天波㉔，时仅岁一周支也㉕。

[注释]

①黔国公沐昌祚：祖籍明凤阳定远（今属安徽）人（1554~1624），朱元璋养子黔宁昭靖王沐英八世孙，黔国公沐朝弼之子。清康熙《云南府志》卷一四《封建一》："黔国公沐昌祚，朝弼长子，袭公爵。万历十三年平岳凤，加太子太保。二十四年乞休，子叡代。上以祚有平顺大功，

晋都督。后因武定诸寇反，围省城，昌祚论奏巡抚，与叡俱被逮。仍起昌祚视事，晋少傅兼太子太傅。年七十卒。"

②孙启元：原作"子启元"，据《明史·沐英传》改。下文"祭其祖"，原作"祭其父"，亦据改。启元，即沐启元（？~1630），黔国公沐叡之子，沐英第十世孙。沐叡袭公爵后，以为父论逮除名，启元袭爵。清康熙《云南府志》卷一四《封建一》："黔国公沐启元，叡子，袭公爵。崇祯三年暴卒。"嗣爵：承袭爵位。

③邑诸生：谓昆明县学生员。明清两代称已入学的生员为诸生。

④中门：谓内、外门之间的门。《周礼·天官·阍人》："掌守王宫之中门之禁。"

⑤杖棰（chuí）：棍棒。这里用如动词，谓击打。

⑥多士：古人指众多的贤士，这里指代诸生。

⑦桀（jié）奴：凶悍的奴仆。

⑧直指：汉武帝时朝廷设置的专管巡视、处理各地政事的官员。也称"直指使者"，因出巡时穿着绣衣，故又称"绣衣直指"，或称"直指绣衣使者"。这里即用以指代明代的巡按御史，明代都察院下属有十三道监察御史，监察御史平时在京城都察院供职称为内差或常差，奉命巡按地方即为巡按御史，均称外差或特差。秩正七品，虽然品级不高，但奉命巡按地方时职权和责任却非常重大。《明史·职官二》："而巡按则代天子巡狩，所按藩服大臣、府州县官诸考察，举劾尤专，大事奏裁，小事立断。"金公：当作"余公"。清雍正《河南通志》卷五八《人物二·归德府》："皇清余瑊，字洪厓，商丘人，明万历丙辰进士，授中书舍人。天启中，上章言'清狐鼠、严请托'，魏忠贤怒，思中之，乃命瑊出按滇省。时水西东乌交叛，道梗，又沙普土司构难，日寻干戈，而黔国公尤跋扈不法。瑊由剑关渡泸，间道西行，飞檄下水西东乌，谕以威德，酋皆束戈听命。

召沙普，平其宿怨。惟黔国黠桀，辇金赂珹，珹不受。乃叠石为坊，伏机于下，将杀珹。珹过心动，疾驱获免，机发石下，舆人死之。还朝，敕巡九边，诸将皆股栗曰：'是不受黔国屈者也。'率俯首受约束。累迁南京兵部尚书，奏陈方略不听，遂解任，徙居闽省。国朝定鼎，召至京师，引疾乞归，以兵部尚书致仕卒。顺治九年祀乡贤。"清康熙《云南府志》卷五《沿革·大事考》："怀宗崇祯三年，征南将军黔国公沐启元卒。启元与巡按余珹有隙，珹每凌虐之。启元忿甚，欲杀余珹，举兵将反。太夫人宋氏知其谋，大惊曰：'吾家累世忠贞，原无失德。岂因此子败祖宗臣节乎？'于是酿毒酒饮启元，中夜毒发死。子天波嗣。"

⑨恚：怨恨。疏（shù）诬：指上奏章诬告。

⑩御史：这里谓都察院，明洪武十五年（1372）设立，建文中一度改为御史府，永乐时仍复旧称。置都御史、副都御史、佥都御史，皆分左、右，下设监察御史等，掌纠察内外百司，总领宪纲，肃政饬法等。

⑪嗔（chēn）：发怒，生气。

⑫祭纛（dào）：即"祭旗"，古代出师前举行的一种祭祀仪式。纛，古时军队或仪仗队的大旗。

⑬环：包围。《左传·襄公二十八年》："庆氏以其甲环公宫。"

⑭毒痡：即"荼毒"，谓残害。《后汉书·臧宫传》："匈奴贪利，无有礼信，穷则稽首，安则侵盗，缘边被其毒痡，中国忧其抵突。"

⑮囊其首于木：以袋蒙首并套木枷。囊首，古代的一种酷刑，可令人窒息而死。这里系借用其词，以形容沐启元之残酷。

⑯黔督张鹤鸣：张鹤鸣，原作"张鸣鹤"，据《明史》本传改。张鹤鸣（1551~1635），字元平，颍州（今安徽阜阳）人。明万历二十年（1592）三甲第一百八十八名进士，历任历城知县、南京兵部主事，累官陕西右参政。天启初，升兵部尚书，谢病归。天启六年（1626）春，再

起南京工部尚书，寻改兵部尚书，总督贵州、四川、云南、湖广、广西军务，赐尚方剑。崇祯帝嗣位，被弹劾，求归乡，以太子太师致仕。崇祯八年（1635）农民军攻陷颍州，被杀。《明史》卷二五七有传。黔督，即谓张鹤鸣总督贵州、四川、云南、湖广、广西军务一职。勘：审问。

⑰魏珰（dāng）：即魏忠贤（1568～1627），明河间肃宁（今属河北省）人，少无赖，万历间自宫入宫为宦官，明熹宗时晋升为司礼监秉笔太监，与熹宗乳母客氏勾结，结党营私，排斥异己，专权擅政，屡兴大狱，陷害忠良，时有"九千岁"之号。崇祯帝即位，置凤阳，行至阜城（今属河北省），畏罪自缢死。《明史》卷三〇五有传。珰，汉代宦官充武职者，其冠用珰和貂尾为饰，故后代用以称宦官。

⑱下调停旨：以皇帝名义下旨居间调解，平息争端。

⑲斩：断绝。《孟子·离娄下》："君子之泽，五世而斩。"世绪：谓黔国公功业待遇的承袭。

⑳陨（yǔn）：通"殒"，谓死亡。

㉑署名：即挂名，担空头名义而不做事。

㉒今上：谓崇祯帝朱由检（1611～1644），又称明思宗、庄烈帝，天启七年（1627）以信王即帝位，年号崇祯。因多疑而自信，又自毁长城，在清军日逼、农民军节节胜利的情况下，于崇祯十七年（1644）自缢万岁山（今北京景山），葬昌平田贵妃墓（即思陵）。南明弘光政权上庙号思宗，后又改毅宗。登极：帝王即位。

㉓敕（chì）：委任状。实授：以额定之官职，正式除授实缺。

㉔嗣公：黔国公爵位的继承人。沐天波：字玉液（1618～1661），沐英第十一世孙。《明史》卷一二六《沐英传》附《沐天波》："叡被逮下狱，昌祚复理镇事。卒，孙启元嗣。卒，子天波嗣。十馀年而土司沙定洲作乱，天波奔永昌。乱定，复归于滇。永明王由榔入滇，天波任职如故。

已,从奔缅甸。缅人欲劫之,不屈死。"

㉕一周支:十二地支一轮回,即十二岁。这里以中国传统的虚龄计算,实则当时沐天波周岁仅十龄而已。

普名胜者①,阿迷州土寇也②。祖者辂③,父子为乱三乡、维摩间④。万历四十二年⑤,广西郡守萧以裕⑥,调宁州禄土司兵合剿⑦,一鼓破之⑧,辂父子俱就戮⑨,始复维摩州,开三乡县。时名胜走阿迷,宁州禄洪欲除之⑩。临安守梁贵梦、郡绅王中丞抚民⑪,畏宁州强,留普树之敌,曲庇名胜⑫。初犹屯阿迷境,后十馀年,兵顿强,残破诸土司⑬,遂驻州城,尽夺州守权⑭。崇祯四年⑮,抚臣王伉忧之⑯,裹毡笠⑰,同二骑潜至州,悉得其叛状,疏请剿⑱。上命川、贵四省合剿之。石屏龙土司兵先薄漾田⑲,为所歼。三月初八日,王中丞亲驻临安⑳,布政周士昌统十三参将㉑,将本省兵万七千人,逼沈家坟㉒。贼命黎亚选扼之㉓,不得进,相持者二月。五月初二日,亚选自营中潜往为名胜寿㉔,醉返营。一童子泄其事于龙。龙与王土司夜劫之㉕,遂斩黎;进薄州城,环围四月,卒不下㉖。时州人廖大亨任职方郎㉗,贼恃为奥援㉘,潜使使入京纵反间㉙,谓普实不叛,王抚起衅徼功㉚,百姓悉糜烂㉛。于是部郎疏论普地不百里㉜,兵不千人,即叛可传檄定㉝,何骚动大兵为㉞?而王宫谕锡衮、杨庶常绳武㉟,各上疏言宜剿。事下枢部议㊱。先是王抚疏名胜包藏祸心已久㊲,前有司养疽莫发奸㊳,致成难图蔓草㊴,上因切责前抚、按㊵。而前抚闵洪学已擢冢宰㊶,惧勿能自解㊷,即以飞语怂恿大司马㊸。大司马已先入部郎言㊹,遂谓名胜地不当一县,抚、按比周㊺,张大其事势㊻,又延引日月㊼,徒虚糜县官饷㊽。

疏上，严旨逮伉及按臣赵世龙㊾。十月十五日，抚、按俱临安就逮。

[注释]

①普名胜：《明史》作普名声，另有作普明声者。云南阿迷州土司普维藩之子。《明史·云南土司传一》："维藩子名声，幼育于官，既长，有司俾继父职。名声收拾旧部，勇于攻战，从讨奢安有功，仍授土知州，渐骄恣。崇祯五年，御史赵洪范按部，名声不出迎。已，出戈甲旗帜列数里。洪范大怒，谋之巡抚王伉，请讨，得旨。官军进围州城，名声恐，使人约降，而阴以重贿求援于元谋土官吾必奎。时官军已调必奎随征，必奎与名声战，兵始合，佯败走。官军望见，遂大溃，布政使周士昌战死。朝廷以起衅罪伉，逮治，而名声就抚。然骄恣益甚，当事者颇以为患。已而广西知府张继孟道出阿迷，以计毒杀之。"

②阿迷州：元代置（徐霞客《盘江考》作"阿弥州"），属临安，治所即今云南开远市。明属临安府，南明改为开远州，清初复名阿迷州。1913年改为阿迷县。参见前选作者《游颜洞记》第二段注⑪。土寇：旧时对地方上的反叛者或农民军的蔑称。

③祖者轳（lú）：祖父普者轳，《明史》无传。

④父子：谓普者轳、普维藩父子。三乡：明万历二十一年（1593）筑三乡城，四十二年（1614）析维摩州置三乡县，属广西府，治所在今云南丘北县北三十里马者龙。清康熙《广西府志》谓指马者龙乡、阿宁乡、嵝峋里"并在府东盘江之外，总谓三乡"。清雍正《云南通志》与《师宗州志》则谓马者龙、阿宁、丘北为三乡。明末废。清康熙八年（1669）废维摩州，复置三乡县，治所在丘北县西十里新城。九年（1670）又废。维摩：即维摩州，元大德四年（1300）以维摩部置，属广西路，治所在今云南砚山县东北六十里阿猛镇，辖境包有今云南丘北县

地。彝语"维"为沟,"摩"为水井,意即小河旁水井边之地。明代属广西府,治所在今砚山县西北四十六里维摩。崇祯四年(1631)又迁治今云南丘北县西十三里旧城。清康熙八年(1669)废入广西州与广南府。后以原维摩州部分地属开化府,为江那里。

⑤万历四十二年:即公元1614年。万历,明神宗朱翊钧年号(1573~1620)。

⑥广西郡守:云南广西府知府。广西,即广西府,明洪武十五年(1382)改广西路置,属云南布政司,治所在今云南泸西县,辖境约当今云南泸西、弥勒、师宗、丘北等县及砚山县部分地区。清乾隆三十五年(1770)改广西直隶州。萧以裕:江西樟树(今江西樟树市)人,明万历七年(1579)举人,历官云南广西府知府。

⑦宁州:元至元十三年(1276)于浪旷置,属临安路,治所在今云南江川县东南六里旧州,至正年间迁治今云南华宁县。明、清属临安府,1913年改宁县。禄土司:即禄厚(?~1621?),宁州土知州禄华诰子,承袭土司位。工书法,有高士风,与董其昌、陈继儒等皆有交。著有《景竹斋躬耕集》。土司,又称"土官",元、明、清时期于西北、西南地区设置的由少数民族首领充任并世袭的官职,按等级分为宣慰使、宣抚使、安抚使等武职和土知府、土知州、土知县等文职。明清两代曾在部分地区进行"改土归流",即改土官为流官。

⑧一鼓破之:意谓一战即胜。

⑨辂父子:谓普名胜祖父普者辂、父亲普维藩。就戮(lù):被杀。从此普姓土司与禄姓土司结下世仇。

⑩禄洪:字霄宾,禄厚之次子。禄厚卒后,其长子禄溥袭职,明天启四年(1624)左右,禄溥卒,无子,禄洪承袭。

⑪临安守梁贵梦:生平不详。临安守,云南临安府知府。郡绅:旧称

一府之内有势力有地位的人，一般是地主或退职官僚。王中丞抚民：曾经做过巡抚的王抚民，王抚民，当作"王恩民"，清乾隆《云南通志》卷二一《人物·临安府》："王恩民，字成宇，建水人。隆庆戊辰进士，知永川县，有循声。召试御史，转湖广荆西右参议。时崔家坪巨寇啸聚往来，荆门一带无宁日，恩民至，廉寇踪迹，除奸无遗，人有再造之感。后值故相张居正以父丧归，一时监司俱屈为趋奉，恩民独投刺迎谒，吊赙如常仪，张意不悦，恩民竟登舟去。张后讽湖广御史论之，调贵州参议，寻迁副使。时有夷寇突至城下，挟取在狱罪酋，人情震动。恩民徐取纸笔分布官兵，开城出击，贼遂退。抚按合疏荐其才器可用之九边，会以忧归。服阕，补官历福建左布政，晋巡抚、右副都御史，致仕。归游林壑，淡泊自甘，年八十六卒。"中丞，东汉御史台长官，明清时用作对巡抚的称呼。清梁章钜《称谓录·巡抚》："明正统十四年，命都察院右佥都御史邹来学巡抚顺天、永平二府……今巡抚之称中丞，盖沿于此。"

⑫ "留普"二句：意谓将普名胜作为对抗禄洪的势力设法加以庇护，即"以夷攻夷"，使夷人自相攻伐，属于旧时封建统治者对少数民族实行的一种民族分化政策。

⑬ 残破：摧残破坏。

⑭ 州守：谓阿迷州的流官知州。明成化十二年（1476），明廷开始在阿迷州设置流官知州。据《明熹宗实录》卷六一，天启五年（1625）阿迷州守备普名声之子普祚远（或作普服远，本篇下文作普福远）准袭阿迷土知州。另清雍正《阿迷州志》卷一一《沿革》著录普祚远崇祯三年（1630）承袭阿迷州土知州。

⑮ 崇祯四年：即公元1631年。

⑯ 抚臣：谓云南巡抚。王伉（kàng）：潼川州（四川三台县）人，明万历三十八年（1610）进士，崇祯二年（1629）以都察院右副都御史巡

抚云南。

⑰毡笠：毡制的笠帽。这里是微服私访的意思，即为隐藏身份，避人注目而改换常服。

⑱疏（shù）请剿（jiǎo）：谓上奏章请求讨伐。

⑲石屏：即石屏州，明洪武十五年（1382）改石平州置，属临安府，治所即今云南石屏县。龙土司：即龙在田（？~1652），石屏龙朋旧寨人，彝族。一生英勇善战，南征北伐，平反多起祸乱。明天启二年（1622）随征安效良、张世臣有功，由土守备擢为副总兵，官至荣禄大夫左军都督府都督。南明永历二年（1648）即清顺治五年，龙在田曾赴贵州请来联明抗清的张献忠馀部李定国等入滇擒杀为非作歹的沙定洲、万氏等。后病卒于家。薄：逼近，靠近。漾田：今名同，在今云南建水县东境，位于古代临安到阿迷的大道上。

⑳王中丞：谓王伉，明清巡抚多加都御史或佥都御史衔，故称。临安：即临安府，明洪武十五年（1382）改临安路置，属云南布政司，治所在建水州（即今云南建水县）。

㉑布政：即布政使，明洪武九年（1376）改行中书省为承宣布政使司。宣德后，全国府、州、县等分统于两京和十三布政使司，每司设左、右布政使各一人，为一省最高行政长官。后因军事需要，增设总督、巡抚等官，权位高于布政使。周士昌：原文作"周世昌"，据《明史·云南土司传》改。周士昌，内江（今属四川）人，明万历三十八年（1610）进士，官至云南布政使。参将：武官名。明置，位次于总兵、副总兵。

㉒沈家坟：位于阿迷州之中道岭，形势险要。作者《滇游日记二》崇祯十一年（1631）八月二十八日日记："所度诸山之险，远以罗平、师宗界偏头哨为最。其次则通海之建通关，其险峻虽同，而无此荒寂。再次则阿迷之中道岭沈家坟处，其深杳虽同，而无此崇隘。又次则步雄之江底东

岭，其曲折虽同，而无此逼削。"

㉓黎亚选：生平不详。扼：据守，控制。

㉔潜往：偷偷前去。寿：祝寿。

㉕王土司：当即嶍峨土司王显祖。劫：劫持。

㉖卒：终于，最后。

㉗廖大亨：云南建水州（今云南建水县）人（生卒年不详），明天启二年（1622）进士，历官职方司郎中。职方郎：谓兵部职方司郎中，秩正五品。《明史·选举三》："兵部凡四司，而武选掌除授，职方掌军政，其职尤要。"

㉘恃：依赖，凭借。《左传·僖公二十六年》："室如悬罄，野无青草，何恃而不恐？"奥援：内援，指在内部暗中支持帮助的力量。《新唐书·李逢吉传》："郑注得幸于王守澄，逢吉遣从子训赂注，结守澄为奥援，自是肆志无所惮。"

㉙潜使：谓秘密出使。反间（jiàn）：诱使敌方的间谍或其他人反为我用，制造其内讧而伺机取胜。《孙子·用间》："反间者，因其敌间而用之。"唐杜牧注："敌有间来窥我，我必先知之，或厚赂诱之，反为我用；或佯为不觉，示以伪情而纵之，则敌人之间，反为我用也。"

㉚起衅（xìn）：挑起事端，寻衅。衅，争端，仇怨。徼（yāo）功：犹求功。《后汉书·皇甫规传》："进不得快战以徼功，退不得温饱以全命。"徼，通"邀"，招致，求取。

㉛悉：尽，全。糜烂：毁伤，摧残，被踩躏。《孟子·尽心下》："梁惠王以土地之故，糜烂其民而战之。"

㉜部郎：谓兵部职方郎中廖大亨。

㉝传檄（xí）：传布檄文。《史记·张耳陈馀列传》："诚听臣之计，可不攻而降城，不战而略地，传檄而千里定。"檄，文体名。古官府用以

征召、晓喻、声讨的文书。

㉞骚动：搅扰。大兵：人数多、声势大的军队。这里即指明廷官军。

㉟王宫谕锡衮：即王锡衮（1598～1647），字龙藻，号昆华、仲山、念昔，别号素斋。禄丰（今属云南）人，祖籍陕西华阴。明天启二年（1622）进士，选庶吉士，授检讨，以丁父忧归，服阕，升侍读。崇祯间历官少詹事，左、右谕德，吏部尚书，丁母忧归。南明唐王（隆武）立，拜礼部尚书兼东阁大学士。南明永历帝立，重申隆武诏入卫，为土酋沙定洲所劫，终遇害。永历三年（1649），谥忠节，后加谥文毅。《明史》卷二七九有传。宫谕，即谕德，明代太子官署詹事府所属左、右春坊置，左、右各一员，秩从五品，掌侍从赞谕。杨庶常绳武：即杨绳武（1595～1641），字念尔，号翠屏，广西府弥勒州（今云南弥勒县）人。明崇祯四年（1631）进士，选庶吉士，擢监察御史。崇祯十四年（1641）病卒，追赠太子少傅、兵部尚书，谥庄介，荫锦衣，世袭千户。著有《鹧鸪集》、《淮游草集》等。《明史》卷二五九有传。庶常，即庶吉士，采《尚书》"庶常吉士"之义，永乐后专属翰林院，选进士文学优等及善书者为之。三年后举行考试，成绩优良者分别授以编修、检讨等职；其馀则为给事中、御史，或出为州县官，谓之"散馆"。明代重翰林，天顺后非翰林不入阁，因而庶吉士始进之时，已群目为储相。

㊱枢部：谓明廷内阁，万历以后，首辅独专票拟，职权至重。

㊲包藏祸心：暗藏着不可告人的坏心。《左传·昭公元年》："小国无罪，恃实其罪。将恃大国之安靖己，而无乃包藏祸心以图之。"

㊳有司：官吏。古代设官分职，各有专司，故称。养疽（jū）：即"养痈贻患"，生了毒疮不去医治，给自身酿成祸患。比喻姑息坏人坏事，终受祸害。疽，中医指局部皮肤肿胀坚硬的毒疮，借指丑恶的事物或坏人坏事。发奸：揭发坏人坏事。

㊴蔓草：生有长茎能缠绕攀缘的杂草，这里泛指蔓生的野草难以铲除。《左传·隐公元年》："蔓草犹不可除，况君之宠弟乎？"

㊵切（qiè）责：严词斥责。《汉书·沟洫志》："御史大夫尹忠对方略疏阔，上切责之。"抚按：明清巡抚和巡按的合称。明王世贞《觚不觚录》："当时抚按不留郡守令坐；司理县令行取，亦只立待茶而已。"

㊶闵洪学：字周先（1573～1644），号曾泉，乌程（今浙江湖州）人。万历二十六年（1598）进士，历官刑部主事以及山西、福建布政使。天启二年（1622）以右佥都御史巡抚云南，天启七年（1627）因平贼有功，得以入京。因与温体仁同乡，受到提拔，崇祯三年（1630）三月，任左都御史，加太子太保。崇祯四年（1631），吏部尚书王永光罢官，由闵洪学替补并入内阁。因其卷入明末激烈党争，第二年即被劾"丧节失体，举措失当"，罢官归里。明亡前病卒。著有《滇南志》、《东林山志》与《抚滇奏草》十二卷（今藏日本内阁文库）。《明史》无传。擢（zhuó）：举拔，提升。冢宰：明人称吏部尚书为冢宰。《明史·职官一》："（吏部）尚书掌天下官吏选授、封勋、考课之政令，以甄别人才，赞天子治。盖古冢宰之职，视五部为特重。"

㊷自解：自我辩解，自作解说。

㊸飞语：犹流言。《汉书·灌夫传》："乃有飞语为恶言闻上，故以十二月晦论弃市渭城。"唐颜师古注引臣瓒曰："无根而至也。"怂恿（sǒng yǒng）：从旁劝说鼓动。大司马：古代官名，明清用作兵部尚书的别称。这里当指熊明遇（1579～1649），字良孺，号坛石，南昌进贤（今属江西）人。明万历二十九年（1601）进士，授长兴知县，历官兵科给事中、福建佥事、太仆少卿、南京右佥都御史。崇祯元年（1628）起兵部右侍郎，四年拜兵部尚书。致仕，再起，改工部尚书，引疾归。明亡后卒。《明史》卷二五七有传。

㊹先入部郎言：这里有先入为主的意思，即以兵部职方司郎中廖大亨不须用兵的言论为是。

㊺比周：结党营私。《管子·立政》："群徒比周之说胜，则贤不肖不分。"

㊻张（zhàng）大：夸大。事势：情势，形势。

㊼延引日月：拖延时间。《三国志·魏志·邓艾传》："若待国命，往返道途，延引日月。"

㊽虚糜：白白地损耗、浪费。县官饷：谓朝廷的粮饷。县官，朝廷。《史记·孝景本纪》："令内史郡不得食马粟，没入县官。"

㊾严旨：指圣旨，即帝王的意旨和命令。明沈德符《万历野获编·科场·京闱冒籍》："顺天场后，冒籍之说纷起，既而给事中锺羽王发之，为浙人冯诗等八名，俱奉严旨，诗等二人，枷示顺天府前，满日同六人俱发为民。"按臣：巡按御史。赵世龙：《明史·云南土司传一》作"赵洪范"，参见本段注①。赵洪范（生卒年不详），字符锡，号芝亭，嘉定（今属上海市）人。明天启二年（1622）进士，历官湖北麻城知县，有惠政。崇祯元年（1628），擢监察御史，先后巡按陕西道、云南道，因讨伐云南土司普名声遭劾，罢官归田。入清不仕，卒于清康熙年间。著有《周易要义》、《西台疏稿》、《澹叟诗集》等。

十二月十八，周士昌中铳死①，十三参将悉战没②。五年正月朔③，贼悉兵攻临安④，诈郡括万金犒之⑤，受金，攻愈急。迨十六⑥，城垂破，贼忽退师，以何天衢袭其穴也⑦。天衢，江右人⑧，居名胜十三头目之一，见名胜有异志⑨，心不安，妻陈氏力劝归中朝⑩，天衢因乞降，当道以三乡城处之⑪，今遂得其解围力。后普屡以兵攻三乡，各相拒，无所胜，乃退兵，先修祖父怨于宁州⑫。

方攻宁时，洪已奉调中原⑬，其母集众目，人犒五金、京青布二⑭，各守要害，贼不得入。后洪返，谓所予太重，责之金⑮，诸族目悉解体⑯。贼谍知⑰，乘之入，洪走避抚仙湖孤山⑱，州为残破。岁馀，洪复故土，郁郁死⑲。贼次攻石屏州⑳，及沙土司等十三长官㉑，悉服属之㉒。志欲克维摩州南鲁白城㉓，即大举㉔。鲁白城在广南西南七日程㉕，临安东南九日程，与交趾界㉖，城天险㉗，为白彝所踞㉘。名胜常曰："进图中原㉙，退守鲁白，吾无忧矣。"攻之三年，不能克。七年九月㉚，忽病死㉛。子福远㉜，方九岁。妻万氏㉝，多权略㉞，威行远近。当事者姑以抚了局㉟，酿祸至今，自临安以东、广西以南，不复知有明官矣！至今临安不敢一字指斥，旅人询及者，辄掩口相戒，府州文移㊱，不过虚文㊲。予过安庄㊳，见为水西残破者㊴，各各有同仇志，不惜为致命㊵；而此方人人没齿无怨言㊶，不意一妇人威略乃尔㊷！南包沙土司㊸，抵蒙自县㊹；北包弥勒州㊺，抵广西府㊻；东包维摩州，抵三乡县；西抵临安府：皆其横压之区㊼。东唯三乡何天衢，西唯龙鹏龙在田㊽，犹与抗斗，馀皆闻风慑伏㊾。有司为之笼络㊿，仕绅受其羁鞯者㉛，十八九㉜。王伉以启衅被逮㉝，后人苟且抚局㉞，举动如此，朝廷可谓有人乎！夫伉之罪，在误用周士昌，不谙兵机㉟，弥连数月㊱，兵久变生耳。当时止宜责其迟，留策其后效㊲。临敌易帅且不可，遽就军中逮之，亦太甚矣。嗟乎！朝廷于东西用兵㊳，事事如此，不独西南彝也！

[注释]

①铳（chòng）：用火药发射弹丸的管形火器。明邱濬《大学衍义补》卷一二二："近世以火药实铜、铁器中，亦谓之炮，又谓之铳。"

②战没：通"战殁"，谓战死，阵亡。

③五年正月朔：明崇祯五年正月初一日，即公元1632年2月20日。朔，月相名，农历每月初一，月球运行到地球和太阳之间，和太阳同时出没，地球上看不到月光的月相。

④悉兵：尽其所有的兵力。

⑤诈郡：欺骗临安府军民。括：搜括。万金：一万两银子。明代至近代以银一两或银币一元为一金。犒（kào）：犒赏，以酒食财物慰劳。《左传·僖公三十三年》："寡君闻吾子将步师出于敝邑，敢犒从者。"

⑥迨（dài）十六：等到正月十六日。迨，等到。

⑦何天衢：普名胜部将，不愿反叛朝廷，遂归附明军，后战败自焚死。《明史·忠义二》："何天衢，字升宇，阿迷州人。有勇略，土酋普名声招为头目，使驻三乡。崇祯三年，名声反，谋出三路兵，至昆明会战。令天衢自维摩罗平入，以礟手三百人助之。天衢慨然曰：'此大丈夫报国秋也，吾岂为逆贼用哉！'坑杀礟手数十人，率众归附，署维摩州同知李嗣泌开城纳之。名声已陷弥勒，闻大惧，急撤两路兵归。巡抚王伉上其事，授为守备。后数与嗣泌进剿有功。及名声死，妻万氏代领其众，屡攻天衢。天衢屡挫之，录功，进参将。十三年擢副总兵。万氏赘沙定洲为婿，益以南安兵，且厚赂黔国公用事者，令毁天衢。天衢请兵饷皆不应，贼悉力攻之，食尽，举家自焚死。"穴：指敌人或奸人盘据、藏匿的地方。这里谓阿迷州。普名胜退军原因，清刘献廷（1648~1695）《广阳杂记》卷二另有记述："明声乘胜益猖獗，即攻围临安三日夜。知府秦懋观登城数其罪，贼归罪中朝，谓系滇将商士杰所为。飞火砖上城，几焚秦侯袤。城中诸绅共虑不守，凑万金坠城下，并责以桑梓谊，围乃解。"可参阅。

⑧江右：古人指长江下游以西的地区，即今江西一带。明代设江西布政使司，治所在南昌府（今江西南昌市）。

⑨异志：二心，叛离之心。《左传·襄公十六年》："荀偃怒，且曰：'诸侯有异志矣。'"

⑩中朝：朝廷，这里谓明廷。

⑪当道：指执政者，掌权者。三乡城：属云南广西府，治所在今云南丘北县北三十里马者龙。详见本篇第一段注④。

⑫修祖父怨：谓报宁州土司禄氏杀祖父与父亲的宿怨。语出《左传·哀公元年》："及夫差克越，乃修先君之怨。秋，八月，吴侵陈，修旧怨也。"宁州，参见本篇第一段注⑦。

⑬洪已奉调中原：谓明崇祯三年（1630）三月云南广西府宁州土知州禄洪北上勤王事。清宣统《宁州志·人物》："洪，字霄宾，袭宁州土知州，年少多胆略，纪律严明，屡奏奇绩。崇祯三年庚午福建（似当作建州，或讳言建州）土酋入犯，云南巡抚王伉檄洪将兵入卫。洪动色曰：'君父有难，臣子安敢束手坐视？赴汤蹈火，洪所不辞！'三月出滇，六月而抵都下。"清刘献廷《广阳杂记》卷二记述禄洪未赴京师："朝议大师征之，更议用土攻土法，令禄洪辈协力合剿。不知其原为狐兔，阳相仇而阴实和也。是年秋，云南布政使周公士昌，受命监军，统大兵七万，匝阿迷州围数月。明声密侦我伍哗卒涣，突入大营，禄洪佯逃，各将惊北奔溃，自相践踏，死者甚众。士昌骂贼死，文武官被害者共十八员。"所记不同如此，可参阅。

⑭京青布二：京青布（一种靛蓝布）两匹。

⑮责之金：谓索取原赏金。

⑯解体：比喻人心离散。《左传·成公八年》："信不可知，义无所立；四方诸侯，其谁不解体。"

⑰谍：侦察，刺探。

⑱抚仙湖：又称澄江海，位于今云南省玉溪市江川区、澄江县、华宁

县间，距昆明70馀千米，在澄江县城南2千米，以湖中有二石耸立，犹如仙人抚肩巡游，名抚仙石，湖即因此得名。湖水清澈见底，晶莹剔透，古人对之有"琉璃万顷"之誉。抚仙湖是中国最大的深水型淡水湖泊，珠江源头第一大湖，属南盘江水系。湖面海拔1722.5米，面积216.6平方千米，容积206.2亿立方米，平均深度95.2米，最深处158.9米，蓄水量是滇池的12倍，洱海的6倍。孤山：又名瀛海山、环玉山，位于云南抚仙湖中。今建有孤山风景区，占地85亩，山水交融，天水一线，秀丽无比。

⑲郁郁：忧伤、沉闷貌。《楚辞·九章·哀郢》："惨郁郁而不通兮，蹇侘傺而含戚。"汉王逸注："中心忧满虑闭塞也。"

⑳次攻：依次攻击。石屏州：明洪武十五年（1382）改石平州置，属临安府，治所即今云南石屏县。

㉑沙土司：当指云南王弄山长官司土司沙定海，为沙源之子，后娶普名胜遗孀万氏，又被其弟沙定洲与万氏合谋杀死。十三长官：即十三长官司，"十三"疑当为"九"。《明史·云南土司一》："临安领州四，县四。其长官司有九，曰纳楼茶甸，曰教化三部，曰溪处甸，曰左能寨，曰王弄山，曰亏容甸，曰思陀甸，曰落恐甸，曰安南，其地皆在郡东南。"长官司，西南地方政权机构名。元始置于西南少数民族居住区，处理军民事务，有达鲁花赤、长官、副长官等官，参用当地土司。明、清沿置，次于招讨司一级，有长官、副长官，皆土司世袭官职。

㉒服属：顺从归属。《史记·朝鲜列传》："真番、临屯皆来服属，方数千里。"

㉓维摩州：参见本篇第一段注④。鲁白城：故址当在今路白以南一带，位于今云南砚山县平远镇东南。

㉔大举：谓大兴军旅。汉陈琳《檄吴将校部曲文》："故大举天师百

万之众……自寿春而南。"

㉕广南：即广南府，明洪武十五年（1382）改广南西路宣抚司置，属云南布政司，治所即今云南广南县。清乾隆元年（1736）在府治增设宝宁县，1913年废。七日程：古人谓行进七天的路程。

㉖交趾：指交趾布政司，明永乐初，安南黎季犛篡陈，又杀明大理卿薛喦。永乐四年（1406），张辅、沐晟等进军其地，翌年设交趾布政司，治所在交州府（今越南河内市），辖境相当于今越南中部以北地区。宣德二年（1427），黎利起事后，地又入安南。

㉗城天险：意谓城池建筑于高险之处，是天然险要之地。北魏郦道元《水经注·洛水》："洛水又东径一合坞南，城在川北原上，高二十丈。南北东三箱，天险峭绝，惟筑西面即为固。一合之名，起于是矣。"

㉘白彝：旧时我国西南彝族除土司（兹莫）为统治者外，尚有黑彝与白彝之分。黑彝即"诺合"，属于彝族奴隶社会中的统治阶级；白彝即"曲诺"，属于彝族奴隶社会中的被统治阶级。白彝的人身权利和财产所有权受到一定的限制，被迫居住于主子的辖区内，承受一定的隶属性负担。但他们有相对的人身自由，主子不能将其买卖或屠杀。他们占有一定的生产资料，有相对独立的经济，是自食其力的隶属民或一般劳动生产者。

㉙中原：旧指整个黄河流域一带，这里泛指中国。

㉚七年九月：即明崇祯七年（1634）农历九月。

㉛忽病死：有关普名胜之死的时间与原因，后世记述多有不同。《明史·云南土司一》："朝廷以起衅罪优，逮治，而名声就抚。然骄恣益甚，当事者颇以为患。已而广西知府张继孟道出阿迷，以计毒杀之。"清刘献廷《广阳杂记》卷二则谓普名胜因气病而死："继孟密令张质用间于有子之妾万氏，令氏弟万人英达之伊子，谓此时受抚，后子当袭，不则几百世

基泯矣。万氏依其说苦责其夫，时三乡屡以兵北报，而内又掣之肘，兼陡发疮恚，阅三日中气而死。人幸祸根绝矣。"此外，《开化府志》则谓普名胜与官兵交战时中炮而亡。

㉜子福远：即普祚远，或作普服远，后被其母万氏与沙定洲合谋杀死。参见本篇第一段注⑭。

㉝万氏：即万彩莲（？～1648），又名万氏媄，人称万氏。祖籍江西，祖辈为商，后落籍云南，为普名胜妾。普名胜死后，为扩大势力，先改嫁王弄土司沙定海，又与沙定海弟弟沙定洲私通，先后杀死其子普福远与沙定海，三嫁沙定洲。沙、普势力联合，扩充地盘，气焰嚣张。南明永历二年（1648）被原张献忠旧部后归顺南明政权的李定国杀死。

㉞权略：权谋，谋略。

㉟抚：指招抚，招安。了（liǎo）局：解决。

㊱文移：官府文书，公文。

㊲虚文：徒具形式的规章、制度。

㊳安庄：即安庄卫，明洪武二十三年（1390）置，属贵州都司，治所即今贵州镇宁布依族苗族自治县。清康熙十一年（1672）省入镇宁州。

㊴水西：即水西土司。元在今贵州境内土司即有水西、水东之名。明贵州宣慰司（治今贵阳市）由安氏世袭宣慰使，宋氏世袭宣慰同知，两者各有分地。安氏辖境约当今贵州西北部息烽、修文以西，普定以北，水城以东，大方以南地区。因其大部分地区在鸭池河以西，通称水西。崇祯三年（1630）削其水外（指鸭池河以东）地设置卫所，辖境遂以水西为限。清顺治十五年（1658）改称水西宣慰使，康熙间以绝嗣停袭。

㊵"各各"二句：意谓贵州水西地区民众对于当地土司横行不法切齿痛恨、不惜拼命之群情。同仇，谓共同赴敌，对敌人表示共同的愤慨。语本《诗·秦风·无衣》："修我戈矛，与子同仇。"致命，犹捐躯。语本

《易·困》："君子以致命遂志。"作者《黔游日记一》崇祯十一年（1638）四月二十一日日记："安庄后倚北峰，前瞰南陇，而无南、北门，惟东、西两门出入。西门外多客肆，余乃入憩焉。遂入西门，遇伍、徐二卫舍，为言：'此间为安邦彦所荼毒，残害独惨，人人恨不洗其穴。然以天兵临之，荡平甚易，而部院朱独主抚，以致天讨不行，而叛逆不戢。今正月终，犹以众窥三汊河，以有备而退。'"

㊹没齿无怨言：意谓终身没有埋怨的话。语本《论语·宪问》："夺伯氏骈邑三百，饭疏食，没齿无怨言。"没齿，终身。

㊷威略：声威谋略。宋曾巩《本朝政要策·南蛮》："今溪洞往往为东南之忧，而议者不谋威略，一欲怀之以利，是见其一，未见其二也。"乃尔：竟然如此。《后汉书·方术传下·蓟子训》："道过荥阳，止主人舍，而所驾之驴忽然卒僵，蛆虫流出，主遽白之。子训曰：'乃尔乎？'"

㊸沙土司：这里谓云南临安府沙姓土司所统治的区域，即王弄山长官司。明洪武中置，属临安府，治所在今云南文山县西北六十七里老回龙。清初废入开化府，以其地为王弄里。

㊹蒙自县：元至元十三年（1276）改目则千户置，属临安路，治所在今云南个旧市东部。明属临安府，成化十二年（1484）迁治今云南蒙自县。民国初为云南蒙自道驻地，1929年直属云南省。

㊺弥勒州：元至元十二年（1275）置弥勒千户，二十七年（1290）改弥勒州，属广西路，治所即今云南弥勒县。明代属广西府，清乾隆三十五年（1770）降为弥勒县。

㊻广西府：明洪武十五年（1382）改广西路置，属云南布政司，治所即今云南泸西县，辖境约当今云南泸西、弥勒、师宗、丘北等县及砚山县部分地区。清乾隆三十五年（1770）改广西直隶州。

㊼横压：谓横行霸道，欺压良善。

㊽龙鹏：即云南石屏州龙朋寨，在今龙朋镇一带，位于今云南石屏县东北四十里。参见本篇本段注⑳。龙在田：参见本篇首段注⑲。

㊾慑（shè）伏：又作“慑服”，谓因畏惧而屈服。《战国策·秦策三》：“赵楚慑服不敢攻秦者，白起之势也。”

㊿笼络：拉拢。

(51)仕绅：即绅士，旧称地方上有势力有地位的人。一般是地主或退职官僚。羁靮（jī dí）：马络头和缰绳，泛指驭马之物。比喻束缚。

(52)十八九：谓十之八九，即绝大多数。

(53)启衅：挑起争端。

(54)后人：谓承继王伉指挥明军者，这里当谓朱燮元。《明史·朱燮元传》：“四年，阿迷州土官普名声作乱，陷弥勒州曲江所，又攻临安及宁州，远近震动。巡抚王伉、总兵官沐天波不能御，伉逮戍。燮元遣兵临之，遂就抚。”苟且：只图眼前，得过且过。抚局：指招抚的措置、安排。

(55)谙（ān）：熟悉。兵机：用兵的机谋，军事机要。

(56)弥：益，更加。

(57)策：督促。后效：指日后的成效或劳绩。

(58)东西用兵：当谓明廷围剿张献忠、李自成农民军以及抵御清兵入侵的军事行动。

[评析]

明代晚期王纲解纽，官场腐败，人心涣散，社会动荡。李自成与张献忠的农民军纵横捭阖，所向披靡；后金（清）在东北的势力不断扩大，战事频仍，对于明王朝的威胁日益严重。徐霞客作为一位正直的读书人，在以其双足丈量祖国山山水水的同时，“位卑未敢忘忧国”，对于日蹙的国势深感不安，体现了传统儒家“先天下之忧而忧”深沉的忧患意识。

作者《粤西游日记四》崇祯十一年（1638）三月初九日日记记述广西庆远府民生艰难状况痛彻心扉："城内外俱茅舍，居民亦凋敝之甚，乃粤西府郡之最疲者。或思思亦然。闻昔盛时，江北居民濒江瞰流亦不下数千家，自戊午饥荒，蛮贼交出，遂鞠为草莽，二十年未得生聚，真可哀也。"体现了徐霞客关心民瘼的真诚。云南地处祖国西南边徼，"天高皇帝远"，动乱之机先伏，《随笔二则》忠实地记录了徐霞客在云南的社会见闻，具有一定的史料价值。

第一则记录沐氏勋贵家族的飞扬跋扈，入木三分。《明史·云南土司传一》："自（沐）英平云南，在镇十年，恩威著于蛮徼；每下片楮，诸番部具威仪出郭叩迎，盥而后启，曰：'此令旨也。'沐氏亦皆能以功名世其家。每大征伐，辄以征南将军印授之，沐氏未尝不在行间。数传而西平裔孙当袭侯，守臣争之，谓滇人知有黔国公，不知西平侯也。孝宗以为然，许之。自是，遂以公爵佩印为故事。"然而日久生弊，沐府逐渐形成尾大不掉之势，明廷终于也难以驾驭，这是专制社会所导致的必然结果。《明史》卷一二六《沐英传》附《沐昌祚》："沐氏在滇久，威权日盛，尊重拟亲王。昌祚出，佥事杨寅秋不避道，昌祚笞其舆人。寅秋诉于朝，下诏切责。已，以病命子叡代镇。"《徐霞客游记》所记述者与清人所撰正史内容近似，可见问题的严重性非同小可。沐府为了家族特权的传之久远，也付出了昂贵的代价，宋夫人毒死其亲生子的人伦惨剧的发生，所谓"人作孽，不可活"，"多行不义必自毙"，其警示作用当不仅限于一朝一代，从古至今，概莫能外！

第二则所记述者，不仅是有明一代西南民族矛盾的反映，更重要的是半奴隶制与封建制两种社会制度的冲突。徐霞客敏感地捕捉到隐藏于云南少数民族民间的这一动向，其《滇游日记二》崇祯十一年（1631）八月二十八日日记有云："土司糜烂人民，乃其本性，而紊及朝廷之封疆，不可长也。诸彝种之苦于土司糜烂，真是痛心疾首，第势为所压，生死惟命耳，非真有恋主思旧之心，牢不可破也。其所以乐于反侧者，不过是遗孽煽动。其人不习汉语，而素昵彝风，故勾引为易。而遗孽亦非果有殷之顽、田横之客也，第跳梁伏莽之奸，藉口愚众，以行其狡猾耳。"可谓一针见血，洞见症结！至于本篇中"此方人人没齿无怨言，不意一妇人威略乃尔"的议论，更是哀其不幸，怒其不争的慨叹！云南从天启间贵州、四川的"奢安之乱"一直到崇祯间云南的"沙普之乱"，两者有着直接的联系，底层百姓遭受兵燹之厄，痛苦万分，难以名状，究其始作俑者，正是明廷"以夷治夷"政策的失败使然。17世纪初叶，长城内外与大江南北日益动荡不安，明统治者捉襟见肘，专制权威丧失殆尽，地方势力乘机坐大，建州兵力日趋强大。风雨飘摇中的明中央政府四面楚歌，左支右绌，动辄得咎，在少数民族地区实行"以夷治夷"政策虽属迫不得已，却无异于饮鸩止渴。徐霞客于本篇之末发出"事事如此"的读书人一声长叹，也绝非只知死读书的腐儒所能发！

滇游日记八（节选游点苍山）

十一日① 早炊，平明②，夫至乃行③。由沙坪而南④，一里馀，西山之支又横突而东⑤，是为龙首关⑥，盖点苍山北界之第一峰也⑦。凤羽南行⑧，度花甸哨南岭而东北转者⑨，为龙王庙后诸山⑩，迤逦从邓川之卧牛、溪始⑪，而北尽于天马⑫，南峙者为点苍，而东垂北顾，实始于此，所以谓之"龙首"。《一统志》列点苍十九峰次第⑬，自南而北，则是反以龙尾为首也⑭。当山垂海错之处⑮，巩城当道⑯，为榆城北门锁钥⑰，俗谓之上关⑱，以据洱海上流也⑲。入城北门，半里出南门，乃依点苍东麓南行⑳。高眺西峰，多坠坑而下，盖后如列屏，前如连袂，所谓十九峰者，皆如五老比肩，而中坠为坑者也㉑。

[注释]

①十一日：明崇祯十二年三月十一日，即公元1639年4月13日。

②平明：天刚亮的时候。

③夫：担夫。本日记初十日日记："入邸舍，晚餐已熟。而刘君所倩担夫已去，乃别倩为早行计。"

④沙坪：即今沙坪村，位于今云南大理市上关镇以西偏南214国道（西景线）西侧，在洱海的西北角。本日记初十日日记："乃从（三家）村南下坡，共东南二里而至沙坪，聚落夹衢。"

⑤横突：横向隆起。

⑥龙首关：即龙口城，又名石门关、上关城、河道关，位于今大理市北七十八里上关。《大元混一方舆胜览》著录西洱河："至喜洲界与点苍山合，号龙首，至赵州界与点苍山合，号龙尾。蒙氏于南北置两关。"清顾祖禹《读史方舆纪要》卷一一七《大理府》："龙首关，府北七十里，亦曰石门关，又谓之上关城，有四门；府南三十里为龙尾关，亦曰下关城，有三门；皆控点苍、洱海之险，为据守要地。"《清一统志·大理府》著录龙首关："当洱河之首，一名河道关。"

⑦点苍山：又名苍山、熊苍山、玷苍山、灵鹫山，"点苍"则因其山色苍翠，山顶点白而得名。位于今云南大理市西北，在洱海与漾濞江之间，属于云岭横断山脉，南北骈列，北起今洱源县，南止今大理市下关的天生桥。东临洱海，西望黑惠江。山势雄伟，横裂如屏，十九峰嵯峨壁立，峻峭挺拔，其峰序自北而南依次为：云弄、沧浪、五台、莲花、白云、鹤云、三阳、兰峰、雪人、应乐、观音、中和、龙泉、玉局、马龙、圣应、佛顶、马耳、斜阳。南北全长约80千米，东西最宽处18千米。峰峦起伏，海拔多在3000米以上。主峰马龙峰海拔4122米，蓝峰、白云峰等也超过4000米。每两座山峰之间都有一条溪水，十八溪次序自北而南为：霞移、万花、阳溪、茫涌、锦溪、灵泉、白石、双鸳、隐仙、梅溪、桃溪、中溪、绿玉、龙溪、清碧、莫残、葶蓂、阳南。所谓"苍山十八溪"挟带泥沙东流入洱海，在山麓造成宽3~6千米，长约40千米的冲积洪积扇平原。这十九峰与十八溪构成了苍山独特而多姿的由云、雪、林、泉、石、花等组成的天然景观，令人叹为观止。其山体系由变质岩和花岗岩组成，所产优质建筑石料变质岩以产地"大理"命名，即"大理石"或"大理岩"。明谢肇淛《滇略》卷二："点苍山，一名灵鹫山，在大理龙首、龙尾两关之间，绵亘百馀里，若屏风然。有十九峰环列内向，峰各

一涧，悬瀑而下散，入市廛、村墅，东注于洱河。阴崖积雪，经夏不消，故亦名雪山。山腰时有白云，横亘如带。蒙氏封为中岳。"第一峰：当即指云弄峰，又名龙首峰，海拔3572米。

⑧凤羽：即凤羽山，即今云南洱源县西南罗坪山。《明一统志》卷八六著录大理府凤羽山："在浪穹县西南三十里，旧名罗浮山。相传蒙氏细奴逻兴时，有凤翔于此，故名凤羽。后凤死，每岁冬众鸟哀吊其上，故又名鸟吊，至今土人于鸟来时举火取之，鸟见火辄赴火自死。"

⑨花甸哨：即花甸，位于点苍山云弄峰与沧浪峰间。今云南大理市喜洲镇有花甸口，位于今喜洲古镇以西，其两侧至今有哨房与二哨房之地名。哨，岗哨，军队巡逻瞭望的关卡。作者《滇游日记五》崇祯十一年（1638）十二月十五日日记："稍西转南，是为龙马箐。三里，有哨当涧东坡上，是为龙马哨，有哨无人。"

⑩龙王庙：故址位于今云南大理市感通寺以南。

⑪逶迤（yǐ lǐ）：曲折连绵貌。邓川：即邓川州，元至元十一年（1274）改德源千户置，属大理路，治所在德源城（今云南洱源县东南三十六里，邓川镇东北郊）。明、清属大理府。明万历二十八年（1600）迁治来凤冈（今洱源县东南三十二里旧州），崇祯十三年（1640）又迁邓川驿称新洲（今洱源县东南三十八里邓川镇）。1913年废为县。卧牛：即卧牛山，位于今洱源县邓川镇西部偏南，海拔3400米。溪始：即溪始山，位于弥苴佉江（今云南洱源县东弥苴河）上大石梁桥的正西方。本日记初十日日记："钟山峙桥西北，溪始峙桥正西，盖钟山突而东，溪始环而西。溪始之上，有水一围，汇绝顶间，东南坠峡而下，高挈众流之祖，故以'溪始'名。"

⑫天马：即天马山，为点苍山的北延尾脉，南起云弄峰北坡，北至洱源县城南山，长约21千米，有海拔3000米以上的高峰20处。

⑬一统志：当指《大明一统志》九十卷，明李贤等修撰，成书于明英宗天顺五年（1461），属于官修地理总志。其体例沿袭《大元一统志》，以南北两京及十三布政司分区，各府、直隶州分建置沿革、郡名、形胜、风俗与古迹、人物诸目，其后殿以"外夷"。有明内府刻本与明嘉靖二十八年（1549）重刻本，另有明万历十六年（1588）修补本。此书资料引用颇多错讹，故常为学界所诟病。

⑭龙尾：当指龙尾关，位于点苍山十九峰的斜阳峰附近。参见本段注⑥与注⑦。

⑮山垂海错：形容点苍山与洱海错综交互的形势。

⑯巩城当道：意谓点苍山纵贯道路如同龙首关城的拱卫。巩，用同"拱"，谓环绕、护卫。

⑰榆城北门锁钥：意谓龙首关是边塞大理的军事重镇。榆城，西汉在大理置叶榆县，洱海又称叶榆泽，故榆城为古代大理的别称。榆，又通"榆塞"，《汉书·韩安国传》："后蒙恬为秦侵胡，辟数千里，以河为竟。累石为城，树榆为塞，匈奴不敢饮马于河。"后因以"榆塞"泛称边关、边塞。北门锁钥，谓北门的钥匙，喻军事重镇或出入要道。《左传·僖公三十二年》："杞子自郑使告于秦曰：'郑人使我掌其北门之管，若潜师以来，国可得也。'"晋杜预注："管，钥也。"宋孔平仲《孔氏谈苑》卷五："寇莱公守北门，虏使经由，问曰：'相公望重，何以不在中书？'答曰：'主上以朝廷无事，北门锁钥非准不可。'"

⑱上关：上关城，即龙首关。参见注⑥。

⑲洱海：古称叶榆泽、洱河、昆弥川，位于今云南大理市北，以形似人耳，风浪大如海而得名。其北起洱源，南至下关，长达40千米，东西平均宽约7~8千米，面积246平方千米，海拔1980米。湖水碧波荡漾，与西岸苍山积雪相映衬。构成大理地区"下关风、上关花、苍山雪、洱

海月"的绮丽风光。今在洱海南岸下关东北建有洱海公园。上流,谓洱海北部。

⑳麓:山脚。

㉑"高眺西峰"七句:徐霞客所游名山的山峰中被称为"五老"者,如雁荡山、白岳山、庐山,皆有以"五老"为峰名的山峦,徐霞客唯对庐山五老峰的构成最为瞩目:"因遍历五老峰,始知是山之阴,一冈连属;阳则山从绝顶平剖,列为五枝,凭空下坠者万仞,外无重冈叠嶂之蔽,际目甚宽。然彼此相望,则五峰排列自掩,一览不能兼收;惟登一峰,则两旁无底。峰峰各奇不少让,真雄旷之极观也!"这种前后两坡不对称的单面山地貌形态,可分前、后坡:后坡又叫构造坡,缓而长;前坡则地形陡峻,常发生重力剥蚀,故又称重力剥蚀坡。作者在《粤西游日记一》中对于桂林漓江岸边石峰形态以庐山五老峰为喻:"碧崖之南,隔江石峰排列而起,横障南天,上分危岫,几埒巫山,下突轰崖,数逾匡老。"本篇日记对云南点苍山十九峰的描述,也显然借鉴了庐山的五老峰单面山地貌形态,尽管两者的成因也许不尽相同。连袂(mèi),同"联袂",即衣袖相连,这里形容十九峰并肩峙立。明李元阳《点苍山志》:"点苍山,在太和县治西五里。凡十九峰,连脊屏列,内抱如弛弓。然峰各夹涧,自山椒悬瀑注为十八溪。翠峦条分,青嶂并峙,如大鸟之连翼将翔也。山色翠黛般润,历秋冬不枯,高六十里,连接云气,滇西山川联络拱揖若将翼之。"

南二里,过第二峡之南①,有村当大道之右②,曰波罗村③。其西山麓有蛱蝶泉之异④,余闻之已久,至是得土人西指⑤,乃令仆担先趋三塔寺⑥,投何巢阿所栖僧舍⑦,而余独从村南西向望山麓而驰。半里,有流泉淙淙⑧,溯之又西,半里,抵山麓。有树大合抱⑨,倚崖而耸立,下有泉,东向漱根窍而出⑩,清冽可鉴⑪。稍东,其下又有一小树,仍有一小泉,亦漱根而出。二泉汇为方丈之沼⑫,即所溯之上流也⑬。泉上大树,当四月初即发花如蛱蝶⑭,须翅栩然⑮,与生蝶无异。又有真蝶千万,连须钩足,自树巅倒悬而下,及于泉面,缤纷络绎,五色焕然⑯。游人俱从此月,群而观之,过五月乃已。余在粤西三里城⑰,陆参戎即为余言其异⑱,至此又以时早未花,询土人,或言蛱蝶即其花所变,或言以花形相似,故引类而来,未知孰是。然龙首南北相距不出数里⑲,有此二奇葩⑳,一恨于已落,一恨于未蕊㉑,皆不过一月而各不相遇。乃折其枝、图其叶而后行㉒。

[注释]

① 第二峡：这里当指点苍山十八溪中的万花溪流淌之山峡。

② 右：西边。取面向南,则右为西。

③ 波罗村：故址当位于今蝴蝶泉以东的214国道（西景线）附近。

④ 蛱（jiá）蝶泉：即蝴蝶泉,位于今云南省大理市北郊点苍山云弄峰下,在大理旧城北20千米处,宽约两三丈,有大理石栏杆围护,旁有古树一株,横卧泉而过。每年农历四月,古树开花如彩蝶飞舞,另有蝴蝶群集,络绎缤纷,形成"蝴蝶会"。蝴蝶泉是洱海边少数民族白族地区的著名胜景之一。

⑤ 土人：世代居住本地的人。北魏郦道元《水经注·汶水》："出谷有平丘,面山傍水,土人悉以种麦。"

⑥ 仆担：当指顾仆与其所照看的行李担子。三塔寺：即崇圣寺,唐义存禅师创建于咸通十一年（870）,庙宇于清咸、同间被毁,仅存三塔。

三塔，一大两小，大者名千寻塔，为方形密檐式中空砖塔，16级，高近70米。两小者为八角形密檐砖塔，各10级，高42米有馀，8层以下为空心。三塔寺位于今云南大理市以北1.5千米的点苍山应乐峰（从北数第十峰）下，背靠苍山，面临洱海，距离下关14千米。明何镗《游点苍山记》："萧又邀速游崇圣寺，出北门里许，西上禅院，直观音峰下，有三浮屠参差入云汉。中者高三百尺，其二差小。观祠前，古杉青苍奇秀，数百年物也。"《游国恩大理文史论集》下编《大理名胜古迹文献考·崇圣寺》："俗名三塔寺，在北门外二里许山麓。寺久废，惟馀雨铜殿一楹，内有铜观音像高数丈，光绪二十二年造。"

⑦何巢阿：即何鸣凤，字巢阿，云南浪穹（今云南洱源）人，白族。明万历四十三年（1615）云南乡试经魁，历官四川郫县令、浙江盐运判官、六安州知州，后归乡以奖掖后进为务。著有《半留亭稿》、《嵩寮集》，属于明中、后期至清初大理白族何氏五代六诗人之一，他与徐霞客相慕已久，至崇祯十二年（1639）仲春，二人始在云南浪穹相见，曾陪同徐霞客泛舟游览云南浪穹的茈碧湖等名胜地。作者《滇游日记七》崇祯十二年二月十八日日记："入叩何公巢阿，一见即把臂入林，欣然恨晚，遂留酌及更，仍命其长君送至寺宿焉。何名鸣凤，以经魁初授四川郫县令，升浙江盐运判官。尝与眉公道余素履，欲候见不得。其与陈木叔诗，有'死愧王紫芝，生愧徐霞客'之句，余心愧之，亦不能忘。后公转六安州知州，余即西游出门。至滇省，得仕籍，而六安已易人而治；讯东来者，又知六安已为流寇所破，心益忡忡。至晋宁，会教谕赵君，为陆凉人，初自杭州转任至晋宁，问之，知其为杭州故交也，言来时从隔江问讯，知公已丁艰先归。后晤鸡足大觉寺一僧，乃君之戚，始知果归，以忧离任，即城破，抵家亦未久也。"

⑧淙淙（cóng cóng）：流水声。

⑨合抱：两臂环抱，形容树身粗大。

⑩漱根窍：谓冲刷树根部的孔窍而出。

⑪清冽可鉴：清澄而寒冷，可以照物。

⑫方丈：一丈见方。沼（zhǎo）：水池。《诗·小雅·正月》："鱼在于沼，亦匪克乐。"

⑬上流：指河流的上游一带地区。

⑭蛱（jiá）蝶：即俗称的蝴蝶。有论者认为此"泉上大树"即金合欢树，原产地为热带美洲，花期一至，远望如黄色的云彩。可参考。

⑮须翅：蝴蝶的触须与翼翅。栩（xǔ）然：徐徐、微动貌。

⑯"又有"六句：有论者认为"连须钩足，自树巅倒悬而下"者并非蝶类，而是蛾类。蝶类属鳞翅目昆虫，触角端部加粗，翅宽大，停歇时翅竖立于背上；蛾类形似蝴蝶，体躯一般粗大，四翅，静止时平放体侧，多在夜间飞行，种类繁多。焕然，光彩貌。

⑰三里城：即今广西上林县东北六十里三里镇，明万历三年（1575）建，设思恩参将驻守，八年（1580）又移宾州之南丹卫于此。至清改设三里营。作者《粤西游日记四》崇祯十年（1637）十二月二十二日日记："越桥东，又北二里，为三里城。城建于万历八年，始建参府，移南丹卫于此，以镇压八寨云。"

⑱陆参戎：即陆万里，镇江人。因系江苏同乡，徐霞客在广西期间与陆万里结下友谊。参戎，即参将，明代武官之一，于总兵官或副总兵下设立。独镇一路者，称分守。无品级，无定员。作者《粤西游日记四》崇祯十年十二月二十四日日记："上午以书投陆君。陆，镇江人也，镇此六年矣。名万里。"又二十六日日记："二十六日晨起，入谢陆君，遂为下榻东阁。阁在署东隅，乔松浮空，幽爽兼致，而陆君供具丰腴，惠衣袜裤履，谆谆款曲，谊逾骨肉焉。"

⑲"然龙首"句：这里指龙首关附近三家村与蝴蝶泉的距离，详下注。

⑳二奇葩（pā）：两种奇花。这里指三家村的"奇树"与蝴蝶泉的"泉上大树"。本日记初十日日记："半里，抵三家村。问老妪，指奇树在村后田间。又半里，至其下。其树高临深岸，而南干半空，矗然挺立，大不及省城土主庙奇树之半，而叶亦差小。其花黄白色，大如莲，亦有十二瓣，按月而闰增一瓣，与省会之说同；但开时香闻远甚，土人谓之'十里香'，则省中所未闻也。榆城有风花雪月四大景下关风，上关花，苍山雪，洱海月，上关以此花著。按《志》，榆城异产有木莲花，而不注何地，然他处亦不闻，岂即此耶？花自正月抵二月终乃谢，时已无馀瓣，不能闻香见色，惟抚其本辨其叶而已。"三家村"奇树"又称"和山花"、"上关花"、"朝珠花"，据有关考证当即滇藏木莲，今已绝迹。明谢肇淛《滇略》卷三："大理上关和山之麓，有树高七八丈，叶如桂，花开白色，每朵十二瓣，以应月数，遇闰辄多一瓣。相传仙人所种，更无别本，土人因其地名之曰和山花。豫章邓渼诗有云：'此花种来不知岁，要识岁功验花蒂。霜叶青青雪作葩，风前十二钗横斜。'又云：'古来才士有弃置，不信请看和山花。'"

㉑未蕊：未开花。蕊，花，花朵。

㉒图其叶：谋取树叶。这里有日后收藏或做标本的用心。

已望见山北第二峡，其口对逼如门①，相去不远，乃北上蹑之②。始无路，二里，近峡南，乃得东来之道，缘之西向上跻③，其坡甚峻。路有樵者④，问何往，余以寻山对。一人曰："此路从峡南直上，乃樵道，无他奇。南峡中有古佛洞甚异，但悬崖绝壁，恐不能行，无引者亦不能识。"又一老人欣然曰："君既万里而来，不为险阻，余何难前导。"余乃解长衣并所折蛱蝶枝，负之行。共西上者三里，乃折而南，又平上者三里，复西向悬跻。又二里，竟凌南峡之上⑤，乃第三峡也⑥。于是缘峡上西行，上下皆危崖绝壁，积雪皑皑⑦，当石崖间，旭日映之，光艳夺目。下瞰南峰，与崖又骈峙成峡⑧，其内坠壑深杳⑨，其外东临大道，有居庐当其平豁之口，甚盛。以此崖南下俱削石，故必由北坡上，而南转西入也。又西上二里，崖石愈巉巢⑩，对崖亦穹环骈绕⑪，盖前犹下崖相对，而至此则上峰俱回合矣。又上一里，盘崖渐北，一石横庋足下⑫，而上崖飞骞刺空⑬，下崖倒影无底⑭。导者言："上崖腋间⑮，有洞曰大水⑯，下崖腋间，有洞曰古佛⑰。"而四睇皆无路⑱。导者曰："此庋石昔从上崖坠下，横压下洞之上，路为之塞。"遂由庋石之西，攀枝直坠，其下果有门南向，而上不能见也。门若裂罅⑲，高而不阔，中分三层。下层坠若眢井⑳，俯窥杳黑而不见其底，昔曾置级以下，燌灯而入甚深㉑，今级废灯无，不能下矣。中层分瓣排楎㉒，内深三丈，石润而洁，洞狭而朗，如披帷践榍㉓，坐其内，随峡引眺㉔，正遥对海光㉕；而洞门之上，有中垂之石，俨如龙首倒悬㉖，宝络中挂㉗。上层在中洞右崖之后，盘空上透，望颇窅窱㉘，而中洞两崖中削，内无从上。其前门夹处，两崖中凑，与左崖前削，石痕如猴，少刓其端㉙，首大如卵，可践猴首，飞度右崖，以入上洞。但右崖欹侧㉚，与左崖虽中悬二尺馀，手无他援，而猴首之足，亦仅点半趾㉛，跃陟甚难，昔有横板之度，而今无从觅。余宛转久之㉜，不得度而下。导者言："数年前有一僧栖此崖间，多置佛，故以'古佛'名，自僧去佛移，其叠级架梯，亦久废无存，今遂不觉闭塞。"余谓不闭塞不奇也。乃复上庋石，从其门扪

滇游日记八 | 599

崖直上。崖亦迸隙成门，门亦南向，高而不阔，与下洞同，但无其层叠之异。峡左石片下垂，击之作钟鼓声。北向入三丈，峡穷而蹑之上，有洼当后壁之半，外耸石片，中刓如龛臼㉝，以手摸之，内圆而底平，乃天成贮泉之器也。其上有白痕自洞顶下垂其中，如玉龙倒影，乃滴水之痕。臼侧有白磁一㉞，乃昔人置以饮水者。观玩既久，乃复下庋石。导者乃取樵后峡去，余乃仍循崖东下。

[注释]

①对逼：相对迫近。

②蹑（niè）：攀登。

③跻（jī）：犹攀登。

④樵者：即樵夫，谓打柴的人。

⑤凌：逾越。

⑥第三峡：这里当指点苍山十八溪中的阳溪流淌之山峡。

⑦皑皑（ái ái）：雪白的样子。

⑧骈（pián）峙：并排对立。

⑨深窅（yǎo）：深邃幽暗。

⑩截嶪（jié yè）：高耸。宋范成大《吴船录》卷上："入寺侧，出石磴半馀里，有三石峰，平正如高楼巍阙，截嶪奇伟，不可名状。"

⑪穹环：高拱而连接成环状。骈（pián）绕：罗列环绕。

⑫庋（guǐ）：擎起，托出。作者《江右游日记》崇祯九年（1636）十月十九日日记："寺后岩石中虚，两旁迥突，庋以一轩，即为叫岩。"

⑬飞骞（qiān）：飞行。唐白居易《游悟真寺一百三十韵》："衣服似羽翮，开张欲飞骞。"

⑭倒影无底：谓日光照不到山崖之下。倒影，泛指日光。

⑮腋：山腋，谓山峡，即两山之间的峡谷。

⑯大水：即大水洞，方志未见著录，位置不详。

⑰古佛：即古佛洞，位于今大理市喜洲镇周城村西苍山云弄峰神魔洞内，自洞口至古佛洞约3千米。为一天然溶洞，东向，高5米，宽3米，深10米。洞分为上、中、下三层。下洞垂直而下，中洞较为敞亮，上洞在中洞的斜上方，明人将其中钟乳、石笋因物象形，雕刻有神态自如、大小不一的佛像四十余躯。

⑱四睇（dì）：四下巡视。睇，斜视，流盼。

⑲裂罅（xià）：岩石裂缝。

⑳眢（yuān）井：废井，无水的井。《左传·宣公十二年》："目于眢井而拯之。"唐陆德明释文："废井也。《字林》云：'井无水也。'"所谓"眢井"即喀斯特落水洞地貌，落水洞是地表水流入地下河的主要通道。流水沿裂隙进行溶蚀和机械侵蚀，使裂隙扩大，引入大量的地表水，当流速较大时，水中挟带的岩屑就对管道进行强烈的磨蚀，使原本狭窄的地下通道不断扩大，顶板发生崩塌，就形成落水洞。它多分布在溶蚀洼地和岩溶沟谷的底部，有时也分布在斜坡上，形态有圆形、井状和缝隙状三种，宽度一般在十米以内。

㉑購（gòu）：举火。

㉒分瓣排棂（líng）：形容溶洞内部钟乳或如花瓣、或如窗棂一样的构造。

㉓披帷践榭：形容在钟乳溶洞中行进如同分开帷幕，如同登上高台上屋宇。榭，建在高台上的木屋，多为游观之所。

㉔随峡引眺：谓顺着峡谷的开口处远望。

㉕海光：谓洱海的波光。

㉖龙首倒悬：形容洞顶垂下的石钟乳形状如龙头。

㉗宝络:即璎珞,用珠玉串成的颈饰。这也是比喻洞顶下垂的石钟乳形态。

㉘窈窱(yǎo tiǎo):亦作"窈窕",幽深貌。

㉙刓(wán):磨损,残缺。

㉚欹(qī)侧:歪斜。

㉛半趾:半个脚掌。趾,脚。

㉜宛转:谓使自己身体翻来覆去,不断转动。

㉝刓(wán):剜,挖去。齑臼(jī jiù):捣物为粉的臼状容器。

㉞白磁:白色的瓷容器。磁,即磁器,本谓磁州窑所产的瓷制品,后泛指瓷制器具。

三里,当南崖之口,路将转北,见其侧亦有小岐①,东向草石间,可免北行之迂,乃随之下。其下甚峻,路屡断屡续。东下三里,乃折而南,又平下三里,乃及麓,渡东出之涧。涧南有巨石高穹②,牧者多踞其上,见余自北崖下,争觇眺之③,不知为何许人也。又南一里半,及周城村后④,乃东出半里,入夹路之衢⑤,则龙首关来大道也。时腹已馁⑥,问去榆城道尚六十里⑦,亟竭蹶而趋⑧。遥望洱海东湾,苍山西列,十九峰虽比肩连袂,而大势又中分两重。北重自龙首而南至洪圭⑨,其支东拖而出,又从洪圭后再起为南重,自无为而南至龙尾关⑩,其支乃尽。洪圭之后,即有峡西北通花甸⑪;洪圭之前,其支东出者为某村,又东错而直瞰洱海中,为鹅鼻嘴,即罗刹石也⑫。不特山从此叠两重,而海亦界为两重焉。十三里,过某村之西,西瞻有路登山,为花甸道,东瞻某村,居庐甚富。又南逾东拖之冈,四里,过二铺⑬,又十五里而过头铺⑭，又十三里而至三塔寺。入大空山房⑮，则何巢阿同其幼子相望于门。僧觉宗出酒沃饥而后饭⑯。夜间巢阿出寺，徘徊塔下，踞桥而坐⑰，松阴塔影，隐现于雪痕月色之间，令人神思悄然⑱。

[注释]

①岐：同"歧"，谓分开，岔出。

②高穹：形容岩石高大。

③觇（chān）眺：窥看远望。

④周城村：位于今云南大理市喜洲镇214国道（西景线）西侧，在蝴蝶泉以南。

⑤夹路之衢（qú）：谓两旁有街市的大道。

⑥馁（něi）：饥饿。

⑦榆城：大理府府城（今大理古城）。榆城为古代大理的别称。参见本日记首段注⑰。

⑧亟（jí）：疾速，与"缓慢"相对。竭蹶（jué）：亦作"竭蹷"。颠仆倾跌，行步匆遽貌。《荀子·儒效》："故近者歌讴而乐之，远者竭蹶而趋之。"唐杨倞注："竭蹶，颠倒也。远者颠倒趋之，如不及然。"

⑨洪圭：即洪圭山，又作弘圭山、宏圭山或红龟山，位于苍山十九峰之一的五台（从北数第三峰）峰麓。

⑩无为：当指无为寺山，以附近有无为寺而得名。无为寺，位于今云南大理市银桥乡点苍山兰峰（从北数第八峰）东麓，始建于明永乐八年（1410），清末毁于战乱，20世纪80年代中重建。清陈鼎《滇游记》："无为寺，在兰峰半，巉岩峭壁，行茂林数里，两山豁然中开，从绝涧左折入寺。"龙尾关：即下关城，位于大理府治以南三十里。参见本日记首段注⑥。

⑪花甸：即花甸坝，位于点苍山云弄峰与沧浪峰间，为万花溪的源头。明李元阳《花甸记》："花甸在点苍山西北深谿中，距郡城七十里。"又云："甸之东西，皆连冈，西冈层叠如云梯，东冈壁立如挂榜。万木阴森，千重苍翠，奇花异萼，缀秀垂璎。"

⑫罗刹石：当即上文所谓"鹅鼻嘴"，又名"罗刹封石"，位于点苍山从北数第三溪阳溪南岸莲花峰山麓。系一块巨石，宽约16米，高6米，南北方向中分，其间陈不满尺，似鬼斧劈开，又上凸下凹，呈蘑菇状。旧时其上建有罗刹阁。明杨慎《游点苍山记》："丁酉，至阳溪，历遗爱寺，观舍利塔。入溪三里，有一石门如圆月者，罗刹洞也。世传观音大士闭罗刹于其中云。"民国《大理县志稿》卷三二《杂志部·古迹》："罗刹封石，在上阳溪谷口，有方石如楼。世传观音大士闭罗刹于此，因建寺。"

⑬二铺：故址当在今大理市喜洲古镇以南214国道（西景线）附近。

⑭头铺：位于今大理市银桥镇北214国道（西景线）附近。

⑮大空山房：三塔寺中僧房名。

⑯觉宗：三塔寺僧人法号。沃（wò）饥：谓先以酒浇灌化解饥肠。

⑰踞：凭依。

⑱神思：精神，心绪。悄然：寂静貌。

十二日 觉宗具骑挈餐①，候何君同为清碧溪游②。出寺即南向行，三里，过小纸房③，又南过大纸房。其东即郡城之西门④，其西山下即演武场⑤。又南一里半，过石马泉⑥。泉一方在坡坳间⑦，水从此溢出，冯元成谓其清冽不减慧山⑧。甃为方池⑨，其上有废址，皆其遗也。《志》云："泉中落日照见有石马，故名。"⑩又南半里，为一塔寺⑪，前有诸葛祠并书院⑫。又南过中和、玉局二峰⑬。六里，渡一溪，颇大。又南，有峰东环而下。又二里，盘峰冈之南，乃西向觅小径入峡。峡中西望，重峰罨映⑭，最高一峰当其后，有雪痕一派⑮，独高垂如匹练界青山⑯，有溪从峡中东注，即清碧之下流也⑰。从溪北蹑冈西上，二里，有马鬣在左冈之上⑱，为阮尚宾之墓⑲。从其后西二里，蹑峻凌崖⑳。其崖高穹溪上㉑，与对崖骈突如门㉒，上耸下削，溪流破其中出。从此以内，溪嵌于下，崖夹于上，俱逼仄深窅㉓。路缘崖端，挨北峰西入，一里馀，马不可行，乃令从者守马溪侧，顾仆亦止焉㉔。

[注释]

①具骑（jì）挈（qiè）餐：准备马匹，携带食物。

②何君：即何鸣凤。参见本日记十一日日记第二段注⑦。清碧溪：即大理点苍山十八溪自北而南第十五溪，位于马龙峰与圣应峰之间，有上潭、中潭、下潭三潭之胜。明杨慎《游点苍山记》："西南有一溪，叠崿承流，水色莹澈，其中石子粼粼，青碧璀璨，宛如宝玉之丽，其名曰清碧溪。"

③小纸房：与下文大纸房皆位于今大理市三塔寺以南214国道（西景线）东侧。

④郡城之西门：谓今大理古城西门，即苍山门。清顾祖禹《读史方舆纪要》卷一一七《云南五·大理府》："元郭松年《行记》：'大理城，一名紫城，方圆五里。西倚点苍，东扼洱水。龙首关于邓川之南，龙尾关于赵睑之北，称山水大都。'是也。明洪武十一年，复因故城修筑，砖表石里。二十五年，复展筑东南面，方三里，周十二里。南门曰承恩，东门曰通海，西门曰苍山，北门曰安远。"

⑤演武场：或称阅武场，古代军队练武的场所，位于今大理古城西门

外。民国《大理县志稿》卷三二《杂志部·轶事》："《滇系》：大理有观音市，设于点苍山下阅武场中，以三月十五日集，二十日散。至期则各省商贾皆来贸易，若长安灯市然。"所记即为今天大理所称著名的"三月街"。本日记三月十五日日记："十五日，是日为街子之始。盖榆城有观音街子之聚，设于城西演武场中，其来甚久。自此日始，抵十九日而散，十三省物无不至，滇中诸彝物亦无不至，闻数年来道路多阻，亦减大半矣。"

⑥石马泉：位于今大理古城西门外一塔寺下。明嘉靖《大理府志》卷之二《地理志·古迹》："石马泉，在城西，水味甘冽，源出西天竺，杨慎刻禹碑于上。"

⑦坡坳（ào）：山坡间的平地。

⑧冯元成：即冯时可（1541？~1621？），字元成，号文所，松江华亭（今属上海），明隆庆五年（1571）进士，历官广东按察司佥事、云南布政司参议、湖广布政司参政、贵州布政司参政，一生著述宏富，撰有《左氏释》、《左氏讨》、《上池杂识》、《雨航杂录》、《超然楼集》、《冯时可选集》等，其《滇行纪略》曾谓云南有十善："滇南最为善地，六月即如深秋，不用挟扇衣葛，一也；严冬虽雪，而寒不侵肤，不用围炉，二也；地气高爽，无霉湿，三也；花木高大，有十丈馀，其茶花如碗，大树合抱，鸡足苍松数十万株，云气如锦，四也；日月与星，比别处倍大，五也；花卉多异品，六也；望后至二十月犹圆满，七也；冬日不短，八也；温泉处处皆有，九也；岩洞深杳奇绝，十也。"《明史》卷二〇九有传。慧山：即惠山，慧，通"惠"。这里指惠山泉，又称陆子泉，位于今江苏无锡市惠山山麓，开凿于唐大历元年至十二年（766~777），分上、中、下三池，以上池水最佳。唐代《茶经》的作者陆羽曾品评过此泉水，其后即有"天下第二泉"的美誉。冯时可《滇行纪略》有云："楚雄府城外

石马井水，无异惠泉；感通寺茶，不下天池伏龙。特此中人不善焙制尔。"

⑨甃（zhòu）：以砖瓦等砌池壁。

⑩《志》云三句：作者记述似有讹误，石马泉与石马井并非一处景观。明嘉靖《大理府志》卷之二《地理志·古迹》："石马井，井在府治后。日亭午时，则见井中有石如马。"

⑪一塔寺：即弘圣寺，位于大理古城西南一里许。寺早废，弘圣寺塔今存，为一砖砌密檐式中空方塔，十六级，高约44米。

⑫诸葛祠：故址在弘圣寺附近，当为纪念三国蜀诸葛亮南征所设，今不存。

⑬中和：即中和峰，大理点苍山十九峰从北数第十二峰。玉局：即玉局峰，大理点苍山十九峰从北数第十四峰。

⑭罨（yǎn）映：掩映。作者《滇游日记六》崇祯十二年（1639）正月初二日记："其庐新结……余先屡过其旁，翠条罨映，俱不能觉，今从兰宗之徒指点得之。"

⑮一派：犹一片。

⑯匹练：一匹白绢。界：隔开。

⑰下流：谓清碧溪的下游。

⑱马鬣（liè）：坟墓封土的一种形状。《礼记·檀弓上》："昔者夫子言之曰：'吾见封之若堂者矣，见若坊者矣，见若覆夏屋者矣，见若斧者矣。'从若斧者焉，马鬣封之谓也。"汉郑玄注："俗间名。"唐孔颖达疏："马鬣之上，其肉薄，封形似之。"这里即指坟墓。

⑲阮尚宾：云南太和（今大理）人，明隆庆五年（1571）进士，历官长芦盐运使。

⑳蹑峻凌崖：攀登峻岭山崖。

㉑高穹：形容山崖高耸。

㉒骈（pián）突：并排突起。
㉓逼仄（zè）：犹狭窄。深窅（yǎo）：幽深，深邃。
㉔顾仆：徐霞客所雇用的顾姓仆人顾行。

余与巢阿父子同两僧溯溪入①。屡涉其南北，一里，有巨石蹲涧旁，两崖巉石②，俱堆削如夹。西眺内门，双耸中劈，仅如一线，后峰垂雪，正当其中，掩映层叠，如挂幅中垂③，幽异殊甚④。觉宗辄解筐酌酒，凡三劝酬⑤。复西半里，其水捣峡泻石间⑥，石色光腻⑦，文理灿然⑧，颇饶烟云之致⑨。于是盘崖而上，一里馀，北峰稍开，得高穹之坪⑩。又西半里，自坪西下，复与涧遇。循涧西向半里，直逼夹门下，则水从门中突崖下坠，其高丈馀，而下为澄潭⑪。潭广二丈馀，波光莹映⑫，不觉其深，而突崖之槽，为水所汩⑬，高虽丈馀，腻滑不可着足。时余狎之不觉⑭，见二僧已逾上崖，而何父子欲从涧北上，余独在潭上觅路不得。遂蹑峰槽，与水争道，为石滑足，与水俱下，倾注潭中，水及其项。亟跃而出，踞石绞衣⑮。攀北崖，登其上，下瞰余失足之槽⑯，虽高丈馀，其上槽道曲折如削，腻滑尤甚；即上其初层，其中升降，更无可阶也。再逾西崖，下觑其内，有潭方广各二丈馀，其色纯绿，漾光浮黛⑰，照耀崖谷，午日射其中，金碧交荡，光怪得未曾有⑱。潭三面石壁环窝⑲，南北二面石门之壁，其高参天，后面即峡底之石，高亦二三丈；而脚嵌颡突⑳，下与两旁联为一石，若剖半盎㉑，并无纤隙透水潭中，而突颡之上，如檐覆潭者，亦无滴沥抛崖下坠；而水自潭中辄东面而溢，轰倒槽道㉒，如龙破峡㉓。余从崖端俯而见之，亟攀崖下坠，踞石坐潭上，不特影空人心㉔，觉一毫一孔，无不莹澈㉕。亟解湿衣曝石上，就流濯足㉖，就日曝背㉗，冷堪涤烦㉘，暖若挟纩㉙。何君父子亦百计援险至㉚，相叫奇绝㉛。

[注释]

　　①巢阿：即何鸣凤，字巢阿。参见本日记十一日日记第二段注⑦。

　　②巉（chán）石：险峻陡峭的岩石。

　　③挂幅：即挂轴，谓装裱成轴，可悬挂的书画。

　　④幽异：幽深奇异。作者《滇游日记三》崇祯十一年（1638）九月初六日日记："越岭西下一里，抵盘壑中，见秋花悬隙，细流萦磴，遂成一幽异之境。"又《滇游日记七》崇祯十二年（1639）二月十六日日记："盖西即石宝之麓，东乃北绕之峰，骈夹止容一水，而下嵌上逼，极幽异之势。"

　　⑤劝酬：谓互相劝酒，敬酒。

　　⑥捣峡：同"倒峡"，谓水流倾峡而出。

　　⑦光腻：光滑细腻。

　　⑧文理：花纹，纹理。灿然：鲜丽貌。

　　⑨烟云之致：烟霭云雾的情趣。

　　⑩坪：谓山区内局部的平地。

　　⑪澄潭：谓清碧溪三潭中的中潭，圆形，与上潭间隔有数丈高的石壁，不可攀越。

　　⑫莹映：晶莹闪烁。

　　⑬汩（gǔ）：淹没。

　　⑭狎（xiá）：轻忽，轻慢。语本《左传·昭公二十年》："水懦弱，民狎而玩之，则多死焉。"晋杜预注："狎，轻也。"

　　⑮绞：挤压，拧。

⑯瞰（kàn）：俯视。

⑰漾光浮黛：谓潭水波光荡漾，反映着四面青山的倒影。

⑱光怪：形容错杂斑斓。得未曾有：谓前所未有，今始得之。唐万齐融《阿育王寺常住田碑》："阿宝塔之庄严，得未曾有。"

⑲环窝：谓四面环绕成圆窝状。

⑳脚嵌（qiàn）颡（sǎng）突：谓山岩下凹上凸。嵌，凹陷。颡，额头。

㉑盎（àng）：盆类盛器。《急就篇》卷三："甄、缶、盆、盎、瓮、罂、壶。"唐颜师古注："缶、盆、盎一类耳。缶即盎也，大腹而敛口，盆则敛底而宽上。"

㉒轰倒：轰鸣冲击。倒，通"捣"，谓冲击。作者《游雁宕山日记》万历四十一年（1613）四月十三日日记："龙湫之瀑，轰然下捣潭中。"

㉓如龙破峡：意谓如龙携雷电冲破峡谷。取意于画龙点睛"破壁"的故事，唐张彦远《历代名画记·张僧繇》："金陵安乐寺四白龙，不点眼睛。每云'点睛即飞去'。人以为妄诞，固请点之。须臾，雷电破壁，两龙乘云腾去上天，二龙未点睛者见在。"

㉔影空人心：意谓潭水令人心旷神怡。语本唐常建《题破山寺后禅院》诗："山光悦鸟性，潭影空人心。"

㉕莹澈：净化，使明洁。

㉖濯（zhuó）足：谓洗去脚污，比喻清除世尘，保持高洁。语出《孟子·离娄上》："沧浪之水清兮，可以濯我缨；沧浪之水浊兮，可以濯我足。"

㉗曝背：以背向日取暖。唐刘长卿《初到碧涧招明契上人》诗："渐老知身累，初寒曝背眠。"

㉘涤烦：清除烦恼。

㉙ 挟纩（kuàng）：披着绵衣。《左传·宣公十二年》："申公巫臣曰：'师人多寒。'王巡三军，拊而勉之，三军之士皆如挟纩。"晋杜预注："纩，绵也。言说（悦）以忘寒。"纩，古时指新丝绵絮，后泛指绵絮。

㉚ 援险：施援手以救险。

㉛ 奇绝：奇妙非常。晋陶渊明《和郭主簿》诗其二："陵岑耸逸峰，遥瞻皆奇绝。"

久之，崖日西映，衣亦渐干，乃披衣复登崖端，从其上复西逼峡门，即潭左环崖之上。其北有覆崖庋空①，可当亭榭之憩，前有地如掌，平甃若台②，可下瞰澄潭，而险逼不能全见③。既前，余欲从其内再穷门内二潭，以登悬雪之峰。何君辈不能从，亦不能阻，但云："余辈当出待于休马处。"余遂转北崖中垂处，西向直上。一里，得东来之道，自高穹之坪来，遵之曲折西上，甚峻。一里馀，逾峡门北顶，复平行而西半里，其内两崖石壁，复高骈夹起，门内上流之涧，仍下嵌深底。路傍北崖，削壁无痕，不能前度，乃以石条缘崖架空，度为栈道者四五丈④，是名阳桥，亦曰仙桥。桥之下，正门内之第二潭所汇，为石所亏蔽⑤，不及见。度桥北，有叠石贴壁间⑥。稍北，叠石复北断，乃趁其级南坠涧底。底有小水，蛇行块石间⑦，乃西自第一潭注第二潭者。时第二潭已过而不知，只望涧中西去，两崖又骈对如门，门下又两巨石夹峙，上有石平覆如屋而塞其后，覆屋之下，又水潴其中⑧，亦澄碧渊渟⑨，而大不及外潭之半。其后塞壁之上⑩，水从上涧垂下，其声潺潺不绝，而前从块石间东注二潭矣。余急于西上，遂从涧中历块石而上。涧中于是无纤流，然块石经冲涤之馀，不特无污染，而更光腻，小者践之，巨者攀之，更巨者则转夹而梯之⑪。上瞩两崖，危甍直夹⑫，弥极雄厉⑬。渐上二里，礧石高穹⑭，滑不能上，乃从北崖转陟箐中⑮。崖根有小路，为密箐所翳⑯，披之而行。又二里，闻人声在绝壁下，乃樵者拾枯于此，捆缚将返，见余，言前已无路，不复可逾。余不信，更从丛篁中披陟而西上⑰。其处竹形渐大，亦渐密，路断无痕。余莽披之⑱，去巾解服，攀竹为絙⑲。复逾里馀，其下壑底之涧，又环转而北，与垂雪后峰，又界为两重，无从竟升。闻清碧涧有路，可逾后岭通漾濞⑳，岂尚当从涧中历块耶㉑？

时已下午，腹馁甚，乃亟下；则负刍之樵㉒，犹匍匐箐中㉓。遂从旧道五里，过第一潭，随水而前，观第二潭。其潭当夹门逼束之内，左崖即阳桥高横于上，乃从潭左攀蹬隙，上阳桥，逾东岭而下。四里至高穹之坪，望西涧之潭，已无人迹，亟东下沿溪出，三里，至休马处。何君辈已去，独留顾仆守饭于此，遂啜之东出。三里半，过阮墓，从墓右下渡涧，由涧南东向上岭。路当南逾高岭，乃为感通间道㉔。余东逾其馀支，三里，下至东麓之半。牧者指感通道，须西南逾高脊乃得，复折而西南上跻，望崖而登，竟无路可循也。二里，登岭头，乃循岭南西行。三里，乃稍下，度一峡，转而南，松桧翳依㉕，净宇高下㉖，是为宕山㉗，而感通寺在其中焉。

[注释]

①覆崖庋（guǐ）空：意谓上面如檐的山崖给下面留出足够的空间。庋，置放，收藏。

②平甃（zhòu）：谓用石砌平。

③险仄：犹险仄，比喻狭窄。

④栈（zhàn）道：在山岩险绝处傍山架木而成的一种道路。

⑤亏蔽：遮掩。唐宋之问《自衡阳至韶州谒能禅师》诗："回首望旧乡，云林浩亏蔽。"

⑥叠石：谓叠置而成的石阶。

⑦蛇行：像蛇一样伏地爬行。

⑧潴（zhū）：水停聚处。

⑨渊渟（tíng）：潭水积聚不流貌。宋范成大《吴船录》卷上："中可数十步，两溪合为一以投大壑，渊渟凝湛，散为溪滩。"

⑩塞壁：险要的石崖。

⑪夹：石隙。

⑫危蠢直夹：高峻蠢立形成直上直下的缝隙。

⑬弥：更加。雄厉：雄伟高峻。

⑭磵（jiàn）：山间的水沟。

⑮箐（qìng）：山间大竹林。

⑯翳（yì）：遮蔽，隐藏。

⑰篁：竹丛，竹林。披陟：谓在竹丛中开辟攀登。

⑱莽披：谓拨开草丛而行。莽，草丛。

⑲攀竹为絚（gēng）：谓以竹为绳梯攀爬。絚，絚级，即绳梯。作者《粤西游日记一》崇祯十年（1637）五月二十三日日记："峰侧有古木一株，其仆三人祷而后登，梯转絚级，备极其险，然止达木所，亦未登巅。"

⑳漾濞（bì）：即漾濞江城（今云南漾濞彝族自治县），位于点苍山以西。明置漾备巡司，属蒙化府，清改置漾濞江巡司。《清一统志·蒙化厅》著录漾濞江巡司："在厅城西北一百九十里，明初置，本朝因之。"

㉑历块：这里是行进艰难的意思，有自我调侃的意味。语本《汉书·王褒传》："过都越国，蹶如历块。"唐颜师古注："如经历一块，言

其疾之甚。"蹶，疾行。《国语·越语下》："臣闻从时者，犹救火、追亡人也，蹶而趋之，唯恐弗及。"三国吴韦昭注："蹶，走也。"徐霞客这里巧用"藏头"加"飞白"修辞法，将"历块"故意解释为在山涧中翻越岩崖，又藏头"蹶"，而仅用其"颠仆"或"跌倒"的义项。

㉒负刍：背柴草，谓从事樵采之事。

㉓匍匐：手足并行。《诗·大雅·生民》："诞实匍匐，克岐克嶷，以就口食。"宋朱熹注："匍匐，手足并行也。"

㉔感通：即感通寺，又名荡山寺，位于大理古城以南5千米处的点苍山圣应峰麓，传为唐初高僧李成眉所建，南诏蒙世隆时高僧赵波罗再加修建。

㉕翳（yì）依：形容树荫浓密。

㉖净宇：佛寺。金元好问《龙潭》诗："窈窕转幽壑，突兀开净宇。"高下：谓寺院建筑参差起伏。

㉗宕山：即荡山，位于今大理市西南。

盖三塔、感通，各有僧庐三十六房①，而三塔列于两旁，总以寺前山门为出入②；感通随崖逐林③，各为一院，无山门总摄，而正殿所在，与诸房等。正殿之方丈有大云堂④，众俱以大云堂呼之而已。时何君辈不知止于何所，方逐房探问。中一房曰斑山，乃杨升庵写韵楼故址⑤，初闻何君欲止此，过其门，方建醮设法于前⑥，知必不在，乃不问而去。后有人追至，留还其房。余告以欲觅同行者，其人曰："余知其所止，必款斋而后行⑦。"余视其貌，似曾半面⑧，而忘从何处，谛审之⑨，知为王赓虞，乃卫侯之子，为大理庠生⑩，向曾于大觉寺会于遍周师处者也⑪。今以其祖母忌辰⑫，随其父来修荐于此⑬,见余过,故父子相诒⑭,而挽留余饭焉。饭间,何君亦令僧来招。既饭而暮,遂同招者过大云堂前北上,得何君所止静室⑮,复与之席地而饮。夜月不如前日之皎。

[注释]

①僧庐:僧舍。

②山门:佛寺的外门。

③随崖逐林:谓凭借山势与林木而建僧庐。

④方丈:谓寺中长老、住持的居室。大云堂:故址位于感通寺西南。

⑤"中一房"二句:明嘉靖九年(1530)被贬谪云南的状元杨慎与当地名士李元阳同游感通寺,居住斑山楼二十馀日,校注《六书》并转注千字音韵,李元阳即将此楼题名"写韵楼",今仅存遗址。明杨慎《游点苍山记》:"暮投感通寺楼,篝灯夜坐,闻寺僧诵等字。中谿曰:'六书中转注实非"考老",而宋人妄拟,后世学者遂沿而不改。此不可无述,愿公任之。'予遂操笔书转注之例约千馀字,汇成一编。中谿题其额曰'写韵楼'。寓此凡二旬日而去。"斑山,多作"班山"。民国《大理县志稿》卷三二《杂志部·古迹》:"写韵楼,在城西南十二里感通寺之班山,明杨慎著《六书转注》处。晋宁隐逸唐泰即担当和尚卓锡于此。"杨升庵,即杨慎(1488~1559),字用修,号升庵,新都(今属四川)人。明正德六年(1511)进士第一,授翰林院修撰。嘉靖三年(1524),众臣因"议大礼",违背世宗意愿受廷杖,杨慎谪戍云南永昌卫,居云南三十馀年,死于戍地。杨慎对诗、文、词、赋、散曲、杂剧、弹词,皆有涉猎,尤精于诗;考论经史以及研究训诂、文学、音韵、名物的杂著亦多建树。《明史》称明代记诵之博,著作之富,推慎为第一。除诗文外,其杂著多至百馀种。其主要作品收入《升庵集》,达八十一卷。《明史》卷一九二有传。

⑥建醮（jiào）设法：谓僧道设坛为亡魂祈祷的法事。醮，祭神。

⑦款斋：谓招待斋饭。

⑧半面：谓瞥见一面，留有印象。《后汉书·应奉传》："奉少聪明。"唐李贤注引三国吴谢承《后汉书》："奉年二十时，尝诣彭城相袁贺，贺时出行闭门，造车匠于内开扇出半面视奉，奉即委去。后数十年于路见车匠，识而呼之。"

⑨谛（dì）审：详审，仔细审核辨认。

⑩庠（xiáng）生：科举时代称府、州、县学的生员，明清时为秀才的别称。

⑪大觉寺：位于明大理府宾川州（今云南宾川县）鸡足山（在洱海东北方），万历三十年（1602），高僧可全扩建觉云寺，更名大觉。1934年毁于火灾，重建后再毁于20世纪60年代中，1997年重建后改名虚云禅寺。遍周：大觉寺高僧法号。作者《滇游日记六》崇祯十二年（1639）正月初四日日记："入大觉寺，叩遍周老师。师为无心法嗣，今年届七十，齿德两高，为山中之耆宿。"

⑫忌辰：旧指父母逝世的日子，因禁忌饮酒、作乐等事，故称。

⑬修荐：谓请和尚或道士念经拜忏以超度亡灵。

⑭谂（shěn）：知悉。

⑮静室：指寺院住房或隐士、居士修行之室。唐綦毋潜《题灵隐寺山顶禅院》诗："观空静室掩，行道众香焚。"

十三日 与何君同赴斋别房，因遍探诸院。时山鹃花盛开①，各院无不灿然。中庭院外，乔松修竹②，间以茶树③。树皆高三四丈，绝与桂相似④，时方采摘，无不架梯升树者。茶味颇佳，炒而复曝，不免黝黑。已入正殿，山门亦宏敞。殿前有石亭，中立我太祖高皇帝赐僧无极《归云南诗》十八章⑤，前后有御跋⑥。此僧自云南入朝，以白马、茶树献，高皇帝临轩见之⑦，而马嘶花开，遂蒙厚眷⑧。后从大江还故土⑨，帝亲洒天葩⑩，以江行所过，各赋一诗送之，又令诸翰林大臣皆作诗送归⑪。今宸翰已不存⑫，而诗碑犹当时所镌者⑬。李中谿《大理郡志》⑭，以奎章不可与文献同辑⑮，竟不之录。然其"文献门"中亦有御制文⑯，何独诗而不可同辑耶？殿东向，大云堂在其北。僧为瀹茗设斋⑰。

[注释]

①山鹃：即杜鹃花，也称映山红，常绿或落叶灌木，全属850馀种，中国有560馀种，分布地区集中于云南、西藏和四川。叶卵状椭圆形。春季开花，花冠阔漏斗形，红色，是著名的观赏植物。

②乔松：高大的松树。《诗·郑风·山有扶苏》："山有乔松，隰有游龙。"

③茶树：山茶科山茶属多年生常绿木本植物，其起源中心就在中国西南的云贵高原一带。感通茶为感通寺特产，今已成为出口名茶。《明一统志》卷八六："感通茶，感通寺出，味胜他处产者。"

④桂：即桂花，木犀科木犀属常绿灌木或乔木。又名木犀、岩桂、九里香等。因其叶心有纵纹，形如圭而得名。原产中国西南、中南地区，株高达20米。自然株形随树龄增长而有不同变化，从椭圆而圆球形，最后成扁圆形。

⑤"中立"句：明洪武十六年（1383），感通寺住持无极大法师至南京朝觐明太祖朱元璋，献白马、茶树，时值初春，白马嘶鸣，茶树开花，朱元璋以为大明江山吉祥之兆，于是赐无极名"法天"，授以大理府僧纲

司都纲一职，还令翰林院学士赐诗十八首送归。据说点苍山僧众列队站班迎接无极归来，其地即称"班山"（位于今感通寺山门下侧）。明谢肇淛《滇略》卷二："大理之南有荡山寺，一名感通。汉摩腾竺法兰由西天竺入中国时建也，唐南诏重新之。其地山峦回合，林樾葱蒨，佛堂之外僧院三十有六，四壁绘人天诸相，皆极工丽，中堂石上有僧跌迹云。洪武十六年，寺僧无极率其徒入觐，献白驹一、山茶一，上临轩受之，山茶忽发一花，上异之，赐御制诗一十八章，叙其水陆往返之劳，并序刻于石。"明末当地著名文人唐泰（1593~1673），字大来（徐霞客在云南所结识的友人，明亡后出家为僧，即著名的释普荷，号担当）曾题感通寺联云："寺古松森，西南览胜无双地；马嘶花放，苍洱驰名第一山。"太祖高皇帝，即朱元璋（1328~1398），幼名重八，字国瑞，濠州（今安徽凤阳县）钟离太平乡人，曾入皇觉寺为僧，后投红巾军抗元，建立明朝，改元洪武。辛葬南京钟山孝陵，庙号太祖，谥高皇帝。

⑥御跋：帝王的评说。跋，这里不当视为一般意义上的跋文。

⑦临轩：皇帝不坐正殿而御前殿，殿前堂陛之间近檐处两边有槛楯，如车之轩，故称。

⑧厚眷：深厚的恩宠。

⑨大江：谓长江。

⑩天葩（pā）：非凡的花，比喻帝王欢送仪式隆重。

⑪翰林大臣：明代掌制诰、著作、修史、图书等事务的官署翰林院的官员，长官为掌院学士，其下设侍读学士、侍讲学士、侍读、侍讲、修撰、编修、检讨等官，皆属翰林大臣。

⑫宸（chén）翰：帝王的墨迹。

⑬诗碑：谓镌刻《归云南诗》十八章的石碑。镌（juān）：雕刻。明杨慎《游点苍山记》："兹寺有高皇诗十八章，镌碑山门院，凡三十六。

今存在仅半耳。"明嘉靖《大理府志》卷二《地理志·古迹》："天章台，在城南十里感通寺，有高皇帝赐寺僧无极诗。凡一十八首，有碑。"

⑭李中谿：即李元阳（1497~1580），字仁甫，号中谿，别号逸民，明大理府太和县人，白族。嘉靖五年（1526）进士，选翰林院庶吉士，历官江阴知县、户部主事、监察御史、荆州知府，后弃官还乡，优游山水四十年。著有《艳雪台诗》、《中谿漫稿》、《心性图说》等，晚年编纂《大理府志》和《云南通志》。大理郡志：即嘉靖《大理府志》，今存目录十卷与第一、第二卷残存。

⑮奎章：指帝王的诗文书法等。宋岳珂《桯史·王义丰诗》："山南有万杉寺，本仁皇所建，奎章在焉。"

⑯文献门：今残存明嘉靖《大理府志》目录无"文献"一门，仅第十卷《杂志》有"遗文"目录。

⑰瀹（yuè）茗：煮茶。明清饮茶已多用冲泡法。

已乃由寺后西向登岭，觅波罗岩①。寺后有登山大道二：一直上西北，由清碧溪南峰上，十五里而至小佛光寨②，疑与昨清碧溪中所望雪痕中悬处相近，即后山所谓笔架山之东峰矣③；一分岐向西南，溯寺南第十九涧之峡，北行六里而至波罗岩。波罗岩者，昔有赵波罗栖此④，朝夕礼佛，印二足迹于方石上，故后人即以"波罗"名。波罗者，乃此方有家道人之称⑤。其石今移大殿中为拜台⑥。时余与何君乔梓骑而行⑦。离寺即无树，其山童然⑧。一里，由岐向西南登。四里，逾岭而西，其岭亦南与对山夹涧为门者。涧底水细，不及清碧，而内峡稍开，亦循北山西入。又一里，北山有石横叠成岩，南临深壑。壑之西南，大山前抱，如屏插天，而尖峰齿齿列其上⑨，遥数之，亦得十九，又苍山之具体而微者⑩。岩之西，有僧构室三楹⑪，庭前叠石明净，引水一龛贮岩石下⑫，亦饶幽人之致⑬。僧瀹茗炙面为饵以啖客⑭。久之乃别。

从旧路六里，过大云堂，时觉宗相待于斑山，乃复入而观写韵楼。楼已非故物，今山门有一楼，差可以存迹⑮。问升庵遗墨⑯，尚有二扁⑰，寺僧恐损剥⑱，藏而不揭也⑲。僧复具斋，强吞一盂而别⑳。其前有龙女树㉑。树从根分挺三四大株，各高三四丈，叶长二寸半，阔半之，而绿润有光，花白，大于玉兰㉒，亦木莲之类而异其名㉓。时花亦已谢，止存数朵在树杪㉔，而高不可折，余仅折其空枝以行。于是东下坡，五里，东出大道，有二小塔峙而夹道；所出大道，即龙尾关达郡城者也㉕。其南有小村曰上睦㉖，去郡尚十里。乃遵道北行，过七里、五里二桥㉗，而入大理郡城南门㉘。经大街而北，过鼓楼㉙，遇吕梦熊使者㉚，知梦熊不来，而乃郎已至㉛。以暮不及往。乃出北门㉜，过吊桥而北㉝，折而西北二里，入大空山房而宿㉞。

[注释]

①波罗岩：又作波罗崖，位于大理点苍山第十六峰圣应峰顶。波罗岩下有波罗洞，其侧有始建于唐代的波罗寺，今存者为后世所重建。民国《大理县志稿》卷三二《杂志部·古迹》："波罗岩，在圣应峰最高处，昔异人赵波罗栖隐于此，不筑庐舍，依崖而居，故名。"

②小佛光寨：位于大理点苍山第十六峰圣应峰顶，与位于浪穹县东北佛光山之佛光寨有别，故曰小佛光寨。清顾祖禹《读史方舆纪要》卷一一七："佛光寨在州北三十里，与浪穹县佛光山相接。"

③笔架山：位于今大理古城东南。

④赵波罗：据传说原为苍山赵姓樵夫，后在感通寺出家，但诵经只会念"波罗"两字，多年后到山上找一岩洞修行，终成正果。

⑤有家道人：谓僧人有家室者。

⑥大殿：当谓波罗寺的正殿。拜台：这里指礼佛时所跪之石。

⑦何君乔梓：谓何巢阿与其幼子。乔梓，比喻父子。语本《尚书大传》卷四："伯禽与康叔见周公，三见而三笞之。康叔有骇色，谓伯禽曰：'有商子者，贤人也。与子见之。'乃见商子而问焉。商子曰：'南山之阳有木焉，名乔。'二三子往观之，见乔实高高然而上，反以告商子。商子曰：'乔者，父道也。南山之阴有木焉，名梓。'二三子复往观焉，见梓实晋晋然而俯，反以告商子。商子曰：'梓者，子道也。'二三子明日见周公，入门而趋，登堂而跪。周公迎拂其首，劳而食之，曰：'尔安见君子乎？'"

⑧童然：谓山岭、土地无草木。

⑨齿齿：排列如齿状。唐韩愈《柳州罗池庙碑》："桂树团团兮白石齿齿。"

⑩具体而微：总体的各部分都具备而形状或规模较小。《孟子·公孙丑上》："子夏、子游、子张皆有圣人之一体；冉牛、闵子、颜渊，则具体而微。"宋朱熹集注："具体而微，谓有其全体，但未广大耳。"

⑪楹（yíng）：量词，房屋计量单位。屋一列或一间为一楹。

⑫龛（kān）：小的窟穴。

⑬幽人：幽隐之人，隐士。《易·履》："履道坦坦，幽人贞吉。"唐孔颖达疏："幽人贞吉者，既无险难，故在幽隐之人守正得吉。"致：意趣。

⑭炙面为饵：烤制糕饼。啖（dàn）：给吃。《汉书·王吉传》："东家有大枣树垂吉庭中，吉妇取枣以啖吉。"唐颜师古注："啖，谓使食之。"

⑮差（chā）：略微。存迹：保留遗迹。

⑯遗墨：指死者留下来的亲笔书札、文稿、字画等。

⑰扁：匾额。后多作"匾"。

⑱损剥：损伤，剥蚀。

⑲揭：公开展示。

⑳盂（yú）：盛汤浆或饭食的圆口器皿。

㉑龙女树：即龙女花。民国《大理县志稿》卷五《食货部》："《荡山志》：龙女花出大理府太和感通寺，树叶全似山茶，蕊大而香。邑人杨文翚《咏龙女花》诗：岂因雨露出天工，秋到寒山却傲风。蝶翅粉团金粟外，峰须黄簇玉盘中。琼花难擅无双价，祇树应推第一丛。不独拈来迦叶笑，当年曾献大明宫。"又谓："案，此花今不存。"

㉒玉兰：花木名，落叶乔木，一般高3~5米，单叶互生，倒卵形状长椭圆形。花大型，呈钟状，单生枝顶，早春先叶开放。花瓣九片，色白，芳香如兰，故名。

㉓木莲：常绿乔木。叶子长椭圆状披针形，花如莲，果穗球形，成熟时紫色。俗称黄心树。

㉔树杪（miǎo）：树梢。

㉕龙尾关：即下关城，位于大理府治以南三十里。参见本日记十一日日记首段注⑥。郡城：谓大理府府城，即今大理古城。

㉖上睦：当即今大理上末村，"睦"、"末"，当系音讹。位于今大理古城以南，214国道（西景线）西侧。

㉗七里：当即今大理七里桥乡，位于今上末村西侧。五里：当即今大理南五里桥村，位于今七里桥乡以北、大理古城以南，214国道（西景线）附近。

㉘大理郡城南门：即今大理市大理古城南门承恩门。参见本日记十二

日日记首段注④。

㉙鼓楼：旧时地方上设置大鼓的楼，用以击鼓报警，或按时敲鼓报告时辰。一般建筑于城北。

㉚吕梦熊：明大理府凤羽（即今大理白族自治州洱源县南二十六里凤羽乡）寻检司土司尹忠的岳丈，官指挥使，即明代卫指挥使司长官，秩正三品，其官多世袭。本日记三月初一日日记："今有巡司，一流一土，土尹姓。名忠，号懋亭，为吕挥使梦熊之婿。吕梦熊先驰使导为居停，而尹以捕缉往后山，其内人出饭待客，甚丰。薄暮尹返，更具酌，设鼓吹焉。"徐霞客在云南大理与吕梦熊建立了良好关系。使：仆役。《广雅·释诂》："厮、徒、牧、圉、侍、御、仆、从、扈、养……使也。"

㉛乃郎：旧时称人家的儿子。

㉜北门：即今大理市大理古城北门安远门。参见本日记十二日日记首段注④。

㉝吊桥：古代建筑于城门外护城河上全部或一部分桥面可以吊起、放下的桥，以便防守。

㉞大空山房：三塔寺中僧房名。三塔寺，即崇圣寺，参见本日记十一日日记第二段注⑥。

[评析]

据朱惠荣先生统计，现今传世的《徐霞客游记》总篇幅约62.8万字，其中名山游记总计4.2万字，《闽游日记》0.78万字，《浙游日记》1万字，《江右游日记》3.5万字，《楚游日记》5.5万字，《黔游日记》3.2万字，《粤西游日记》19.7万字，《滇游日记》则达25万字（见《徐霞客与云南》，载《云南社会科学》1994年第6期），徐霞客有关云南之游的篇幅达十三篇之多，文字则约占其全部《游记》字数的40%，可见这一部分游记的重要性。徐霞客逗留云南的时间也最长，从明崇祯十一年（1638）五月初十日到崇祯十三年（1640）正月共计一年九个月。《滇游日记八》从崇祯十二年（1639）三月初至浪穹（今云南洱源县）南部的凤羽算起，到四月初十日离开永昌府，留下日记二十九篇，所缺者为三月三十日至四月初九的日记共计十天。二十九天中，徐霞客在浪穹游览了鸟吊山、清源洞，在大理府游览了邓川西湖、蝴蝶泉、点苍山的古佛洞、清碧溪以及三塔寺、感通寺，赶观音街子（今称三月街），在漾濞街、永平县留下足迹，考察了漾江、濞江以及澜沧江，最后赴永昌府（今保山市）结束了这一段行程。本书所选三月十一日至十三日共三天的日记，其内容主要以洱海以西的点苍山麓为主。

清顾祖禹《读史方舆纪要》卷一一七《大理府·点苍山》："在府城西。巍峨秀丽，为南中奇胜。顶有高河泉，深不可测。分为十九峰，又有瀑布诸泉流为锦浪十八川，环绕于群峰间。南诏尝封此山为中岳。"徐霞客对于点苍山并非遍游十九峰、十八溪，而是有重点选择地考察游览，到古佛洞探险的历程，记述蝴蝶泉及其"泉上大树"，追忆此前在三家村所见尚未开花之"十里香"，描绘感通寺中龙女树的奇异，在清碧溪之中潭的落水与临潭濯足曝背的惬意，对感通寺杨慎写韵楼的关注，对"马嘶花开"传说的兴趣，都有笔下生风之致，皆令读者难以忘怀。特别是作者"踞石坐潭上，不特影空人心，觉一毫一孔，无不莹澈"一段有关当时欢畅心态的描述，暗用唐代诗人常建《题破山寺后禅院》诗中"山光悦鸟性，潭影空人心"句意，典雅含蓄，情景交融，是其《游记》文学性的体现，能给读者留下深刻的印象。至于"闻清碧涧有路，可逾后岭通漾濞，岂尚当从涧中'历块'耶"一段带有自我调侃意味的话语，代表了徐霞客文字的幽默风格。唯有充分自信的人才有如此自嘲的勇气，而这也正是作者历尽千辛万苦不改踏遍祖国千山万水初衷的动力之一。

滇游日记九（节选游石房洞山云岩山）

二十七日① 晨起，饭而行。仍取木胆肩负之②。由冈东南下峡，一里馀，复有烟气郁勃③，则热水复溢坞中④，与冷水交流而西出峡，其坞皆东大山之环壑也。由其南复上坡，里馀，有坑自东山横截而西，若堑界之者⑤，其下亦水流淙淙。随坑东向上，一里，从坑坠处南渡其上。盖其东未渡处，亦盘壑成坪⑥，有村倚东峰下，路当其西南。半里，有岐：一南行坡上，一东向村间。余意向东者乃村中路，遂循东峰南行，前望尖山甚近⑦。三里稍下，见一坞横前，其西下即乌索之旁村⑧，其南逾即雅乌之西坳矣⑨，乃悟此为固栋道⑩。亟转而东，莽行坡坂间⑪。一里，得南来大路，乃知此为固栋向南香甸道⑫，从之。渐东北上，一里，稍平，东向半里，复上坡。平上者一里，行峰头稍转而南，半里，即南雅乌之脊也。从其上可南眺瀧㳌山⑬，而北来之岭，从其北下坠为坳，复起此坡。东随坞脊平行，半里，乃东北下。抵坳东，则有路西自坳中来者，乃热水塘正道⑭，当从坠坑东村之岐上，今误迂而南也。于是又东下一里馀，其下盘而为坪，当北山之东，山界颇开，中无阡塍⑮，但丰草芄芄⑯。东北一峰东突，巀嶪前标⑰，即石房洞山也⑱，其后乃西北而属于西山。西山则自北而南，如屏之列，即自热水塘之东而南度雅乌者也。于是循西山又北下，半里，见有两三家倚南坡而庐，下颇有小流东向而坠，而路出其西北，莫可问为何所。已而遇一人，执而询之⑲。其人曰："雅乌山村也。"亟驰去。后乃知此为畏途⑳，行者俱不敢停趾㉑，而余贸贸焉自适也㉒。又北一里，再逾一东突之坡，一里，登其坳中，始觉东江之形㉓，自其南破雅乌东峡而去，而犹不见江也。北向东转而下，一里，有峡自西北来，即巘崿后西北之山㉔，与西界夹而成者，中有小水随峡东出，有小木桥度其上。过而东，遂循北山之麓，始见南壑中，东江盘曲，向西南而破峡。盖此地北山东突而巘崿，南山自石洞厂南㉕，盘旋西转，高耸为江东山北岭，与北对夹，截江西下，中拓为坞，曲折其间。路从其北东行，一里，有岐东南下坞中，截流渡舟，乃东趋石洞之道；有路东北挟巘崿之峰而转，乃北趋南香甸道。于是东北一里馀，转巘崿峰东。遥眺其坞大开，自北而南，东西分两界夹之。西山多东突之尖㉖，东山有亘屏之势㉗，坞北豁然遥达㉘，坞东则江东北嶂，矗峙当夹㉙。惟东南一峡，窈窕而入㉚，为杨桥、石洞之径㉛；西南一坞，宛转而注㉜，为东江穿峡之所。

[注释]

①二十七日：明崇祯十二年四月二十七日，即公元1639年5月29日。

②木胆：一种寄生类植物，或称"树挂"，徐霞客此前三天游位于腾冲县西50千米处的云峰山时所发现。本日记二十四日日记："其门南临绝壑，上夹重崖，有二木球倒悬其前。仰睇之，其上垂藤，自崖端悬空下丈馀，即结为瘿，如瓠匏之缀于蔓者。瘿之端，缀旁芽细枝，上迎雨露，茸茁天矫，花叶不一状，亦有结细子圆缀枝间者，即山僧亦不能名之，但曰寄生，或曰木胆而已。一丝下垂，结体空中，驭风吸露，形似胆悬，命随

空寄，其取意亦不诬也。"又云："一瘿圆若葫芦倒垂，上大下小，中环的颈；一瘿环若巨珙，两端圆凑而中空：皆藤悬于上而枝发于下。如珙者轻而松，如葫芦者坚而重，余不能兼收，后行时置轻负坚者而走。"

③郁勃：蒸腾旺盛貌，"郁然勃发"的缩写。作者《滇游日记十》崇祯十二年（1639）五月初七日日记记述沸泉硫磺塘景况："又南一里，则西山南逊，有峡东注大溪，遥望峡中蒸腾之气，东西数处，郁然勃发，如浓烟卷雾，东濒大溪，西贯山峡。"

④热水：即热泉，云南热泉有八百馀处，属于中国热泉最多的地方，而腾冲热海又是云南热泉最为集中之地。据现代统计，腾冲共有水热活动区 62 处，温度高于 45℃ 热泉区占 24 处，凡火山地热区常见的沸泉、热泉、温泉、碳酸泉、自然硫、硅华、钙华以及易溶性盐华等，在腾冲均可见到。清张泓《滇南新语》："古汤池擅名者，陕之华清，为天下最。而云南在在有之，如宜良、浪穹等处，水俱如沸，有硫磺气，可以燖鸡豚。亦有浴池，土人咸浴之。"坞：釜状凹地。

⑤堑（qiàn）：沟壕。

⑥盘壑：峰崖环绕的山谷。作者《滇游日记七》崇祯十二年（1639）二月十三日日记："循南山之坡曲折西下，三里，抵盘壑中。其处东、北、西三面皆崇峰，西北、东南二面皆坠峡，惟西南一脊如堵垣。"坪：山间的平地。

⑦尖山：又名云峰山，位于今云南腾川县固东镇明光乡以东，徐霞客发现木胆之山。清光绪《腾越州志》卷三《山水》："云峰山，一名尖山，城西百二十里乌索地。顶峰凿壁石为级，绝似太华之苍龙脊，两旁皆危崖，石脊中垂，阔仅盈尺，若龙之垂尾以渡而级随之。梯凡三转，里许登其巅，东西长五丈，南北阔半之，中建玉皇阁，前立关帝庙，真幽绝境也。下三里有接引殿，山脚为万福寺。腾越灵山，此为第一。'三折云

梯'为十二景之一。"

⑧乌索：位于今云南腾冲固东（《日记》作"固栋"）镇明光乡东。本日记四月二十三日日记："路左则西江自西壑盘曲东来，破峡而东南去，于是出固栋西山之西北矣。始下见盘壑西开，江盘壑底，而尖山兀然立其西南矣。又西下一里，随江北岸西行二里，始有村庐倚冈头，是为乌索。"

⑨雅乌：即今鸦乌山，海拔2236米，其东北有鸦乌村，位于今固东镇东北。清光绪《腾越州志》卷三《山水》："鸦乌山，在城西百二十里，东西二江皆从其两腋南出。徐霞客云应名挨河山。"坳（ào）：山曲间的平地。

⑩固栋：即今固东镇，位于腾冲县（由云南保山市代管的县级市）中部偏北。本日记二十二日日记："固栋一名谷栋，聚落当大坞中，东、西二江夹之。其北则雅乌山南垂，横亘两山间，至此而止；其南则两江交合于三里外，合流东南去，至曲尺入龙川江；东则江东山，北自石洞东南向而下；西则三清山，北又起一峰，南与三清雁行而峙，其中有峡如门，而小甸之路从之。"

⑪莽行：谓在草丛中行进。坡坂（bǎn）：山坡。

⑫南香甸：作者疑为"兰香甸"之讹（详后），今传方志亦作"兰香甸"。位于今腾冲县北小辛街。本日记二十六日日记："东西两界山，自姊妹山分支：西下穹为滇滩东北峰，而下为土瓜山；东下穹为阿幸东山，而南接雅乌。东山之东，北为明光，南为南香甸，第此山峻隔，路仄难逾，故行者避之。"甸，当是是元代云南地方行政单位名称的遗存。《元史·地理志四》："云南诸路行中书省，为路三十七、府二，属府三，属州五十四，属县四十七。其馀甸寨军民等府不在此数。"《元史·地理志四》："（石旧）县在州东，有四甸：曰掌鸠，曰法块，曰抹捻，曰曲蔽。"

⑬龙嵕（lóng zōng）山：位于今腾冲县城西北三十里。清光绪《腾越州志》卷三《山水》："龙嵕山，城西北三十里，山云合即雨，州人望之以卜阴晴。是山之脉直至赤土山，又名笔锋。'龙嵕朝云'为八景之二，'笔峰霁雪'为八景之四。"

⑭热水塘：位于今云南腾冲县固东镇以东偏南。本日记四月二十六日日记："复东南上坡半里，至石屏土主碑下，与前来之道合。又南越冈而下，过松山及诸所，二十里而入热水塘李老家。时犹下午，遍观热水所泄，其出甚异。盖坞中有小水自东峡中注而西者，冷泉也。小水之左右，泉孔随地而出，其大如管，喷窍而上，作鼓沸状，滔滔有声，跃起水面者二三寸，其热如沸，有数孔突出一处者，有从石窦中斜喷者，其热尤甚。土人就其下流，作一圆池而露浴之。余畏其热，不能下体，仅踞池中石上拂拭之而已。外即冷泉交流，若导入侵之即可浴。"清光绪《腾越州志》卷三《温泉》："热水塘温泉，在阿幸。其热水所出甚异，坞中本有小水自东峡而来，为冷泉。小水左右泉孔随地而喷，其大如管，作鼓沸状，跃跃有声，跃出水面二三寸，其热如沸，有数孔突出一处者，有从石隙中斜喷者。其热殊甚。土人就其下流作一圆池而露浴之。此冷泉南坡之热水也。其北倚东坡热亦如之。两池相望，溢孔不啻百也。"

⑮阡塍（chéng）：田埂。

⑯芃芃（péng péng）：茂盛貌。《诗·鄘风·载驰》："我行其野，芃芃其麦。"毛传："麦芃芃然方盛长。"

⑰巘嶪（jié yè）：高耸。宋范成大《吴船录》卷上："入寺侧，出石磴半馀里，有三石峰，平正如高楼巍阙，巘嶪奇伟，不可名状。"标：柱状物。作者《楚游日记》崇祯十年（1637）三月二十三日日记："直南遥望峰尽处，中竖一峰，如当门之标，望之神动，惟恐路之不出其下也。"

⑱石房洞山：位于今云南腾冲以北、永昌以西，系石灰岩溶洞，天长

日久，风雨侵蚀，难以攀登。清光绪《腾越州志》卷三《山水》："石房洞山，在大西明光界，其径甚削，入洞如半月，上覆，中不甚深。下有石门，可披隙入，丈馀即止。离洞里许，复高穹有洞，洞前有巨石当门，门分为二，从其西而入，可即其东而出。《徐霞客游记》云：'生平游兴，无如此洞之奇险。有石悬如台，不能上也。'"清光绪《腾越厅志》卷二《地舆志·山川》："石房洞山，一名云岩山，亦名小尖山，在城北百六十里兰香甸西，东临固东东江。《霞客记》：'上多石洞，有云岩寺，依洞为屋。结构奇巧。'"后有小字注云："按旧志以云岩、石方洞分而为二，据《霞客记》，实一山也。"此记将石房洞山与云岩山、小尖山混而为一，并以《徐霞客游记》为证，似有误解。

⑲执：这里是寻找到的意思。

⑳畏途：艰险可怕的道路。《庄子·达生》："夫畏涂者，十杀一人，则父子兄弟相戒也，必盛卒徒而后敢出焉。"唐成玄英疏："涂，道路也。夫路有劫贼，险难可畏。"参见本段注⑫。

㉑停趾：止步。

㉒贸贸：轻率冒失，考虑不周。自适：悠然闲适而自得其乐。

㉓东江：位于今云南腾冲北境，至固东镇汇合西江流向东南而去。本日记二十二日日记："于是东北行田塍间，一里馀，有江自西北往东南，长木桥横跨之，是为西江；其东又有一江自东北注东南，沿东山与西江并南行坞中，是为东江。"清光绪《腾越州志》卷三《山水》："固东江，在城西百里。自阿幸来者为西江，自兰香甸来者为东江。固东本名谷东，又名固栋，聚落当大坞中，东、西二江夹之，二口交合于三里外，自阿白屯合流东南去。"清光绪《腾越厅志》卷二《地舆志·山川》："东江，源出厅北二百馀里滇滩关东北兰香甸河北之明光山，南流为明光河，又南流经石房洞山东麓，西南流经雅乌山东麓，有由南至固东南会西江。两江既

会，折东南流右纳。"

㉔巀嶭（jié niè）：指高峻的山。这里即代指前文所谓"巀嶪前标"的石房洞山。巀嶭，义同"巀嶪"，但更偏向于名词性结构。

㉕石洞厂：当位于今腾冲固东镇明光乡石洞坝一带。厂，明代腾越州有明光六厂（明光、南香甸、石洞、阿幸、灰窑、雅乌），属于当地矿区，石洞厂即为六厂之一。参见下文。

㉖西山：当即盖西山，位于腾越州猛蚌附近。清光绪《腾越州志》卷三《山水》："盖西山，由猛蚌南行，由山峡中曲折蛇行，仰不见天，至盖西忽然开朗。其山临江。"

㉗东山：当即江东山，位于腾越州赤石屯。清光绪《腾越州志》卷三《山水》："江东山，连峰巀嶪，在赤石屯，有亘屏之势。"亘屏：横亘的屏障。

㉘豁然：开阔貌。遥达：到远方通畅无阻。

㉙矗（chù）峙：高耸直立。夹：山夹，即山峡，谓两山之间的峡谷。

㉚窈窕（yǎo tiǎo）：妖冶貌。这里用来形容岩崖状貌。

㉛杨桥：当位于今腾冲固东镇明光乡。本日记二十八日日记作"阳桥"："是山之西北，有矿西临南香甸者，曰朝阳洞；是山之东南，有矿东临是峡者，曰阳桥。阳桥之矿，亦多挑运就煎炼于南香，则知南香乃众矿所聚也。"

㉜宛转：蜿蜒曲折。注：流入。《诗·大雅·文王有声》："丰水东注，维禹之绩。"

先是，余望此巀嶭之峰，已觉其奇；及环其麓，仰见其盘亘之崖①，层耸叠上；既东转北向，忽见层崖之上，有洞东向，欲一登而不见其径，欲舍之又不能竟去。遂令顾仆停行李②，守木胆于路侧，余竟仰攀而上。其上甚削③，半里之后，土削不能受足，以指攀草根而登。已而草根亦不能受指，幸而及石。然石亦不坚，践之辄陨④，攀之亦陨，间得一少粘者⑤，绷足挂指⑥，如平帖于壁，不容移一步。欲上既无援，欲下亦无地，生平所历危境，无逾于此。盖峭壁有之，无此苏土⑦；流土有之，无此苏石。久之，先试得其两手两足四处不摧之石，然后悬空移一手，随悬空移一足，一手足牢，然后悬空又移一手足，幸石不坠，又手足无力欲自坠。久之，幸攀而上，又横帖而南过，共半里，乃抵其北崖。稍循而下坠，始南转入洞。洞门穹然⑧，如半月上覆，上多倒垂之乳⑨。中不甚深，五丈之内，后壁环拥，下裂小门。批隙而入⑩，丈馀即止，无他奇也。出洞，仍循北崖西上。难于横帖之陟⑪，即随峡上跻⑫，冀有路北迂而下⑬，久之不得。半里，逾坡之西，复仰其上崖高穹，有洞当其下，洞门南向，益竭蹶从之⑭。半里，入洞。洞前有巨石当门，门分为二，先从其西者入。门以内，辄随巨石之后东转，其中夹成曲房⑮，透其东⑯，其中又旋为后室⑰，然亦丈馀而止，不深入也。旋从其东者出。还眺巨石之上，与洞顶之覆者，尚馀丈馀。门之东，又环一石对之，其石中悬如台，若置梯蹑之，所揽更奇也。出洞，循崖而北，半里，其下亦俱悬崖无路，然皆草根悬缀⑱。遂坐而下坠⑲，以双足向前，两手反而后揣草根⑳，略逗其投空之势㉑，顺之一里下，乃及其麓。与顾仆见，若更生也㉒。

[注释]

①盘亘：绵延连接。

②顾仆：徐霞客所雇用的顾姓仆人顾行。

③削：形容陡峭如经刀削一般。北魏郦道元《水经注·河水一》："昆仑有铜柱焉，其高入天，所谓天柱也。围三千里，圆周如削。"

④陨（yǔn）：坠落。

⑤粘（zhān）：互相连接。

⑥绷足挂指：以足硬撑，用手抓牢。

⑦苏土：苏软不实之土。苏，用同"酥"。

⑧穹然：谓洞口中间隆起四周下垂的样子。

⑨倒垂之乳：即石钟乳，又称钟乳石。石灰岩洞中悬在洞顶上的锥状物体，由含碳酸钙的水溶液逐渐蒸发凝结而成。

⑩扪隙：用手触石缝。

⑪横帖之陟（zhì）：即上文"绷足挂指，如平帖于壁"，"又横帖而南过"的概括说法。陟，由低处向高处走。

⑫跻（jī）：犹攀登。

⑬冀：希望，盼望。迂：迂回，曲折。

⑭竭蹶：亦作"竭躄"，颠仆倾跌，行步匆遽貌。《荀子·儒效》："故近者歌讴而乐之，远者竭蹶而趋之。"唐杨倞注："竭蹶，颠倒也。远者颠倒趋之，如不及然。"

⑮曲房：内室，密室。汉枚乘《七发》："往来游燕，纵恣于曲房隐间之中。"

⑯透：通过，穿过。

⑰旋：回转。

⑱悬缀：上下牵连缀结。作者《粤西游日记二》崇祯十年（1637）八月初一日日记："上下凭虚，各数十丈，卷舒悬缀，薄齐蝉翅。"

⑲坐而下坠：用坐姿贴山体向下坠落。作者《游黄山日记后》万历四

十六年（1618）九月初四日日记："日渐暮，遂前其足，手向后据地，坐而下脱。"

⑳揣（chuǎi）：拽，扯。

㉑逗：阻碍，拖延。投空：谓悬空坠落。

㉒更（gèng）生：再生。

日将过午，食携饭于路隅①，即循西山北行。三里，而西山中逊②，又一里，有村倚西山坞中，又半里，绕村之前而北，遂与江遇，盖江之西曲处也。其村西山后抱，东江前揖，而南北两尖峰③，左右夹峙如旗鼓④，配合甚称。有小溪从后山流出，傍村就水，皆环塍为田⑤，是名喇哈寨⑥，亦山居之胜处也⑦。溯江而北，半里，度小溪东注之桥，复北上坡。二里，东北循北尖峰之东麓。一里馀，仰见尖峰之半⑧，有洞东向高穹⑨，其门甚峻，上及峰顶，如檐覆飞空⑩，乳垂于外⑪，槛横于内，而其下甚削，似无陟境，盖其路从北坡横陟也。余时亦以负荷未释，遂先趋厂⑫。又北一里余，渡一西来之涧，有村庐接丛于江之西岸，而矿炉满布之⑬，是为南香甸。乃投寓于李老家⑭，时甫过午也。

[注释]

①携饭：带来的饭食。路隅（yú）：路边。

②中逊：谓高度逐渐下降。

③两尖峰：当指小尖山与二尖山。小尖山，当即云岩山，位于腾越州兰香甸。清光绪《腾越州志》卷三《山水》："云岩山，在明光兰香甸，号小尖山，城西百五十里。山有洞，洞口有云表寺，从寺下层折而北升中

层，折而南升上层，其中甚宽，石乳自洞岩下垂于外者，万窍玲珑。抵其北顶，更穹然而起，上有台，西复架阁，从北有坡盘空而升。凡洞顶氤氲之气，洞前飘洒之形，可收览而尽。再北转有水月庵云。'龙洞垂帘'为八景之八。"二尖山，似指云峰山，参见本日记首段注⑦。

④旗鼓：即旗鼓相当，比喻两座"尖山"不相上下。

⑤环塍（chéng）：田埂环绕。

⑥喇哈寨：当即今腾冲县老华寨，位于姊妹山以东、东江以西。

⑦胜处：美好的地方。北魏郦道元《水经注·清水》："南峰北岭，多结禅栖之士，东岩西谷，又是刹灵之图；竹柏之怀与神心妙远，仁智之性共山水效深，更为胜处也。"

⑧尖峰：当谓小尖山，即云岩山。

⑨高穹：形容洞顶高大。

⑩檐覆飞空：形容山顶如飞檐翘起来。

⑪乳：谓石钟乳，又称钟乳石。石灰岩洞中悬在洞顶上的锥状物体，由含碳酸钙的水溶液逐渐蒸发凝结而成。

⑫厂：当指明光六厂，冶炼矿产之地。详下文。

⑬矿炉：冶炼矿物的土窑炉。

⑭李老家：当即热水塘李老家。参见本日记首段注⑭。

先是，余止存青蚨三十文①，携之袖中，计不能为界头返城之用②，然犹可籴米为一日供③。迨石房洞扒山④，手足无主，竟不知抛堕何所，至是手无一文。乃以褶、袜、裙三事悬于寓外⑤，冀售其一⑥，以为行资。久之，一人以二百馀文买绌裙去⑦。余欣然，沽酒市肉，令顾仆烹于寓。余亟索饭，乘晚探尖峰之洞。乃从村西溯西来之溪，半里，涉其南，从僰彝庐后南蹑坡⑧。迤逦南上一里⑨，遂造洞下⑩。洞内架庐三层，皆五楹⑪，额其上曰"云岩寺"⑫。始从其下层折而北，升中层，折而南，升上层。其中神像杂出，然其前甚敞。石乳自洞檐下垂于外，长条短缕⑬，缤纷飘飏⑭，或中透而空明，或交垂而反卷，其状甚异。复极其北，顶更穿盘而起，乃因其势上架一台，而台之上又有龛西进⑮，复因其势上架一阁。又从台北循崖置坡，盘空而升，洞顶氤氲之状⑯，洞前飘洒之形，收览殆尽⑰。台之北，复进一小龛南向，更因其势而架梯通之，前列一小坊，题曰"水月"⑱，中供白衣大士⑲。余从来嫌洞中置阁，每掩洞胜，惟此点缀得宜，不惟无碍，而更觉灵通⑳，不意殊方反得此神构也㉑。时洞中道人尚在厂未归，云磴不封㉒，乳房无扃㉓，凭憩久之㉔，恨不携囊托宿其内也。洞之南复有一门骈启㉕，其上亦有乳垂，而其内高广俱不及三之一，石色赭黄如新凿者㉖。攀其上级，复透小穴西入，二丈后曲而南，其中渐黑，而有水中贮，上有滴沥声，而下无旁泄窦㉗，亦神瀵也㉘。洞中所酌惟此㉙。其中穴更深迥㉚，但为水隔而黑，不复涉而穷之。乃下，仍从北岩下循旧路，二里返寓。遂啜酒而卧㉛，不觉陶然㉜。

[注释]

①青蚨（fú）：传说中的虫名，古人用以指钱。《太平御览》卷九五〇引汉刘安《淮南万毕术》："青蚨还钱：青蚨一名鱼，或曰蒲，以其子母各等，置瓮中，埋东行阴垣下，三日后开之，即相从。以母血涂八十一钱，亦以子血涂八十一钱，以其钱更互市，置子用母，置母用子，钱皆自还。"文：古代钱币的单位，南北朝以来称钱一枚为一文。

②界头：今腾冲县界头乡，位于今腾冲东江以东，238省道以西。本

日记二十八日日记："平明，饭而为界头之行。其地在南香甸东南，隔大山、大江各一重。"

③籴（dí）米：买进大米。

④迨（dài）：等到。扒（pá）：同"爬"。明徐渭《渔阳三弄》："不想道屈身躯，扒出他们胯。"

⑤褋（dié）：夹衣。袜：当谓膝裤，古时对无底半袜（亦称裤腿）、袜均称"膝裤"。裙：即下裳，古人下身穿的衣服。事：量词，件。

⑥冀：期望。

⑦紬（chóu）：同"绸"。

⑧僰（bó）彝：又有白夷、百夷、僰夷、伯彝等不同称谓，即今傣族。躡（niè）：攀登。

⑨迤逦（yǐ lǐ）：曲折连绵貌。

⑩造：到，去。

⑪楹（yíng）：量词，房屋计量单位。屋一列或一间为一楹。

⑫云岩寺：道教宫观，位于今腾冲县云岩山，创建于明万历年间，初名云清观，后改银岩寺，后以洞口常有云雾，故又将"银"改为"云"，云岩寺从此驰名后世。

⑬长条短缕：形容洞顶垂下钟乳石长短形态不一。

⑭缤纷：纷乱貌。飘颺（yáng）：飘动飞扬。作者《滇游日记十一》崇祯十二年（1639）七月初九日日记记述永昌府（今云南保山）水帘洞侧一处溶岩洞："水帘之西，又有一旱岩。其深亦止丈馀，而穹覆危崖之下，结体垂象，纷若赘旒，细若刻丝，攒冰镂玉，千萼并头，万蕊簇颖，有大仅如掌，而笋乳纠缠，不下千百者，真刻楮雕棘之所不能及！"

⑮龛（kān）：小的窟穴。迸（bèng）：散裂，断裂。

⑯氤氲（yīn yūn）：弥漫貌。

⑰收览殆（dài）尽：意谓一切尽收眼底。殆，几乎。

⑱水月：这里是"水月观音"的意思。佛经谓观音菩萨有三十三个不同形象的法身，画作观水中月影状的称水月观音。

⑲白衣大士：即白衣仙人，指观世音菩萨，被民间奉为救苦救难的神祇，因常着白衣、坐白莲中，故称。

⑳灵通：玲珑活泼。

㉑殊方：远方，异域。汉班固《西都赋》："逾昆仑，越巨海，殊方异类，至于三万里。"神构：神妙的构造，多指寺庙。南朝梁简文帝《大爱敬寺刹下铭》："八万神构，二四云并。"

㉒云磴（dèng）：谓高山上的石阶。封：封闭；堵塞。引申为禁止通行。

㉓乳房：石灰岩溶洞的美称。扃（jiōng）：从外关闭门户的门闩。

㉔凭憩：依托休息。

㉕骈（pián）启：并列开启。此针对上文台之北的"南向小龛"而言。

㉖赭黄：指黄中带赤的颜色。唐封演《封氏闻见记·运次》："赭黄，赭色之多赤者。"

㉗旁泄窦：谓流出的孔隙。

㉘神潢（fèn）：山顶涌出的神泉。《列子·汤问》："山名壶领，状若甔甀；顶有口，状若员环，名曰滋穴，有水涌出，名曰神潢。"晋张湛注："山顶之泉曰潢。"

㉙酌：谓取用水，暗用"酌水"之典，谓磨砺节操。《晋书·良吏传论》："邓攸赢粮以述职，吴隐酌水以厉清，晋代良能，此焉为最。"

㉚中穴：中间的洞穴。深迥：深远难测。

㉛啜（chuò）：饮。

㉜陶然：醉乐貌。晋陶渊明《时运》诗："邈邈遐景，载欣载瞩。称心而言，人亦易足。挥兹一觞，陶然自乐。"

南香甸，余疑为"兰香"之讹，盖其甸在北，不应以"南"称也。山自明光分脉来①，西即阿幸东南下之山②，东乃斜环而南，至甸东乃西突而南下，夹江流于中。其流亦发于明光，北即姊妹山东行之脉也③，是为固栋东江之源。此中有"明光六厂"之名④，而明光在甸北三十里，实无厂也，惟烧炭运砖，以供此厂之鼓炼⑤。此厂在甸中，而出矿之穴在东峰最高处，过雅乌北岭，即望而见之，皆采挖之厂，而非鼓炼之厂也。东峰之东北有石洞厂，与西北之阿幸，东南之灰窑，共为六厂云。诸厂中惟此厂居庐最盛⑥。然阿幸之矿，紫块如丹砂⑦；此中诸厂之矿，皆黄散如沙泥⑧，似不若阿幸者之重也⑨。

[注释]

①明光：位于今云南腾冲县以北偏东的明光乡一带。清于腾越州设有七隘，明光隘为七隘之一。清光绪《腾越州志》卷二《关隘》："明光隘，由固东汛至明光八十里，其地两旁夹江，别有天地。前明时有六厂，其地由坝迤逦前行约五十里。"

②阿幸：位于今云南腾冲县以北瑞滇乡。清光绪《腾越州志》卷三《山川》："阿幸山，昔开厂于此，相连有小甸山。"

③姊妹山：位于今云南腾冲县以北，在瑞滇乡与明光乡之间。清光绪《腾越州志》卷三《山川》："姊妹山，在滇滩关西北三十里，其地崇山密岭，有双峰插天，亭亭卓立，宛如巫峡神女峰。山后即茶山野人矣。其山

出斑竹。"

④明光六厂：参见本日记第一段注㉕。

⑤鼓炼：鼓风扇火，冶炼矿产。

⑥居庐：泛指当地住房。

⑦紫块如丹砂：这里当指浓红银矿，又名深红银矿或硫锑银矿。浓红银矿矿石呈暗樱红色，金刚光泽，粉末呈绛红色。

⑧黄散如沙泥：这里当指钼铅矿，其矿石稻草黄至蜡黄色，成分中含钨的呈橘红色或褐色，条痕白色至浅黄色。

⑨重：含有贵重的意思。

[评析]

腾越州，元至元十一年（1274）改腾冲府置，属大理路，二十五年（1288）废。明嘉靖三年（1524）复置，属永昌府，治所即今云南腾冲县。清乾隆《腾越州志》："藤则细者可以为绳，大者为枝，凡百器皿皆可以为。而腾越所独名州，则以此焉。"清嘉庆二十四年（1819）升腾越厅。今为由云南省保山市代管的腾冲县级市，位于云南西南部，东与保山市隆阳区相连，南与龙陵县、梁河县接壤，西与盈江县、缅甸联邦共和国毗连，东北与怒江傈僳族自治州泸水市相邻。是徐霞客"万里遐征"中所至祖国最西之地。

明崇祯十二年（1639）三月，徐霞客从大理出发，渡漾濞江进入永昌（今云南保山市）。四月离永昌继续西行，渡过怒江，穿越高黎贡山，于十三日抵达有地质博物馆美誉的腾越州。这里遗存有新生代火山群，沸泉、热泉、温泉则在所多有，地热资源丰富；喀斯特溶洞状貌奇特，璀璨绮丽，也令人眼花缭乱。《滇游日记九》主要记述了作者畅游腾越州固栋（今固东镇）以北即腾越北境的经历。本书节选其四月二十七日一天的日记。上午探险石房洞山，已年过半百的徐霞客展闪腾挪，贴身于山崖，类似于今天的攀岩，却又缺乏现代的装备，其险状可以想见，以至于作者自己事后都说："生平所历危境，无逾于此。"这种甘冒生命危险"以躯命游"的追求，两年以前他在湖南茶陵的麻叶洞探奇中早有显露。当地人认为麻叶洞中有神龙精怪，所以一向无人问津，而霞客却敢于冒险进入。《楚游日记》崇祯十年（1637）正月十七日日记："洞口南向，大仅如斗，在石隙中转折数级而下。初觅炬倩导，亦俱以炬应，而无敢导者。曰：'此中有神龙。'或曰：'此中有精怪。非有法术者，不能摄服。'最后以重资觅一人，将脱衣入，问余乃儒者，非羽士，复惊而出曰：'予以为大师，故欲随入；若读书人，余岂能以身殉耶？'余乃过前村，寄行李于其家，与顾仆各持束炬入。"这种献身于山水的大无畏精神，也体现于徐霞客的全部探险游历中，令四百年以后的读者不禁肃然起敬！四月二十七日的下午，徐霞客于酒足饭饱之馀乘兴游览了云岩山溶洞。这一溶洞的形成当有别于基本上封闭的喀斯特溶洞，暴露于外的石钟乳在千百万年的积淀过程中（或因地质结构变异只是一部分过程）受到风力以及非恒温的环境影响，其"长条短缕，缤纷飘飏"的状貌，的确非同寻常，所以引人入胜。上午历险，下午猎奇，构成了霞客一天的旅程。

《腾越州志》，明代即有成书，作者《滇游日记十》崇祯十二年（1639）五月初四日日记："参府令门役以《州志》至。方展卷而李君来候。"又同上初九日日记："大雨，复不成行，坐李君家录《腾志》。"写《游记》参阅当地相关方志是霞客的一贯作风。清乾隆《腾越州志》对明人所撰《州志》当有承传关系，在这两个版本难以寻觅的情况下，清光绪重刊《腾越州志》弥足珍贵，因为其内容基本继承了乾隆本。此外，清光绪间又有《腾越厅志》的修撰，但无论《州志》，还是《厅志》，在修撰过程中都参考了《徐霞客游记》并常以之为佐证。石房洞山何在？

今天的地图竟无踪迹可寻,光绪《腾越州志》卷三将石房洞山与云岩山分开著录,光绪《腾越州志》卷二则将石房洞山与云岩山混为一谈,并且又以《徐霞客游记》为证。到底被徐霞客形容为"巉嶪前标"的石房洞山是否即与云岩山相连的另一岩峰,抑或屹立别处又有其他名称,以目前所见全注全译本与选注本《徐霞客游记》似乎都未说清楚。边徼地区方志有关山水的一些名称最终确定也许较晚,或有张冠李戴甚至以讹传讹的现象产生,皆在所难免,看来只有研究者实地踏勘才能得出准确的结论了。

后 记

《诗》云:"岂敢惮行,畏不能趋。"古之士大夫常以卧游胜状,不减践履,是以聚米成谷,画地成图。一发青山,荆关束手;半勺绿水,董巨椎心。古往今来,春荣秋落。洎乎江山胜览,赖有伯修公馀;河岳周游,可待向平愿了。至于卓尔逸群,炯然超众,彦哲千古,霞客一人而已。娴于趋走,晨征月在烟空;乐在奔波,暮归猿啼霜树。旧国旧都,曾庄周之畅然;新吾新好,宁陶潜之闲止?古今寺观,确乎情浓;表里山河,介然志立。会心不远,怡神非常。流水移情,停云增慨。陶陶也,苏门啸胜于雍门悲;落落然,少卿安何如子卿苦。塞门荆棘,大丈夫盍存三径心;悬户桑弧,好男儿固有四方志。水云交映,气溁溁而增辉;泉石相激,声泠泠而成韵。身融寥廓,心入清澄。具区之薮徘徊,云梦之泽躞蹀。北海南海,相及四方;胡门越门,存乎两戒。芙蓉成簇,直插云霓;旌旗展屏,横列霄汉。人有行迹,岩谷邃而昂藏;物无遁形,山河壮而瑰丽。烟中九点,以人称雄;海上三山,因仙溢美。凭霄跃嶂,来仙人驾鹤之峰;跨险排崖,去天河牵牛之渚。展旗猎猎,考叔取郑伯之螫弧;腾波遥遥,太冲夸蜀都之珠贝。巫山启楚王之梦,汉水系郑甫之怀。同榻白云,连襟绿树。山辉群玉,想杨妃映月之丰姿;峰漫烟霞,存懒残煨芋之旧迹。庐岳远公托志,台山智者安禅。

钧台之享邈然,葛天之歌何在?三杨五柳,或由性情;七命八貂,原凭运命。汲汲者束手,又安惭乎枌榆;悠悠者骋怀,亦何愧于桑梓。登陵游旿，本无志于请缨；涉水流波，岂有意乎揽辔？钟灵毓秀，枕流于青山；蕴馥送芳，漱石于碧湍。含溪怀谷，历寒暑而弥坚；送雾迎云，经春秋而匪懈。山水融情意，辨天地之亿劫；宇宙荡胸怀，亘古今于一瞬。冥观万象，何惧眩目之波涛；洞悉千霜，自有怡情之丘壑。展杜将军之武库，临顾虎头之真山。俯仰在人间，华胥翻成蝶梦；呼吸通帝座，昆明又见劫灰。衣冠都雅之乡，风土清嘉之域。天地玄黄之色，山水奇秀之区。东走八闽建溪，西极两迤腾越。北驰三晋河朔，南趋九疑桂林。非知安以忘危，诚出生而入死。寒来暑往，地久天长。如是我闻，赖有思齐之义；岂遑他顾，更成洪同之真。披云看山，少陵春山无伴；仰风观月，襄阳秋月有怀。竭竭征人，餐风而激浊；休休良士，酌水以厉清。万象毕呈，抚白云以寄意；千古同在，瞻绿竹而澄心。竹既称君，觅寄身之空宅；石还呼丈，趋醒酒之平泉。旧国同朋，侈谈木魅山鬼；殊方异类，腾笑社鼠城狐。世传游记，人称霞章。要作金石声，应是我辈语。诚山经之别乘，乃舆记之外篇。此中大有佳处，石家锦步障无是过也。

中州古籍出版社副总编辑卢欣欣女史策划《家藏文库》丛书，以《徐霞客游记》（选注）为标的。承蒙不弃，邀拙铅刀一割，敢不夙夜？惜无解牛之梁刃，尤鲜承蜩之楚竿。是以郢书燕说，诠词或谬；甚而张冠李戴，释义有乖。幸得责编吾家建新兄综理繁复，运斤成风，帝虎鲁鱼，颇多匡正。虽然，注释游圣，终觉绠短，《庄子》所谓"以有涯随无涯，殆已"，吾之谓欤！尚祈方家通人，赐教是幸。

是为记。

丁酉季春赵伯陶记于京北天通楼